Wolfgang Brezinka
Metatheorie der Erziehung

WOLFGANG BREZINKA

Metatheorie der Erziehung

Eine Einführung in die Grundlagen
der Erziehungswissenschaft,
der Philosophie der Erziehung
und der Praktischen Pädagogik

Ernst Reinhardt Verlag München Basel

WOLFGANG BREZINKA, geb. 9. 6. 1928 in Berlin. Nach Lehrtätigkeit an den Universitäten Würzburg und Innsbruck derzeit Professor der Erziehungswissenschaft an der Universität Konstanz.

Wichtigste Buchveröffentlichungen: Erziehung als Lebenshilfe. Eine Einführung in die pädagogische Situation. 8. Auflage, Stuttgart 1971 (Klett); Der Erzieher und seine Aufgaben. Stuttgart 1966 (Klett); Grundbegriffe der Erziehungswissenschaft. 3. Auflage, München 1977 (Reinhardt); Erziehung und Kulturrevolution. Die Pädagogik der Neuen Linken. 2. Auflage, München 1976 (Reinhardt); Erziehungsziele, Erziehungsmittel, Erziehungserfolg. Beiträge zu einem System der Erziehungswissenschaft. München 1976 (Reinhardt).

CIP-Kurztitelaufnahme der Deutschen Bibliothek

Brezinka, Wolfgang
Metatheorie der Erziehung : e. Einf. in d. Grundlagen d. Erziehungswiss., d. Philosophie d. Erziehung u. d. Prakt. Pädagogik. — 4., vollst. neubearb. Aufl. d. Buches „Von der Pädagogik zur Erziehungswissenschaft", 16.–22. Tsd. — München, Basel : E. Reinhardt, 1978.
1.–3. Aufl. u. d. T.: Brezinka, Wolfgang: Von der Pädagogik zur Erziehungswissenschaft.
ISBN 3-497-00846-X

ISBN 3-497-00846-X

4., vollständig neu bearbeitete Auflage des Buches »Von der Pädagogik zur Erziehungswissenschaft. Eine Einführung in die Metatheorie der Erziehung«. 16.–22. Tausend.

© 1978 by Ernst Reinhardt Verlag, München
Satz und Druck: Loibl, Neuburg
Buchbinderei: R. Oldenbourg, München
Printed in Germany

Vorwort

> »Ich bin mir wohl bewußt, wie unbestimmt und unbefriedigend alle Lehren der Methodik erscheinen müssen, so lange ihnen nicht die praktische Bewährung in der Aufrichtung eines Lehrgebäudes zur Seite steht. Ohne allen Zweifel: die wirksamste Anweisung zu einem Aufbau der Wissenschaften ... wäre es, sie selbst aufzubauen.«
>
> JOHN STUART MILL (1843)[1]

Zweifel an der Pädagogik als Wissenschaft und an ihrem Nutzen für die Erziehungspraxis sind weit verbreitet und in vieler Hinsicht berechtigt. »*Die Krise der wissenschaftlichen Pädagogik*«, auf die ich bereits im Jahre 1966 aufmerksam gemacht habe[2], hält an und es ist ungewiß, wie sie ausgehen wird. Auch Fachleute, die einen anderen wissenschaftstheoretischen Standpunkt als ich vertreten, schätzen die Lage ähnlich ein: »Es gibt kaum eine andere Wissenschaft, in der sich unwissenschaftliches Gerede, parteiischer Eifer und dogmatische Beschränktheit so breit gemacht haben wie in der Pädagogik«[3]. Es bestehe die Gefahr, daß »sich die Erziehungswissenschaft in eine Menge von pragmatischen Unterdisziplinen auflösen und im Einflußbereich der Sozialwissenschaften oder der Psychologie, Anthropologie und Verhaltensforschung verschwinden« wird, »nachdem sie kaum begonnen hat, ein eigenständiges Dasein aufzubauen«[4].

In dieser Lage kann nur eine *Klärung der wissenschaftstheoretischen Grundlagen* unseres umstrittenen und krisenanfälligen Faches weiterhelfen. Dazu muß die Illusion aufgegeben werden, daß alles, was »Pädagogik« genannt wird, auch Wissenschaft sei. Es braucht den Mut, pädagogische Satzsysteme an der Norm der Wissenschaftlichkeit zu prüfen und nach ihren Zwecken wie nach ihrem Wert zu unterscheiden. Erst wenn Klarheit dar-

---

[1] MILL 1968, S. 233.
[2] Vgl. BREZINKA 1966.
[3] BOLLNOW 1971, S. 708.
[4] W. FLITNER 1976, S. 5.

über besteht, welchen Normen Erziehungstheorien entsprechen sollen, läßt sich beurteilen, warum vorhandene Erziehungstheorien unzulänglich sind und wie bessere Erziehungstheorien geschaffen werden können.

Da eine Untersuchung dieser Art nicht die Erziehung selbst, sondern Theorien der Erziehung zum Gegenstand hat, wird sie als »*kritisch-normative Theorie der Erziehungstheorien*« oder abgekürzt als »*Metatheorie der Erziehung*« bezeichnet[5]. Die Qualität der pädagogischen Theorien hängt zu einem großen Teil davon ab, welche metatheoretischen Normen die Erziehungstheoretiker anerkennen und wie sie diese Normen befolgen. Ihre metatheoretischen Ansichten beeinflussen durch das Zwischenglied der Erziehungstheorie, die sie in pädagogischen Schriften und Lehrveranstaltungen vermitteln, das Niveau der Ausbildung für Erziehungsberufe und damit auch die Güte der Erziehungspraxis.

Metatheoretische Studien können also indirekt große praktische Bedeutung haben. Auch ich bin aus der Sorge um die Verbesserung der Erziehungspraxis zur Kritik an der Pädagogik und zur Frage nach ihren wissenschaftstheoretischen Grundlagen gelangt. Die Vorarbeiten für dieses Buch reichen bis in das Jahr 1958 zurück[6]. Die lebhafte Diskussion, die mein kritischer Aufsatz von 1966 ausgelöst hat[7], hat mich dazu ermuntert, die darin enthaltene Skizze einer Metatheorie der Erziehung gründlich auszuarbeiten. Nach einigen weiteren Aufsätzen[8] ist schließlich 1971 mein Buch »Von der Pädagogik zur Erziehungswissenschaft. Eine Einführung in die Metatheorie der Erziehung« erschienen. Ich habe es von vorherein als einen verbesserungsbedürftigen Versuch betrachtet und bin dankbar für das große Interesse, das ihm entgegengebracht worden ist, und für die vielen zustimmenden und kritischen Stellungnahmen, die es hervorgerufen hat[9]. Sie haben dazu beigetragen, daß ich mich entschlossen habe, das Thema nochmals von grundauf zu bearbeiten. Das Buch ist für die vorliegende 4. Auflage zu vier Fünfteln völlig neu geschrieben worden. Ich habe auch einen neuen Titel gewählt, weil der ursprüngliche Titel mißverständlich gewesen ist. Dem Inhalt des Buches entsprechend hätte er vollständig eigentlich lauten müssen: »Von der undifferenzierten Pädagogik durch Differenzierung zur Erziehungswissenschaft, zur Philosophie der Erziehung und zur Praktischen Pädagogik«.

---

[5] Vom griechischen »meta« = nach, hinterdrein. Eine Metatheorie der Erziehung setzt also Theorien über Erziehung voraus und folgt ihnen nach. Vgl. das dreistufige Schema auf S. 38 dieses Buches.

[6] Vgl. BREZINKA 1959 sowie meinen 1959 erschienenen Aufsatz über »Wissenschaft und Konfession im Rahmen der akademischen Lehrerbildung« (Nachdruck in BREZINKA 1966a, bes. S. 93 ff.).

[7] Vgl. u. a. ROMBACH 1967, BREZINKA 1967, MALININ 1967, SCHURR 1967, LENNERT 1968, STETTNER 1968, MOLLENHAUER 1968, S. 9 ff.

[8] Vgl. BREZINKA 1968 und 1969.

[9] Vgl. u. a. BOLLNOW 1971, HILGENHEGER 1971, STELLWAG 1972, STRASSER 1972, WOLF 1972, D. ULICH 1972, F. HOFMANN 1972, LANGEVELD 1977, VOGT 1977.

Ich habe mich bemüht, den schwierigen Stoff so klar und verständlich wie möglich darzustellen. Das ist nicht leicht, denn die wissenschaftstheoretische Literatur hat in den letzten Jahren ungeheuer zugenommen und sich teilweise weit von den Problemen wie von der Sprache der Einzelwissenschaften entfernt. Auch auf diesem Gebiet ist eine Spezialisierung erfolgt und es gibt eine Unmenge von Beiträgen, die zumindest für die sozial-, kultur- und humanwissenschaftlichen Disziplinen wenig Nutzen bringen. Demgegenüber habe ich darauf geachtet, die Metatheorie der Erziehung so zu behandeln, daß sie dem Verständnis der vorhandenen Erziehungstheorien und der Gewinnung besserer Erziehungstheorien dient, statt davon abzulenken. Eine Metatheorie der Erziehung, die nicht nahe an den Erziehungsproblemen und ihren Lösungsmöglichkeiten bleibt, scheint mir unfruchtbar zu sein. Metatheoretische Studien gehören zur Vorbereitung für den Aufbau von Erziehungstheorien, aber sie sind kein Ersatz dafür.

Ich habe große Sorgfalt auf reichhaltige Quellenangaben und Hinweise auf weiterführende Literatur verwendet, um den Lesern den Zugang zu den wesentlichen Texten zu erleichtern. Ich habe allerdings – was heute keineswegs mehr selbstverständlich zu sein scheint – nur das zitiert, was ich selbst gelesen habe. Es gibt sicher zu den meisten der behandelten Fragen noch mehr Quellen und vielleicht auch bessere, als ich gefunden habe.

Für viele kritische Hinweise und Verbesserungsvorschläge danke ich meinem ehemaligen Schüler, Herrn Universitätsdozenten Dr. GERHARD ZECHA (Salzburg). Dem Kultusminister von Baden-Württemberg, Herrn Prof. Dr. WILHELM HAHN, und den zuständigen Beamten seines Ministeriums danke ich dafür, daß sie mir durch Gewährung eines Forschungsurlaubs die Vollendung dieses Buches als einer notwendigen Vorarbeit für den Entwurf eines Systems der Erziehungswissenschaft ermöglicht haben.

Telfes im Stubai (Tirol),
am 26. Oktober 1977 *Wolfgang Brezinka*

Inhalt

Einleitung: Pädagogik, Wissenschaft, Metatheorie 1

Die Uneinigkeit über den Wissenschaftscharakter der Pädagogik 2

Kritik am Zustand der Pädagogik 2 – Zweifel an der Möglichkeit einer wissenschaftlichen Pädagogik 3 – Wissenschaftliche und praktische Theorien der Erziehung 4 – Pädagogik als gemischte normativ-deskriptive Disziplin 5 – Pädagogik als philosophische Disziplin 6 – Fließende Übergänge zur weltanschaulichen Pädagogik 7 – Pädagogik als reine Erfahrungswissenschaft 7 – Die Vielfalt der Richtungen 8 – Die Ursachen der Uneinigkeit 10

Der Ursprung der Pädagogik in praktischen Erziehungslehren 10

Erziehen als Kunst 11 – Erziehungslehren als Kunstlehren 12 – Information und Inspiration der Erzieher 13 – Vorrang der normativen Betrachtungsweise 14 – Bestandteile der traditionellen Pädagogik 15 – Unzufriedenheit und Kritik 16 – Der moderne Begriff der Wissenschaft als Maßstab 18

Die Abhängigkeit der Pädagogik von Werturteilen, Normen und Weltanschauung 19

Unentbehrlichkeit weltanschaulicher Stellungnahmen in praktischen Theorien der Erziehung 19 – Fehldeutung praktischer Theorie als wissenschaftlicher Theorie 20 – Ideologie und Pädagogik 21 – Ideologie und erfahrungswissenschaftliche Theorie 24

Gründe für die Unterscheidung pädagogischer Satzsysteme 25

Mängel der gemischten Pädagogik 25 – Arbeitsteilung und Spezialisierung 26 – Drei Klassen von Erziehungstheorien: Erziehungswissenschaft, Philosophie der Erziehung, Praktische Pädagogik 27 – Zur Namensgebung 28 – Praktische Bedeutung einer

Einigung über den Sprachgebrauch 28 – Differenzierung pädagogischer Satzsysteme, keine Klassifizierung der Pädagogiker 30 – Wahrheit und soziale Nützlichkeit von Satzsystemen 31

Wissenschaftsbegriffe und methodologische Regeln als Festsetzungen .. 31
Wissenschaft als System von Sätzen und als Tätigkeit 31 – Das Ideal der Wissenschaft 32 – Wissenschaftstheoretische Grundpositionen 32 – Erkenntnisse als Ziel der wissenschaftlichen Tätigkeit 33 – Die Wissenschaftslehre der Analytischen Philosophie 35

Aufgaben einer Metatheorie der Erziehung 36
Der Begriff der Metatheorie 36 – Analyse, Kritik und Normierung von Erziehungstheorien 36 – Die Beziehungen zwischen Erziehung, Erziehungstheorien und Metatheorie der Erziehung 37

Weiterführende Literatur 39

I. Erziehungswissenschaft 41

Der Begriff der Erziehung 42
Soziales Handeln 42 – Psychische Dispositionen 43 – Zwecke, Ziele, Wunschbilder, Ideale 44 – Definition des Erziehungsbegriffes 45

Die Vielfalt der Erziehungsphänomene 46
Verschiedene Erziehungsziele 48 – Unterschiede zwischen den Educanden 50 – Unterschiede zwischen den Erziehern 51 – Verschiedene Situationen 51 – Verschiedene Formen der Erziehung 52

Der Gegenstand der Erziehungswissenschaft 53
Erziehung als Tatsache 53 – Erziehungssituationen, Erziehungsfelder 54 – Die Hauptgegenstände 54 – Materialobjekt und Formalobjekt 55 – Fragestellungen 55 – Beschreibung und Erklärung von psychischen Objektivationen 56 – Zweck-Mittel-Beziehungen 59 – Erziehungswissenschaft als teleologisch-kausalanalytische Wissenschaft 60 – Gleiche Probleme unter verschiedenen Namen 64

Erziehungswissenschaft als empirische Sozialwissenschaft 65
Schwierigkeiten der Klassifikation von Wissenschaften 65 – Humanwissenschaften 67 – Verhaltenswissenschaften 67 – Hand-

lungswissenschaften 68 – Kulturwissenschaften 68 – Sozialwissenschaften 69 – Beziehungen zur Psychologie und Soziologie 69 – Praktische Gründe für eine Spezialwissenschaft von der Erziehung 71

Zur Abgrenzung von wissenschaftlich getarnter weltanschaulicher Pädagogik 73

Konfessionelle Pädagogik 73 – Politische Pädagogik 73 – Marxistische Pädagogik 74 – »Kritische Sozialwissenschaft« 75 – »Kritische« oder »emanzipatorische Pädagogik« 75 – Mißbrauch der Wissenschaft für Propaganda 76 – Werturteilsfreiheit als Abgrenzungsmerkmal 77

Anforderungen an die Sprache der Erziehungswissenschaft 78

Darstellender, vorschreibender und emotiver Sprachgebrauch 78 – Klarheit 81 – Mehrdeutigkeit und Vagheit 81 – Begriffe und ihre Klärung 82 – Normative und emotive Nebenbedeutungen 84 – Das Beispiel »Sozialisation« 85 – Theoretische Begriffe 87 – Hypothetische Konstrukte 88 – Informationsgehalt 88 – Verständlichkeit 89 – Objektsprache und Metasprache 91

Sinn und Grenzen der Forderung nach Werturteilsfreiheit 92

Erziehen und Werten 92 – Werterlebnis, Wertung, Wertträger 93 – Wert 93 – Werturteile 93 – Normen 95 – Wertbasis der Wissenschaft 97 – Moralische Probleme der Verbreitung und Anwendung wissenschaftlicher Erkenntnisse 98 – Wertungen und Normen als Gegenstände der Erziehungswissenschaft 99 – Erläuterung der Norm der Werturteilsfreiheit 100

Fragen nach Einzeltatsachen und Fragen nach dem Allgemeinen in Gegenwart und Vergangenheit 104

Einzelphänomene und Gesetzeswissen 104 – Historiographie der Erziehung 106 – Nomothetische oder theoretische Erziehungswissenschaft 107

Weiterführende Literatur 109

I a. Der nomothetische Aufgabenbereich der Erziehungswissenschaft. 111

Probleme und Hypothesen als Ausgangspunkt 112

Beobachtung und vorausgehendes Wissen 113 – Deskriptive Pädagogik 114 – Kritik des naiven Empirismus 115

Wissenschaftliche Theorien als Ziel der Forschung 116
  Bedeutungen des Wortes »Theorie« 116 – Wissenschaft als Begründungsgefüge 116 – Die Forderung nach intersubjektiver Prüfbarkeit 117 – Gesetzmäßigkeiten und Gesetzesaussagen 119 – Gesetzesaussagen niederer und höherer Stufe 124 – Theorie als System von Gesetzesaussagen 125

Über den Unterschied zwischen der Entstehung und der Begründung wissenschaftlicher Satzsysteme 126
  Duldsamkeit bei der Gewinnung von Wissen 127 – Strenge bei der Prüfung von Behauptungen 128 – Bedeutung und Grenzen des »Verstehens« 128

Prüfung, Begründung und Verwerfung von Hypothesen und Theorien . 130
  Logische und empirische Prüfungsverfahren 130 – Das Induktionsproblem 131 – Falsifikation 133 – Vernünftige Verwerfung 134 – Bestätigung 135 – Theorie und Erfahrung 135

Gesetze und Theorien in den Sozialwissenschaften 137
  Mangel an universellen Gesetzesaussagen 137 – Gegenstandsbedingte Unterschiede zwischen Natur- und Sozialwissenschaften 138 – Unbeobachtbarkeit des fremden Innenlebens und Zwang zur Deutung 139 – Komplexität 140 – Einmaligkeit und Veränderlichkeit 140 – Erlebnisganzheiten statt Elemente 141 – Möglichkeit und Unentbehrlichkeit von Gesetzeswissen 142

Konstruktion und Anwendung von Theorien in der Erziehungswissenschaft 143
  Das Interesse der Erziehungspraktiker an Anwendungsproblemen 143 – Vorrang der Konstruktion von Theorien 144

Tatsachenfeststellung im Dienst der Konstruktion erziehungswissenschaftlicher Theorien 145
  Beschreibung 146 – Erkundende Felduntersuchung 146 – Einzelfall-Studien 147 – Experiment 148 – »ex post facto«-Untersuchung 149 – Hypothesenüberprüfende Felduntersuchung 149 – Multivariable Untersuchungen und ihre Grenzen 150 – Unvollständigkeit und Offenheit erziehungswissenschaftlicher Theorien 151

Die Anwendung von Theorien zur Erklärung 154
Das Modell der wissenschaftlichen Erklärung 154 – Deduktiv-nomologische Erklärung 155 – Induktiv-statistische Erklärung 156 – Unvollständigkeit der Erklärungen 157 – Partielle Erklärung 157 – Erklärungsskizze 158

Die Anwendung von Theorien zur Voraussage 159
Strukturähnlichkeit von Voraussagen und Erklärungen 159 – Unterschiede 160 – Unsicherheit im Einzelfall 161

Die Anwendung von Theorien zur Lösung erziehungstechnologischer Probleme 162
Zur Logik der Technologie 162 – Zwecke und Werturteile 163 – Beziehungen zwischen Gesetzeshypothesen und technologischen Aussagen 164 – Schwierigkeiten einer theoretisch begründeten Technologie der Erziehung 165

Weiterführende Literatur 166

I b. Historiographie der Erziehung .... 168 2|94

Verschiedene Namen für die historische Teildisziplin der Erziehungswissenschaft 168
Historiographie der Erziehung und der Pädagogik 169

Verschiedene Ansichten über ihre Aufgaben 170
Erweiterung des Tatsachenwissens 170 – Normengewinnung, Normenbegründung, Normenstützung 171 – Erziehungstechnische Normen 171 – Weltanschauliche und moralische Normen 172 – Normative Aufgaben der Historiographie der Erziehung innerhalb der Pädagogik als »historisch-systematische« Disziplin 172 – innerhalb der geisteswissenschaftlichen oder hermeneutischen Pädagogik 173 – innerhalb der marxistisch-leninistischen Pädagogik 175 – innerhalb der neomarxistischen Pädagogik 176

Zur Wissenschaftstheorie der Geschichtswissenschaft 178
Fragen nach Veränderungen im Ablauf der Zeit 179 – Methodologische Schwierigkeiten 179 – Forschungstechniken 180 – Verstehen und Werturteilsfreiheit 181

Gegenstände einer Historiographie der Erziehung 182

Geschichte der Erziehung und Geschichte der pädagogischen Meinungen 182 – Sonderstellung der Wissenschaftsgeschichte der Erziehungswissenschaft 183 – Vielfalt und Verflochtenheit vergangener Erziehungsphänomene 184 – Gefahr der Ausweitung zur historischen Sozialisationsforschung 185 – Der Handlungsbegriff der Erziehung als Leitlinie 185 – Indirekte Erziehung 186 – Entmythologisierung der Schulgeschichtsschreibung 186 – Geschichte des pädagogischen Aberglaubens 187

Weiterführende Literatur 187

II. Philosophie der Erziehung 189

Verschiedene Auffassungen von Philosophie 189

Philosophie als Universalwissenschaft, Weltanschauung, Lebenslehre und Erkenntnislehre 190 – Wissenschaftlichkeit als Unterscheidungsmerkmal? 191 – Analytisch-erkenntniskritische oder epistemologische Philosophie 193 – Weltanschauliche oder metaphysische Philosophie 194 – Normative Philosophie 195

Ansichten über Philosophie der Erziehung 196

Erfahrungswissenschaftliches Satzsystem mit unwesentlichen normativen Zusätzen 196 – Pansophische Philosophie der Erziehung 197 – Praktische Pädagogik unter dem Namen der Philosophie 198 – Historiographie der Ideen 199 – Interpretation philosophischer Texte unter pädagogischen Gesichtspunkten 199 – Analytisch-erkenntniskritische Philosophie pädagogischer Satzsysteme 199 – Weltanschauliche Philosophie der Erziehung 200 – Normative Philosophie der Erziehung 204

Normative Mängel der traditionellen normativ-deskriptiven Pädagogik 207

Armut an konkretem normativem Gehalt 208 – Inhaltsarme und mangelhaft begründete Erziehungsziele 208 – Unzulängliche moralische Normen für das erzieherische Handeln 210 – Werturteilsenthaltung am falschen Platz 211

Wertungen und Normen als empirisches, normatives und erkenntniskritisches Problem 211

Wertungsphänomene und Normen als psychische und soziale Tatsachen 212 – Sinngebung, Wertung und Normsetzung 213 – Metatheoretische Kritik von Werturteilen, Normen und deren Begründung 215

Aufgaben und Probleme einer Normativen Philosophie der Erziehung 216
Rückgang der institutionalisierten normativen Orientierungshilfen für Erzieher 216 – Ratlosigkeit, Wertungsscheu, Abhängigkeit von Moden 217 – Normgebung durch Entscheidungen auf rationaler Grundlage 218 – Gliederung nach Erziehungszielen und Mitteln 219

Normative Philosophie der Erziehungsziele und ihre Metatheorie 220
Auswahl und Setzung von Erziehungszielen 220 – Normgehalt und Interpretation 221 – Metatheoretische Ansichten über Normen 223 – Arten der Normbegründung 224 – Logische Begründung 225 – Fehlschlüsse vom Sein auf ein Sollen 225 – Illusionen über die Ableitbarkeit inhaltsreicher aus inhaltsarmen Erziehungszielen 226 – Formale Legitimation oder »Legitimation durch Verfahren« 226 – Inhaltlich-wertende Begründung 227

Normative Ethik für Erzieher und normative Philosophie der Lehrinhalte und der Erziehungsorganisation 229
Tugendlehre für Erzieher 229 – Pflichtenlehre für Erzieher 230 – Normative Philosophie der Lehrinhalte 231 – Normative Philosophie der Erziehungsorganisation 232

Weiterführende Literatur 233

III. Praktische Pädagogik 236

Praktische Pädagogik und Erziehungswissenschaft 236
Unentbehrlichkeit der Praktischen Pädagogik 236 – Beziehungen zur Erziehungswissenschaft nach WILLMANN 237 – nach DURKHEIM 237 – nach LOCHNER 240 – Weltanschauliche Bedingtheit der Praktischen Pädagogik 242

Abgrenzung und Benennung 243
Definition der Praktischen Pädagogik 243 – Abgrenzung zur normativen Philosophie der Erziehung 243 – »normative Pädagogik« 245 – »angewandte Pädagogik« 245 – »praktische Pädagogik« 246 – »pragmatische Pädagogik« 246 – »praxeologische Pädagogik« 247

Geisteswissenschaftliche Pädagogik als Praktische Pädagogik 247
DILTHEY 248 – LITT 248 – WILHELM FLITNER 250 – Die Variante der gesellschaftskritischen Pädagogik 252

Bestandteile der Praktischen Pädagogik 253

Situationsanalyse 253 – Ziellehre 254 – Methodenlehre 257 – Der berufsethisch-motivierende Bestandteil 259

Einwände gegen die Praktische Pädagogik 261

Ausgang von einem anderen Wissenschaftsbegriff 261 – Das Argument mangelnder Normenkritik 264 – Widerlegung 264 – Normenkritisches Bewußtsein als höchstes Gut? 265 – Erinnerung und Begründung 266 – Ausgang vom gleichen Wissenschaftsbegriff 267 – Grenzen der Technologie der Erziehung 268

Anforderungen an die Praktische Pädagogik 269

Das Ideal einer »praktischen Kanonik« 269 – Sieben Minimalforderungen 270

Weiterführende Literatur 272

Schluß: Über die Vielfalt und die Einheit des pädagogischen Wissens . 273

Literaturverzeichnis 278

Personenregister 310

Sachregister 316

Einleitung: Pädagogik, Wissenschaft, Metatheorie

»Der Entwicklung einer Erziehungswissenschaft stehen starke Kräfte entgegen. Es fehlt noch beinahe ihr Begriff, gewiß die allgemeine Bereitschaft, in Erziehungsdingen wissenschaftlich zu denken.«

SIEGFRIED BERNFELD (1925)[1]

Seit rund 200 Jahren wird versucht, eine Wissenschaft von der Erziehung aufzubauen[2]. Ebenso lange dauert auch schon die Auseinandersetzung darüber, ob eine solche Wissenschaft überhaupt möglich ist, welche Probleme sie behandeln soll und mit welchen Methoden diese Probleme gelöst werden könnten[3]. Auf diese Fragen sind sehr verschiedene Antworten gegeben worden. Sie sind auch heute noch umstritten.

Unbestreitbar aber ist, daß es eine Unmenge von Schriften über Erziehung gibt, die als Beiträge zur wissenschaftlichen Pädagogik gelten. Mit dem Wort »*Pädagogik*«[4] wird *die Lehre von der Erziehung oder die Theorie der Erziehung* bezeichnet, wobei offen bleibt, ob es sich um eine praktische oder eine wissenschaftliche Theorie handelt. Schon 1869 ist der »Verein für wissenschaftliche Pädagogik« gegründet worden; 1963 die »Deutsche Gesellschaft für Erziehungswissenschaft«. Unbestreitbar ist ferner, daß an wissenschaftlichen Hochschulen Lehrstühle für »Pädagogik« oder »Erziehungswissenschaft« vorhanden sind, daß man dieses Fach studieren und in

---

[1] BERNFELD 1928, S. 8.
[2] Der erste bedeutende Beitrag dazu ist der »Versuch einer Pädagogik« (1780) von TRAPP (1745-1818), der 1779 die erste Professur für Pädagogik an einer deutschen Universität (Halle) erhalten hat.
[3] Vgl. LOCHNER 1963; NICOLIN 1969.
[4] Das Wort wurzelt in den griechischen Worten »pais« = Kind, Jugendlicher, und »ago« = ich führe, leite, ziehe. Als »paidagogos« wurde ursprünglich der Diener bezeichnet, der das Kind bei seinen Gängen zwischen dem Elternhaus und der Schule zu begleiten hatte. Später erhielt das Wort die Bedeutung »Erzieher«. Die Erziehungskunst wurde »paidagogikè téchne« genannt (lateinisch »ars paedagogica«). Vgl. SCHUPPE 1958. Heutzutage ist mit dem Wort »Pädagoge« der *berufsmäßige* Erzieher gemeint, mit dem Wort »Pädagogiker« der Erziehungstheoretiker, wobei offen bleibt, ob die Erziehungstheorie, der er sich widmet, eine praktische oder eine wissenschaftliche Theorie ist. Vgl. RICHTER 1932.

ihm einen akademischen Grad erwerben kann. Es wird also zumindest in einigen Ländern sogar behördlich anerkannt, daß es eine Wissenschaft namens »Pädagogik« oder »Erziehungswissenschaft« gibt. Trotzdem verstummen die Zweifel nicht, ob die Pädagogik zu Recht als Wissenschaft angesehen wird.

Die Uneinigkeit über den Wissenschaftscharakter der Pädagogik

Ein Teil der Kritik, die an der Pädagogik geübt wird, bezieht sich nur auf ihren gegenwärtigen Zustand, ohne grundsätzlich auszuschließen, daß künftig einmal eine Wissenschaft aus ihr werden könne. So hat zum Beispiel MARIA MONTESSORI gemeint, es habe »in Wirklichkeit . . . noch nie eine festgefügte, bestimmt abgegrenzte wissenschaftliche Pädagogik« gegeben. Es sei »etwas sehr Unbestimmtes, kaum deutlich Faßbares, was unter ihr verstanden werden kann. Man könnte sagen, sie sei *bis jetzt nur die Ahnung einer Wissenschaft,* die sich erst herausbilden muß aus einem Chaos von Ergebnissen« der »positiven und experimentellen Wissenschaften«[5].

In ähnlichem Sinne hat BERNFELD die Pädagogik seiner Zeit als »unwissenschaftliche Pädagogik« bezeichnet, als »Dichtungen über Erziehung« ohne empirische Basis. Eine »psychologisch und soziologisch fundierte Erziehungswissenschaft« schien ihm nur in »ersten tastenden und undeutlichen Ansätzen« vorhanden zu sein, aber er war davon überzeugt, daß sie geschaffen werden könne[6].

Andere Kritiker glauben zwar daran, daß es die Pädagogik als Wissenschaft bereits gibt, aber sie sehen den größten Teil der Veröffentlichungen zur Pädagogik nicht als wissenschaftlich an. So hat zum Beispiel ALOYS FISCHER an der deutschen Pädagogik gerügt, sie sei »mehr ideenschöpferische Gestaltung als seinsorientierte Erkenntnis«; sie sei »in ihrem Kern . . . Philosophie geblieben«, »mehr Bekenntnis und Forderung als Erkenntnis und Beweis«[7]. Für die USA hat BRAUNER den dort erschienenen pädagogischen Schriften »bis auf seltene Ausnahmen« wissenschaftlichen Wert abgesprochen, weil sie mehr auf bloßer Spekulation statt auf Beobachtung und logischer Analyse gründen[8].

Solche kritischen Urteile über die Pädagogik bringen die Bemühungen, sie zu einer Wissenschaft auszubauen, nicht ernstlich in Gefahr. Im Gegenteil: sie könnten dazu anspornen, die vorhandenen Ansätze einer Wissenschaft von der Erziehung fortzuführen und sie durch schärfere Abgrenzung vor der Verwechslung mit nicht-wissenschaftlicher Pädagogik zu schützen.

---

[5] MONTESSORI 1913, S. 1 f. (Hervorhebung von mir).
[6] BERNFELD 1928, S. 44, 32, 28, 8.
[7] A. FISCHER 1928, S. 80.
[8] BRAUNER 1964, S. 303.

»Der *Zustand* einer Wissenschaft, mag er auch Kritik rechtfertigen«, braucht »nicht die *Idee* dieser Wissenschaft verdunkeln oder verdecken«[9]. Viel folgenschwerer ist die <u>Ansicht, eine selbständige Wissenschaft von der Erziehung sei weder notwendig noch möglich.</u> Zugunsten dieser Auffassung wird folgendes vorgebracht. Aus der Tatsache, daß es in der Welt Erziehung gibt, läßt sich keineswegs ableiten, daß es auch eine Erziehungswissenschaft geben muß. Nicht jedem Bereich der Wirklichkeit entspricht eine einzige, gerade ihm zugeordnete Wissenschaft, sondern die meisten Dinge in der Welt können Gegenstand mehrerer Wissenschaften sein. Man denke an das ärztliche Handeln: es stützt sich nicht auf eine selbständige Wissenschaft von der Heilkunst, sondern auf viele untereinander sehr verschiedene Wissenschaften. Ebenso kann auch das erzieherische Handeln auf Erkenntnisse gegründet werden, die verschiedenen Wissenschaften entstammen. Es braucht dazu keine selbständige Wissenschaft von der Erziehungskunst[10].

Neben der Notwendigkeit wird auch die Möglichkeit einer solchen Wissenschaft bestritten. Zur Begründung wird folgendes ausgeführt. Die Erziehung ist – je nach dem Gesichtspunkt, von dem aus sie betrachtet wird – eine psychische, eine soziale und eine historische Erscheinung. Für solche Erscheinungen (oder Phänomene) sind die Psychologie, die Soziologie und die Geschichtswissenschaft zuständig. Sie wirft auch philosophische Probleme auf: ihre Untersuchung steht der Philosophie zu. Eine Erziehungswissenschaft sei demnach nicht nur überflüssig, sondern grundsätzlich unmöglich, weil der für sie beanspruchte Gegenstand bereits Gegenstand anderer Wissenschaften ist.

Diese Ansicht ist im anglo-amerikanischen Sprachbereich vorherrschend. Es gibt dort keine als selbständige wissenschaftliche Disziplin angesehene Pädagogik, sondern die Probleme der Erziehung werden von mehreren Wissenschaften behandelt: von der Psychologie im Teilgebiet »Pädagogische Psychologie«, von der Soziologie im Teilgebiet »Soziologie der Erziehung«, von der Wirtschaftswissenschaft im Teilgebiet »Ökonomie der Erziehung«, von der Geschichtswissenschaft im Teilgebiet »Historiographie der Erziehung«, von der Philosophie im Teilgebiet »Philosophie der Erziehung«. Es wird kaum versucht, zwischen den Fragen, die in diesen Teilgebieten bearbeitet werden, einen Zusammenhang im Sinne eines Systems der Erziehungswissenschaft herzustellen. Eine gewisse Einheit bilden diese mit Erziehung befaßten Teildisziplinen verschiedener Wissenschaften nur dem Namen nach: sie werden als »Erziehungsforschung« (»educational research«) bezeichnet[11]. In Deutschland wird für die Gesamtheit »jener

---

[9] A. FISCHER 1921, S. 260.
[10] Vgl. SCHEFFLER 1966.
[11] Vgl. z. B. die »Encyclopedia of Educational Research« (EBEL 1969) und die »Review of Educational Research« (1977 im 47. Jahrgang).

empirischen und normativen Disziplinen, die sich der Erziehungswirklichkeit zuwenden«, gelegentlich der Name »Erziehungswissenschaft« im weiten Sinne verwendet[12]. Dadurch wird jedoch einem Gemisch von unzusammenhängenden Spezialgebieten verschiedener Wissenschaften nur das trügerische Aussehen einer selbständigen Wissenschaft verliehen.

Auf der anderen Seite kennt man aber auch in den englischsprachigen Ländern Theorien über Erziehung, die der deutschen »Pädagogik« entsprechen. Sie sind aus den Bemühungen entstanden, Lehrern und anderen Erziehern eine theoretische Vorbereitung auf die Berufspraxis zu geben. Solche Satzsysteme werden in den USA zumeist »Grundlagen der Erziehung« (»foundations of education«)[13], in England vorwiegend »Erziehungstheorie« (»educational theory«)[14] genannt. Sie sind nicht wissenschaftliche Theorien, sondern »Theorien für praktische Handlungen«[15] oder kurz gesagt: *praktische Theorien*. Ihr Zweck wird darin gesehen, »in praktischen Urteilen zu bestimmen, was in der Erziehungspraxis getan und was nicht getan werden soll«[16]. Nach HIRST sind »wissenschaftliche Theorie und Erziehungstheorie logisch so verschieden voneinander wie Urteile über das, was ist, verschieden sind von Urteilen über das, was sein soll«[17]. Kennzeichnend für die Erziehungstheorie diese Art ist »das Fehlen eines zusammenhängenden Gefüges von wissenschaftlichen Erkenntnissen«[18]. Im Unterschied zu anderen akademischen Studiengebieten gibt es keine Übereinstimmung darüber, was als Inhalt der »Erziehungstheorie« gelehrt werden soll. Die Abneigung gegen dieses Fach ist weit verbreitet: es biete »Wissen, das niemand will«[19]. Seine wissenschaftstheoretischen Grundlagen sind ebenso umstritten wie die der »Pädagogik« im deutschen Sprachgebiet[20].

Es gibt also offensichtlich mehrere Möglichkeiten, Theorien über Erziehung zu entwerfen. Am häufigsten wird zwischen wissenschaftlichen und praktischen Theorien unterschieden. Als Unterscheidungsmerkmal wird dabei der Zweck angesehen, dem sie dienen sollen. In einer wissenschaftlichen Theorie der Erziehung will man beschreiben und erklären, was ist. In einer praktischen Theorie will man ausdrücken, was sein und getan werden soll. »Der Zweck der Erziehungswissenschaft liegt nicht in der Beeinflussung eines erzieherischen Handelns, sondern . . . in der Erkenntnis der Ge-

---

[12] DERBOLAV 1959, S. 10.
[13] Vgl. CONNELL, DEBUS, NIBLETT 1967; LASKA 1969; ARNSTINE 1973; LEVIT 1973; BUTTS 1973.
[14] Vgl. HIRST 1963 und 1966.
[15] HIRST 1966, S. 40; ähnlich GOWIN 1969, S. 216.
[16] HIRST 1963, S. 63.
[17] HIRST 1966, S. 42.
[18] LASKA 1969, S. 184.
[19] ARNSTINE 1973.
[20] Vgl. z. B. WALTON und KUETHE 1963.

gebenheiten«[21]. Eine praktische Theorie dagegen hat den Zweck, Anleitungen zum Handeln, zur Praxis zu geben[22].

Diese Unterscheidung – die schon seit ARISTOTELES bekannt ist[23] – klingt für manche einleuchtend, aber sie wird keineswegs von allen Erziehungstheoretikern gebilligt. Das liegt daran, daß die Ansichten darüber, was unter »Wissenschaft« und »wissenschaftlich« zu verstehen sei, auseinandergehen. Im deutschen Kulturkreis und im Einflußbereich der Sowjetunion wird manches als »Wissenschaft« bezeichnet, was im anglo-amerikanischen Sprachgebiet nicht dafür gilt. Hier wird vielfach auch praktischen, philosophischen und weltanschaulichen Erziehungstheorien wissenschaftlicher Charakter zuerkannt. Statt wissenschaftliche und praktische Theorien gegeneinander abzugrenzen, werden auch praktische Theorien als zur Wissenschaft gehörig angesehen.

Es hängt vor allem mit diesem weiten Wissenschaftsbegriff zusammen, daß man in den deutschsprachigen Ländern mehr als in den englischsprachigen davon überzeugt ist, *eine selbständige Wissenschaft von der Erziehung sei möglich und notwendig.* Umstritten ist jedoch, welche Form diese Wissenschaft haben soll. Es lassen sich mindestens *drei Grundauffassungen* unterscheiden: Pädagogik als gemischte normgebend-beschreibende (normativ-deskriptive) Disziplin, Pädagogik als philosophische Disziplin und Pädagogik als reine Erfahrungswissenschaft.

Die erste und die zweite Grundauffassung stimmen darin miteinander überein, daß die Pädagogik nicht als eine empirische oder Erfahrungswissenschaft betrachtet, sondern für sie eine Sonderstellung außerhalb der rein empirischen Wissenschaften beansprucht wird. Die *Pädagogik als gemischte normativ-deskriptive Disziplin* wird als eine Theorie verstanden, die geeignet ist, der »Praxis Richtlinien zu geben«. Sie soll »Seinserfassung und Sollensbestimmung« zugleich leisten[24]. Sie könne »sich nicht auf die bloße Erforschung dessen, was ist, beschränken«, sondern sei »wenigstens zum Teil auch normative Wissenschaft, die ... leitende Ideale entwickelt und die bestehende Wirklichkeit an ihren Ansprüchen mißt«; sie schließe »normative Entscheidungen« ein; sie habe »Tatsachenfeststellung« mit »kritischer Bewertung dieser Tatsachen im Dienst einer verbindlichen Norm« zu vereinen[25].

Die Anhänger dieser Auffassung halten es für möglich, in ein und derselben wissenschaftlichen Diziplin die Erforschung des Wirklichkeitsbereiches »Erziehung« und die Aufstellung von Normen und Regeln für das erziehe-

---

[21] LOCHNER 1934, S. 2.
[22] Vgl. HIRST 1966, S. 40 ff.
[23] Vgl. ARISTOTELES: Metaphysik, A I 982a. 1928, S. 4, wo die theoretischen Wissenschaften als jene gekennzeichnet werden, »die um ihrer selbst und um des Wissens willen erstrebenswert« sind und die Ursachen der Erscheinungen erforschen.
[24] LITT 1949, S. 101, 104, 107.
[25] BOLLNOW 1964, S. 227, 223, 224, 227.

rische Handeln leisten zu können. Sie schreiben der Pädagogik einen »doppelseitigen Charakter« zu: sie gilt als »theoretisch-praktische Wissenschaft«[26] oder als »deskriptiv-normative Wissenschaft«[27]. Sie habe »notwendig einen gemischten Charakter, sie ist weder rein spekulativ noch rein empirisch«. Eine »spekulative« oder »philosophische Wissenschaft« sei sie nur, soweit sie den Zweck der Erziehung untersucht, »eine wenigstens teilweise empirische dagegen in Rücksicht dessen, was sie über die Mittel und Methoden beibringt, durch welche jener realisiert werden soll«[28]. »Das Philosophieren in der praktischen Situation« sei »die Grundform dieser Wissenschaft«[29]. Je mehr die normative Seite betont und die empirische oder deskriptive vernachlässigt wird, desto mehr verschwimmen die Grenzen gegenüber dem zweiten Typ der *Pädagogik als einer rein philosophischen Disziplin.*

Da Erziehen ein zielgerichtetes oder zweckbewußtes Handeln ist, setzt es selbstverständlich Wissen über das, was der Handelnde erreichen will (bzw. was erreicht werden soll), und wie es erreicht werden kann, voraus. Deshalb gelten Zwecke, Normen und Handlungsempfehlungen von jeher als wichtigste Inhalte einer praktischen Theorie der Erziehung. Um technische Normen, welche die Mittel für die Zweckverwirklichung betreffen, gewinnen zu können, hat man sich stets auf die Psychologie gestützt (die allerdings bis zur Mitte des 19. Jahrhunderts als eine Disziplin der Philosophie angesehen worden ist). Als vorrangiger aber erscheint die Frage nach den moralischen Normen, die für die Zu-Erziehenden (Educanden) und ihre Erzieher gelten sollen. Für solche Fragen ist die Ethik oder Moralphilosophie zuständig. Darum lag es nahe, die Pädagogik als eine philosophische Disziplin aufzufassen.

Man kann dabei wie SCHLEIERMACHER von der Überlegung ausgehen, daß »das Einwirken auf das jüngere Geschlecht ein Teil der sittlichen Aufgabe« der Erwachsenen, »also ein rein ethischer Gegenstand« sei. Deshalb sei auch die Pädagogik »eine rein mit der Ethik zusammenhängende, aus ihr abgeleitete angewandte Wissenschaft«, eine »ethische Wissenschaft«[30].

Als Begründung dafür, die Pädagogik als eine philosophische Disziplin anzusehen, wird in erster Linie die Notwendigkeit genannt, moralische Urteile über Erziehungsziele und über die Mittel zu ihrer Erreichung treffen und auf Wertungsgrundsätze, Grundnormen oder moralische Prinzipien gründen zu müssen. Die Ziele der Erziehung seien »maßgebend für die Entscheidung jeder pädagogischen Einzelfrage«, sie seien aber auch »abhängig von der gesamten Lebensanschauung, d. h. von der Gesamtheit der Ansicht

---

[26] MEISTER 1965, S. 58 ff.
[27] WEINGARTNER 1971, S. 140.
[28] WAITZ 1898, S. 20, 17, 19.
[29] W. FLITNER 1966, S. 19.
[30] SCHLEIERMACHER, Bd. 1, S. 11 f.

über Wert und Sinn des Menschenlebens. Diese Frage aber gilt von jeher als Endfrage der Philosophie. Also ist Pädagogik wesentlich von Philosophie abhängig. Diese Abhängigkeit ist nicht so zu verstehen, daß es genügt, wenn die Pädagogik einige philosophische Sätze aufnimmt; vielmehr muß ihr ganzer Aufbau philosophisch sein, alles nicht Philosophische muß in diesen Aufbau sich als Ergänzung einordnen«[31].

Nach dieser Auffassung sind empirische Theorien über die Erziehungswirklichkeit »noch nicht Pädagogik im eigentlichen Sinn«. »Was der Pädagogik wissenschaftliche Eigenständigkeit verleiht, ist vielmehr ihre ... philosophische Begründung«[32]. Diese zieht allerdings nach sich, daß die »philosophisch begründete« Pädagogik »naturgemäß die unterschiedlichen philosophischen Systembildungen und Standpunkte widerspiegelt«[33]. HERBART hat es noch schärfer ausgedrückt: daß sie »der Spielball der Sekten« wird[34]. Von den verschiedenen Erscheinungsformen der »Pädagogik auf philosophischer Grundlage« gibt es *fließende Übergänge zur Pädagogik auf weltanschaulicher Grundlage*.

Vieles, was unter den Namen »wissenschaftliche Pädagogik« und »philosophische Pädagogik« auftritt, erweist sich bei näherer Prüfung als weltanschaulich bestimmte Pädagogik. Der Eindruck, es handle sich um Wissenschaft oder um Philosophie, geht oft lediglich auf die abstrakte Form solcher Theorien zurück und wird nicht durch die Art ihrer Begründung gerechtfertigt. Die Unterschiede zwischen den pädagogischen Theorien kommen weniger dadurch zustande, daß ein und derselbe Tatbestand verschieden gedeutet wird, sondern sie sind vorwiegend durch unterschiedliche Ideale vom Menschen und von der Gesellschaft bedingt. Pädagogische Theorien praktischer, normativ-deskriptiver und philosophischer Art sind in den meisten Fällen »nicht uninteressierte Erkenntnis dessen, was ist, sondern interessierte Verkündigung dessen, was sein soll«[35].

Demgegenüber wollen die Anhänger der dritten Grundauffassung die *wissenschaftliche Pädagogik als reine Erfahrungswissenschaft* aufbauen. Damit ist ein Aussagensystem gemeint, das über Erziehungsziele und über jene Ausschnitte der Wirklichkeit, die für die Erreichung von Erziehungszielen relevant sind, in intersubjektiv nachprüfbaren Sätzen informiert[36]. Insbesondere werden Gesetzmäßigkeiten gesucht, die zur Erklärung ein-

---

[31] COHN 1919, S. 11.
[32] DERBOLAV 1970, S. 50.
[33] DERBOLAV 1971, S. 7.
[34] HERBART, Bd. 1, S. 234.
[35] FRISCHEISEN-KÖHLER 1921, S. 13.
[36] Mit dem Wort »*Satz*« wird in diesem Buch sowohl ein sprachliches Gebilde, als auch die Bedeutung oder der Sinngehalt eines solchen bezeichnet. Ein Satz, der eine Behauptung ausdrückt, wird *Aussage* genannt. Eine Aussage kann wahr oder falsch sein, d. h. der in ihr ausgesagte Sachverhalt trifft zu oder trifft nicht zu. Ein Satz, der eine Sollensforderung ausdrückt, wird *Norm* genannt. Eine Norm ist gültig oder ungültig. Vgl. WEINGARTNER 1971, S. 26 f. Der Sprachgebrauch ist jedoch selbst in wis-

schlägiger Tatsachen dienen, aber auch als Grundlage für Voraussagen und für die Beantwortung technologischer Fragen (»Was kann getan werden, um das Ziel x zu erreichen?«) benutzt werden können.

Um Verwechslungen zu vermeiden, haben die Anhänger dieses Forschungsprogrammes vorgeschlagen, den Namen »Erziehungswissenschaft« nur für solche erfahrungswissenschaftlichen Aussagensysteme über Erziehung zu verwenden[37]. Solange dieser Vorschlag jedoch nicht allgemein angenommen ist, dürfte es am wenigsten mißverständlich sein, wenn man das Gemeinte als »*Empirische Erziehungswissenschaft*« bezeichnet[38].

Die Empirische Erziehungswissenschaft unterscheidet sich von den anderen Formen der Pädagogik dadurch, daß sie auf Probleme beschränkt ist, die die Wirklichkeit oder das Seiende betreffen. Hier wird danach gefragt, was ist, warum es so ist, was unter bestimmten Umständen möglich ist, was Menschen wollen, was sie tun und was zur Erreichung bestimmter Ziele getan werden *kann*. Dagegen wird nicht festgesetzt, was sein und getan werden *soll*. Auf die Aufstellung und Begründung von Sollensforderungen, auf die Setzung von Zwecken, Idealen und anderen Normen wird aus methodischen Gründen verzichtet. Es wird allein nach erfahrungswissenschaftlichen Erkenntnissen gesucht, d. h. nach hypothetischem Wissen, das empirisch möglichst gut begründet ist. Entscheidungen für bestimmte Weltanschauungen und Bekenntnisse zu bestimmten Idealen werden als erfahrungswissenschaftlich unbegründbar angesehen und deshalb ausgeklammert. Die Behandlung normativer Probleme wird der Philosophie der Erziehung überlassen, die als unentbehrliche Ergänzung der Erziehungswissenschaft betrachtet wird. Anlaß für diese Arbeitsteilung ist die wissenschaftstheoretische Überzeugung, daß normative Probleme im Rahmen empirischer Wissenschaften nicht gelöst werden können und daß vorgefaßte, der Kritik entzogene Meinungen, wie es Weltanschauungen zwangsläufig sind, die wissenschaftliche Erkenntnis eher behindern als fördern.

Die drei soeben skizzierten Grundauffassungen von wissenschaftlicher Pädagogik beruhen auf verschiedenen Fragestellungen und auf verschiedenen wissenschaftstheoretischen Überzeugungen. Sie werden mit wechselnden Namen seit Generationen nebeneinander vertreten. Auf dem Boden jeder Grundauffasssung sind *verschiedene Richtungen* entstanden. Es gibt also nicht bloß *eine* Pädagogik oder *die* wissenschaftliche Pädagogik, sondern verschiedene Pädagogiken.

---

senschaftstheoretischen Schriften sehr uneinheitlich. Häufig werden die Worte »Satz« und »Aussage« bedeutungsgleich verwendet (zum Beispiel von BOCHENSKI 1954, S. 13; V. KRAFT 1960, S. 127; STEGMÜLLER 1969, S. 6).
[37] Z. B. DURKHEIM schon 1911: vgl. 1972, S. 54 ff.; LOCHNER 1934 und 1963; BREZINKA 1966, 1966a und 1967.
[38] Vgl. BREZINKA 1970 und 1971. Manche Gegner dieser Richtung haben ihr auch den unzutreffenden Namen »Positivistische Erziehungswissenschaft« gegeben, so z. B. BENNER 1973, S. 178 ff.

Um einen Eindruck von der Vielfalt der Begründungsversuche zu erhalten, braucht man sich nur anzusehen, welche Richtungen seit Beginn des 20. Jahrhunderts allein unter methodologischen Gesichtspunkten unterschieden worden sind.

DURKHEIM hat 1911 die »Erziehungswissenschaft« (la science de l'éducation) von der »Pädagogik« (pédagogie) abgegrenzt[39]. FRISCHEISEN-KÖHLER unterschied 1921 die »empirische Pädagogik«, die »kritische Pädagogik« und die »spekulative Pädagogik«[40]. ERICH STERN berichtete 1922 über drei Gruppen pädagogischer Theorien: »rein spekulative Pädagogik«, »rein empirische Pädagogik« und »empirisch-spekulative Pädagogik«[41]. DOLCH unterschied 1929 die »soziologische Pädagogik«, die »Kultur- und Wertpädagogik«, die »idealistische Pädagogik« und die »kritische Pädagogik«[42]. LOCHNER veröffentlichte 1927 eine »Deskriptive Pädagogik« und grenzte 1934 die »Erziehungswissenschaft« von der »Erziehungslehre« ab[43]. BOKELMANN unterschied 1970 in der westdeutschen Pädagogik den »hermeneutisch-spekulativen«, den »deskriptiv-phänomenologischen« und den »empirisch-positivistischen Theorietypus«. Als weitere Ansätze wurden die »transzendentalkritische«, die »fundamental-ontologische« und die »dialektische Pädagogik« genannt[44]. BENNER gliederte 1973 in »traditionelle Pädagogik«, »empirische Pädagogik«, »geisteswissenschaftliche Pädagogik« und »emanzipatorische Pädagogik«[45]. LASSAHN unterschied 1974 zwischen »geisteswissenschaftlicher Pädagogik«, »empirisch-analytischer Erziehungswissenschaft«, »normativer Pädagogik« und »marxistischer, neomarxistischer und kritischer Erziehungswissenschaft«[46]. GAMM nennt die zuletzt genannte Richtung, der er sich selbst zuzählt, »kritisch-materialistische Pädagogik«[47]. BLANKERTZ unterscheidet »Pädagogik als positivistische Erfahrungswissenschaft«, »Pädagogik als Geisteswissenschaft« und »Pädagogik als kritische Theorie«[48]. KÖNIG unterscheidet zwischen der »traditionellen normativen Pädagogik, der geisteswissenschaftlichen Pädagogik, der empirischen Erziehungswissenschaft und der emanzipatorischen Pädagogik«[49]. Ferner stoßen wir auf »Pragmatische Pädagogik«[50], auf »Rationalistische Pädagogik«[51], auf das Programm einer

---

[39] Vgl. DURKHEIM 1972, S. 50 ff.
[40] FRISCHEISEN-KÖHLER 1921.
[41] STERN 1922, S. 56 ff.
[42] DOLCH 1966, S. 6 ff.
[43] LOCHNER 1927; 1934, S. 1 ff.; 1963, S. 387 ff.
[44] BOKELMANN 1970, S. 205 ff.
[45] BENNER 1973.
[46] LASSAHN 1974.
[47] GAMM 1974, S. 98.
[48] BLANKERTZ 1974, S. 634.
[49] E. KÖNIG 1975.
[50] WILHELM 1975.
[51] RÖSSNER 1975.

»Strukturalistischen Erziehungswissenschaft«[52] und noch auf manches andere.

Diese Aufzählung wirkt vielleicht auf den ersten Blick verwirrend, aber zur Beruhigung sei gleich gesagt, daß die wissenschaftstheoretischen Möglichkeiten zur Begründung der Pädagogik erheblich geringer sind, als die Menge der Namen vermuten läßt. Es gibt zweifellos unvereinbare Standpunkte, aber es gibt andererseits auch mehr Ähnlichkeiten und Übereinstimmungen, als häufig angenommen wird. Dennoch drängt sich die Frage auf, wie es zu dieser Vielfalt der Richtungen hat kommen können. Warum ist man sich gerade bei der Pädagogik über ihren Wissenschaftscharakter noch immer uneinig? Erst wenn diese Frage geklärt ist, erscheint es sinnvoll, auf eine Annäherung der Standpunkte hinzuarbeiten.

Mir scheint die wesentlichste *Ursache der Uneinigkeit* über den Wissenschaftscharakter der Pädagogik darin zu liegen, daß von diesem Fach ganz Verschiedenes erwartet wird. Es soll nach dem Willen vieler, die an ihm interessiert sind, nicht nur dem theoretischen Zweck der wissenschaftlichen Erkenntnis dienen, sondern zugleich auch praktischen Zwecken, die einer Erfahrungswissenschaft fremd sind. Die Uneinigkeit wurzelt in verschiedenen Ansichten über die Beziehungen zwischen Erziehungstheorien und Erziehungspraxis. Da jede Erziehungspraxis weltanschaulich bestimmt ist und da die Erzieher auf weltanschauliche Orientierung angewiesen sind, geht es letztlich um verschiedene Ansichten über die Beziehungen zwischen Wissenschaft und Weltanschauung.

Ich werde diese praxisbedingten und weltanschaulichen Hintergründe der Meinungsverschiedenheiten über den Wissenschaftscharakter der Pädagogik in den folgenden Kapiteln über den Ursprung der Pädagogik in praktischen Erziehungslehren und über die weltanschauliche Abhängigkeit der Pädagogik darstellen.

Der Ursprung der Pädagogik in praktischen Erziehungslehren

Vermutlich haben die Menschen seit es sie gibt auch erzogen[1]. In den Familien geschah das jedoch nur gelegentlich, wenn es angebracht erschien. Wie für die Eltern so blieb auch für die Meister, die Lehrlinge zur Ausbildung übernahmen, das Erziehen eine Nebentätigkeit. Erst mit den Lehrern traten Leute auf, die es zu ihrem Beruf machten.

Die *Lehrer* sind die ersten *Spezialisten der Erziehung*. Je nach ihrem Wirkungskreis wird von ihnen erwartet, daß sie in ihren Schülern Wissen, Fä-

---

[52] NEZEL 1976.

[1] Über Anfänge und Frühformen der Erziehung vgl. MEISTER 1965, S. 88-100; WALK 1934; WOODY 1949; MARROU 1957.

higkeiten, Haltungen, Tugenden und Gesinnungen hervorbringen. Das zwingt zu Überlegungen, wie diese Ziele erreicht werden können. Der Lehrstoff muß aus der Gesamtmenge des verfügbaren Wissens ausgewählt und nach Graden der Schwierigkeit geordnet werden. Der Lehrer muß sich ein Urteil über den inneren Zustand seiner Schüler bilden, über ihre Kenntnisse, ihre Interessen, ihre Belastbarkeit. Er muß sich einen Plan machen, nach dem er vorgehen will. Beim Versuch, diesen Plan durchzuführen, erfährt er, wie sein Unterricht von den Schülern aufgenommen wird. Er erlebt Erfolge und Mißerfolge und fragt nach den Ursachen, die dazu geführt haben.

Erzieherisches Handeln setzt also Überlegungen voraus und gibt Anlaß zu weiteren Überlegungen. Es hängt von Annahmen über Beziehungen zwischen Zwecken und Mitteln sowie von einer Deutung der Situation ab. Man kann die Ansichten oder Meinungen, die das Ergebnis solcher Überlegungen bilden, als »*Theorie*« *im weitesten Sinne* des Wortes bezeichnen. Damit ist dann *ein subjektives Gedankengebilde eines Erziehers* gemeint, das teils auf Nachdenken und eigene Beobachtung, teils auf Mitteilungen anderer zurückgeht. Diese Art von Theorie gibt es, seit es erzieherisches Handeln gibt.

Versteht man dagegen unter »*Theorie*« *im engeren Sinne eine Lehre oder ein System von Lehrmeinungen über einen bestimmten Gegenstand*, dann trifft es zu, daß »die Praxis viel älter als die Theorie« ist[2]. Die Beziehungen zwischen erzieherischem Handeln und Erziehungstheorie sind ähnlich denen, die zwischen wirtschaftlichem Handeln und Wirtschaftstheorie oder zwischen politischem Handeln und Politiktheorie bestehen. Die Praxis der Viehzucht, des Ackerbaus, des Handwerks und des Handels ist viel älter als die Wirtschaftslehre. Ebenso ist die Praxis des Kampfes um die Macht, des Herrschens und Verwaltens viel älter als die Staats- und Verwaltungslehre.

Das Erziehen galt von alters her als eine *Kunst*[3] in der ursprünglichen Bedeutung des Wortes: als ein *Können*[4]. ARISTOTELES hat unter »Kunst« »ein mit richtiger Vernunft verbundenes hervorbringendes Verhalten« verstanden[5]. DURKHEIM definiert »Kunst« als »ein *System von Handlungsweisen*, die auf bestimmte Ziele gerichtet und entweder Produkte einer traditionellen, durch Erziehung mitgeteilten Erfahrung oder Produkt persönlicher Erfahrung des Individuums sind. Man kann sie nur erwerben, indem man in Berührung mit den Gegenständen kommt, auf die sich das Handeln« bezieht, »und indem man selbst mit ihnen umgeht«[6].

---

[2] SCHLEIERMACHER, Bd. 1, S. 11; ähnlich SCHWARZ 1835, S. 12.
[3] Vgl. HERBART, Bd. 1, S. 120 ff.; SCHLEIERMACHER, Bd. 1, S. 11.
[4] Nach TRIER 1931, S. 36, bedeutet »können« ursprünglich folgendes: »sich auf etwas verstehen auf Grund einer vorhergegangenen kenntnisnehmenden Begegnung«.
[5] ARISTOTELES: Nik. Ethik VI, 4 (S. 185).
[6] DURKHEIM 1972, S. 60 (Hervorhebung von mir).

Es ist möglich, eine Kunst zu beherrschen, ohne daß man ihre theoretischen Grundlagen genauer kennt. Schon ARISTOTELES hat bemerkt, daß es Leute mit praktischer Erfahrung gibt, »die ohne wissenschaftliches Wissen zum praktischen Handeln in verschiedenen Dingen geeigneter sind als die Wissenden«[7]. So gibt es auch erfolgreiche Erzieher, die über das Erziehen kaum nachgedacht haben, und es gibt umgekehrt Erziehungstheoretiker, denen trotz intensiven Nachdenkens das erzieherische Können mangelt. Deshalb hat SCHLEIERMACHER gemeint, die Würde der Praxis sei »unabhängig von der Theorie«[8].

Auf der anderen Seite läßt sich kaum bezweifeln, daß die »Kunst der Erziehung« oder die »Erziehungskunst«[9] im allgemeinen nur dann erfolgreich ausgeübt werden kann, wenn die Erzieher über die Bedingungen für den Erfolg ihres erzieherischen Handelns und über die möglichen Ursachen von Mißerfolgen genügend wissen. Die Eltern wie die berufsmäßigen Erzieher stoßen bei ihren Versuchen, Educanden gemäß den für sie gesetzten Zwecken zu beeinflussen, häufig auf Schwierigkeiten. Was liegt da näher, als die Ursachen dieser Schwierigkeiten erkennen und wissen zu wollen, wie man sie überwindet? Die praktischen Fragen, die sich beim Erziehen aufgedrängt haben, sind der Anlaß gewesen, Erziehungslehren zu entwerfen.

Die ersten *Erziehungslehren* gründen auf Beobachtungen verschiedener Formen des erzieherischen Handelns und ihrer Wirkungen. Sie fassen Erfahrungen zusammen, die Erzieher beim Erziehen gemacht zu haben glauben. Sie schildern die Regeln, nach denen man sich beim Erziehen richtet. Das geschieht jedoch nicht rein beschreibend, sondern wertend und vorschreibend zu einem praktischen Zweck. Es wird zwischen Tugenden und Lastern, zwischen wichtigen und weniger wichtigen Erziehungszielen, zwischen geeigneten und ungeeigneten Mitteln, zwischen richtiger und falscher Erziehung unterschieden. Die Erziehungslehren sind entworfen worden, um Erzieher zum Erziehen anzuleiten. Sie enthalten Empfehlungen, Vorschriften oder Normen für das erzieherische Handeln. Deshalb werden sie als normgebend, normierend oder normativ gekennzeichnet. Sie sind Anweisungen für die Kunst des Erziehens oder *Kunstlehren* der Erziehung[10].

Solche Kunstlehren werden vor allem für die Ausbildung von Erziehern gebraucht. Seit dem Beginn der Neuzeit hat die Menge erziehungspraktischer Schriften – begünstigt durch den Buchdruck und die Ausbreitung des Lesens – rasch zugenommen. Die meisten sind als Anleitungen für Lehrer,

---

[7] ARISTOTELES: Nik. Ethik VI, 8 (S. 189).
[8] SCHLEIERMACHER, Bd. 1, S. 11.
[9] HERBART, Bd. 1, S. 120 ff.; Bd. 3, S. 569 ff.
[10] Vgl. z. B. ROLFUS und PFISTER, Bd. 1, 1863, S. 539 ff., wo die »Erziehungslehre« definiert wird als »die systematische Darstellung der Regeln, Vorschriften und Grundsätze der Erziehung oder die Anleitung zur Erziehungskunst«.

Hofmeister[11] und Katecheten[12] bestimmt gewesen, aber viele wenden sich auch an die Eltern, insbesondere an die Mütter[13].

<u>Es gibt zwischen den Erziehungslehren große Unterschiede hinsichtlich des normativen (religiösen, moralischen, weltanschaulichen) Standpunktes, der logisch-systematischen Qualität, des empirischen Gehalts, der Anwendbarkeit und des Geltungsbereiches, aber gemeinsam ist ihnen allen der *praktische* Zweck.</u> Selbst ein philosophisch so anspruchsvoller Autor wie HERBART hat keinen Zweifel daran gelassen, daß seine »Allgemeine Pädagogik« (1806) als praktische Theorie für Erzieher, als eine »Landkarte für die Unerfahrenen« gedacht war. Sie bleibt auf die »*praktische* Überlegung« beschränkt, »*mit welcher Absicht* der Erzieher sein Werk angreifen *soll*, ... allenfalls vorläufig detailliert bis zu den Maßregeln, die wir nach unsern bisherigen Einsichten zu erwählen haben«[14]. HERBART hat ausdrücklich erwähnt, daß dieser Komplex praktischer Fragen und Antworten zu seiner Zeit »allgemein für das Ganze« der Pädagogik gehalten worden ist.

Soweit man mit einer Erziehungslehre mehr bieten wollte, als eine Sammlung methodischer (oder technischer) Ratschläge, wurde sie als »eine rein mit der Ethik zusammenhängende«, »an dieselbe sich anschließende Kunstlehre« entworfen[15]. Unter »Kunstlehre« wurde dabei ein Wissen verstanden, das auf das Handeln gerichtet ist. Die Zuordnung zur Ethik als der das richtige Handeln erörternden Disziplin der Philosophie war schon durch ARISTOTELES vorgezeichnet worden[16]. Auch WAITZ hat 1852 auf diese Tradition zurückgegriffen, als er die Pädagogik als eine »praktische Kunstlehre« der »praktischen Philosophie«, d. h. der Ethik bezeichnet hat, deren Aufgabe es sei, »die Vermittlung der praktischen Philosophie mit dem Leben (zu) übernehmen«. Kunstlehren dienen nach ihm der »Einführung der praktischen (d. h. hier: sittlichen) Ideen ins Leben«: sie »beschäftigen sich ... nur mit den Zwecken, die der Mensch sich setzen soll, und mit den Mitteln, die er durch eigene Kraft beherrschen kann«[17].

Es verdient Beachtung, daß die pädagogischen Kunstlehren im allgemeinen nicht nur über die Zwecke und Mittel der Erziehung zu *informieren* hatten, sondern zugleich auch dazu dienen sollten, die Erzieher zu *inspirieren*,

---

[11] Hofmeister (ursprünglich: Hofmagister) wurde ein Mann genannt, der an einem Fürsten- oder Herrenhof die Erziehung der herrschaftlichen Kinder besorgt oder leitet. Vgl. STREBEL 1862. Ihm entsprach der Hauslehrer in den reichen bürgerlichen Familien.
[12] Katechet (vom griechischen »katechein« = mündlich unterrichten) ist der Fachausdruck für den christlichen Seelsorger, soweit er als Religionslehrer tätig ist. Vgl. HIRSCHER 1840, S. 6 ff.
[13] Ein frühes Beispiel ist das »Informatorium der Mutterschul« von COMENIUS 1633.
[14] HERBART, Bd. 1, S. 237 (Hervorhebungen im Original).
[15] SCHLEIERMACHER, Bd. 1, S. 12. Zur Interpretation vgl. die Anmerkung 10 von THEODOR SCHULZE auf S. 419 ff. sowie DAHMER 1968, S. 37 ff.
[16] Vgl. WILLMANN 1909, S. 65 ff.; LICHTENSTEIN 1963, S. 248 f.; J. RITTER 1969.
[17] WAITZ 1898, S. 12 ff. (Ergänzungen von mir).

für das Gute zu begeistern und zur Selbstbildung anzuspornen. So wollte zum Beispiel SAILER mit seiner für die Gattung der pädagogischen Kunstlehren typischen Schrift »Über Erziehung für Erzieher« (1807) ausdrücklich »geschlossene Augen öffnen« (d. h. informieren) »und kalte Gemüter entzünden« (d. h. inspirieren)[18].

Die enge Verbindung der praktischen Erziehungslehren mit der Ethik hat im 19. Jahrhundert dazu geführt, daß man die Pädagogik vielfach geradezu als einen Zweig der Praktischen Philosophie betrachtet hat. Auch in jenen Fällen, in denen sie – dem weiten, die Philosophie einschließenden Wissenschaftsbegriff jener Zeit entsprechend – als »praktische Wissenschaft«[19] oder als »angewandte Wissenschaft«[20] gekennzeichnet worden ist, war damit keine empirisch-technologische Wissenschaft, sondern eine *normative Disziplin* gemeint.

Bis ins 20. Jahrhundert haben die meisten Theoretiker der Erziehung es als ihre wichtigste Aufgabe angesehen, herauszufinden, wie die Zöglinge *sein sollen* und was die Erzieher *tun sollen*, um sie so weit zu bringen. Dabei hat sich gezeigt, daß man einen Bereich, für den man Anweisungen geben will, auch möglichst genau kennen sollte. Deshalb haben die meisten Pädagogiker ihren Blick auch auf die tatsächlichen Zustände und Vorgänge im Erziehungswesen ihrer Zeit gerichtet[21]. Da sie jedoch vor allem an Reformen interessiert waren, haben sie jene Tatsachen, die zu ihren Ideen zu passen schienen, bevorzugt, die empirische Untersuchung der größeren sozial-kulturellen Zusammenhänge, in die sie gehörten, dagegen vernachlässigt[22].

So ist im Laufe der Zeit unter dem Namen »Pädagogik« ein Komplex von

---

[18] SAILER 1962, S. 191.
[19] Nach HERBART 1813, S. 47, können die »Kunstlehren« auch *praktische Wissenschaften* genannt werden, »weil sie angeben, wie derjenige, der sich mit einem gewissen Gegenstande beschäftigt, denselben behandeln *soll*, indem nicht das Mißfallende, vielmehr das Gefallende soll erzeugt werden«. Die Kunstlehre, deren Gegenstand wir selbst sind, »ist die *Tugendlehre*; welche in Hinsicht unserer Äußerungen im Tun und Lassen, in die *Pflichtenlehre* übergeht« (§ 9 ebenda S. 47). »Ein paar Hauptzweige der Tugendlehre sind die Politik und *Pädagogik* (§ 91 bzw. § 106 in der 4. Ausgabe, a. a. O., S. 134).
Die »Kunstlehren« oder »praktischen Wissenschaften« werden auch als »*praktische Philosophie*« bezeichnet: sie ist »eine *Lehre vom Tun und Lassen*, von den unter Menschen zu treffenden Einrichtungen, vom geselligen und bürgerlichen Leben« (§ 85 bzw. § 95 in der 4. Ausgabe, a. a. O., S. 123). An anderer Stelle heißt es: mit dem Namen praktische Philosophie »bezeichnen wir denjenigen Teil sowohl der allgemeinen als angewandten Ästhetik, welcher die Bestimmungen des Löblichen und Schändlichen samt den daraus entspringenden Vorschriften enthält« (§ 10, ebenda S. 48).
[20] REIN 1911, Bd. 1, S. 34 und S. 71.
[21] Vgl. MENZE 1966.
[22] Über den Ursprung der Pädagogik in der Kritik an der Erziehung und über ihre Verbindung mit den großen Aufklärungs- und Befreiungsbewegungen vgl. WENIGER 1936.

Sätzen entstanden, die sich zwar alle auf die Erziehung beziehen, aber in sehr verschiedener Hinsicht. Dieser Komplex enthält:

1. Sätze über die *Ziele* oder *Zwecke*, die man durch Erziehung erreichen will. Sie schließen *Werturteile* ein, d. h., es wird bestimmten Persönlichkeitsmerkmalen durch Wertprädikate Wert zugeschrieben. Soweit Erziehungsziele zu verwirklichen gefordert werden, handelt es sich um Forderungssätze oder *Normen*. Erziehungsziele als Normen drücken Vorstellungen von der Gesamtverfassung oder von Einzelmerkmalen einer Persönlichkeit aus, die diese möglichst weitgehend verwirklichen soll.

2. Vorschriften oder *Normen für das erzieherische Handeln* als *Mittel* zur Verwirklichung der Zwecke. Darin wird entweder etwas zu tun oder etwas zu unterlassen gefordert (Handlungs- und Meidungsvorschriften). Dabei kann es sich um sittliche (moralische), rechtliche oder technische Normen handeln.

3. *Vorschläge für* (oder Argumente gegen) bestimmte Organisationsformen der *Erziehungseinrichtungen.* Auch diese Sätze betreffen *Mittel* zur Verwirklichung der Zwecke.

4. Die Normen, Werturteile, Anweisungen und Vorschläge, die unter 1. bis 3. genannt worden sind, sind häufig in eine *Lehre von der richtigen Lebensführung* eingefügt, in eine »praktische Philosophie« im aristotelischen Sinne. Diese beschränkt sich nicht auf Sätze über das, was die Menschen sein und tun sollen, sondern sie enthält auch eine weltanschauliche Interpretation ihrer Lage, eine »Auslegung der menschlichen Bestimmung«[23].

5. *Beschreibende, erklärende und prognostische Aussagen über den Gegenstandsbereich Erziehung,* über die »Erziehungswirklichkeit«, über das »Sein« oder die Tatbestände der Erziehung und ihre psychischen, sozialen und kulturellen Bedingungen und Wirkungen. Zu diesem Gegenstandsbereich gehören unter anderem Erziehungsziele, erzieherische Handlungen, Erziehungseinrichtungen, Lehrinhalte oder Unterrichtsgegenstände, Erzieher und vor allem die zu erziehenden Personen (Zöglinge, Educanden, Objekte oder Adressaten der Erziehung).

Dieser aus sehr verschiedenen Elementen zusammengesetzte Komplex von Sätzen über Erziehung, »Pädagogik« genannt, bildet eine Tradition, der wir unser erstes geordnetes Wissen über diesen Gegenstandsbereich verdanken. Diese Tradition ist in einer Zeit entstanden, in der man vieles als Er-

---

[23] W. FLITNER 1958, S. 14.

kenntnis hat gelten lassen, was den strengen Anforderungen der neueren Erkenntnislehre[24] nicht entspricht. Besonders in jenen Disziplinen, die das Handeln und die Werke der Menschen untersuchen[25], ist zwischen wissenschaftlichen und nicht-wissenschaftlichen Theorien, zwischen Entdecken und Begründen, Tatsachenbeschreibung und Werturteil, Aussagen über Seiendes und Sollensforderungen noch nicht genau unterschieden worden. Auch die Pädagogik ist methodologisch über die Anwendung des »gesunden Menschenverstandes«[26] lange nicht hinausgekommen.

HERBART ist schon 1806 klar gewesen, daß die pädagogischen Kunstlehren, die zu seiner Zeit »für das Ganze« der Pädagogik gehalten worden sind, strengen wissenschaftlichen Ansprüchen nicht genügen. Er hat gewünscht, daß man der praktischen Erziehungslehre eine wissenschaftliche Theorie der Erziehung zur Seite stellen solle, die er als »zweite Hälfte der Pädagogik«, später auch als »psychologische Pädagogik« bezeichnet hat. In ihr sollte »die Möglichkeit der Erziehung theoretisch erklärt und als nach der Wandelbarkeit der Umstände begrenzt dargestellt« werden. Aber das sei »bis jetzt ein frommer Wunsch«, weil die Psychologie fehle, auf der sie fußen müßte[27].

In der zweiten Hälfte des 19. Jahrhunderts bestand für kritische Beurteiler kein Zweifel mehr, daß die traditionelle normative Pädagogik weit davon entfernt war, eine Erfahrungswissenschaft zu sein. WILLMANN schrieb 1882, sie sei zwar »an Rat und Wohlmeinungen reich«, aber »arm an Beobachtungen und Tatsachen«[28]. DILTHEY bemängelte 1888 an ihr die »edle Popularität, die das Kennzeichen mißlingender Wissenschaftlichkeit ist«[29]. Beide Kritiker wollten eine echte Erfahrungswissenschaft von der Erziehung schaffen. WILLMANN dachte sie sich als eine »erklärende Sozialwissenschaft«[30], DILTHEY als »angewandte Psychologie«[31]. Es blieb jedoch bei Programmen, die wenig Beachtung gefunden haben.

Wie man leicht an den großen Lexika und Handbüchern jener Zeit feststellen kann[32], ist die Pädagogik auch am Beginn des 20. Jahrhunderts noch immer nicht mehr als eine bunt gemischte praktische Erziehungslehre. Im

---

[24] Vgl. V. KRAFT 1960; ESSLER 1972.
[25] Sie werden seit der zweiten Hälfte des 19. Jahrhunderts als »Geistes«- oder »Kulturwissenschaften« bezeichnet. Der deutsche Terminus »Geisteswissenschaften« für den englischen Ausdruck »moral sciences« taucht erstmals 1849 in der Übersetzung der Logik (1843) von JOHN STUART MILL durch JOHANNES SCHIEL auf, ist aber seinem Sinn nach schon durch HEGEL in Gebrauch gekommen. Vgl. hierzu ROTHACKER 1927, S. 6 ff.
[26] Zum Unterschied zwischen Wissenschaft und vorwissenschaftlichem Wissen (gewonnen durch »common-sense« methods) vgl. NAGEL 1961, S. 1-14.
[27] HERBART, Bd. 1, S. 237.
[28] WILLMANN 1957, S. 18.
[29] DILTHEY 1963, S. 14.
[30] Vgl. PFEFFER 1962, S. 103 ff., besonders S. 113.
[31] DILTHEY 1963, S. 13.
[32] Vgl. REIN 1903, LOOS 1906, ROLOFF 1913, MONROE 1911.

Vergleich mit dem Erkenntniszuwachs in verwandten Wissenschaften wie der Psychologie oder der Wirtschaftswissenschaft ist sie trotz einer unermeßlichen Menge von Veröffentlichungen bis in die Gegenwart hinein relativ unfruchtbar geblieben. Selbst aus den wenigen systematischen Darstellungen neueren Datums[33] sind kaum Fortschritte gegenüber Systematisierungsversuchen zu erkennen, die drei bis vier Jahrzehnte zurückliegen[34]. Soweit sie überhaupt informationsreiche Aussagen enthalten, stammen diese vorwiegend aus anderen Wissenschaften wie der Psychologie, der Soziologie, der Psychiatrie oder der Geschichtswissenschaft.

Bei einem Rückblick auf die Geschichte des Faches gewinnt man den Eindruck, daß die pädagogischen Gedankengänge mit dem »philosophischen Denken«[35] zumindest die Tendenz gemeinsam haben, daß aus Mangel an Übereinstimmung über Ziele und Methoden immer wieder von vorne angefangen wird und die Fortschritte gering geblieben sind. Die traditionelle Pädagogik, wie sie dem Leser in Einführungswerken, Lehrbüchern und pädagogischen Lexika entgegentritt, hat den Anschein und darum auch den Ruf, eine rückständige und langweilige Diziplin zu sein. Noch 1966 hat WILHELM FLITNER öffentlich bestätigt, daß sie wenig Ansehen genießt: »Nicht nur Unkenntnis unserer Disziplin, Ablehnung ihres Anspruchs auf wissenschaftlichen Rang begegnet uns, sondern Gleichgültigkeit und sogar Feindschaft«[36].

In anderen Ländern ist die Lage nicht viel besser. Selbst in den USA, wo seit Jahrzehnten unvergleichlich mehr Menschen und Geldmittel für die pädagogische Forschung zur Verfügung stehen als in Europa, mehren sich die kritischen Stimmen. Die pädagogische Theorie wird hinsichtlich ihrer wissenschaftlichen Qualität der volkstümlichen Überlieferung und der Dichtung gleichgestellt. So schrieb TRAVERS 1964: »What is commonly referred to as educational theory is much more appropriately described as folklore than as science«[37]. BRAUNER kommt in seinem Buch über die amerikanische Pädagogik zu dem Ergebnis, es handle sich um eine literarische Disziplin, die voll sei von poetischen Analogien und erdichteten Hypothesen[38]. Der Engländer PETERS bezeichnet den Zustand, in dem sich die pädagogische Theorie seit langem befindet, als »an undifferentiated mush«, als einen »undifferenzierten Brei«[39]. Der Niederländer NIEUWENHUIS meint, es sei eine Tatsache, daß eine empirische Erziehungswissenschaft vom nor-

---

[33] LANGEVELD 1951, PERQUIN 1961, BALLAUF 1962, HENZ 1964, MÄRZ 1965, ELZER 1968, GIESECKE 1969, SEIFFERT 1969, RÖHRS 1969, RITZEL 1973, GROOTHOFF 1975.
[34] LOCHNER 1927, 1934 und 1947, SPRANGER 1933, W. FLITNER 1933, ABB 1933, PETZELT 1947 und 1954, F. SCHNEIDER 1948, GUYER 1949.
[35] Vgl. PLESSNER 1958, S. 10; KEMPSKI 1964.
[36] W. FLITNER 1966a, S. 196; vgl. auch METZGER 1969, S. 10 ff.
[37] TRAVERS 1964, S. 15.
[38] BRAUNER 1964, S. 303.
[39] PETERS 1966, S. 7.

malen erzieherischen Handeln so gut wie ganz fehlt.« »Unsere Kenntnis der Wirklichkeit des Erziehens geht im allgemeinen nicht weiter als die Kenntnis des Laien«[40].

Solche harten Urteile sind natürlich nur dann berechtigt, wenn man jenen strengen Begriff der Wissenschaft voraussetzt, der erst in den letzten Jahrzehnten erarbeitet worden ist[41]. Ihm liegt eine Vorentscheidung über die Aufgabe der Wissenschaft zugrunde: sie soll uns zur Erkenntnis der Welt verhelfen. Das bedeutet mehr, als bloß beschreiben, was ist und was geschieht oder was früher einmal gewesen und geschehen ist. Es kommt darauf an, Gesetzmäßigkeiten zu entdecken und Theorien zu entwerfen, die als Grundlage für Erklärungen, für Voraussagen und für die Lösung technischer Probleme dienen können. Damit diese Aufgabe erfüllt werden kann, müssen an wissenschaftliche Aussagensysteme bestimmte Anforderungen gestellt werden. Als wissenschaftliche Erkenntnis sollen nur Aussagen gelten, deren Wahrheit festgestellt worden ist oder die bestätigt worden sind. Eine solche Feststellung oder Bestätigung setzt voraus, daß jede wissenschaftliche Aussage oder Aussagenmenge grundsätzlich intersubjektiv überprüfbar ist. Handelt es sich um Aussagen über die Wirklichkeit, so erfolgt die Prüfung durch den Vergleich der Aussage bzw. der daraus abgeleiteten Folgerungen mit Aussagen, die einschlägige Tatsachen beschreiben. Ob wir eine Aussage bis auf weiteres als wahr anerkennen, hängt von Beobachtungsergebnissen und von logischen Überlegungen ab. Das setzt voraus, daß die Aussagen so präzise formuliert werden, daß sie auch überprüft, d. h. durch Sätze über Erfahrungsdaten widerlegt oder bestätigt werden können. Die wissenschaftliche Erkenntnis besteht jedoch nicht allein aus Beobachtungsergebnissen, sondern aus einem ganzen System von Hypothesen, die sich gegenseitig stützen. Eine Realwissenschaft wird heute als eine theoretische Konstruktion über ausgewählte Bestandteile der Wirklichkeit aufgefaßt, die aufgrund unseres vorläufigen Wissens erdacht worden ist. Die Glaubwürdigkeit ihrer Sätze hängt vom gesamten System des einschlägigen Wissens ab, also von einer Vielzahl von Hypothesen und Theorien, die zumindest teilweise durch Beobachtungsergebnisse bestätigt sind.

Mit dieser Festsetzung ihres Zwecks und ihrer allgemeinen Methode ist es unvereinbar, innerhalb erfahrungswissenschaftlicher Aussagensysteme

---

[40] NIEUWENHUIS 1971, S. 266 und S. 262.
[41] Als grundlegende und gut verständliche Gesamtdarstellung vgl. vor allem BUNGE 1967; ferner NAGEL 1961, KAPLAN 1964. Eine hervorragend klare Einführung in die Wissenschaftstheorie der empirischen Wissenschaften gibt HEMPEL 1974; ausführlicher, ins Einzelne gehender und voraussetzungsreicher ist STEGMÜLLER 1969, 1970, 1973. Als Einführung in die Wissenschaftstheorie der Sozialwissenschaften vgl. RYAN 1973, OPP 1976. Über die Regeln der wissenschaftlichen Methode und ihre Anwendung in der Politikwissenschaft (als einer der Pädagogik besonders nahestehenden Disziplin) informiert mit vorbildlicher Klarheit BRECHT 1961.
Empfehlenswerte Textsammlungen zur Wissenschaftstheorie der Sozialwissenschaften bieten TOPITSCH 1965 und ALBERT 1972.

Wertungen vorzunehmen oder Sollensforderungen (Normen) aufzustellen. Aus Aussagen über Tatsachen lassen sich weder Werturteile noch Normen ableiten. Der Unterschied zwischen der Beschreibung von Gegenständen und ihrer Bewertung, sowie die Unterschiede zwischen Sein und Sollen, zwischen Aussagen und Normen müssen anerkannt werden. Deshalb wird in den Erfahrungswissenschaften darauf zu achten versucht, daß Wertprädikate in ihnen nur unwesentlich, aber nicht wesentlich vorkommen[42]. Wertungen und Normen sind zwar zentrale Bestandteile menschlich-kultureller Wirklichkeit und darum sind sie auch wichtige Gegenstände der Human-, Kultur- oder Sozialwissenschaften, aber ihre Untersuchung kann und soll erfolgen, ohne daß Werturteile in das Untersuchungsergebnis eingehen.

Schließt man sich dieser Übereinkunft an, dann fällt an der traditionellen Pädagogik auf, daß sie von dem, was zu einer Wissenschaft gehört, zu wenig und von anderem, was nicht dazu gehört, zuviel enthält. Es mangelt an Informationen über die Erziehungswirklichkeit, aber an deren Stelle sind »Wesensbestimmungen«, Werturteile und Normen, Glaubensbekenntnisse, politische Programme und Handlungsappelle im Übermaß vorhanden[43]. Tatsachenaussagen, Werturteile, Sollensforderungen und Wunschvorstellungen werden häufig so naiv miteinander vermengt, daß nur schwer zu erkennen ist, was man jeweils vor sich hat. Dieses Durcheinander hat seine Ursache in der weltanschaulichen Abhängigkeit der Pädagogik.

Die Abhängigkeit der Pädagogik von Werturteilen, Normen und Weltanschauung

Eine Pädagogik, die als praktische Erziehungslehre für Erzieher gedacht ist, kann nicht auf beschreibende Aussagen beschränkt werden. Sie erfüllt ihren Zweck nur dann, wenn sie auch Werturteile, Normen und Handlungsanweisungen enthält. Das macht Stellungnahmen weltanschaulicher Art unausweichlich. In praktischen Theorien ist vieles notwendig, was in wissenschaftlichen Theorien verpönt ist.

Ebenso wie andere Personen brauchen auch die Erzieher eine Gesamtorientierung über die Welt und ihre Aufgaben darin, die nicht immer wieder von neuem kritisch in Frage gestellt wird, sondern durch Dauerhaftigkeit das Bewußtsein vom ständigen Zweifeln entlastet. Wird der normative Gehalt eines Systems von pädagogischen Sätzen offen als solcher gekennzeichnet, wird also die Einführung von Wertungsgrundsätzen und Normen,

---

[42] Zu dieser wichtigen Unterscheidung vgl. WEINGARTNER 1971, S. 128 ff. und 1974. Zur Begründung des wissenschaftlichen Wertrelativismus vgl. BRECHT 1961, S. 139 ff.; ALBERT 1972a, S. 41 ff.
[43] WILLMANN 1957, S. 18: »Ein witziger Schulmann meinte: Die Pädagogik lehrt teils, was jeder weiß, *teils, was niemand wissen kann.*«

zu denen sich der Verfasser bekennt, ausdrücklich als eine praktische Entscheidung dargestellt, so hat jeder die Möglichkeit, zu erkennen, worum es sich handelt. Bedenklicher sind pädagogische Systeme, deren normative Grundlagen verschleiert werden. Das geschieht vor allem dadurch, daß sie nicht offen als praktische Theorien gekennzeichnet, sondern als wissenschaftliche Theorien ausgegeben werden. Was ist der Grund für diese Täuschung?

Für jede Gesellschaft dient die Erziehung in erster Linie als Mittel, um die bestehende Lebensordnung zu erhalten. Das gelingt am besten, wenn die Weltanschauung und die Moral, die ihr entsprechen, als schlechthin gültig erlebt werden. Die Verhaltenssicherheit ist bei jenen Personen am größten, die abweichende Möglichkeiten der Weltdeutung gar nicht kennen oder zumindest nicht für ebenso zulässig halten. Deshalb sind den Führungsgruppen weniger Aufklärung und Kritik als Glaube an die geltende Werthierarchie und gefühlsmäßige Bejahung der vorhandenen Sozialordnung erwünscht. Sie kommen damit einem Urbedürfnis der Menschen nach Stabilität, Geborgenheit in einer vertrauten Welt und Entlastung vom Entscheidungszwang entgegen[1]. In Gesellschaften, in denen die Wissenschaften als die einzig verläßlichen Bürgen der Wahrheit anerkannt werden, kann dieser Bewußtseinszustand gegen aufkommende Zweifel dadurch sehr wirksam gesichert werden, daß man die Inhalte des Glaubens als wissenschaftliche Erkenntnis ausgibt. Das braucht gar nicht gegen besseres Wissen aus rein politischen Motiven zu geschehen, sondern es ist wohl in der Regel einfach so, daß ein pädagogischer Autor die weltanschaulichen und moralischen Überzeugungen seiner Zeitgenossen teilt, sie naiv als wissenschaftliche Erkenntnisse publiziert und dabei dank der öffentlichen Billigung eines verschwommenen Wissenschaftsbegriffes gegen Kritik geschützt bleibt.

Ähnliches gilt sinngemäß für reformwillige bis revolutionäre Untergruppen einer Gesellschaft. Sie sehen in der Erziehung ein Mittel, um eine neue Ordnung, die als Gegenideal zur bestehenden entworfen worden ist, zu verwirklichen. Auch sie versuchen das Prestige, das mit dem Namen »Wissenschaft« verbunden ist, für ihre politischen Zwecke auszunützen, indem sie Wertungen und Forderungen hinstellen, als seien es Tatsachenaussagen, oder indem sie zumindest vorspiegeln, die Tatsachen ließen nur die von ihnen getroffenen Entscheidungen und keine anderen zu.

Gedankliche Systeme, in denen Werturteile und Sollensforderungen so formuliert werden, daß sie wie wahre Behauptungen über Tatsachen wir-

---

[1] Vgl. WILSON 1956, S. 100: »Men's desire for knowledge is more apparent than real. Their basic desire is for security: and questioning necessarily involves the insecurity of doubt. . . . Most people find it more snug and warm to keep their minds closed. When they argue and declare their beliefs, they do not so with the scientific and rational desire for knowledge, but in order to persuade others and to increase their own sense of certainty and security«.

ken, die gar nicht in Zweifel gezogen werden können, werden häufig als »ideologisch« bezeichnet. Das Wort »*Ideologie*« begünstigt allerdings Mißverständnisse, weil es in ganz verschiedenen Bedeutungen gebraucht wird. In *negativer* Bedeutung wird darunter »falsches Bewußtsein« verstanden. Mit »Ideologien« sind in diesem Fall »unwahre, halbwahre oder unvollständige Gedankengebilde« gemeint, »die sich auf soziale Sachverhalte beziehen und auf eine Befangenheit ihrer Träger zurückzuführen sind, welche durch deren gesellschaftliche Situation verursacht ist«. Als Motiv für ihre Entstehung auszuschließen ist jedoch die bewußte Lüge. »Es sollen nur solche geistige Gehalte als Ideologien gelten, von deren Richtigkeit, Wahrheit oder Güte ihre Vertreter subjektiv aufrichtig überzeugt sind«[2]. Das unterscheidet die »Ideologie« in der negativen Bedeutung des Wortes von einer Betrugstheorie, die dazu dient, andere etwas glauben zu machen, woran man selbst nicht glaubt. In diesem Sinne bezeichnet das Wort »Ideologie« »gruppenbezogene Wahrheitsüberzeugungen, die ihre Kraft nicht Wahrheitsgründen verdanken, sondern praktischen Interessen, deren Befriedigung vorausgesetzt, daß es sich in Wahrheit so verhält, wie man überzeugt ist, daß es sich verhalte«[3].

Es gibt jedoch auch einen *wertfreien* Gebrauch des Wortes »Ideologie«, bei dem offen gelassen wird, wie es mit der Wahrheit des damit bezeichneten Satzsystems steht. In diesem Fall ist ein Gedankensystem gemeint, das einer Gruppe von Menschen eine wertende Deutung der Welt und die zum Handeln erforderlichen Normen vermittelt[4]. Dieser Ideologie-Begriff drückt für Gruppen aus, was mit dem Wort »*Weltanschauung*« auf Individuen bezogen gemeint ist: »eine in sich zusammenhängende Wertorientierung in der Welt«[5].

Will man das mehrdeutige und deshalb mißverständliche Wort »Ideologie« vermeiden, so kann man auch von einem »rationalisierten Glaubenssystem«, von einem »dogmatisierten Überzeugungssystem«[6] oder von einer »Weltanschauung« sprechen. In positiver Bedeutung ist mit Ideologie ein »System von Wertsetzungen« gemeint, das »in Weisungen ausgelegt« ist. In abwertender Bedeutung handelt es sich um den »Begriff einer Theorie, die verborgene Wertsetzungen als verbindlich und gültig deklariert; oder umgekehrt, eines gesellschaftlichen oder politischen Interesses, das sich objektivistisch, d. h. als Theorie kaschiert und darin seinen Anspruch den naiven Gemütern als theoretische Wahrheit anmutet«[7]. Wenn Aussagen der *wis-*

---

[2] TOPITSCH 1959, Sp. 193, vgl. auch 1965, S. 17-36; 1966, S. 15-52, bes. S. 32.
[3] LÜBBE 1971, S. 160.
[4] Vgl. LEMBERG 1974, S. 12 ff.; zur positiven Verwendung des Wortes im Marxismus vgl. z. B. SCHAFF 1973, S. 66; zu den verschiedenen Ideologiebegriffen vgl. auch BARION 1966.
[5] BUSEMANN 1967, S. 27.
[6] Vgl. ALBERT 1969, S. 86 ff.
[7] DERBOLAV 1968, S. 473 ff.

senschaftlichen Pädagogik als »ideologisch« bezeichnet werden, dann ist das gewöhnlich in dieser negativen Bedeutung des Wortes gemeint, wobei als Maßstab ein Ideal der wissenschaftlichen Erkenntnis dient, welches die Forderung nach Werturteilsfreiheit einschließt.

Es ist verständlich, daß keine der Weltanschauungsgruppen, die auf junge wie auf erwachsene Menschen Einfluß nehmen wollen, an einer Pädagogik interessiert ist, die sich streng an die Regeln der wissenschaftlichen Methode hält. In Diktaturen werden schon die Ansätze dazu unterdrückt. Aber auch in liberalen Staaten wird es vielfach noch für unvereinbar mit der sittlichen Verantwortung für die Jugend, ihre Erzieher und das Gemeinwohl gehalten, wenn in den wissenschaftlichen Aussagen über Erziehung der wissenschaftliche Wertrelativismus durchgehalten und auf das Engagement für bestimmte Glaubensinhalte, Sollensforderungen und Daseinsauslegungen verzichtet wird.

Gründe für den Widerstand gegen strengere wissenschaftliche Ansprüche an die Pädagogik liegen allerdings keineswegs nur in weltanschaulichen Interessen, im politischen Druck der Herrschenden oder im moralischen Eifer einzelner Erziehungstheoretiker. Es kommt auch vor, daß Erziehungspraktiker aus persönlichen Interessen gegen eine uneingeschränkte Erforschung der Erziehungswirklichkeit Widerstand leisten. Manche von ihnen scheinen an wissenschaftlicher Pädagogik höchstens so weit interessiert zu sein, wie durch sie das eigene Verhalten, die gewohnten erzieherischen Praktiken, die Zufriedenheit mit ihrer Leistung und das verklärte Bild von der eigenen Institution nicht in Frage gestellt werden. Dahinter steckt nicht einfach nur Mangel an gutem Willen, sondern das verständliche Bedürfnis nach Sicherheit, Rechtfertigung und sozialer Anerkennung. Von der Kindergärtnerin über die Lehrer und Schulräte bis zu den Beamten im Unterrichtsministerium, vom Internatsleiter über den Jugendpfleger bis zum Jugend- und Schulpolitiker reicht das Mißtrauen gegen die Aufklärung der Zustände in Erziehungseinrichtungen, wie sie wirklich sind. Die Kehrseite der »scheinbar tiefsinnigen Sorge um die allgemeinen Ziele der Erziehung« ist »eine schockierende Unwilligkeit und Unfähigkeit der Lehrer..., ihre eigene Tätigkeit kritisch zu untersuchen«[8].

Die meisten hauptberuflichen Erzieher erwarten von der Pädagogik, daß sie die persönlichen oder kollektiven Meinungen, mit denen sie ihre Praxis als gut und richtig rechtfertigen, bestätigt. Sie haben ein gesellschaftliches Monopol und sind vor dem Wettbewerb auf dem freien Markt geschützt. Eine öffentliche Schule verliert keineswegs ihre Schüler, wenn sie sie auch noch so schlecht unterrichtet. Die meisten Erziehungseinrichtungen erhalten ihre Kunden nicht deswegen, weil sie besonders gut sind, sondern weil ein gesetzlicher Besuchszwang besteht, weil nur die Schulzeugnisse den Zu-

---

[8] LIEBERMAN 1965, S. 24 f.

gang zu Berufen erschließen oder weil es aus Mangel an Konkurrenz keine Alternative gibt. Wer aus diesem Zustand Vorteile zieht, wird detaillierte Untersuchungen darüber als Bedrohung empfinden. Eine tatsachenarme Pädagogik, die lediglich Grundbegriffe erörtert, philosophierend das Dasein auslegt und in gefälligen Wendungen unverbindlich an das Berufsethos erinnert, scheint unter anderem auch die Wirkung zu haben, daß das Personal der Erziehungseinrichtungen in der Überzeugung bestärkt wird, es genüge, die gewohnte Praxis fortzusetzen[9].

Schließlich dürfen bei einer Analyse der Gründe für die Beharrlichkeit, mit der in der Pädagogik an ideologischen Einschlägen festgehalten wird, neben den Konsumenten »die hauptberuflichen Produzenten und Verteiler dieser Gedankengebilde« nicht vergessen werden. Sie sind besonders stark am Fortbestand der Ideologien interessiert und deshalb werden von ihrer Seite auch »die intensivsten Bemühungen unternommen, den Marktwert ihres Artikels zu stützen«[10].

Ideologische oder weltanschauliche Bindungen sind jedoch keineswegs nur für die Pädagogik charakteristisch. Sie finden sich mehr oder weniger ausgeprägt in der Wissenschaftsgeschichte der meisten Sozial- und Kulturwissenschaften. »Die Zahl sozialwissenschaftlicher Theorien, die von ideologischen Beimischungen völlig frei sind, ist in früheren Zeiten verschwindend gering gewesen, und auch heute findet man noch Systeme, die als klassische Ideologien anzusprechen sind«[11].

Mit diesen Hinweisen auf ideologische Züge in der Pädagogik ist nun keineswegs gemeint, daß normative oder normativ-deskriptive pädagogische Satzsysteme wissenschaftlich wertlos seien und daß wir mit der Empirischen Erziehungswissenschaft ganz von vorn beginnen müßten. Erstens gibt es »kaum ideologische Systeme, die nicht ein Körnchen empirischer Wahrheit enthalten, und manches ideologische Gebäude, das in dieser Beziehung fruchtbarer sein mag als gewisse wertfreie Theorien«[12].

Zweitens muß daran erinnert werden, daß man weder in der Wissenschaft noch in der Philosophie vom Nichts ausgehen und dann mit Beobachtungen und mit dem »reinen« Denken beginnen kann. Der Ausgang vom universalen Zweifel, den DESCARTES empfohlen hat, ist nutzlos. PEIRCE hat ihm mit Recht entgegengehalten: »Wir können nicht mit völligem Zweifel anfangen. *Wir müssen mit all den Vorurteilen beginnen, die wir wirklich haben*.... Diese Vorurteile sind nicht durch eine Maxime zu beseitigen, denn es handelt sich bei ihnen um Dinge, bei denen wir gar nicht auf den Gedanken kommen, daß wir sie in Frage stellen *könnten*.... Zwar kann jemand im

---
[9] Über weitere Gründe der Indifferenz und des Widerstandes von Lehrern gegen die erziehungswissenschaftliche Forschung vgl. LAZARSFELD und SIEBER 1964, S. 55 ff.
[10] TOPITSCH 1966, S. 50.
[11] ALBERT 1956, S. 262.
[12] ALBERT 1956, S. 262.

Laufe seiner Studien Grund dazu finden, das zu bezweifeln, von dem er anfangs überzeugt war, aber in diesem Fall zweifelt er, weil er einen positiven Grund dafür hat und nicht aufgrund der cartesianischen Maxime«[13]. Das gilt nicht nur für die Philosophie, sondern sinngemäß auch für die Wissenschaft. Wir müssen stets mit theoretischen Voraussetzungen beginnen, die wir vorläufig annehmen, ohne sie empirisch geprüft zu haben. Man bemerkt zunächst gar nicht, wie viele Vorurteile und Irrtümer darin stecken[14]. Es ist zum Schutz vor Selbsttäuschungen zweckmäßig, sich das so nüchtern einzugestehen, wie es POPPER getan hat: »Die Wissenschaft muß mit Mythen beginnen und mit der Kritik an Mythen«[15]. Sie ist auf vor-wissenschaftliches Wissen, das noch unklar und voller Irrtümer ist, geradezu angewiesen.

Tatsächlich schließen Ideologien und erfahrungswissenschaftliche Theorien einander nicht immer gänzlich aus. Sie können als Idealtypen betrachtet werden, denen die in der Wirklichkeit anzutreffenden Satzsysteme mehr oder weniger ähnlich sind. Beide sind Satzsysteme, aber sie unterscheiden sich nach Inhalt, Zweck, methodologischen Voraussetzungen und der Art, wie sie vertreten werden.

Eine *Ideologie* enthält neben Tatsachenaussagen, die wahr oder falsch sein können, auch »Wesensbestimmungen«, Glaubenssätze, Werturteile und Normen, die sich teils gar nicht, teils nur logisch, aber nicht empirisch überprüfen lassen. Welche logische Struktur sie hat, ist meist nur schwer erkennbar. Eine Ideologie bietet eine einseitige Auswahl und Interpretation der Tatsachen, die von bestimmten Vorstellungen dessen, was sein soll, geleitet wird. Ihr Zweck ist es, zu lehren, worauf es im Leben ankommt, ihre Anhänger zur Übereinstimmung mit dieser Weltanschauung zu motivieren und deren Bedürfnisse nach Verhaltenssicherheit und sozialer Zugehörigkeit zu befriedigen. Eine Ideologie wird ohne Bedachtnahme auf mögliche andere Auffassungen oder Änderungen unter Berufung auf eine Autorität, auf eine soziale Übereinkunft und auf subjektive Überzeugungserlebnisse (»Evidenz«) als »wahr« und »richtig« angesehen. An ihr wird zäh, dogmatisch oder sogar fanatisch festgehalten. Ihre Anhänger fühlen sich verpflichtet, nach ihr zu leben und auch andere Personen von ihrer Wahrheit zu überzeugen. Von denen, die an sie glauben, wird über Ideologien vorwiegend in einem rhetorisch-affektiven Ton gesprochen und geschrieben, in präskriptiver, emotional bestimmter, feierlicher, überredender oder ermahnender Sprache[16].

---

[13] PEIRCE 1868, S. 184 f.
[14] Zur Kritik am unhaltbaren Ideal einer von allen Voraussetzungen freien Wissenschaft vgl. u. a. POPPER 1958, Bd. 2, S. 262 ff.; SCHÜTZ 1971, S. 5 ff.
[15] POPPER 1965, S. 50; ähnlich POPPER 1964, S. 92 f.
[16] Nach einer aus der Analyse einschlägiger Begriffsbestimmungen gewonnenen Zusammenstellung von Merkmalen bei EASTMAN 1967, S. 103 ff. Dieser Begriffsinhalt ist ungefähr identisch mit dem des Begriffes »*Weltanschauung*«. Darunter wird nach BARION (1966, S. 53) verstanden »das geschlossene Ganze der Überzeugungen

Eine *erfahrungswissenschaftliche Theorie* ist ein logisch geordnetes System von mehr oder weniger gut bestätigten Aussagen über einen Wirklichkeitsbereich. Sie enthält Beschreibungen und Gesetzesaussagen. Charakteristisch für sie sind Hypothesen, d. h. Behauptungen, die von vornherein als korrigierbar und nicht als endgültig feststehend betrachtet werden[17]. Ihr Zweck ist es, zu informieren. In wissenschaftlichen Theorien können auch Wertungen beschrieben werden, aber das bedeutet nicht, daß sie deswegen selbst wertend oder normgebend sind. Eine Theorie wird nur versuchsweise und vorläufig festgehalten, bis sie durch eine bessere ersetzt werden kann. Sie ist ein Hilfsmittel, eine Zwischenstufe im nie endenden Prozeß der Erkenntnisgewinnung. Eine Theorie enthält keine Forderung an irgend jemanden, sein Verhalten zu ändern. Sie wird in deskriptiver, sachlicher, rationaler oder kognitiver Sprache vertreten.

Irgendwo zwischen diesen Idealtypen der Ideologie (oder Weltanschauung) und der erfahrungswissenschaftlichen Theorie befinden sich auch die pädagogischen Satzsysteme. Aus Ideologien oder zumindest aus Teilen davon können Theorien werden, aber ebenso können Theorien auch ideologische Züge annehmen[18]. Das geschieht dann, wenn sie der Kritik entzogen und zu Glaubensbekenntnissen werden.

Gründe für die Unterscheidung pädagogischer Satzsysteme

Keine soziale Gruppe kann ohne Normen und deren ideologische oder weltanschauliche Absicherung auskommen[1]. Deshalb erfüllt eine normative, mit ideologischen, weltanschaulichen oder doktrinären Elementen durchsetzte Pädagogik in der Gesellschaft einen Zweck, den eine empirische Wissenschaft von der Erziehung nicht erfüllen kann. Es wäre deshalb kurzsichtig, sie global abzulehnen. *Es ist jedoch an der Zeit, einzusehen, daß die traditionelle Pädagogik allzu verschiedenartigen Zwecken zugleich zu dienen hatte, als daß es möglich gewesen wäre, jedem einzelnen davon gleich gut zu dienen.*

Wenn wir die Zukunft unserer Gesellschaft nicht dem Zufall und unsere Kinder nicht bloßem Gutdünken ausliefern wollen, dann muß auch die Erziehung kritisch beurteilt und möglichst rational geplant und durchgeführt

---

eines Menschen oder einer Menschengruppe über den Sinn der Welt und des menschlichen Lebens, die in der praktischen Lebensführung verwirklicht werden sollen«.

[17] Zur Hypothese vgl. V. Kraft 1960, S. 241 ff.; Bunge 1967, Bd. 1, S. 222 ff.
[18] Eastman 1967, S. 111 ff. hat das am Beispiel der Pädagogik von John Dewey dargestellt und als weitere Beispiele die Psychoanalyse Freuds und den operativen Behaviorismus Skinners erwähnt.

[1] Vgl. hierzu z. B. Pareto 1962, bes. S. 142 ff. (§ 1932); Lemberg 1974.

werden. Wir müssen wissen, ob und unter welchen Bedingungen die erzieherischen Handlungen und Einrichtungen den Zwecken gemäß sind, um derentwillen sie überhaupt geschehen bzw. da sind. Das läßt sich nur durch empirische Forschung erfahren und in wissenschaftlichen Theorien ausdrücken[2]. Das Nachdenken über die richtigen Ziele, die philosophierende Deutung des Lebens im Ganzen, die Förderung der Motivation zum sittlich guten Handeln und der Entwurf erziehungspolitischer Programme werden deswegen nicht überflüssig. Es hat sich jedoch schon auf vielen Gebieten gezeigt, daß die Kenntnisse über die Wirklichkeit, die wir brauchen, um vernünftig handeln zu können, am besten dadurch zu gewinnen sind, daß man die Regeln der wissenschaftlichen Methode befolgt. Wenn wir die Stagnation und die relative Unfruchtbarkeit der Pädagogik, wie sie in ihrem geringen Informationsgehalt zum Ausdruck kommt, überwinden wollen, sollten wir versuchen, diese Regeln auch zur Lösung von Erziehungsproblemen anzuwenden.

Das ist aber nur durch *Arbeitsteilung* und *Spezialisierung* möglich. Eine empirische Wissenschaft von der Erziehung muß sich auf einen relativ begrenzten Gegenstandsbereich und darin auf jene Probleme beschränken, die mit empirisch-rationalen Methoden bearbeitet werden können. Als empirische Einzelwissenschaft kann sie weder eine philosophische Betrachtung der Welt und des Lebens im Ganzen unter dem Aspekt der Erziehung leisten, noch die Gültigkeit von Normen nachweisen. Sie ist nicht für *alle* Fragen zuständig, die die Menschen sich im Zusammenhang mit der Erziehung stellen. Deshalb ist es nicht nur berechtigt, sondern für die Gesellschaft sogar unerläßlich, daß es neben einer Empirischen Erziehungswissenschaft auch pädagogische Satzsysteme gibt, die der Begründung von Erziehungszielen, der Ethik für Erzieher oder der praktischen Anleitung zum Erziehen dienen.

Wer den Zweck der Wissenschaft in der Erkenntnis sieht, braucht nicht zu bedauern, daß die logischen Ansprüche an wissenschaftliche Theorien in den letzten Jahrzehnten strenger geworden sind. Es ist vielmehr zu erwarten, daß größere methodische Sorgfalt bei der Überprüfung von Ideen auf ihre Fruchtbarkeit schon bald zu Fortschritten in der Theorie führen wird. Welchen vernünftigen Grund könnte es dafür geben, sich ausgerechnet bei der Arbeit an einer Theorie der Erziehung mit geringeren Ansprüchen zu begnügen und unter dem vieldeutigen Namen »Pädagogik«[3] auch weiterhin für ein Gemisch aus hypothetischen und dogmatischen, deskriptiven und normativen Elementen generell eine vage Wissenschaftlichkeit zu beanspruchen? Gerade diesem *gemischten* Charakter der traditionellen Pädago-

---

[2] Vgl. BREZINKA 1976, S. 21 ff. und S. 76 ff.
[3] Zur Mehrdeutigkeit des Wortes »Pädagogik« vgl. MEISTER 1965, S. 42 ff.; ERLINGHAGEN 1963 und 1965; DOHMEN 1966.

gik scheint es zuzuschreiben zu sein, daß sie zur Vermehrung unseres Wissens über Erziehung bisher relativ wenig beigetragen hat.

Wissen ist nur zu gewinnen, wenn man klare, spezielle Fragen stellt und zusammengehörige Fragen auch zusammen behandelt. Das ist der Grund für den Vorschlag, die traditionelle Form der Pädagogik nicht fortzusetzen, sondern ihre Aufgaben auf drei große Arbeitsgebiete zu verteilen, die als »Erziehungswissenschaft«, als »Philosophie der Erziehung« und als »Praktische Pädagogik« bezeichnet werden können. An die Stelle einer verschwommenen Sammeldisziplin, die als wissenschaftlich, philosophisch und praktisch zugleich ausgegeben wird, obwohl sie unmöglich alles zugleich sein kann, sollen drei Satzsysteme treten, die den drei *Klassen des pädagogischen Wissens* entsprechen, welche bei einer Analyse der Satzmengen, die die Erziehung zum Inhalt haben, unterschieden werden können. Diese drei Klassen des pädagogischen Wissens sind das wissenschaftliche Wissen über Erziehung, das philosophische Wissen über Erziehung und das praktische Wissen über Erziehung. Diese drei Arten des Wissens haben verschiedene Grundlagen und dienen verschiedenen Zwecken. Keine kann durch eine der anderen ersetzt werden. Statt von Klassen des pädagogischen Wissens können wir auch von *Klassen der Erziehungstheorie* sprechen. Der Dreigliederung liegen jene drei verschiedenen Betrachtungsweisen zugrunde, die Problemen der Erziehung gegenüber bisher eingenommen worden sind: die wissenschaftliche, die philosophische und die praktische Betrachtungsweise. Diesen drei Betrachtungsweisen entsprechen drei Klassen von Erziehungstheorien: wissenschaftliche, philosophische und praktische Erziehungstheorien.

Die Eigenart dieser drei Klassen von Erziehungstheorien wird in je einem Hauptteil dieses Buches untersucht werden. Hier sei nur nochmals betont, daß es um die Differenzierung pädagogischer Satzsysteme geht und nicht darum, an die Stelle der traditionellen Pädagogik lediglich eine Empirische Erziehungswissenschaft zu setzen. Im Zusammenhang mit der Erziehung treten nicht nur wissenschaftliche, sondern auch philosophische und praktische Probleme auf, die zwar außerhalb des Rahmens der Erziehungswissenschaft liegen, aber deswegen doch für die Gesellschaft nicht weniger wichtig sind. Vor allem die moralischen Probleme der Erziehung verdienen sehr viel gründlicher bearbeitet zu werden, als das bisher geschehen ist, und zwar nicht nur analytisch, beschreibend und vergleichend, sondern normgebend und normbegründend im Sinne einer Ethik für Erzieher[4]. Ebenso scheint mir außer Zweifel zu stehen, daß eine weltanschaulich neutrale Erziehungswissenschaft praktische Erziehungstheorien, die notwendig weltanschaulich bestimmt sein müssen, nicht ersetzen kann. Es kommt hier nur

---

[4] F. SCHNEIDER 1940 nennt sie »Berufsethik für den Pädagogen«, SPRANGER 1951 »Erziehungsethik«, DERBOLAV 1971 »Pädagogische Ethik«.

darauf an, die wichtigsten Klassen von Erziehungstheorien möglichst klar gegeneinander abzugrenzen, damit die verschiedenartigen Aufgaben, denen sie dienen, besser erfüllt werden können als das möglich ist, solange versucht wird, in ein und derselben Disziplin sowohl wissenschaftliche als auch philosophische und praktische Zwecke miteinander und durcheinander zu verfolgen.

Bevor die Unterschiede zwischen den drei Satzsystemen Erziehungswissenschaft, Philosophie der Erziehung und Praktische Pädagogik erläutert werden, möchte ich noch darauf hinweisen, daß es – wissenschaftlich gesehen – nur auf die Sache und nicht auf die *Namen* ankommt. Man könnte die empirische, erfahrungs- oder realwissenschaftliche Pädagogik auch »Pädagogik 1« nennen und die philosophischen und praktischen pädagogischen Satzsysteme als »Pädagogik 2« und »Pädagogik 3« bezeichnen, wenn das die Verständigung erleichtern würde. Jedenfalls schließt der Anspruch auf den Namen »Erziehungswissenschaft« keineswegs notwendig ein, daß Satzsysteme, die so bezeichnet werden, auch tatsächlich erfahrungswissenschaftlichen Charakter haben. So steckt zum Beispiel hinter dem vielversprechenden Titel »Kritik der Pädagogik zum Beweis der Notwendigkeit einer allgemeinen Erziehungswissenschaft«, den RITTER 1798 einer Abhandlung gegeben hat, ein empiriefeindliches Programm, in welchem die rein deduktive Begründung der »Erziehungswissenschaft« auf der spekulativen Philosophie FICHTEs gefordert wird[5]. Auch PETERSEN hat beim Gebrauch der Formel »Von der Pädagogik zur Erziehungswissenschaft« nicht etwa das Ziel einer Erfahrungswissenschaft vor Augen gehabt, sondern »die Wendung ... vom südlich bestimmten, rational gerichteten Denken zum nordisch-realistischen, auf die Wirklichkeit eingestellten Philosophieren«[6]. Die »Erziehungswissenschaft« beginnt nach ihm »mit einer Erziehungsmetaphysik«; sie sei »genötigt, die Frage nach Sein und Existenz des Menschen ... zu beantworten. Damit hat sie von Anfang an mit aller positivistischen Wissenschaft ... gebrochen«[7]. »Das Menschenbild, das sog. Erziehungsideal, wird von der Erziehungswissenschaft gewonnen«[8].

Solche Angaben über die »Erziehungswissenschaft« sollten uns davor warnen, auf bloße Namen hereinzufallen. Daß es aber überhaupt möglich ist, auf Metaphysik zu stoßen, wo Wissenschaft versprochen wurde, zeigt, daß die Namensgebung in der Praxis des Zusammenlebens keineswegs gleichgültig ist. Nicht nur unter dem Decknamen »Pädagogik« – wie LOCHNER beklagt hat –, sondern sogar unter dem der »Erziehungswissenschaft« läuft bis heute vieles, was mit eigentlicher Wissenschaft gar nichts zu tun hat[9]. Deshalb ist eine *Einigung über den Sprachgebrauch* dringend notwen-

---
[5] RITTER 1798.
[6] PETERSEN 1943, S. 19.
[7] PETERSEN 1953, S. 17.
[8] PETERSEN 1951, S. 9 f.
[9] LOCHNER 1963, S. 55.

dig, sollen in Lesern und Hörern nicht weiterhin falsche Erwartungen geweckt werden.

Ebenso wie die Differenzierung der pädagogischen Satzsysteme ist auch ihre zweckmäßige Benennung keineswegs nur ein deutsches, sondern ein internationales Problem. So gibt es zum Beispiel in den USA noch keinen anderen allgemein anerkannten Namen für »das akademische Studium der Erziehung« als den vieldeutigen Ausdruck »Grundlagen der Erziehung« (»foundations of education«). Was unter diesem Namen gelehrt wird, entspricht ungefähr dem Gegenstandsbereich der traditionellen europäischen »Pädagogik«. Hier wie dort breitet sich die Überzeugung aus, »daß die ›Grundlagen der Erziehung‹ ein ziemlich unwissenschaftliches Gebiet darstellen«.»Das Fehlen eines integrierten Systems von wissenschaftlichem Wissen« zeigt sich am deutlichsten darin, daß »bis jetzt noch keine allgemeine Übereinstimmung darüber besteht, was den grundlegenden Inhalt eines Einführungskurses in die ›Grundlagen der Erziehung‹ ausmacht. Anders als in anderen akademischen Disziplinen ist der Inhalt derartiger Kurse von Universität zu Universität und von Dozent zu Dozent auffallend verschieden«[10].

Man kann diesen viel diskutierten Zustand, der zur Abschaffung der »foundations of education« und zur Aufteilung des pädagogischen Wissens auf die Nachbardisziplinen zu führen droht, allerdings nicht allein dadurch beheben, daß man dem Fach einen neuen Namen wie »educational studies«, »educology« oder »educationology« gibt[11]. Fortschritte in Richtung auf eine relativ selbständige Erfahrungswissenschaft von der Erziehung sind nur zu erwarten, wenn man zunächst die wissenschaftstheoretischen Grundlagen der bisherigen »Pädagogik« kritisch in Frage stellt und methodologische Entscheidungen trifft, welche künftig die fortgesetzte Vermengung von erfahrungswissenschaftlichen Aussagen mit ethischen oder politischen Forderungen, weltanschaulichen Glaubenssätzen und erziehungspraktischen Anweisungen ausschließt[12]. Das allein genügt selbstverständlich noch nicht, sondern der Kritik und der methodologischen Besinnung muß der Entwurf eines Systems der Erziehungswissenschaft folgen, durch

---

[10] LASKA 1969, S. 183 f.
[11] Vgl. LASKA 1969, S. 186.
[12] Es verdient Beachtung, daß scharfe Kritik an der traditionellen Pädagogik keineswegs generell mit der Bereitschaft der Kritiker verbunden ist, diese dadurch zu verbessern, daß man sie künftig gemäß den methodologischen Regeln der empirischen Wissenschaften entwirft. Es handelt sich häufig nur um den Versuch, *eine* Form der Praktischen Pädagogik, welche die Kritiker von einem bestimmten politischen oder weltanschaulichen Standpunkt aus als überholt, schlecht oder zumindest als kritikbedürftig ansehen, durch eine *andere* Form der *Praktischen* Pädagogik zu ersetzen. Als Beispiele für diesen politisch engagierten Typ der Praktischen Pädagogik unter »wissenschaftlicher« Flagge vgl. aus der pädagogischen Literatur der USA SHIELDS 1968 und 1969; in Deutschland: MOLLENHAUER 1968, GAMM 1972 und 1974.

das gezeigt wird, wie die Probleme dieses weitverzweigten Gebietes miteinander zusammenhängen.

Wie in Europa und in den USA ist man neuerdings auch in Japan darum bemüht, das Niveau der wissenschaftlichen Pädagogik durch strengere methodologische Ansprüche an sie zu heben. So fordert zum Beispiel MURAI, man solle »auf den herkömmlichen vagen Begriff der Pädagogik verzichten«[13]. »Eine Theorie darüber, wie man erziehen *soll*«, müsse von der Wissenschaft unterschieden werden. Er beruft sich dabei auf den Unterschied zwischen der Erkenntnis von Tatsachen und Werturteilen. Darin, »daß man das, was eigentlich dem Wertbereich angehört, als Gegenstand objektiver Erkenntnisse begreifen« wolle, liege »die Verlockung der Pädagogik zur grenzenlosen Spekulation«. Durch die Vernachlässigung dieses Unterschieds sei die japanische Pädagogik »auf dem Weg zur Wissenschaft beträchtlich gehemmt« worden[14].

Nach diesen Hinweisen auf den internationalen Charakter der Grundlagenkrise der Pädagogik wie der Bemühungen um ihre Lösung muß zum Schluß dieses Kapitels noch betont werden, daß es hier allein um die *logische Unterscheidung von Satzsystemen* geht und *nicht um die Klassifizierung von Personen*. Die Zuordnung eines pädagogischen Satzgefüges zur Philosophie der Erziehung oder zur Praktischen Pädagogik berechtigt als solche noch nicht dazu, seinem Urheber die soziale Zugehörigkeit zur Gruppe der Wissenschaftler abzusprechen. Der philosophische Charakter vieler Probleme, die sich bei der Erziehung stellen, sowie die Erfordernisse der Ausbildung von Erziehern und der Beratung von Erziehungspolitikern bringen es mit sich, daß viele Erziehungstheoretiker sich mehr der Philosophie der Erziehung oder der Praktischen Pädagogik und den Empfehlungen zur Erziehungspolitik widmen als der Erziehungswissenschaft[15].

Es gibt nichts dagegen einzuwenden, daß auch Pädagogiker vielseitig tätig sind. Es kommt nur darauf an, daß die Aussagen, die sie machen, nicht irreführend bezeichnet werden. Was Philosophie oder Praktische Pädagogik oder politisches Programm ist, sollte auch so genannt werden, statt dafür durch ungenaue oder falsche Namensgebung das Prestige der Wissenschaft zu beanspruchen. Die Grenzen des Denkens fallen nicht mit denen der Wissenschaften zusammen. Deshalb wäre es ungerechtfertigt, die nicht-wissenschaftlichen pädagogischen Satzsysteme global als minderwertig, unwichtig oder gar überflüssig abzuwerten. Es muß vielmehr in jedem einzelnen Fall erst geprüft werden, wieweit sie empirisch gehaltvoll, theoretisch fruchtbar oder praktisch brauchbar sind.

---

[13] MURAI 1969, S. 73.
[14] MURAI 1969, S. 69.
[15] Auch meine Bücher »Erziehung als Lebenshilfe« (1957), »Erziehung – Kunst des Möglichen« (1960) und »Der Erzieher und seine Aufgaben« (1966) sind nicht Beiträge zur Erziehungswissenschaft, sondern zur Praktischen Pädagogik.

Selbst wenn man bei einer solchen Prüfung zu einem negativen Ergebnis kommen sollte, bleibt noch zu berücksichtigen, daß *die logisch-empirisch feststellbare Wahrheit eines Satzsystems und seine soziale Nützlichkeit verschiedene Dinge sind.* »Eine erfahrungsmäßig wahre Theorie kann für eine Gesellschaft nützlich oder schädlich sein und dasselbe gilt für eine erfahrungsmäßig falsche Theorie«[16]. Man denke an den Nutzen, den eine ihrer Weltanschauung gemäß entworfene Praktische Pädagogik für die Anhänger dieser Weltanschauung hat; oder an den Schaden, den eine Praktische Pädagogik auf atheistischer, rationalistischer und wertrelativistischer Grundlage in einer Religionsgemeinschaft anrichten kann. Daraus folgt, daß unter praktischen Gesichtspunkten sogar pädagogische Gedankengebilde, die teilweise unprüfbar, unwiderlegbar[17] oder sogar falsch sind, nicht ohne weitere Überlegung als schlechthin sinnlos oder unnütz beurteilt werden sollten.

Wissenschaftsbegriffe und methodologische Regeln als Festsetzungen

Das Wort »Wissenschaft« wird in verschiedenen Bedeutungen verwendet. Es kann damit erstens ein *System von Sätzen* über einen Gegenstandsbereich gemeint sein, die untereinander in einem Begründungszusammenhang stehen[1]. In diesem Sinne gibt es nicht *die* Wissenschaft, sondern nur mehrere nebeneinander bestehende Einzelwissenschaften, die jeweils verschieden weit fortgeschritten sind.

Es können zweitens die *Tätigkeiten* gemeint sein, durch die Wissen geschaffen wird. In diesem Sinne bedeutet der Ausdruck »Wissenschaft« die Gesamtheit der Verfahren, die angewendet werden, um Behauptungssätze zu prüfen und zu logisch einwandfreien Aussagensystemen über einen Gegenstandsbereich zu gelangen. Diese Verfahren folgen bestimmten Regeln, die für alle Wissenschaften gültig sind: den allgemeinen Regeln der wissenschaftlichen Methode. Je nachdem, ob jemand diesen Regeln gemäß vorgeht oder nicht, wird seine geistige Tätigkeit als wissenschaftlich oder nicht-wissenschaftlich bezeichnet.

Es gibt demnach nicht nur Unterschiede zwischen den Wissenschaften, sondern auch Gemeinsamkeiten[2]. Die Einzelwissenschaften unterscheiden sich nach den Problemen, die sie zu lösen versuchen, (oder nach ihren Ge-

---

[16] PARETO 1962, S. 71 (§ 249).
[17] Vgl. POPPER 1963.

[1] Vgl. DIEMER 1970, S. 216 ff.
[2] Zur Analyse dieser Gemeinsamkeiten vgl. WOHLGENANNT 1969; WEINGARTNER 1971, S. 51 ff.

genständen) und nach den speziellen Verfahren oder Forschungstechniken, die diesen Problemen angemessen sind. In einem Bereich sind chemische Analysen, in anderen Bereichen historische Quellenkritik oder Interviews erforderlich. Diese Unterschiede schließen jedoch nicht aus, daß alle Einzelwissenschaften zugleich auch so zusammengehören, daß von »Wissenschaft« schlechthin gesprochen werden darf. Ihre Einheit kann durch eine *Übereinkunft* hergestellt werden, die sich auf zwei Fragenkreise erstreckt: erstens auf *die Bestimmung des Zwecks oder der Aufgaben der Wissenschaft* und zweitens auf *die allgemeinen Regeln der wissenschaftlichen Methode*. Dank einer solchen Übereinkunft ist es möglich, die Wissenschaft von anderen Bereichen menschlicher Tätigkeit wie Politik, Wirtschaft, Erziehung, Kunst oder Religion abzugrenzen.

Die Wissenschaft ist eine Schöpfung der Menschen und deshalb steht nicht ein für allemal von Natur aus fest, durch welche Merkmale sie gekennzeichnet ist, welche Aufgaben sie hat und welche Methoden angewendet werden sollen. Das alles muß vielmehr festgesetzt werden und es läßt sich von keiner Festsetzung beweisen, daß sie die einzig zulässige ist. Es handelt sich hier um Entscheidungen, für die man zwar Gründe angeben kann, die aber beim Vorliegen anderer Interessen auch anders ausfallen können.

Um die Richtungskämpfe, die besonders in den Human-, Sozial- und Kulturwissenschaften um verschiedene Wissenschaftsbegriffe geführt werden, beurteilen zu können, muß man wissen, daß dabei nicht um die Erkenntnis eines unabhängig von den Menschen feststehenden »Wesens« der Wissenschaft gerungen wird, sondern um ein von ihnen selbst geschaffenes *Ideal* und seine allgemeine Anerkennung. Es geht darum, *Normen* dafür aufzustellen, was als Wissenschaft anerkannt werden *soll*. Deshalb ist die Wissenschaftstheorie, die einen Teil der Erkenntnistheorie bildet, auch keine empirische Wissenschaft, sondern ähnlich der Ethik eine normative philosophische Disziplin: »sie erkennt nicht ein Sein, sondern setzt ein Ziel und Normen für geistiges Handeln«. In ihr wird »die Beschaffenheit definiert, die etwas haben muß, um als Erkenntnis anerkannt zu werden«. Von dieser Grundlage aus werden dann in logischen Untersuchungen die Verfahren geprüft, die tatsächlich bereits für die Erkenntnisgewinnung angewendet werden[3].

Da die Wissenschaftstheorie eine normative Grundlage hat, ist es möglich, verschiedene Normen von Wissenschaft, Erkenntnis, Wahrheit, Gültigkeit, Begründung usw. festzusetzen. Dementsprechend gibt es mehrere miteinander konkurrierende *wissenschaftstheoretische Grundpositionen* oder *»Schulen«*. Die im deutschen Sprachgebiet derzeit wichtigsten sind die der analytischen, der hermeneutischen und der dialektischen Philosophie[4].

---

[3] V. KRAFT 1960, S. 32 ff. Zum normativ-deskriptiven Charakter der Wissenschaftstheorie vgl. auch STEGMÜLLER 1973, S. 8 ff. und KAPLAN 1964, S. 6 ff.
[4] Vgl. RADNITZKY 1968.

Die hermeneutische und die dialektische Richtung haben sich allerdings in letzter Zeit einander stark genähert und sind in der Ablehnung der analytischen Philosophie einig[5]. Deshalb kann man – zumindest unter wissenschaftstheoretischem Aspekt – vereinfachend von zwei Hauptrichtungen sprechen: von der analytischen und der hermeneutisch-dialektischen Metawissenschaft[6].

Diese wissenschaftstheoretischen »Schulen« sind in sich keineswegs einheitlich, geschlossen oder unveränderlich, sondern vielgestaltig, mehr oder weniger offen und in stetem Wandel begriffen. Die in ihnen vertretenen Lehrmeinungen schließen sich gegenseitig auch nicht in jeder Hinsicht aus, sondern sind teilweise miteinander verträglich. Auf jeden Fall muß man damit rechnen, »daß es nicht nur eine, sondern verschiedene Rekonstruktionsmöglichkeiten dessen gibt, was man wissenschaftliche Erkenntnis nennt, und daß wir vielleicht niemals einen vollständigen Überblick über alle diese Möglichkeiten gewinnen werden«[7]. Auf der anderen Seite bleibt es aber trotz aller Vielfalt der Auffassungen über Spezialfragen doch bei wenigen erkenntnistheoretischen Grundpositionen, zwischen denen man beim Aufbau oder bei der Rekonstruktion einer Einzelwissenschaft wählen muß.

Diese Wahl erfolgt jedoch nicht willkürlich, sondern unter dem praktischen Gesichtspunkt, welche methodologischen Festsetzungen sich in ihren Konsequenzen für die Erkenntnisgewinnung am fruchtbarsten erweisen. Am Anfang ist eine Entscheidung über das Ziel, den Zweck, die Aufgabe oder das angestrebte Ergebnis der Wissenschaft zu treffen. Dabei ist man aus praktischen Gründen nicht völlig frei, sondern an den Spielraum gebunden, der durch die bisher gebräuchlichen Regeln für die Verwendung des Wortes »Wissenschaft« abgesteckt ist. Seine Grundbedeutung ist durch die Tradition vorgegeben und zu ihr gehört, daß es in der Wissenschaft um *Erkenntnis* geht. Wer Wissenschaft betreibt, will Erkenntnisse gewinnen, nicht die Welt gestalten oder Menschen beeinflussen. Er verhält sich theoretisch, nicht praktisch. Das Ziel der wissenschaftlichen Tätigkeit sind Erkenntnisse, das Ziel der Tätigkeit in den empirischen, den Erfahrungs- oder Realwissenschaften dementsprechend Erkenntnisse über die Wirklichkeit. Worin aber besteht eine Erkenntnis und wie wird sie gewonnen?

Im Laufe der Geschichte ist vieles als »Erkenntnis« bezeichnet und anerkannt worden: von primitiven Mythen über den Ursprung der Welt und die Kräfte der Natur, von abergläubischen Vorstellungen über Krankheiten, ihre Ursachen und ihre Heilung, von Alchemie und Astrologie bis zu den Theorien, die heute in wissenschaftlichen Lehrbüchern zu finden sind.

---

[5] Vgl. ALBERT 1971, S. 54.
[6] Das tut z. B. auch RADNITZKY 1968, Bd. 2, S. 39 f. Eine übersichtliche Darstellung der beiden Richtungen gibt FIJALKOWSKI 1967.
[7] STEGMÜLLER 1969, S. XXII.

Auch religiöse Heilslehren, metaphysische Weltdeutungen und politische Ideologien sind als Erkenntnis ausgegeben worden und werden vielfach noch immer dafür gehalten[8].

Allen in der Kulturgeschichte anzutreffenden »Erkenntnissen« ist gemeinsam, daß es Behauptungen sind, die für wahr gehalten werden oder die jedenfalls früher für wahr gehalten worden sind[9]. Das heißt natürlich noch nicht, daß sie auch wirklich wahr sind. Vieles, wofür der Anspruch erhoben wird, Erkenntnis zu sein, ist falsch. Es muß also offensichtlich zwischen wirklicher und vermeintlicher Erkenntnis unterschieden werden. Es muß geprüft werden, ob etwas mit Recht oder zu Unrecht als Erkenntnis ausgegeben wird. Würden wir irgendwelchen Behauptungen allein auf den bloßen Anspruch hin, daß eine Erkenntnis vorliegt, ohne Prüfung zustimmen, so wären wir schutzlos Irrtümern, Täuschungen und Lügen preisgegeben.

Um vermeintliche Erkenntnisse prüfen zu können, brauchen wir einen Maßstab, ein Unterscheidungsmittel oder Kriterium. Dieser Maßstab kann nicht in der Welt der Tatsachen empirisch aufgefunden, sondern nur als freie menschliche Festsetzung eingeführt werden. Es hängt von uns ab, was wir als Erkenntnis gelten lassen wollen. Der Begriff der Erkenntnis ist ebenso wie der Begriff der Wissenschaft ein normativer oder *Normbegriff*. Es werden durch ihn Normen festgesetzt, die als Maßstab dienen, um Aussagen beurteilen zu können. Eine Norm stellt eine Forderung dar: etwas soll bestimmte Eigenschaften haben oder auf ganz bestimmte Weise getan werden. Durch den Begriff der Erkenntnis wird bestimmt, wie etwas beschaffen sein muß, um als Erkenntnis gelten zu können. Je nach der Zielsetzung läßt sich die Norm der Erkenntnis verschieden definieren. Dementsprechend gibt es verschiedene Arten der Erkenntnis (vorwissenschaftliche Erkenntnis, ästhetische Welterfahrung, wertende Erkenntnis, wissenschaftliche Erkenntnis)[10]. Von diesen Erkenntnisarten leistet die wissenschaftliche Erkenntnis am meisten. Ihr Ziel ist die Vermehrung unseres Wissens über die Welt.

Dieses Ziel ist nicht auf jede beliebige Weise zu erreichen. Die methodologischen Regeln oder Festsetzungen sind Versuche, die Bedingungen anzugeben, unter denen das Ziel der wissenschaftlichen Erkenntnis am besten erreicht werden kann. Es sind Normen, nach denen sich der Forscher richten soll, wenn er Erfolg haben will[11]. Was sie taugen, erweist sich erst, wenn sie angewendet werden. Nur wenn sie sich in der Forschungspraxis bewähren, verdienen sie bis zur Erfindung brauchbarer Regeln festgehalten zu werden.

Unter diesen Voraussetzungen habe ich mich nach Abwägen der Konse-

---

[8] Vgl. TOPITSCH 1969.
[9] Vgl. zu diesem ganzen Abschnitt V. KRAFT 1960, S. 5 ff.
[10] Vgl. LEINFELLNER 1967, S. 11 ff. und S. 182 ff.
[11] Vgl. POPPER 1966, S. 22 ff.; V. KRAFT 1968, S. 12 ff.

quenzen verschiedener Erkenntnis- und Wissenschaftsbegriffe für die *Wissenschaftslehre der Analytischen Philosophie* im weitesten Sinne des Wortes entschieden. Ich werde die Metatheorie der Erziehung vom Standpunkt des modernen verbesserten Empirismus, des »Konstruktivismus« im Sinne von KRAFT[12] oder des »Theoretizismus«[13] aus behandeln. Damit ist jene früher bereits skizzierte[14] Auffassung gemeint, nach der die Erkenntnis der Wirklichkeit weder allein aus Beobachtungsergebnissen (Induktivismus, klassischer Neopositivismus[15]) noch allein aus erfahrungsunabhängigen Vernunfteinsichten (Apriorismus, klassischer Rationalismus), sondern nur durch »konstruktive Hypothesen« gewonnen werden kann, die empirisch zu prüfen sind. Dieser wissenschaftstheoretische Standpunkt kann als eine Synthese aus dem Rationalismus, dem Empirismus und dem Pragmatismus angesehen werden[16]. Man kann ihn in den methodologischen Schriften von VICTOR KRAFT, KARL RAIMUND POPPER, CARL GUSTAV HEMPEL, HERBERT FEIGL, ERNEST NAGEL, MARIO BUNGE, WOLFGANG STEGMÜLLER, GEORG HENRIK von WRIGHT, HANS ALBERT, ERNST TOPITSCH, HANS LENK, RUDOLF WOHLGENANNT, PAUL WEINGARTNER, KARL ACHAM und anderen näher kennenlernen.

Die allgemeinen Regeln der wissenschaftlichen Methode, die von diesen Wissenschaftstheoretikern vorgeschlagen worden sind, sind nicht unfehlbar, aber es scheinen bis jetzt keine anderen Regeln bekannt zu sein, mit deren Hilfe das Ziel der Wissenschaft besser erreicht werden könnte[17]. In den Naturwissenschaften ist schon lange nach ihnen verfahren worden. Auch in den Geistes- oder Kulturwissenschaften und in den Sozialwissenschaften haben sie sich als fruchtbar erwiesen[18]. Es beruht zum großen Teil auf Mißverständnissen, wenn behauptet wird, die Erforschung der Natur und die Erforschung der sozial-kulturellen Wirklichkeit seien so völlig voneinander verschieden, daß für beide Aufgaben nicht die gleichen allgemeinen methodologischen Regeln angewendet werden könnten[19]. Sobald man zwi-

---

[12] Vgl. V. KRAFT 1960, S. 369; 1968, S. 46 ff.
[13] POPPER 1965, S. 63. Dieser Ausdruck scheint mir weniger mißverständlich zu sein als die Bezeichnung »Kritischer Rationalismus«, die von POPPER allerdings weitaus häufiger verwendet wird. Die Wissenschaftslehre der Analytischen Philosophie verdankt zwar POPPER wichtige Anregungen, aber der »Kritische Rationalismus«, den POPPER und ALBERT vertreten, bildet darin nur eine Richtung neben anderen. Insbesondere ist der Kern dieser Lehre, der sogenannte Falsifikationismus, sehr umstritten (vgl. STRÖKER 1968 und 1973, S. 88 ff.; STEGMÜLLER 1971, S. 20 ff. und 1973, S. 288 ff.).
[14] Vgl. S. 18 dieses Buches.
[15] Zur Kritik vgl. FEYERABEND 1965 und 1967; BOHNEN 1972.
[16] Vgl. LEINFELLNER 1967, S. 17 ff.
[17] Vgl. BUNGE 1967, Bd. 1, S. 11.
[18] Daß die Einhaltung dieser Regeln auch für die historischen Wissenschaften zweckmäßig ist, zeigt u. a. V. KRAFT 1965.
[19] Diese Auffassung vertritt u. a. HABERMAS 1967. Zur Kritik an ihr vgl. TOPITSCH 1965, S. 65 ff.; ALBERT 1972, S. 195 ff.

schen den *allgemeinen Regeln der wissenschaftlichen Methode* und den gegenstands-, problem- oder fachspezifischen *Forschungstechniken* unterscheidet, verringern sich die Schwierigkeiten. Man kann dann die wissenschaftliche Methode als Strategie der Forschung und die problemspezifischen Forschungstechniken als Taktiken der Forschung betrachten[20].

Im Hinblick auf die Erkenntnisse, die durch den Gebrauch der wissenschaftlichen Methode in vielen Disziplinen bereits gewonnen worden sind, besteht Grund zu der Annahme, daß auch die Klärung und die Lösung *erzieherischer* Probleme durch ihre Anwendung gefördert werden könnten. Diese Erwartung ist der Anlaß für meinen Vorschlag, künftig sorgfältiger zwischen Erziehungswissenschaft, Philosophie der Erziehung und Praktischer Pädagogik zu unterscheiden und sich beim Aufbau der Erziehungswissenschaft an die allgemeinen Regeln der wissenschaftlichen Methode zu halten.

Aufgaben einer Metatheorie der Erziehung

Untersuchungen von der Art, wie sie in diesem Buch angestellt werden, haben nicht die Erziehung zum Gegenstand, sondern die Theorien, die über Erziehung entworfen worden sind. Sie setzen voraus, daß es bereits Erziehungstheorien gibt. Sie bilden als Theorie der Erziehungstheorien diesen gegenüber eine höhere Stufe der Theorie. Weil sie den Erziehungstheorien nachfolgt, wird eine solche Theorie *Metatheorie* genannt (vom griechischen »meta« = nach, hinterdrein).

In der Metatheorie der Erziehung werden Erziehungstheorien unter logischen und methodologischen Gesichtspunkten untersucht. Sie ist auf Erziehungstheorien angewandte Logik[1]. *Die Metatheorie der Erziehung ist eine beschreibende (deskriptive), bewertende (kritische) und Normen begründende (normative) Theorie jener Satzsysteme, die von der Erziehung handeln.* Für diese Satzsysteme wird beansprucht, daß sie Erkenntnisse oder Wissen enthalten. Ob und in welchem Umfang dieser Anspruch tatsächlich erfüllt wird, läßt sich nie im vorhinein sagen, sondern muß von Fall zu Fall geprüft werden. Für eine solche Prüfung braucht man Maßstäbe, Regeln oder Normen. Diese Maßstäbe, Regeln oder Normen aufzufinden, hinsichtlich ihrer Vorzüge und Nachteile gegeneinander abzuwägen, zu präzisieren und zu begründen ist eine wesentliche Aufgabe der Metatheorie der Erziehung.

---

[20] Vgl. BUNGE 1967, Bd. 1, S. 14 ff.; über den Unterschied zwischen der Methode der Wissenschaft und den gegenstandsspezifischen Forschungstechniken vgl. auch R. KÖNIG 1968, S. 18 ff.

[1] Zur Kennzeichnung der Wissenschaftstheorie als Metatheorie und als angewandte Logik vgl. STEGMÜLLER 1973, S. 1 ff.

Diese Aufgabe kann nur gelöst werden, wenn man ausgeht von den bisher erfolgten Bemühungen, zu Erkenntnissen über Erziehung oder zu pädagogischem Wissen zu gelangen. Man muß zunächst die vorhandenen Erziehungstheorien kennenlernen und untersuchen, aus welchen Absichten sie entstanden und wie sie aufgebaut sind. Insbesondere ist dabei zu prüfen, ob die verwendeten Begriffe genügend klar und die Sätze verständlich sind und ob und wie sie zu begründen versucht werden. Dabei wird man häufig auf mehr oder weniger große logische Mängel stoßen. Von Mängeln kann man freilich nur sprechen, wenn man die wirklichen Erziehungstheorien an einer Norm mißt, die erkennen läßt, wie Erziehungstheorien sein sollen. Es ist also unvermeidlich, daß man sich bereits bei der Beschreibung von logischen Maßstäben leiten läßt und daß man Urteile über den Wert der beschriebenen Erziehungstheorien abgibt.

Die Aufdeckung ihrer Mängel hat den Zweck, Einsichten darüber zu gewinnen, wie man vorgehen könnte, um bessere Theorien zu schaffen. Wenn man weiß, in welcher Hinsicht Erziehungstheorien unzulänglich sind, kann man nach den Gründen dafür suchen. Man wird dabei nicht nur auf vermeidbare Fehler stoßen, sondern auch auf Schwierigkeiten, die durch den Gegenstand dieser Theorien bedingt sind oder durch den praktischen Zweck, um dessentwillen die meisten von ihnen entworfen worden sind. Aus der Untersuchung dieser Schwierigkeiten können sich dann unter Umständen neue methodologische Erkenntnisse und Vorschläge ergeben wie zum Beispiel, daß es zweckmäßig wäre, erziehungstheoretische Programme mit dem Erreichbaren in Einklang zu bringen, bisher versäumte Unterscheidungen einzuführen oder die groben methodologischen Regeln, die man anfangs als Maßstab verwendet hat, dem Gegenstand entsprechend zu differenzieren.

Durch Untersuchungen zur Metatheorie der Erziehung kann unser Wissen über Erziehung nicht unmittelbar vermehrt werden. Sie können aber dazu beitragen, daß sich klarer beurteilen läßt, ob vorhandene Erziehungstheorien ihrem Zweck entsprechen und welche Regeln dienlich sein könnten, wenn man versucht, brauchbarere Erziehungstheorien zu gewinnen.

Die Beziehungen, die zwischen Erziehung, Erziehungstheorien und Metatheorie der Erziehung bestehen, lassen sich durch folgendes Schema veranschaulichen:

Gegenstand: **Erziehung** (education)

Theorien der Erziehung:

(im Deutschen bisher meist als »Pädagogik« bezeichnet; englisch: educology[2])

| wissenschaftliche Theorien der Erziehung = **Erziehungswissenschaft** (science of education) | philosophische Theorien der Erziehung = **Philosophie der Erziehung** (philosophy of education) | praktische Theorien der Erziehung = **Praktische Pädagogik** (praxiology of education) |

Theorie der Erziehungstheorien (oder der »Pädagogik«):

Metatheorie der Erziehung (metaeducology)

---

[2] Die englischen Bezeichnungen nach STEINER MACCIA 1969, die offensichtlich völlig unabhängig von mir in den USA einen Vorschlag für die Differenzierung pädagogischer Satzsysteme ausgearbeitet hat, der mit meinem erstmals 1966 publizierten Vorschlag (vgl. BREZINKA 1966, S. 8 ff.) übereinstimmt.

Weiterführende Literatur

VICTOR KRAFT: Einführung in die Philosophie. Philosophie, Weltanschauung, Wissenschaft. Wien, 2. Auflage 1967 (Springer-Verlag), 162 Seiten.

Dieses Buch ist besonders für Anfänger geeignet, weil es keine philosophischen Vorkenntnisse voraussetzt und klar und anregend geschrieben ist. Es wird darin über die verschiedenen Auffassungen von Philosophie berichtet, Philosophie von Weltanschauung abgegrenzt und in die Probleme der Wirklichkeitserkenntnis und der Wertlehre eingeführt. Der Verfasser (1880–1975) gehört zu den Mitbegründern der Analytischen Philosophie. Er zeichnet sich vor anderen Vertretern dieser Richtung durch besonderes Verständnis für die methodologischen Probleme der Humanwissenschaften und für Wertungs- und Normprobleme aus.

VICTOR KRAFT: Erkenntnislehre. Wien 1960 (Springer-Verlag), 379 Seiten.

Für metatheoretische Studien ist nicht nur die Kenntnis der Theorien, die sie zum Gegenstand haben (in unserem Fall also der Erziehungstheorien) erforderlich, sondern auch erkenntnistheoretisches Wissen. KRAFT gibt in diesem Buch eine hervorragende Darstellung der modernen Erkenntnistheorie vom Standpunkt des kritischen Realismus aus. Es werden die Probleme der Sprache, der Logik, der Wahrheit und ihrer Feststellung (Methodologie) behandelt und die Bedingungen für den Aufbau wissenschaftlicher Aussagensysteme erläutert.

RUDOLF LOCHNER: Deutsche Erziehungswissenschaft. Prinzipiengeschichte und Grundlegung. Meisenheim 1963 (Verlag Anton Hain), 561 Seiten.

Dieses Buch ist die erste und bisher einzige Prinzipiengeschichte der deutschsprachigen wissenschaftlichen Pädagogik. Es berichtet ausführlich und kritisch über die Begründungsversuche philosophisch-spekulativer und realwissenschaftlich-empirischer Art von TRAPP, KANT und HERBART bis zu LANGEVELD und BREZINKA. Der Verfasser (geb. 1895) gehört zu den Mitbegründern der Empirischen Erziehungswissenschaft und urteilt von deren Standpunkt aus, wobei er allerdings über die wissenschaftstheoretischen Ansichten MAX WEBERs (1864–1920) nicht hinausgeht und die Ergebnisse der Analytischen Philosophie noch unberücksichtigt läßt[1].

FRIEDHELM NICOLIN (Hrsg.): Pädagogik als Wissenschaft. Darmstadt 1969 (Wissenschaftliche Buchgesellschaft), 467 Seiten.

Eine Sammlung der wichtigsten Texte, die zur Frage nach dem Wissenschaftscharakter der Pädagogik zwischen 1806 und 1966 erschienen sind. Es sind darin alle wesentlichen philosophisch-wissenschaftstheoretischen Standpunkte vertreten. Besonders lesenswert ist die Einleitung des Herausgebers, in welcher der geistesgeschichtliche Hintergrund der Texte erläutert wird (S. VII–XXVII).

ECKARD KÖNIG: Theorie der Erziehungswissenschaft. Bd. 1: Wissenschaftstheoretische Richtungen der Pädagogik. München 1975 (Wilhelm Fink Verlag), 225 Seiten.

Eine materialreiche kritische Darstellung der wissenschaftstheoretischen Grundlagen der Hauptrichtungen in der deutschen Pädagogik der Gegenwart. Der Verfasser

---

[1] Vgl. die kritische Besprechung von BREZINKA 1965.

urteilt vom Standpunkt der sogenannten »Erlanger philosophischen Schule« um PAUL LORENZEN, in der wissenschaftstheoretisch teilweise andere Auffassungen vertreten werden als in der Analytischen Philosophie. Dementsprechend weichen vor allem seine Ansichten zur Werturteilsfrage und zur Normenbegründung von denen der Anhänger einer Empirischen Erziehungswissenschaft ab.

LUTZ RÖSSNER: Pädagogik und empirische Sozialwissenschaften. In: JOSEF SPECK (Hrsg.): Problemgeschichte der neueren Pädagogik. Bd. 2, Stuttgart 1976 (Kohlhammer Verlag), S. 60–106.

Eine konzentrierte Übersicht über die Entstehungsgeschichte der Empirischen Erziehungswissenschaft von einem ihrer Vertreter. Sie setzt die Darstellung von LOCHNER, in der nur über die Entwicklung bis zum Jahre 1959 berichtet wird, bis zur Gegenwart fort und stützt sich dabei auf die neueren wissenschaftstheoretischen Ergebnisse der Analytischen Philosophie.

I. Erziehungswissenschaft

(englisch: *science of education*; französisch: *la science de l'éducation*; italienisch: *la scienza dell' educazione*; spanisch: *ciencia de la educación*; russisch: *nauka o vospitanii*)

> »Die Erziehung ist eine Kunst des Möglichen ...;
> die Erziehungswissenschaft zieht das Studium des
> Wirklichen, Möglichen und Notwendigen der Spekulation über das Vollkommene vor«.
>
> ADOLF BUSEMANN (1932)[1]

Soweit ich sehe, war OTTO WILLMANN der erste, der während seiner kurzen kritischen Denkperiode die Pädagogik eindeutig als eine empirische Sozialwissenschaft aufgefaßt und von der Philosophie wie von der »Erziehungslehre« abzugrenzen versucht hat. 1876 hat er in einer Prager Vorlesung entgegen den geläufigen Ansichten seiner Zeit erklärt: »Die Pädagogik kann nur wissenschaftlich behandelt werden als Teil der Sozialwissenschaft«[2]. Deshalb müsse sie sich auf Aussagen über soziale und kulturelle Tatsachen beschränken. Die wissenschaftliche Pädagogik »regelt (nicht) und weist nicht an, sondern *erklärt*; sie handelt von dem, was *ist*; sie erklärt Erziehung als *Tatsache* nach ihrer gesellschaftlichen und psychologischen Seite«; sie bestimmt nicht, »was geschehen *soll*«[3]. Sie sei eine empirische, analytische, induktive, erklärende Wissenschaft[4].

In ähnlicher Weise hat EMILE DURKHEIM 1911 zwischen einer theoretischen Sozialwissenschaft von der Erziehung und einer »praktischen Theo-

---

[1] BUSEMANN 1932, S. 5 f.
[2] WILLMANNs Prager Vorlesungen sind bisher nicht veröffentlicht worden. Wir sind deshalb auf die Texte angewiesen, die von PFEFFER 1962 zitiert werden. Vgl. besonders S. 40, 103 ff. und 150 ff. Vgl. auch in diesem Buch S. 237.
[3] PFEFFER 1962, S. 112 f.
[4] Nach PFEFFER 1962, S. 109 ff. Zu seinem vermutlich durch ein religiöses Bekehrungserlebnis mitbedingten Rückfall in eine Pädagogik, der normativ-deskriptiver Doppelcharakter zugesprochen wird, vgl. WILLMANN 1957, S. 44 ff. Im Alter hat WILLMANN sogar die »wissenschaftliche Pädagogik« mit der »philosophischen Pädagogik« identifiziert; er hat ihr die Bestimmung des »Wesens« der Erziehung als Aufgabe zugeschrieben und behauptet: »Die christliche Erziehungsweisheit enthält die Leitlinien der wissenschaftlichen Pädagogik.« Vgl. WILLMANN 1903, S. 42; ähnlich in WILLMANN 1898, S. 54: »Nur eine dem Christentum konforme Erziehungslehre kann sich zur Wissenschaft erhöhen.«

rie« für Erzieher unterschieden. Die eine beschreibt und erklärt die Erziehung als Tatsache und wird »Erziehungswissenschaft« genannt; die andere enthält »Leitideen« und Handlungsvorschriften für Erzieher und wird als »Pädagogik« bezeichnet[5].

Im deutschen Sprachgebiet ist besonders RUDOLF LOCHNER ab 1934 dafür eingetreten, die Erziehungswissenschaft als »Tatsachenwissenschaft« sorgfältig von jeder »Erziehungslehre« zu unterscheiden. »Der Zweck der Erziehungswissenschaft liegt nicht in der Beeinflussung eines erzieherischen Handelns, sondern ... in der Erkenntnis der Gegebenheiten«[6].

Diesen ersten Programmen für eine empirische Wissenschaft von der Erziehung war gemeinsam, daß darin gefordert wurde, man solle künftig auch bei den Versuchen, Erkenntnisse über die Erziehung zu gewinnen, die allgemeinen Regeln der wissenschaftlichen Methode befolgen. Es war von jeher unbestritten, daß die Versuche, Menschen besser oder vollkommener zu machen, zahlreiche praktische Probleme der Wertung und Normsetzung aufwerfen. Es müssen Werturteile über die Ziele oder Zwecke der Erziehung getroffen werden, d. h. über die psychischen Dispositionen, die von den Zu-Erziehenden erreicht werden sollen. Es müssen moralische und technische Normen festgesetzt werden, nach denen sich die Erzieher richten sollen. Wegen dieses normativ-praktischen Charakters ihrer Probleme hat man die Pädagogik lange nur als eine praktische Lehre von der Kunst der Erziehung angesehen, als eine *Kunstlehre*[7] statt als Wissenschaft.

Wenn nun versucht wird, neben den pädagogischen Kunstlehren (oder »Erziehungslehren«) auch eine empirische *Wissenschaft* von der Erziehung aufzubauen, dann muß zunächst über den Gegenstand und die Hauptprobleme dieser Wissenschaft Klarheit geschaffen werden. Dazu geht man am besten vom Begriff der Erziehung und von der Vielfalt der Erziehungsphänomene aus.

Der Begriff der Erziehung

Unter den vielen Handlungen, die Menschen ausführen, gibt es auch solche, die als »Erziehen« bezeichnet werden. Wodurch unterscheidet sich erzieherisches Handeln von anderen Handlungen? In erster Linie durch den *Zweck*, den der Handelnde verfolgt. Er will durch sein Handeln etwas Bestimmtes erreichen: er will in einem oder in mehreren anderen Menschen eine bestimmte Wirkung hervorbringen. Erzieherisches Handeln ist also auf Mitmenschen gerichtet; es ist mitmenschliches oder *soziales Handeln*. Wir wollen den, der erzieht, »Erzieher« nennen, und den, der erzogen wird,

---

[5] Vgl. DURKHEIM 1972, S. 50 ff. Vgl. auch in diesem Buch S. 237 ff.
[6] LOCHNER 1934, S. 2. Vgl. auch in diesem Buch S. 240 ff.
[7] Vgl. hierzu S. 12.

»Educand«[8]. In der pädagogischen Fachsprache wird er auch »Zögling«, »Erziehungsobjekt« oder »Adressat der Erziehung« genannt.

Die Wirkung, die der Erzieher im Educanden hervorbringen will, ist eine bestimmte Verfassung der Persönlichkeit. Er will dazu beitragen, daß der Educand bestimmte Fähigkeiten, Fertigkeiten, Kenntnisse, Einstellungen, Haltungen, Gesinnungen oder Überzeugungen erwirbt und beibehält. Es kann sich um Erlebnis- und Verhaltensbereitschaften verschiedenster Art handeln. Sie lassen sich unter dem Begriff der *psychischen Disposition* zusammenfassen. Damit ist eine relativ dauerhafte Bereitschaft zum Vollzug bestimmter Erlebnisse oder Verhaltensweisen gemeint, die dem flüchtigen Erleben und Verhalten zugrundeliegend gedacht wird. Sie kann nicht wahrgenommen, sondern nur aus beobachteten eigenen seelischen Erlebnissen und fremden Verhaltensweisen erschlossen werden. Wer erzieht, will das Gefüge der psychischen Dispositionen des Educanden beeinflussen. In vielen Fällen will er bewirken, daß der Educand Dispositionen, die er noch nicht besitzt, neu erwirbt. In anderen Fällen will er vorhandene Dispositionen, die er als gut bewertet, erhalten, stärken, ausbauen oder erweitern. In einer dritten Gruppe von Fällen will er vorhandene Dispositionen, die er als schlecht bewertet, schwächen, abbauen oder beseitigen. Viertens kommt es auch vor, daß er die Entstehung von Dispositionen, die er negativ bewertet, verhüten will.

Immer geht es beim Erziehen darum, das »Innere« des Educanden zu bestimmen, zu »bearbeiten« oder zu »determinieren«[9]. Ohne die Beziehung zwischen Ursache und Wirkung, »ohne ein Kausalverhältnis zwischen Erzieher und Zögling« läßt sich Erziehung gar nicht denken[10]. Erziehung wird als »Umgestalten der Seele« verstanden[11]; als »Kunst«, welche den Menschen »konstruiert, damit er die rechte Form bekomme«[12]. »Die Erziehung besteht aus einer langen Reihe von Tätigkeiten, die ihren Zweck nicht in sich selbst, sondern in dem Endresultate haben, auf das sie gerichtet sind; dieses Endresultat ist eine relativ abgeschlossene Gestalt des inneren Lebens, die dem Zöglinge aufgeprägt werden soll«[13]. Erziehung ist der »Versuch, ... an einem Menschen etwas zu ändern«[14].

Die Wirkung, die der Erzieher im Educanden erreichen will, wird von ihm als wertvoll beurteilt. Wer erzieht, will den Educanden in irgendeiner Hinsicht besser, vollkommener, tüchtiger oder fähiger machen, als er ist. Er

---

[8] Vom lateinischen »educandus« = der Zu-Erziehende (Gerundiv von »educare« = erziehen).
[9] Ziller 1901, S. 113 und S. 115. Vgl. Herbart, Bd. 3, S. 597: »Der Erzieher ist unvermeidlich Determinist, wiewohl er bescheiden genug sein kann, nicht die ganze Determination in seiner Gewalt zu glauben.«
[10] Ziller 1901, S. 14.
[11] Hegel 1965, S. 88.
[12] Herbart, Bd. 3, S. 291.
[13] Waitz 1898, S. 65.
[14] Ziller 1901, S. 78.

bewertet die psychischen Dispositionen, die er im Educanden durch erzieherisches Handeln erzeugen oder stärken will, positiv und jene, die er beseitigen oder schwächen oder deren Entstehen er verhüten will, negativ. Diese Wertungen können gewohnheitsmäßig oder überlegt erfolgen. Auf jeden Fall wird beim Erziehen vorausgesetzt, daß der Educand an Wert gewinnt, wenn er die seelische Verfassung, in die man ihn bringen will, erreicht oder ihr wenigstens ähnlicher wird. Als Maßstab dient dabei die Wertordnung der jeweiligen Erzieher und ihrer Auftraggeber.

Der Zustand, den der Erzieher im Educanden bewirken will, wird gewöhnlich als *Zweck* oder *Ziel* des erzieherischen Handelns, als »Erziehungsziel« bezeichnet. Es kann sich dabei um eine einzelne psychische Disposition oder um ein mehr oder weniger verwickeltes Dispositionsgefüge handeln, also um Teilbereiche oder um die Gesamtverfassung der Persönlichkeit. Gemeint ist das, was vom Erzieher zu bewirken gewollt, was von ihm bezweckt wird. Man kann es das *Gewollte* oder *Bezweckte* nennen, um deutlich zu machen, daß es sich völlig unabhängig von der Frage, ob es auch das *Gesollte* ist, bezeichnen und untersuchen läßt. Wer den Begriff der Norm und die mit ihm verbundenen Probleme meiden will, kann Erziehungsziele als Bilder vom Menschen, wie jemand ihn haben will, als vorgestellte und gewollte Persönlichkeitsverfassungen oder als *Wunschbilder* auffassen.

Meistens werden Erziehungsziele allerdings als *Normen*, d. h. als Sollensforderungen betrachtet. Dann ist damit gemeint, daß der Educand den Persönlichkeitszustand, in den andere ihn bringen wollen (und den er möglicherweise auch selbst erreichen will), verwirklichen *soll*. Normen, die fordern, daß etwas *sein* soll, können im Unterschied zu Normen, die fordern, daß etwas *getan* werden soll, »Ideale« genannt werden[15]. Häufig wird ein Erziehungsziel auch als »Soll-Zustand« bezeichnet und dem Ist-Zustand der Persönlichkeit gegenübergestellt. Für unseren Zusammenhang genügt vorläufig der Hinweis, daß Erziehung überhaupt nur unter der Voraussetzung zustandekommt, daß der Persönlichkeit eines Menschen, wie sie ist, das Bild einer in irgendeiner Hinsicht vollkommeneren Persönlichkeit gegenübergestellt wird, zu der man ihn machen will. Man kann auch sagen: dem Menschen wird ein Ideal gegenübergestellt, das zeigt, wie er sein soll.

Von den Zielen, um derentwillen erzieherisch gehandelt wird, haben die Erzieher allerdings häufig nur unklare Vorstellungen. Vielfach wird das Erziehungsziel ganz gedankenlos in jenem Wissen und Können, in jenen Einstellungen und Haltungen gesehen, welche die Erzieher selbst zu haben meinen. In anderen Fällen wird es so inhaltsarm und ungenau bestimmt, daß kaum einsichtig ist, warum gewisse erzieherische Handlungen für geeignete Mittel gehalten werden, durch die ein solches Ziel (wie zum Beispiel

---

[15] Vgl. BREZINKA 1977, S. 138 ff.

»die Realisierung der absoluten Vernunft im Menschen«[16]) erreicht werden kann. Das erzieherische Handeln ist weithin gewohnheitsmäßiges, »brauchgemäßes«[17] oder »traditionales Handeln«[18]. Aber mögen die Zielvorstellungen des Erziehers auch verschwommen sein und mag er sich der Beziehungen zwischen Ursachen und Wirkungen, Zwecken und Mitteln nur halb bewußt sein, so kann sein Handeln von ihm dennoch als sinnvoll, zielgerichtet oder zweckorientiert erlebt werden. Jedenfalls gehören nur Handlungen, für die das zutrifft, zur Erziehung.

Die soeben erläuterten Merkmale des Erziehungsbegriffes lassen sich in folgender Definition zusammenfassen: *Unter Erziehung werden Handlungen verstanden, durch die Menschen versuchen, das Gefüge der psychischen Dispositionen anderer Menschen in irgendeiner Hinsicht dauerhaft zu verbessern oder seine als wertvoll beurteilten Komponenten zu erhalten oder die Entstehung von Dispositionen, die als schlecht bewertet werden, zu verhüten*[19]. Statt vom »Gefüge der psychischen Dispositionen« kann man abkürzend auch von der »Persönlichkeit« sprechen.

Dieser Erziehungsbegriff ist ein sehr allgemeiner Begriff auf einer hohen Generalisationsstufe. Er hat einen geringen Inhalt, aber einen großen Umfang. Er enthält nur wenige Merkmale, aber gerade deshalb ist er auf viele Gegenstände anwendbar, die zwar diese Merkmale miteinander gemeinsam haben, im übrigen aber verschieden sind. Erziehen ist kein Handeln, das sich ähnlich einfach beobachten läßt wie Schreiben, Pflügen oder Sägen. Es ist keine konkrete, in stets gleicher Form ablaufende Tätigkeit, sondern viele verschiedenartige Handlungen können als »Erziehen« bezeichnet werden, sofern sie durch die Absicht bestimmt sind, »das Gefüge der psychischen Dispositionen anderer Menschen in irgendeiner Hinsicht dauerhaft zu verbessern«. Jeder Blick auf die Wirklichkeit lehrt, daß tatsächlich auf vielerlei Weise versucht wird, Menschen gemäß bestimmten Zwecken zu ändern. Hier wird als Mittel das Belohnen, dort das Bestrafen angewendet; hier die soziale Isolierung, dort die Eingliederung in eine Gruppe; hier das Belehren, dort das Befehlen.

Ordnet man die Begriffe, welche Handlungen bezeichnen, auf einer Linie zwischen den Polen »konkret« und »abstrakt«, dann erweist sich der Begriff der Erziehung als ähnlich hochgradig abstrakt wie die Begriffe »Arbeiten«, »Verwalten«, »Spielen« oder »Feiern«. Sie decken unübersehbar viele und verschiedenartige konkrete Phänomene, aber sie enthalten keine genaue Beschreibung dieser Phänomene. Vielmehr wird in ihnen gerade von jenen Merkmalen abgesehen (abstrahiert), welche die Besonderheit, die eigentümliche Eigenart eines Phänomens ausmachen. Der Nutzen sol-

---

[16] VOGEL 1881, S. 49.
[17] LOCHNER 1934, S. 41.
[18] MAX WEBER 1972, S. 12.
[19] Vgl. die ausführliche Erläuterung dieser Definition in BREZINKA 1977, S. 70 ff.

cher hochgradig allgemeinen oder abstrakten Begriffe besteht darin, daß man mit ihrer Hilfe die verwirrende Vielfalt der Erscheinungen gedanklich ordnen kann, indem Gegenstände, denen gewisse Merkmale gemeinsam sind, zusammengefaßt werden. Beim Gebrauch derart allgemeiner Begriffe ist jedoch zu beachten, daß es durch Abstraktion gewonnene Gedankengebilde sind, denen in der Wirklichkeit keine Gegenstände entsprechen, die *nur* die im Begriff enthaltenen und nicht noch zahlreiche weitere Merkmale aufweisen.

Wir müssen uns nun nach der Klärung des Erziehungsbegriffes eine Vorstellung von der Vielfalt der Erziehungsphänomene verschaffen. Erst auf dieser Grundlage läßt sich verstehen, welche Schwierigkeiten auftreten, wenn man Theorien über Erziehung zu entwerfen versucht.

Die Vielfalt der Erziehungsphänomene

Viele Phänomene, die unter den Begriff der Erziehung fallen, werden nicht mit dem Wort »Erziehung«, sondern mit bedeutungsähnlichen Worten benannt[1]. In der deutschen Sprache gehören hierzu vor allem jene Handlungen, die mit den Ausdrücken »lehren«, »unterrichten«, »unterweisen«, »schulen«, »bilden«, »ausbilden«, »fortbilden« und »weiterbilden« gemeint sind. Aber auch Handlungen, die als »Psychotherapie«, »Psychagogik«, »Verhaltensänderung«, »Einstellungsänderung«, »Training«, »Bewährungshilfe«, »Resozialisation«, »Rehabilitation«, »Jugendarbeit«, »Jugendpflege«, »Jugendfürsorge«, »Sozialarbeit«, »Gruppentherapie«, »Familientherapie«, »Menschenführung«, »Mission«, »Seelsorge«, »Predigt«, »Katechese«, »Massenkommunikation«, »Propaganda«, »Indoktrination«, »Manipulation« und »Agitation« bezeichnet werden, sind zur Gänze oder mindestens teilweise als Erziehung einzustufen. Sie sind Handlungen, mittels derer versucht wird, das Gefüge der psychischen Dispositionen anderer Menschen in irgendeiner Hinsicht dauerhaft zu verbessern oder seine als wertvoll beurteilten Komponenten zu erhalten oder die Entstehung von Dispositionen, die als schlecht bewertet werden, zu verhüten.

Dabei kommt es nicht darauf an, ob die gewollte Wirkung *von jedermann* als Verbesserung, Wertsteigerung oder Werterhaltung beurteilt wird. Ausschlaggebend für die Zuordnung einer Handlung zur Klasse der erzieherischen Handlungen ist lediglich, daß die gewollte Wirkung von dem, der sie hervorzubringen beabsichtigt, gemäß *seiner* Wertordnung als wertvoll gewertet wird. So wird zum Beispiel ein Ungläubiger Handlungen als schlecht bewerten, mittels derer versucht wird, in anderen Menschen den Glauben an einen persönlichen Gott, an eine göttliche Offenbarung, an die Aufer-

---

[1] Vgl. Dolch 1961.

stehung der Toten und an ein ewiges Leben zu wecken. Trotzdem sind solche Handlungen als Erziehung einzustufen, denn diejenigen, die sie ausführen, sind vom Wert der Persönlichkeitsverfassung, die sie hervorbringen wollen, überzeugt. Umgekehrt sind den gläubigen Christen und Mohammedanern Handlungen ein Greuel, mittels derer atheistische Überzeugungen zu wecken versucht werden. Trotzdem fallen die Versuche, Menschen zum Atheismus zu bekehren oder eine atheistische Einstellung in ihnen zu erhalten, unter den Begriff der Erziehung.

Das gilt sinngemäß auch für die Bewertung der Mittel, die benutzt werden, um das Dispositionsgefüge anderer Menschen zu verbessern. Das Zufügen von Schmerzen, das bei primitiven Völkern angewendet wird, um ihre künftigen Krieger widerstandsfähig zu machen, mag vom Standpunkt eines menschenfreundlichen Pazifismus aus als grausam verurteilt werden; aber das ändert nichts daran, daß es als erzieherisches Handeln anzusehen ist. Die Abschirmung der Educanden von Einflüssen, die geeignet sind, Zweifel an der Gültigkeit der religiösen, weltanschaulichen, moralischen oder politischen Dogmen ihrer Gesellschaft aufkommen zu lassen, die Belohnung des Gehorsams und die Bestrafung von Kritik wird man negativ beurteilen, wenn man die Wertordnung des Liberalismus zugrundelegt. Vom Standpunkt dieser Wertordnung aus werden derartige Handlungen verächtlich als »Dressur«, »Abrichtung«, »Manipulation« oder »Indoktrination« bezeichnet. Mit solchen Namen wird zu erkennen gegeben, daß man sie als schlecht bewertet. Das schließt jedoch keineswegs aus, daß diese Handlungen alle Merkmale der Erziehung aufweisen.

Um einen Überblick über die Vielfalt der Erziehungsphänomene gewinnen zu können, müssen wir also davon absehen, nur das als Erziehung gelten lassen zu wollen, was unseren persönlichen oder kulturspezifischen Ansichten über wertvolle Persönlichkeitsmerkmale und über Handlungen, die zu ihrer Verwirklichung erlaubt sein sollen, entspricht. Es kommt nicht darauf an, welche Ziele und Mittel *wir* für gut oder schlecht, seinsollend oder nichtseinsollend, erlaubt oder unzulässig halten, sondern darauf, was die Menschen selbst jeweils wollen, wenn sie handeln. Der wissenschaftliche Begriff der Erziehung, von dem wir ausgegangen sind, ist so allgemein und wertneutral, daß er in allen Gesellschaften und für alle Geschichtsepochen angewendet werden kann.

Die Vielfalt der Erziehungsphänomene kann man durch Beobachtung der Gegenwart und durch Rückblick in die Geschichte kennenlernen. Dabei ist es nützlich, über die Grenzen des eigenen Lebensraumes hinauszusehen und auch fremde Gesellschaften mit anderer Kultur zu untersuchen. Am besten geht man von der Frage aus: *Wer* erzieht *wen* unter welchen *Umständen* zu welchem *Ziel* auf welche *Art und Weise?* Es wird also nach dem Ziel (dem bezweckten oder gewollten Zustand des Dispositionsgefüges des Educanden), nach dem Objekt (Educand), nach dem Subjekt (Erzieher),

47

nach den konkreten gesellschaftlich-kulturellen Umständen (Situation) und nach der Art und Weise (Form) des Erziehens gefragt. Jeder dieser Gegenstände tritt in vielen verschiedenen Erscheinungsformen auf. Sehen wir uns, um einen Eindruck von dieser Vielfalt zu gewinnen, einige Beispiele an.

1, *Verschiedene Erziehungsziele.* Die Menge der Persönlichkeitsverfassungen, der psychischen Dispositionsgefüge wie einzelner Dispositionen, die man in Menschen bisher hervorzubringen versucht oder wenigstens hervorzubringen gefordert hat, ist unübersehbar. Es gibt kaum eine Tugend, ein Wissen, eine Überzeugung, ein Können, eine Fähigkeit, eine Handlungsbereitschaft, die nicht schon als Ideale für andere Menschen gesetzt und mittels verschiedener Handlungen zu verwirklichen versucht worden sind.

Man denke an die unzähligen Zielangaben, die mit den Worten »Erziehung zur...«, »Erziehung zum...« beginnen. Ich erwähne unter Verzicht auf systematische Ordnung nur beispielhaft die »Erziehung zur Persönlichkeit«, zur »christlichen Persönlichkeit«, zur »humanistischen Persönlichkeit«, zur »sozialistischen Persönlichkeit«, zur »Menschlichkeit«, zum »Verantwortungsbewußtsein«, zur »Mannhaftigkeit«, zur »Selbstbestimmung«, zur »Emanzipation«, zur »Mündigkeit«, zur »Vernünftigkeit«, zur »Kritikfähigkeit«, zur »Liebe«, zur »Elternliebe«, zur »Heimatliebe«, zur »Vaterlandsliebe«, zur »Tugend«, zur »Pünktlichkeit«, zur »Arbeit«, zur »Sparsamkeit«, zur »Sauberkeit«, zum »Pflichtbewußtsein«, zum »Fleiß«, zur »Ausdauer«, zur »Sorgfalt«, zur »Hilfsbereitschaft«, zur »Höflichkeit«, zur »Ehrlichkeit« und so weiter.

Man denke ferner an Wortverbindungen wie »religiöse Erziehung«, »sittliche Erziehung«, »ästhetische«, »literarische«, »wissenschaftliche«, »staatsbürgerliche« oder »politische Erziehung«, mit denen stets auch die Ziele angegeben werden, die mittels erzieherischer Handlungen erreicht werden sollen. Diese Handlungen erfolgen überhaupt nur um der genannten Ziele willen. »Religiöse Erziehung« bedeutet also: »Erziehung, durch welche Dispositionen zum religiösen Erleben und Verhalten geschaffen oder gefördert werden sollen«. »Politische Erziehung« bedeutet: »Erziehung, durch welche Dispositionen zum politischen Urteilen und Handeln geschaffen oder gefördert werden sollen« und so weiter. Im gleichen Sinne sind Ausdrücke zu verstehen wie »Berufserziehung«, »Freizeiterziehung«, »Rechtserziehung«, »Konsumerziehung«, »Nationalerziehung«, »Wehrerziehung«, »Friedenserziehung«, »Gesundheitserziehung«, »Verkehrserziehung«, »Sexualerziehung«, »Medienerziehung«, »Denkerziehung«, »Gefühlserziehung«, »Spracherziehung«, »Kunsterziehung« oder »Sozialerziehung«. »Berufserziehung« zielt auf jene Fähigkeiten ab, die als erforderlich angesehen werden, um Berufe auszuüben. »Freizeiterziehung« zielt auf psychische Dispositionen ab, die für erforderlich gehalten werden, um die Freizeit gut zu nutzen. »Rechtserziehung« zielt auf Wissen über das

Recht wie auf die Bereitschaft, das Recht anzuerkennen und ihm gemäß zu handeln. »Verkehrserziehung« zielt auf das Wissen und Können, das zur unfallfreien Teilnahme am Verkehr befähigt, und so weiter.

Auch viele Wortverbindungen mit »Bildung« enthalten Zielangaben. Ich erwähne nur die »mathematische Bildung«, die »polytechnische Bildung«, die »fremdsprachliche Bildung«, die »musikalische Bildung«.

Ganz besonders reichhaltig sind die Zielangaben in Verbindung mit dem Wort »Unterricht«. Ich erinnere an den »Lese-«, »Schreib-« und »Rechenunterricht«, an »Deutsch-«, »Geschichts-« und »Chemieunterricht«, an »Werk-«, »Koch-« und »Nähunterricht«, an »Stenographie-«, »Kosmetik-« und »Krankenpflegeunterricht« und so weiter. In jedem Fall ist zu erkennen, wozu der Unterricht dienen soll: dem Erwerb oder der Festigung eines bestimmten Wissens und Könnens. Unterrichtsziele sind die psychischen Dispositionen zum Lesen, Schreiben und Rechnen, zur Einsicht in die Chemie, zum Werken, Kochen und so weiter.

Bei den Zielangaben höherer Allgemeinheitsstufe werden zahlreiche besondere Ziele mitgedacht, die ihnen untergeordnet sind. Hinter den meisten Zielen steckt eine vielgliedrige Rangordnung von Unterzielen oder Teilzielen. Man male sich zum Beispiel aus, was Ziele wie »Berufstüchtigkeit«, »Liebesfähigkeit«, »Eignung zur Menschenführung«, »mathematische Bildung« (verstanden als Zustand des Gebildetseins) oder »Kochenkönnen« an Wissen und Haltungen, an einfachen und komplexen psychischen Dispositionen alles einschließen.

Ferner ist zu berücksichtigen, daß vor allem hochabstrakte Zielangaben wie »Persönlichkeit«, »Humanität«, »Mündigkeit«, »Frömmigkeit« oder »Moralität« von verschiedenen Personengruppen ganz verschieden ausgelegt oder gedeutet (interpretiert) werden. Es gibt mindestens so viele Persönlichkeitsideale wie es Kulturen, Religionen und Weltanschauungsgemeinschaften gibt. Auch innerhalb ein und derselben Gesellschaft bedeuten gleichlautende Zielangaben je nach historischer Epoche und kulturellem Entwicklungsstand Verschiedenes. Man denke an die vielen Ausprägungen, die das Ideal der »Bildung« (verstanden als Zustand des Gebildetseins) oder des »Gebildeten« von der »gelehrten Frömmigkeit« (»docta pietas«) der protestantischen Humanisten über die Jesuiten, die Neuhumanisten und die Realisten des 19. Jahrhunderts bis zur Gegenwart erhalten hat.

Wir finden unter den Erziehungszielen völlig entgegengesetzte Handlungsbereitschaften wie zum Beispiel einerseits unter dem Namen »kriegerischer«, »ritterlicher« oder »militärischer Tüchtigkeit« die Bereitschaft und die Fähigkeit, Menschen, die als »Gegner« bezeichnet werden, zu töten, und andererseits die »Bereitschaft zur Gewaltlosigkeit«, zur »Feindesliebe«; wir stoßen einerseits auf »Aufopferungsbereitschaft« und andererseits auf die »Fähigkeit zur Befriedigung der eigenen Bedürfnisse«; einerseits auf »Gläubigkeit«, andererseits auf »Vernünftigkeit«; einerseits auf

»Gehorsamsbereitschaft«, andererseits auf »Bereitschaft zum Ungehorsam«; einerseits auf »Reinheit« und »Jungfräulichkeit«, andererseits auf »Orgasmusfähigkeit«, und so weiter. Die Menge und die Vielfalt der Soll-Zustände, die bisher für Menschen gesetzt und mittels »Erziehung« genannter Handlungen zu verwirklichen versucht worden sind, kann man sich also kaum groß und bunt genug vorstellen.

2. *Unterschiede zwischen den Educanden.* »Educand« ist ein ebenso hochabstrakter Begriff wie »Erziehung«. Er bezeichnet jeden Menschen, der Objekt oder Adressat erzieherischer Handlungen ist. Zwischen den Personen, die unter diesen Begriff fallen, gibt es ebenso viele Unterschiede nach Alter, Geschlecht, Kultur, Sozialer Schicht, Beruf und zahllosen anderen Merkmalen wie zwischen den Menschen überhaupt.

Urspünglich hat man meistens nur Kinder und Jugendliche als Educanden angesehen. Schon längst zählt man aber auch Erwachsene und sogar alte Menschen dazu. Der Kreis möglicher Educanden reicht vom Säugling bis zum Greis. Man denke an die Adressaten der Erwachsenenbildung, der beruflichen Umschulung, der Elternerziehung, der Psychotherapie, der Fortbildung aller Art, der »Erziehung zum Sterben«.

Nach dem Geschlecht wird zwischen Knaben und Mädchen, Männern und Frauen, Vätern und Müttern als Educanden unterschieden. Dementsprechend gibt es Mädchenerziehung, Mütterbildung, Männerseelsorge und so weiter.

Unter dem Gesichtspunkt der Kultur ihrer Gesellschaft erstreckt sich die Spannweite der Educanden von den Angehörigen primitiver Völker bis zu denen hochtechnisierter Industriegesellschaften. Ich erinnere an die großen Persönlichkeitsunterschiede, die durch Unterschiede in der Lebensform, in Religion und Weltbild, politischer Verfassung, Siedlungsform, Wirtschaftsweise und Technik einer Gruppe bedingt sind.

Weiterhin lassen sich die Educanden nach ihrer Zugehörigkeit zu Ständen und Sozialen Schichten unterscheiden. In traditionsgebundenen vorindustriellen Gesellschaften sind sie weitgehend durch die Lebensform ihres Standes geprägt. Den Ständen entsprechend finden wir im Laufe der Geschichte unter anderem Adelserziehung, Priestererziehung, Gelehrtenerziehung, bürgerliche und bäuerliche Erziehung; es gibt Elitenbildung und Armenunterricht, Akademikerseelsorge und Volksmission. In den industriellen Gesellschaften haben die Standesunterschiede an Bedeutung verloren, aber auch hier gibt es eine Gliederung nach Beruf, Einkommen, Einfluß und Ansehen mit schichtspezifischen Lebensformen, die die Weltanschauung, die Wertorientierung und die Lernmöglichkeiten der Educanden mitbestimmen.

Weitaus vielfältiger als die bisher erwähnten gruppenspezifischen sind die *individuellen* Unterschiede zwischen den Educanden nach Konstitution, Vitalität, Temperament, Begabung, Intelligenz, Lernfähigkeit, Ermüdbarkeit, Anstrengungsbereitschaft, Haltungen, Einstellungen, Interessen usw. Jeder Educand hat durch seine besonderen Erbanlagen und durch seine bisherigen Lebenserfahrungen eine einmalige Persönlichkeitsverfassung erworben, die meist als »Individualität« bezeichnet wird. Es gibt also nicht zwei Fälle, bei denen das psychische Dispositionsgefüge, in das durch erzieherische Handlungen einzugreifen versucht wird, gleich ist.

Unterschiede zwischen den Erziehern. Auch der Begriff »Erzieher« ist ein sehr allgemeiner Begriff. Er ist auf jeden Menschen anwendbar, der Subjekt oder Urheber erzieherischer Handlungen ist. Die gruppenspezifischen und individuellen Unterschiede zwischen den Erziehern sind ebenso zahlreich wie die zwischen den Educanden.

Hier ist zunächst an die natürlichen Erzieher, an die Mütter und Väter zu denken. Neben ihnen gibt es eine Unmenge von Menschen, die das Erziehen als Beruf ausüben. Zu diesen berufsmäßigen oder professionellen Erziehern[2] gehören Lehrer aller Art, Lehrmeister und Ausbilder, Kindergärtnerinnen und Heimerzieher, Heilpädagogen und Sozialpädagogen, Psychotherapeuten, Katecheten, Missionare usw. Dazu kommen Ärzte, Sozialarbeiter, Priester, Offiziere, Polizisten und Führungskräfte aller Art aus Verwaltung, Wirtschaft und Politik, die zwar in ihrem Beruf hauptsächlich nicht-erzieherische Tätigkeiten ausüben, aber daneben auch erziehen.

So vielgestaltig wie die Persönlichkeiten der Menschen überhaupt sind auch die der Erzieher. Wir finden unter ihnen alle möglichen Abstufungen der Intelligenz, der seelischen Gesundheit, der Kontaktfähigkeit, des Einfühlungsvermögens und der Moral. Nicht nur jeder Educand, sondern auch jeder Erzieher ist eine Individualität für sich.

Verschiedene Situationen. Erzieherisches Handeln erfolgt stets unter bestimmten gesellschaftlich-kulturellen Umständen: zu einer bestimmten Zeit an einem bestimmten Ort durch Angehörige einer bestimmten Gruppe mit einer bestimmten Kultur. Es ist eingebettet in die Lebensverhältnisse einer Gesellschaft. Erzieher wie Educanden sind in ihrem Erleben und Verhalten von zahlreichen Bedingungen abhängig. Die *äußeren* Bedingungen werden unter den Begriffen »Umwelt«, »Milieu« oder »Lebensraum« zusammengefaßt. Schon sie sind außerordentlich komplex und können nie vollständig beschrieben werden.

Mit der Aufzählung der in der Umwelt eines Menschen wahrnehmbaren Gegenstände und Vorgänge ist jedoch das, was wir wissen müssen, um diesen Menschen verstehen zu können, noch gar nicht erfaßt: die Umwelt, wie er sie *erlebt.* Verschiedene Personen erleben eine objektiv gleiche Umwelt verschieden, weil sie jeweils andere subjektive Auffassungsweisen mitbringen, die sich durch die Wechselwirkung von individuellen Erbanlagen und individuellen Erfahrungen im Laufe der Lebensgeschichte ausgebildet ha-

---

[2] Vom lateinischen »professio« = Gewerbe, Geschäft.

ben.« »Bei gleicher Umgebung lebt doch jeder in einer anderen Welt«[3], weil er gemäß seiner inneren Verfassung nur ausgewählte Bestandteile dieser Umgebung wahrnimmt und ihnen verschiedene Bedeutungen verleiht. Die meisten dieser Bedeutungen übernimmt er von den Personen, mit denen er aufgewachsen ist, von der Gruppe, in der er lebt; aber er übernimmt sie in Auswahl und wandelt sie auf seine individuelle Weise ab.

Die Gesamtheit der äußeren und inneren, der objektiven und subjektiven Bedingungen, die das Erleben und Verhalten eines Menschen zu einem bestimmten Zeitpunkt beeinflussen, wird als seine »Situation« bezeichnet[4]. Auch der (psychologische) Begriff »Feld« wird dafür verwendet[5]. Jeder Mensch befindet sich zu verschiedenen Zeiten in verschiedenen Situationen. Dementsprechend vielgestaltig sind auch die Situationen, in denen erzieherisch gehandelt wird.

5. *Verschiedene Formen der Erziehung.* Da der Begriff der Erziehung eine hochgradige Abstraktion ist, müssen wir fragen: was geschieht wirklich, wenn erzieherisch gehandelt wird? Wie geht Erziehung konkret vor sich? Auf welche Art und Weise wird erzogen? Welche Formen haben die Handlungen, die unter den Begriff der Erziehung fallen?

Sobald man solche konkreten Handlungen und Handlungssysteme beobachtet und miteinander vergleicht, zeigt sich eine verwirrende Vielfalt von Erscheinungsformen. Nur ein kleiner Teil von ihnen ist bisher unter den Namen »Erziehungsmittel«, »Erziehungsmaßnahmen« und »Erziehungsweisen«[6] zusammengefaßt worden. Dazu gehören unter anderem: Gewöhnen, Zeigen, Darbieten, Vortun oder Vormachen, Aufgaben stellen, Empfehlen, Beraten, Beschäftigen, Beaufsichtigen, Ablenken, Belehren, Belohnen, Loben, Bestrafen, Warnen, Tadeln, Ermahnen, Drohen, Befehlen, Isolieren, Unterrichten, Führen usw. Viele dieser Begriffe wie Gewöhnen, Belohnen, Bestrafen, Unterrichten oder Führen sind selbst wieder relativ abstrakte Begriffe, die für sehr verschiedenartige konkrete Handlungen stehen. Man denke nur an die mannigfaltigen Formen, in denen belohnt, bestraft, unterrichtet oder geführt werden kann.

Viele der erwähnten Handlungen sind jedoch keineswegs in jedem Fall dem Begriff der Erziehung unterzuordnen. Sie gehören zu den Formen des mitmenschlichen Umgangs, die auch ganz unabhängig von der Absicht auftreten, die Persönlichkeit eines anderen Menschen zu verbessern. Auf der anderen Seite gibt es viele Handlungen, die nicht zu den sogenannten »Erziehungsmitteln« gezählt werden, aber dennoch in allen jenen Fällen als erzieherische Handlungen einzustufen sind, in denen sie als Mittel benutzt

---

[3] SCHOPENHAUER 1891, S. 334.
[4] Vgl. THOMAS 1965.
[5] Vgl. LEWIN 1963, S. 271 ff.
[6] Vgl. BREZINKA 1976, S. 123 ff.

werden, um Educanden so zu beeinflussen, daß sie einem für sie gesetzten Ideal ähnlicher werden.

Wir müssen also davon ausgehen, »daß das erzieherische Handeln nichts immer und überall Gleichförmiges ist«[7], sondern in unübersehbar vielen verschiedenen Formen vorkommt. Neben den *direkten* (unmittelbar auf den Educanden gerichteten) erzieherischen Handlungen gibt es vielfältige und sehr komplexe Formen der *indirekten Erziehung*. Damit sind Handlungen gemeint, mittels derer versucht wird, die Umwelt des Educanden so zu verändern, daß sie gerade das zu lernen begünstigt, was er gemäß dem für ihn gesetzten Erziehungsziel lernen soll. Angesichts dieser Sachlage empfiehlt es sich, den mißverständlichen Ausdruck »Erziehungsmittel« zu meiden und statt dessen von »Formen der Erziehung« zu sprechen[8]. *Jede* erzieherische Handlung ist ein Mittel. Nur Handlungen, die vom Handelnden als Mittel angesehen werden, um das Gefüge der psychischen Dispositionen anderer Menschen in irgendeiner Hinsicht dauerhaft zu verbessern oder seine als wertvoll beurteilten Komponenten zu erhalten oder die Entstehung von Dispositionen, die als schlecht bewertet werden, zu verhüten, fallen unter den Begriff der Erziehung. Die Formen oder Arten solcher Handlungen sind viel reichhaltiger als gewöhnlich angenommen wird.

Der Gegenstand der Erziehungswissenschaft

In den ersten Versuchen zur Grundlegung einer empirischen Erziehungswissenschaft wird als ihr Gegenstand die *Erziehung als »Tatsache«* genannt[1]. Die in einer gegebenen Gesellschaft ausgeübte Erziehung habe »die gleiche Wirklichkeit wie andere soziale Tatsachen«[2]. Gegenstand der Erziehungswissenschaft sei »die Kulturtatsache Erziehung«[3], »die Erziehungswirklichkeit«[4], »die Erziehung als Realität«[5] oder »das Phänomen der Erziehung«[6].

Erziehung als Tatsache findet sich in der Gegenwart wie in der Vergangenheit jeder Gesellschaft. Die erzieherischen Handlungen und die Erziehungseinrichtungen bilden einen wesentlichen Ausschnitt, Teilbereich oder Bestandteil der Kultur neben anderen Teilbereichen wie Wirtschaft, Poli-

---

[7] LOCHNER 1934, S. 144.
[8] Vgl. LOCHNER 1927, S. 175 ff.; KROH 1952, S. 51 ff.

[1] Vgl. WILLMANN nach PFEFFER 1962, S. 104 ff.
[2] DURKHEIM 1972, S. 53.
[3] A. FISCHER 1921, S. 259; MEISTER 1924, S. 17 und 1965, S. 65; MARTINAK 1928, S. 15.
[4] FRISCHEISEN-KÖHLER 1917, S. 40 und 1921, S. 30; MEISTER 1924, S. 17 und 1965, S. 65.
[5] A. FISCHER 1914, S. 6.
[6] FRISCHEISEN-KÖHLER 1917, S. 36; ähnlich A. FISCHER 1914, S. 20.

tik, Recht, Religion, Sprache, Kunst, Wissenschaft, Technik, Gesundheitswesen usw. <u>Als Aufgabe der Erziehungswissenschaft wird es angesehen, Erziehung als Tatsache zu *beschreiben* und zu *erklären*</u>[7].

Sobald man Erziehungsphänomene zu <u>*beschreiben*</u> beginnt, zeigt sich, daß sie in ein kompliziertes Gefüge sozialer Wechselbeziehungen eingebettet sind, von dem sie nur in Gedanken abgegrenzt werden können. »Erziehung ... besteht nur in der Abstraktion für sich. Diese Abstraktion ist freilich unvermeidlich für ihre Theorie«[8]. <u>Die Beschreibung von Erziehungsphänomenen setzt voraus, daß man zunächst »das Wirklichkeitsganze« untersucht, »in dem Erziehung erscheint«</u>[9]. Dieses Ganze ist – abgekürzt ausgedrückt – eine Gesellschaft mit der ihr eigentümlichen Kultur.

<u>Innerhalb einer Gesellschaft und ihrer Kultur bilden die Erziehungsphänomene Teilbereiche, die selbst wieder Ganzheiten sind, die aus vielen miteinander zusammenhängenden Bestandteilen bestehen und als *Erziehungssituationen*[10] oder *Erziehungsfelder*[11] bezeichnet werden können</u>. Die erzieherischen Handlungen sind nur *ein* Bestandteil eines Erziehungsfeldes, denn sie können ohne Zwecke, ohne Subjekt und ohne Objekt des Handelns gar nicht gedacht werden. Sie sind nur Mittel zu Zwecken und deshalb setzt ihre Beschreibung die Kenntnis der übrigen Bestandteile der Situation voraus, in der erzogen wird.

Wenn also gesagt wird, Gegenstand der Erziehungswissenschaft sei die »Erziehung als Tatsache« oder die »Erziehungswirklichkeit«, dann ist das nur eine abkürzende Redeweise, mit der keineswegs gemeint ist, daß ihr Gegenstand lediglich in den Handlungen besteht, die unter den Begriff der Erziehung fallen. Vielmehr gehören zu den »*Hauptgegenständen*«[12] der Erziehungswissenschaft die Ziele oder Zwecke der Erziehung (Ideale), die Subjekte (Erzieher) und Objekte der Erziehung (Educanden) sowie die Mittel (erzieherische Handlungen und Erziehungseinrichtungen). Man kann zusammenfassend auch von Erziehungssituationen oder Erziehungsfeldern sprechen, in denen diese Gegenstände untereinander wie mit dem sie umschließenden gesellschaftlich-kulturellen Ganzen in Beziehung stehen.

<u>Das ist ein sehr umfangreicher und komplizierter Gegenstandsbereich. Er enthält Bestandteile, die auch Gegenstand anderer Wissenschaften sind, insbesondere der Psychologie und der Soziologie.</u> Diese Schwierigkeit hat

---

[7] WILLMANN nach PFEFFER 1962, S. 112; DURKHEIM 1972, S. 56 ff.; MARTINAK 1928, S. 16.
[8] DILTHEY 1963, S. 48 (Fragment aus dem Nachlaß).
[9] LOCHNER 1927, S. 10.
[10] Vgl. LEWIN 1953, S. 22 ff.
[11] Vgl. WINNEFELD 1957, S. 30 ff. und 1965, S. 49 ff., der für das Gemeinte den Ausdruck »pädagogisches Feld« verwendet.
[12] A. FISCHER 1913, S. 47. Vgl. auch SCHMIDKUNZ 1930 über »Bestandstücke der Pädagogik«.

man durch die Unterscheidung zwischen dem *Materialobjekt* und dem *Formalobjekt* der Erziehungswissenschaft zu beheben versucht[13]. Als Materialobjekt wird der konkrete Gegenstand bezeichnet, auf den sich eine Wissenschaft richtet (wie zum Beispiel der Mensch oder ein Sozialgebilde); als Formalobjekt »die besondere Rücksicht, unter der sie dieses Ganze betrachtet; kennzeichnend für jede Wissenschaft ist ihr Formalobjekt, während das gleiche Materialobjekt mehreren Wissenschaften gemeinsam sein kann«[14].

So hat die Erziehungswissenschaft Educanden und Erzieher als Träger psychischer Phänomene mit der Psychologie gemeinsam. Ebenso hat sie gewisse Sozialgebilde, soziale Beziehungen und soziale Handlungen mit der Soziologie gemeinsam. Sie unterscheidet sich jedoch durch den *Gesichtspunkt*, unter welchem diese gemeinsamen Materialobjekte erforscht werden. Personen und psychische Phänomene sowie Sozialgebilde und andere soziale Phänomene werden in der Erziehungswissenschaft nur in einer bestimmten Hinsicht untersucht: soweit sie auf Erziehungsziele und auf Mittel zur Erreichung solcher Ziele sowie auf Voraussetzungen und Wirkungen von Erziehung bezogen sind. Das ist gemeint, wenn abkürzend (aber allzu ungenau) gesagt wird, Gegenstand der Erziehungswissenschaft sei »die gesamte menschliche Wirklichkeit, gesehen unter dem Aspekt der Erziehung«[15]. Statt von einem Aspekt, einem Gesichtspunkt oder einer Betrachtungsweise kann man auch von einer *Fragestellung* sprechen, die der überaus komplexen Wirklichkeit gegenüber eingenommen wird. Man kann angesichts ein und desselben Materialobjekts verschiedene Fragen stellen. Umgekehrt ist es auch möglich, ein und derselben Frage durch die Untersuchung so verschiedener Materialobjekte nachzugehen, wie es zum Beispiel Kinder, Jugendliche und Erwachsene, soziale Handlungen, soziale Interaktionen und soziale Gruppen, Kulturgüter und kulturelle Einrichtungen sind.

Gegenstand der Erziehungswissenschaft sind also nicht nur Erziehungsphänomene, sondern alle Phänomene, die mit Erziehung zusammenhängen. Innerhalb dieses Gegenstandsbereiches sind wiederum sehr verschiedene Fragestellungen möglich. Man denke an den Unterschied zwischen der individuellen oder der personalen und der gesellschaftlich-kulturellen Betrachtungsweise der Erziehung. Im ersten Fall wird die Erziehung als Mittel zur Förderung von Individuen oder Personen betrachtet. Im zweiten Fall wird sie als Mittel zur Erhaltung einer Gesellschaft und ihrer Kultur im Wechsel der Generationen angesehen. Beiden Betrachtungsweisen liegt ein und derselbe Sachverhalt zugrunde: indem mittels Erziehung versucht wird,

---

[13] Vgl. WILLMANN nach PFEFFER 1962, S. 103; EGGERSDORFER 1913, Sp. 790; A. FISCHER 1932a, S. 110.
[14] VRIES 1976, S. 473.
[15] WINNEFELD 1970, S. 154.

Kinder und Jugendliche mit den für die selbständige Lebensführung erforderlichen Kenntnisssen, Fähigkeiten und Tugenden auszustatten, wird zugleich ein Beitrag zum Fortbestand der Gesellschaft und zur Weitergabe ihres kulturellen Erbes an die nachfolgenden Geschlechter zu leisten versucht[16]. An diesem Sachverhalt kann man so verschiedene Problemkreise hervorheben wie den Unterricht, den bestimmte Lehrer bestimmten Schülern unter bestimmten Umständen erteilen, einerseits und die Auswirkungen eines nationalen Systems von Erziehungseinrichtungen auf den Charakter eines Volkes andererseits. Die Gegenstände der Erziehungswissenschaft werden also nicht einfach als von Natur aus abgegrenzte Bestandteile der Wirklichkeit vorgefunden, sondern sie müssen erst durch unsere Begriffe und Fragen aus der vielgestaltigen Wirklichkeit gedanklich herausgehoben werden.

Die Beschreibung der Erziehungsphänomene und der mit ihnen zusammenhängenden sonstigen Ausschnitte der Wirklichkeit gilt allgemein als erste Aufgabe der Erziehungswissenschaft[17]. Zu ihr tritt als zweite die *Erklärung* der beschriebenen Phänomene[18]. Es wird nach ihren *Ursachen* gefragt oder nach den Bedingungen, durch die sie zustandegekommen sind. So kann man zum Beispiel eine bestimmte Form der Schulorganisation, eine bestimmte Rangordnung von Erziehungszielen, einen bestimmten Lehrplan oder typische Strafmaßnahmen von Erziehern aus bestimmten gesellschaftlich-kulturellen Voraussetzungen zu erklären versuchen. Dabei können auch Vergleiche nützlich sein[19]. Solche Untersuchungen können rein historisch betrieben werden mit dem Zweck, zu erklären, wie bestimmte gegenwärtige oder vergangene individuelle Phänomene entstanden sind. Sie können aber auch aus rein theoretischem Interesse mit dem Zweck unternommen werden, Gesetzmäßigkeiten zu entdecken, die Erklärungen überhaupt erst möglich machen. Dabei ist der Blick vor allem auf die *Wirkungen* gerichtet, die durch bestimmte Faktoren hervorgebracht werden.

Diese Hinweise zeigen, daß in den Programmen für eine empirische Erziehungswissenschaft zunächst die Fragen »Was ist?«, »Wie ist es?« und »Warum ist es so?« im Vordergrund gestanden sind. Man wollte »die Tatsachen zu erklären« versuchen und mit »analytischer und komparativer Methode aus der verwirrenden Fülle das immer Wiederkehrende, das Typische, und wenn möglich das Gesetzmäßige« ermitteln[20]. Dementsprechend

---

[16] Vgl. WILLMANN 1957, S. 52; ähnlich DILTHEY 1961, S. 192; DURKHEIM 1972, S. 29 ff. und S. 83 ff.
[17] Vgl. neben WILLMANN, DURKHEIM und A. FISCHER auch DILTHEY 1961, S. 190 ff.; LOCHNER 1927 und 1963, S. 415 ff.; KRIECK 1931.
[18] Vgl. WILLMANN nach PFEFFER 1962, S. 127 ff.; DURKHEIM 1972, S. 56 ff.
[19] Vgl. WILLMANN nach PFEFFER 1962, S. 129; DURKHEIM 1972, S. 54 ff.; DILTHEY 1961, S. 229 ff.; A. FISCHER 1913, S. 45.
[20] MARTINAK 1928, S. 16.

wurde die angestrebte Wissenschaft auch »deskriptiv-analytische Erziehungswissenschaft« genannt[21].

Wenn der Gegenstand der empirischen Erziehungswissenschaft in der »Erziehungswirklichkeit« gesehen wird, dann liegt es nahe, diesen Gegenstand hauptsächlich in seinen mannigfaltigen individuellen Erscheinungsformen als geschichtliches Phänomen zu untersuchen. »Erst die Geschichte ermöglicht uns den freien Ausblick auf den ganzen Reichtum der Erziehungswirklichkeit«[22]. Die Erziehung und was damit zusammenhängt wird bei dieser Betrachtungsweise als »eine der großen Objektivationen der Geschichte«[23] aufgefaßt.

Mit dem Wort »Objektivation« ist hier etwas in der Welt Gegebenes gemeint, das von Menschen hervorgebracht worden ist und in dem Seelisches zum Ausdruck kommt[24]. In dieser Bedeutung sind unter »Objektivationen« also »Objektivationen von Psychischem« oder – weniger schwerfällig ausgedrückt – *»psychische Objektivationen«* gemeint. Sie sind die Ergebnisse von Vorgängen der »Objektivierung« von Psychischem, durch die »Seelisches in die Welt des Sinnfälligen hinausgestellt, körperlich gestaltet« und »zu körperlich Wahrnehmbarem« wird[25]. Es gehören dazu neben den *Ausdruckserscheinungen* vor allem die *Handlungen* sowie die »Gestaltungen von Dauer« oder »Kulturobjekte«: verselbständigte Gegenstände, geprägte Vorgänge und Sozialgebilde, die man zusammenfassend auch als *Werke* bezeichnen kann[26].

Alle psychischen Objektivationen sind Wirkungen psychischer Vorgänge. Da wesentliche Bestandteile von Erziehungsfeldern psychische Objektivationen sind, erschien es zunächst naheliegend, die *Erziehungswissenschaft* als die Wissenschaft von dieser Klasse psychischer Objektivationen aufzubauen und sie *nach dem Muster der Kultur- oder Geisteswissenschaften* als den »Wissenschaften von der selbsterschaffenen Welt des Menschen«[27] zu entwerfen.

Zu den psychischen Objektivationen, die den Gegenstand der Erziehungswissenschaft als Kulturwissenschaft bilden, gehören sowohl Handlungen als auch Werke. Nun sind jedoch die flüchtigen Handlungen viel schwieriger zu erfassen als die dauerhaften Werke. Daran scheint es zu liegen, daß sich bei diesem Ansatz das Interesse der Erziehungswissenschaftler vorwiegend auf jene Bestandteile von Erziehungsfeldern richtet, die als »Gestaltungen von Dauer«, als »Kulturobjekte« oder als »kulturelle Ob-

---

[21] MARTINAK 1928, S. 17.
[22] FRISCHEISEN-KÖHLER 1917, S. 56.
[23] FRISCHEISEN-KÖHLER 1917, S. 59.
[24] Zu diesem der Kulturphilosophie entstammenden Begriff vgl. FREYER 1923, S. 20 ff. und HARTMANN 1962, S. 406 ff.
[25] MEISTER 1947, S. 56.
[26] Vgl. MEISTER 1943, 1949, 1952 und 1958.
[27] ROTHACKER 1927, S. 12.

jektivationen« eine relativ leicht zugängliche Teilmenge aus der Gesamtmenge jener psychischen Objektivationen bilden, die in Erziehungsfeldern vorkommen. Das sind vor allem jene, die in schriftlicher Form vorliegen. Dazu gehören in erster Linie die Wunschbilder von den gewollten Persönlichkeitsverfassungen der Educanden, die in einer Gesellschaft als »Erziehungsziele« oder »Bildungsideale« gelten. Sie bilden »ein Gebäude von Normen«[28], das sich ebenso beschreiben läßt wie die Normen für die Persönlichkeit und das erzieherische Handeln der Erzieher. Beide Klassen von Normen sind in Vorschriften, Gesetzen, Lehrplänen usw. niedergelegt. Ähnlich leicht erforschbar wie die für Educanden und Erzieher geltenden Normen oder Ideale sind die Erziehungseinrichtungen wie Schulen, Lehrwerkstätten usw. samt den darin vermittelten Lehrinhalten, den gebräuchlichen Erziehungs- bzw. Unterrichtspraktiken und den benutzten materiellen Gegenständen wie Lehrbüchern, Heften, Zeugnissen, Werkzeugen, Ruten oder Rohrstöcken usw.

Selbstverständlich gehören alle soeben erwähnten Bestandteile von Erziehungsfeldern zum Gegenstandsbereich der Erziehungswissenschaft. Es wäre jedoch gegenüber den Fragestellungen der traditionellen Pädagogik eine große und unnötige Verarmung, würde man die empirische Erziehungswissenschaft auf beschreibend-vergleichende und erklärende Untersuchungen der Erziehung als einer »Gegebenheit« beschränken. Das Programm, der Erziehungswissenschaft »eine den anderen Geisteswissenschaften gleichartige Daseinsform« zu geben[29], hat – soweit es bisher durchgeführt worden ist – zur Folge gehabt, daß die Probleme gegenwärtiger und zukünftiger Erziehungspraxis weitgehend unbearbeitet geblieben und statt dessen historische Forschungen über die verschiedenen in Erziehungsfeldern anzutreffenden Kulturobjekte wie Schulen, Lehrpläne, Bildungsideale usw. betrieben worden sind.

Auch das Programm einer *»phänomenologischen Erziehungswissenschaft«* bleibt in der Beschreibung »wahrgenommener erzieherischer Begebenheiten, Fakten, Abläufe und Beziehungen«[30] stecken. Es hat zwar gegenüber dem Programm einer Erziehungswissenschaft als Kulturwissenschaft den Vorzug, daß hier die erzieherischen Handlungen der Hauptgegenstand sind[31], während sie dort zugunsten der mit Erziehung zusammenhängenden Kulturobjekte vernachlässigt werden. Beiden Ansätzen ist jedoch gemeinsam, daß sie die »Erziehung in Vergangenheit und Gegenwart« oder »die Gesamtheit der Erziehungserscheinungen«[32] als etwas Gegebenes voraussetzen und sich mit der Beschreibung und Erklärung dieses Gegebenen, seiner Ursachen und Wirkungen begnügen.

[28] MEISTER 1949, S. 20.
[29] KRIECK 1931, S. 374.
[30] LOCHNER 1975, S. 8 ff.
[31] Vgl. LOCHNER 1963, S. 416.
[32] LOCHNER 1963, S. 407 und S. 415.

Während in der traditionellen Pädagogik gelehrt worden ist, was sein *soll* und was die Erzieher tun *sollen*, damit dieses Seinsollende (die für die Educanden gesetzten Ideale) verwirklicht wird, haben die ersten Anreger der empirischen Erziehungswissenschaft betont, daß diese ausschließlich das, was *ist*, zum Gegenstand hat. »Der Zweck der Erziehungswissenschaft« sei die »Erkenntnis der Gegebenheiten«[33]. Bei dieser Bestimmung des Gegenstandes der Erziehungswissenschaft ist jedoch zu wenig beachtet worden, daß alles »Gegebene« oder »Seiende«, das unter den Begriff der Erziehung fällt, in einer Zweck-Mittel-Beziehung steht und nur als Mittel zu Zwecken verstanden werden kann. Es wird nur deswegen erzieherisch gehandelt und es werden nur deswegen Erziehungseinrichtungen geschaffen und unterhalten, weil die Handelnden glauben, daß diese Handlungen und Einrichtungen geeignete Mittel sind, um die von ihnen verfolgten Zwecke (d. h. die als wertvoll beurteilten und gewollten psychischen Dispositionen der Educanden) verwirklichen zu können. Man kann den Sinn von Handlungen gar nicht erfassen, solange man sie unabhängig von dem betrachtet, was der Handelnde mit ihnen bezweckt[34].

Geht man von dieser einfachen Tatsache aus, dann zeigt sich, daß der Gegenstand der Erziehungswissenschaft anders bestimmt werden muß, als er in den Programmen für eine deskriptiv-analytische Erziehungswissenschaft (kulturwissenschaftlicher oder phänomenologischer Richtung) umrissen worden ist. Es erweist sich als unzureichend, Phänomene wie erzieherische Handlungen und Erziehungseinrichtungen, die ihrem Sinn nach bloße Mittel sind, als »Gegebenes« hinzunehmen und zum Hauptgegenstand von beschreibenden und erklärenden Untersuchungen zu machen. Nicht die Mittel allein und abgetrennt von den Zwecken, sondern *die Zweck-Mittel-Beziehungen als Ganze* müssen als *der zentrale Gegenstand der Erziehungswissenschaft* angesehen werden. Als »Gegebenes« hinzunehmen sind nicht die Mittel, sondern eher die Zwecke. Ausgehend von den Zwecken ist zunächst zu fragen, was sie bedeuten, auf welchen Voraussetzungen sie beruhen, ob sie realisierbar sind, von welchen Bedingungen ihre Verwirklichung abhängt und welche sonstigen Wirkungen neben der gewollten Wirkung bei einer eventuellen Verwirklichung eintreten. Dann ist schließlich zu fragen, ob die in den verschiedenen Erziehungssituationen jeweils angewendeten Mittel tatsächlich geeignet sind, zur Verwirklichung der gesetzten Zwecke beizutragen. Solche Fragen lassen sich untersuchen, ohne über Seiendes hinauszugehen und Sollensforderungen oder Normen zu setzen. Die Frage »Was *kann* getan werden, um diesen bestimmten Zweck zu verwirklichen?« ist eine auf die Wirklichkeit oder das Sein bezogene Frage, die in der empiri-

---

[33] LOCHNER 1934, S. 2.
[34] Über Erziehung im Lichte des Zweck-Mittel-Schemas vgl. BREZINKA 1976, S. 106-147.

schen Erziehungswissenschaft nicht nur zulässig ist, sondern zu ihren zentralen Fragen gehört.

In dieser Sichtweise besteht der Hauptproblemkreis der Erziehungswissenschaft darin, *die Bedingungen für die Erreichung von Erziehungszielen zu erforschen. Die Erziehungswissenschaft ist nicht eine nur Tatsachen beschreibende, sondern eine teleologisch-kausalanalytische Wissenschaft.*

Damit ist folgendes gemeint. Beim Erziehen ist ähnlich wie beim technischen, wirtschaftlichen, politischen oder ärztlichen Handeln stets ein bestimmter Zweck gegeben. Gesucht werden die Bedingungen für seine Verwirklichung. Man versucht andere Menschen dahingehend zu beeinflussen, daß sie einen bestimmten Persönlichkeitszustand erreichen. Dieser Zustand ist noch nicht vorhanden, sondern seine Verwirklichung wird als Zweck gesetzt. Zur Erreichung dieses Zwecks kann der Erzieher nur dann etwas beitragen, wenn er die Bedingungen oder die Ursachen für das Eintreten des erwünschten Zustandes kennt und wenn er weiß, welche Handlungen unter den gegebenen Umständen geeignet sind, um sie herzustellen[35].

Diese praktischen Probleme, die Erzieher zu lösen haben, geben dem erzieherischen Handeln überhaupt erst seinen Sinn und liegen allem, was »Erziehung als Tatsache« oder »Erziehungswirklichkeit« genannt wird, zugrunde. Deshalb ist es zutreffender, den Gegenstand der Erziehungswissenschaft in den erzieherischen Zweck-Mittel-Beziehungen zu sehen, als in der »Erziehung als Tatsache« oder in der »Erziehungswirklichkeit«. Somit läßt sich die Erziehungswissenschaft durch die beiden oben genannten Merkmale kennzeichnen. Sie ist *teleologisch* (vom griechischen »telos« = Ziel, Zweck) oder *final* (vom lateinischen »finalis« = auf das Ziel, den Zweck bezüglich) aufgebaut, weil man von den durch den Willen von Personen oder Gruppen vorgegebenen Zielen oder Zwecken ausgehen muß. Die Arbeit an ihr ist *kausalanalytisch* orientiert (vom lateinischen »causa«=Ursache), weil Kausalbeziehungen erforscht werden müssen, um Möglichkeiten des Eingreifens oder der Einflußnahme durch erzieherisches Handeln aufzufinden. Das gleiche ist gemeint, wenn man die Erziehungswissenschaft als eine *technologische Wissenschaft* bezeichnet.

In der traditionellen Pädagogik war die Orientierung am Zweck-Mittel-Schema und damit die technologische Fragestellung selbstverständlich. HERBART[36], BENEKE[37] und WAITZ[38] haben ihre Pädagogik als Zweck-Mittel-Lehre aufgebaut. SCHLEIERMACHER hat gelehrt, die Erziehung sei nur möglich als technisches Handeln, »insofern ein Zusammenhang von Mittel

---

[35] Grundlegend hierzu MILL 1968, S. 363 ff.; ferner V. KRAFT 1968, S. 106 ff.
[36] Vgl. HERBART, Bd. 1, S. 132 ff.
[37] BENEKE 1835, Bd. 1, S. 30.
[38] WAITZ 1898, S. 16.

und Zweck zu konstruieren ist«[39]. DILTHEY war sich klar darüber, daß die Erziehung »nicht selbst in sich Zweck, sondern nur Mittel« ist[40]. FRISCHEISEN-KÖHLER hat darauf hingewiesen, »daß eine wissenschaftliche Pädagogik ... sich nicht ... auf eine bloße Theorie der Mittel beschränken kann«, sondern »die Idee des Zweckes mitaufnehmen« müsse »und so aus einer vorgeblichen Kausalwissenschaft« eine »teleologische Wissenschaft« werde[41]. Auch NELSON hat es als Aufgabe der »empirischen« oder »theoretischen Pädagogik« angesehen, »nach den geeigneten Mitteln« zu suchen, aber zugleich betont, daß »die Frage nach den Mitteln« nur dann Sinn haben kann, »wenn das zu verwirklichende Ziel schon feststeht«[42].

Gegenüber diesen in der traditionellen normativ-deskriptiven Pädagogik vertretenen Ansichten war es ein Rückschritt, das Programm der »reinen«[43] oder empirischen Erziehungswissenschaft auf die Untersuchung der »Erziehung als Tatsache« zu beschränken und die für das Problem der Erziehung zentralen technologischen Fragen einer nicht-wissenschaftlichen pädagogischen »Kunstlehre«, »Erziehungslehre« oder »Praktischen Pädagogik«[44] zu überlassen. Es hat für diese Entscheidung mehrere Gründe gegeben, aber das Hauptmotiv scheint die Annahme gewesen zu sein, Zweck-Mittel-Beziehungen könnten nicht zum Gegenstand erziehungswissenschaftlicher Untersuchungen gemacht werden, ohne Zwecke *wählen, setzen* und *begründen*, d. h. also *werten* und *Normen geben* zu müssen. Typisch für diese Scheu vor den Zwecken sind folgende Sätze LOCHNERs: »Der Zweck der Erziehungswissenschaft liegt nicht in der Beeinflussung eines erzieherischen Handelns ...; sie schaltet bewußt jedes Ziel- und Zweckdenken aus; darin erblickt sie ... eine Gewähr dafür, daß ihre Wissenschaftlichkeit erhalten bleibt«[45].

Hier liegt ein Irrtum vor, der darauf zurückgeht, daß nicht genügend klar zwischen Zwecken, Zielen, Normen und Idealen als Tatsachen einerseits und der Setzung und Begründung von Zwecken, Zielen, Normen und Idealen andererseits unterschieden wird. Auch wenn es nicht als Sache der Erziehungswissenschaft angesehen wird, Erziehungsziele aufzustellen und zu begründen oder zu rechtfertigen, ist es beim Aufbau einer empirischen Erziehungswissenschaft unumgänglich, von den gegebenen Erziehungszielen als gesellschaftlich-kulturellen Tatsachen auszugehen. Da Erziehung stets

---

[39] SCHLEIERMACHER (1813/14), Bd. 1, S. 373. Vgl. auch S. 417, Anmerkung 2.
[40] DILTHEY 1961, S. 181.
[41] FRISCHEISEN-KÖHLER 1921, S. 37.
[42] NELSON 1949, S. 331.
[43] KRIECK 1922, S. 8 ff.; 1927, S. 12 ff. und 1931.
[44] Vgl. WILLMANN nach PFEFFER 1962, S. 110, 122, 176 ff.; KRIECK 1922, S. 2 ff. und 1931, S. 378; MARTINAK 1928, S. 18 ff.; LOCHNER 1934, S. 2 und 1963, S. 511 ff.; MEISTER 1965.
[45] LOCHNER 1934, S. 2. Bei LOCHNER (vgl. 1947, S. 8) bedeutet das Wort »teleologisch« nicht etwa – wie im normalen wissenschaftlichen Sprachgebrauch – »auf einen (von irgendjemandem gesetzten) Zweck *bezogen*«, sondern »*zwecksetzend*«.

um bestimmter Erziehungsziele willen geschieht, sind wissenschaftliche Erkenntnisse über das Problem der Erziehung gar nicht zu gewinnen, wenn von den Erziehungszielen abgesehen wird. Erzieherische Handlungen sind keine Urphänomene, die einfach als solche hingenommen werden müssen, sondern Mittel zu Zwecken, die nur auf Zwecke bezogen sinnvoll sind und die wissenschaftlich in erster Linie daraufhin untersucht zu werden verdienen, ob sie tatsächlich zur Verwirklichung des Bezweckten beitragen.

Es wäre zu wenig, wollte man sich damit begnügen, lediglich zu beschreiben, welche Mittel in den verschiedenen Erziehungssituationen angewendet werden. Das wichtigste Problem besteht vielmehr darin, ob und unter welchen Umständen die Anwendung Erfolg hat bzw. welche ungewollten Wirkungen durch sie ausgelöst werden. Gegenstand der empirischen Erziehungswissenschaft ist also nicht nur, was in Educanden zu erreichen gewollt (Zwecke) und was zu Verwirklichung des Gewollten getan wird (Mittel). Kenntnisse darüber sind unerläßlich, aber sie dienen zugleich als Wissensgrundlage für die Behandlung der schwierigeren Probleme, ob die jeweils angewendeten Mittel tatsächlich geeignet sind, die gesetzten Zwecke zu erreichen, und welche anderen, bisher vielleicht noch nicht angewendeten Mittel eventuell besser dazu geeignet sein könnten. In der empirischen Erziehungswissenschaft sind also erzieherische Handlungen und Erziehungseinrichtungen nicht nur als psychische Objektivationen zu beschreiben, sondern sie müssen als Mittel an den Zwecken bzw. den Bedingungen für die Verwirklichung des Bezweckten gemessen und *kritisch* beschrieben werden. Das ist auch der Sinn der Forderung nach *experimenteller Forschung* in der Erziehungswissenschaft[46]. Nicht die Mittel an sich sind das zentrale Problem der Erziehungswissenschaft, sondern die Mittel, die es gibt, um die Bedingungen für das Eintreten der bezweckten Wirkung herzustellen bzw. negative Bedingungen auszuschalten. Stark vereinfachend kann man auch sagen: das zentrale Problem sind die Ursachen für Erfolg und Mißerfolg der Erziehung.

Angesichts dieser kritischen Fragen nach dem Nutzen der praktizierten Erziehung und nach möglicher besserer Erziehung erweist sich der Vorwurf, die empirische Erziehungswissenschaft sei auf die »Erklärung des empirisch Vorgegebenen« beschränkt und wirke »politisch auf die vorfindliche Erziehungswirklichkeit konformistisch-legitimierend«[47], als ein Mißverständnis. Die Behauptung, das »erziehungswissenschaftliche Theorieideal« sei »nicht an einer (... möglichen) Praxis, vielmehr an der (gerade faktischen) Empirie« orientiert[48], verwechselt das Ideal der Historiographie der Erziehung mit dem Ideal der theoretischen Erziehungswissen-

---

[46] Vgl. FRITZSCH 1910; A. FISCHER 1913; GEYSER 1913; MEUMANN 1920; KLAUER 1973.
[47] VOGT 1977, S. 5.
[48] VOGT 1977, S. 26.

schaft. Nur die Geschichtsforschung beschränkt sich darauf, zu beschreiben und zu erklären, was in der (vergangenen) »Erziehungswirklichkeit« vorgefunden wird. In der theoretischen Erziehungswissenschaft geht es jedoch gerade darum, jene Gesetzmäßigkeiten zu entdecken, die als Grundlage für die Kritik an der praktizierten Erziehung wie für die Planung möglicher besserer Erziehung gebraucht werden. Diese Aufgabe kann freilich auf keine andere Weise erfüllt werden als durch die Erforschung wirklicher Erziehungssituationen. Da aber die darin anzutreffenden erzieherischen Handlungen und Erziehungseinrichtungen lediglich als Mittel betrachtet werden, die für die Verwirklichung der gesetzten Zwecke nützlich, nutzlos oder schädlich sein können, werden sie keineswegs unkritisch als »empirisch Vorgegebenes« bejaht, sondern im Gegenteil kritisch daraufhin geprüft, ob sie tatsächlich zweckmäßig sind oder nicht. Erweisen sie sich als unzweckmäßig, dann wird nach den Ursachen dafür gefragt und nach anderen Mitteln gesucht, die unter den gegebenen Umständen geeigneter sein könnten. Die empirische Erziehungswissenschaft enthält (also) mehr Möglichkeiten zur Kritik wie zur Reform der praktizierten Erziehung als von manchen ihrer Verächter angenommen wird.

Die technologische Fragestellung bringt es mit sich, daß in der Erziehungswissenschaft sehr viel größere Ausschnitte der Wirklichkeit berücksichtigt werden müssen als in der traditionellen Pädagogik üblich gewesen ist. Bisher ist man vorwiegend vom Erzieher-Verhalten, von sogenannten »Erziehungsmitteln«[49], von Erziehungsmaßnahmen und Erziehungseinrichtungen als vermuteten Ursachen oder Determinanten der von den Educanden zu erreichenden Endzustände ausgegangen und hat deren Wirkungen unter verschiedenen Umständen zu schätzen versucht. Man hat also bei den Mitteln angesetzt, und zwar vorwiegend bei den bereits bekannten, die der pädagogischen Überlieferung gemäß als wirksam oder nützlich gelten, aber auch bei neuen, die zusätzlich zu den überlieferten ausgedacht oder erfunden worden sind. Ein Nachweis, für welche Zwecke bestimmte Mittel unter welchen Umständen brauchbar sein können, konnte aber schon deswegen nicht erbracht werden, weil die Zwecke viel zu unbestimmt gelassen worden sind. Man hat sich damit begnügt, einen Vorrat an vermeintlich geeigneten Mitteln aufzuzählen und jedes einzelne unter Berücksichtigung mehr oder minder zuverlässiger Erfahrungsberichte intuitiv zu interpretieren und zu kommentieren[50].

Die Beziehungslosigkeit, die in der Pädagogik zwischen der Lehre von den Zielen, Zwecken oder Idealen und der Lehre von den Mitteln besteht, hat BERNFELD schon 1925 voller Spott geschildert: »Alle erzieherischen Maßnahmen, die als geeignet gelehrt werden, das Kind... zu jenem hohen

---

[49] Zur Kritik des Terminus »Erziehungsmittel« vgl. BREZINKA 1976, S. 127 ff.
[50] Vgl. z. B. W. FLITNER 1930; WICHMANN 1935, S. 159 ff.; F. SCHNEIDER 1953, S. 149 ff.; LANGEVELD 1962, S. 109 ff.; GEISSLER 1973.

Ziel zu verändern, sind verdächtig einfach und banal . . . Seit es Erzieher gibt, ist diese uralte Skala vom strengen Blick bis zur Gefängnisstrafe, von dem milden Wort bis zur bändereichen Predigt allüberall geübt worden. Kinder wurden zu Millionen in kunterbunter Mischung all solcher Mittel, Millionen wurden von jedem einzeln erzogen, es kann keine Kombination mehr geben, die nicht bereits gewirkt hätte – und das Ergebnis ist die Menschheit von heute, von je . . . Den banalen, seit je gebräuchlichen Mitteln der Erziehung als solchen wohnt die umbildende idealverwirklichende Kraft nicht inne, die die Systeme der großen Pädagogiker ihnen zuschreiben. Es gibt keine Zauberei. Auch nicht durch milden Erzieherblick, nicht durch heilsame Prügel«[51].

Im Unterschied zu jenen Erziehungslehren, in denen Zwecke für sich und Mittel für sich und beide ohne Bezug zu wirklichen Menschen und Situationen behandelt werden, *ist eine teleologisch-kausalanalytische oder technologische Erziehungswissenschaft dadurch gekennzeichnet, daß Zweck-Mittel-Beziehungen im Hinblick auf bestimmte Gruppen von Educanden unter bestimmten gesellschaftlich-kulturellen Lebensbedingungen ihren zentralen Gegenstand bilden.* Man geht dabei von den Zwecken aus und betrachtet sie als Wirkungen, die man hervorbringen oder – bei negativ bewerteten psychischen Dispositionen – verhindern oder beseitigen will. Dann wird nach den Bedingungen gesucht, von denen die jeweils angestrebte Wirkung abhängt, bzw. nach den negativen Bedingungen, deren Anwesenheit ihr Eintreten verhindert[52]. Erst wenn diese Bedingungen bekannt sind, läßt sich erkennen, ob das Bezweckte erreichbar ist und welche Mittel es gibt, um die notwendigen Bedingungen herzustellen bzw. die negativen Bedingungen auszuschalten. Erst dann läßt sich auch beurteilen, welche ungewollten Wirkungen neben den gewollten beim Gebrauch bestimmter Mittel und mit der Verwirklichung des Zwecks voraussichtlich eintreten werden[53].

Aus dieser Fragestellung ergibt sich, daß es in den bisher unabhängig voneinander entworfenen Theorien der Erziehung, der Seelsorge, der Psychotherapie, der Sozialarbeit, der Rhetorik, der Massenkommunikation und der Propaganda im Grunde um die gleichen Probleme geht. Erziehung, Seelsorge, Psychotherapie, Sozialarbeit (soweit diese nicht rein materielle Fürsorge oder bloße Pflege ist), rhetorische Verfahren und Propaganda stimmen darin miteinander überein, daß es Handlungssysteme sind, durch die versucht wird, andere Menschen so zu beeinflussen, daß sie Persönlichkeitsverfassungen erwerben, die von den Handelnden (und/oder ihren Auftraggebern) für wertvoll oder sozial erwünscht gehalten werden.

Deshalb versteht es sich eigentlich von selbst, daß die Theorien und Forschungsergebnisse, die von Psychologen, Psychiatern, Soziologen, Kultur-

---

[51] BERNFELD 1928, S. 38.
[52] Vgl. MILL 1968, S. 363; SIGWART 1924, Bd. 2, S. 513 f. und S. 605.
[53] Vgl. BREZINKA 1976, S. 80 ff. und S. 115 ff.

anthropologen und Biologen zu den großen Problemkreisen »Beeinflussung von Menschen durch andere Menschen«, »Einstellungsänderung«, »Verhaltensänderung«, »Psychotherapie« usw. bereits erarbeitet worden sind und laufend erarbeitet werden, für die Erziehungswissenschaft von größter Bedeutung sein können. Bei dieser Sachlage ist Furcht vor dem Überschreiten der gewohnten Fachgrenzen unangebracht. Die Auffassungen über den Gegenstand und die Grenzen der verschiedenen Wissenschaften sind weniger in der Wirklichkeit selbst begründet als durch die historisch relativ zufällig entstandenen theoretischen Konstruktionen bedingt, mit deren Hilfe die Menschen versucht haben, die Wirklichkeit zu erkennen. Wenn neue Gesichtspunkte und Probleme auftauchen, können diese Auffassungen auch wieder geändert werden. Es gibt kein ein für allemal festliegendes »Wesen« einer Einzelwissenschaft. »Ein sogenanntes wissenschaftliches Fach ist nur ein abgegrenztes und konstruiertes Konglomerat von Problemen und Lösungsversuchen«[54].

Erziehungswissenschaft als empirische Sozialwissenschaft

Ich habe zu zeigen versucht, daß der zentrale Gegenstand der Erziehungswissenschaft die Beziehungen sind, die im Hinblick auf bestimmte Educanden zwischen bestimmten für sie gewollten Persönlichkeitsverfassungen als Zwecken und bestimmten erzieherischen Handlungen bzw. Erziehungseinrichtungen als Mitteln bestehen. Nach der Bestimmung ihres Gegenstandes muß nun noch geklärt werden, ob es möglich ist, die Erziehungswissenschaft einer bestimmten Gruppe empirischer Wissenschaften zuzuordnen.

Ohne Zweifel gehört sie zu der großen Gruppe der *deskriptiven wertfreien Wissenschaften*[1], aber zu welcher ihrer Untergruppen? Da es verschiedene Klassifikationen der Wissenschaften gemäß verschiedenen inhaltlichen oder methodischen Einteilungsgesichtspunkten gibt, da die Einteilungen und Zuordnungen im Laufe der Zeit geändert werden und da häufig mehrere Namen für die gleiche Sache im Gebrauch sind, ist es kaum möglich, sich ohne Vorbehalte festzulegen. Ich erinnere nur daran, daß nicht einmal die weitverbreitete Unterscheidung zwischen Naturwissenschaften und Kultur- oder Geisteswissenschaften genügend klar und unbestritten ist[2]. So wird zum Beispiel die Psychologie von den meisten Psychologen den Naturwissenschaften zugezählt, ohne daß damit die Kulturobjekte als Wirkungen und Ursachen psychischer Vorgänge aus ihrem Gegenstandsbereich ausgeschlossen wären[3]. Andererseits bilden jedoch die Kul-

---

[54] POPPER 1962, S. 237. Vgl. hierzu auch ALBERT 1972, S. 4 ff.

[1] Vgl. WEINGARTNER 1971, S. 124 ff.
[2] Vgl. z. B. J. KRAFT 1957 und 1958.
[3] Vgl. ROHRACHER 1963, S. 7 ff.

turobjekte den Gegenstand der Geistes- oder Kulturwissenschaften, so daß angesichts dieses Widerspruchs von der Psychologie gesagt worden ist, sie sei »vielleicht weder Naturwissenschaft noch Geisteswissenschaft, jedenfalls aber eher letzteres«[4]. Die Schwierigkeit, die Psychologie einer Wissenschaftsgruppe zuzuordnen, wird nicht geringer, wenn man statt von »Kulturwissenschaften« von »Sozialwissenschaften« oder von »Verhaltenswissenschaften« spricht. Dieses Beispiel zeigt zugleich, daß bei der Einteilung der Wissenschaften nicht nur sachliche Probleme eine Rolle spielen, sondern auch wissenschaftliche oder philosophische Modeströmungen die Namensgebung beeinflussen. Ohne die einseitige Bevorzugung der Doktrin des Behaviorismus in der Psychologie wäre vermutlich niemand auf die Idee gekommen, die Psychologie und eine ganze Gruppe anderer Wissenschaften als »Verhaltenswissenschaften« zu bezeichnen. An und für sich ist die Einteilung der Wissenschaften für die Einzelwissenschaftler kein wichtiges Problem, aber es hat doch praktische Bedeutung, weil die Zuordnung einer Wissenschaft zu anderen Wissenschaften und die Namensgebung häufig ein Programm ausdrücken, das ihren Aufbau, die Auswahl der Forschungsthemen und die Methoden der Forschung mitbeeinflußt.

Für die Wissenschaften, zu denen die Erziehungswissenschaft aufgrund ihres Gegenstandes die engsten Beziehungen hat, sind derzeit die Namen »Geisteswissenschaften« (im deutschen Sprachgebiet), »Kulturwissenschaften«, »Sozialwissenschaften«, »Gesellschaftswissenschaften«, »Verhaltenswissenschaften« (vorwiegend im angloamerikanischen Sprachgebiet), »moralisch-politische Wissenschaften« (vorwiegend im französischen Sprachgebiet) und »Humanwissenschaften« gebräuchlich. Bevor man sich entscheidet, die Erziehungswissenschaft einem dieser Namen und dem darin mitgemeinten Programm unterzuordnen, empfiehlt sich nochmals ein Blick auf die Erziehungsphänomene.

Erzieherische Handlungen sind soziale Handlungen. Mit ihnen will der Handelnde einen oder mehrere Mitmenschen beeinflussen. Dabei ist zu beachten, daß erzieherisches Handeln durch die Absichten des Handelnden nicht starr festgelegt ist, sondern daß der Erzieher es je nach der Reaktion seiner Partner ändert. Er stimmt es auf die sich ständig wandelnde Situation ab. Er versucht, es den wechselnden Gegebenheiten anzupassen, insbesondere dem jeweiligen seelischen Zustand des Educanden, soweit er durch dessen Antwort von ihm Kenntnis erhält. Man kann das Erziehen als ein Handeln betrachten, das Prozesse sozialer Wechselwirkung in Gang bringt oder das zu solchen bereits ablaufenden Prozessen hinzutritt. Der Handelnde versucht diese Prozesse in Richtung auf die Verwirklichung der von ihm verfolgten Ziele zu steuern. Er wird aber auch seinerseits von den Adressaten seiner Handlungen beeinflußt, er verarbeitet diese Einflüsse

---

[4] MEISTER 1951, S. 514.

und wirkt von einer dadurch mehr oder weniger veränderten Ausgangsbasis wiederum auf seine Partner zurück. In diesem Sinne ist *das erzieherische Handeln* stets *Bestandteil einer sozialen Interaktionsbeziehung* (vom englischen »interaction« = Wechselwirkung). Der Erzieher und seine Educanden können zusammen geradezu als ein psycho-soziales Rückmeldesystem angesehen werden[5].

Jene Wissenschaften, in denen das soziale Handeln, seine Ursachen und Wirkungen erforscht werden, werden heute vorwiegend *»Sozialwissenschaften«* genannt. Da auch das erzieherische Handeln eine Form des sozialen Handelns ist, kann man es als einen speziellen Gegenstandsbereich oder Problemkreis sozialwissenschaftlicher Forschung betrachten. Nicht nur das erzieherische Handeln selbst, sondern auch die meisten der mit ihm zusammenhängenden sonstigen Bestandteile von Erziehungsfeldern lassen sich als sozial-kulturelle Phänomene deuten. Sie gehören jedoch als solche zu den psychischen Objektivationen und damit in den Gegenstandsbereich der Psychologie. Schon für HERBART war die empirische Pädagogik mit der »psychologischen Pädagogik« identisch[6]. Auch DILTHEY war davon überzeugt, daß die »Psychologie einmal Grundlage der Pädagogik, Pädagogik einmal angewandte Psychologie sein« wird[7].

Nun ist ziemlich unbestritten, daß die Psychologie als solche nicht zu den Sozialwissenschaften gehört, sondern daß man höchstens ihre Teildisziplin Sozialpsychologie dazu zählen kann[8]. Die Psychologie wird heute meistens den »*Humanwissenschaften*« oder den »*Wissenschaften vom Menschen*« zugeordnet[9]. Durch die Wahl dieses Namens wird sie von der problematischen Einteilung der Wissenschaften in Natur- und Kulturwissenschaften gar nicht berührt. Da die Erziehungswissenschaft auf der Psychologie in ihrer ganzen Breite und nicht nur auf der Sozialpsychologie aufbaut, gibt es von der Wortbedeutung dieser Sammelnamen her mindestens ebenso gute Gründe dafür, sie als »Humanwissenschaft« zu bezeichnen wie als »Sozialwissenschaft«. Welcher dieser beiden Namen vorzuziehen ist, hängt letztlich davon ab, wie die der Erziehungswissenschaft am nächsten stehenden Wissenschaften jeweils benannt werden.

Viel bedenklicher erscheint mir dagegen die Verwendung des Sammelnamens »*Verhaltenswissenschaften*« (englisch: »behavioral sciences«), der sich seit einigen Jahrzehnten in den englischsprachigen Ländern eingebürgert hat[10]. Vom »Verhalten« (englisch: »behavior«) spricht man auch bei anorganischen Stoffen und bei Organismen jeder Art. Die sogenannten

---

[5] Zur Theorie der Interaktion zweier Personen vgl. SEARS 1966; zur Interaktion im allgemeinen GRAUMANN 1972.
[6] Vgl. HERBART, Bd. 2, S. 173 ff.
[7] DILTHEY 1888, S. 13.
[8] Vgl. z. B. MacKENZIE 1969.
[9] Vgl. z. B. PIAGET 1973.
[10] Vgl. z. B. KERLINGER 1964; KAPLAN 1964.

Verhaltenswissenschaften beschäftigen sich jedoch – wenn man vom Sonderfall der Tierverhaltensforschung absieht – vorwiegend nicht mit Verhalten schlechthin, sondern mit dem spezifisch menschlichen Verhalten, für welches der Gebrauch von Symbolen und Bedeutungen charakteristisch ist. »Die Daten der Verhaltenswissenschaft sind nicht bloße Bewegungen, sondern *Handlungen*, d. h. Akte, die unter einem Gesichtspunkt ausgeführt werden, welcher ihnen Sinn oder Zweck gibt«[11]. Damit hängt zusammen, daß in diesen Disziplinen gegenüber der Forschungspraxis in den Naturwissenschaften zusätzlich Deutungen oder *Interpretationen* vorgenommen werden müssen. Es genügt hier nicht, wahrnehmbare Ereignisse oder Zustände zu beschreiben und in einen theoretischen Bezugsrahmen einzuordnen, sondern es kommt vor allem auch darauf an, den Sinn, den eine Handlung für den Handelnden hat, zu erfassen. Ich erinnere als Beispiel an die erzieherischen Handlungen, die – wie früher dargestellt worden ist – ohne ein deutendes Zurückgehen auf die Absicht des Handelnden oder auf den von ihm verfolgten Zweck gar nicht als solche erfaßt werden können. Mit Rücksicht auf diese Zusammenhänge wäre jedenfalls der Ausdruck »*Handlungswissenschaften*«[12] dem Namen »Verhaltenswissenschaften« vorzuziehen.

Beide Bezeichnungen haben jedoch den Nachteil, daß sie eine zu enge Auffassung vom Gegenstandsbereich der gemeinten Wissenschaften begünstigen. Es geht darin nicht nur um Verhaltensweisen bzw. Handlungen, sondern ebenso um die psychischen, sozialen und kulturellen Bedingungen und Folgen dieser Handlungen, unter anderem also auch um die *Werke* der Menschen. Die Werke werden auch als »kulturelle Objektivationen« oder als »Kulturobjekte« bezeichnet und unter dem Begriff der Kultur zusammengefaßt. Zu den Klassen der Kultur gehören physische Gegenstände wie Werkzeuge, Kunstwerke usw., geprägte Handlungsformen wie Gebräuche, Riten usw., Sozialgebilde, zum »Kulturobjekt« geformte Einzelmenschen[13] und Institutionen. Der Begriff der kulturellen Objektivation ist also enger als der Begriff der psychischen Objektivation. Anders ausgedrückt: nicht jede psychische Objektivation ist ein Kulturobjekt, aber jedes Kulturobjekt ist eine psychische Objektivation.

Nun kann man jedoch den Begriff der Kultur ohne Schwierigkeit so erweitern, daß er die auf Werke gerichteten Handlungen samt den diese Handlungen bestimmenden Ideen, Überzeugungen, Wertungen, Zwecksetzungen und Normen einschließt[14]. Dann steht nichts im Wege, die Erzie-

---

[11] KAPLAN 1964, S. 32.
[12] Dieser Terminus wird z. B. von HABERMAS 1965, S. 158 und 1967 verwendet, hat sich jedoch nicht durchgesetzt.
[13] Vgl. MEISTER 1958, S. 74: »Der Mensch kann auch sich selbst zum ›Kulturobjekt‹ formen«.
[14] MEISTER 1959, S. 100. Zu den verschiedenen Kulturbegriffen vgl. KROEBER und

hung als »ein Teilgebiet der Kultur« zu bezeichnen[15] und die Erziehungswissenschaft den »*Kulturwissenschaften*« zuzuordnen. Hinsichtlich der Wortbedeutung dieser Sammelnamen gibt es ebenso gute Gründe dafür, die Erziehungswissenschaft als »Kulturwissenschaft« zu bezeichnen wie als »Sozialwissenschaft«. Da sich jedoch im internationalen Sprachgebrauch der Name »Sozialwissenschaften« bereits weitgehend durchgesetzt hat, empfiehlt es sich aus praktischen Gründen bis auf weiteres, diesen Namen vorzuziehen. Dabei darf nur nicht übersehen werden, daß es die Erziehungswissenschaft keineswegs bloß mit sozialen und kulturellen, sondern hauptsächlich mit psychischen Phänomenen zu tun hat[16].

Es spricht manches dafür, daß die Sozialwissenschaften in gewissem Sinne »eine einzige Wissenschaft« sind[17]. Damit ist gemeint, daß sie sich mit dem gleichen Gegenstand, dem sozialen Handeln der Menschen, beschäftigen und für Erklärungsversuche die gleichen allgemeinen Gesetzmäßigkeiten benutzen. Diese Gesetzmäßigkeiten betreffen das Erleben und Verhalten der Menschen und sind also *psychologischer* Art. Aus dieser – allerdings nicht unbestrittenen – Sichtweise folgt, »daß die Lösungen, die jede der Sozialwissenschaften bei der Beschäftigung mit ihren eigenen Problemen gefunden hat, als relevant für die Lösung der Probleme der anderen betrachtet werden und zu deren Lösung beitragen« können[18].

Unter diesen Voraussetzungen müssen zwei grundlegende wissenschaftstheoretische Annahmen, auf denen die wissenschaftliche Pädagogik bisher zumeist aufzubauen versucht worden ist, aufgegeben werden. Die Behauptung, die Pädagogik habe einen Gegenstand, der von den Gegenständen der »Nachbarwissenschaften« Psychologie und Soziologie gänzlich verschieden sei, läßt sich ebensowenig halten wie der Anspruch auf eine nur ihr eigentümliche Methode. Soweit diese Ansichten heute noch vertreten werden, beziehen sie sich zumeist nicht auf die Pädagogik als empirische Wissenschaft, sondern als ein Teilgebiet der Philosophie[19].

Hat man sich einmal für das Programm einer empirischen Erziehungswissenschaft entschieden, dann ist es im Hinblick auf ihren Gegenstand jeden-

---

KLUCKHOHN 1952; zu den Beziehungen zwischen Verhalten bzw. Handlungen und Kultur vgl. KLUCKHOHN 1954.
[15] Vgl. MEISTER 1959, S. 99; 1951, S. 195; 1961, S. 48. Die Zuordnung der Erziehungswissenschaft zu den Kulturwissenschaften findet sich schon bei WILLMANN (nach PFEFFER 1962, S. 109); A. FISCHER 1921, S. 284; J. WAGNER 1926, S. 36.
[16] Vgl. KERLINGER 1969, S. 1127.
[17] Vgl. HOMANS 1969, S. 18 ff.
[18] HOMANS 1969, S. 72. Über die Konstruktion allgemeiner Verhaltenstheorien als ein Ziel der Sozialwissenschaften vgl. auch OPP 1970, S. 1-17.
[19] So hat z. B. SCHALLER (1967, Sp. 2443 f.) die philosophische »Sinnvergewisserung« und die Normgebung vor Augen, wenn er schreibt: »Der Aufbau einer Pädagogik als selbständiger Wissenschaft setzt voraus, daß es gelingt, einmal ihren Gegenstand deutlich von den Gegenständen anderer Wissenschaften abzuheben und sodann eine anderen Wissenschaften gegenüber eigentümliche Methode zu entwickeln«. »Ginge es nur um das Erkennen der Sachverhalte, dann könnte sich die Erzie-

falls nicht mehr möglich, sie auf gleicher Ebene *neben* die Psychologie und andere Wissenschaften vom Menschen zu stellen und diese als sogenannte »Hilfswissenschaften« der Erziehungswissenschaft zu betrachten[20]. Es muß vielmehr zugegeben werden, daß das Erziehen eine besondere Form des sozialen Handelns ist, daß ihm seelische Motive zugrunde liegen und daß es auf psychische Wirkungen abzielt – also zweifellos einer von vielen Gegenständen der Psychologie, insbesondere der Sozialpsychologie ist. Da die Erziehung von Menschen ausgeübt und empfangen wird, die soziale Gruppen angehören, soziale Positionen innehaben unter dem Einfluß von Institutionen stehen, ist sie auch ein Gegenstand der Soziologie. Sie erlaubt wie jedes andere soziale Handeln samt seinen Ursachen und Wirkungen grundsätzlich mehrere Fragestellungen und kann deshalb auch Gegenstand mehrerer Sozialwissenschaften sein.

Daraus folgt jedoch nicht notwendig die »Auflösung der Pädagogik in Psychologie, Soziologie usw.«[21]. Das wäre nur dann der Fall, wenn man für die Erforschung aller psychischen Phänomene der Psychologie und für die aller sozialen Phänomene der Soziologie ein Monopol zubilligen würde. Die Wissenschaften sind jedoch nicht so zu verstehen, daß jede von ihnen für eine bestimmte Klasse der in der Welt auffindbaren Phänomene zuständig ist, sondern sie werden dadurch begründet, daß eine Gruppe zusammengehöriger *Probleme* mit Hilfe der wissenschaftlichen Methode zu lösen versucht wird. Deshalb läßt sich auch der Aufbau einer Erziehungswissenschaft als relativ selbständiger Einzelwissenschaft dadurch rechtfertigen, daß man auf *die Zusammengehörigkeit erzieherischer Probleme und* auf *deren Bedeutung für die Gesellschaft* verweist. Die Erziehung ist zweifellos ein besonders auffallendes und zunehmend wichtiger gewordenes »Verdichtungsgebiet«[22] der sozial-kulturellen Wirklichkeit. Berücksichtigt man, daß die Human- und Sozialwissenschaften in engem Zusammenhang miteinander stehen, dann kann man die *Erziehungswissenschaft als eine Spezialwissenschaft der integrierten Wissenschaften vom sozialen Handeln und von den kulturellen Objektivationen der Menschen* auffassen.

Daraus folgt unter anderem, daß die Aussagengefüge, die derzeit noch mit den Namen »Pädagogische Psychologie« (bzw. »Psychologie der Erziehung«) und »Pädagogische Soziologie« (bzw. »Soziologie der Erziehung«) bezeichnet werden, nicht mehr länger bloß als »Grenzwissenschaften« oder »Zwischenwissenschaften«[23] angesehen werden können, neben denen es

---

hungswissenschaft mit der Kompilation der Ergebnisse von Biologie, Psychologie und Historie begnügen«. Der Ausdruck »Kompilation« (das ist »ein aus anderen Werken zusammengestelltes Buch«: Der Große Herder, Bd. 5, Freiburg ⁵1957, Sp. 595) scheint mir wenig geeignet zu sein, Zweifel am Wissenschaftscharakter einer so verstandenen »Erziehungswissenschaft« zu beseitigen.

[20] Das geschieht u. a. durch ROTH 1959, S. 109; LOCHNER 1963, S. 437 ff.
[21] W. FLITNER 1961, Sp. 12.
[22] Dieser Ausdruck stammt von GEHLEN 1961, S. 24.
[23] Vgl. A. FISCHER 1917, S. 86; 1932a, S. 115.

eine ihnen gegenüber selbständige Erziehungswissenschaft gibt. Soweit sie Erziehungsziele, erzieherische Handlungen, Erziehungseinrichtungen und deren Ursachen und Wirkungen sowie Erzieher und Educanden als Bestandteile von Erziehungssituationen zum Gegenstand haben, sind die Aussagenmengen dieser Disziplinen vielmehr selbst als Erziehungswissenschaft anzusehen[24]. Würde man aus dem Problemkreis Erziehung alle Tatbestände, die »psychisch« und »sozial« sind, ausklammern, dann bliebe nichts mehr übrig, was ausreichen würde, um eine empirische Erziehungswissenschaft zu begründen. Unter dieser Voraussetzung ist es konsequent, wenn der Pädagogik ein »Gegenstand nach Art einzelwissenschaftlicher Gegenstände« abgesprochen[25] und sie als eine Disziplin der Philosophie betrachtet wird[26].

Jede Argumentation zugunsten einer relativ selbständigen Erziehungswissenschaft wird davon ausgehen müssen, daß es keinen zwingenden theoretischen Grund dafür gibt, die Probleme der Erziehung vorwiegend in einer (wenn nicht dem Namen, so doch der Sache nach) neu aufzubauenden Erziehungswissenschaft zu behandeln, statt ihre Bearbeitung weiterhin den umfangreichen Wissenschaften Psychologie und Soziologie zu überlassen, denen wir bisher schon das meiste von unseren wissenschaftlichen Erkenntnissen über Erziehung verdanken[27]. Für die Konzentration in einer Spezialwissenschaft von der Erziehung sprechen nur *praktische* Gründe: insbesondere die Erwartung, daß die Theorienbildung vorangetrieben werden kann und die einschlägigen Forschungen fruchtbarer werden, wenn aus den Human- und Sozialwissenschaften, in denen überwiegend nicht-erzieherische Fragestellungen bearbeitet werden, alle mit Erziehung wesentlich zusammenhängenden Probleme und Lösungsversuche kritisch gesichtet, begrifflich aufeinander abgestimmt und inhaltlich in einen größeren Zusammenhang eingeordnet werden.

Ob eine solche »integrierende« Wissenschaft[28] allerdings über das bloße Sammeln und Interpretieren von Theoriebestandteilen anderer Wissenschaften hinaus zu eigenständigen Theorien und ihrer Überprüfung kommen wird, hängt vor allem davon ab, ob es ihren Vertretern gelingt, sich thematisch auf die teleologisch-kausalanalytische oder technologische Fragestellung zu konzentrieren, statt auf eine enzyklopädisch angelegte Su-

---

[24] Als Beispiel für die entgegengesetzte Ansicht vgl. u. a. LINKE 1966, S. 160: »Die tatsachenwissenschaftlichen Untersuchungen der Psychologen und Soziologen im pädagogischen Feld ... zählen ... nicht zur Pädagogik im engeren Wortsinne«.
[25] Vgl. DERBOLAV 1959, S. 8.
[26] Vgl. z. B. GROOTHOFF 1964, S. 218 f., der die Ansicht vertritt, daß die Erziehungswissenschaft »eine *Reflexionsdisziplin* ist und es als solche mit der Philosophie (Theologie) zu tun hat, weswegen *ihr Kernstück durchaus als Erziehungsphilosophie bezeichnet werden kann*«. (Hervorhebungen von mir). Ähnlich auch noch 1975, S. 134 ff.
[27] Vgl. SCHEFFLER 1966.
[28] Vgl. GEHLEN 1961, S. 23.

per-Wissenschaft vom Werden der Persönlichkeit unter dem Einfluß von Gesellschaft und Kultur hinzusteuern. Die Gefahr ist groß, daß unter unklaren Bezeichnungen wie »Pädagogische Anthropologie«[29] oder »Sozialisationstheorie«[30] aus vielen Einzelwissenschaften, aber auch aus Philosophien und Theologien eine in Kürze unübersehbar werdende Menge völlig verschiedenartiger Aussagen zusammengetragen wird, die die logisch-systematische wie die empirische Arbeit an der Erziehungswissenschaft eher behindern als fördern[31]. Mit den vielen Daten finden unvermeidlich auch die Fachsprachen, in denen sie formuliert werden, aus verschiedensten Wissenschaften und wissenschaftlichen Schulen in die erziehungswissenschaftlichen Aussagengefüge Eingang. Parallel zur uferlosen Ausweitung des Gegenstandes droht dann auch noch die sprachliche Verwirrung zuzunehmen.

Gegen beides kann man die Erziehungswissenschaft nur dadurch schützen, daß sie auf relativ wenige, aber wichtige und klar bestimmte Problemkreise beschränkt wird, statt sie für alle Materialien zu öffnen, die aufgrund eines sehr allgemeinen und verschwommenen Interesses am »Menschen« oder an seiner »Sozialisation« irgendwie zugehörig sein könnten. Ihr harter Kern besteht in den technologischen Problemen, die gelöst werden müssen, um Erziehungsziele verwirklichen zu können. Was damit gemeint ist, hat HOMANS herausfordernd deutlich formuliert: »Irgendwann muß eine Wissenschaft sich dazu aufraffen, etwas Definitives zu sagen. Wenn es eine Veränderung in x gibt, welcher Art wird dann die Veränderung sein, die sich in y vollzieht? Sagen Sie mir nicht einfach, daß es irgendeine Veränderung geben wird. Sagen Sie, *welche!*«[32]. Auch als eine »integrierende« Sozialwissenschaft braucht die Erziehungswissenschaft ein hinreichend abgegrenztes Arbeitsfeld, soll sie nicht in einem Sammelsurium stecken bleiben, sondern theoretische Fortschritte machen.

Theoretische Fortschritte machen heißt vor allem: zu Gesetzmäßigkeiten gelangen, mit deren Hilfe man erklären kann, was sich ereignet hat, und eventuell auch voraussagen kann, was sich unter bestimmten Bedingungen ereignen wird. Nur wenn diese Aufgabe der Theorienbildung zu lösen versucht wird, kommt man über eine bloße Sozialgeschichtsschreibung hinaus. Nur dann kann im strengen Sinne von Sozialwissenschaft und damit auch von Erziehungswissenschaft gesprochen werden[33].

---

[29] Vgl. A. FLITNER 1963; LOCH 1963; ROTH 1966 und 1971; ZDARZIL 1972; SPECK 1976; BOLLNOW 1976.
[30] Vgl. z. B. BRANDTSTÄDTER 1974.
[31] Vgl. DERBOLAV 1970, S. 64 ff.
[32] HOMANS 1969, S. 29.
[33] Vgl. RUDNER 1966, S. 10 ff.

Zur Abgrenzung von wissenschaftlich getarnter weltanschaulicher Pädagogik

Nicht alle Satzsysteme, die als »Sozialwissenschaft«, als »Gesellschaftswissenschaft« oder als »Erziehungswissenschaft« bezeichnet werden, entsprechen dem Wissenschaftsbegriff der Analytischen Philosophie, der auch der Metatheorie der Erziehung, die in diesem Buch vertreten wird, zugrundeliegt. Es gibt vielmehr zahlreiche Erziehungstheoretiker, die die Unterscheidung zwischen Wissenschaft und Weltanschauung oder Weltanschauungsphilosophie ablehnen. Dementsprechend lehnen sie auch die Forderung nach Werturteilsfreiheit ab und halten im Gegensatz dazu Werturteile, Normsetzungen und Parteilichkeit in wissenschaftlichen Satzsystemen für zulässig und notwendig.

Viele Formen weltanschaulicher Pädagogik sind klar als solche zu erkennen. Dazu gehören die »*Konfessionellen Pädagogiken*«, die auf der Grundlage der Bekenntnisse von Religionsgemeinschaften entstanden sind, wie die »Christliche Pädagogik«, die »Evangelische Pädagogik« oder die »Katholische Pädagogik«[1]. Dazu gehören auch die »*Politischen Pädagogiken*«, denen ein politisches Glaubensbekenntnis zugrundeliegt, wie die »Nationalsozialistische Pädagogik«[2], die »Marxistische Pädagogik«[3] oder die »Emanzipatorische Pädagogik«[4].

Auch von solchen offensichtlich weltanschaulich gebundenen pädagogischen Theorien ist behauptet worden und wird vielfach noch heute behauptet, sie seien »wissenschaftliche Pädagogik« oder »Erziehungswissenschaft«. Um diese Ansicht rechtfertigen zu können, hat man einfach den Ausdruck »Wissenschaft« so umdefiniert, daß er auch auf Weltanschauungen anwendbar wird. Dazu brauchte man nur das Prinzip der Werturteilsfreiheit abzulehnen und zu behaupten: es gibt keine weltanschauungsfreie Wissenschaft! Von diesem Standpunkt aus wurde die Pädagogik geradezu als »Weltanschauungswissenschaft« bezeichnet[5].

Aus der Sicht eines *katholischen* Erziehungsphilosophen wird die Sache so dargestellt: »Eine Pädagogik ohne weltanschaulichen Hintergrund, ohne letzte und höchste Entscheidungen über Sinn und Bestimmung des Menschseins, über Wurzel, Höhe, Anfang und Ende der Geschichte ist nicht möglich... Es kann sich also nicht darum handeln, die weltanschauliche Grundanschauung zu eliminieren, um reine Wissenschaft zu erhalten, sondern es

---

[1] Vgl. ERLINGHAGEN 1971.
[2] Vgl. KRIECK 1933; DIETRICH 1940, S. 205 ff.; LINGELBACH 1970.
[3] Vgl. H. KÖNIG 1966; KOROLJOW und GMURMAN 1973.
[4] Vgl. BREZINKA 1976a, S. 66 ff.
[5] GÖTTLER 1948, S. 19. Dieser Standpunkt kommt auch im Namen wie im Programm des 1907 gegründeten (katholischen) »Vereins für christliche Erziehungswissenschaft« zum Ausdruck.

muß sich darum handeln, die ›richtige‹ Grundanschauung zu erarbeiten... Die christliche Lehre gibt uns das bisher reichste Menschenbild, und sie läßt uns hoffen, daß wir in ihrer Spur... zu einer Grundlage der Erziehungswissenschaft kommen, die... durch keine weitere Auffassung überholt werden kann und also als die allgemeingültige Pädagogik auftreten darf«[6].

Der führende *nationalsozialistische* Pädagogiker hat erklärt: »Jede Erkenntnisart«, die dem Menschen dazu dient, sich selbst und seine Lebensordnung gemäß seiner Weltanschauung zu gestalten, »verdient Namen und Rang der Wissenschaft«[7]. Die Wissenschaft wird »dem Primat der nationalsozialistischen Idee... unterstellt«. Sie wird zur »Waffe im Kampf um die Weltanschauung« erklärt; sie wird als »soldatische, militante Wissenschaft« verstanden[8]. Gegenüber der Frage nach der politischen »Fruchtbarkeit« einer Erkenntnis sei die andere nach der »Wissenschaftlichkeit« ihres Charakters »von gänzlich untergeordnetem Rang«. »Die Erkenntnis, die aus unserer Entscheidung folgt, die unserer Wert- und Willenshaltung entspricht, die unsere Stellungnahme enthält«, sei »die eigentlich bildende, führende, zukunftgestaltende, wegweisende Kraft der Wissenschaft«[9]. Aufgabe der Wissenschaft sei es, »eine völkisch und zeitlich gebundene, durch Rasse, Charakter und Schicksal aufgegebene Wahrheit« »gemäß der Weltanschauung« in rationale Form zu bringen[10].

Heutzutage wird die Einheit von Wissenschaft und Weltanschauung am unverblümtesten in der *Marxistischen Pädagogik* vertreten. Auch für die Marxisten gehört »Parteilichkeit« zum Wesen der Wissenschaft[11]. Sie lassen Wissenschaft nur zu »auf der Grundlage der marxistisch-leninistischen Weltanschauung«. Diese Art von »Wissenschaft« gilt ihnen als »eine mächtige Waffe zur revolutionären Umgestaltung der Welt«[12]. »Marxistische Richtung« und »objektive Wahrheit« sind nach BLOCH »notwendig eins«[13].

Dementsprechend ist es für die *sowjetischen Kommunisten* selbstverständlich, daß die »pädagogische Wisssenschaft« (russisch: »pedagogičeskaja nauka«) »die Bedürfnisse der Gesellschaft« analysiert und davon ausgehend bestimmt, »welche Persönlichkeitseigenschaften bei den Kindern herauszubilden sind und was die Kinder lernen sollen«[14]. Sie wird zwar als »*Gesellschaftswissenschaft*« bezeichnet, aber das Wort »Wissenschaft« bedeutet hier »marxistisch-leninistische Wissenschaft«. »Die methodologi-

---

[6] ROMBACH 1965, S. 84.
[7] KRIECK 1933, S. 2.
[8] KRIECK 1934, S. 11 f.
[9] KRIECK 1933, S. 8 und S. 5.
[10] KRIECK 1934, S. 7.
[11] Vgl. KRAMER 1966.
[12] KAMMARI 1958, S. 702 ff.
[13] BLOCH 1971, S. 89.
[14] KOROLJOW und GMURMAN 1973, S. 187.

sche Grundlage der wissenschaftlichen Pädagogik ist die marxistisch-leninistische Philosophie, der dialektische und historische Materialismus als Weltanschauung und Methode«[15]. »Das marxistisch-leninistische Prinzip der Parteilichkeit in der Wissenschaft« schließt eine »Entideologisierung« der Wissenschaft im Sinne einer Unterscheidung zwischen Wissenschaft und Ideologie aus[16]. Es gilt unter den marxistisch-leninistischen Gesellschaftswissenschaftlern als »wichtigstes Anliegen, den einheitlichen und geschlossenen Charakter des Marxismus-Leninismus auch in der pädagogischen Theorie zu wahren« und alle Versuche zu bekämpfen, »unter der Flagge der ›Verwissenschaftlichung‹ der Pädagogik ... die Pädagogik von der Ideologie zu trennen«[17].

Was die rechtgläubigen Marxisten-Leninisten ohne Umschweife sagen, wird von den _westeuropäischen Spät-Marxisten_ sehr viel umständlicher ausgedrückt. In Deutschland hat sich vor allem HABERMAS um eine philosophische Rechtfertigung ihres Entschlusses bemüht, das Wort »Wissenschaft« so umzudefinieren, daß es weltanschauliche Sätze und geschichtsphilosophische Spekulationen über die »Gesellschaft als Totalität« einschließt. Er nennt die gesellschaftskritischen Satzsysteme, die die Spät-Marxisten verschiedenster Richtungen von ihren Mitbürgern als »Wissenschaft« anerkannt haben möchten, »_kritische Sozialwissenschaft_«[18]. Als ihre Grundlage wird ein sogenanntes »emanzipatorisches Erkenntnisinteresse« angesehen, das auch die Grundlage der praktischen Philosophie des Spät-Marxismus in der Form der sogenannten »Kritischen Theorie« von ADORNO, HORKHEIMER und HABERMAS bildet[19]. Hier wird gefordert, die Sozialwissenschaften vom Interesse an »Mündigkeit« und an der Aufdeckung von »Abhängigkeitsverhältnissen« aus zu entwerfen. Als Maßstab dient dabei die Utopie einer »emanzipierten Gesellschaft«, in der es einen »herrschaftsfreien Dialog aller mit allen« gibt. Dieser Zustand wird als der des »gelungenen Lebens« bezeichnet. »Die Wahrheit von Aussagen« gründet nach HABERMAS »in der Antizipation des gelungenen Lebens«[20], d. h. in einer Wunschvorstellung vom Menschen und der Gesellschaft.

Von diesen weltanschauungsphilosophischen Voraussetzungen[21] aus sind in den letzten Jahren auch Programme für eine »_Kritische Pädagogik_« oder »_Emanzipatorische Pädagogik_« oder »_Kritische Erziehungswissen-_

---

[15] KOROLJOW und GMURMAN 1973, S. 227.
[16] CHWOSTOW 1972, S. 124. Zum Verhältnis von Wahrheit und Parteilichkeit aus marxistisch-leninistischer Sicht vgl. KLAUS 1964, S. 87 ff.
[17] H. HOFMANN 1972, S. 149.
[18] Vgl. HABERMAS 1963, S. 168 und 1965, S. 158.
[19] Vgl. HABERMAS 1965, S. 155 und S. 159. Zur Problematik seiner Annahme von »erkenntnisleitenden Interessen« vgl. LOBKOWICZ 1969, S. 268 ff.
[20] HABERMAS 1965, S. 164.
[21] Zur Unterscheidung zwischen wissenschaftlicher Philosophie und Weltanschauungsphilosophie vgl. J. KRAFT 1957, S. 64 ff.; V. KRAFT 1967; FUNKE 1965 und 1972; FREY 1970 und 1971.

schaft« veröffentlicht worden. Man stellt sich darunter eine Pädagogik vor, die vom Bekenntnis zu bestimmten individualistisch-gesellschaftskritischen Erziehungszielen in Verbindung mit bestimmten sozialistisch-gesellschaftsutopischen politischen Zielen ausgeht. Es handelt sich um eine normative Pädagogik, als deren Gegenstand »die Erziehung unter dem Anspruch der Emanzipation« genannt wird. »Die Verantwortung für das kritische Potential einer Gesellschaft« wird als ein »konstitutives Element« dieser Art von »Erziehungswissenschaft« angesehen[22]. Objektivität wird als »sterile Unparteilichkeit« abgewertet[23]. Stattdessen werden »Parteinahme«, »praktisch-politisches Engagement« und die Aufhebung der Unterschiede zwischen Erkennen und Handeln, Theorie und Praxis gefordert[24]. »Erziehungswissenschaft im Sinne kritischer Theorie« müsse »notwendigerweise zur permanenten Gesellschaftskritik werden oder sich mit Gesellschaftskritik verbünden«[25]. Diese »gesellschaftskritische Position« wird gegenüber der »empirischen oder erfahrungswissenschaftlichen Position« als überlegen ausgegeben[26].

Dringt man durch den Nebel politischer, weltanschaulicher und moralischer Schlagworte zum wissenschaftstheoretischen Kern dieser Programme vor, dann zeigt sich, daß sie keine Alternative zur Wissenschaftslehre der Analytischen Philosophie enthalten. Soweit der Wille vorhanden ist, die Bedingungen für die Verwirklichung der eigenen Ziele zu erforschen, bleiben auch die Anhänger der »Kritischen Pädagogik« wie die der »Marxistischen Pädagogik« auf die allgemeinen Regeln der wissenschaftlichen Methode und auf die gegenstandsspezifischen sozialwissenschaftlichen Forschungstechniken angewiesen. Die Unterschiede zur empirischen Erziehungswissenschaft liegen nicht im Bereich der Forschung im Sinne der Aufstellung und Prüfung von Hypothesen, sondern in der Theorienbildung.

Den Verfechtern konfessioneller, weltanschaulicher oder politischer Pädagogiken aller Richtungen kommt es vor allem darauf an, die eigenen religiösen, weltanschaulichen, moralischen oder politischen Glaubensüberzeugungen, Dogmen oder Prinzipien als selbstverständliche normative Grundlage in die Erziehungswissenschaft einzubeziehen. Sie wollen die Propaganda für ihre Glaubensüberzeugungen dadurch wirksamer machen, daß sie sie unter dem Namen der Wissenschaft und damit auch gestützt auf das Ansehen der Wissenschaft betreiben. Diese Ausnutzung des Ansehens der Wissenschaft für praktisch-politische Zwecke ist nur möglich, wenn das

---

[22] MOLLENHAUER 1968, S. 11 und S. 69.
[23] GAMM 1972, S. 21.
[24] ZENKE 1972, S. 200 ff.
[25] KLAFKI 1971, S. 383.
[26] Vgl. KLAFKI 1971, S. 380 ff.; GOLDSCHMIDT und HÄNDLE 1969, S. 35 f.; LEMPERT 1971, S. 320; FEUERSTEIN 1973, S. 98 ff. Zur Kritik der »Kritischen Pädagogik« vgl. RÖSSNER 1974.

wissenschaftstheoretische Ideal der Werturteilsfreiheit abgelehnt wird[27]. Für die Gewinnung von Erkenntnissen, die für die Angehörigen aller weltanschaulichen Gruppen gelten, zieht die Weigerung, beim Entwurf wissenschaftlicher Aussagensysteme die Norm der Werturteilsfreiheit anzuerkennen, nur Nachteile nach sich. Der Anspruch, die Wissenschaft an die Normen einer Weltanschauungsgruppe zu binden, behindert die Wissenschaftler bei der Suche nach Wahrheit und würdigt vor allem die Sozialwissenschaften zu Werkzeugen zur Eroberung bzw. zur Sicherung politischer Macht herab.

Selbstverständlich wird jede weltanschauliche Gruppe bei den Versuchen, Menschen für den Glauben an ihre Weltanschauung zu gewinnen bzw. diesen Glauben in ihnen zu erhalten, nach Möglichkeit auch von wissenschaftlichen Erkenntnissen Gebrauch machen. Die Anwendung wissenschaftlichen Wissens für praktische Zwecke ist jedoch etwas ganz anderes als das Programm, die Wissenschaft mit weltanschaulichen Bekenntnissen zu durchtränken, damit diese von der Masse der Nicht-Wissenschaftler leichter geglaubt werden als das der Fall wäre, wenn man sie offen als weltanschauliche Überzeugungen, die wissenschaftlich nicht beweisbar sind, zu erkennen geben würde. Vor allem gegen diesen Mißbrauch des Namens »Wissenschaft« für praktische Zwecke der Propaganda zugunsten einer Weltanschauung oder eines politischen Programms ist die Norm der Werturteilsfreiheit eingeführt worden. Ihre Anerkennung erleichtert es, wissenschaftliche Satzsysteme von weltanschaulichen Bekenntnissen freizuhalten. Sie hat jedoch nichts mit einer Geringschätzung von Wertungen, Normen und Weltanschauungen zu tun. Ebensowenig wendet sie sich gegen Versuche, Wertungen, Normen oder Weltanschauungen zu begründen. Sie dient nur dazu, die Wissenschaft gegenüber den zwangsläufig weltanschaulichen Satzsystemen, die aus solchen Versuchen hervorgehen, abzugrenzen. Der Zweck dieser Abgrenzung ist es, wenigstens über das Seiende oder über die Wirklichkeit Erkenntnisse zu gewinnen, die allgemeine Zustimmung finden. »Wissenschaft beginnt ... da, wo man übereinkommt, ein Problem derart abzugrenzen, daß seine Lösung durch Feststellungen gesichert ist, die allgemein zugänglich und verifizierbar sind, da sie von Fragen der Wertung oder der Überzeugung freigehalten werden«[28].

Was von der Wissenschaft im allgemeinen und von den Sozial- und Humanwissenschaften im besonderen gilt, gilt auch von der Erziehungswissenschaft. Schon HERBART, der die empirische Erziehungswissenschaft noch mit dem Namen »Psychologische Pädagogik« bezeichnet hat, war sich darüber klar, daß in ihr Werturteile fehl am Platze sind. Empirische Erziehungswissenschaft ist jedem »brauchbar für beliebige Zwecke; nach ihrer

---

[27] Vgl. hierzu TOPITSCH 1968, S. 8 ff.
[28] PIAGET 1973, S. 33.

Anleitung kann der eine bessern, der andre verderben«. *Sie »ist rein theoretisch*; und da sie das Erziehen bloß als eine Tatsache ihrer Möglichkeit nach erklärt, so macht sie jedes schlechte Verfahren und sein Wirken ebenso begreiflich als das rechte. Da sie nun den Unterschied des Rechten und Verkehrten eigentlich ignoriert: so ist sie jedem brauchbar, damit er sein Tun im Spiegel sehe. So kann er auch das Hypothetisch-Zweckmäßige beurteilen. Er mag nun seine Zwecke bestimmen, wie er immer will; hintennach mag er unter vielem Tunlichen das Beste wählen. Psychologische Pädagogik ist demnach gar nicht reformatorisch. *Sie ist bloß aufklärend*«[29].

Da die Werturteilsfreiheit eine der wesentlichen Normen für den Aufbau der empirischen Erziehungswissenschaft und für deren Abgrenzung von anderen pädagogischen Satzsystemen ist, muß der Sinn dieser Norm etwas ausführlicher erläutert werden. Dabei lassen sich auch einige Mißverständnisse aufklären, die über sie im Umlauf sind. Zuvor sei jedoch noch etwas über die Anforderungen gesagt, die an die Sprache der Erziehungswissenschaft zu stellen sind.

Anforderungen an die Sprache der Erziehungswissenschaft

Alle Wissenschaften haben ihren Ursprung in der natürlichen Weltauffassung der Menschen. Sie sind dadurch entstanden, daß die Meinungen, die sich die Menschen über die Erscheinungen in der Welt, über ihre Ursachen und Zusammenhänge gebildet haben, immer wieder von neuem kritisch geprüft, ergänzt und verbessert worden sind. Dementsprechend entstammen auch die meisten Worte, aus denen wissenschaftliche Sätze und Satzsysteme bestehen, der Alltags- oder Umgangssprache. Die Wissenschaften sind auf die Umgangssprache angewiesen, aber die Umgangssprache ist nicht in jeder Hinsicht und so, wie sie jeweils gerade vorgefunden wird, für die Wissenschaft brauchbar. Zunächst sei daran erinnert, daß die Sprache zu verschiedenen Zwecken verwendet werden kann. Die drei wichtigsten sind folgende: die Darstellung von Gegenständen und Sachverhalten; die Aufforderung zu einem Verhalten; der Ausdruck eigener Gefühle und die Erregung von Gefühlen bei anderen. Psychologisch lassen sich diese drei Zwecke dem Denken, dem Wollen und dem Fühlen zuordnen. Man bezeichnet sie auch als *Leistungen* oder als *Funktionen der Sprache* und unterscheidet zwischen der informativen, der präskriptiven (oder imperativen) und der emotiven Funktion[1].

---

[29] HERBART, Bd. 2, S. 191 f. (Hervorhebungen von mir). Ausführlicher über Sinn und Grenzen der Werturteilsfreiheit auf S. 92 ff. dieses Buches.

[1] Vom lateinischen »informare« = darstellen, schildern; »praescribere« = vorschreiben, verordnen, befehlen; »imperare« = befehlen, gebieten, auftragen; vom

Für die wissenschaftliche Erkenntnis kommt es allein auf die *darstellende (oder informative) Funktion* der Sprache an. In den Wissenschaften wird eine Sprache gebraucht, die nichts anderem dient als der Aufgabe, Gegenstände und Sachverhalte so genau wie möglich darzustellen. Es würde deren Verständnis behindern und vom Wesentlichen ablenken, würde man zulassen, daß in wissenschaftliche Satzsysteme auch Aufforderungen zum Handeln, Gefühlsäußerungen und gefühlsauslösende, überredende oder propagandistische Sprachformen eingehen. Deshalb ist die Norm festgesetzt worden, daß in den Wissenschaften eine Sprache verwendet werden soll, die so weit wie möglich auf die klare Darstellung von Sachverhalten beschränkt ist. Mit den Worten »so weit wie möglich« ist gemeint, daß es sich dabei um ein Ideal handelt, das nur näherungsweise verwirklicht werden kann, weil sich Gefühlstöne und versteckte Wertungen selten völlig ausschalten lassen.

Diese Norm ist für die Erziehungswissenschaft einschneidender als für die meisten anderen Wissenschaften. Das liegt daran, daß die erziehungstheoretischen Gedankengänge aus praktischen Überlegungen von Erziehern und aus Berufslehren für Erzieher hervorgegangen sind. Die Pädagogik ist als eine praktische Anleitung zum Erziehen, als Erziehungslehre oder als Kunstlehre des Erziehens entstanden. Ihr Zweck war es, Richtlinien für die Tätigkeit der Erzieher aufzustellen. Die Beiträge zur Pädagogik sind nicht als wissenschaftliche, sondern als praktische Theorien entworfen worden. Man wollte mit ihnen nicht der Erforschung des Wirklichkeitsausschnittes »Erziehungssituationen« dienen, sondern man wollte Erzieher lehren, was sie glauben, denken und tun sollen. Diesem praktischen Zweck entsprechend wird in pädagogischen Texten die Sprache nicht nur darstellend oder beschreibend, sondern auch vorschreibend gebraucht. Die *präskriptive Sprache* wird geradezu als ein Wesensmerkmal der Pädagogik angesehen[2].

Daneben ist auch der *emotive Sprachgebrauch* in der Pädagogik weit verbreitet. Man will den Erziehern nicht nur etwas vorschreiben, sondern sie zugleich auch anregen, begeistern oder motivieren, das Vorgeschriebene anzunehmen und zu verwirklichen. Dazu ist eine Sprache, die die Gefühle anspricht, ein wichtiges Mittel. Selbstverständlich ist der Wortschatz, der dafür geeignet ist, je nach der vorherrschenden Weltanschauung und je nach den Modewörtern, die die in der Gesellschaft tonangebenden Gruppen bevorzugen, von Zeit zu Zeit und von Ort zu Ort verschieden. Ein und dieselben Worte wie zum Beispiel »Autorität«, »Disziplin«, »Zucht«, »führen«, »gehorchen«, »dienen«, »kritisch«, »emanzipatorisch«, »kreativ« usw. können je nach dem geistigen Klima, das in einer Gruppe besteht, gefühlsmäßig positiv oder negativ getönt sein. Der Anspruch, die Pädagogik

---

französischen »émouvoir« = (Gefühle) bewegen, rühren. Vgl. KAINZ 1962, S. 172 ff.; V. KRAFT 1960, S. 37 f.; COPI 1972, S. 44 ff.; TOPITSCH 1965, S. 17 ff.
[2] Vgl. CLEMENTS 1962; BEST 1964 und 1965; NEWSOME 1967.

als Wissenschaft zu behandeln, hat jedenfalls bisher noch nicht bewirkt, daß sich in ihr eine Sprache durchsetzt, die ähnlich gefühlsneutral ist wie die Sprache der meisten anderen Wissenschaften[3].

Daß gerade die Sprache, in der über Erziehung gesprochen wird, besonders reich an Vorschriften, Aufforderungen und Ermahnungen sowie an gefühlsauslösenden Worten und Sätzen ist, läßt sich leicht erklären. Vom Erziehen ist jeder Mensch betroffen. Jeder ist im Laufe seines Lebens erzieherischen Handlungen und Erziehungseinrichtungen ausgesetzt gewesen; die meisten Erwachsenen müssen neben vielen anderen Aufgaben auch noch erziehen; und fast alle hören und lesen eine Menge wertende Meinungen über Erziehung, Unterricht, Ausbildung usw. Man hat gute oder schlechte Erfahrungen mit seinen Erziehern, mit seinen Zöglingen, mit den Wirkungen eigener und fremder Erziehung, mit Schulen, mit der Berufslehre, mit der militärischen Ausbildung usw. gemacht. Durch Erziehung ist tief in das eigene Leben eingegriffen worden. Man hat erlebt, wie man durch sie bereichert, beschützt, ermutigt, aber häufig auch gelangweilt, verletzt oder gequält worden ist. Man hat erzieherisch in das Leben der eigenen Kinder eingegriffen und dabei Erfolge oder Mißerfolge gehabt. Erziehung in ihren vielfältigen Erscheinungsformen gehört zum Alltag und darum wird von jedermann in der Alltagssprache über sie nachgedacht und geredet. Das Erziehen und seine Wirkungen sind von Gefühlen begleitet und sie lösen Gefühle aus, die von Wohlwollen bis zum Haß, von Vertrauen und Dankbarkeit bis zu Angst und Verzweiflung reichen können. Es ist gar nicht zu vermeiden, daß diese Gefühlserlebnisse auf die Bedeutung der Worte, in denen über Erziehung gesprochen wird, ausstrahlen und ihnen zusätzlich zu ihrem sprachlichen Inhalt auch eine gefühlsmäßige Bedeutung (oder einen Gefühlswert)[4] verleihen.

Ferner muß in diesem Zusammenhang berücksichtigt werden, daß es beim Erziehen immer um Zwecke oder Ziele geht, die von den Erziehern (oder ihren Auftraggebern) für wertvoll gehalten werden. Die meisten Erziehungsziele, insbesondere aber die religiösen oder weltanschaulichen Glaubensüberzeugungen und die Tugenden sind Ideale, die zu den zentralen Normen der Gruppen gehören, in denen Erzieher und Educanden leben. Sie gelten ihren Anhängern als geheiligt, sie vermitteln Lebenssinn und stellen Aufgaben für die Lebensführung dar. In geschlossenen Gesellschaften sind sie unantastbar; in offenen Gesellschaften sind sie zwar zwischen den Weltanschauungsgruppen umstritten, aber innerhalb jeder dieser

---

[3] Vgl. BREZINKA 1977, S. 15 ff. mit Beispielen aus der neueren pädagogischen Fachliteratur.
[4] Vgl. ERDMANN 1922, S. 103 ff.; KAINZ 1962 (S. 98) unterscheidet bei der Bedeutung eines Wortes 1. den logischen Bedeutungskern, der die Hauptsache ist, 2. den Gefühlston und 3. »die Sphäre des Wortes, worunter man den assoziativ erweckten Umgebungsbereich des Zentralbegriffs, die Fülle der dunkel angeregten, nicht in den Blickpunkt des Bewußtseins rückenden Vorstellungen versteht«.

Gruppen bilden sie die weltanschaulich-moralische Grundlage des Zusammenhalts der Mitglieder. Bekenntnisse zu bestimmten Erziehungszielen sind meistens Bekenntnisse zu bestimmten Lebensidealen; Kämpfe um Erziehungsziele sind Kämpfe um religiöse, weltanschauliche, moralische oder politische Ideale. Da die Erziehung als eines der wichtigsten Mittel zur Erhaltung und Verwirklichung der Ideale einer Gruppe in ihren Mitgliedern betrachtet wird, ist die Alltagssprache, in der über Erziehung gesprochen wird, zwangsläufig von Werturteilen, Normen und Gefühlstönen durchdrungen.

Diese Umstände muß man im Auge behalten, um ermessen zu können, wie schwierig es ist, die pädagogische Alltagssprache soweit zu klären, zu verbessern und zu ergänzen, daß sie für die Erziehungswissenschaft brauchbar wird. Um diesem Ziel näher zu kommen, bleibt nichts anderes übrig, als von der Sprache auszugehen, in der zu unserer Zeit über Erziehung gesprochen oder geschrieben wird, und sie an den Normen der *Klarheit,* des *Informationsgehalts* und der *Verständlichkeit* kritisch zu prüfen.

Die wichtigste Anforderung an die Sprache der Erziehungswissenschaft ist *Klarheit*. Sobald wir pädagogische Texte an ihr messen, zeigt sich, daß es in pädagogischen Fachsprache viele Ausdrücke gibt, die mehrdeutig sind. Ferner fällt auf, daß viele Begriffe unzureichend bestimmt oder vage sind. Beides trifft allerdings nicht nur für die Pädagogik zu, sondern für die meisten Sozial- und Kulturwissenschaften, insbesondere für die Psychologie, die Soziologie und die Politologie sowie auch für die Philosophie, aus deren Wortschatz viel in die pädagogische Sprache übernommen worden ist.

Mit *Mehrdeutigkeit* ist gemeint, daß ein Wort als Name (Zeichen, Symbol) für verschiedene Begriffe verwendet wird. So kann zum Beispiel das Wort »Schloß« eine Schließvorrichtung oder ein Gebäude bezeichnen. Welche Bedeutung jeweils gemeint ist, läßt sich in diesem Fall aus dem Zusammenhang, in dem das Wort gebraucht wird, leicht erkennen. Anlaß für Mißverständnisse gibt es jedoch in allen jenen Fällen, in denen die mit dem gleichen Wort bezeichneten Begriffe in nahem Zusammenhang stehen und sich teilweise decken, so daß bei oberflächlicher Betrachtung nur *ein* Begriff vorzuliegen scheint[5]. Das sind die typischen Fälle, die auch in der Pädagogik die Verständigung erschweren. Man denke als Beispiele an die Worte »Erziehung«, »Bildung«, »Persönlichkeit«, »Wert« oder »Sozialisation«, die in zahlreichen Bedeutungen gebraucht werden und in verschiedenen Hörern oder Lesern sehr verschiedene Vorstellungen wecken.

Mit *Vagheit* ist gemeint, daß die Bedeutung eines Wortes oder eines Satzes ungenau bestimmt ist. Wir sagen in solchen Fällen auch, ein Begriff oder ein Satz seien unklar, unexakt, undeutlich, verschwommen oder dunkel.

---

[5] ERDMANN 1922, S. 2.

Vagheit ist von Mehrdeutigkeit wie von Allgemeinheit zu unterscheiden[6]. Mehrdeutigkeit bedeutet, daß an ein Wort mehrere Bedeutungen geknüpft sind; Allgemeinheit bedeutet, daß ein Begriff auf viele Gegenstände angewendet werden kann, die zwar in vieler Hinsicht verschieden sein können, im Hinblick auf die Begriffsmerkmale jedoch übereinstimmen und eine Klasse bilden. Bei einem vagen Begriff ist der Inhalt (Intension) teilweise unklar und das hat zur Folge, daß auch über seinen Umfang (Extension), d. h. über die Gegenstände, die unter ihn fallen, Unklarheit besteht. Es kommt dann vor, daß für manche Gegenstände nicht entschieden werden kann, ob der Begriff auf sie anwendbar ist oder nicht. Vagheit ist vor allem durch Mangel an Wissen über den Gegenstand, der mit dem Begriff gemeint ist, bedingt; sie kann aber auch darauf beruhen, daß verfügbares Wissen bei der Begriffsbildung vernachlässigt wird. Beispiele für vage Begriffe sind »Bildsamkeit«, »Ich-Identität«, »funktionale Erziehung« und »Erziehungsmittel«.

Je nach dem Grad an Klarheit (Exaktheit oder Präzision), den man fordert, können Begriffe als mehr oder weniger vage angesehen werden. Vagheit ist keineswegs auf Begriffe, die der Alltagssprache entstammen, beschränkt, sondern sie kann auch neu eingeführten erziehungswissenschaftlichen Begriffen anhaften. Als Beispiel sei der Begriff »didaktisches Strukturgitter« erwähnt, der von BLANKERTZ als »ein Kriteriensatz edukativer Intentionalität, artikuliert im Medium fachspezifischen Sachzwanges« definiert worden ist[7]. Ob derart vage Begriffe wie der zu definierende und die in der Definition verwendeten geeignet sind, Verständigung zu ermöglichen, ist zweifelhaft.

Bei dieser Sachlage ist die *Klärung der Begriffe* durch Bedeutungsanalysen, Begriffsexplikationen und Definitionen[8] eine unerläßliche Voraussetzung, um erziehungswissenschaftliches Wissen gewinnen und mitteilen zu können. Diese Aufgabe ist lange vernachlässigt worden. Das lag unter anderem an einigen Irrtümern über den Zweck von Begriffen und über die besonderen Schwierigkeiten der Begriffsbildung in den Wissenschaften vom Menschen.

Eine Quelle dieser Irrtümer besteht darin, daß die grundlegenden Unterschiede zwischen Wort, Begriff und Wirklichkeit[9] (oder zwischen Zeichen, Bedeutung und außersprachlichem Gegenstand) zu wenig beachtet werden. Die Vieldeutigkeit eines Wortes wird dann leicht als Ausdruck der Reichhaltigkeit der Wirklichkeit mißdeutet. Werden dazu noch Wort und Begriff verwechselt, indem man die Vieldeutigkeit, die einem Wort zukommt,

---

[6] HOSPERS 1967, S. 67 ff.; BLACK 1966, S. 29; BUNGE 1967, Bd. 1, S. 97 ff.; Vagheit läßt sich verringern, aber selten gänzlich beseitigen. Vgl. SCHAFF 1968; KAPLAN 1964, S. 65 ff.; STEGMÜLLER 1969b, S. 121 ff.; WOHLGENANNT 1969, S. 110 f.
[7] BLANKERTZ 1971, S. 37.
[8] Vgl. BUNGE 1967, Bd. 1, S. 107 ff.; HEMPEL 1974a; CARNAP 1959, S. 12 ff.
[9] Vgl. BUNGE 1967, Bd. 1, S. 57 ff.

fälschlich dem Begriff zuschreibt, dann erscheint es als aussichtslos, zu eindeutigen Begriffen gelangen zu können. So ist zum Beispiel von LITT behauptet worden, daß »allen den Begriffen, die die Wirklichkeit des lebendigen Geistes zu erfassen bestimmt sind, . . . Vieldeutigkeit . . . als eine strukturelle Grundeigenschaft« zukomme[10]. WILHELM FLITNER hat die Ansicht vertreten: »Die Regionen, in denen vom Handeln des Menschen die Rede ist, sträuben sich gegen exakte Definitionen ihrer Gegenstände, . . . weil der Mensch wesenhaft undefinierbar ist. . . . An dieser Eigenart aller menschlichen Regionen hat auch die Erziehung teil; sie ist, was wir aus ihr machen, indem wir in ihr existieren. Ihren höchsten Begriff gewinnen wir nur in der verantwortlichen Tat. . . . Ein solcher höchster Begriff ist aber nur im konkreten Vollzug da, er läßt sich nicht exakt aussprechen, man kann nur auf die Stelle hindeuten, wo er nachvollziehbar wird«[11]. In einem neuen pädagogischen Lexikon ist zu lesen, daß das terminologische Durcheinander in der Pädagogik »als angemessener Ausdruck des eigentümlichen Gegenstandsbereiches des Erzieherischen und seiner Lebendigkeit zu begreifen« sei. Es mache »gerade die Lebendigkeit der Erziehungswirklichkeit aus, daß sie sich stets der terminologischen Fixierung entzieht«. »Wer also von der pädagogischen Wissenschaft eine eindeutige Terminologie erwartet, dem ist die Eigentümlichkeit des Erzieherischen verborgen geblieben«[12].

Solche Äußerungen sind irreführend, weil sie den Anschein erwecken, es gehöre zur unabänderlichen Eigenart menschlicher, geistiger oder erzieherischer Phänomene, daß man von ihnen nicht eindeutig und klar sprechen kann. Richtig ist daran, daß diese Phänomene viel reichhaltiger sind, als es die Begriffe sein können, die wir uns von ihnen machen. Richtig ist auch, daß der Inhalt unserer Begriffe vom jeweiligen Zweck wie vom Stand unseres Wissens über die Phänomene abhängt, so daß von einem bestimmten Phänomen je nach Zweck und vorhandenem Wissen neben- und nacheinander verschiedene Begriffe bestehen können, die mit dem gleichen Wort benannt werden. Das alles gilt aber nicht nur für Begriffe, die sich auf menschliche Phänomene beziehen, sondern ebenso auch für jene Begriffe, mit denen wir nicht-menschliche Gegenstände zu erfassen versuchen. Alle Begriffe kommen durch Auswahl ihrer Merkmale aus der Fülle möglicher Merkmale und durch Abgrenzung gegenüber anderen möglichen Begriffen zustande. Kein Begriff erschöpft, sondern jeder vereinfacht den Gegenstand, auf den er sich bezieht. Nur wer glaubt, Begriffe seien dazu da, ein unwandelbar feststehendes »Wesen« der Gegenstände (wie zum Beispiel des Menschen oder der Erziehung) wiederzugeben, und wer die verschiedenen Bedeutungen eines Wortes für konkurrierende »Wesensbestimmun-

---

[10] LITT 1949, S. 12.
[11] W. FLITNER 1966, S. 27.
[12] SCHALLER 1971, Sp. 843 f.

gen« hält, hat Anlaß, Vieldeutigkeit als unaufhebbare Uneinigkeit über das »Wesen« zu interpretieren und sich mit ihr abzufinden.

Wissenschaftliche Begriffe dienen jedoch einem viel bescheideneren Zweck. Für sie wird nicht beansprucht, daß sie eine erschöpfende Bestimmung des »Wesens« eines Phänomens bieten, sondern sie werden als Hilfsmittel verstanden, um Gegenstände des Denkens durch Angabe ihrer Merkmale unverwechselbar festzulegen. Solche Festlegungen geschehen nicht ein für allemal, sondern sie werden geändert, wenn die Kenntnisse über den Gegenstand zunehmen. Es wird dann ein neuer, schärferer Begriff gebildet, der nur mehr einen Teil seiner Merkmale (oder seines Inhalts) mit dem alten gemeinsam hat. Da jedoch ähnliche Begriffe meistens an ein und dasselbe Begriffswort gebunden sind, ist Verständigung nur möglich, wenn man dieses Wort nicht undefiniert in seiner Mehrdeutigkeit beläßt, sondern ausdrücklich erläutert, für welchen Begriff es verwendet wird oder was im vorliegenden Text mit ihm gemeint ist. Jede Begriffsbestimmung erfolgt dadurch, daß der Inhalt eines Begriffes durch andere Begriffe beschrieben wird. Die Klarheit des einen hängt von der Klarheit der anderen und damit von der des ganzen Satzsystems ab, das von dem Gegenstandsbereich handelt, zu dem ein Begriff gehört[13].

Sprachliche Unklarheit ist eine Folge unklaren Denkens. Werden unklare Begriffe, Sätze und Satzsysteme nicht als unklar erkannt, dann kann es keinen Fortschritt in der Erkenntnis der Gegenstände geben, von denen sie handeln. Deshalb gehören Sprachkritik und Begriffsanalysen zu den grundlegenden Voraussetzungen, um zu klarem Wissen gelangen zu können. Sie sind in den Kultur- und Sozialwissenschaften noch notwendiger als in den Naturwissenschaften, weil deren Gegenstände (die psychischen Phänomene und Objektivationen wie Handlungen und Werke) schwerer bestimmbar sind und viel uneinheitlicher benannt werden.

Eine besondere Schwierigkeit bei der Analyse der pädagogischen Sprache besteht darin, daß viele ihrer Ausdrücke nicht nur sachlich beschreibend, sondern auch *wertend* gebraucht werden. Selbst ein so grundlegender Ausdruck wie »Erziehung« wird vielfach bewußt oder unbewußt mit Werturteilen über bestimmte Ziele oder Formen der Erziehung verknüpft, die eine unparteiische Betrachtung der Phänomene erschweren. So hat zum Beispiel LITT einen Erziehungsbegriff verwendet, der durch bestimmte moralisch-politische Ideale so eingeengt worden ist, daß sein Anwendungsbereich auf liberal-demokratische Rechtsstaaten beschränkt bleibt: im »Staat des Totalitarismus« gebe es keine »echte«, sondern nur »*angebliche* Erziehung«, d. h. nur »Dressur zu amtlich vorgeschriebenen Meinungen und Haltungen«[14]. In ähnlichem Sinne hat WENIGER behauptet, daß totalitäre

---

[13] Zur Begriffsbestimmung und ihren Regeln vgl. u. a. die DIN-Norm 2330 »Begriffe und Benennungen«, abgedruckt in GLÖCKNER 1963.
[14] LITT 1961, S. 84 f.

Systeme »keine *echte* Erziehung, sondern nur Gewalt, Dressur und Propaganda zulassen«[15]. In solchen Fällen wird der sprachliche Kunstgriff angewendet, einer Norm die Form eines beschreibenden Satzes zu geben. Statt »soll« zu sagen, wird der Eindruck erweckt, es werde »wahres« oder »echtes« Sein beschrieben. Auf diese Weise werden in Sätze, die wie Beschreibungen aussehen, Wertungen eingeschmuggelt[16]. Dank der Zusätze »echt«, »wahr«, »angeblich« usw. sind sie jedoch relativ leicht als solche zu erkennen. Viel schwerer zu durchschauen sind dagegen die sogenannten »programmatischen Definitionen«, in denen jeder Hinweis darauf fehlt, daß sie im sprachlichen Gewand einer Beschreibung Normen und Programme für das Handeln enthalten[17].

Sogar neue, zum Zweck der wissenschaftlichen Beschreibung geschaffene Ausdrücke können mehrdeutig bis zur Unbrauchbarkeit werden und normative wie emotive Nebenbedeutungen annehmen. Ein Beispiel dafür bietet das Wort »Sozialisation«. Es ist eingeführt worden, um die Klasse jener hypothetisch angenommenen Lernvorgänge zusammenfassend zu bezeichnen, durch welche ein Mensch die psychischen Dispositionen erwirbt, die ihn zum Handeln im Rahmen seiner Gesellschaft und ihres Normensystems befähigen[18]. Daneben wird es jedoch zweitens auch gebraucht, um die Klasse jener von Personen und Gruppen auf einen Menschen ausgeübten »sozialen Einwirkungen«[19] zu bezeichnen, die man für die wesentlichen (äußeren Teil-)Ursachen dieser Klasse von Lernvorgängen hält. »Soziale Einwirkungen« dieser Art können unbeabsichtigt erfolgen oder von den Einwirkenden beabsichtigt werden. In einer dritten Bedeutung wird der Ausdruck »Sozialisation« zur Bezeichnung der Teilklasse der *absichtlichen* »sozialen Einwirkungen« verwendet. Hier wird von »Sozialisationszielen«, von »Aufgaben der Sozialisation«, vom »Sozialisationsprogramm«, vom »Sozialisationserfolg«, von der »Technik der Sozialisation«, von »Sozialisatoren« und »Sozialisanden« gesprochen[20]. Dieser dritte Sozialisationsbegriff hat einen völlig anderen Inhalt als der erste und ist weitgehend mit einem naiven Erziehungsbegriff identisch. Ich nenne ihn deshalb naiv, weil bei ihm unberücksichtigt bleibt, daß beim Erziehen keineswegs selbstverständlich damit gerechnet werden kann, daß das Bezweckte auch verwirklicht wird, sondern daß Erziehen ein Versuch ist, der auch erfolglos sein kann[21]. In diesem Sinne ist »Sozialisation« als »die Übertragung von Ver-

---

[15] WENIGER 1953, S. 154.
[16] Vgl. ROTHACKER 1927, S. 151.
[17] Vgl. SCHEFFLER 1971, S. 34 ff.; Beispiele bei BREZINKA 1977, S. 57 ff.
[18] Vgl. FRÖHLICH 1972, S. 661 ff.
[19] NEIDHARDT 1971, S. 6.
[20] NEIDHARDT 1967, S. 21 ff.; 1971, S. 5 ff.
[21] Zum Versuchscharakter der Erziehung vgl. BREZINKA 1977, S. 87 ff.; zur Problematik des Wirkungs-Begriffs der Erziehung, mit dem der zweite und der dritte Sozialisationsbegriff weitgehend übereinstimmen, vgl. ebenda S. 61 ff.

haltensdispositionen durch Sozialisatoren auf Sozialisanden« definiert worden[22], als »Prozeß, durch welchen die in einer Gesellschaft herrschenden Werte, Normen und Techniken des Lebens dem einzelnen vermittelt und verbindlich gemacht werden«[23]. Hier wird mit »Sozialisation« nicht mehr etwas, was einfach geschieht, sondern etwas, was getan wird und getan werden soll, bezeichnet. Dabei werden zugleich – gestützt auf den positiven Gefühlswert des Wortes »sozial« – Werturteile und Normen mitzudenken begünstigt wie »Sozialisation muß sein«, »Sozialisationsziele sind wertvoll«, »Sozialisatoren und die von ihnen ausgehenden Wirkungen sind gut«, »Sozialisanden brauchen Sozialisation« usw. Wenn »Sozialisation« definitionsgemäß »auf die Entfaltung der Soziabilität des Menschen ... abgestimmt«[24] oder gar »als Erziehung zu sozialem Denken«[25] verstanden wird, dann kann der gewöhnliche Sprachbenutzer kaum anders als das, was so bezeichnet wird, positiv zu bewerten.

Das begriffliche und gedankliche Durcheinander, das in vielen Texten über »Sozialisation« herrscht, konnte mit diesen kurzen Hinweisen nur angedeutet werden. Wir haben hier ein Musterbeispiel dafür, wie ein mißverständlicher Fachausdruck durch widersprüchlichen Sprachgebrauch zu einem vieldeutigen scheinwissenschaftlichen Schlagwort geworden ist, das die Verwirrung in der Pädagogik größer gemacht hat, als sie vor seiner Einführung gewesen ist. Gewiß kommt es in der Wissenschaft mehr auf Hypothesen und Theorien als auf Begriffe und deren Definitionen an. Hypothesen können aber nur dann überprüft werden, wenn wir genau wissen, was die Worte, in denen sie formuliert werden, bedeuten, und wenn die Beziehung zwischen Wort und Bedeutung relativ konstant bleibt. Man braucht klare Begriffe, um Gegenstände unterscheiden und ordnen sowie Beziehungen zwischen ihnen herstellen zu können. Daß es nicht überflüssig ist, an diese einfache Regel zu erinnern, läßt sich durch zahllose Texte, die als erziehungswissenschaftlich ausgegeben werden, belegen. Ich verweise als Beispiel nur auf folgende Sätze: es gibt »keine letztgültigen und starren Grenzen zwischen Sozialisation, Enkulturation, Erziehung und Bildung, denn in einem pädagogisch motivierten Feld setzt sich das eine in dem anderen fort und mündet schließlich in die alle Bemühungen krönende Personalisation«; »Enkulturation ... ist im Grunde Menschwerdung«; »Bildung ist ... der Motor der Menschwerdung«; »die Sozialisierung ist ein das Menschwerden und -sein begleitender Vorgang, der stets umschlagen kann in Erziehung und Bildung« usw.[26]. Texte diese Art beleuchten, was KAPLAN »das Paradox der Begriffsbildung« genannt hat: »Die genauen Be-

---

[22] NEIDHARDT 1971, S. 5.
[23] NEIDHARDT 1967, S. 21.
[24] RÖHRS 1973, S. 160.
[25] STIEGLITZ 1975.
[26] RÖHRS 1973, S. 160, 161, 162, 260.

griffe werden gebraucht, um eine gute Theorie formulieren zu können; aber wir brauchen eine gute Theorie, um zu genauen Begriffen gelangen zu können«[27].

Es ist hier nicht möglich, auf die Probleme und Regeln der Begriffsbestimmung[28], geschweige denn auf das große Gebiet einer Kritik der pädagogischen Sprache[29] ausführlicher einzugehen. Ich möchte jedoch noch an die besonderen Schwierigkeiten erinnern, die bei der Klärung theoretischer Begriffe bestehen, und damit von der Forderung nach Klarheit zur *Forderung nach möglichst hohem Informationsgehalt* überleiten. Wie bei der Forderung nach Klarheit der Begriffe und Sätze handelt es sich auch hier um eine Norm, die nicht die Sprache allein betrifft, sondern in erster Linie den Inhalt oder die Bedeutung dessen, was in ihr ausgedrückt wird.

Nur ein Teil der wissenschaftlichen Begriffe bezieht sich unmittelbar auf beobachtbare Gegenstände und deren Merkmale. Man hat sie unter dem Namen »*Beobachtungssprache*« zusammengefaßt und von der »*theoretischen Sprache*« unterschieden[30]. Dabei ist allerdings zu berücksichtigen, daß eine scharfe Abgrenzung zwischen ihnen unmöglich ist, denn einerseits enthalten die Beobachtungsbegriffe immer schon eine theoretische Interpretation der reinen Sinneseindrücke[31], andererseits müssen die theoretischen Begriffe irgendwie mit Beobachtungen verknüpft werden, um für Erklärungs- und Voraussagezwecke verwendbar zu sein[32]. Da nun die wichtigsten Begriffe einer Wissenschaft die theoretischen Begriffe wie z. B. Lernen, Motivation, Intelligenz usw. sind, entsteht das Problem, wie derartige Begriffe mit der wahrnehmbaren Welt zusammenhängen. Um feststellen zu können, ob ein Satz, der theoretische Begriffe enthält, wahr oder falsch ist, müssen die Konsequenzen angegeben werden, die aus ihnen für beobachtbare Situationen gezogen werden. Es ist also festzulegen, welche unterscheidenden Merkmale ein Sachverhalt aufweisen muß, damit man sagen kann: »hier liegt x (Lernen usw.) vor«.

In der Erziehungswissenschaft hat eine Teil-Klasse der theoretischen Begriffe besonders große Bedeutung: jene Begriffe, die psychische Dispositionen wie Haltungen, Einstellungen, Fähigkeiten, Interessen, Handlungsbereitschaften usw. meinen. Es handelt sich bei diesen Dispositionsbegrif-

---

[27] KAPLAN 1964, S. 53.
[28] Vgl. SAVIGNY 1971.
[29] Vgl. hierzu SOLTIS 1971, SCHEFFLER 1971, SMITH und ENNIS 1961, KNELLER 1966, LOCH 1967. Beachtung verdienen auch sprachkritische Studien über Nachbarwissenschaften wie z. B. die vorbildliche Untersuchung betriebswirtschaftlicher Sprachen von KROEBER-RIEL 1969; für die Psychologie vgl. MANDLER und KESSEN 1959; für die Ethik vgl. STEVENSON 1944, HARE 1972, WELLMANN 1961; für die Politologie vgl. WELDON 1962.
[30] Vgl. CARNAP 1959a und 1974; HEMPEL 1974, S. 28 ff.; KAPLAN 1964, S. 54 ff.; ACHINSTEIN 1968, S. 157 ff.
[31] Vgl. BOHNEN 1972.
[32] Vgl. V. KRAFT 1968, S. 48 ff.; STEGMÜLLER 1969, S. 93 ff.

fen – ebenso wie bei den Prozeßbegriffen »Lernen« oder »Sozialisation« – um »*hypothetische Konstrukte*«: sie beziehen sich auf Gegenstände, die zwar nicht beobachtet, aber erschlossen werden können[33]. Beispiele dafür sind Begriffe wie »Lernfähigkeit«, »Begabung«, »Kreativität«, »Leistungsbereitschaft«, »Gewissen« usw. Hierher gehören sämtliche Begriffe, die Erziehungsziele bezeichnen. Die mit ihnen gemeinten Sachverhalte entziehen sich zwar der Beobachtung, aber es gibt beobachtbare Phänomene wie z. B. Leistungen, Schuldgefühle usw., die die Annahme stützen, daß sie wirklich existieren. Gerade weil hypothetische Konstrukte für die Theorienbildung zentrale Bedeutung haben, muß man sich aber auch davor schützen, bloße Phantasiegebilde, die keinen Bezug zur Wirklichkeit aufweisen, für wirklich zu halten. Daraus ergibt sich die methodologische Forderung, psychische Dispositionen und Dispositionsänderungen sollten möglichst mit Hilfe von Elementarbegriffen des Verhaltens, das unter bestimmten Bedingungen beobachtbar ist, erläutert werden. Es gibt sicher Unterschiede im Ausmaß, in welchem theoretische Begriffe höherer Ordnung auf beobachtbare Tatsachen bezogen werden können, aber zumindest eine indirekte Beziehung sollte durch Zuordnungsregeln herzustellen versucht werden, in denen angegeben wird, wie sie zu interpretieren sind und durch welche Beobachtungsergebnisse sie gestützt werden[34].

Wirklichkeitsbezogene (oder empirisch relevante) Grundbegriffe sind eine Voraussetzung dafür, daß die Forderung, wissenschaftliche Theorien sollten einen möglichst großen »*empirischen Gehalt*«[35] oder *Informationsgehalt*[36] aufweisen, erfüllt werden kann. In der Pädagogik sind informationsarme Sätze besonders häufig. Damit sind Sätze gemeint, die einen großen logischen Spielraum[37] offen lassen, d. h. mit vielen Sachverhalten vereinbar sind und wenige ausschließen. Als Beispiele können folgende Sätze dienen: »Wo objektiver Geist und die sich entfaltende, suchende, subjektive Geistigkeit zusammentreffen, da liegt der Prozeß der Bildung«[38]; »Bildung meint Einweisung des Menschen in die Freiheit von sich selbst, in die Freiheit, in Einstand und Beistand aufzukommen für den zeitweiligen Aufgang und Abgang: für das ›Sein‹ des ihn angehenden Seienden«[39]; »Erzogenwerden und Menschsein sowie Erzogensein und Menschwerden sind zwei einander unmittelbar ergänzende anthropologische Grundvorgänge«[40].

Solche Sätze sind nicht falsch; sie sind auch nicht ganz ohne Bezug zur

---

[33] Vgl. BUNGE 1967, Bd. 1, S. 93.
[34] Vgl. KROEBER-RIEL 1969, S. 159 ff.
[35] POPPER 1966, S. 77 f.
[36] Vgl. ALBERT 1964, S. 24 ff.
[37] Vgl. CARNAP 1960, S. 16 ff.
[38] SPRANGER 1928, S. 64.
[39] SCHALLER 1967, Sp. 2441.
[40] RÖHRS 1973, S. 165.

Realität; aber da sie nahezu leer sind, sagen sie so gut wie nichts über die Wirklichkeit aus. Sie sind so formuliert, daß sich aus ihnen keine spezifischeren Sätze ableiten lassen, die empirisch überprüft werden können. Daher sind sie auch nicht widerlegbar. Informative Aussagen dagegen informieren gerade dadurch über die Realität, »daß sie gewisse mögliche Sachlagen (Situationen, Ereignisse, Vorgänge usw.) ausschließen und daher, wenn diese tatsächlich dennoch auftreten, als widerlegt angesehen werden müssen. Information ist nur durch Einschränkung logischer Möglichkeiten zu erreichen, und eine solche Einschränkung ist prinzipiell mit dem Risiko verbunden, daß sich die betreffende Aussage als falsch herausstellt«[41].

Bei der Forderung nach Klarheit geht es darum, daß der Sinn (oder die Bedeutung) von Worten und Sätzen möglichst unmißverständlich festgelegt wird. Das ist eine Voraussetzung dafür, daß Sätze prüfbar sind. Was hier »Klarheit« genannt worden ist, wird gelegentlich auch als »intersubjektive Verständlichkeit« bezeichnet[42]. In unserem Zusammenhang ist mit der *Forderung nach Verständlichkeit* jedoch eine Norm gemeint, die sich weniger auf die Festlegung des Sinns (der Bedeutung oder des Inhalts) von Sätzen bezieht als darauf, ihn möglichst vielen Menschen möglichst leicht zugänglich zu machen. In dieser Bedeutung wird das Wort gebraucht, wenn wir sagen, ein Text sei leicht oder schwer verständlich. Wir denken dabei an die Form oder den Stil einer Darstellung.

Gedanken können sprachlich auf verschiedene Weise ausgedrückt werden. Auch dem Wissenschaftler steht ein großer Spielraum individueller Ausdrucksmöglichkeiten offen. Je mehr die Wissenschaftler, die Zahl der Spezialgebiete und die Menge des Wissens zugenommen haben, desto reichhaltiger und uneinheitlicher ist auch die Sprache der Wissenschaftler geworden. Man hat eine Unmenge neuer Worte gebildet und die Bedeutungen bekannter Worte durch zahlreiche weitere Bedeutungen vermehrt. Es sei nur an folgende Beispiele erinnert: schon im Jahre 1937 sind mindestens 50 Bedeutungen des Wortes »Persönlichkeit« vorhanden gewesen[43]; auf 70 Seiten eines pädagogischen Gutachtens aus dem Jahre 1960 kommen über 80 Begriffe mit dem Wortteil »bilden« vor[44]; das derzeit beliebte Modewort »Paradigma« wird allein in ein und demselben Buch in 21 Bedeutungen gebraucht[45]. Unter diesen Bedingungen ist es schon innerhalb einer Wissenschaft schwierig, sich zu verständigen; noch schwieriger ist die Verständigung mit den Vertretern anderer Wissenschaften und mit den

---

[41] ALBERT 1965, S. 408; ähnlich ALBERT 1964, S. 24.
[42] Vgl. z. B. WOHLGENANNT 1969, S. 92; STEGMÜLLER 1973, S. 6.
[43] ALLPORT 1949, S. 26 ff.
[44] Vgl. DOLCH 1963, S. 217 über das Gutachten des Deutschen Ausschusses für das Erziehungs- und Bildungswesen »Zur Situation und Aufgabe der deutschen Erwachsenenbildung« (1960).
[45] Vgl. MASTERMAN 1970, S. 61 ff. über KUHN 1962.

Nicht-Wissenschaftlern, die beruflich auf wissenschaftliche Erkenntnisse angewiesen sind. Je mehr sich die Pädagogik aus einer praktischen Erziehungslehre für Erzieher zu einer philosophischen Disziplin, zu einer empirischen Einzelwissenschaft oder zu einem riesigen Sammelsurium von Beschreibungen, Theorieansätzen, Programmen, Forderungen und Wunschvorstellungen entwickelt hat, desto mehr hat sich auch die Sprache der Erziehungstheoretiker von der Alltagssprache entfernt. Da viel von dem Wissen, das man für Erziehungstheorien braucht, in anderen Fächern wie Ethik, Psychologie, Psychiatrie, Biologie, Soziologie, Geschichtswissenschaft, Wirtschaftswissenschaft, Politologie usw. erarbeitet worden ist, hat man mit diesem Wissen auch die Fachausdrücke der Nachbarfächer übernommen. Die pädagogische Fachsprache ist zwar arm an eigenständigen Ausdrücken, aber überladen mit Ausdrücken, die aus anderen Wissenschaften stammen. Viele davon können nur verstanden werden, wenn man die Theorien kennt, in denen sie verwendet werden.

Unter diesen Umständen kann die Forderung, die Sprache der Erziehungswissenschaft solle verständlich sein, nicht bedeuten, sie solle so sein, daß jedermann sie versteht. <u>In dem Maße, in dem Erkenntnisse, die jemand mitteilen will, über das Alltagswissen hinausgehen, hängt das Verständnis des Empfängers davon ab, daß er die nötigen Vorkenntnisse mitbringt und bereit ist, sich geistig anzustrengen. Deshalb muß man wissen, für wen ein Text bestimmt ist, bevor man ihn auf seine Verständlichkeit hin beurteilt. Ein Teil der Klagen darüber, daß erziehungswissenschaftliche Texte schwer verständlich oder unverständlich seien, erfolgt zu Unrecht, weil die Kläger übersehen, daß die Texte sich nicht an Laien, sondern an Spezialisten wenden.</u>

<u>Verstoßen wird gegen die Norm der Verständlichkeit jedoch dann, wenn Sachverhalte, die sich einfach darstellen lassen, unnötig schwierig, gespreizt und umständlich dargestellt werden.</u> Der sprachliche Aufwand, der in erziehungswissenschaftlichen Texten getrieben wird, steht häufig in umgekehrtem Verhältnis zu ihrem Informationsgehalt. Ich erinnere nur an die Ausdrücke, in denen heutzutage ganz gewöhnliche Gedanken zur Lehrplantheorie geäußert werden, die jeder gebildete Nicht-Erziehungswissenschaftler verstehen könnten, wären sie weniger bombastisch eingekleidet. Da wimmelt es von Worten wie »Curriculumkonstruktion«, »Reflexionsniveau«, »Taxonomie«, »Innovation«, »Innovationsstrategie«, »Operationalisierung«, »optimierte Lernsequenz«, »Strukturkonzept«, »Projekt«, »Qualifikationsanalyse«, »Funktionsanalyse«, »Identifikation«, »Spezifikation«, »Präferenz«, »Selektion«, »Transparenz«, »Evaluation«, »Legitimation«, »Dezision«, »Konstituierung«, »Fundierung«, »Relevanz«, »konzeptuelles System«, »Dimension«, »Repertoire«, »Curriculumitem«, »motivationale Basis«, »Implikationszusammenhang«, »Deduktionshypo-

these«, »Komplexitätsreduktion« usw.[46]. Untersucht man, was hinter diesem einschüchternden Vokabular steckt, dann findet man nur spärliche Erkenntnisse. Offensichtlich wird in vielen Fällen der Gebrauch eines Jargons mit dem Besitz einer Wissenschaft verwechselt[47].

Dieses Übel ist keineswegs auf die Erziehungswissenschaft beschränkt, sondern es gibt in den meisten Sozialwissenschaften eine Flut von Schriften, die »pompösen Bluff... und eine erschreckende Armut an neuen Ideen enthüllt« und »sogar die alten und wertvollen Einsichten... in einem Strudel von Worten und technischen Einzelheiten ertränkt. Prätentiöse und nebulose Weitschweifigkeit, unendliche Wiederholung von Platitüden und versteckter Propaganda sind an der Tagesordnung«[48]. Mit der Zunahme akademischer Verdienstmöglichkeiten für Sozialwissenschaftler hat mangels strenger Maßstäbe auch die Zahl der Schriftsteller zugenommen, die bemüht sind, »triviale Begriffe in vornehme Worte zu hüllen und ihre sehr gewöhnlichen Gedanken in die ungewöhnlichsten Ausdrücke... zu kleiden«. Vermutlich wissen manche gar nicht recht, was sie sagen wollen, »sondern haben nur ein dumpfes, nach einem Gedanken erst ringendes Bewußtsein davon; oft aber auch wollen sie sich selber und anderen verbergen, daß sie eigentlich nichts zu sagen haben. Sie wollen... zu wissen scheinen, was sie nicht wissen, zu denken, was sie nicht denken, und zu sagen, was sie nicht sagen«[49].

Es dient dem Fortschritt der Erziehungswissenschaft mehr, ihre Armut an bewährtem Wissen offen zuzugeben, als sie hinter der Maske einer wichtigtuerischen Sondersprache zu verstecken. Eine unnötig komplizierte und abstrakte Fachsprache erschwert den Blick auf die konkreten Gegenstände, die zu untersuchen sind, und spiegelt Wissen vor, wo manchmal nur Worte gemacht werden. Sie schadet auch der Erziehungspraxis, teils weil sie die Verständigung zwischen Erziehern und Erziehungstheoretikern behindert, teils weil sie manche jener Erzieher, die sie sich angeeignet haben, zum einfachen Sprechen mit ihren Educanden und deren Eltern untauglich macht. Die Norm der Verständlichkeit hat also nicht nur für die Erziehungstheoretiker untereinander Bedeutung. Wie sie befolgt wird, wirkt sich über die Ausbildung und Fortbildung der berufsmäßigen Erzieher klärend oder verwirrend auf unzählige Menschen aus.

Nachdem einige Anforderungen an die Sprache der Erziehungswissenschaft erläutert worden sind, muß schließlich noch an den Unterschied zwischen *Objektsprache* und *Metasprache* erinnert werden. Über außersprach-

---

[46] Nach ACHTENHAGEN und MEYER 1972.
[47] Vgl. SCRIVEN 1960, S. 427.
[48] ANDRESKI 1974, S. 9; zum »Rauchschirm des Jargons« vgl. auch S. 57 ff. mit zahlreichen Beispielen von PARSONS bis LÉVI-STRAUSS. Zur Kritik der Ausdrucksweise im betriebswirtschaftlichen Schrifttum vgl. ENDRES 1969, in der Pädagogik BREZINKA 1976a, S. 101 ff. und A. FLITNER 1977.
[49] SCHOPENHAUER 1891a, S. 556 f.

liche Gegenstände sprechen ist etwas anderes als über Sätze sprechen, in denen von diesen Gegenständen die Rede ist. Es ist also die Sprache über die Dinge oder Objekte (»Objektsprache« genannt) von der Sprache über die »Objektsprache« zu unterscheiden, die eine Sprache zweiter Stufe oder die »Metasprache« der ersten Sprache bildet[50]. So ist zum Beispiel jede Aussage, die einen Satz als wahr oder falsch bezeichnet, eine Aussage *über* diesen Satz, also eine Aussage der Metasprache, während der beurteilte Satz zur Objektsprache gehört[51]. Dementsprechend wird auch in diesem Buch in der Metasprache über die Objektsprache gesprochen, weil sein Gegenstand nicht die Erziehungssituationen sind, sondern die Sätze und Satzsysteme, die von Erziehung handeln. Viele Mißverständnisse lassen sich vermeiden, wenn beachtet wird, daß es verschiedene Sprachstufen (oder semantische Ebenen[52]) gibt – darunter auch Mißverständnisse über die Norm der Werturteilsfreiheit, die es als nächstes zu erläutern gilt.

Sinn und Grenzen der Forderung nach Werturteilsfreiheit

Ohne zu werten kann man nicht erziehen. Wer erzieht, wertet. Er bewertet die Persönlichkeit des Educanden, wie sie ist; er bewertet vorgestellte Persönlichkeitsverfassungen oder -merkmale wie Fähigkeiten, Einstellungen und Haltungen; er schreibt einigen von ihnen mehr Wert zu als anderen und setzt sie als Erziehungsziele fest; er bewertet die Situation, die Mittel, die zur Verfügung stehen, und die möglichen Wirkungen, die sie unter verschiedenen Umständen haben könnten. Erziehen schließt ein, daß man auswählen, entscheiden, vorziehen, meiden, zurückweisen und ablehnen muß. Zum Erziehen gehört, daß laufend Menschen und Situationen, Ideen, Wünsche und Willensäußerungen, Forderungen und Leistungen, Einrichtungen und Handlungen, Zwecke und Mittel nach Wertgesichtspunkten zu beurteilen sind. Niemand, der handelt, kann Wertungen vermeiden. Um bestimmte Handlungen und Handlungssysteme hinreichend erklären zu können, muß man die Wertungen berücksichtigen, die von den handelnden Personen getroffen worden sind.

Bei dieser Sachlage versteht es sich von selbst, daß die Wertungen, Wertentscheidungen und Werturteile der Menschen ein wesentlicher Gegenstand der Human- und Sozialwissenschaften sind. Auch in der Erziehungswissenschaft werden Wertungen beschrieben, erklärt und zur Erklärung von Handlungen herangezogen. Sätze über Wertungen bilden einen wichti-

---

[50] Vgl. BOCHENSKI 1954, S. 58 f.; STEGMÜLLER 1957, S. 38 ff. und 1969, S. 30 ff.
[51] Vgl. V. KRAFT 1960, S. 40.
[52] »Semantik« (vom griechischen »sema« = Zeichen) wird die Lehre von den Beziehungen zwischen Zeichen (wie Worten oder Sätzen) und Bezeichnetem genannt. Vgl. STEGMÜLLER 1957, S. 42.

gen Bestandteil der Erziehungswissenschaft. Die Norm der Werturteilsfreiheit bedeutet also nicht, daß solche Sätze aus wissenschaftlichen Satzsystemen ausgeschlossen werden sollen. Was aber ist dann mit ihr gemeint?

Um diese Frage beantworten zu können, müssen zunächst einige Begriffe geklärt und einige Unterscheidungen vorgenommen werden. Das Wort »Wert« ist vieldeutig und die Ansichten, die unter den Namen »Werttheorie«, »Wertlehre« oder »Wertphilosophie« geäußert werden, gehen weit auseinander[1]. Unbestritten ist nur, daß es *Werterlebnisse* gibt. Wir erleben uns als wertend; wir haben ein Wertbewußtsein, in welchem Erlebnisse der Zuneigung und der Ablehnung, des Bejahens und Verneinens, des Vorziehens und Nachsetzens als beobachtbare Tatsachen vorkommen. Die unterste Stufe des Wertbewußtseins bilden die Wertgefühle. Sie werden sprachlich in Wertaussagen auszudrücken versucht. In Werturteilen erfolgen vollbewußte Stellungnahmen: sei es, daß einem Gegenstand oder einer Person Wert zugeschrieben oder abgesprochen wird, sei es, daß zwischen verschiedenen Wertungen eine Entscheidung getroffen wird. Was in der Wirklichkeit anzutreffen ist, ist also das Werten als ein seelisches »Urphänomen« in seinen verschiedenen Erscheinungsformen, die unter dem Begriff der *Wertung* zusammengefaßt werden können[2].

Beim Werten muß zwischen dem, was bewertet wird, und dem Wert unterschieden werden. Der Gegenstand, dem Wert zugeschrieben wird, wird als *Wertträger* bezeichnet. Er ist das, was für jemanden Wert hat oder als wertvoll gilt, aber er selbst ist kein Wert. Wertvoll ist etwas nicht an sich, sondern nur bezogen auf eine Person, für die es wertvoll ist. Nach empiristischer Auffassung ist ein *Wert* etwas Allgemeines[3], ein allgemeiner begrifflicher Gehalt, eine »ideelle Bedeutungseinheit« oder ein Begriff, der durch Abstraktion aus Wertungen zustandekommt. »Die Werte sind etwas, das in den vielfachen Wertungen als dasselbe aufzuweisen ist. Sie sind ihnen gegenüber etwas Einheitliches und etwas Zeitloses«[4]. So hat zum Beispiel alles, was als nützlich bewertet wird, den gemeinsamen Wertcharakter der Nützlichkeit; alles, was als schön bewertet wird, den der Schönheit; alles, was als wahr bewertet wird, den der Wahrheit. Nützlichkeit, Schönheit, Wahrheit usw. sind Wertbegriffe. Demnach wird unter einem *Werturteil* ein Satz verstanden, der eine Wertung ausdrückt. In ihm wird einem Gegenstand durch einen Wertbegriff Wert (oder Unwert) zugeschrieben. Durch Werturteile werden Gegenstände (bzw. Sachverhalte) positiv oder negativ ausgezeichnet[5]. Grammatikalisch stehen sie im Indikativ, unterscheiden sich also ihrer äußeren Form nach nicht von beschreibenden Sätzen.

---

[1] Vgl. KRAUS 1937; NAJDER 1975, S. 42 ff.
[2] REININGER 1946, S. 26 ff.
[3] HEYDE 1926, S. 34 ff.
[4] V. KRAFT 1951, S. 11.
[5] V. KRAFT 1951, S. 72 ff.

Sehen wir uns einige Beispiele von Werturteilen aus pädagogischen Texten an:

»Langweilig zu sein ist die ärgste Sünde des Unterrichts«[6];
»Auf Stoffwissen kommt es in keiner Weise an; es bedeutet Vergeudung der Jugendzeit«[7];
»Mit Recht ist die Lüge ... immer besonders bestraft worden«[8];
»Die Erziehung mit der Rute ist bestimmt eine schlechte Erziehung«[9];
»Eine Erziehung, die allen Ernstes nichts weiter täte, als den Neigungen und Bedürfnissen des Kindes nachgehen, ... wäre in ihren Konsequenzen ... der Rückfall in die Barbarei«[10];
»Ein einheitlicher Leistungsmaßstab ist ... absurd«[11];
»Fortschrittliche Erziehungswissenschaft ist keineswegs moralisch besser als konservative«[12].

Diese Beispiele zeigen, daß in Werturteilen Sachverhalte nicht nur durch geläufige Wertprädikate wie »wahr« oder »falsch«, »gut« oder »schlecht«, »nützlich« oder »schädlich«, »schön« oder »häßlich«, »gerecht« oder »ungerecht« ausgezeichnet werden, sondern daß Wertungen auch mit Ausdrücken wie »Sünde«, »Vergeudung«, »Barbarei«, »absurd«, »fortschrittlich«, »konservativ« usw. vorgenommen werden. Weil manche dieser Ausdrücke sowohl beschreibend als auch wertend gebraucht werden, ist es nicht immer einfach zu erkennen, ob ein Satz als Werturteil anzusehen ist. Neben offenen gibt es auch versteckte Werturteile.

Für unsere Frage, was »Werturteilsfreiheit« bedeutet, ist zu berücksichtigen, daß die Ansichten darüber, wie Werturteile aufzufassen sind, auseinandergehen. Eine Gruppe von Autoren spricht Werturteilen einen Erkenntnisgehalt zu und eine andere bestreitet das. In der philosophischen Literatur wird die erste Auffassung »kognitiv« und die zweite »nicht-kognitiv« genannt[13]. Wer Werturteile für bloße Gefühlsäußerungen hält oder mit Befehlen verwechselt, wird selbstverständlich der Meinung sein, daß sie in wissenschaftlichen Satzsystemen nichts zu suchen haben. Eine sorgfältige Analyse zeigt jedoch, daß Werturteile einen Erkenntnisgehalt haben und als logisch richtig oder unrichtig, gültig oder ungültig erwiesen werden können. Das ist allerdings nur unter der Voraussetzung möglich, daß *Wertungsgrundsätze* (Wertungsprinzipien, -maximen oder -axiome) vorgegeben sind[14]. So kann zum Beispiel das Werturteil »Ein langweiliger Unterricht ist

---

[6] HERBART, Bd. 1, S. 292.
[7] W. FLITNER 1953, S. 61.
[8] NOHL 1949, S. 206.
[9] MARITAIN 1956, S. 48.
[10] LITT 1949, S. 65.
[11] HECKHAUSEN 1975, S. 108.
[12] WERDER 1976, S. 78.
[13] Vom englischen »cognition« = Erkenntnis. Vgl. NAJDER 1975, S. 87 ff.
[14] Vgl. V. KRAFT 1951, S. 203 ff. Daß KRAFT das Werturteil nicht scharf genug von

schlecht« mit Hilfe des Wertungsgrundsatzes »(Vielseitigkeit des) Interesse ist gut«[15] und dessen Erläuterung (»Das Interesse geht aus von interessanten Gegenständen und Beschäftigungen«[16]; »die unwillkürliche Aufmerksamkeit ... muß durch die Kunst des Unterrichts gesucht werden; in ihr liegt das Interesse«[17] usw.) begründet werden. Nach dieser Auffassung ist ein Werturteil eine Aussage, deren Gültigkeit nicht nur von der Übereinstimmung mit den Tatsachen abhängt, auf die sie sich bezieht, sondern auch davon, daß sie direkt oder indirekt mit einem Wertungsgrundsatz zusammenhängt[18].

Werturteile müssen von normativen Sätzen unterschieden werden[19]. Eine *Norm* ist eine Sollensforderung. Sie wird in einem *normativen Satz* (oder Normsatz) ausgedrückt. Es kann sich um ein Gebot, ein Verbot oder eine Erlaubnis handeln. Dementsprechend kann ein normativer Satz ein Gebots-, Verbots- oder Erlaubnissatz sein. Es ist üblich, mit dem Terminus »Norm« sowohl den schriftsprachlichen Ausdruck einer Sollensforderung als auch die Bedeutung oder den Inhalt einer Sollensforderung (d. h. das, was gesollt oder gefordert wird: den Norminhalt) zu bezeichnen[20]. Eine Norm besagt, daß etwas sein soll oder nicht sein soll bzw. daß etwas so sein soll oder nicht so sein soll. Deshalb werden normative Sätze im Unterschied zu »Ist-Sätzen« (beschreibenden oder deskriptiven Sätzen) häufig auch »Soll-Sätze« genannt. Ob in Sätzen die Worte »soll« oder »ist« vorkommen, ist jedoch nicht ausschlaggebend. Es gibt auch Normen, die statt des Wortes »sollen« die Worte »sein« oder »haben« enthalten und dennoch keine deskriptiven Sätze, sondern Normen sind (Beispiele: »Schüler, die im Schulgebäude rauchen, sind zu bestrafen«; »Die Lehrer haben die Schüler in der Pause zu beaufsichtigen«). Es läßt sich also aus der Art der verwendeten Worte allein nicht erkennen, ob ein Satz eine Aussage oder eine Norm ist. Um das entscheiden zu können, muß sein Sinn festgestellt werden, und dazu ist der Zusammenhang zu berücksichtigen, in dem der Satz steht[21]. Während deskriptive Sätze wahr oder falsch sein können, sagt man von Normen, daß sie gültig oder ungültig sind[22].

---

einer Norm unterscheidet, sondern es als »Anweisung einer Stellungnahme zu einem Gegenstand« (S. 199) interpretiert, ist in bezug auf das Begründungsproblem belanglos, weil zwischen der Ableitung von Werturteilen aus Wertungsgrundsätzen und der Ableitung von Normen aus Grundnormen in logischer Hinsicht kein Unterschied besteht.

[15] Vgl. HERBART, Bd. 1, S. 262 ff.; Bd. 2, S. 37 ff.
[16] HERBART, Bd. 1, S. 273.
[17] HERBART, Bd. 2, S. 43.
[18] Vgl. NAJDER 1975, S. 75 und S. 120 ff.; V. KRAFT 1951, S. 210 ff.
[19] Vgl. NAJDER 1975, S. 102 ff.
[20] Vgl. WEINGARTNER 1971, S. 26.
[21] Vgl. MORSCHER 1974, S. 13 ff.
[22] Das trifft allerdings nur zu, wenn man den auch von mir vertretenen metaethischen Standpunkt des kognitivistischen Non-Naturalismus einnimmt. Die Anhänger des Naturalismus interpretieren dagegen normative Sätze (und Werturteile) als ver-

Je nach den Wirklichkeits- und Handlungsbereichen, für die sie aufgestellt werden, lassen sich Klassen von Normen unterscheiden. Neben moralischen Normen gibt es unter anderem auch Normen für das wissenschaftliche, das technische, das wirtschaftliche, das politische, das künstlerische, das religiöse und das erzieherische Denken und Handeln.

In pädagogischen Satzsystemen sind weitaus mehr normative Sätze anzutreffen als Werturteile. Ich gebe folgende Beispiele:

»Die Begegnung mit dem Inhalt soll fruchtbar werden: so lautet der methodische Imperativ«[23];
»Die Schule sollte nicht die Sache einer Partei sein«[24];
»Die Aufgabe der Schule ist es, zur Demokratisierung der Gesellschaft beizutragen«[25];
»Der Erzieher hat nicht nach dem Munde der jungen Leute zu reden, sondern er soll sie erziehen«[26];
»Der Unterricht muß faßlich, jedoch eher schwer als leicht sein, sonst macht er Langeweile«[27];
»Man darf diejenigen nicht nach eignem Sinne handeln lassen, welche kein richtiges Begehren in Handlung zu setzen haben«[28];
»Wir müssen neue Lern- und Erziehungsziele möglichst unabhängig von den bestehenden aufstellen«[29];
»Entwicklung des Menschen ist eine aktiv durch Lehr- und Lernprozesse zu betreibende Aufgabe«[30];
»Das Ziel der christlichen Erziehung ist die christliche Persönlichkeit«[31].

An solchen Beispielen zeigt sich, daß Normen im pädagogischen Schrifttum weniger häufig durch das Wort »sollen« als durch Ausdrücke wie »es ist Aufgabe . . .«, »Ziel ist . . .«, »er hat zu . . .«, »es ist zu . . .«, »müssen«, »dürfen« usw. ausgedrückt werden.

Obwohl Werturteile nur eine Wertung, aber keine Sollensforderung ausdrücken[32], werden Werturteile und normative Sätze in der einzelwissenschaftlichen wie auch in der metawissenschaftlichen Literatur selten klar unterschieden. Das hängt vermutlich damit zusammen, daß normative Sätze eine Wertung dessen, was in ihnen gefordert wird, voraussetzen und

---

kleidete Tatsachenaussagen, deren Inhalt sich restlos in deskriptive Sätze übersetzen läßt. Vgl. FRANKENA 1972, S. 117 ff.; MORSCHER 1974, S. 119 ff.
[23] W. FLITNER 1953, S. 19.
[24] DURKHEIM 1972, S. 40.
[25] FEND 1976, S. 109.
[26] HÄBERLIN 1920, S. 100.
[27] HERBART, Bd. 1, S. 386.
[28] HERBART, Bd. 1, S. 369.
[29] HENTIG 1968, S. 11.
[30] ROTH 1971, S. 34.
[31] F. SCHNEIDER 1953, S. 143.
[32] Vgl. SCHELER 1954, S. 199 ff.; NAJDER 1975, S. 102; BREZINKA 1977, S. 139.

einschließen. Die Menge der Werturteile ist viel größer als die Menge der normativen Sätze, aber da normative Sätze auf Werturteilen beruhen, kann man sie in dieser Hinsicht als eine Teilmenge der Werturteile auffassen. Dementsprechend wird die Forderung nach Werturteilsfreiheit gewöhnlich nicht bloß auf Werturteile im strengen Sinne bezogen, sondern auch auf normative Sätze. Beide Satzarten stimmen darin überein, daß sie ihrer Bedeutung nach keine rein beschreibenden Sätze sind und daß ihre Geltung nicht auf einer Ableitung aus beschreibenden Sätzen über Tatsachen, sondern auf einer Ableitung aus anderen, übergeordneten Werturteilen bzw. Normen beruht.

Nachdem die wichtigsten Begriffe geklärt worden sind, können wir uns nun der Frage zuwenden, ob die Wissenschaft von Werturteilen frei sein soll oder nicht. Diese Frage ist jedoch viel zu unbestimmt, um eindeutig beantwortet werden zu können. Sie enthält mehrere Teilfragen, die unterschieden werden müssen.

Zunächst ist daran zu erinnern, daß das Wort »*Wissenschaft*« mehrdeutig ist. Es bedeutet erstens ein *System von Sätzen* über einen Gegenstandsbereich oder einen Problemkreis, das durch Anwendung der allgemeinen Regeln der wissenschaftlichen Methode und spezieller Forschungstechniken gewonnen worden ist. *Nur für die Wissenschaft als Satzsystem wird die Forderung nach Werturteilsfreiheit erhoben.*

In einer zweiten Bedeutung wird das Wort »Wissenschaft« zur Bezeichnung der *Handlungen* verwendet, durch die wissenschaftliche Satzsysteme zustandekommen. Hier ist die *Wissenschaft als Prozeß* gemeint im Unterschied zur *Wissenschaft als Produkt*, als Ergebnis oder Folge der wissenschaftlichen Tätigkeiten[33]. Die »Wissenschaft als Produkt« ist ein Satzgefüge, also ein rein sprachliches Phänomen. Der Begriff der »Wissenschaft als Prozeß« dagegen bezieht sich auch auf außersprachliche Phänomene.

Im Prozeß des wissenschaftlichen Handelns sind Werturteile unentbehrlich. Das ist von den Befürwortern der Forderung nach Werturteilsfreiheit nie bestritten, sondern stets klar gesehen und ausdrücklich betont worden[34]. Wissenschaftliche Tätigkeiten wie wissenschaftliche Satzsysteme als Ergebnisse solcher Tätigkeiten können nur zustandekommen, wenn ihnen Werturteile und Entscheidungen für bestimmte Normen vorausgehen. Die Wissenschaft hat eine normative Grundlage. Alle Fragen, die sich auf sie beziehen, können unter dem Begriff der Wertbasis der Wissenschaft zusammengefaßt werden. Davon zu unterscheiden sind das Problem der Anwendung wissenschaftlicher Erkenntnisse, das Problem der Wertungen als Gegenstand (oder im Objektbereich) der Wissenschaften und das eigentliche Werturteilsproblem[35].

---

[33] Vgl. RUDNER 1966, S. 7 ff.; WEINGARTNER 1971, S. 38 ff.
[34] Vgl. MAX WEBER 1968, S. 239 ff.; ALBERT 1972a, S. 41 ff.
[35] Vgl. ALBERT 1965a, S. 186 ff.

Zur *Wertbasis der Wissenschaft* gehören die *methodologischen Normen*, in denen der Zweck des wissenschaftlichen Handelns und seine Regeln festgelegt werden. Es hat verschiedene Folgen, ob man den Zweck der Wissenschaft ausschließlich darin sieht, die Welt zu erforschen, wie sie ist, oder ob man ihr zusätzlich die Aufgabe stellt, die Wirklichkeit gemäß bestimmten Idealen zu deuten und die Menschen in ihrem Sinne zu beeinflussen. Beispiele für Regeln sind die Forderungen nach Klarheit der Sprache, nach logischer Richtigkeit, intersubjektiver Nachprüfbarkeit und Informationsgehalt der Sätze, nach Genauigkeit beim Beobachten und Messen, nach Werturteilsfreiheit.

Neben den methodologischen Normen werden zur Wertbasis der Wissenschaft auch die Werturteile gezählt, die im Verlauf der Forschung von der Auswahl der Probleme bis zur Interpretation der Ergebnisse abgegeben werden müssen. Es muß laufend über die Brauchbarkeit von Begriffen, über den Wert von Hypothesen, über die Eignung von Verfahren und über die Relevanz bestimmter Tatsachen für die Lösung eines Problems entschieden werden. Die wissenschaftliche Erkenntnis ist »das Ergebnis einer Tätigkeit, die mit Entscheidungen aller Art durchsetzt ist«[36]. Dies hängt mit dem Umstand zusammen, daß wir beim Erkennen wie beim Handeln zwangsläufig aus einer Fülle von Möglichkeiten eine Auswahl treffen müssen. Dazu werden Gesichtspunkte, Maßstäbe oder Kriterien benötigt, die nicht einfach der Wirklichkeit entnommen, sondern nur von uns durch Wertungen eingeführt werden können.

Von den Problemen der Wertbasis der Wissenschaft sind *die moralischen Probleme der Verbreitung und der Anwendung wissenschaftlicher Erkenntnisse* zu unterscheiden. Sie haben weder mit der Wissenschaft als Satzsystem noch mit dem Prozeß der wissenschaftlichen Forschung zu tun, sondern betreffen die Nutzung ihrer Ergebnisse durch Auftraggeber und Interessenten aller Art. Für die Sozialwissenschaftler tritt dabei gegenüber den Naturwissenschaftlern noch die besondere Schwierigkeit auf, daß ihre Forschungsergebnisse unter Umständen das Bewußtsein und das Handeln von Personen und Gruppen beeinflussen können[37].

Die Sätze, die als wissenschaftliche Erkenntnisse angesehen werden, sind verschieden gut bestätigt. Einige sind ziemlich sicher, andere mehr oder weniger wahrscheinlich. Die meisten sind unter Bedingungen gewonnen worden, die viel einfacher gewesen sind als jene Situationen, für die Praktiker aus ihnen Nutzen zu ziehen versuchen. Damit ergibt sich die Frage, welches Maß an Bestätigung seiner Hypothesen ein Wissenschaftler für ausreichend hält, um sie als wissenschaftliche Erkenntnis veröffentlichen zu kön-

---

[36] ALBERT 1965a, S. 187.
[37] Vgl. TOPITSCH 1966, S. 151 ff.; zum Spezialproblem der Folgen einer Veröffentlichung von sozialwissenschaftlichen Voraussagen vgl. MERTON 1965.

nen[38]. Man denke als Beispiel an Untersuchungsergebnisse über die Auswirkungen des sogenannten »autoritären« Stils der Erziehung auf die kindliche Persönlichkeit. Die isolierte Untersuchung der einen Dimension des Erzieherverhaltens »autoritär«–»demokratisch« ist angesichts der Komplexität der realen Wechselbeziehungen zwischen Erziehern und Educanden sowie der Bedeutung anderer Dimensionen (wie z. B. »Wärme«–»emotionale Distanz«) schon rein theoretisch gesehen problematisch[39]. Werden deren Ergebnisse dann von wissenschaftlichen Laien ohne Rücksicht auf den theoretischen Zusammenhang, innerhalb dessen sie beurteilt werden müßten, in undifferenzierte Handlungsanweisungen zugunsten »antiautoritärer Erziehung« umgemünzt, dann hat das keinen methodologisch vertretbaren Bezug zu den tatsächlich vorliegenden »wissenschaftlichen Erkenntnissen« mehr. Ähnliches gilt sinngemäß für den Zusammenhang zwischen frühkindlicher Lernfähigkeit und vorschulischen Erziehungseinrichtungen oder für die spärlichen empirischen Argumente, die zur Stützung der politischen Forderung nach der Gesamtschule herangezogen werden. In jedem Fall hängt es von Werturteilen ab, nach welchem Standard erziehungswissenschaftliche Erkenntnisse veröffentlicht und mit welchen Einschränkungen sie zur Verwendung in der Praxis empfohlen werden.

Der dritte Problemkreis betrifft *Wertungen als Gegenstand der Wissenschaft*. Es steht außer Zweifel, daß die Wertungen, die die Menschen vornehmen, die Ideale, die sie entwerfen, die Ziele, die sie sich setzen, und die Normen, an die sie sich binden, zur sozial-kulturellen Wirklichkeit gehören und einen zentralen Gegenstand der Sozial- und Kulturwissenschaften bilden. Die Sätze, in denen Wertungen, Normen, Entscheidungen, Ideale und Ziele beschrieben und zu erklären versucht werden, sind selbst keine Werturteile, sondern Tatsachenaussagen[40].

Für die Erziehungswissenschaft sind Wertungen und Normen ein besonders wichtiger Forschungsgegenstand, weil sie von Zweck-Mittel-Beziehungen handelt, denen Wertungen zugrundeliegen. Es geht dabei unter anderem um folgende Fragen: welche Erziehungsziele werden von wem wann und wo unter welchen Umständen verfolgt? Was bedeuten diese Erziehungsziele? Auf welchen Grundnormen beruhen sie? In welcher Beziehung stehen sie zur historischen Situation und zu bestimmten Deutungen dieser Situation? Sind die Erziehungsziele, die für bestimmte Educanden gesetzt worden sind, logisch widerspruchsfrei und psychologisch miteinander verträglich? Sind sie erreichbar? Was hat die Menschen dazu gebracht, sich für diese Ziele zu entscheiden? Welche gewollten und ungewollten Wirkungen hat die Verfolgung dieser Ziele? Welche Mittel werden von wem wann und

---

[38] Vgl. RESCHER 1965, S. 267 ff.
[39] Vgl. BECKER 1964; BAUMRIND 1966; ANDERSON 1959.
[40] Vgl. MAX WEBER 1968, S. 268 f.

wo unter welchen Umständen wie bewertet? Wie werden Werturteile über den moralischen Wert oder Unwert bestimmter Mittel begründet?

Keiner der drei bisher genannten Problemkreise wird von der *Forderung nach Werturteilsfreiheit* berührt. Wir haben festgestellt, daß diese Forderung weniger, aber auch anderes beinhaltet, als ihr Name vermuten läßt. Sie besagt nicht, daß Werturteile aus der Menge der in den empirischen Wissenschaften zugelassenen Sätze ausgeschlossen werden sollen. Sie bezieht sich ferner nicht bloß auf Werturteile, sondern auch auf normative Sätze. Der Ausdruck »Werturteilsfreiheit« ist also mehrdeutig und mißverständlich[41]. Er bezeichnet nicht eine einzige klare Norm, sondern er wird als Name für mehrere Normen verwendet, die mehr oder weniger viel beinhalten und mehr oder weniger klar sind[42]. Ich beschränke mich hier darauf, die Mindestnorm zu erläutern, die in diesem Buch vertreten wird. Was ist ihr Inhalt und wie wird sie begründet?

Den Ausgangspunkt dafür, die Norm der Werturteilsfreiheit aufzustellen, bildet eine Entscheidung über den Zweck der empirischen Wissenschaften: sie sollen uns zu Erkenntnissen über die Welt (die Wirklichkeit, die Realität, das Seiende) verhelfen. Als Erkenntnisse gelten in den empirischen Wissenschaften Aussagen, die durch Sätze über Beobachtungsergebnisse (oder über Tatsachen) begründet (oder bestätigt) sind. Werturteile und normative Sätze können nicht rein empirisch begründet werden. Sie beruhen letztenendes auf Entscheidungen. Schon um der Klarheit des Denkens willen ist es erforderlich, sie nicht mit beschreibenden Sätzen (oder Aussagen) zu verwechseln, sondern sie in ihrer Eigenart zu erkennen und die Methode, ihre Gültigkeit nachzuweisen, von der Methode, durch die realwissenschaftliche Aussagen begründet werden, zu unterscheiden. Das theoretische Motiv für die Forderung nach Werturteilsfreiheit bildet also die Einsicht in die Unterschiede zwischen Erkenntnis und Entscheidung, Beschreibung und Wertung, Sein und Sollen, Tatsachenaussagen, Werturteilen und Normen.

Neben diesem theoretischen ist auch ein praktisches Motiv wirksam. Es hängt mit der Beobachtung zusammen, daß die Vermengung von beschreibenden Aussagen mit Werturteilen und normativen Sätzen häufig bewirkt, daß der Leser zugunsten des in diesen Werturteilen bzw. Normen vertretenen Standpunktes beeinflußt wird und daß diese Wirkung in vielen Fällen beabsichtigt ist. Setzt man nun die Grundnorm voraus, Zweck der Wissenschaft sei die wissenschaftliche Erkenntnis und nicht die Verkündigung einer Weltanschauung oder die Werbung für eine Moral, dann erscheint es als Verstoß gegen diese Grundnorm, wenn eine solche Vermengung ungewollt oder absichtlich vorgenommen wird.

---

[41] Vgl. die Sammlung repräsentativer Texte von ALBERT und TOPITSCH 1971.
[42] Vgl. ZECHA 1976.

Aus den genannten theoretischen und praktischen Gründen wird die *Mindestforderung* erhoben, daß Werturteile und normative Sätze innerhalb der Satzsysteme der empirischen Wissenschaften klar als solche erkennbar gemacht und nicht fälschlich als Tatsachenaussagen ausgegeben werden. Es soll nicht zugelassen werden, daß für Sätze, die auf Wertungen und Entscheidungen beruhen, welche so oder anders getroffen werden können, der gleiche Anspruch auf Wahrheit erhoben wird wie für Sätze über die Wirklichkeit, die auf empirische Weise intersubjektiv geprüft und bestätigt werden können.

Diese »an sich höchst triviale« Mindestforderung ist von MAX WEBER in dem Satz ausgedrückt worden, »daß der Forscher und Darsteller die Feststellung empirischer Tatsachen (einschließlich des von ihm festgestellten ›wertenden‹ Verhaltens der von ihm untersuchten empirischen Menschen) und *seine* praktisch wertende, d. h. diese Tatsachen (einschließlich etwaiger, zum Objekt einer Untersuchung gemachter ›Wertungen‹ von empirischen Menschen) als erfreulich oder unerfreulich *beurteilende*, in diesem Sinn: ›bewertende‹ Stellungnahme unbedingt *auseinanderhalten* solle, weil es sich da nun einmal um heterogene Probleme handelt«. Statt der vagen Wertprädikate »erfreulich oder unerfreulich« verwendet WEBER auch die Ausdrücke »praktisch wünschenswert oder unerwünscht«. »Auseinanderhalten« bedeutet so viel wie: »nicht vermengen«, »nicht vermischen«, »unterscheiden«. Bei WEBER ist damit gemeint die »prinzipielle Trennung von rein logischer oder empirischer Erkenntnis« einerseits und »wertender Beurteilung« andererseits »als heterogener Problembereiche«[43].

Obwohl WEBER zwischen Werturteilen und normativen Sätzen nicht klar unterschieden hat, besteht kein Zweifel, daß er beide Satzarten für erfahrungswissenschaftlich unbegründbar gehalten hat. Es kam ihm vor allem darauf an, daß die Grenzen der wissenschaftlichen Erkenntnis gesehen werden: »Eine empirische Wissenschaft vermag niemanden zu lehren, was er *soll*, sondern nur, was er *kann* und – unter Umständen – was er *will*«[44]. Die »letzten Wertmaßstäbe« eines Menschen oder einer Gruppe von Menschen sind wissenschaftlich nicht beweisbar, sondern hängen von der Weltanschauung, vom Glauben, vom Gewissen des Einzelnen ab. Es handelt sich bei ihnen ebenso wie bei den Grundnormen um Überzeugungen, für (oder gegen) die man sich entscheidet, ohne daß es möglich ist, sie als wahr und abweichende Überzeugungen als falsch zu erweisen.

Als Mindestinhalt der Forderung nach Werturteilsfreiheit ist also folgende Norm anzusehen: *in erfahrungswissenschaftlichen Satzsystemen sollen Werturteile und normative Sätze nicht als Aussagen über Tatsachen oder als aus solchen Aussagen abgeleitete Sätze ausgegeben werden, sondern sie*

---

[43] MAX WEBER 1968, S. 239 f. (Hervorhebungen im Original); ähnlich WEBER 1919, S. 601 f.
[44] MAX WEBER 1968, S. 6.

sollen von diesen klar unterschieden und als erfahrungswissenschaftlich unbegründbar gekennzeichnet werden. Mit den Worten »erfahrungswissenschaftlich unbegründbar« ist gemeint, daß erfahrungswissenschaftliche Erkenntnisse allein für ihre Begründung nicht ausreichen, sondern daß Werturteile nur relativ zu Wertungsgrundsätzen und normative Sätze nur relativ zu allgemeineren normativen Sätzen, »aber nicht letztinstanzlich begründbar sind«[45].

Damit wird selbstverständlich nicht bestritten, daß bei der Entscheidung für Wertungsgrundsätze bzw. Grundnormen erfahrungswissenschaftliche Erkenntnisse berücksichtigt werden können, tatsächlich berücksichtigt werden oder berücksichtigt werden sollen. Ebensowenig wird bestritten, daß Werturteile und normative Sätze ihre Grundlage nicht allein in Wertungsgrundsätzen bzw. Grundnormen haben, sondern auch in den objektiven Eigenschaften der Phänomene, die bewertet bzw. zu verwirklichen (oder nicht zu verwirklichen) gefordert werden. Es wird jedoch vorausgesetzt, daß die »letzten Wertmaßstäbe« wie die Grundnormen der Menschen auf Entscheidungen beruhen, und daß es logisch nicht zu rechtfertigen ist, aus Sätzen über Tatsachen Sollensforderungen, Normen oder Ideale abzuleiten. Letzteres liegt einfach daran, daß man gemäß den Regeln der deduktiven Logik durch einen logischen Schluß nicht über den Gehalt der Prämissen hinausgelangen kann. Um einen Normsatz ableiten zu können, muß mindestens eine der Prämissen ein Normsatz sein oder eine Norm als wesentlichen Bestandteil enthalten. Aus Aussagen lassen sich nur Aussagen, aber keine Normen ableiten[46].

Ob man die hier im Anschluß an MAX WEBER erläuterte Norm der Werturteilsfreiheit weiterhin mit diesem mißverständlichen Namen benennen soll, ist eine Nebenfrage. Solange es keinen passenderen Namen gibt, wird man beim alten bleiben, aber durch klare Angaben über seine Bedeutung dafür sorgen müssen, daß Mißverständnisse vermieden werden. Vor allem für die Sozialwissenschaften scheint mir diese viel umstrittene Norm im gegenwärtigen Zeitalter der »Entzauberung der Welt durch Wissenschaft«[47] unerläßlich zu sein, um denen kritisch entgegentreten zu können, die weltanschauliche Glaubenslehren, standpunktgebundene Werturteile und interessenbedingte Forderungen als »Wissenschaft« getarnt zu verbreiten suchen und den Blick dafür trüben, daß es sich dabei in Wirklichkeit um

---

[45] DUBISLAV 1937, S. 453.
[46] Grundlegend hierzu DUBISLAV 1937. Es ist allerdings nicht immer leicht zu beurteilen, ob ein Satz ein deskriptiver oder ein normativer Satz ist. Besondere Probleme werfen gemischte Sätze auf, in denen ein deskriptiver Satz mit einem normativen Satz verbunden ist. Vgl. hierzu MORSCHER 1973, S. 38 f. und 1974, S. 58 ff.
[47] Vgl. LÖWITH 1965, der eine Interpretation der Wissenschaftslehre MAX WEBERS unter Berücksichtigung der weltanschaulichen Situation seiner (und unserer) Zeit bietet.

nicht-wissenschaftliche Ansichten handelt, die auf Entscheidungen beruhen, welche grundsätzlich auch anders getroffen werden können[48].

Für die Erziehungswissenschaft ist die Norm der Werturteilsfreiheit besonders wichtig, aber auch besonders schwer durchzusetzen. Das hat mehrere Gründe. Erstens gibt es unter ihren Vertretern Leute mit mangelndem Unterscheidungsvermögen und großem Handlungseifer, die sich durch die Einsicht, daß Werturteile und Normen in ihrem Gegenstandsbereich unentbehrlich sind, leicht zu dem Anspruch verleiten lassen, Erziehungsziele wissenschaftlich gewinnen und moralische Werturteile über Mittel wissenschaftlich begründen zu können. Dabei ist mildernd zu berücksichtigen, daß die meisten Erziehungswissenschaftler mit der Ausbildung von Erziehern beauftragt sind, bei der geltende Normen überzeugend mitgeteilt und laufend Werturteile abgegeben werden müssen. Zweitens sind in jeder Gesellschaft die Inhaber der Macht bemüht, daß die von ihnen für das Erziehungswesen getroffenen Entscheidungen über Zwecke und Mittel als »erziehungswissenschaftlich« begründet ausgegeben werden. Das gleiche gilt sinngemäß für oppositionelle Gruppen, die ihre abweichenden Normen und Werturteile rechtfertigen wollen. Drittens gibt es große erzieherische Berufsgruppen, deren Angehörige das, was sie beruflich tun, »wissenschaftlich« als gut, nützlich und notwendig bestätigt haben wollen. In einer Zeit, in der an »die Wissenschaft« als höchste Autorität geglaubt wird und in der »Wissenschaftlichkeit« sich günstiger auf Ansehen, Einkommen und Einfluß auswirkt als Weltanschauung oder Moral, ist die Versuchung groß, auch die eigenen Normen und Werturteile als wissenschaftliche Erkenntnisse auszugeben.

Die Norm der Werturteilsfreiheit ist ein wesentlicher Maßstab, um die empirische Erziehungswissenschaft von allen Arten der Praktischen Pädagogik, die notwendig weltanschaulich bedingt ist, zu unterscheiden. Weit davon entfernt, die Bedeutung von Normen und Werturteilen für die Menschen, die Gesellschaft und die Erziehung zu schmälern, macht sie vielmehr auf deren die Lebensführung und das Handeln bestimmende Bedeutung aufmerksam. Sie ist sinngemäß bereits in den Forderungen nach Klarheit und intersubjektiver Prüfbarkeit wissenschaftlicher Sätze enthalten. Als methodologische Regel hat sie den Zweck, zu verhüten, daß in erziehungswissenschaftlichen Satzsystemen der Anschein erweckt wird, es seien Beobachtungsergebnisse, was tatsächlich Wunschbilder sind; es seien Ableitungen aus beschreibenden Sätzen, was tatsächlich durch Entscheidung eingeführte Normen sind; es seien rein sachliche Feststellungen, was tatsächlich weltanschaulich bedingte Werturteile sind.

---

[48] Eine ausführliche Darstellung des wissenschaftlichen Wertrelativismus und eine Kritik der Einwände der Anhänger normativer Sozialwissenschaft findet sich bei BRECHT 1961, S. 252 ff. Gegen die Legitimität von Werturteilen in der Geschichtswissenschaft vgl. JUNKER 1970.

Die Norm der Werturteilsfreiheit kann als Anstoß dazu dienen, daß Normen und Werturteile überhaupt als solche erkannt und kritisch untersucht werden. Ihre Anhänger rechnen selbstverständlich damit, daß alle Erziehungsziele, alle erzieherischen Handlungen und alle praktischen Erziehungslehren von der Wahl bestimmter Wertungsgrundsätze und damit von bestimmten weltanschaulichen Entscheidungen abhängen[49]. Sie halten es jedoch zur Gewinnung wissenschaftlicher Erkenntnisse über Erziehung für zweckmäßig und auch für möglich, daß die Erziehungswissenschaft als Satzsystem grundsätzlich weltanschaulich neutral bleibt. Was in ihr über Erziehungsziele gesagt wird, beschränkt sich auf Beschreibungen und Interpretationen sowie auf rein theoretische, zum Zweck der Untersuchung gemachte Annahmen von der Art folgender Konditionalsätze: »Wenn jemand will, daß das Erziehungsziel x erreicht wird...«; »Unter der Voraussetzung, daß x bezweckt wird...«; »Angenommen, man will den Zustand x verwirklichen...« usw. Das gilt sinngemäß auch für alles, was in der Erziehungswissenschaft beschreibend oder kritisch über Mittel gesagt wird. Es ist stets hypothetisch, bedingungsweise gültig oder auf neutralen (d. h. zu ihrem Inhalt nicht stellungnehmenden) Annahmen über Gewolltes oder Bezwecktes beruhend gemeint. Man kommt grundsätzlich auch bei der Untersuchung von Zweck-Mittel-Beziehungen ohne jene Art von Werturteilen aus, in denen Zustimmung oder Ablehnung aufgrund eines vorgefaßten Ideals geäußert wird[50].

In der Norm der Werturteilsfreiheit drückt sich der Wille aus, Aufgaben, die verschieden sind und die viele Erziehungstheoretiker verwechselt haben, nicht mehr länger durcheinander zu bringen. Es ist weder Sache der Erziehungswissenschaft, Erzieher zur Zustimmung zu einer Weltanschauung oder einer Moral zu bewegen, noch Erziehungsziele zu setzen und Mittel vorzuschreiben. Von ihr wird nicht mehr, aber auch nicht weniger erwartet als möglichst umfassendes und hinreichend gut bestätigtes Wissen[51].

Fragen nach Einzeltatsachen und Fragen nach dem Allgemeinen in Gegenwart und Vergangenheit

Wie jeden Ausschnitt der Wirklichkeit kann man auch die mit Erziehung zusammenhängenden Phänomene unter verschiedenen Gesichtspunkten untersuchen. Je nach dem Ziel der Erkenntnis, das verfolgt wird, können die gleichen Gegenstände in ihrer individuellen Besonderheit oder auf Ge-

---

[49] Vgl. z. B. FRISCHEISEN-KÖHLER 1921; MEISTER 1965, S. 20 ff.
[50] Vgl. zur Diskussion des Einwandes, Sätze über Zweck-Mittel-Beziehungen könnten nicht werturteilsfrei sein, NAGEL 1971, S. 245 ff.
[51] Zur Analyse und Kritik der Einwände gegen eine werturteilsfreie Erziehungswissenschaft vgl. ZECHA 1977, S. 16-74.

meinsamkeiten mit anderen Gegenständen, auf allgemeine Merkmale, Beziehungen und Gesetzmäßigkeiten hin erforscht werden. Aufgrund der teleologisch-kausalanalytischen (oder technologischen) Fragestellung steht in der Erziehungswissenschaft die Suche nach Gesetzmäßigkeiten und deren Prüfung im Vordergrund. Gesetzmäßigkeiten lassen sich jedoch kaum entdecken, bevor man viele einzelne Erziehungssituationen in vielerlei Hinsicht untersucht und miteinander verglichen hat. Man muß viele besondere Erscheinungsformen von Erziehung und die Umstände, unter denen sie auftreten, in ihren Einzelheiten kennen, ehe Verallgemeinerungen über vermutete Zusammenhänge nützlich sein können. Die Beschreibung von Erziehungssituationen, ihrer Bestandteile und deren Beziehungen zueinander samt der Veränderungen, die sie im Ablauf der Zeit erfahren, ist für die *Gewinnung* von Gesetzeswissen ebenso unerläßlich wie für die *Anwendung* von Gesetzeswissen zur Erklärung oder Voraussage.

Nach dieser Auffassung gehören Untersuchungen über mit Erziehung zusammenhängende Phänomene, in denen Einzeltatsachen (oder individuelle Tatsachen) beschrieben und zu erklären versucht werden, und Untersuchungen, die der Gewinnung und Prüfung von Gesetzeshypothesen dienen, gleicherweise zur Erziehungswissenschaft. Wenn sich verschiedene Forscher mehr der einen oder mehr der anderen Aufgabe widmen, dann ist das eine Arbeitsteilung innerhalb des gleichen Faches.

Wie alles Handeln ist auch Erziehen, sobald es geschehen ist, nicht mehr Bestandteil der Gegenwart, sondern der Vergangenheit. Es hängt von Meinungen, Überzeugungen und Handlungsbereitschaften ab, die zwar in der Gegenwart wirksam, aber in der Vergangenheit des Erziehers entstanden und durch seine vergangenen Erfahrungen in vergangenen Situationen mit vergangenen Einflüssen bedingt sind. Das gilt sinngemäß auch für alle anderen Bestandteile von gegenwärtigen Erziehungssituationen. Auch die Educanden und ihre Bezugspersonen, die Erziehungseinrichtungen und alle anderen sozial-kulturellen Gegenstände ihres Lebensraumes sind durch vergangene Ereignisse mitbedingt. Deshalb ist es unmöglich, Erziehungssituationen der Gegenwart zu verstehen, ohne über hier und jetzt Beobachtbares hinauszugehen und Vergangenes zu berücksichtigen. Um gegenwärtige Erziehungssituationen und die in ihnen enthaltenen Kräfte und Möglichkeiten erfassen zu können, muß man etwas über die Vorgeschichte dieser Situationen und über die Geschichte der Personen und der Kulturelemente wissen, die zu ihnen gehören.

Die erziehungswissenschaftliche Forschung ist jedoch nicht auf Erziehungssituationen der Gegenwart und deren historische Wurzeln beschränkt. Erziehung und mit Erziehung zusammenhängende Phänomene hat es auch in der Vergangenheit gegeben. Auch sie können als Einzeltatsachen beschrieben und zu erklären versucht werden. Auch Wissen über vergangene Erziehungssituationen kann dazu dienen, Gesetzeshypothesen zu gewinnen und/oder zu prüfen. Nur wenn man neben den gegenwärtigen auch die vergangenen Phänomene berücksichtigt, erfaßt man den Gegenstand der Erziehungswissenschaft vollständig.

Grundsätzlich besteht zwischen der Erklärung vergangener und der Erklärung gegenwärtiger Phänomene kein Unterschied. Ebensowenig macht es einen Unterschied, ob Gesetzeshypothesen aus wahren Sätzen über vergangene oder aus wahren Sätzen über gegenwärtige Phänomene gewonnen bzw. an ihnen überprüft werden. Ein wesentlicher Unterschied zwischen der Untersuchung gegenwärtiger und der Untersuchung vergangener Phänomene besteht allein darin, daß vergangene Ereignisse sehr viel schwieriger zu beschreiben sind, weil sie nicht beobachtet werden können, sondern aus mehr oder weniger unvollständigen Quellen erschlossen werden müssen[1]. Diese Schwierigkeit wirft besondere Probleme auf, die durch besondere geschichtswissenschaftliche Forschungstechniken zu lösen versucht werden können. Die erziehungswissenschaftliche Teildisziplin, die die Konstruktion vergangener Erziehungssituationen und ihrer Bestandteile sowie deren Erklärung zur Aufgabe hat, wird *Historiographie der Erziehung* genannt[2].

Man hat dieses Forschungsgebiet häufig auch als »historische Pädagogik« bezeichnet und der »allgemeinen« oder »systematischen Pädagogik« zur Seite gestellt. Bei einer gründlichen Analyse der Probleme, die in ihr zu lösen sind, zeigt sich jedoch, daß die Historiographie der Erziehung weder als eine selbständige Wissenschaft neben der Erziehungswissenschaft noch als zweite Hälfte der Erziehungswissenschaft angesehen werden kann. Wie wir festgestellt haben, ist schon die Beschreibung, Deutung und Erklärung von Erziehungssituationen der Gegenwart unmöglich, ohne Vergangenes einzubeziehen. Berücksichtigt man, daß Situationen, Handlungen und Zustände von Personen und Einrichtungen, die wir in der Gegenwart beobachten, dann, wenn wir sie beschrieben haben, immer schon zur Vergangenheit gehören, so kann man selbst die Beschreibung gegenwärtiger Phänomene als Geschichtsschreibung der jüngsten Vergangenheit betrachten. Erziehungswissenschaftliche Erkenntnis ohne Wissen von Vergangenem ist undenkbar. Deshalb ist die Historiographie der Erziehung, soweit damit eine wissenschaftliche Tätigkeit gemeint ist, lediglich eine besondere Forschungsweise der Erziehungswissenschaft. Soweit mit dem Ausdruck jedoch Satzsysteme gemeint sind, die als Ergebnis dieser Tätigkeit gewonnen worden sind, gehören sie wesentlich zum Inhalt der Erziehungswissenschaft[3].

---

[1] Vgl. V. KRAFT 1965, S. 77 ff. und GOLDSTEIN 1972, S. 264 ff.
[2] Gemeint ist damit die *wissenschaftliche* Geschichtsschreibung der Erziehung. Der Ausdruck geht zurück auf das griechische (und lateinische) »historia« = Geschichte und »graphein« = schreiben.
[3] Die Stellung, die hier der Historiographie der Erziehung gegeben wird, bezeichnet DIEMER (1970, S. 222 ff.) als die einer »Aspektdisziplin« innerhalb einer »Bereichs-

Was in der Historiographie der Erziehung zu tun ist, ist in erster Linie die Feststellung vergangener Ereignisse im Erziehungsbereich. Dabei muß berücksichtigt werden, daß die vom Historiker dargestellte Vergangenheit nicht die wirkliche Vergangenheit ist, »wie sie zum Zeitpunkt ihres Bestehens war, sondern eher eine selbstverfertigte Konstruktion ... zur bestmöglichen Erklärung des im Besitz des Historikers befindlichen Materials. Das historische Ereignis ... ist ein hypothetisches Konstrukt«[4].

Die Rekonstruktion vergangener Erziehung ist eine Aufgabe, die sich klar bestimmen und mit dem Namen »Historiographie der Erziehung« treffend bezeichnen läßt. Schwieriger zu benennen ist das zentrale Arbeitsfeld der Erziehungswissenschaft, das sich aus der Aufgabe, Gesetzmäßigkeiten zu suchen und Gesetzeshypothesen zu prüfen, ergibt.

Man könnte an den alten Namen »systematische Pädagogik«[5] anknüpfen und von »systematischer Erziehungswissenschaft« sprechen. Dagegen ist jedoch zweierlei einzuwenden. Erstens wird die Forderung nach dem systematischen Zusammenhang seiner Sätze für *jedes* wissenschaftliche Satzsystem, also auch für die Historiographie der Erziehung erhoben[6]. Zweitens sind auch normative Satzsysteme systematisch aufgebaut. Die traditionelle »systematische Pädagogik« ist ausdrücklich als ein System von Normen und Regeln verstanden worden[7] und für die »systematischen Geisteswissenschaften« hat DILTHEY ganz allgemein festgesetzt, daß sie »nicht nur die Erkenntnis, sondern auch die Leitung des individuellen und geschichtlichen Lebens zum Zweck haben«[8].

Am genauesten trifft der Ausdruck »nomothetisch« (Gesetze aufstellend[9]) das, was hier gemeint ist. Deshalb schlage ich vor, die Bezeichnung *»nomothetische Erziehungswissenschaft«* zu verwenden.

In anderen empirischen Wissenschaften wird vielfach auch der Ausdruck »theoretisch« gebraucht, um die Aufgabe, auf Gesetzesaussagen beruhende (oder nomologische) Theorien zu bilden, von der Geschichtsschreibung über ihren Gegenstand zu unterscheiden. So spricht man zum Beispiel von »theoretischer Soziologie« im Unterschied zum Sozialgeschichtsschreibung oder von »theoretischer Ökonomie« im Unterschied zur Wirt-

---

wissenschaft«. Er meint, »daß es eine selbständige Wissenschaft, Geschichte genannt, gar nicht gibt. Vielmehr ist sie immer nur Aspekt bzw. Aspektdisziplin eines bestimmten Bereiches; es gibt immer nur Bereichsgeschichte«.
[4] GOLDSTEIN 1972, S. 266; vgl. auch 1976, S. 50 ff.
[5] Vgl. REIN 1911, Bd. 1, S. 72 ff.
[6] Über den Systemcharakter der Wissenschaft vgl. WOHLGENANNT 1969, S. 137 ff.; DIEMER 1970a, S. 16 ff.; WEINGARTNER 1971, S. 47 ff. Zur Geschichte der Bedeutungen des Wortes »System« vgl. DIEMER 1968, darin besonders STEIN 1968.
[7] Vgl. REIN 1911, Bd. 1, S. 77 ff.; HENZ 1964.
[8] DILTHEY 1895, S. 251.
[9] Vom griechischen »nomos« = Gesetz und »thesis« = Setzung. Der Ausdruck ist von WINDELBAND (1894, S. 143 ff.) eingeführt worden und hat weite Verbreitung gefunden. Vgl. z. B. PIAGET 1973, S. 14 ff.; T. HERRMANN 1971.

schaftsgeschichtsschreibung. Ebenso könnte man auch von »*theoretischer Erziehungswissenschaft*« sprechen. Zugunsten dieses Ausdruckes läßt sich anführen, daß der Zweck der empirischen Wissenschaften in der Aufstellung und Prüfung von Gesetzeshypothesen nicht erschöpft ist, sondern in der Verbindung bewährter Gesetzeshypothesen zu Theorien besteht. Dabei wird hier unter »Theorie« ein System von Gesetzesaussagen verstanden[10]. Dagegen läßt sich jedoch einwenden, daß das Wort »Theorie« noch viele andere Bedeutungen hat und daß es deshalb zu Mißverständnis Anlaß gibt, wenn der Bereich des »Theoretischen« auf das »Allgemeine« oder gar auf das »Gesetzmäßige« eingeengt wird[11]. Dem vorherrschenden Sprachgebrauch zufolge können auch Aussagen über Vergangenes als theoretische Aussagen gelten und sogar Beobachtungsaussagen über gegenwärtige Phänomene werden heutzutage als theorieabhängig aufgefaßt. Selbstverständlich schließt das nicht aus, daß das Wort »theoretisch« als »auf Gesetzesaussagen und auf Systeme von Gesetzesaussagen bezogen« definiert und in diesem Sinn verwendet wird. Dieser Theorie-Begriff wird auch in diesem Buch häufig gebraucht, obwohl mir der Name »nomothetische Erziehungswissenschaft« weniger mißverständlich zu sein scheint als die Bezeichnung »theoretische Erziehungswissenschaft«.

Unabhängig von den Namen, die man wählt, muß jedoch festgehalten werden, daß die nomothetische (oder theoretische) Erziehungswissenschaft und die Historiographie der Erziehung ein und denselben Gegenstand haben und sich inhaltlich nicht gegeneinander abgrenzen lassen[12].

Jede empirische Sozialwissenschaft hat die Aufgabe, irgendwelche psychischen oder sozial-kulturellen Gegenstände zu beschreiben und zu erklären. Dazu ist sie stets sowohl auf Aussagen über Einzeltatsachen (oder singuläre Aussagen) als auch auf Aussagen über Allgemeines (oder generelle Aussagen) wie Gesetzeshypothesen oder Theorien angewiesen. So bedürfen die Geschichtsforscher zur Erklärung von vergangenen Ereignissen ebenso wie die empirischen Sozialforscher zur Erklärung gegenwärtiger Phänomene »auf Schritt und Tritt der allgemeinen Sätze, welche sie in völlig korrekter Begründung nur den nomothetischen Disziplinen entlehnen können. Jede Kausalerklärung irgendeines geschichtlichen Vorganges setzt allgemeine Vorstellungen vom Verlauf der Dinge überhaupt voraus; und wenn man historische Beweise auf ihre rein logische Form bringen will, so enthalten sie stets als oberste Prämissen Naturgesetze des Geschehens, insbesondere des seelischen Geschehens«[13].

Umgekehrt brauchen die nach Gesetzmäßigkeiten suchenden Sozialwis-

---

[10] Ausführlicher hierzu auf S. 116 ff. dieses Buches.
[11] Vgl. hierzu auch DIEMER 1970, S. 217.
[12] Das hat für die Geisteswissenschaften im allgemeinen schon DILTHEY (1895, S. 257 f.) gegenüber WINDELBAND betont.
[13] WINDELBAND 1894, S. 156 f.

senschaftler nicht nur Kenntnisse über die einzelnen gegenwärtigen Erscheinungsformen ihres Gegenstandes, sondern auch Kenntnisse über die Erscheinungsformen, die bereits vergangen sind und die ihnen dank der Arbeit der Historiker wenigstens in einer hypothetischen Rekonstruktion zugänglich gemacht werden können. Es ist nur eine Sache der Fragestellung, ob man in einem Gegenstandsbereich Gesetzeshypothesen aufzufinden, zu prüfen und zu theoretischen Systemen zu verbinden versucht oder ob man individuelle Dinge und Ereignisse mit Hilfe von Gesetzeshypothesen zu erklären und eventuell auch vorauszusagen versucht[14]. Es gibt jedenfalls wie in der Natur so auch in der sozial-kulturellen Wirklichkeit keinen Bereich, der grundsätzlich der Suche nach Gesetzmäßigkeiten entzogen wäre.

Ich werde zunächst einige zentrale Probleme des nomothetischen (oder theoretischen) Aufgabenbereiches der Erziehungswissenschaft behandeln und dann auf die Historiographie der Erziehung eingehen.

Weiterführende Literatur

WOLFGANG BREZINKA: Grundbegriffe der Erziehungswissenschaft. Analyse, Kritik, Vorschläge. München, 3. verbesserte Auflage 1977 (Verlag Ernst Reinhardt/Uni-Taschenbücher 332), 247 Seiten.

In diesem Buch werden zunächst die verschiedenen Bedeutungen untersucht, die das Wort »Erziehung« in der Umgangssprache und in der pädagogischen Fachsprache hat. Darauf folgt die Präzisierung und eine ausführliche Erläuterung jenes Erziehungsbegriffs, der auch in der vorliegenden Metatheorie der Erziehung verwendet wird. Anschließend wird der Begriff »Erziehungsziel« geklärt. Im Zusammenhang mit diesen Grundbegriffen werden auch zahlreiche andere Begriffe erläutert, die mit ihnen in Verbindung stehen, wie die Begriffe »Handlung«, »Lernen«, »psychische Disposition«, »Förderungsabsicht«, »Norm«, »Ideal«, »Soziale Interaktion«, »Lernbedürftigkeit«, »Erziehungsbedürftigkeit«, »Erziehbarkeit« usw.

WOLFGANG BREZINKA: Erziehung im Lichte des Zweck-Mittel-Schemas. In: Erziehungsziele, Erziehungsmittel, Erziehungserfolg. Beiträge zu einem System der Erziehungswissenschaft. München 1976 (Verlag Ernst Reinhardt/Uni-Taschenbücher 548), S. 106–147.

In diesem Aufsatz wird das Zweck-Mittel-Schema ausführlich erläutert und nachgewiesen, daß Erziehungstheorien im wesentlichen Theorien von Zweck-Mittel-Beziehungen sind. Im letzten Teil werden ontologische und moralische Einwände gegen den Gebrauch des Zweck-Mittel-Schemas in Erziehungstheorien zu entkräften versucht.

---

[14] Zum heutigen Stand der Diskussion über die Beziehungen zwischen theoretischer und historischer Sozialwissenschaft vgl. SCHULZE 1974, besonders S. 178 ff.

LUTZ RÖSSNER: Erziehungswissenschaft und Kritische Pädagogik. Stuttgart 1974 (Verlag Kohlhammer), 117 Seiten.

Eine Kritik der sogenannten »Kritischen Pädagogik«, die in der Bundesrepublik Deutschland auf der Grundlage des Spät-Marxismus etwa seit 1968 – bisher allerdings nur als Programm – entworfen worden ist. Die Beurteilung erfolgt vom Standpunkt des Kritischen Rationalismus aus. Besondere Beachtung verdient die Auseinandersetzung mit dem Vorwurf, die empirische Erziehungswissenschaft sei »positivistisch« (S. 9–23). Dieser Vorwurf ist nicht nur von den Anhängern der »Kritischen Pädagogik«, sondern auch von denen der »Marxistisch-Leninistischen Pädagogik« gegen die im vorliegenden Buch vertretene Auffassung erhoben worden[1].

HANS ALBERT: Wertfreiheit als methodisches Prinzip. Zur Frage der Notwendigkeit einer normativen Sozialwissenschaft. In: ERNST TOPITSCH (Hrsg.): Logik der Sozialwissenschaften. Köln 1965 (Verlag Kiepenheuer), S. 181–210.

Eine bahnbrechende Untersuchung über die normativen Grundlagen der Wissenschaft und über die Entbehrlichkeit von Normen in technologischen Satzsystemen (oder Zweck-Mittel-Systemen).

HANS ALBERT und ERNST TOPITSCH (Hrsg.): Werturteilsstreit. Darmstadt 1971 (Wissenschaftliche Buchgesellschaft), 552 Seiten.

Ein Sammelband mit Beiträgen von Befürwortern und Gegnern der Norm der Werturteilsfreiheit in den Sozialwissenschaften. Besonders lesenswert sind die Aufsätze von ALBERT (»Theorie und Praxis. Max Weber und das Problem der Wertfreiheit und der Rationalität«, S. 200–236; abgedruckt auch in: ALBERT 1972, S. 41–73), NAGEL (»Der Einfluß von Wertorientierungen auf die Sozialforschung«, S. 237–260; übersetzt aus NAGEL 1961), DUBISLAV (»Zur Unbegründbarkeit der Forderungssätze«, S. 439–454) und GOMPERZ (»Die Wissenschaft und die Tat«, S. 383–414), in dem sehr viel klarer, als das heute gewöhnlich geschieht, die Grenzen der Wissenschaft und die Beziehungen zwischen Wissenschaft und Praxis dargestellt werden.

ZDZISLAW NAJDER: Values and Evaluations. Oxford 1975 (Oxford University Press), 185 Seiten.

Eine hervorragend klare und wirklichkeitsnahe begriffsanalytische Untersuchung des Problemkreises Wertung, Wert und Werturteil sowie der Methoden der Begründung von Werturteilen. Werturteile werden als kognitive Sätze interpretiert, die über den relativen Rang des bewerteten Objekts unter anderen Objekten gemäß einer gegebenen Wertrangordnung informieren und indirekt auch über die voraussichtliche Reaktion der Anhänger gleicher Wertungsgrundsätze auf das bewertete Objekt.

---

[1] Vgl. MALININ 1971, F. HOFMANN 1972, STIERAND 1975. Zum Positivismus-Vorwurf seitens nicht-marxistischer Autoren vgl. auch BÜTTEMEYER 1975.

Ia. Der nomothetische Aufgabenbereich der Erziehungswissenschaft

> »Der Erzieher mutet sich den Versuch an, ... durch richtiges Fragen der Natur ... dem Gange der vor ihm liegenden Erscheinungen seine Gesetzmäßigkeit abzuforschen, und somit auch zu entdecken, wie sich derselbe nach Absicht und Plan modifizieren lasse«.
>
> FRIEDRICH HERBART (1804)[1]

Wer darüber nachdenkt, wie bestimmte Erziehungsziele verwirklicht werden können, beginnt zwangsläufig nach Gesetzmäßigkeiten zu suchen, die beim erzieherischen Handeln zu berücksichtigen sind. Insofern hat die auf Gesetzeswissen (oder nomologisches Wissen) gerichtete Fragestellung auch in der traditionellen Pädagogik schon immer ihren Platz gehabt. Man ist jedoch bis heute noch kaum über einige mehr oder weniger gut bestätigte Vermutungen hinausgekommen, ohne jeweils genau zu wissen, für welche Typen von Situationen sie zutreffen und für welche nicht. Die traditionelle Pädagogik ist in nomologischer und damit auch in technologischer Hinsicht unbefriedigend geblieben.

Eine Ursache dafür liegt vermutlich in der Tatsache, daß beim Entwurf von Erziehungstheorien die kausalanalytischen Fragen und die zu ihrer Lösung geeigneten wissenschaftlichen Methoden bisher nur unzulänglich beachtet worden sind. Es hat vielfach an Klarheit über die Probleme wie über die möglichen Methoden zu ihrer Lösung gefehlt. Sobald dieser Mangel erkannt und zu beseitigen versucht wird, liegt es nahe, die empirische Erziehungsforschung zu verstärken und von ihr Ergebnisse zu erwarten, die technologisch brauchbar sind.

Unser geringes Wissen über geeignete Mittel zur Verwirklichung von Erziehungszielen hängt jedoch keineswegs nur damit zusammen, daß viele Erziehungstheoretiker von anderen Vorentscheidungen über die Aufgaben ihrer Wissenschaft und damit auch von anderen methodologischen Vorstellungen ausgehen als denen, die in der Wissenschaftslehre der Analytischen

---

[1] HERBART, Bd. 1, S. 94.

Philosophie erarbeitet worden sind. Es sind vor allem die in der Sache selbst liegenden Schwierigkeiten, denen der Rückstand unseres technologischen Wissens über Erziehung zuzuschreiben ist. Auf diese Schwierigkeiten hat schon 1852 THEODOR WAITZ aufmerksam gemacht, indem er an »die große Verwickelung der Ursachen« erinnerte, in die durch erzieherisches Handeln eingegriffen wird. »Eine absolut vollständige Erziehungswissenschaft müßte jeden möglicherweise eintretenden Gemütszustand des Zöglings mit allen seinen Ursachen und Folgen genau zu berechnen und die Größe und Art jeder möglichen Einwirkung von seiten des Erziehers vollkommen zu ermitteln imstande sein«[2]. Eine Erziehungswissenschaft in diesem Sinne sei völlig unmöglich. WAITZ begründet diese Meinung mit dem Hinweis auf die unüberschaubare Vielzahl sich ständig ändernder Einflüsse, denen die Educanden ausgesetzt sind, wobei »die Folgen vieler, ja bei weitem der meisten Einwirkungen auf den Zögling gar nicht oder doch nicht unmittelbar zu tage kommen«. Selbst in jenen Fällen, in denen Educanden den Zustand erreichen, den ihr Erzieher bezweckt hat, lasse sich nicht sicher beurteilen, »wie viel von dem Erfolge auf Rechnung der Individualität des Erziehers, der Zöglinge und der äußeren Umstände zu schreiben ist«[3]. Die große Zahl zum Teil unbekannter Faktoren, die am Werden eines bestimmten Zustandes einer Persönlichkeit beteiligt sind, bringe eine »große Unsicherheit in die erfahrungsmäßige Beurteilung der Wirksamkeit jedes Erziehungsmittels«.

Angesichts dieser Schwierigkeiten genügt es nicht, der unbefriedigenden Wirklichkeit der traditionellen Pädagogik das Ideal einer empirischen Erziehungswissenschaft lediglich als vielversprechende Andeutung gegenüberzustellen. Man muß schildern, worin es im einzelnen besteht und wie es verwirklicht werden kann. Man muß sich über die verschiedenen Aufgaben klar werden, die dabei zu lösen sind, und über die Hindernisse, die es dabei gibt.

Probleme und Hypothesen als Ausgangspunkt

Von der Wirklichkeit erfährt man nur dann etwas, wenn man gezielte Fragen an sie richtet. Es hat keinen Sinn, alles zu beobachten, was beobachtbar ist, und darauf zu vertrauen, daß man es später schon brauchen können wird. Die Welt ist ungeheuer vielgestaltig und die Zahl der möglichen Beobachtungsgegenstände ist praktisch unbegrenzt. Auch die sogenannte »Erziehungswirklichkeit« ist unbeschreiblich kompliziert. Sie ist als Gegenstand der wissenschaftlichen Untersuchung nicht einfach da, sondern sie

---

[2] WAITZ 1898, S. 35 und S. 24.
[3] WAITZ 1898, S. 37.

muß erst durch unsere Fragestellung gewonnen werden[4]. Sie ist kein klar abgegrenzter Teil der Wirklichkeit, sondern ein Ausschnitt, der sich erst zeigt, wenn man die Welt von einem bestimmten Gesichtspunkt aus betrachtet. Sie wird aus der Fülle des Vorhandenen ausgewählt, und zwar auf Grund der Fragen, die wir stellen, und der Annahmen, die wir machen. Insofern ist sie eine Konstruktion, eine gedankliche Schöpfung des Menschen[5].

Daraus folgt, daß es keinen voraussetzungslosen Zugang zu den Tatsachen gibt. Vielmehr gehen jeder Beobachtung bestimmte Erwartungen, theoretische Annahmen oder Hypothesen voraus. Ebenso sind auch Sätze *über* Beobachtungen, also Beschreibungen, »immer Interpretationen der beobachteten Tatsachen ... im Lichte von Theorien«[6]. Die wissenschaftliche Erkenntnis kommt nicht durch das Sammeln von Beobachtungsergebnissen zustande, sondern dadurch, daß wir mehr oder weniger gut begründete Annahmen machen und diese dann gründlich zu prüfen versuchen. Bei diesen Annahmen gehen wir stets vom vorläufig letzten Stand unseres Wissens über einen Gegenstand aus. Wir bauen »auf der Wissenschaft von gestern auf, und diese wieder auf der Wissenschaft von vorgestern, usw.; und die älteste Wissenschaft baut auf vorwissenschaftlichen Mythen auf«[7]. Es wäre undurchführbar, wollte man versuchen, von jedem überlieferten Wissen abzusehen und ohne theoretisches Vorverständnis »theoriefrei« ganz von vorn anzufangen. *Die Wissenschaft beginnt nicht mit Tatsachen, sondern mit Problemen und Lösungsversuchen*[8]. Beobachtungen (einschließlich derer, die bei Experimenten gemacht werden) dienen dazu, solche Lösungsversuche oder Hypothesen zu prüfen. Jene Sätze, die dieser Prüfung standhalten, gelten vorläufig als bewährt.

In der Erziehungswissenschaft kommt es wie in jeder anderen Disziplin zunächst darauf an, möglichst genau herauszuarbeiten, was man wissen will und noch nicht weiß. Vom Inhalt der Probleme und von unseren Vermutungen über mögliche Lösungen hängt es dann ab, welche Beobachtungen wir machen wollen und welche Tatsachen für die Lösung bedeutsam sein könnten.

Werfen wir unter diesem Gesichtspunkt einen Blick auf die traditionelle Pädagogik, dann fallen an ihr zwei Hauptmängel auf. Der erste besteht darin, daß zwischen Sein und Sollen, zwischen Wirklichem und Gewolltem, zwischen Aussagen und Forderungen, zwischen Erkenntnissen und Ent-

---

[4] Zur Gegenstandsgewinnung vgl. HOLZKAMP 1968, S. 42 ff.
[5] Zum Begriff der Konstruktion und zu den Bedingungen der Gültigkeit von Konstruktionen vgl. V. KRAFT 1968, S. 46 ff.
[6] POPPER 1966, S. 72. Vgl. auch KAPLAN 1964, S. 131 ff.
[7] POPPER 1964 , S. 92.
[8] Vgl. BUNGE 1967, Bd. 1, S. 165 ff., besonders auch S. 199 ff. über Problemlösungsregeln; HEMPEL 1974, S. 21 ff.

scheidungen nicht genügend unterschieden worden ist. Dementsprechend ist auch der Unterschied zwischen wissenschaftlich-technologischen Problemen und moralischen Problemen zu wenig beachtet worden.

Der zweite Hauptmangel liegt darin, daß die traditionelle Pädagogik in ihren auf die Erziehungswirklichkeit bezogenen Teilen arm an Problembewußtsein und damit auch arm an speziellen Problemen und speziellen Hypothesen war. Es wurde vieles unkritisch als Erkenntnis ausgegeben, was nur ungeprüfte subjektive Überzeugung war. Es wurde selten eingestanden, daß das vermeintliche Wissen unvollständig, ungenau und fragwürdig ist und daß man über vieles, was zu wissen nötig wäre, noch nichts weiß. Es wurden Grundsätze und Vorschriften aufgestellt, bevor die einschlägigen Tatsachen bekannt waren. Mit diesem Mangel an Problembewußtsein hängt es zusammen, daß der Informationsgehalt der Pädagogik relativ gering geblieben ist und daß ihre Sätze lange Zeit als unwissenschaftlich und wenig brauchbar für die Erziehungspraxis angesehen worden sind[9].

Beim Versuch, diesen Mißstand zu beseitigen, haben die ersten Wegbereiter der empirischen Erziehungswissenschaft besonders stark betont, daß man ihren Gegenstand zunächst »als ein Gegebenes«, als »einen gegebenen großen Tatbestand«[10] beobachten und beschreiben müsse. Es gebe »kaum eine Einzelheit der Erziehungspraxis, welche schon zuverlässig und erschöpfend beschrieben ist«[11]. Deshalb hat ALOYS FISCHER eine beschreibende oder »*deskriptive Pädagogik*« gefordert, die RUDOLF LOCHNER dann aufzubauen begonnen hat[12]. Beide Autoren wollten mit diesem Namen eigentlich nur ausdrücken, daß eine empirische Erziehungswissenschaft gemeint ist, die nicht mit der »normativen Pädagogik« verwechselt werden darf, in der auf der Grundlage weltanschaulicher Überzeugungen darüber spekuliert wird, wozu und wie erzogen werden *soll*[13]. Die Forderung, das »Gegebene« zu beschreiben, ergab sich einfach aus dem Wunsch, wirkliche Erziehungssituationen in ihren Einzelheiten zu erforschen, statt »immer wieder ein falsches Bild« von den Tatbeständen weiterzugeben[14]. Sie war dem Kindheitsstadium der Erziehungswissenschaft, über welches das Fach auch heute noch kaum hinausgekommen ist, völlig angemessen.

Dieses auf die Beschreibung und die Klassifikation der »Erziehung als Realität« gerichtete Forschungsprogramm hat allerdings hier und da zu dem methodologischen Mißverständnis Anlaß gegeben, Beobachtungen sollten und könnten »theoriefrei« oder »voraussetzungslos« vorgenommen

---

[9] Vgl. WILLMANN (1882) 1957, S. 18; DILTHEY 1888, S. 14 ff.; MONTESSORI 1913, S. 1 ff.; BERNFELD 1925, S. 8 ff.
[10] WILLMANN (1882) 1957, S. 18; ähnlich DILTHEY 1961, S. 190 ff.; KRIECK 1927, S. 12.
[11] A. FISCHER 1914, S. 23.
[12] Vgl. A. FISCHER 1914; LOCHNER 1927.
[13] Vgl. A. FISCHER 1932b, S. 159 f.
[14] A. FISCHER 1914, S. 29.

werden. Man hat gemeint, »am Anfang aller Wissenschaft« stehe die Beschreibung der »Sachverhalte in ihrer natürlichen vortheoretischen Gegebenheit« und aus dem so Beschriebenen würde man dann »die möglichen Problemstellungen« der Erziehungswissenschaft erkennen können[15]. Zur genauen Erfassung der Gegenstände komme es darauf an, daß sich der Wissenschaftler von allen Voraussetzungen inhaltlicher Art freihalte und »sich dem vorwissenschaftlichen Meinen und Glauben strikt versagt«[16].

Aus solchen Sätzen spricht ein *naiver Empirismus*, der der wahrnehmungspsychologischen Tatsache nicht gerecht wird, daß jede Beobachtung zwangsläufig auf theoretischen Voraussetzungen beruht. Naive Empiristen halten die Beschreibungen von Beobachtungsergebnissen (meist »Tatsachen«, »Fakten« oder »Daten« genannt) für die Grundlage oder die Quelle der Erkenntnis. Damit hängt zusammen, daß sie die Bedeutung des Entwurfs von Hypothesen als erstem Schritt zur Gewinnung von Gesetzeswissen verkennen. Demgegenüber wird im Theoretizismus betont, daß es gar nicht möglich ist, irgendeinen Bereich der Wirklichkeit ohne vorausliegende theoretische Annahmen und Auswahlgesichtspunkte zu erforschen[17]. Die Forschung beginnt damit, daß man diese Annahmen über die Wirklichkeit so weit zu klären und zu differenzieren versucht, bis es gelingt, spezielle Hypothesen aufzustellen und durch theoriegeleitete Beobachtung zu prüfen, ob sie der Wirklichkeit entsprechen.

Den Ausgangspunkt der erziehungswissenschaftlichen Forschung bilden also vorläufige Annahmen oder Meinungen über erzieherische Handlungen (bzw. Erziehungseinrichtungen) und ihre Wirkungen im Zusammenhang mit den übrigen Bestandteilen von Erziehungssituationen. Diese Annahmen oder Meinungen stammen teils aus überlieferten Erziehungslehren, teils aus Alltagserfahrungen. Sie sind vorwissenschaftliche Theorien, die mehr oder weniger ungenau, unvollständig, undifferenziert und fehlerhaft sein können. Der Zweck der Forschung ist es, sie zu verbessern und zu wissenschaftlich bewährten Theorien zu gelangen. Um das leisten zu können, muß man sich zunächst darüber Klarheit verschaffen, was unter einer wissenschaftlichen Theorie zu verstehen ist. Dann wird zu prüfen sein, ob es je nach dem Gegenstandsbereich, der in einer Wissenschaft untersucht wird, verschiedene Arten wissenschaftlicher Theorien gibt. Insbesondere geht es dabei um die Frage, ob jene Satzsysteme, die in den Naturwissenschaften als Theorien gelten, auch als Muster für die Sozial- und Kulturwissenschaften dienen können. Vor allem aber interessiert uns, wie das Ideal für erziehungswissenschaftliche Theorien aussieht und auf welche Weise es verwirklicht werden kann.

---

[15] A. FISCHER 1914, S. 12 und S. 17 f.
[16] LOCHNER 1963, S. 24.
[17] Vgl. BUNGE 1967, Bd. 2, S. 187 ff.

Wissenschaftliche Theorien als Ziel der Forschung

Das Wort »*Theorie*« hat viele Bedeutungen. In der Alltagssprache wird es meistens dazu verwendet, den Gegenpol zur »Praxis« zu bezeichnen. Mit »Praxis« ist dabei jede Art von Handeln, Tun oder Tätigkeit gemeint; mit »Theorie« ein System von Gedanken, Meinungen, Ansichten oder Erkenntnissen über einen bestimmten Gegenstand[1]. Bei dieser einfachen Unterscheidung zwischen »Theorie« als Wissen und »Praxis« als Handeln ist selbstverständlich zu berücksichtigen, daß es kein Handeln ohne Wissen, keine Praxis ohne Theorie gibt.

Da jede Theorie in einer Sprache ausgedrückt wird, kann man sie auch als ein System von Sätzen oder als ein Satzsystem bezeichnen. Offensichtlich gibt es verschiedenartige Satzsysteme, die »Theorie« genannt werden. Auch in diesem Buch ist bereits von »vorwissenschaftlicher« und »wissenschaftlicher«, aber auch von »philosophischer« und »praktischer Theorie« die Rede gewesen. Wodurch unterscheidet sich ein Satzsystem, das als »*wissenschaftliche Theorie*« bezeichnet wird, von den übrigen Arten von Theorie? Das hängt davon ab, was unter »Wissenschaft« verstanden wird. Im weitesten Sinne des Wortes kann damit jedes Satzsystem gemeint sein, dem dieser Name zugebilligt und das an Universitäten oder wissenschaftlichen Hochschulen gelehrt wird. Dazu gehören dann nicht nur die Satzsysteme der Formalwissenschaften und der Realwissenschaften, sondern auch die der Rechtswissenschaft, der Philosophie und der Theologie[2]. Diese rein kulturgeschichtlich aufzählende Bestimmung von »Wissenschaft« ist freilich unbefriedigend, weil sie auch dogmatische Satzsysteme wie religiöse Glaubenslehren (Theologie[3]) oder Weltanschauungsphilosophien (z. B. den Marxismus-Leninismus) einschließt, mit denen andere Zwecke verfolgt werden und die andere Grundlagen haben als etwa die Mathematik, die Naturwissenschaften, die Kulturwissenschaften oder die Sozialwissenschaften. Es ist allerdings nicht einfach, wissenschaftliche Theorien gegenüber vorwissenschaftlichen, außer-wissenschaftlichen oder nicht-wissenschaftlichen Theorien abzugrenzen. Das liegt daran, daß wissenschaftliches Wissen aus dem Alltagswissen hervorgeht und sich nur graduell von ihm unterscheidet[4]. »Alle Wissenschaft und Philosophie ist aufgeklärter Alltagsverstand«[5].

Als wichtigstes Merkmal eines allgemeinen Wissenschaftsbegriffes wird gewöhnlich angeführt, daß ein wissenschaftliches Satzsystem ein *Begrün-*

---

[1] Vgl. KAPLAN 1964, S. 295 ff. Zur antiken Vorgeschichte dieser Unterscheidung vgl. LOBKOWICZ 1967, bes. S. 35 ff.; zur »Theorie« in der Antike LEINFELLNER 1966.
[2] Vgl. WEINGARTNER 1971, S. 11 ff.
[3] Zur Kritik am Wissenschaftscharakter der Theologie vgl. MORSCHER 1973a.
[4] Vgl. SPINNER 1974, S. 1486.
[5] POPPER 1973, S. 46.

dungsgefüge darstellt. Seine Sätze beziehen sich auf den gleichen Gegenstand und stehen untereinander in einem Begründungszusammenhang[6]. Damit ist gemeint: sie stützen sich gegenseitig und sie sind zumindest teilweise auf ihren Wahrheitsgehalt, ihre Wahrheitsähnlichkeit[7], auf ihre Wahrscheinlichkeit oder ihren Bewährungsgrad hin geprüft worden. Als »wissenschaftliche Theorie« wird eine Theorie nur dann anerkannt, wenn der Grund ihrer Geltung angegeben werden kann. Es muß feststellbar sein, woher man das weiß, was in ihr behauptet wird, oder warum das Behauptete wahr ist[8].

Diese allgemeinste Voraussetzung jeder möglichen Begründung eines wissenschaftlichen Satzsystems wird als *Forderung nach intersubjektiver Prüfbarkeit* bezeichnet. Sie besagt erstens, daß Sätze, die unprüfbar sind, deren Wahrheitswert also nicht feststellbar ist, aus der Wissenschaft ausgeschlossen sein sollen. Das sind Sätze, die unverständlich sind oder deren Bedeutung so unklar ist, daß sich nicht erkennen läßt, wie sie zu deuten sind bzw. was in ihnen behauptet wird. Die Forderung besagt zweitens, daß es nicht genügt, wenn der Wahrheitswert eines Satzsystems nur von einem einzigen Beurteiler (Subjekt) festgestellt werden kann. Intersubjektive (oder besser: übersubjektive oder interpersonelle, d. h. für mehrere Personen mögliche) Prüfbarkeit bedeutet, daß jede Person, die hinlänglich intelligent, ausgebildet und ausgerüstet ist, die Richtigkeit des Satzsystems überprüfen kann[9]. Damit ist nicht gemeint, daß jeder Satz auch tatsächlich nachgeprüft werden müßte, »sondern nur, daß jeder Satz nach*prüfbar* sein soll; anders ausgedrückt: daß es in der Wissenschaft keine Sätze geben soll, die einfach hingenommen werden müssen, weil es aus logischen Gründen nicht möglich ist, sie nachzuprüfen«[10].

Die Forderung nach intersubjektiver Prüfbarkeit läßt offen, auf welche Art und Weise die Prüfung vorgenommen werden soll. Das hängt vom Gegenstandsbereich ab, auf den sich eine wissenschaftliche Theorie bezieht. Hier besteht ein grundlegender Unterschied zwischen Satzsystemen, die sich auf die Wirklichkeit oder auf *reale* Sachverhalte beziehen, und Satzsystemen, die sich auf rein gedankliche Gegenstände oder *ideelle* Sachverhalte beziehen.

In den *Formalwissenschaften* Logik und Mathematik werden ausschließlich ideelle Sachverhalte untersucht und darum kommen in den Theorien dieser Fächer auch nur ideelle Aussagen vor. Für deren Überprüfung genügt es, festzustellen, ob sie einander widersprechen oder nicht. Wenn nachgewiesen werden kann, daß zwischen ihnen *Widerspruchslosigkeit* be-

---

[6] Vgl. DIEMER 1970, S. 216.
[7] Vgl. POPPER 1973, S. 60 ff.
[8] Vgl. V. KRAFT 1967, S. 51.
[9] Vgl. BUNGE 1967, Bd. 1, S. 261 ff.; WOHLGENANNT 1969, S. 112 ff.
[10] POPPER 1966, S. 21.

steht, dann sind sie logisch wahr. Das ist deswegen möglich, weil in diesen Aussagen nichts über die Wirklichkeit behauptet wird, sondern nur etwas über die Beziehungen innerhalb eines Systems von Gedankengebilden, das auf Festsetzungen (Postulaten, Axiomen) beruht, die beliebig getroffen werden können. Den Aussagen über ideelle Sachverhalte ist die *Kohärenztheorie der Wahrheit* angemessen[11]. In ihr wird Wahrheit definiert als die widerspruchslose Übereinstimmung der Aussagen eines Aussagensystems untereinander. Sofern derartige Aussagen wahr sind, sind sie es allein aus logischen Gründen[12].

In den *Realwissenschaften* werden reale Sachverhalte erforscht und Aussagen über die Wirklichkeit (Wirklichkeitsaussagen oder empirische Aussagen) gemacht. Die Prüfung derartiger Aussagen erfolgt – stark vereinfacht ausgedrückt – dadurch, daß der Sachverhalt, der ausgesagt wird, mit der Wirklichkeit verglichen und festgestellt wird, ob Übereinstimmung besteht. Für Aussagen über reale Sachverhalte ist die *Korrespondenztheorie der Wahrheit* aufgestellt worden[13]. In ihr wird Wahrheit definiert als die Übereinstimmung einer Aussage mit der Wirklichkeit.

Die Wirklichkeit ist für uns jedoch unmittelbar nur in unseren Erlebnissen gegeben[14]. Nur bei Aussagen über gegenwärtige Erlebnisse kann die Wahrheit vom Erlebenden durch *direkten* Vergleich mit der Wirklichkeit (verstanden als seine subjektive Erlebniswirklichkeit) festgestellt werden. Dagegen liegt die Wirklichkeit, die außerhalb unserer Erlebnisse bestehend gedacht wird (die erlebnistranszendente oder objektive Wirklichkeit, um deren Erkenntnis es in den Realwissenschaften geht), nicht unmittelbar zur Vergleichung vor. Sie ist nur *indirekt* zugänglich über die Erlebnisaussagen (Wahrnehmungs- oder Beobachtungsaussagen), die die Menschen über sie machen. Sie wird durch etwas, was als (immer schon theoretisch interpretierter) Wahrnehmungsinhalt in den Erlebnissen gegenwärtig ist, vertreten (repräsentiert).

Wir können hier die Frage, wie realwissenschaftliche Theorien im einzelnen begründet werden, noch zurückstellen. Es geht zunächst nur darum, zu klären, was in den Real-, Erfahrungs- oder empirischen Wissenschaften unter »Theorie« verstanden wird. In seiner weiten Bedeutung wird mit diesem Wort häufig das gleiche bezeichnet wie mit dem Ausdruck »Wissenschaft«: ein System von Sätzen über einen Wirklichkeitsbereich, die untereinander in einem Begründungszusammenhang stehen. Mit »System« ist hier gemeint, daß die Sätze inhaltlich aufeinander bezogen und geordnet sind. Mit »Begründung« ist erstens gemeint, daß sie wenigstens teilweise durch Sätze über festgestellte Tatsachen bestätigt sind, und zweitens, daß die Sätze des

---

[11] Vom lateinischen »cohaerere« = zusammenhängen.
[12] Vgl. V. KRAFT 1960, S. 177 ff. und S. 347 ff.; 1973a, S. 57 ff.
[13] Vom lateinischen »correspondere« = entsprechen, übereinstimmen, ähnlich sein.
[14] Vgl. grundlegend hierzu V. KRAFT 1960, S. 197 ff.

Systems sich gegenseitig stützen oder zumindest nicht im Widerspruch zueinander stehen. Zu einer »Begründung« sind also in den Realwissenschaften sowohl empirische als auch logische »Gründe« erforderlich.

Dieser Theorie-Begriff ist noch so allgemein, daß er auf alle realwissenschaftlichen Satzsysteme angewendet werden kann. Er schließt auch die individualwissenschaftlichen oder historiographischen Satzsysteme ein, die auf die Erkenntnis von individuellen Tatsachen, ihre Erklärung und ihre Einordnung in Gattungen beschränkt sind. Von dieser Gruppe der Realwissenschaften, in denen Einzeltatsachen erforscht werden, unterscheiden sich die Gesetzeswissenschaften oder nomothetischen Wissenschaften dadurch, daß in ihnen empirische Gesetzmäßigkeiten aufzufinden versucht werden[15]. *Gesetzesaussagen über die wirkliche Welt bilden den Kern einer erfahrungswissenschaftlichen Theorie im engeren Sinne*. Deshalb werden die nomothetischen Wissenschaften häufig auch als »theoretische« Wissenschaften bezeichnet. Um verstehen zu können, was in diesen Wissenschaften mit »Theorie« gemeint ist, muß also geklärt werden, was ein »Gesetz« ist[16]. Wodurch unterscheiden sich Gesetzesaussagen oder – vorsichtiger ausgedrückt – gesetzesartige Aussagen von den nicht-gesetzesartigen (singulären, individuellen oder akzidentellen) Aussagen, in denen einzelne Tatsachen (Phänomene, Ereignisse, Vorgänge oder Zustände) beschrieben werden? Was ist das entscheidende Kennzeichen (Kriterium) der Gesetzesartigkeit?

Es ist darauf bis jetzt noch keine völlig befriedigende Antwort gefunden worden[17]. Es gibt auch nicht etwa nur einen Gesetzesbegriff, sondern viele[18]. In der objektiven Bedeutung des Wortes ist damit etwas gemeint, was in der objektiven Wirklichkeit vorhanden ist, unabhängig davon, ob wir es kennen oder nicht. Es wird meistens als »*Naturgesetz*« bezeichnet. »Ein Naturgesetz besteht in einer Beziehung zwischen realen Zuständen oder/und Vorgängen, die invariant und allgemein ist«[19]. Vom objektiven Naturgesetz zu unterscheiden ist die *Gesetzesaussage*. Sie bezieht sich auf das Naturgesetz und gibt es mehr oder weniger genau wieder. Bildhaft wird häufig davon gesprochen, daß Gesetzesaussagen objektive Gesetze »widerspiegeln«, »abbilden« oder »nachbilden«[20].

---

[15] Vgl. V. KRAFT 1973, S. 31 ff.; STEGMÜLLER 1966, S. 649.
[16] Hier geht es allein um die deskriptive Bedeutung des Wortes, die von der präskriptiven (Gesetz als Vorschrift oder Norm) zu unterscheiden ist. Vgl. HOSPERS 1967, S. 230 ff.
[17] Vgl. NAGEL 1961, S. 47 ff.; STEGMÜLLER 1969, S. 273 ff.; HEMPEL 1974, S. 78 ff.
[18] Vgl. vor allem BUNGE 1968; ferner SIGWART 1924, Bd. 2, S. 519 ff.; NAGEL 1961, S. 75 ff.; BUNGE 1967, Bd. 1, S. 343 ff.; KRÖBER 1968; HEROLD 1974.
[19] V. KRAFT 1973, S. 37. Der Ausdruck »invariant« (vom lateinischen »variabilis« bzw. »varius« = veränderlich, wechselnd) bedeutet hier: unveränderlich, immer auftretend, regelmäßig vorhanden. Eine gut verständliche Einführung in den Problemkreis »Naturgesetze« gibt CAMPBELL 1953, S. 37 ff.; vgl. auch BUNGE 1968a; KANITSCHEIDER 1973.
[20] Vgl. z. B. bei REICHENBACH 1953, S. 181; KRÖBER 1968, S. 20, 100, 151.

Zur Annahme von Naturgesetzen sind die Menschen durch die alltägliche Erfahrung gekommen, daß es in der Welt Wiederholungen und *Regelmäßigkeiten* gibt: »gewisse Merkmale eines Erscheinungsablaufes zeigen sich immer und überall mit gewissen anderen Merkmalen verknüpft«. Besondere Beachtung haben dabei jene Fälle gefunden, in denen eine gewisse Gruppe von Merkmalen dem Auftreten einer anderen Merkmalsgruppe zeitlich vorausgeht. »Die Umstände, die einem gewissen, oft beobachteten Erscheinungsablauf (A) vorangehen, scheiden sich typisch in zwei Gruppen, beständige und wechselnde. Und wenn weiter erkannt wird, daß die beständige Gruppe auch umgekehrt immer von A gefolgt wird, so führt das dazu, diese Gruppe von Umständen als die bedingenden Ursachen von A zu erklären. So entsteht, Hand in Hand mit der Erkenntnis der speziellen regelmäßigen Verknüpfungen, als Abstraktion aus ihrer Gesamtheit, die Vorstellung von der allgemeinen notwendigen Verknüpftheit der Erscheinungen untereinander. Über die Erfahrung hinaus wird als allgemeines Postulat aufgestellt, daß auch in solchen Fällen, in denen es noch nicht gelungen ist, die bedingenden Ursachen eines bestimmten Erscheinungsablaufes zu isolieren, solche doch angebbar sein müssen. ... In diesem Postulat, das wohl auch als Kausalitätsprinzip bezeichnet wird, werden wir durch fortschreitende Erkenntnis spezieller bedingender Ursachen stets aufs neue bestärkt. Als Naturgesetz nun bezeichnen wir ... eine mit genügender Sicherheit festgestellte Regelmäßigkeit im Erscheinungsablauf, sofern sie als notwendig im Sinne des oben genannten Postulats gedacht wird«[21].

In den Gesetzeswissenschaften wird versucht, möglichst viele Regelmäßigkeiten dieser Art zu entdecken. Man möchte wissen, welche Zustände oder Vorgänge miteinander auf welche Weise in Beziehung stehen und was sich unter welchen Bedingungen ereignet. Die Aussagen, in denen solche Regelmäßigkeiten ausgedrückt werden, nennt man bei sorgfältigem Sprachgebrauch »Gesetzesaussagen« oder »Gesetzeshypothesen«, ungenau aber auch einfach »Gesetze« (als Abkürzung für »wissenschaftliche Gesetze«), wobei dann eben nicht die objektiven Gesetze selbst, sondern deren begriffliche Rekonstruktionen, d. h. die Gedankengebilde, die man sich von ihnen geschaffen hat, gemeint sind[22].

Ein *wissenschaftliches Gesetz* kann definiert werden als »eine bestätigte wissenschaftliche Hypothese, die eine gleichbleibende Beziehung zwischen zwei oder mehr Variablen feststellt, deren jede (wenigstens teilweise und indirekt) eine Eigenschaft eines konkreten Systems vertritt«[23]. Mit »System« ist hier ein Gegenstand der wirklichen Welt gemeint. Mit dem Begriff »Variable« soll verdeutlicht werden, daß wissenschaftliche Gesetze nicht Beziehungen zwischen individuellen Tatsachen ausdrücken, sondern Be-

---

[21] SCHRÖDINGER 1967, S. 9 f.
[22] Vgl. BUNGE 1967, Bd. 1, S. 345.
[23] BUNGE 1967, Bd. 1, S. 312.

ziehungen zwischen ausgewählten Bestandteilen von Tatsachen, bei deren Feststellung sowohl die Komplexität der individuellen Zustände und Vorgänge in der wirklichen Welt als auch die Individualität der Glieder, zwischen denen die Beziehung besteht, unberücksichtigt bleiben. Verglichen mit den wirklichen Verhältnissen werden in wissenschaftlichen Gesetzen *vereinfachte* oder *idealisierte* Verhältnisse und *allgemeine* Beziehungen dargestellt. Das gilt auch für alle Satzsysteme höherer Ordnung, in die Gesetzesaussagen eingehen, also für Hypothesenhierarchien und Theorien[24].

Eine Gesetzesaussage unterscheidet sich von anderen Aussagen vor allem dadurch, daß sie *allgemein* ist[25]. Mit dem Wort »allgemein« ist das Gegenteil vom »Einzelnen«, »Singulären«, »Individuellen« oder »Besonderen« gemeint. Es bedeutet das, was für alle Glieder einer Klasse zutrifft; was ihnen gemeinsam ist; worin sie sich gleich oder ähnlich sind. Allgemeinheit weist eine Gesetzesaussage auf, weil sie ein und dieselbe Beziehung zwischen wechselnden oder auswechselbaren Gliedern (Variablen) ausdrückt. Die Allgemeinheit liegt darin, daß die vielen einzelnen (individuellen) Beziehungen Sonderfälle der einen allgemeinen Beziehung bilden und ihr untergeordnet werden können[26]. Es gibt verschiedene Arten, Grade oder Stufen der Allgemeinheit. Strenge Allgemeinheit bedeutet, daß eine Aussage immer, ohne Ausnahme, für alle Fälle gilt. Eine schwächere Form liegt vor, wenn eine Aussage meistens, für die meisten oder fast für alle Fälle gilt.

Eine streng allgemeine Gesetzesaussage behauptet, daß bestimmte empirische Phänomene oder bestimmte Bestandteile eines empirischen Phänomens ohne Ausnahme regelmäßig miteinander verknüpft sind. Sie hat einen unendlichen Geltungsbereich. Sie besagt, daß die Regelmäßigkeit für alle Fälle einer bestimmten Klasse an allen Orten und zu allen Zeiten gilt. Deshalb wird sie »*universelles Gesetz*« genannt[27]. Ein solches Gesetz hat die logische Form eines räumlich und zeitlich unbeschränkten (universellen) Bedingungssatzes. Es drückt eine »wenn-dann-immer-und überall-Beziehung« aus. Von dieser Art sind die sogenannten Grundgesetze der Physik (Beispiel: das Gravitationsgesetz).

Eine hinsichtlich des Geltungsbereiches eingeschränkte Form von Allgemeinheit weisen Gesetzesaussagen auf, die sich auf eine endliche Zahl von Fällen in einem räumlich oder zeitlich begrenzten Bereich beziehen. Auch sie behaupten jedoch etwas für *alle* Elemente einer Klasse (Beispiel:

---

[24] Vgl. auch V. Kraft 1960, S. 195; Bunge 1967, Bd. 1, S. 348.
[25] Bunge 1967, Bd. 1, S. 334 ff.
[26] V. Kraft 1960, S. 99; 1973, S. 48 ff.
[27] Vom lateinischen »universus« = ganz, alles umfassend, ausnahmslos. Vgl. Carnap 1969, S. 11; Hempel 1974, S. 78 ff. Von manchen Autoren (z. B. Stegmüller 1966, S. 650; 1969, S. 83) wird dafür auch der weniger leicht verständliche Ausdruck »deterministisches Gesetz« verwendet. Gemeint ist damit, daß über jedes einzelne Individuum der Klasse, für das das Gesetz gilt, etwas Bestimmtes (Determiniertes) gesagt wird (im Unterschied zum statistischen oder »indeterministischen« Gesetz). Vgl. Bochenski 1954, S. 116.

»Bei *allen* primitiven Völkern sind wichtige Ereignisse Anlaß für Zeremonien«). Sie drücken eine »wenn-dann-immer- in diesem Raum- und/oder Zeitgebiet-Beziehung« aus. (»*Wenn* im Leben der Mitglieder eines Volkes, das zur Teilklasse der primitiven Völker gehört, ein wichtiges Ereignis eintritt, *dann* ist es *immer* Anlaß für eine Zeremonie«). Diese *regional und/oder zeitlich begrenzten Gesetzesaussagen* sind typisch für die Sozialwissenschaften[28]. Sie haben dort allerdings selten eine universelle, sondern meistens eine statistische Form (Beispiel: »Bei den *meisten* primitiven Völkern werden die Jugendlichen vor der Aufnahme in die Altersgruppe der Erwachsenen Pubertätsriten unterworfen«).

Von logisch ganz anderer Art sind jene Gesetzesaussagen, in denen behauptet wird, daß eine Regelmäßigkeit in einem bestimmten Prozentsatz der Fälle auftritt. Eine solche Aussage wird »*probabilistisches Gesetz*«[29], »*statistisches Gesetz*« oder »Wahrscheinlichkeitsgesetz« genannt (genauer: probabilistische bzw. statistische Gesetz*aussage*). Ein statistisches Gesetz drückt die relative Häufigkeit bestimmter Ereignisse oder Phänomene innerhalb einer Vielzahl von Ereignissen oder Phänomenen aus. Universelle Gesetze besagen – vereinfacht ausgedrückt – »daß alle Objekte, denen eine Eigenschaft P zukommt, auch das Merkmal Q besitzen. Statistische Gesetze sprechen dagegen davon, daß so und soviel Prozent der Objekte, welche die Eigenschaft P aufweisen, auch das Merkmal Q haben«[30]. Von statistischen Gesetzen gibt es Ausnahmen, »aber diese Ausnahmen zeigen sich in einem regelmäßigen Prozentsatz von Fällen«. Hier liegt eine »wenn-dann-immer-in-einem-bestimmten-Prozentsatz-Beziehung« vor[31].

Ein statistisches Gesetz sagt nichts über jedes Individuum einer Klasse, sondern nur etwas über Klassen von Individuen. Es gibt an, daß ein bestimmtes Merkmal innerhalb einer Gesamtmenge von Individuen so und so häufig vorkommt (Beispiel: »Etwa 95 % der straffällig gewordenen Personen wird rückfällig«[32]). Die relative Häufigkeit wird als *mathematische Wahrscheinlichkeit* (oder »statistische Wahrscheinlichkeit«) bezeichnet.

---

[28] Vgl. BUNGE 1968, S. 127 f. Gelegentlich wird gefordert, daß nur streng allgemeine Gesetzesaussagen »Gesetze« genannt werden sollen. Gesetzesaussagen, die in ihrem Geltungsbereich raum-zeitlich beschränkt sind, werden von diesen Autoren als »*Quasi-Gesetze*« (vom lateinischen »quasi« = wie wenn, fast, ungefähr, gewissermaßen) bezeichnet, aus ihnen aufgebaute Theorien als »*Quasi-Theorien*« (vgl. ALBERT 1965, S. 131 ff.; 1973, S. 144 ff.; D. ULICH 1972, S. 43). Dieser Sprachgebrauch, der den größten Teil aller in den Humanwissenschaften verwendeten Gesetzesaussagen und Theorien als ungenügend abwertet, ist an einem Wissenschafts-Ideal orientiert, das selbst für die Naturwissenschaften fragwürdig und für die Sozialwissenschaften jedenfalls unrealistisch ist. Zur Kritik vgl. BUNGE 1968, S. 128 und S. 140 f.
[29] Vom lateinischen »probabilis« = wahrscheinlich.
[30] STEGMÜLLER 1966, S. 650; 1969, S. 452.
[31] REICHENBACH 1953, S. 187.
[32] Eine Analyse anhand dieses Beispiels findet sich bei OPP 1976, S. 135 ff. Grundlegend zur Interpretation der mathematischen Wahrscheinlichkeit als relative Häufigkeit MISES 1972.

Sie »besteht in dem Zahlenverhältnis der Fälle einer Unterklasse zu den Fällen der Oberklasse« (an unserem Beispiel erläutert: in dem Zahlenverhältnis der rückfällig gewordenen Straffälligen zur Gesamtmenge der Straffälligen)[33]. Sofern dieses Zahlenverhältnis auf einer großen Zahl von Fällen beruht, kann es als Grundlage für die Erwartung dienen, daß auch in Zukunft bei gleichbleibenden Bedingungen die relative Häufigkeit der Fälle der Unterklasse gegenüber den Fällen der Oberklasse gleich bleiben wird. Obwohl mittels eines statistischen Gesetzes grundsätzlich nichts für den wirklichen Einzelfall vorausgesagt werden kann, läßt es sich so deuten, daß sich für den Einzelfall ein begründeter Glaube oder eine *erkenntnistheoretische Wahrscheinlichkeit* ergibt, die (im Sinne einer Schätzung) dem Mittelwert seines Auftretens in der großen Zahl entspricht[34].

Man hat bis vor kurzem gemeint, daß die Verwendung von Wahrscheinlichkeitsgesetzen nur ein vorläufiger Notbehelf sei, solange man die wahren gesetzmäßigen Zusammenhänge noch nicht kenne. Inzwischen hat sich jedoch herausgestellt, daß vermutlich alle Naturgesetze als statistische Gesetze angesehen werden müssen[35]. Auf jeden Fall kann man davon ausgehen, daß zumindest jene Gesetzmäßigkeiten, die im Gegenstandsbereich der Sozialwissenschaften auftreten, statistischer Art sind.

Das bedeutet, daß sozialwissenschaftliche Gesetzesaussagen grundsätzlich hypothetische (nur bedingt wahre) Aussagen sind. Der Grad ihrer Bestätigung (oder die Wahrscheinlichkeit, daß sie wahr sind[36]) kann mehr oder weniger hoch sein. Sie gelten nur bis auf weiteres und können mit zunehmendem Wissen berichtigt, ergänzt oder differenziert werden. Wichtig ist ferner, daß das Merkmal der Allgemeingültigkeit, das für Gesetze wesentlich ist, heutzutage weniger streng ausgelegt wird als früher. Es genügt, daß eine Gesetzesaussage *in bestimmter Hinsicht* (d. h. bezüglich bestimmter Bezugsgegenstände wie Phänomene, Eigenschaften, Relationen, Variablen und/oder bestimmter Raum-Zeit-Gebiete) und *in einem gewissen Grade* (zwischen »meistens« und »immer« bzw. »die meisten« und »alle«) allgemeingültig ist. Als wesentlich wird schließlich noch das Merkmal der *Systemzugehörigkeit* angesehen. Zu einer Gesetzesaussage gehört, daß sie nicht isoliert, sondern Teil einer Theorie ist.

---

[33] Vgl. V. KRAFT 1960, S. 354 ff.
[34] Vgl. REICHENBACH 1953, S. 266 ff.; V. KRAFT 1973, S. 39; BUNGE 1967, Bd. 1, S. 335 f.
[35] Vgl. SCHRÖDINGER 1967, S. 10 ff.; REICHENBACH 1953, S. 186; STEGMÜLLER 1970, S. 470, und 1969, S. 486 ff.
[36] Hier ist der Begriff der *erkenntnistheoretischen* Wahrscheinlichkeit (bei CARNAP 1959 »logische«, bei POPPER 1966, S. 107 »nicht-numerische Wahrscheinlichkeit« genannt) gemeint, der streng vom früher erläuterten Begriff der *mathematischen* Wahrscheinlichkeit (bei POPPER »numerische Wahrscheinlichkeit«) zu unterscheiden ist. Sie ist ihrem Wesen nach kein Zahlenverhältnis (wenn auch ihr Grad zahlenmäßig zu bestimmen gesucht wird), sondern betrifft die Zuverlässigkeit oder Glaubwürdigkeit einer Aussage. Vgl. V. KRAFT 1960, S. 356 ff.

Zusammenfassend läßt sich eine Gesetzesaussage wie folgt kennzeichnen: sie ist eine Aussage, die einen empirischen Gehalt oder einen Tatsachenbezug hat, »in bestimmter Hinsicht allgemeingültig (sich nicht auf einmalige Objekte bezieht), in der gegebenen Zeit in einem Bereich befriedigend bestätigt worden ist und zu einer (gleichgültig ob ausgereiften oder unausgereiften) Theorie gehört«[37].

Die Suche nach Naturgesetzen oder Gesetzmäßigkeiten hat den Zweck, unsere Kenntnis der Welt zu vermehren. Die Fülle der Dinge und Ereignisse wird leichter überschaubar, wenn jene Beziehungen zwischen ihnen bekannt sind, die immer wiederkehren. Gesetzesaussagen dienen dazu, Ordnung in unsere Erfahrungen mit der Wirklichkeit zu bringen. Wir brauchen sie vor allem, um Ereignisse erklären und künftige Ereignisse voraussagen zu können. Ohne Gesetzesaussagen, aus denen sie abgeleitet werden können, sind weder Erklärungen noch Voraussagen[38] möglich. Ebenso unerläßlich sind sie zur Lösung technischer Probleme. Zu allen diesen Zwecken kann eine Gesetzesaussage jedoch nur verwendet werden, wenn sie mit anderen Gesetzesaussagen in einer Theorie zusammenhängt.

Bevor wir uns nach dieser Erläuterung des Begriffs der Gesetzesaussage erneut dem Theorie-Begriff zuwenden, der in den Gesetzeswissenschaften gebraucht wird, muß noch etwas über *Stufen der Gesetze* gesagt werden.

Es gibt Gesetzmäßigkeiten niederer und höherer Stufe[39]. Die einen werden häufig auch »empirische Gesetze« oder »empirische Verallgemeinerungen« genannt, die anderen »theoretische Gesetze«[40]. Sie unterscheiden sich nach dem Grad der Abstraktion von den beobachtbaren Einzeltatsachen. *Gesetzesaussagen niederer Stufe* drücken ausgewählte Beziehungen aus, die an Erscheinungen beobachtet und verallgemeinert worden sind, nachdem festgestellt worden ist, daß sie nicht an die individuellen Erscheinungen gebunden sind, sondern für bestimmte Gattungen von Erscheinungen gelten[41]. In welchem Zusammenhang diese ausgewählten Beziehungen mit anderen gesetzmäßigen Beziehungen innerhalb des gleichen Gegenstandsbereiches stehen, bleibt dabei offen und ist häufig völlig unklar.

Gesetzesaussagen höherer Stufe betreffen die Beziehungen, die zwischen Gesetzmäßigkeiten niederer Stufe bestehen. Sie stellen die Ordnung dar, in der die einzelnen empirischen Gesetze zueinander stehen. Sie werden deswegen auch als »theoretische Gesetze« bezeichnet, weil sie sich nicht auf

---

[37] BUNGE 1968, S. 145; vgl. auch 1967, Bd. 1, S. 360 f. Über Typen von Gesetzen, insbesondere in den Sozialwissenschaften, vgl. KAPLAN 1964, S. 104 ff.
[38] Was Erklärungen und Voraussagen sind und daß zu ihrer Ableitung neben Gesetzesaussagen auch noch singuläre Aussagen über die sogenannten Randbedingungen erforderlich sind, wird auf S. 154 ff. erläutert werden.
[39] Vgl. JUHOS 1956, S. 12 ff. über Gesetze 1. und 2. Stufe.
[40] Vgl. CARNAP 1969, S. 225 ff.; STRÖKER 1973, S. 60 ff.; KAPLAN 1964, S. 113 f.; BUNGE 1967, Bd. 1, S. 318 und S. 348 ff.
[41] Zur Verallgemeinerung und ihren Voraussetzungen vgl. V. KRAFT 1973, S. 44 ff.

beobachtbare Erscheinungen beziehen, sondern auf erdachte Beziehungen, die als den beobachtbaren Erscheinungen zugrundeliegend angenommen und in theoretischen Begriffen ausgedrückt werden, d. h. in Begriffen, die nur indirekt mit Beobachtungsdaten zusammenhängen (Beispiele: Molekül, psychische Disposition). Theoretische Gesetze sind sehr viel schwieriger zu entdecken als sich empirische Verallgemeinerungen gewinnen lassen. Sie können nicht durch Verallgemeinerung von Einzelfällen gewonnen werden, sondern sie werden als Hypothesen aufgestellt, die nur indirekt bestätigt werden können. Das geschieht dadurch, daß aus der Hypothese empirische Gesetze abgeleitet und diese durch Beobachtungen von Tatsachen geprüft werden. In manchen Fällen sind diese abgeleiteten empirischen Gesetze schon bekannt und gut bestätigt; in anderen Fällen sind sie neu und müssen durch neue Beobachtungen bestätigt werden. »Die Bestätigung solcher abgeleiteter Gesetze liefert eine indirekte Bestätigung für das theoretische Gesetz«[42].

In den Gesetzeswissenschaften wird unter einer wissenschaftlichen Theorie im strengen Sinne ein Aussagensystem verstanden, das Gesetzesaussagen höherer Stufe enthält. Abgekürzt kann man sagen: *eine Theorie ist ein System von Gesetzesaussagen*. Im Idealfall stellt sie den logischen Zusammenhang der Begründung aller Aussagen eines Wissenschaftsgebietes dar, indem die Voraussetzungen vollständig angegeben und die Ergebnisse deduktiv abgeleitet werden[43]. Sie besteht aus hypothetischen Gesetzesaussagen über die Wirklichkeit, deren Gültigkeit nur indirekt und unvollständig bestätigt werden kann. Deshalb wird sie häufig auch als ein *hypothetisch-deduktives System* bezeichnet. Sie bietet keine Beschreibung der Welt, wie sie von uns wahrgenommen wird, sondern ihre theoretischen Gesetzesaussagen dienen dazu, das Wahrgenommene zu erklären, indem es in Beziehung zu nicht-wahrnehmbaren Sachverhalten gebracht wird.

Man kann eine wissenschaftliche Theorie mit einem Netz vergleichen, »das wir auswerfen, um ›die Welt‹ einzufangen, – sie zu rationalisieren, zu erklären und zu beherrschen. Wir arbeiten daran, die Maschen des Netzes immer enger zu machen«[44]. Dieses Bild verdeutlicht, daß wir uns beim Erkennen nicht passiv, sondern aktiv verhalten. Die gesetzmäßigen Zusammenhänge der Erscheinungen in der Welt werden uns nicht direkt durch Wahrnehmungen oder durch unmittelbare Vernunfteinsichten (Intuition) zugänglich, sondern wir kommen ihnen nur indirekt näher, indem wir vorläufige Annahmen über sie machen (Hypothesen erfinden) und dann an der Wirklichkeit prüfen, ob und inwieweit sie sich bewähren. Jene Gesetzeshypothesen, die sich bewährt haben, werden zu einem mehr oder weniger

---

[42] CARNAP 1969, S. 230.
[43] V. KRAFT 1973, S. 59.
[44] POPPER 1966, S. 31.

komplizierten System zusammengefügt, zu einer logisch geordneten Hypothesenhierarchie über einen Gegenstandsbereich oder zu einer Theorie.

Nachdem erläutert worden ist, was in den nomothetischen oder theoretischen Realwissenschaften unter einer wissenschaftlichen Theorie verstanden wird, müssen wir als nächstes einen Blick auf den wichtigen Unterschied zwischen der Entstehung und der Begründung von Erkenntnissen und Theorien werfen. Danach werde ich auf das Problem der Begründung von Theorien eingehen. Anschließend wird die Frage untersucht werden, ob es hinsichtlich der Eigenart, des Zweckes und der Begründung von Theorien wesentliche Unterschiede zwischen den Naturwissenschaften und den Sozial-, Human- und Kulturwissenschaften gibt. Nachdem diese Vorfragen geklärt sind, werde ich die besonderen Probleme der Konstruktion und der Anwendung von Theorien in der Erziehungswissenschaft behandeln.

Über den Unterschied zwischen der Entstehung und der Begründung wissenschaftlicher Satzsysteme

Viele Mißverständnisse, durch die wissenschaftliche Auseinandersetzungen (insbesondere auch die Diskussion über den Wissenschaftscharakter der Pädagogik) belastet werden, lassen sich leicht aufklären, sobald man zwischen der *Gewinnung* von Hypothesen, Gesetzesaussagen und Theorien einerseits und ihrer *Geltung* andererseits unterscheidet. Wie irgendwelche Aussagen, für die der Anspruch erhoben wird, wissenschaftliche Erkenntnis zu sein, *zustandekommen*, ist eine Tatsachenfrage, mit der man sich in der Psychologie der Erkenntnis oder der wissenschaftlichen Forschung beschäftigt. Dort werden die psychischen Prozesse des Problemlösungsverhaltens untersucht, die Bedingungen, unter denen es zu schöpferischen Einfällen kommt, und ähnliches. Die Psychologie des wissenschaftlichen Denkens und Handelns ist ebenso wie die Historiographie der Wissenschaft und die Soziologie der Wissenschaft eine empirische Disziplin.

Von ganz anderer Art ist die Frage, wie wissenschaftliche Aussagen *begründet* werden können. Das hat mit ihrer Herkunft nichts zu tun, sondern hier geht es darum, Wissensansprüche nach vereinbarten Normen oder Regeln (den wissenschaftlichen Methoden) zu prüfen und sie entweder anzuerkennen oder zurückzuweisen. Die Methoden der Prüfung wissenschaftlicher Aussagen zu untersuchen, ist Aufgabe der Erkenntnistheorie oder der Philosophie der wissenschaftlichen Erkenntnis. Sie wird manchmal abgekürzt auch »Wissenschaftslogik« genannt, weil es sich um eine Anwendung der formalen Logik handelt. Die Erkenntnistheorie berücksichtigt selbstverständlich die Verfahren, die zur Gewinnung von Erkenntnissen tatsächlich angewendet werden, aber sie ist im wesentlichen keine empirische, sondern eine normative philosophische Disziplin[1].

Als Bezeichnungen für die beiden Problemkreise haben sich die Namen *Entdeckungszusammenhang* und *Rechtfertigungszusammenhang*[2] oder *Entstehungszusammenhang* und *Begründungszusammenhang* eingebürgert[3]. Es ist zur Vermeidung überflüssiger Kontroversen von ganz entscheidender Bedeutung, daß Fragen, die die Entdeckung von Sachverhalten bzw. die Gewinnung, Entstehung oder Herkunft (Genese) von Aussagen betreffen, nicht mit Fragen der Begründung, Bestätigung oder Geltung von Aussagen verwechselt werden. Das ist vor allem deswegen notwendig, weil eine Angabe darüber, wie ein allgemeiner Satz oder eine Hypothese gewonnen worden sind, noch keinerlei Garantie dafür gibt, daß sie auch wahr sind. Weder ihre Herkunft aus einer unmittelbaren Vernunfteinsicht (Intuition) noch aus Beobachtungen irgendwelcher Tatsachen (Sinneswahrnehmung) bietet dafür Gewähr. Im Unterschied zu den klassischen Erkenntnislehren des Rationalismus und des Empirismus geht der moderne Konstruktivismus oder Theoretizismus von der Überzeugung aus, daß es keine letzten unzweifelhaft verläßlichen Quellen der Erkenntnis gibt[4]. Unser Wissen besteht aus theoretischen Entwürfen, für deren Gültigkeit nicht ihre Herkunft maßgebend ist, sondern das Ergebnis der kritischen Prüfung, der sie ausgesetzt worden sind.

Aus dieser Auffassung ergibt sich, daß im Entstehungszusammenhang größtmögliche Toleranz angezeigt ist, im Begründungszusammenhang dagegen uneingeschränkte Kritik. Auch in der Erziehungswissenschaft ist jeder denkbare Weg, auf dem jemand zu Einsichten zu gelangen hofft, zulässig. Was als »Verstehen« oder als phänomenologische »Wesensschau« bezeichnet wird, ist ebenso legitim, wie es die Beobachtung, die induktive Verallgemeinerung, der Vergleich oder die interpretierende Reflexion auf überliefertes Wissen sind. Beim Entdecken möglicher Zusammenhänge kommt es auf die Intuition, auf die Phantasie, auf schöpferische Einfälle an. Allerdings stellt sich der schöpferische Einfall in der Wissenschaft nicht ohne Vorbereitung ein. Gewöhnlich wird er nur jemandem zuteil, der in den Problemkreis völlig eingearbeitet ist und das vorliegende Material gründlich kennt. Mag es sich nun um das Ergebnis langwieriger Denkbemühungen oder um plötzliche Eingebungen handeln: in jedem Fall sind die so gewonnenen Aussagen zunächst lediglich als Behauptungen (Hypothesen) anzusehen, die erst daraufhin geprüft werden müssen, ob sie wahr sind.

---

[1] Vgl. V. KRAFT 1960, S. 32 ff.; POPPER 1966, S. 6; FEIGL 1964, S. 472 f.
[2] Nach REICHENBACH 1938, S. 3 ff. (»context of discovery« und »context of justification«).
[3] Vgl. WOHLGENANNT 1969, S. 57 ff. und S. 156 ff.; RUDNER 1966, S. 5 ff. verwendet statt »context of justification« den Ausdruck »context of validation«.
[4] Vgl. POPPER 1965, S. 24 ff.; ALBERT 1969, S. 21 ff.

Auf welche Weise diese Behauptungen zustandegekommen sind, ist für ihre Geltung belanglos.

Diese Sachlage wird häufig durch den ungenauen Gebrauch des mehrdeutigen Wortes »Methode« verdunkelt. Wenn man als Methode einfach »die Art und Weise« versteht, »in irgendeinem Gebiet vorzugehen«[5], dann deckt dieser weite Begriff zwei ganz verschiedenartige Tatbestände: einerseits das Vorgehen bei der *Gewinnung* von Aussagen (Hypothesen, Theorien), für das sich keine allgemeinen Regeln aufstellen lassen, und andererseits das logisch-empirische Verfahren zur *Prüfung* von Aussagen. Deshalb ist es zweckmäßiger, unmißverständlich von Entdeckungsprozessen und Prüfungsmethoden zu sprechen. Für die Feststellung des Wahrheitswertes wissenschaftlicher Aussagen sind die Prüfungsmethoden ausschlaggebend. In dieser zweiten Bedeutung, auf die es in der Wissenschaftslogik allein ankommt, ist mit einer Methode der Weg gemeint, »auf dem die Geltung einer Behauptung nachzuweisen ist; sie gibt an, auf welche Weise man sich vergewissern kann, daß eine Behauptung wahr ist«[6].

Gerade wenn man bei der Gewinnung unseres Wissens für unbeschränkte Freiheit in der Wahl der Quellen oder der Mittel für die Hypothesenbildung eintritt, wird man damit rechnen müssen, daß dieses vermeintliche Wissen auch Irrtümer, Täuschungen und Vorurteile enthält. Vieles an unserem Wissen ist das Ergebnis bloßen Ratens. Es gibt – ganz allgemein gesprochen – nur eine brauchbare Methode, um Irrtümer zu entdecken und auszuschalten: die intersubjektive Prüfung, die »gegenseitige rationale Kontrolle durch kritische Diskussion«[7]. Deshalb können Aussagen, die der öffentlichen Kontrolle entzogen werden, indem ihre Urheber behaupten, es genüge, daß sie selbst oder höchstens noch ihre Gesinnungsfreunde sie als wahr erkannt hätten, in den Wissenschaften nicht zugelassen werden.

Beim Widerstand gegen die Forderung nach intersubjektiver Prüfung und damit gegen eine mögliche Widerlegung von Aussagen spielen der ungeklärte Begriff der Methode und die mangelnde Unterscheidung zwischen Entstehungs- und Begründungszusammenhang eine zentrale Rolle. Im Bereich der Pädagogik kann das am Beispiel der sogenannten »geisteswissenschaftlichen Pädagogik« leicht nachgewiesen werden. Für ihre Anhänger ist die »geisteswissenschaftliche Erkenntnis« gleichbedeutend mit dem »Verstehen«. Das »Verstehen« wird beschrieben als »ein inneres Erfassen eines vom Menschen seinerzeit geschaffenen Gebildes, einer Objektivation des menschlichen Geistes oder ... eines Ausdrucks« der »schöpferischen Leistung des Lebens«[8]. Hier wird – ähnlich wie beim Gebrauch des sogenann-

---

[5] BOCHENSKI 1954, S. 16.
[6] V. KRAFT 1967, S. 58; ähnlich 1973, S. 11.
[7] Vgl. POPPER 1966, S. 18 ff.; 1958, Bd. 2, S. 266 ff.
[8] BOLLNOW 1958, S. 137 f.; zum »Ausdruck« vgl. auch S. 36 ff.

ten »natürlichen« Begriffes der »Erfahrung«[9] – der Anschein erweckt, daß dieses »innere Erfassen« zugleich ein Vorgang des Entdeckens *und* eine ausreichende Begründung für die Wahrheit der Behauptung über den »innerlich erfaßten« oder »verstandenen« Sachverhalt sein könne.

Es steht außer Zweifel, daß das »Verstehen« in den Kultur- und Sozialwissenschaften unerläßlich ist, um den vermutlichen Sinn menschlicher Handlungen und Werke zu erfassen. Daraus folgt jedoch nicht, daß die intersubjektive Nachprüfung der durch »Verstehen« zustandegekommenen Behauptungen überflüssig wäre. Der »Verstehende« kann sich irren; er kann das, was er zu verstehen meint, falsch deuten. Das Verstehen des Sinnes einer Handlung oder irgendeiner anderen psychischen Objektivation ergibt »stets lediglich eine zum Zweck der ›Deutung‹ vorgenommene *Hypothese, die prinzipiell immer der empirischen Verifizierung bedarf*«[10]. Deshalb ist es mit den Regeln der wissenschaftlichen Methode unvereinbar, wenn irgendeine Behauptung durch den Hinweis, sie sei durch »Verstehen«, »Einfühlung« oder »Intuition« gewonnen worden, der vom Urheber unabhängigen Prüfung entzogen wird. Der subjektive »Wille zur Objektivität des Begreifens«[11], den jeder für sich in Anspruch nehmen kann, genügt erfahrungsgemäß nicht, um wahre von falschen Aussagen unterscheiden zu können[12]. Eine Erkenntnis kommt erst zustande, wenn festgestellt worden ist, *daß* eine Aussage wahr ist. »Solange man nicht *weiß*, ob eine Behauptung wahr ist, stellt sie noch keine Erkenntnis dar, auch wenn sie tatsächlich wahr ist«[13]. Deshalb hat das »Verstehen« und jede andere Art rein subjektiver »Erfahrung« nur heuristischen Wert[14]: es handelt sich um psychische Vorgänge, die zur Auffindung oder Entdeckung von Hypothesen führen können. Ob die auf diese Weise gewonnenen Hypothesen auch richtig sind, kann nur durch zusätzliche logische und empirische Prüfungen festgestellt werden[15].

---

[9] Vgl. BOLLNOW 1968 und 1970, S. 127 ff.
[10] WEBER 1968, S. 92; vgl. auch V. KRAFT 1973, S. 25 ff.
[11] BOLLNOW 1959, S. 108.
[12] Vgl. hierzu POPPER 1958, Bd. 2, S. 267 ff., wo darauf hingewiesen wird, daß »die wissenschaftliche Objektivität nicht dem Streben eines individuellen Wissenschaftlers entspringt, ›objektiv‹ zu sein . . ., sondern der Zusammenarbeit vieler Wissenschaftler«. Sie ist »ein Ergebnis des sozialen und öffentlichen Charakters der wissenschaftlichen Methode; und die Unparteilichkeit des individuellen Wissenschaftlers ist, soweit sie existiert, nicht die Quelle, sondern vielmehr das Ergebnis dieser sozial oder institutionell organisierten Objektivität der Wissenschaft«. Ähnlich POPPER 1962, S. 240: »Was man als wissenschaftliche Objektivität bezeichnen kann, liegt einzig und allein in der kritischen Tradition«, d. h. in der »gegenseitigen *Kritik*, in der freundlich-feindlichen Arbeitsteilung der Wissenschaftler«.
[13] V. KRAFT 1960, S. 181.
[14] Die Heuristik ist die Kunst- oder Methodenlehre des Erfindens (vom griechischen »heuriskein« = finden). Vgl. BROMME und HÖMBERG 1977.
[15] Vgl. STEGMÜLLER 1969, S. 363 ff.

Prüfung, Begründung und Verwerfung von Hypothesen und Theorien

Wissenschaftliche Theorien haben den Zweck, uns zu einem möglichst weitgehenden Verständnis der Welt zu verhelfen. Die Gesetzesaussagen können dazu verwendet werden, Ereignisse zu erklären, und manche sind unter Umständen auch dazu geeignet, künftige Ereignisse vorauszusagen[1]. Ihren Zweck können Theorien nur erfüllen, wenn sie wahr sind oder der Wahrheit möglichst nahe kommen. Damit ergibt sich die Frage, wie die Gültigkeit einer Theorie und ihrer wichtigsten Bestandteile, der Gesetzeshypothesen, erwiesen werden kann.

Die Prüfung von Gesetzeshypothesen erfolgt mittels logischer und empirischer Verfahren. In rein *logischer* Hinsicht ist zunächst zu untersuchen, ob zwischen der zu prüfenden Aussage und den übrigen Gesetzesaussagen einer Theorie *Widerspruchslosigkeit* besteht. Widerspruchsfreiheit ist eine notwendige, aber keine hinreichende Bedingung dafür, daß eine Gesetzeshypothese als wissenschaftlich bewährt angesehen werden kann. Nur in den Formalwissenschaften Logik und Mathematik genügt es, daß die Sätze einer Theorie logisch widerspruchsfrei sind. In den Realwissenschaften dagegen, in denen Aussagen über die Wirklichkeit gemacht werden, muß sich eine Gesetzeshypothese nicht nur logisch, sondern auch *empirisch*, d. h. an der Erfahrung bewähren. Sie kann nur dann als bewährt gelten, wenn nachgewiesen worden ist, daß eine hinreichende Übereinstimmung besteht zwischen dem Inhalt der Hypothese und beschreibenden Aussagen über die Ergebnisse von Beobachtungen an jenen Phänomenen der Erfahrungswelt, von denen in dieser Hypothese etwas behauptet wird. Derartige Aussagen werden in der Wissenschaftstheorie häufig als »Basissätze« bezeichnet, weil sie die empirische Grundlage (oder »Basis«) für die Prüfung von Gesetzeshypothesen und Theorien bilden.

Während sich Einzelwissenschaftler wie Wissenschaftstheoretiker über die rein logische Seite der Prüfung von Gesetzeshypothesen und Theorien unter dem Gesichtspunkt der Widerspruchsfreiheit einig sind, gehen die Meinungen über die empirische Seite weit auseinander. Es ist hier jedoch weder möglich noch erforderlich, sie mit allem Für und Wider darzustellen. Für unseren Zweck genügt es, auf zwei Probleme aufmerksam zu machen: auf das Induktionsproblem und auf das Problem der Beziehungen zwischen Theorie und Erfahrung.

Mit dem Ausdruck »*Induktion*« kann zweierlei gemeint sein: erstens ein Verfahren zur *Entdeckung* von Gesetzeshypothesen und zweitens ein Verfahren zur *Prüfung* von Gesetzeshypothesen. Es ist allerdings auch häufig die Ansicht vertreten worden, es handle sich nicht um zwei Verfahren, son-

---

[1] Einschränkend hierzu STEGMÜLLER 1966, S. 656.

dern nur um eines, durch das beide Aufgaben erfüllt werden können. Auf diese Weise hat JOHN STUART MILL die Induktion definiert als das Verfahren, durch welches man »allgemeine Wahrheiten entdeckt und beweist«[2]. Von der Induktion als einem angeblich geeigneten Verfahren zur Entdeckung von Gesetzeshypothesen können wir hier absehen, weil es in unserem Zusammenhang allein um die Prüfung von Gesetzeshypothesen geht. In dieser zweiten Bedeutung wird unter »Induktion« ein Verfahren verstanden, durch welches wir das, »was wir in einem besonderen Falle oder in besonderen Fällen als wahr erkannt haben, auch als wahr in allen Fällen erschließen, die den ersteren in gewissen bestimmbaren Beziehungen gleichen. Mit anderen Worten, die Induktion ist das Verfahren, vermöge dessen wir schließen, daß, was von gewissen Individuen einer Klasse wahr ist, oder daß das, was zu gewissen Zeiten wahr ist, unter gleichen Umständen zu allen Zeiten wahr sein wird«[3].

Das *Induktionsproblem* ergibt sich aus der Tatsache, daß in einer Gesetzeshypothese mehr behauptet wird, als man aufgrund von Beobachtungen wissen kann. Was an der Wirklichkeit für uns erfaßbar ist, sind immer nur Einzeltatsachen. Wir können nur eine beschränkte Anzahl von individuellen Tatsachen feststellen, bei denen es sich stets um historische Tatsachen handelt, die an einem bestimmten Ort zu einer bestimmten Zeit in Erscheinung getreten sind. Man kann mehrere Tatsachen miteinander vergleichen und beobachten, worin sie übereinstimmen und worin sie sich unterscheiden. Man kann sie unter verschiedenen Umständen beobachten und dabei Regelmäßigkeiten feststellen, die sich immer dann zeigen, wenn bestimmte Bedingungen vorhanden sind. Diese Beobachtungsergebnisse über einzelne Fälle, die sich auf bestimmte Raum-Zeitpunkte beschränken, werden in Sätzen beschrieben, die sich auf diese Einzelfälle beziehen und deshalb »singuläre Sätze« (»besondere Sätze« oder »Hier-und-Jetzt-Aussagen«) genannt werden. Gesetzeshypothesen sind demgegenüber »allgemeine Sätze« (»Allsätze« oder »generelle Aussagen«): für sie wird beansprucht, daß sie für jeden beliebigen Orts- und Zeitpunkt (bzw. für alle Raum-Zeitpunkte) gelten[4]. Das Induktionsproblem besteht darin, ob es logisch berechtigt

---

[2] MILL 1872, Bd. 1, S. 304.
[3] MILL 1872, Bd. 1, S. 309.
[4] Vgl. POPPER 1966, S. 34 f. Mit allgemeinen Sätzen sind hier *unbeschränkt allgemeine Aussagen* gemeint, wie sie Naturgesetze darstellen. Davon zu unterscheiden sind *Aussagen von begrenzter Allgemeinheit*, die sich auf die Elemente einer geschlossenen Klasse beziehen, deren Anzahl ein für allemal feststeht, ohne daß sie jedoch bekannt zu sein braucht. Das sind z. B. Aussagen wie die über alle Einwohner einer Stadt am Stichtag einer Volkszählung. Die Verschiedenheit dieser beiden Allgemeinheiten ist »für die Feststellung der Wahrheit von allgemeinen Wirklichkeitsaussagen von ausschlaggebender Bedeutung« (V. KRAFT 1960, S. 221). POPPER bezeichnet die unbeschränkt allgemeinen Aussagen auch als »spezifisch-allgemeine Sätze« im Unterschied zu »numerisch-allgemeinen Sätzen«, die er den »besonderen Sätzen« zurechnet, welche nur für gewisse endliche Raum-Zeitgebiete gelten. Zu diesem Unterschied vgl. SIGWART 1924, Bd. 2, S. 445 f.

ist, von besonderen Sätzen, in denen Beobachtungsergebnisse beschrieben werden, auf allgemeine Sätze zu schließen.

Es geht hier um die Frage, ob ein Sachverhalt, der bei einer begrenzten Zahl von Fällen festgestellt worden ist, verallgemeinert werden darf. Aufgrund unserer seelischen Verfassung sind wir anzunehmen geneigt, daß Regelmäßigkeiten, die wir beobachtet haben, unter gleichen Bedingungen immer eintreffen. Logisch gibt es für diese Annahme jedoch keine Berechtigung, weil es unmöglich ist, aus bekannten Fällen etwas für neue, noch nicht untersuchte, unbekannte Fälle abzuleiten. Es gibt kein induktives Verfahren, durch welches von besonderen Sätzen auf allgemeine Sätze geschlossen werden kann. Deshalb können universelle Gesetzeshypothesen auch nicht durch noch so viele übereinstimmende Basissätze (Beobachtungsaussagen oder Wahrnehmungsurteile) im strengen Sinne des Wortes bewiesen werden.

Was im sogenannten Induktionsverfahren geschieht, ist eine Extrapolation, d. h. eine Erweiterung des Geltungsbereiches einer Aussage über eine beobachtete Regelmäßigkeit über die beobachteten Fälle hinaus auf unbeschränkt viele Fälle. Damit tritt etwas ganz Neues zu den bisher festgestellten Fällen hinzu. Als festgestellt kann nur gelten: »Wenn der Sachverhalt p war, dann war bisher auch der Sachverhalt q«. Bei der Induktion wird jedoch behauptet: »Wenn der Sachverhalt p gegeben ist, dann wird auch immer der Sachverhalt q sein«. Hier wird die Voraussetzung gemacht, »daß sich Fälle derselben Klasse fortsetzen und daß in ihnen die Beziehungen, die sich innerhalb der festgestellten Fälle als konstant ergeben haben, erhalten bleiben«. Das ist eine Voraussetzung, die unmöglich aus der bisher festgestellten Regelmäßigkeit abgeleitet und durch sie begründet werden kann. Es ist die Voraussetzung der Gesetzmäßigkeit, die in der Annahme besteht, daß unter gleichen Bedingungen immer das gleiche geschieht. »Nur diese Annahme ist es, welche über die festgestellten historischen Fälle hinausführt und eine unbeschränkt allgemeine Gesetzmäßigkeit ergibt«[5].

Das sogenannte Induktionsverfahren erweist sich (also) bei genauerem Hinsehen als ein deduktives Verfahren, bei dem folgendermaßen argumentiert wird: Unter gleichen Bedingungen geschieht immer das gleiche; unter den Bedingungen a, b, c, d ist bisher immer die Beziehung R aufgetreten; also wird unter diesen Bedingungen immer diese Beziehung auftreten; sie ist gesetzmäßig[6]. Der allgemeine Obersatz, daß unter gleichen Bedingungen Gleiches geschieht, läßt sich nicht logisch beweisen, sondern kann als ein »Postulat unseres Strebens nach Erkenntnis« angesehen werden, dessen

---

[5] Nach V. KRAFT 1960, S. 220 ff., hier S. 238; eine gut verständliche Darstellung gibt auch SIGWART 1924, Bd. 2, S. 414 ff.; vgl. ferner POPPER 1966, S. 3 ff. und STEGMÜLLER 1971, S. 16 ff.
[6] V. KRAFT 1970, S. 79.

Annahme auf einem Willensentschluß beruht[7]. Dieser allgemeine Obersatz ist selbst durch Extrapolation gewonnen worden und stellt eine Hypothese dar, die für die Erkenntnis der Wirklichkeit unentbehrlich ist, weil ohne sie weder Erklärungen noch Voraussagen möglich wären[8].

Beim Induktionsverfahren geschieht demnach folgendes. Der allgemeine Obersatz, der eine gesetzmäßige Ordnung in der Welt behauptet, wird als allgemeine Hypothese vorausgesetzt. Der besondere Obersatz wird so zu bestimmen versucht, daß er mit allen bisherigen Beobachtungsergebnissen übereinstimmt. Der Schlußsatz erhält inhaltlich nicht mehr, als im besonderen Obersatz enthalten ist.

Man sieht daraus, daß die auf diese Weise gefolgerten allgemeinen Sätze keineswegs notwendig wahr sind. Es handelt sich nur um Hypothesen, die aufgegeben werden müssen, wenn Tatsachen beobachtet werden, die ihnen widersprechen. Wenn ein Beobachtungsergebnis mit einer Gesetzeshypothese nicht übereinstimmt, dann ist eine der Prämissen notwendig falsch. »Die umfassendste Übereinstimmung der Hypothese aber mit den Tatsachen vermag sie niemals als notwendig wahr zu erweisen, sondern höchstens wahrscheinlich zu machen. Denn *ein* Fall, in welchem A nicht B ist, widerlegt den Satz, daß alle A B sind; während 1000 Fälle, in denen A das Prädikat B hat, nicht zureichen, um den Satz zu beweisen: es ist unmöglich, daß ein A nicht B ist«[9].

Aus diesen logischen Überlegungen folgt, daß universelle Gesetzeshypothesen und die aus ihnen aufgebauten Theorien niemals endgültig als wahr erwiesen (verifiziert) werden können. Sie können jedoch dadurch, daß aus ihnen abgeleitete Folgerungen im Widerspruch mit gesicherten Beobachtungsergebnissen stehen, widerlegt oder als falsch erwiesen (falsifiziert) werden. Diese in der Logik schon seit DAVID HUME bekannte Einsicht[10] ist von KARL POPPER für die Methodenlehre der empirischen Wissenschaften auszuwerten versucht worden. Er hat betont, daß Gesetzeshypothesen und Theorien nur einer negativen Überprüfung durch Widerlegungsversuche zugänglich seien. Die allgemeine Methode der Realwissenschaften bestehe nicht im Beweisen des Wahren, sondern in der Ausscheidung des Falschen. Sie wird von ihm deshalb als »die Methode der *Falsifikation*« bezeichnet[11].

POPPER deutet den Fortschritt der wissenschaftlichen Erkenntnis als einen Prozeß der Überwindung von Irrtümern und unzulänglichen Auffassungen durch kritische Prüfung. Indem man versuche, Gesetzeshypothesen

---

[7] SIGWART 1924, Bd. 2, S. 415 und S. 20; vgl. auch V. KRAFT 1968, S. 72 ff.
[8] V. KRAFT 1960, S. 241.
[9] SIGWART 1924, Bd. 2, S. 443; ähnlich V. KRAFT 1960, S. 244.
[10] Vgl. HUME 1748, S. 51 ff.; SIGWART 1924, Bd. 2, S. 415 f. und S. 442 ff.; POPPER 1966, S. 319 ff.
[11] POPPER 1966, S. 16 (vom lateinischen »falsus« = falsch). Zur Entstehungsgeschichte dieser wissenschaftstheoretischen Auffassung vgl. POPPER 1973, S. 13 ff.; V. KRAFT 1968a, S. 105 ff.

zu widerlegen, zeige sich, ob sie standhalten oder nicht. Je strengere Prüfungen eine Hypothese überstanden habe, desto höher sei ihr Bewährungsgrad. Hier wird also zu einem Prüfungsverfahren geraten, das in Versuchen besteht, Hypothesen und Theorien zum Scheitern zu bringen.

Die logische Grundlage für diese methodologische Regel besteht darin, daß es möglich ist, universelle Gesetzesaussagen in »Es-gibt-nicht-Sätze« umzuformen. Dafür wird häufig folgendes Beispiel angeführt. Der Inhalt des allgemeinen Satzes (oder Allsatzes) »Alle Schwäne sind weiß« läßt sich auch in dem Satz wiedergeben: »Es gibt keine nicht-weißen Schwäne«. Wird nun irgendwo und irgendwann ein schwarzer Schwan beobachtet, dann kann das in einem singulären Existenzsatz oder »Es-gibt-Satz« (»Am Ort O gibt es zum Zeitpunkt t einen schwarzen Schwan« = Basissatz) formuliert werden, der den generellen »Es-gibt-nicht-Satz« widerlegt (falsifiziert)[12]. Allgemeine Sätze sind zwar nie aus besonderen Sätzen ableitbar, aber sie können mit besonderen Sätzen im Widerspruch stehen. »Durch rein deduktive Schlüsse kann man daher von besonderen Sätzen auf die Falschheit allgemeiner Sätze schließen«[13].

Das ist logisch richtig, aber aus diesen logischen Beziehungen folgt nicht ohne weiteres, daß die Falsifikation ein brauchbares Prüfungsverfahren ist. Das ist schon deswegen nicht der Fall, weil statistische Gesetzeshypothesen nicht falsifizierbar sind. Nur bei universellen Gesetzeshypothesen gilt, daß aus einem Beobachtungsergebnis, das mit einer zu prüfenden Gesetzeshypothese nicht übereinstimmt, auf die Falschheit dieser Hypothese geschlossen werden kann. Würde man dagegen eine statistische Hypothese aufgrund eines nicht mit ihr übereinstimmenden Beobachtungsergebnisses für falsch halten, dann wäre immer die Gefahr gegeben, daß sie nur irrtümlich verworfen wird, tatsächlich jedoch wahr ist. Wegen dieser Schwierigkeiten hat STEGMÜLLER vorgeschlagen, den Begriff der empirischen Widerlegung oder Falsifikation zum Begriff der »*vernünftigen Verwerfung*« zu erweitern. »Der entscheidende Unterschied besteht darin, daß Widerlegung etwas Endgültiges darstellt, vernünftige Verwerfung dagegen nicht«. Eine ursprüngliche Verwerfung einer statistischen Hypothese kann rückgängig gemacht werden, wenn neue Beobachtungsergebnisse dafür sprechen[14].

Der Begriff der vernünftigen Verwerfung drückt einen methodologischen Gesichtspunkt aus, der der Art und Weise, in der Gesetzeshypothesen von Wissenschaftlern tatsächlich geprüft werden, besser entspricht als der Begriff der Falsifikation. Dieser Begriff ist von POPPER eingeführt worden, um die durch die naiven Empiristen verbreitete Illusion zu bekämpfen,

---

[12] Dieses sehr einfache und für wissenschaftliche Allsätze wenig bezeichnende Beispiel wird in der Literatur besonders häufig angeführt, z. B. auch bei STEGMÜLLER 1969a, S. 401.
[13] POPPER 1966, S. 16.
[14] STEGMÜLLER 1971, S. 40 f.

man könne auf induktivem Wege zu sicherem Wissen über Gesetzmäßigkeiten gelangen. Er hat als Gegenbegriff zum Begriff der Verifikation gedient, um möglichst scharf zu betonen, daß Gesetzeshypothesen und Theorien niemals vollständig und endgültig verifiziert, sondern allenfalls manchmal falsifiziert werden können. Diese logische Erkenntnis hat jedoch inzwischen fast allgemeine Zustimmung gefunden. Deshalb ist auch empfohlen worden, den irreführenden Begriff der Verifikation durch den weit weniger anspruchsvollen Begriff der *Bestätigung* zu ersetzen[15]. Der richtige Hinweis darauf, daß es kein induktives, sondern nur ein deduktives Prüfungsverfahren gibt, zwingt jedenfalls nicht dazu, Widerlegungsversuche für das beste oder gar das einzig zulässige Mittel der Prüfung zu halten. Ebenso zulässig sind Versuche, für Gesetzeshypothesen und Theorien Bestätigungen zu finden[16].

In der Forschungspraxis werden Gesetzeshypothesen auch dann, wenn aus ihnen abgeleitete Folgerungen mit einschlägigen Beobachtungsergebnissen nicht übereinstimmen, keineswegs einfach verworfen[17]. Vielmehr werden die Beobachtungen nach Möglichkeit wiederholt. Zeigt sich dabei, daß die abgeleitete Folgerung regelmäßig mit den Beobachtungsergebnissen unvereinbar ist, dann wird die Gesetzeshypothese auch nicht gleich gänzlich verworfen, sondern zunächst so zu ändern versucht, daß sie mit den Tatsachen (genauer: mit den Basissätzen, die die Tatsachen beschreiben,) übereinstimmt. Der Widerspruch zwischen Hypothese und Basissätzen wird zum Anlaß genommen, die Hypothese zu präzisieren, bisher unbeachtete Bedingungen einzubeziehen und gegebenenfalls ihren Geltungsbereich einzuschränken. Nur wenn diese Versuche einer Verbesserung der ursprünglichen Hypothese erfolglos bleiben sollten, erscheint es vernünftig, sie zu verwerfen.

Schon am Induktionsproblem zeigt sich, daß es keine unmittelbare Verbindung zwischen der Wirklichkeit, von der eine Wissenschaft handelt, und den Gesetzeshypothesen und Theorien über diese Wirklichkeit gibt. *Die Beziehungen zwischen Theorie und Erfahrung* sind indirekter Art. Eine realwissenschaftliche Theorie ist eine Konstruktion, d. h. eine gedankliche Schöpfung, die über das, was durch Beobachtungen erfahrbar ist, hinausgeht, andererseits aber auch wieder durch Rückgriff auf Beobachtungsergebnisse begründet werden muß. Gegen die Gefahr, daß eine Theorie willkürlich ist, kann man sich nur durch den Rückgang auf Wahrnehmungsaussagen schützen. Im Unterschied zum naiven Empirismus erhält die Beobachtung in der neueren Methodologie jedoch einen anderen Stellenwert. Während sie im Entdeckungszusammenhang nach wie vor als eine von mehreren Quellen für Einfälle und Hypothesen angesehen werden kann,

---

[15] CARNAP 1969, S. 29.
[16] Vgl. JUHOS 1966 und 1970.
[17] Vgl. STRÖKER 1973, S. 93 ff.

wird sie im Begründungszusammenhang nicht mehr als Grundlage der Erkenntnis betrachtet, sondern als Hilfsmittel zur Prüfung von Hypothesen. Sie dient zur Kontrolle der theoretischen Konstruktionen im Hinblick auf ihre Übereinstimmung mit der Wirklichkeit.

Man kann sich den Aufbau einer realwissenschaftlichen Theorie und den Anteil, den die Erfahrung daran hat, verdeutlichen, wenn man schematisch zwei Abschnitte der Forschung unterscheidet: das Stadium der empirischen Verallgemeinerung und das Stadium der Theorienbildung. Schon in der ersten Phase wird über die Beobachtungsdaten hinausgegangen, denn bei der Aufstellung einer Hypothese wird gewöhnlich das gesamte uns zur Verfügung stehende Tatsachenwissen berücksichtigt. Die Bestätigung oder Widerlegung einer einzelnen Hypothese erfolgt jedoch durch systematische Beobachtung, als deren leistungsfähigste Form das Experiment anzusehen ist. Die in diesem Stadium verwendeten Begriffe entstammen weitgehend der Erfahrungswirklichkeit, d. h. sie haben wahrnehmbare Phänomene zum Inhalt oder sind zumindest leicht auf solche zurückzuführen. Im Stadium der Theorienbildung werden mehr oder weniger viele Gesetzeshypothesen verschiedener Allgemeinheitsgrade zu einem deduktiven System zusammengefügt. Hier werden Begriffe angewendet, die nur noch in sehr indirektem Zusammenhang mit der beobachtbaren Wirklichkeit stehen. Die Theorie ist einem »komplizierten dreidimensionalen Netzwerk« vergleichbar, das sich über der Erfahrungsebene erhebt »und das nur an seinen untersten Punkten in dieser Ebene verankert ist. Die oberhalb der Ebene liegenden Knotenpunkte des Netzwerkes repräsentieren die theoretischen Begriffe, die mit den direkt erfahrbaren Phänomenen über die Hypothesen und Definitionen in einem sehr losen und indirekten Zusammenhang stehen«[18]. Immerhin muß dieser Zusammenhang mit der wahrnehmbaren Wirklichkeit so weit gewahrt bleiben, daß die Theorie für Erklärungen und Voraussagen benützt werden kann.

An einem Bilde POPPERs erläutert: die Wissenschaft hat keine absolut sichere empirische Basis. Sie baut nicht auf dem Felsengrund der Erfahrung im Sinne der Wahrnehmung von Tatsachen. »Es ist eher ein Sumpfland, über dem sich die kühne Konstruktion ihrer Theorien erhebt; sie ist ein Pfeilerbau, dessen Pfeiler sich von oben her in den Sumpf senken – aber nicht bis zu einem natürlichen, ›gegebenen‹ Grund. Denn nicht deshalb hört man auf, die Pfeiler tiefer hineinzutreiben, weil man auf eine feste Schicht gestoßen ist: wenn man hofft, daß sie das Gebäude tragen werden, beschließt man, sich vorläufig mit der Festigkeit der Pfeiler zu begnügen«[19].

Nach dieser Auffassung ist die Theorie (in der weiten Bedeutung des Wortes) jeglichen Beobachtungsdaten vorgeordnet. Damit wird selbstver-

---

[18] STEGMÜLLER 1969b, S. 26.
[19] POPPER 1966, S. 75 f.

ständlich nicht geleugnet, daß wir gewöhnlich von unseren bisherigen Erfahrungen ausgehen und Hypothesen aufgrund dessen entwerfen, was in Beobachtungen als gegeben erkannt worden ist. Gemeint ist vielmehr, daß es theoretischer Festsetzungen, d. h. allgemeiner Aussagen oder Gesetzeshypothesen bedarf, um aus den Erfahrungsdaten eine gesetzmäßige Ordnung herzustellen. Ob sich diese Ordnung bewährt (ob die Konstruktion gültig ist), wird logisch und empirisch geprüft: logisch, indem nach der Widerspruchsfreiheit und der gegenseitigen Ableitbarkeit der Sätze einer Theorie gefragt wird; empirisch, indem aus der Theorie abgeleitete Folgerungen mit Beobachtungen über die tatsächlichen Gegebenheiten in der Wahrnehmungswelt verglichen werden.

Die Gültigkeit einer wissenschaftlichen Erkenntnis läßt sich also nicht durch eine einzelne Aussage, sondern nur durch einen »weitgespannten logischen *Zusammenhang* von Aussagen über wahrgenommene und erschlossene Tatsachen und über Gesetze« begründen[20]. Wichtiger als die Schlüssigkeit eines einzigen Arguments ist in der Wissenschaft ein *System* verschiedenartiger Gesetzesaussagen, die sich gegenseitig stützen, auch wenn sie als einzelne verschieden gut bestätigt sind. Nach einem treffenden Bild von PEIRCE sollten »ihre Schlußfolgerungen keine Kette bilden, die nicht stärker ist als ihr schwächstes Glied, sondern ein Tau, dessen Fasern noch so schwach sein mögen, wenn sie nur zahlreich genug und eng miteinander verknüpft sind«[21].

Gesetze und Theorien in den Sozialwissenschaften

Wir haben gesehen, daß unter einer wissenschaftlichen Theorie im strengen Sinne ein hypothetisch-deduktives System von Gesetzesaussagen verstanden wird. Theorien, die diesem Theorie-Begriff entsprechen, gibt es bis jetzt fast nur in den Naturwissenschaften. In den Sozialwissenschaften finden wir außerhalb der theoretischen Ökonomie, die ein Sonderfall ist, »nur Programme und Ansätze der Theoriebildung«[1], aber keine deduktiven Systeme, die sich mit den naturwissenschaftlichen Theorien vergleichen lassen. Es überwiegen beschreibende Satzsysteme, in denen über besondere soziale Erscheinungen in bestimmten historischen Situationen berichtet wird. Dagegen fehlt es an universellen Gesetzesaussagen, die zu Erklärungen und Voraussagen verwendet werden können[2]. Soweit gesetzesartige Aussagen vorhanden sind, sind es lediglich empirische Verallgemeinerun-

---

[20] Vgl. V. KRAFT 1973, S. 56; 1968, S. 78.
[21] PEIRCE 1967, S. 186.

[1] ALBERT 1973, S. 134.
[2] Vgl. NAGEL 1961, S. 447 ff.; LENK 1975, S. 169 ff., 190 ff. und 228 ff.

gen statistischer Art, aber keine Gesetzesaussagen höherer Stufe, die geeignet sind, in eine größere Menge von Gesetzesaussagen niederer Stufe Ordnung zu bringen. Die meisten gelten nur unter bestimmten gesellschaftlich-kulturellen Bedingungen. Die wenigen jedoch, für die beansprucht wird, daß sie für Menschen zu allen Zeiten und an allen Orten gelten, sind ziemlich inhaltsarm und sprechen selten mehr als längst bekanntes Alltagswissen aus (Beispiel: »Je häufiger die Aktivität einer Person belohnt wird, mit um so größerer Wahrscheinlichkeit wird diese Person die Aktivität ausführen«[3]).

Angesichts dieser Unterschiede drängt sich die Frage auf, ob in den Sozialwissenschaften Gesetzesaussagen und Theorien von der Art, wie sie in den Naturwissenschaften bestehen, überhaupt erreichbar sind. Ist das Ideal der Theorie für alle nomothetischen, verallgemeinernden oder theoretischen Wissenschaften das gleiche? Woran liegt es, daß nur wenige human- und sozialwissenschaftliche Theorien so sind, wie eine nomologische Theorie beschaffen sein sollte[4]?

Ohne Zweifel ist der Gegenstandsbereich der Sozialwissenschaften anders beschaffen als der der Naturwissenschaften. Der wesentliche Unterschied besteht darin, daß die Sozialwissenschaftler es nicht nur mit unbelebter und belebter Materie zu tun haben, sondern mit denkenden, wollenden, handelnden Menschen in bestimmten Situationen und mit ihren Werken. In diesem Gegenstandsbereich haben Phänomene wie Absichten (Intentionen) und Zwecke, soziale Vorschriften (Normen), Regeln und Institutionen zentrale Bedeutung[5]. Neben den natürlichen Bedingungen, von denen alle hochentwickelten Lebewesen abhängen, sind es vor allem diese psychischen und sozial-kulturellen Phänomene, die das Verhalten der Menschen bestimmen.

Die inneren Determinanten des Verhaltens wie Gedanken, Einstellungen, Gefühle und Willenserlebnisse (Absichten, Zwecke) sind schon bei ein und demselben Menschen und erst recht bei großen Mengen von Menschen sehr zahlreich, verschieden und veränderlich. Auch die sozialen Normen (Vorschriften, Regeln, Sollensforderungen) als äußere Determinanten des Verhaltens sind von Gruppe zu Gruppe verschieden und ändern sich im Laufe der Zeit. Das Verhalten der Menschen wird also durch die Wechselwirkungen einer Vielfalt mehr oder weniger unbeständiger Faktoren bestimmt, die zum Teil gar nicht beobachtet, sondern nur erschlossen oder vermutet werden können. Es ist äußerst schwierig und in den meisten Bereichen sogar unmöglich, aus diesem komplexen Bedingungsgefüge einzelne Faktoren zu isolieren, um ihre Wirkung experimentell zu untersuchen.

---

[3] HOMANS 1972, S. 62.
[4] Vgl. HOMANS 1972, S. 16; ähnlich THEOBALD 1973, S. 110.
[5] Vgl. WRIGHT 1977, S. 131 ff.

Die Eigentümlichkeit ihrer Gegenstände bringt es mit sich, daß in den Sozialwissenschaften die Gewinnung von Gesetzeswissen auf jeden Fall komplizierter ist als in den Naturwissenschaften. Wie bereits angedeutet, stößt man unter anderem auf folgende Schwierigkeiten: auf die *Unbeobachtbarkeit des fremden Innenlebens* und auf den damit zusammenhängenden *Zwang zur Deutung* mit ihren vielen Irrtumsmöglichkeiten; auf die große *Komplexität* der psychischen, sozialen und kulturellen Bedingungszusammenhänge; auf die *Einmaligkeit* der Situationen; auf die *Veränderlichkeit* der Persönlichkeiten, Gruppen, Institutionen und Normen, deren Bedingungen und Wechselbeziehungen. Werfen wir einen Blick auf diese Schwierigkeiten, um zu prüfen, ob sie so unüberwindlich sind, daß man die Suche nach Gesetzmäßigkeiten im Bereich der menschlichen Handlungen und Werke als aussichtslos einzuschätzen berechtigt ist.

Die erste der genannten Schwierigkeiten besteht darin, daß es unmöglich ist, die psychischen Zustände und Vorgänge, die als innere Determinanten des Handelns wirksam sind, zu beobachten. Beobachtbar sind an anderen Personen nur Verhaltensweisen und aus diesen ist nicht unmittelbar ersichtlich, welches Bedingungsgefüge ihnen zugrundeliegt. Man kann nur auf indirekte Weise versuchen, seiner Erkenntnis näherzukommen. Zu diesem Zweck muß das Verhalten gedeutet (interpretiert) werden und dazu braucht man ein System von Hypothesen über psychische Phänomene und Kausalzusammenhänge, das selbst teilweise auf Deutungen beruht und nur in beschränktem Umfang empirisch bestätigt ist. Es gibt jedoch nicht bloß ein einziges solches Hypothesensystem, sondern mehrere, in denen mit verschiedenen Begriffen verschiedene Annahmen ausgedrückt werden, die einander gegenseitig teils ergänzen, teils widersprechen. Ich erinnere als Beispiel nur an die Unterschiede, die zwischen behavioristischen, phänomenologischen und psychoanalytischen Auffassungen von der psychischen Wirklichkeit bestehen. Nicht einmal über die Grundbegriffe und die Einteilung der psychischen Phänomene besteht bis jetzt Einigkeit, geschweige denn über die Art und Weise ihres Zusammenwirkens.

Bei der Deutung des menschlichen Verhaltens gibt es viele Möglichkeiten, sich zu irren. Die Ergebnisse einer Deutung gelten immer nur vorläufig und nur unter einem bestimmten Gesichtspunkt. Neue Beobachtungsdaten, aber auch andere Gesichtspunkte können zu anderen Ergebnissen führen. Weil der Mensch in seinem Erleben offen, wandelbar und durch unbewußte Kräfte des eigenen Inneren mitbestimmt ist, ist psychologische Deutung »immer auch Deutung in das Unbekannte, Latente, Verborgene und seinem Wesen nach Unbestimmte«[6]. Zugespitzt ausgedrückt läßt sich sogar sagen, daß »psychologische Aussagen im Grunde immer dialektisch« auf-

---

[6] USLAR 1970, S. 343.

zufassen sind: »Alles, was ich über einen Menschen ausmache, muß ich zugleich in Frage stellen«[7].

Das gilt nicht nur für den Einzelmenschen, sondern auch für die Deutung des Verhaltens von Gruppen. Man denke als Beispiel an die weit auseinanderliegenden Deutungen des Protestverhaltens der Jugendlichen[8]. Je nach dem angewendeten Deutungsmuster kann es als eine Reaktion auf zu viel oder auf zu wenig Freiheit, auf Leistungsüberforderung oder auf zu geringe Forderungen, auf Strenge oder auf Nachgiebigkeit der Autoritätsträger, als Verlangen nach Befreiung oder als unbewußtes Verlangen nach Bindung usw. interpretiert werden. Es fällt also bei der Deutung sozialer Phänomene – wie sie sich im sozialwissenschaftlichen Schrifttum spiegelt – eine gewisse Beliebigkeit auf, die an der Möglichkeit zweifeln läßt, genügend Gesetzeswissen gewinnen zu können, das stichhaltige Erklärungen oder gar Prognosen zu geben erlaubt.

Die zweite Schwierigkeit, mit der bei dem Versuch, in den Sozialwissenschaften Gesetzeswissen zu gewinnen, gerechnet werden muß, besteht in der großen *Komplexität* sozialer Phänomene und ihrer Bedingungen. Soziale Handlungen und ihre Ergebnisse hängen von ungeheuer verwickelten Wechselwirkungen zwischen mannigfach determinierten psychischen Vorgängen und nicht-psychischen Faktoren aller Art ab. Diese bilden miteinander ein Gefüge von Beziehungen, in welchem Änderungen an einem Glied auch viele andere Glieder beeinflussen. Ein solches Beziehungsgefüge ist nur beschränkt direkt beobachtbar. Es ist auch schwierig, einzelne seiner Faktoren von allen übrigen getrennt zu halten und planmäßig zu verändern, um durch den Vergleich mit einer Kontrollgruppe die Auswirkungen dieser Veränderungen zu untersuchen. Das Experiment als wichtigstes Mittel zur Prüfung von Gesetzeshypothesen ist im Bereich komplexer sozialer Phänomene selten anwendbar.

Dazu kommen als weitere Schwierigkeiten die *Einmaligkeit* und die *Veränderlichkeit* sozialer Phänomene. Ich erinnere zum Beispiel an die Einmaligkeit jeder Erziehungssituation, die allein schon durch die Einzigartigkeit jedes Erziehers und jedes Educanden gegeben ist. Ebenso sind die erzieherischen Handlungen, die Umstände, unter denen sie erfolgen, und die Wirkungen, die sie haben, einmalig. Zur Einmaligkeit trägt auch bei, daß sich die beteiligten Personen und das Beziehungsgefüge, in dem sie stehen, dauernd wandeln. Was sie erleben und tun, wiederholt sich nie in gleicher Form.

Diese Tatsachen schließen allerdings die Möglichkeit, Gesetzeswissen zu gewinnen, nicht aus. Komplexität, Einmaligkeit und Veränderlichkeit sind keineswegs auf menschliche und sozial-kulturelle Phänomene beschränkt,

---

[7] USLAR 1970, S. 340.
[8] Vgl. SCHÄFERS 1974.

sondern gelten für *alle* Phänomene der Wirklichkeit[9]. Nicht einmal irgendein Mikrozustand der Materie gleicht dem anderen in allen Einzelheiten, sondern jeder ist absolut einmalig[10]. Dennoch gibt es Gesetzmäßigkeiten, die entdeckt werden können und deren Kenntnis sich für die Beeinflussung des Geschehens nutzen läßt. Auch die Menschen (und ihre Handlungen und Werke) weisen nicht nur individuelle Züge auf, sondern ebenso Merkmale, die sie teils mit *allen* anderen Menschen, teils mit *einigen* anderen Menschen gemeinsam haben[11]. So wie in den Naturwissenschaften kann man auch bei den Gegenständen der Sozialwissenschaften von ihren individuellen Besonderheiten absehen und alle zu einer Klasse gehörenden Phänomene nur im Hinblick auf bestimmte Merkmale betrachten, die sie miteinander gemeinsam haben. Selbstverständlich ist die Individualität bei Menschen ungleich größer als bei nicht-menschlichen Gegenständen[12]. Aber ihre Verschiedenheit kann überhaupt nur verstanden werden, wenn man von der Kenntnis der ihnen gemeinsamen Merkmale ausgeht[13].

Eine wesentliche Wurzel der Schwierigkeiten auf dem Wege zum Gesetzeswissen in den Sozialwissenschaften scheint darin zu liegen, daß die *Handlungen und Werke*, die ihren Gegenstand bilden, *der Welt, wie wir sie erleben*[14], *angehören* und nur in ihr Sinn haben. Die psychischen Vorgänge, durch die sie entstehen, wie jene, in denen wir von ihnen Kenntnis erhalten, sind selbst komplexe *Erlebnisganzheiten*, die sich nicht in einfachere Elemente zerlegen lassen, welche begrifflich genau bestimmt und empirisch nachgewiesen und gemessen werden können. Wir kennen jenseits unserer Erlebniswelt keine kleineren Einheiten, aus denen sich Handlungsabläufe oder Handlungssysteme zusammensetzen. Wir führen zwar Handlungen auf Willenserlebnisse und auf erdachte Handlungsbereitschaften, also auf psychische Dispositionen und Dispositionsgefüge wie Einstellungen, Haltungen, Gesinnungen, Wertorientierungen, Erwartungen usw. zurück, aber was diesen Begriffen in der jenseits unserer Erlebniswelt liegenden Wirklichkeit entspricht und wie das Gemeinte untereinander zusammenhängt und aufeinander wirkt, ist unklar. Die ungeheure terminologische Verwirrung in den Sozialwissenschaften kann zumindest teilweise auch als Ausdruck dieser Unklarheit angesehen werden.

Unsere psychologischen Beschreibungsbegriffe beziehen sich auf komplexe psychische Gegenstände, die lebenspraktisch bedeutsam sind. Sie entstammen der »vorwissenschaftlichen Makropsychologie des Alltags«, aber sie eignen sich nicht dazu, »Psychisches im mikropsychischen Bereich

---

[9] Vgl. BUNGE, Bd. 1, S. 305 ff.
[10] Vgl. EIGEN 1977, S. 176 ff.
[11] Vgl. KLUCKHOHN und MURRAY 1955.
[12] ALLPORT 1958, S. 29.
[13] KAPLAN 1964, S. 117.
[14] EDMUND HUSSERL hat sie als »Lebenswelt« bezeichnet. Vgl. hierzu SCHÜTZ 1971a.

zu unterscheiden«. Sie betreffen unauflösbare Ganzheiten, die aus einem unerforschlichen mikropsychischen Grund aufsteigen, der wesentlich anders beschaffen sein kann als die erfahrbaren und beschreibbaren makropsychischen Phänomene[15]. Das ist eine andere Lage als in der Physik oder in der Chemie, aber sie schließt doch nicht aus, daß zwischen den empirisch erfaßbaren Phänomenen Beziehungen bestehen, die gesetzesartig sind und erforscht werden können.

Keine der gegenstandsbedingten Schwierigkeiten, die hier erwähnt worden sind, macht es unmöglich, auch über psychische, soziale und kulturelle Phänomene Gesetzeswissen zu erlangen. Man darf sich allerdings nicht Gesetzmäßigkeiten von der Art universeller oder deterministischer Naturgesetze erwarten, sondern muß mit statistischen Gesetzesaussagen zufrieden sein. Viele davon sind in ihrer Gültigkeit räumlich und zeitlich beschränkt, aber auch in ihrer Beschränktheit vermehren sie unsere Kenntnis von der Welt. Manche sind vorläufig nur schlecht bestätigt, aber ungenügend gesichertes Wissen ist besser als gar kein Wissen. Es gibt bereits eine Menge von Gesetzeswissen, das die Fruchtbarkeit nomothetischer Forschung in den Sozialwissenschaften bezeugt[16]. Die Theorien, in denen solche Gesetzesaussagen enthalten sind, beziehen sich freilich zumeist auf schmale Ausschnitte der Wirklichkeit und sind noch kaum mit anderen Theorien über benachbarte Bereiche verbunden. Es gibt ferner konkurrierende Theorien über den gleichen Gegenstandsbereich (wie zum Beispiel über das Lernen), die jeweils nur einem Teil der Phänomene, die dazugehören, gerecht werden[17]. In den meisten Bereichen ist man noch nicht einmal zu einer bescheidenen Systematisierung der einschlägigen Gesetzesaussagen gelangt.

Bei diesem unbefriedigenden Stand der *Konstruktion* von sozialwissenschaftlichen Theorien kann man vernünftigerweise noch nicht allzu viel von ihrer *Anwendung* zu Erklärung, zur Voraussage und zur Lösung technologischer Probleme erwarten. Grundsätzlich lassen sich diese drei Aufgaben jedoch nur erfüllen, wenn Gesetzeswissen vorhanden ist. Trotz ihrer andersartigen Gegenstände und der durch sie bedingten Schwierigkeiten bei der Gewinnung von Gesetzeswissen scheinen sich die Sozialwissenschaften *in dieser Hinsicht* nicht von den Naturwissenschaften zu unterscheiden[18]. Es ist jedoch derzeit noch ungewiß, ob sozialwissenschaftliches Gesetzeswis-

---

[15] Vgl. BUSEMANN 1948, S. 29, 21, 51.
[16] Vgl. die Übersicht von BERELSON und STEINER 1964 bzw. 1969/72.
[17] Für die Psychologie vgl. T. HERRMANN 1971a, S. 195; für die Soziologie KLIMA 1971.
[18] Ausführlicher hierzu NAGEL 1961, S. 447 ff.; POPPER 1965a, S. 102 ff.; STEGMÜLLER 1967; ALBERT 1972; V. KRAFT 1973, S. 12 f. Speziell zur Auseinandersetzung mit Einwänden gegen eine nomothetische Psychologie vgl. METZGER 1963, S. 243 ff.; T. HERRMANN 1971.

sen auf empirische Verallgemeinerungen beschränkt bleiben wird oder ob Theorien im strengen Sinne von hypothetisch-deduktiven Satzsystemen gelingen werden.

Konstruktion und Anwendung von Theorien in der Erziehungswissenschaft

Von den Personen, die zu erziehen oder die Erziehungseinrichtungen zu planen und zu verwalten haben, werden große Erwartungen in die Erziehungswissenschaft gesetzt. Sie erhoffen sich von ihr Wissen, das zur Lösung praktischer Probleme brauchbar ist. Die für sie dringlichsten Probleme sind *technologischer* Art. Sie wollen wissen, was getan werden kann, damit Educanden bestimmte positiv bewertete psychische Dispositionen erwerben, beibehalten oder verstärken, negativ bewertete dagegen abbauen, schwächen oder gar nicht erst ausbilden. Sie wollen wissen, welche Nebenwirkungen bestimmte Mittel haben und wie man unerwünschte Nebenwirkungen vermeiden kann. Die meisten technologischen Fragen beziehen sich auf äußerst komplexe Phänomene, d. h. auf solche, die aus vielfältigen Bestandteilen zusammengesetzt und deshalb verwickelt sind. Es geht um Zweck-Mittel-Beziehungen, in denen viele Zwecke neben- und nacheinander und viele zu Mittelkomplexen verbundene Einzelfaktoren zu berücksichtigen sind, die selbst wieder durch die sich ständig ändernde sozial-kulturelle Situation mitbedingt sind.

Neben den technologischen Problemen haben die Erziehungspraktiker auch Erklärungs- und Prognoseprobleme. Bei einer *Erklärung* wird Antwort auf die Frage gesucht: Warum ist das und das der Fall? Bei einer wissenschaftlichen *Voraussage* oder Prognose geht es um Antwort auf die Frage: Was wird geschehen, wenn . . .? Es gibt im Erziehungsalltag eine Fülle von erklärungsbedürftigen Phänomenen. Das Interesse an der Erklärung von Ereignissen und Zuständen hängt häufig mit der Erwartung zusammen, aus dem Wissen über deren Ursachen etwas für das künftige erzieherische Handeln gewinnen zu können. Erst recht gilt das vom Interesse an Voraussagen.

Erklärungen, Prognosen und erziehungstechnologische Erkenntnisse setzen voraus, daß es erfahrungswissenschaftliche Theorien über Erziehung, die die erforderlichen Gesetzesaussagen enthalten, bereits gibt. Sie sind die drei wichtigsten Arten der Anwendung von Theorien[1], aber um Theorien anwenden zu können, muß man zuerst Theorien haben. Ihre Konstruktion geht der Anwendung sachlich voraus.

Aus dem Wunsch, den Erwartungen der Erziehungspraktiker irgendwie

---

[1] Über weitere Anwendungsmöglichkeiten vgl. SPINNER 1974, S. 1489 f.

zu entsprechen, ist von Erziehungstheoretikern häufig versucht worden, zur Lösung von Erklärungs-, Prognose- oder Technologieproblemen beizutragen, ohne das Wissen zu besitzen, das dazu erforderlich ist. Man gewöhnte sich daran, mehr zu sagen, als man eigentlich wußte. Wenn man dabei nicht in Kauf nehmen wollte, durch den wirklichen Ablauf der Ereignisse widerlegt zu werden, mußte man sich so unbestimmt ausdrücken, daß die meisten der möglichen Sachlagen mit den eigenen Behauptungen vereinbar erschienen. Aus Mangel an Theorien mit hohem Informationsgehalt konnten auch die Äußerungen zu Anwendungsproblemen nicht anders als informationsarm sein. Damit, daß man den zweiten Schritt vor dem ersten tun wollte, hat man praktisch kaum etwas anderes bewirkt, als unter den Nicht-Erziehungswissenschaftlern die Geringschätzung der Erziehungswissenschaft auszubreiten.

Gegenüber unrealistischen Erwartungen, Wünschen und Versprechungen muß dreierlei betont werden:

1. die Konstruktion von Theorien ist etwas anderes als die Anwendung von Theorien;
2. die Lösung von Anwendungsproblemen setzt nomologische Theorien mit großem empirischen Informationsgehalt voraus;
3. nicht alle Theorien sind zur Lösung von Anwendungsproblemen geeignet.

Es hat wenig Sinn, für die Erziehungswissenschaft ein Programm aufzustellen, das so vollkommen ist, daß es nicht erfüllt werden kann. Selbst in den exakten Naturwissenschaften wird zwischen der Kenntnis der Gesetze und ihrer Anwendung unterschieden. Sogar bei vollständiger Kenntnis eines Systems von Gegenständen der Wirklichkeit und aller dieses System beherrschenden Gesetzmäßigkeiten ist es möglich, daß wir »bestimmte Vorkommnisse weder voraussagen noch rückerschließen noch in irgendeiner anderen Weise erklären können«. Deshalb scheint es STEGMÜLLER angemessener zu sein, das wissenschaftliche Weltverständnis »als ein Erfassen der den Ablauf der Geschehnisse regierenden Gesetze« zu interpretieren statt »als eine Fähigkeit der Erklärung und Voraussage«[2]. Da man in den Sozialwissenschaften von Gesetzeswissen dieser Art weit entfernt ist und da niemand weiß, ob es jemals gewonnen werden kann, empfiehlt es sich in diesen Wissenschaften noch weniger als in den Naturwissenschaften, die Anwendbarkeit ihrer Theorien für Erklärungen und Prognosen zum Maßstab ihres wissenschaftlichen Wertes zu machen[3].

Zuerst müssen erziehungswissenschaftliche Theorien aufgebaut werden und dann kann man prüfen, ob und wozu sie sich anwenden lassen. Die Er-

---

[2] STEGMÜLLER 1966, S. 656.
[3] Vgl. z. B. SCHÄFERS 1974, S. 247: »Nur dann, wenn die Soziologie . . . ihre Fähigkeit zur Prognose erweist, ist sie Wissenschaft . . .«.

klärungs-, Prognose- und Technologieprobleme sind praktisch von großer Bedeutung, aber man kann wissenschaftlich zu ihrer Lösung nichts beitragen, solange empirisch gehaltvolle Theorien fehlen. Um der reinen Erkenntnis wie um seiner Eignung zur Lösung der erziehungspraktischen Aufgaben willen wird auch in der Erziehungswissenschaft Gesetzeswissen angestrebt, das im Idealfall zu einem hypothetisch-deduktiven System verbunden werden kann. Ob und bis zu welchem Grad das gelingen wird, ist nicht vorhersehbar. Man muß mit dem Erreichbaren beginnen und das ist die Feststellung und Ordnung jener Tatsachen, die mit Erziehung, ihren Wirkungen und den vermutlichen Bedingungen ihres Erfolgs zusammenhängen. Selbst wenn man bei der Suche nach Gesetzmäßigkeiten über empirische Verallgemeinerungen von räumlich und zeitlich beschränkter Gültigkeit nicht hinauskommen sollte, ist das ein Fortschritt gegenüber dem oberflächlichen, zufälligen und unsystematischen Alltagswissen.

Nach diesem Hinweis auf den Unterschied zwischen der Konstruktion und der Anwendung von Theorien werde ich zunächst die Tatsachenfeststellung im Dienst der Konstruktion erziehungswissenschaftlicher Theorien behandeln und dann auf die Anwendung erziehungswissenschaftlicher Theorien zur Erklärung, zur Prognose und zur Lösung technologischer Probleme eingehen.

Tatsachenfeststellung im Dienst der Konstruktion erziehungswissenschaftlicher Theorien

Nomologische erziehungswissenschaftliche Theorien müssen aus Gesetzeshypothesen aufgebaut werden, die sich bewährt haben. Um Gesetzeshypothesen aufstellen und prüfen zu können, muß man die wichtigsten Phänomene, die in Erziehungssituationen (oder Erziehungsfeldern) anzutreffen sind, bereits gründlich kennen. Was jeweils als Erziehungssituation angesehen wird und welche Phänomene für wichtig gehalten werden, hängt vom Vorwissen, vom Vorverständnis oder vom theoretischen Bezugsrahmen des Betrachters und von den Problemen ab, die er lösen will. Unser Vorwissen über Erziehung stammt hauptsächlich aus Alltagserfahrungen und aus den praktischen Erziehungslehren, in denen Alltagserfahrungen geordnet worden sind. Es stützt sich auf relativ wenige inhaltsarme Begriffe, auf stark vereinfachende Vorstellungen von der Erziehungswirklichkeit und auf mehr oder weniger grobe und unverläßliche Annahmen über das Bedingungsgefüge, das zwischen ihren Faktoren besteht. Die Satzsysteme, in welchen dieses überlieferte Wissen über Erziehung ausgedrückt wird, sind selbst schon das Ergebnis einer theoretischen Konstruktion. Sie bilden eine provisorische Theorie, von der wir ausgehen müssen, um zu informationsreicheren und besser bewährten Theorien zu gelangen.

Von ungenauem zu genauerem Wissen kommt man nur, wenn man das ungenaue als ungenau erkennt und die Phänomene, auf die es sich bezieht, schärfer zu erfassen versucht. Die Handlungen, die zu diesem Zweck ausgeführt werden, werden meistens als »*Beschreibung*« bezeichnet[1]. Das Wort gehört wie »Erklärung« oder »Wissenschaft« zu jenen Worten, die die Prozeß-Produkt-Zweideutigkeit[2] aufweisen: es kann damit die Handlung des Beschreibens oder das Ergebnis dieser Handlung gemeint sein, d. h. ein Gefüge von Sätzen, in denen bestimmte Ausschnitte der Wirklichkeit beschrieben werden. *In einer Beschreibung wird Antwort auf die Frage zu geben versucht:* »*Was ist der Fall*«*? oder:* »*Was war der Fall*«*?* Die Antwort besteht in singulären Es-gibt-Sätzen mit Zeit- und Ortsbestimmung. Solche Sätze sind nicht nur für die Gewinnung von Gesetzeshypothesen, sondern vor allem auch für ihre Prüfung von zentraler Bedeutung.

Beschreibungsakte können sich auf (gegenwärtige wie vergangene) Eizeltatsachen oder auf gesetzmäßige Beziehungen zwischen Einzeltatsachen richten. Beide Fragestellungen sind notwendig, denn es gibt keinen anderen Weg zum Gesetzeswissen als über die Untersuchung der Einzeltatsachen als Voraussetzung für den Entwurf von Gesetzeshypothesen. So hat zum Beispiel ALOYS FISCHER die »so tief wie möglich geführte Beschreibung und Zergliederung der Einzelheiten der pädagogischen Praxis« gefordert[3] und zugleich betont: »Die Beschreibung geht über die Darstellung der Einzeltatsachen erheblich hinaus durch die Analyse der inneren Zusammenhänge der vielen Einzelheiten«[4]. Noch deutlicher hat sich WINNEFELD ausgedrückt: einerseits sei es unbedingt nötig, zunächst einmal Einzelfälle »so exakt wie möglich zu beschreiben«[5]; andererseits dürfe man nicht in der »Erscheinungsbeschreibung« verharren, sondern die erziehungswissenschaftliche Forschung müsse »bis zum Aufweis von Bedingungsgefügen« vorstoßen[6].

Zu den Vorarbeiten dafür gehört es, in *erkundenden* (explorativen) *Feldstudien*[7] typische Erziehungssituationen zu untersuchen und dabei jene Faktoren zu beachten, die nach unserer bisherigen Kenntnis als mögliche

---

[1] Zur Bedeutungsgeschichte des Wortes vgl. KAULBACH 1968; DIEMER 1971; BOLLNOW 1973. Über Beschreibung in der Erziehungswissenschaft, insbesondere in der Unterrichtsforschung, aus hermeneutischer Sicht vgl. K. SCHNEIDER 1971.
[2] Vgl. BLACK 1952, S. 194 f.
[3] A. FISCHER 1914, S. 9.
[4] A. FISCHER 1932b, S. 159.
[5] WINNEFELD 1970, S. 158.
[6] WINNEFELD 1957, S. 43.
[7] Als Feldstudie oder Felduntersuchung wird im Unterschied zum Experiment ein Forschungsverfahren bezeichnet, bei dem der Forscher seinen Gegenstand in der »natürlichen« Situation (bzw. im »Feld«) untersucht, in der er unabhängig von ihm vorkommt und unbeeinflußt von ihm bleibt. Es wird zwischen erkundenden (explorativen) und hypothesenüberprüfenden Felduntersuchungen unterschieden. Vgl. BREDENKAMP 1969, S. 334. Zur Methode der teilnehmenden Beobachtung im Rahmen von Feldstudien vgl. FRIEDRICHS und LÜDTKE 1971.

Bedingungen (oder Determinanten) des Verhaltens der Educanden angesehen werden können. Besonders aufschlußreich sind Feststellungen darüber, wie sich Erziehungssituationen, ihre Bestandteile und deren Beziehungen zueinander im Verlauf längerer Zeitabschnitte ändern. _Verlaufs-Studien_ oder _Langzeit-Studien_ verdienen den Vorzug vor bloßen Beschreibungen von Zuständen zu einem bestimmten Zeitpunkt.

Die Beschreibung von Verlaufsformen sozialer Wechselbeziehungen ist am gründlichsten in _Einzelfall-Studien_ möglich. Darunter werden Studien verstanden, in denen der Untersuchungsgegenstand als ein Ganzes angesehen und in seinem einheitlichen Charakter erhalten wird[8]. Es kann sich dabei um eine Person in ihrer Lebensgeschichte, um eine Gruppe (Familie, Schulklasse, die Insassen eines Erziehungsheimes usw.) handeln oder auch um eine Einheit wechselseitiger Beziehungen, wie sie zwischen Eltern und Kindern, Lehrern und Schülern, Psychotherapeuten und Patienten bestehen.

Einzelfall-Studien setzen wie jede andere Art der Forschung theoretisches Vorwissen und bestimmte Fragen voraus. In unserem Zusammenhang, bei dem es um die Gewinnung und Prüfung von Gesetzeswissen geht, besteht ihr Zweck darin, durch eine gründliche Untersuchung des Gegenstandes in seiner ganzen Komplexität von den bisher über ihn gehegten mehr oder weniger vagen Annahmen zu relativ klaren und spezifischen Hypothesen über vermutliche Zusammenhänge vorzudringen, die dann durch experimentelle oder kausal-vergleichende Untersuchungen geprüft werden können. Aus Einzelfall-Studien über verhaltensgestörte Kinder und über Kindergruppen in Heimen ist der größte Teil unseres heilerzieherischen oder kinderpsychotherapeutischen Wissens hervorgegangen[9]. Den Einzelfall-Studien über neue, noch unerforschte komplexe Phänomene wie zum Beispiel Jugendgruppen in einem Heim der offenen Tür[10], Autoritätsbildung in einer Schulklasse[11] oder Urlaubsverhalten Jugendlicher[12] verdanken wir die Kenntnis vieler wichtiger Einzeltatsachen, die spätere repräsentative Untersuchungen mit spezielleren Fragestellungen befruchten können. Von Einzelfall-Studien an verschiedenen kleinen Gruppen ausgehend sind Gleichförmigkeiten im Verhalten ihrer Mitglieder entdeckt worden, die zu Gesetzeshypothesen Anlaß gegeben haben, die möglicherweise auf alle Gruppen angewendet werden können[13].

Um feststellen zu können, ob eine vermutete Beziehung zwischen Einzeltatsachen gesetzmäßig ist, muß untersucht werden, welche Umstände bei

---

[8] Vgl. GOODE und HATT 1968a, S. 300 ff.
[9] Vgl. z. B. AICHHORN 1974; REDL und WINEMAN 1967 und 1966; BETTELHEIM 1970; TRIESCHMAN 1975.
[10] Vgl. z. B. RÖSSNER 1962.
[11] Vgl. BÖDECKER 1961.
[12] Vgl. z. B. KENTLER 1969, S. 29 ff.
[13] Vgl. HOMANS 1969a, S. 50 und S. 409 ff.

ihrem Auftreten immer vorhanden sind und welche wechseln. Es kommt darauf an, die Umstände, die für die Beziehung notwendig und hinreichend sind, von den zufälligen zu unterscheiden[14].

Zur Prüfung von Gesetzeshypothesen können experimentelle und nicht-experimentelle Verfahren angewendet werden. Die *experimentelle Forschung* ist der sicherste Weg zum Gesetzeswissen, aber es gibt viele Fälle, in denen sie nicht durchführbar ist.

Unter einem *Experiment* versteht man »einen planmäßig und wiederholbar hervorgerufenen Vorgang, bei dem beobachtet wird, in welcher Weise sich unter Konstanthaltung anderer Bedingungen mindestens eine abhängige Variable ändert, nachdem mindestens eine unabhängige Variable geändert worden ist«[15]. Als unabhängige Variablen werden jene Faktoren bezeichnet, deren Einfluß erforscht werden soll; als abhängige Variablen jene Faktoren, von denen angenommen wird, daß sie von unabhängigen Variablen als ihren Bedingungen abhängig sind. »Unabhängig« und »abhängig« sind relative Begriffe. Welche Faktoren mit ihnen gekennzeichnet werden, hängt von der Fragestellung ab.

Der methodische Vorzug des Experiments besteht darin, daß das Phänomen, das man untersuchen will, isoliert von störenden Nebenumständen unter einfachsten Bedingungen willkürlich hergestellt und planmäßig variiert werden kann. Dank der vereinfachten Experimentalsituation, in der überflüssige Faktoren ferngehalten und die verbleibenden Faktoren kontrolliert (d. h. von der Mitwirkung am Ergebnis ausgeschlossen) werden, ist es möglich, festzustellen, ob die vermutete gleichbleibende (invariante) Beziehung zwischen den Variablen besteht oder nicht. Ein Beispiel für experimentelle Verfahren ist die Untersuchung von LIPPITT und WHITE über die Beziehungen zwischen Führungsstilen Erwachsener (unabhängige Variable) und dem Gruppenverhalten von Kindern (abhängige Variable)[16].

Nun gibt es in der Erziehungswissenschaft viele Hypothesen über Beziehungen zwischen bestimmten Umweltfaktoren und Verhaltensweisen (bzw. psychischen Dispositionen) von Educanden, die sich aus praktischen oder moralischen Gründen nicht experimentell prüfen lassen. Zur einen Gruppe gehören Hypothesen über den Einfluß von Faktoren, die entweder nicht willkürlich herstellbar und variierbar sind (Beispiele: Intelligenz der Eltern, Geschwisterzahl) oder die sehr komplex sind und nicht in Teile zerlegt und

---

[14] Vgl. V. KRAFT 1973, S. 37 ff. Zu den von MILL 1843 ausgearbeiteten Regeln des Induktionsverfahrens vgl. WRIGHT 1960, S. 84 ff.; zum Problem der Generalisierung bzw. der Extrapolation vgl. V. KRAFT 1970a und 1973, S. 44 ff.
[15] KLAUER 1973, S. 29; vgl. auch PAGÈS 1967.
[16] LIPPITT und WHITE 1973. Mustergültig ist auch die multifaktorielle Experimentaluntersuchung von JOHANNESSON 1967 über die Wirkungen von Lob und Tadel auf Leistungen und Einstellungen von Schulkindern. Weitere Beispiele experimenteller erziehungswissenschaftlicher Untersuchungen bei KLAUER 1973 und SKOWRONEK/SCHMIED 1977, S. 76 ff.

stückweise so isoliert untersucht werden können, daß eine Mitwirkung anderer störender Faktoren ausgeschlossen werden kann (Beispiel: ein Schulsystem). Aus moralischen Gründen muß die experimentelle Prüfung von Hypothesen über den Einfluß aller jener Faktoren unterbleiben, die vermutlich zu seelischen Schäden führen, wie zum Beispiel Kontakteinschränkung, Leistungsüberforderung, Verhaltensweisen von Sozialpartnern des Educanden, die mit der geltenden Moral unvereinbar sind, usw. Um solche Hypothesen prüfen zu können, werden *kausal-vergleichende Verfahren* wie »ex post facto«-Untersuchungen und Felduntersuchungen angewendet. Gemeinsam ist diesen nicht-experimentellen Verfahren, daß der Forscher die Wirklichkeit unverändert läßt und sich auf die Analyse jener ausgewählten Elemente beschränkt, zwischen denen er einen Zusammenhang vermutet. Je nachdem, ob dabei von der abhängigen oder von der unabhängigen Variablen ausgegangen wird, lassen sich zwei Typen solcher Untersuchungen unterscheiden.

Bei der *»ex post facto«-Untersuchung* wird mit der Analyse der abhängigen Variablen begonnen und nach der (bzw. den) unabhängigen gesucht. Das Phänomen, von dem man ausgeht, wird als Wirkung bestimmter Ursachen, als Ergebnis eines Bedingungsgefüges (Antecedensbedingungen genannt[17]) angesehen, die es nachzuweisen gilt. Da dieser Ursachenkomplex in der Vergangenheit aufgetreten ist, muß er gefunden werden, nachdem er seine Wirkung schon hervorgebracht hat. Es werden also zeitlich zurückliegende Tatsachen im nachhinein[18] festzustellen versucht. Beispiele für dieses Verfahren sind die zahlreichen vergleichenden Untersuchungen über die Beziehungen zwischen seelischen Störungen, Schulversagen oder Schulerfolg als Ausgangsdaten und Ereignissen in der Lebensgeschichte der betreffenden Personen, die hypothetisch als Bedingungen dafür angenommen werden. Man denke etwa an die retrospektiven Studien über die Wirkungen, die eine in den ersten Lebensjahren erfahrene Trennung von der Mutter und jahrelanger Heimaufenthalt auf die Persönlichkeit haben[19].

Bei der *hypothesenüberprüfenden Felduntersuchung* wird von der unabhängigen Variablen ausgegangen und festzustellen versucht, ob das aufgrund der Hypothese zu erwartende Ereignis (die abhängige Variable) eintrifft. Beispiele für dieses Verfahren finden sich unter anderem in Untersuchungen über die Beziehungen zwischen Lehrerverhalten und Lernerfolg der Schüler[20].

Auf den genauen Verlauf der Hypothesenprüfung bei den verschiedenen Untersuchungsverfahren und auf das Problem der Verallgemeinerbarkeit

---

[17] Vom lateinischen »antecedere« = vorausgehen.
[18] Lateinisch: »post factum« = nachdem geschehen. Vgl. zu diesem Verfahren MAYNTZ 1974, S. 186 f.; ZIMMERMANN 1972, S. 186 ff.
[19] Vgl. BREZINKA 1959a; CASLER 1961; BOWLBY 1973.
[20] Vgl. z. B. RYANS 1967; SOLOMON 1973.

der Ergebnisse kann hier nicht eingegangen werden[21]. Der Nachweis, daß Bedingungszusammenhänge (oder Kausalbeziehungen) bestehen und nicht bloße Korrelationen, gehört zu den schwierigsten Aufgaben der empirischen Forschung. Da jedoch die Darstellung der Forschungstechniken außerhalb des Themenkreises der Metatheorie der Erziehung liegt, begnüge ich mich mit diesen Hinweisen[22].

Wesentlich ist für uns vor allem die Einsicht, daß die Konstruktion bewährter nomologischer erziehungswissenschaftlicher Theorien äußerst verwickelt und durch zahllose mögliche Fehlerquellen erschwert ist. Viele theoretische Sätze sind zu unbestimmt, um überhaupt empirisch geprüft werden zu können. Andererseits ist der Geltungsbereich der überprüften Gesetzeshypothesen häufig so eng, daß sie unter veränderten Bedingungen nicht mehr zutreffen und zur erziehungstechnologischen Anwendung unbrauchbar sind. So hat sich zum Beispiel gezeigt, daß manche Gesetzesaussagen über das Lernen, die durch Experimente unter den künstlich vereinfachten Bedingungen psychologischer Laboratorien bestätigt worden sind, für das Lernen der Schüler unter den komplexen Bedingungen ihres häuslichen und schulischen Lebensraumes nicht passen.

Von wirklichkeitsnahen erziehungswissenschaftlichen Theorien wird aber mit Recht erwartet, daß sie über Bedingungszusammenhänge in den komplexen Situationen informieren, in denen Erzieher und ihre Educanden miteinander zu tun haben. Das würde jedoch die Abkehr vom bisher vorherrschenden Typ kausalanalytischer Forschung erfordern, bei dem die Beziehungen zwischen möglichst wenigen und möglichst einfachen Variablen untersucht werden. Statt dessen müßten komplexe erzieherische Mittel-Systeme und deren vielgestaltige (beabsichtigte und unbeabsichtigte) Wirkungen auf Educanden untersucht werden, und zwar nicht isoliert, sondern unter Einbezug der wichtigsten übrigen in der jeweiligen Situation auf die Persönlichkeit der Educanden wirkenden Einflüsse. Als Ideal werden »*multivariable* experimentelle Längsschnitt-Studien«, bei denen auch die individuellen Differenzen zwischen den Educanden zu berücksichtigen sind, empfohlen[23]. Man strebt heute unter dem Namen »experimentelle Ökologie der Erziehung« sogar vergleichende kausalanalytische Untersuchungen ganzer Umweltsysteme in ihrer Wirkung auf Educanden und Erzieher an[24]. Mit den Merkmalen des wissenschaftlichen Experiments, zu denen neben Planmäßigkeit und Wiederholbarkeit vor allem Variierbarkeit

---

[21] Eine klare Einführung bieten LAUCKEN und SCHICK 1971, S. 81 ff.
[22] Als Einführung in die Methoden der erziehungswissenschaftlichen Forschung vgl. EIGLER 1970; KLAUER 1973; SKOWRONEK und SCHMIED 1977; TRAVERS 1972. Zu den sozialwissenschaftlichen Forschungsmethoden im allgemeinen vgl. (nach dem Grad zunehmender Schwierigkeit geordnet) ATTESLANDER 1975; MAYNTZ 1974; KERLINGER 1975.
[23] Vgl. SHULMAN 1970, S. 383.
[24] Vgl. BRONFENBRENNER 1976 und 1977.

unter kontrollierten Bedingungen gehört[25], haben solche Projekte freilich trotz ihres vielversprechenden Namens kaum mehr etwas gemeinsam. Sie müßten eine solche Fülle von Variablen und Beziehungen zwischen Variablen einschließen, daß die erstrebte Theorie vermutlich viel zu kompliziert werden würde, um noch überprüft oder gar angewendet werden zu können.

Der Versuch, die Beziehungen zwischen komplexen Variablensystemen zu erforschen, statt zwischen isolierten Variablen ohne Rücksicht auf deren Systemzugehörigkeit, könnte zu wirklichkeitsnäheren Theorien führen, sofern es gelingt, genügend Überblick über die beteiligten Bedingungen zu behalten, um feststellen zu können, welche von ihnen (im Rahmen des jeweiligen Systems) was bewirkt. Gerade das scheint jedoch bei diesem multivariablen (oder multifaktoriellen) Ansatz nur begrenzt möglich zu sein. Deshalb können auch die Ergebnisse solcher Untersuchungen nicht eindeutig sein, sondern sie lassen verschiedene Interpretationen zu, je nachdem, welche Variable (bzw. welche Variablengruppe) des Systems aufgrund der jeweils vorausgesetzten Theorie für die Hauptbedingung eines als Wirkung aufgefaßten Zustandes oder Ereignisses gehalten wird[26].

Der Hinweis auf diese Schwierigkeiten genügt vielleicht, um die Abstände ermessen zu können, die zwischen den angestrebten, den möglicherweise erreichbaren und den bisher vorliegenden erziehungswissenschaftlichen Theorien bestehen. Man muß vor allem beachten, daß den erziehungswissenschaftlichen Theorien ebenso wie allen anderen sozialwissenschaftlichen und den meisten naturwissenschaftlichen Theorien *Geschlossenheit und Vollständigkeit fehlen*. Geschlossenheit bedeutet hier, daß die Faktoren, die mit den Begriffen der Theorie gemeint sind, nur untereinander in Beziehung stehen und nicht auch mit irgendwelchen anderen Faktoren, die in der Theorie unberücksichtigt geblieben sind. Mit Vollständigkeit ist gemeint, daß keine Variable weggelassen wird, die tatsächlich von Einfluß ist und die deshalb, sobald sie berücksichtigt wird, die Theorie verändern würde[27]. Die Kenntnis aller relevanten Variablen und ihrer Beziehungen wäre also die Voraussetzung für die Vollständigkeit einer Theorie. Es leuchtet ein, daß wissenschaftliche Theorien der Erziehung weit entfernt davon sind, geschlossen und vollständig zu sein. Aber das gilt für die meisten anderen Wissenschaften auch.

Diese Sachlage sollte uns zur Bescheidenheit veranlassen, aber nicht zur Resignation. Die sozialwissenschaftliche Forschung hat den Beweis bereits

---

[25] KLAUER 1973, S. 38 ff.
[26] In der Sprache der experimentellen Psychologie ausgedrückt handelt es sich hierbei um die Spannung zwischen *interner* und *externer Gültigkeit* bzw. zwischen *Bedingungskontrolle* durch Ausschalten von Situationsfaktoren einerseits und *Lebensnähe* (oder Situationsangemessenheit der Untersuchung) um den Preis der Verringerung der Möglichkeiten der Bedingungskontrolle andererseits. Vgl. LAUCKEN und SCHICK 1971, S. 85 ff.
[27] BRODBECK 1963, S. 75 bzw. 1970, Sp. 232.

erbracht, daß es möglich ist, Gesetzmäßigkeiten zu entdecken, die erziehungstechnologisch angewendet werden können[28]. Diese Gesetzeshypothesen sind noch unvollkommen, aber sie sind verbesserungsfähig und durch zusätzliche Hypothesen ergänzbar.

Wie in jeder anderen Wissenschaft hängt auch in der Erziehungswissenschaft der Erkenntnisfortschritt davon ab, daß die unbestimmten und unprüfbaren Aussagen durch genauer bestimmte und prüfbare ersetzt werden. Dazu müssen die Einzeltatsachen auf unterscheidende wie auf gemeinsame Merkmale hin untersucht und Gattungsbegriffe gebildet werden, die es überhaupt erst möglich machen, über allgemeine Erörterungen hinauszukommen und spezielle Fragen zu stellen. Vor wenigen Jahrzehnten hat man zum Beispiel die für das Werden der Persönlichkeit relevanten Bedingungen noch äußerst grob in intentionale Erziehungsakte, Erbanlagen und »Umwelteinflüsse« (auch »funktionale Erziehung« oder »geheime Miterzieher« genannt) klassifiziert[29]. Erst seit diese »Umwelteinflüsse« (einschließlich der Erziehungsphänomene) genauer unterschieden, in ihrer relativen Bedeutung theoretisch gewichtet und je für sich empirisch untersucht worden sind, wissen wir etwas mehr über die Möglichkeiten, sie zur Erreichung von Erziehungszielen zu nutzen. Dabei haben sich die sogenannten Erziehungsmaßnahmen und Unterrichtsmethoden, auf die die traditionelle Pädagogik ihre Aufmerksamkeit vor allem gerichtet hatte, eher als nebensächlich erwiesen.

Ein typisches Beispiel für den relativ fortgeschritteneren, aber doch immer noch unbefriedigenden Stand unseres derzeitigen Wissens ist der Satz: »Im großen und ganzen beeinflußt die durchgängige gefühlsmäßige Tönung des elterlichen Erziehungsverhaltens (und besonders die gefühlsmäßige Tönung hinsichtlich der Dimension Liebe-Abweisung) die Entwicklung der Kinder mehr als irgendeine spezielle Technik der Kindererziehung (Gewährenlassen, Einschränkung, Bestrafung, Belohnung) oder der Zusammenhalt der elterlichen Ehe«[30]. Für jemanden, der erziehungstechnologisches Wissen sucht, ist diese Gesetzeshypothese noch viel zu unbestimmt, aber es kann kaum bestritten werden, daß sie gegenüber dem naiven Glauben an die Wirksamkeit irgendwelcher »Erziehungsmittel« unabhängig von den emotionalen Aspekten der Erziehungsssituation als ein Erkenntnisfortschritt anzusehen ist.

Versucht man, die als Beispiel herangezogene Gesetzeshypothese (mit ihren hier nicht näher zu erörternden Erweiterungen) technologisch zu interpretieren, dann kann man sagen, daß die positive Gefühlszuwendung der Eltern (bzw. jener Personen, die ihre Stelle übernehmen) eine notwendige, aber keine hinreichende Bedingung dafür ist, daß Kinder bestimmte psychi-

---

[28] Vgl. z. B. IMMISCH und RÖSSNER 1975; ASCHERSLEBEN 1977.
[29] Vgl. z. B. F. SCHNEIDER 1953, S. 12.
[30] BERELSON und STEINER 1969, S. 51.

sche Dispositionen erwerben. Eine Bedingung A wird als *notwendig* bezeichnet, wenn ohne ihre Verwirklichung das Auftreten der durch sie bedingten Erscheinung B unmöglich ist. Das Auftreten von A genügt jedoch nicht, damit auch B eintritt, sondern zum Eintritt von B sind noch andere Bedingungen notwendig. Eine Bedingung A wird *hinreichend* genannt, wenn ihre Verwirklichung das Auftreten der durch sie bedingten Erscheinung B immer nach sich zieht. Das Auftreten von B sagt jedoch noch nichts darüber, daß die hinreichende Bedingung A verwirklicht worden ist, sondern es ist auch möglich, daß B von anderen Bedingungen A_1, A_2 usw. hervorgerufen worden ist. »Kennt man lediglich eine hinreichende Bedingung, so weiß man nicht, ob nicht vielleicht noch andere Bedingungen existieren, die ebenfalls hinreichend sind. Sind dagegen nur notwendige Bedingungen bekannt, dann weiß man einzig und allein, wann das betreffende Ereignis *nicht* eintritt«[31]. Vollständig ist unser Wissen erst, wenn wir die *notwendigen und hinreichenden Bedingungen* einer Erscheinung B kennen. Das sind jene, ohne deren Verwirklichung das Auftreten von B unmöglich ist und deren Verwirklichung das Auftreten von B regelmäßig nach sich zieht.

Um der technologischen Anwendungsmöglichkeiten willen ist man vor allem an erziehungswissenschaftlichen Theorien interessiert, die über die notwendigen *und* hinreichenden Bedingungen für das Eintreten gewollter Wirkungen informieren. Am meisten erwünscht ist die Kenntnis von Beziehungen zwischen Determinanten (»Ursachen«) und Resultanten (»Wirkungen«) nach dem Schema: »wenn A, dann B, ungeachtet alles anderen«. Tatsächlich scheinen aber bestenfalls nur *bedingte* Beziehungen nach dem Schema: »wenn A, dann B, aber nur wenn C« auffindbar zu sein. Die Verhältnisse komplizieren sich zusätzlich noch dadurch, daß die Determinanten wenigstens zum Teil auch durch andere *ersetzbar* sind (»wenn A, dann B; aber wenn F, dann auch B«[32]). Auf dieser Voraussetzung beruht die Suche nach Handlungsalternativen[33].

Man sieht an diesem Beispiel nicht nur, wie groß der Abstand zwischen dem angestrebten und dem vorhandenen Kausalwissen derzeit ist, sondern auch, wie schwer er zu verringern sein dürfte. Das heißt mit anderen Worten: erziehungswissenschaftliche Gesetzeshypothesen und Theorien sind besonders offen[34]. Diese Einsicht kann uns vor der utopischen Erwartung eines vollständigen und sicheren Wissens bewahren, aber sie rechtfertigt es nicht, auf die Konstruktion der erreichbaren unvollständigen und vorläufi-

---

[31] KLAUS und BUHR 1970, S. 175. Vgl. auch WRIGHT 1960, S. 66 ff.; THEOBALD 1973, S. 97 ff.
[32] Nach ZETTERBERG 1967, S. 82 f.
[33] Zu den Forschungsergebnissen über die Wirkungen verschiedener Formen des Elternverhaltens auf Kinder vgl. BECKER 1964; CALDWELL 1964; WALTERS und PARKE 1967.
[34] Über die Offenheit von Gesetzesaussagen, Theorien und Erklärungen vgl. KAPLAN 1964, S. 351 ff.

gen erziehungswissenschaftlichen Theorien zu verzichten und uns mit ungeprüften Ansichten über Erziehung zu begnügen.

Die Anwendung von Theorien zur Erklärung

Theorien stellen die gesetzmäßigen Beziehungen dar, die in einem Wirklichkeitsbereich bestehen. Sie können für verschiedene Zwecke angewendet werden, doch bei allen Arten der Anwendung wird ähnlich vorgegangen. In der Erziehungswissenschaft steht die technologische Anwendung im Vordergrund, aber da sich die Vorgangsweise am besten am Modell der Erklärung erläutern läßt, gehen wir von ihm aus.

Das Wort »Erklärung« hat mehrere Bedeutungen. Hier ist damit der Versuch gemeint, Warum-Fragen zu beantworten: »Warum ist das und das der Fall«?, »Warum war das und das der Fall«?, »Warum ist dieses Ereignis eingetreten«? Es geht also um die Erklärung von *Einzeltatsachen* oder von *Einzelereignissen*[1]. Wir wollen etwas über die Bedingungen erfahren, durch die sie zustande gekommen sind. Häufig sagen wir auch: wir wollen die Ursachen kennen lernen, von denen sie abhängen.

Beginnen wir mit einem Beispiel. Ein ängstlicher und unsicherer Schüler, der bisher schlechte Schulleistungen erbracht hat, bringt nach einem Schulwechsel in einer neuen Klasse unter einem neuen Lehrer fortdauernd gute Leistungen zustande. Für dieses Ereignis soll eine Erklärung gegeben werden. Dazu wird so vorgegangen, daß eine Theorie gesucht wird, die Gesetzeshypothesen enthält, welche etwas über das zu erklärende Ereignis aussagen. Im vorliegenden Fall wird man dazu den Kreis jener Theorien mustern, die über die Beziehungen zwischen Schülermerkmalen, Unterrichtsmethoden und Lernerfolg aufgestellt worden sind[2]. Insbesondere wird dabei auf Gesetzesaussagen zu achten sein, in denen die Persönlichkeitsvariable Ängstlichkeit vorkommt[3]. Bei dieser Suche stoßen wir auf die empirisch bestätigte Gesetzeshypothese, daß ängstliche Kinder auf einen Unterricht, der stark durch den Lehrer gelenkt und bis in Einzelheiten klar gegliedert ist, mit größeren Leistungen antworten als auf einen Unterricht, der ihnen viel Spielraum in unkontrollierten Situationen läßt[4]. Als nächstes muß nun festgestellt werden, ob die in dieser Gesetzeshypothese genannten Bedingungen in dem zu erklärenden Fall vorliegen. Nehmen wir an, es trifft zu, daß der ängstliche Schüler in seiner früheren Schule einen schwach kontrollierenden Unterrichtsstil erlebt hat und nach dem Schulwechsel einem stark

---

[1] Grundlegend hierzu STEGMÜLLER 1969, S. 72 ff.; zur Erklärung in den Sozialwissenschaften vgl. RYAN 1973, S. 63 ff.
[2] Vgl. z. B. FLAMMER 1975; SCHWARZER und STEINHAGEN 1975; BENNETT 1976.
[3] Zur Analyse dieser Variablen vgl. THURNER 1970.
[4] Vgl. BENNET 1976, S. 155 ff.; FLAMMER 1975, S. 293.

kontrollierenden Unterrichtsstil ausgesetzt worden ist, dann kann seine Leistungssteigerung mit Hilfe der genannten Gesetzesaussage und beschreibenden Sätzen über die konkreten Umstände dieses Falles erklärt werden[5].

An diesem Beispiel ist zu erkennen, daß eine Erklärung aus einer logischen Ableitung besteht, in der zwei Arten von Sätzen vorkommen: erstens Gesetzesaussagen (oder allgemeine Sätze) und zweitens besondere (oder singuläre) Sätze, die den einzelnen (oder singulären) Sachverhalt beschreiben, d. h. die besonderen Bedingungen im konkreten Fall[6]. In unserem Beispiel lautet die Gesetzesaussage: »Wenn ängstliche Schüler einen vom Lehrer stark gelenkten und bis in Einzelheiten klar gegliederten Unterricht erhalten, dann erbringen sie größere Leistungen als bei einem schwach gelenkten und wenig gegliederten Unterricht«. Die singulären Sätze lauten: »Es gibt am Ort O zur Zeit t einen ängstlichen Schüler A«; »Der ängstliche Schüler A hat vor dem Schulwechsel einen schwach gelenkten und wenig gegliederten Unterricht erhalten«; »Er erhält seit dem Schulwechsel einen vom Lehrer stark gelenkten und bis in Einzelheiten klar gegliederten Unterricht«. Aus diesen Prämissen kann der Satz, der das zu erklärende Ereignis beschreibt, logisch abgeleitet werden[7]: »Der ängstliche Schüler A bringt seit dem Schulwechsel größere Leistungen hervor«.

Das Ereignis, das erklärt werden soll, wird in der wissenschaftstheoretischen Fachsprache das »explanandum-Ereignis« genannt; die Aussage, die das explanandum-Ereignis beschreibt, wird als »explanandum-Aussage« bezeichnet. Abkürzend wird meist vom »Explanandum« gesprochen, womit sowohl die explanandum-Aussage als auch das durch sie beschriebene Ereignis gemeint sein kann[8]. Die besonderen Umstände oder die individuellen Bedingungen, die vor dem Eintreten des zu erklärenden Ereignisses oder gleichzeitig mit ihm vorhanden waren, werden »Antecedensbedin-

---

[5] Um das Beispiel nicht zu kompliziert zu machen, bleibt hier absichtlich unberücksichtigt, daß zur Erklärung derartiger Ereignisse eine einzige Gesetzeshypothese selten ausreicht, sondern daß mehrere herangezogen werden müssen. Unberücksichtigt bleibt ferner, daß neben der hier vorgenommenen Erklärung eventuell auch noch andere Erklärungen möglich sind.
[6] Vgl. POPPER 1966, S. 31 f. und 1964, S. 93 ff.
[7] Die Ableitung erfolgt nach dem sogenannten modus ponens:
wenn p, dann q (Gesetzeshypothese)
p (singulärer Satz über die besonderen Bedingungen)
daher: q (erklärter singulärer Satz)
Die erste Prämisse ist ein Konditionalsatz (oder Wenn-Dann-Satz), dessen Wenn-Komponente das »Antecedens« und dessen Dann-Komponente das »Konsequens« genannt wird. Wenn zwei Sätze wahr sind, von denen der eine ein Konditionalsatz ist, während der andere die Existenz des Antecedens dieses Konditionalsatzes behauptet, dann ist auch der Satz wahr, der das Konsequens des Konditionalsatzes beschreibt (TARSKI 1941, S. 48).
[8] Vgl. HEMPEL 1972, S. 238 ff. (»Explanandum« vom lateinischen »explanare« = erklären; also: das Zu-Erklärende).

gungen« genannt[9]. Die beiden Klassen von Sätzen, die die Prämissen eines erklärenden Arguments bilden (also die Gesetzesaussagen und die singulären Sätze, welche die Antecedensbedingungen beschreiben), werden unter dem Namen »Explanans« zusammengefaßt[10]. Wenn eine Warum-Frage gestellt wird, muß sie auf diese beiden Bestandteile des Explanans bezogen interpretiert werden: „Auf Grund welcher Antecedensbedingungen und welcher Gesetze tritt dieses Ereignis auf"?

Je nachdem, ob für eine Erklärung streng allgemeine (universelle) oder probabilistische (statistische) Gesetzesaussagen verwendet werden, sind zwei Modelle wissenschaftlicher Erklärungen zu unterscheiden. Im ersten Fall erfolgt der Schluß aus dem Explanans auf das Explanandum mit logischer Notwendigkeit. Da das Explanandum im Explanans logisch enthalten ist, gilt: wenn das Explanans wahr (oder wahrscheinlich) ist, muß auch das Explanandum wahr (oder wahrscheinlich) sein. Weil hier eine logische Ableitung (Deduktion) erfolgt, wird diese Art der Erklärung als *deduktiv-nomologische Erklärung* bezeichnet.

Im zweiten Fall werden Gesetzeshypothesen benutzt, in denen behauptet wird, daß unter bestimmten Bedingungen gewisse Ereignisse mit statistischer Wahrscheinlichkeit eintreten. Weil das Explanans keine universellen Gesetzesaussagen enthält, die für *alle* Fälle gelten, kann hier der Schluß auf das Explanandum auch nicht mit logischer Notwendigkeit, sondern nur mit einer gewissen Wahrscheinlichkeit erfolgen. Diese Art der Erklärung wird *probabilistische* oder *induktiv-statistische Erklärung* genannt[11]. Das Schema ist für beide Formen der Erklärung das gleiche, aber die probabilistischen Erklärungen enthalten gegenüber den deduktiv-nomologischen Erklärungen noch spezielle erkenntnistheoretische Probleme, auf die hier jedoch nicht eingegangen zu werden braucht[12].

Das idealtypische Schema der Erklärung (deduktiver wie induktiver Art) ist nicht nur in den Naturwissenschaften, sondern auch in den Sozial- und Kulturwissenschaften brauchbar. Bei der Erklärung menschlicher Handlungen und bei genetisch-historischen Erklärungen treten allerdings besondere Probleme auf, die mit der Zielbestimmtheit der Handlungen und den Wahlmöglichkeiten des Handelnden zusammenhängen[13]. Es läßt sich jedoch zeigen, daß auch vermeintliche Alternativen wie die Erklärung durch rationale Beweggründe (statt durch Gesetzesaussagen) im wesentlichen dem dargestellten Erklärungsschema entsprechen[14].

---

[9] Vom lateinischen »antecedere« = vorgehen, vorangehen; also: die dem Explanandum vorangehenden Bedingungen.
[10] = das Erklärende.
[11] HEMPEL 1972, S. 241; STEGMÜLLER 1969, S. 83.
[12] Vgl. STEGMÜLLER 1969, S. 627 ff.
[13] Vgl. WRIGHT 1974, S. 83 ff.; GIESEN und SCHMID 1975.
[14] Vgl. HEMPEL 1972, S. 254 ff.; STEGMÜLLER 1969, S. 335 ff.

Da es sich bei diesem Schema um ein Modell, um einen Idealtyp oder um ein ideales Muster handelt, ist es naheliegend, daß die tatsächlich gegebenen Erklärungen mehr oder weniger stark von ihm abweichen. Es gibt unvollständige, ungenaue, bruchstückhafte und partielle Erklärungen. Die Erklärungen so komplexer Phänomene, wie sie in Erziehungsfeldern vorkommen, können gar nicht anders als unvollständig sein. Um komplizierte Vorgänge erklären zu können, genügt nicht bloß *ein* Gesetz, sondern dazu wären *viele* Gesetze nötig. Eine »*vollständige* Beschreibung und Erklärung des sozialen Handelns«, wie sie gelegentlich als ideale Ziele der sozialwissenschaftlichen Forschung aufgestellt worden sind[15], ist unmöglich[16].

Denken wir an einige Beispiele erklärungsbedürftiger Phänomene aus dem Erziehungsbereich. Warum ist ein bestimmtes Kind unfähig zum Kontakt mit Gleichaltrigen? Warum verweigert ein anderes die Mitarbeit im Unterricht? Warum begreift ein Schüler die Mengenlehre nicht? Warum reagiert der eine auf den partnerschaftlichen Erziehungsstil mit gesteigerter Selbstkontrolle, ein anderer mit Enthemmung? Warum hat die Spieltherapie in einem Fall Erfolg, im anderen nicht? Allgemeiner formuliert: warum treten bei den Educanden diese oder jene (am Erziehungsziel gemessen) erwünschten oder unerwünschten Persönlichkeitsmerkmale (Verhaltensweisen bzw. Dispositionen) auf? Oder richten wir unsere Aufmerksamkeit von den Problemen der Beziehungen zwischen dem Verhalten der Erzieher und der Persönlichkeitsstruktur der Zu-Erziehenden auf die Problematik der Erziehungseinrichtungen. Warum erreichen in einem Schulsystem nur 30 bis 50 % der Eintretenden den angestrebten Abschluß in der vorgesehenen Zeit? Warum haben 80 % der Gymnasiasten Nachhilfelehrer nötig? Warum wird in einem Land während einer bestimmten Epoche das allgemeinbildende Schulwesen mehr gefördert als das berufsbildende? Warum besteht zwischen Eltern und Lehrern gegenseitiges Mißtrauen?

Was hier erklärt werden soll, sind jeweils sehr komplexe Sachverhalte. Man könnte sogar einwenden, daß sie zu komplex sind, um überhaupt befriedigend erklärt werden zu können. Dagegen wäre zu sagen, daß das Explanandum in vielen Fällen gewiß noch genauer formuliert werden müßte, aber im großen und ganzen sind eben gerade die praktisch besonders wichtigen Phänomene der Erziehungsfelder, die einer Erklärung bedürfen, von großer Komplexität. Man kann auf diesem Gebiet die Probleme nicht allzu sehr vereinfachen, ohne sie völlig zu verändern.

Unter diesen Umständen wird man sich meistens mit *partiellen Erklärungen* oder häufig sogar mit bloßen *Erklärungsskizzen* begnügen müssen[17]. Bei der partiellen Erklärung reicht das vorgeschlagene Explanans nicht aus,

---

[15] DAHRENDORF 1967, S. 219 (Hervorhebung von mir).
[16] Vgl. HEMPEL 1965, S. 233; STEGMÜLLER 1969, S. 337 f.
[17] Vgl. HEMPEL und OPPENHEIM 1953, S. 319 ff.; HEMPEL 1965, S. 415 ff. und 1972, S. 246 ff.; STEGMÜLLER 1969, S. 105 ff.

»um das Explanandum-Phänomen in all den Hinsichten, in denen es beschrieben wird, zu erklären; vielmehr liefert es nur eine Erklärung für einige dieser Aspekte«. Bei einer Erklärungsskizze »besteht das Explanans nur in einem ungefähren Umriß einer Erklärung, in mehr oder weniger vagen Hinweisen darauf, wie Antecedensdaten und Gesetze so ergänzt werden könnten, daß daraus eine befriedigende rationale Erklärung entsteht. Daß eine bloße Skizze vorliegt, wird besonders in jenen Fällen deutlich, wo es gegenwärtig nicht gelingt, geeignete empirisch fundierte relevante Gesetzmäßigkeiten anzugeben«[18].

Erklärungen können also wegen mangelnder Kenntnis der Antecedensbedingungen wie aus Unkenntnis der relevanten Gesetzmäßigkeiten unvollkommen bleiben. Die für die Erreichung von Erziehungszielen relevanten Phänomene sind in der Regel von vielen Faktoren bedingt, die für uns praktisch nie vollständig erkennbar sind. Da in Erziehungssituationen nicht nur psychische Objektivationen (Handlungen und Werke), sondern vor allem auch Merkmale der beteiligten Persönlichkeiten relevant sind, spielen die im Laufe der Lebensgeschichte von den Interaktionspartnern erworbenen Einstellungen, Gefühlsdispositionen, Werthaltungen und Weltanschauungen eine wesentliche Rolle. Man macht sich selten klar, wie groß die Zahl der Variablen ist, die für die Erklärung von Verhaltensänderungen in Frage kommen *können*[19]. Wir kennen bisher vermutlich erst einen Teil der Bedingungen, die für den Erwerb der als Erziehungsziele angestrebten psychischen Dispositionen in bestimmten Situationen relevant sind.

Noch schlechter ist es um die Kenntnis von Gesetzmäßigkeiten bestellt, die für die Erklärung erzieherisch relevanter Tatsachen anwendbar sind. Der Anschein trügt, daß man einfach Gesetzmäßigkeiten, die in der biologischen, psychologischen oder soziologischen Grundlagenforschung entdeckt worden sind, benutzen könne. Diese Gesetzesaussagen sind in der Regel viel zu allgemein und es bedarf zusätzlicher Forschungen, um festzustellen, ob sie in den speziellen Fällen, für deren Erklärung sie gebraucht werden, etwas nutzen. Gesetze, die für das Lernen der Ratten in Problemkäfigen gelten, sind nicht fraglos auch zur Erklärung des Lernens einer Fremdsprache durch Schulkinder geeignet. In den Erziehungssituationen kommen neue Faktoren (oder Variablen) hinzu, die sie gegenüber den in der Grundlagenforschung gegebenen einfachen Experimentalsituationen so verändern, daß die dort bewährten Gesetzeshypothesen unter Umständen hier keinen Erklärungswert haben[20]. Das hängt mit der früher bereits erwähnten Tatsache zusammen, daß man in der experimentalpsychologischen Forschung aus methodischen Gründen das komplexe Bedingungsgefüge, das

---

[18] STEGMÜLLER 1969, S. 108 und S.110.
[19] Vgl. den Versuch einer Taxonomie der Determinanten des Verhaltens von SELLS 1963; deutsche Zusammenfassung bei GRAUMANN 1969, S. 62 ff.
[20] Vgl. AUSUBEL 1953, S. 317 ff.; HILGARD 1970, S. 176 ff.

den Menschen normalerweise beeinflußt, so weit wie möglich auszuschalten versucht. Nur wenn man sich auf wenige Ausgangsbedingungen als unabhängige Variablen beschränkt, lassen sich deren Wirkungen relativ genau bestimmen[21]. In den normalen erzieherischen Interaktionsverhältnissen treten diese Variablen aber gerade nicht isoliert, sondern zusammen mit zahlreichen anderen Variablen in einem sehr komplexen System auf.

Aus allen diesen Gründen können viele erziehungswissenschaftliche Erklärungen gar nicht anders als unvollkommen sein. Jede Erklärung ist vorläufig. Wenn genauere Beschreibungen des zu erklärenden Ereignisses gelingen und wenn besser darauf passende oder besser bewährte Gesetzeshypothesen gefunden werden, kann sie durch eine bessere Erklärung ersetzt werden. Wo empirisch bewährte Gesetzeshypothesen ganz fehlen, muß man sich notfalls bis auf weiteres mit schwach begründeten Vermutungen oder mit bloßen „Orientierungshypothesen"[22] begnügen. Sofern man sich ihrer Unvollkommenheit bewußt bleibt, sind auch unvollkommene Erklärungen besser als gar keine, weil sie als Anreiz für weitere Forschung in der vermuteten Richtung dienen können.

Die Anwendung von Theorien zur Voraussage

Unter einer wissenschaftlichen Voraussage oder Prognose wird ein Argument verstanden, das die Frage beantwortet:»Was wird geschehen, wenn ...«? Das ideale Modell der Voraussage ist dem der Erklärung sehr ähnlich. Bei einer Erklärung hat das Ereignis, das man erklären will, bereits stattgefunden und es wird nachträglich nach den Gesetzen und den Antecedensbedingungen gesucht, aus denen das Explanandum abgeleitet werden kann. Bei einer Voraussage sind Gesetzesaussagen und durch Beobachtung gewonnene Aussagen über die konkreten Umstände (oder Antecedensbedingungen) gegeben und aus diesen Prämissen wird die Prognose als Satz, der ein künftiges Ereignis beschreibt, abgeleitet. Der Unterschied zwischen Erklärung und Voraussage liegt also hauptsächlich in der zeitlichen Beziehung, die zwischen dem Ereignis und dem Zeitpunkt der Ableitung des Satzes, der dieses Ereignis beschreibt, besteht. Im Fall der Voraussage erfolgt die Ableitung, *bevor* das Ereignis stattgefunden hat[1].

Wissenschaftliche Voraussagen erfordern also ebenso wie Erklärungen die Kenntnis von Gesetzmäßigkeiten und von Antecedensbedingungen. Sie sind im Unterschied zur Prophetie, die bedingungslos behauptet »x wird ge-

---

[21] Vgl. HOLZKAMP 1970, S. 10 ff.
[22] Vgl. OPP 1967, S. 398 f.

[1] Vgl. STEGMÜLLER 1969, S. 84 und S. 154. Zur Voraussage in den Sozialwissenschaften vgl. RYAN 1973, S. 252 ff.

schehen«, bedingt oder hypothetisch formuliert: »x wird (oder kann) geschehen, *wenn* diese und jene Gesetze zutreffen und diese bestimmten Bedingungen gegeben sind«[2]. Da wir im Idealfall die Gesetzesaussagen als vorhanden ansehen können, liegt die Hauptaufgabe des Forschers darin, die konkreten Bedingungen festzustellen, die in der Ausgangssituation gegeben sind. Aus den bei dieser Bestandsaufnahme gewonnenen Daten und den entsprechenden Gesetzen wird dann die Voraussage abgeleitet.

In logischer Hinsicht entspricht das Schema der Prognosenableitung dem Erklärungsschema[3], aber in anderer Hinsicht bestehen zwischen Erklärungen und Prognosen erhebliche Unterschiede. Ein sehr wesentlicher Unterschied liegt darin, daß sich bei einer Erklärung die Antecedensdaten zur Gänze auf *vergangene* Situationen beziehen, über die ein hinreichend sicheres Wissen gewonnen werden kann. Bei einer Voraussage müssen dagegen auch solche Antecedensdaten herangezogen werden, die sich auf *künftige* Situationen beziehen. Es muß nämlich vorausgesetzt werden, daß die in der Vergangenheit festgestellten Antecedensbedingungen auch zu dem künftigen Zeitpunkt, für den die Voraussage gemacht wird, bestehen werden. Das ist jedoch eine hypothetische Annahme, die sich im nachhinein als falsch erweisen kann. Zwischen dem Zeitpunkt, zu dem die Prognose aufgestellt wird, und dem Zeitpunkt, für den das Eintreten des Ereignisses vorausgesagt worden ist, können störende Einflüsse auftreten, die bewirken, daß das vorausgesagte Ereignis nicht eintritt[4].

Trotz aller Unterschiede zwischen Erklärung und Prognose[5] kann man sagen, daß ein erklärendes Argument stets auch prognostisch verwertbar ist, während das Umgekehrte nicht zutrifft. Werfen wir zur Erläuterung nochmals einen Blick auf das Beispiel, das im letzten Kapitel für ein Erklärungsargument gegeben worden ist. Es liegt hier folgende Gesetzeshypothese vor: »Wenn ängstliche Schüler einen vom Lehrer stark gelenkten und bis in Einzelheiten klar gegliederten Unterricht erhalten, dann erbringen sie größere Leistungen als bei einem schwach gelenkten und wenig gegliederten Unterricht«. Wird nun in einem singulären Satz festgestellt, daß der ängstliche Schüler A bisher einen schwach gelenkten und wenig gegliederten Unterricht erhalten hat, nunmehr jedoch einen stark gelenkten und bis in Einzelheiten klar gegliederten Unterricht erhält, dann läßt sich aus der Gesetzeshypothese und diesem singulären Satz als Prämissen die Voraussage ableiten, daß der Schüler A unter den genannten Bedingungen größere Leistungen als früher erbringen wird.

Jede wissenschaftliche Prognose ist an die Voraussetzung gebunden, daß

---

[2] Vgl. BUNGE 1967, Bd. 2, S. 68 ff.; ALBERT 1965b, S. 130 f.
[3] POPPER 1964, S. 96; HEMPEL 1965, S. 366 ff.
[4] STEGMÜLLER 1969, S. 150 f.
[5] Vgl. STEGMÜLLER 1969, S. 155 ff.; BUNGE 1967, Bd. 2, S. 69 ff.; LENK 1972, S. 13 ff.

die Ausgangsbedingungen gleich bleiben. In Wirklichkeit sind jedoch nie alle Bedingungen, die in einer Erziehungssituation gegeben sind, bekannt. Außerdem bleiben die Bedingungen, unter denen Menschen leben, lernen und handeln, nie längere Zeit unverändert, sondern das Bedingungsgefüge wandelt sich ständig. Deshalb sind langfristige Voraussagen für offene, nicht-isolierte Systeme mit großem Spielraum für spontanes Handeln, wie es Menschen und Menschengruppen sind, sehr unsicher. Selbst Gesetzesaussagen mit großer Erklärungskraft reichen zur Voraussage nicht aus, sofern die Kenntnis der speziellen Bedingungen fehlt. Eine Voraussage kann also nur so genau sein, wie unser Wissen über die einschlägigen Gesetze und die individuellen Bedingungen des konkreten Falles genau ist. Wenn zum Beispiel im Leben des ängstlichen Schülers, über dessen Schulleistungen eine Voraussage gemacht worden ist, unvorhergesehene Bedingungen wie eine Gehirnerkrankung mit nachfolgender Antriebsschwäche wirksam werden, dann wird die vorausgesagte Leistungssteigerung nicht erfolgen.

Auch bei wissenschaftlichen Voraussagen ist der Unterschied zwischen universellen und statistischen Gesetzesaussagen zu beachten. Da wir in der Erziehungswissenschaft nur über statistische Gesetzeshypothesen und empirische Verallgemeinerungen verfügen, ist es grundsätzlich ausgeschlossen, ein *individuelles* Ereignis vorhersagen zu können. Dazu bedürfte es universeller Gesetzesaussagen als Prämissen. Sind lediglich statistische vorhanden, so lassen sich Voraussagen nur für *Klassen* von Ereignissen ableiten. »Der Eintritt eines bestimmten Einzelfalles ist hingegen völlig ungewiß; das Unwahrscheinliche kann ohne weiteres eintreten«[6]. Selbst wenn es also gelingen sollte, relativ inhaltsreichere Theorien des sozialen Verhaltens aufzustellen als wir bis jetzt haben, ist nicht zu erwarten, daß mit ihrer Hilfe *in jedem Einzelfall* der erzieherischen Praxis verläßliche Voraussagen gemacht werden können. Die Gesetzeshypothesen einer Theorie gelten nur für den „reinen" oder „idealen" Fall, von dem das konkrete Verhalten einzelner Menschen in komplexen Situationen wegen der großen Zahl der relevanten Variablen mehr oder weniger stark abweicht[7]. Es ist jedoch möglich, neben dem Gesetzeswissen auch das Wissen über die individuellen Bedingungen zu vermehren und es dazu zu verwenden, von sehr ungenauen zu weniger ungenauen Voraussagen zu gelangen.

---

[6] V. Kraft 1968, S. 83; vgl. auch Bochenski 1954, S. 116.
[7] Vgl. hierzu Scriven 1956, S. 334 ff.

Die Anwendung von Theorien zur Lösung erziehungstechnologischer Probleme

Die technologische Fragestellung lautet: »Was kann getan werden, um das Ziel x zu erreichen«? Es geht darum, die notwendigen und die hinreichenden Bedingungen für die Verwirklichung eines Zieles zu erkennen. Aus der Gesamtheit dieser Bedingungen kommt es dabei vor allem auf jene an, die durch Handlungen beeinflußbar sind.

Die logische Struktur der Lösung eines technologischen Problems ist ebenso wie die der Voraussage dem idealen Modell der Erklärung ähnlich. Bei der prognostischen Verwendung einer Theorie sind Gesetzesaussagen und singuläre Sätze über Antecedensbedingungen (Ausgangs-, Anfangs- oder Situationsbedingungen) gegeben, während die Konsequenzen aus der bekannten Situation gesucht werden. Bei der technologischen Verwendung einer Theorie sind Gesetzesaussagen und singuläre Sätze über ein Ziel gegeben, d. h. Sätze, in denen ein bestimmter Zustand oder ein bestimmtes Ereignis beschrieben wird, den man verwirklichen bzw. das man herbeiführen will. Gesucht werden die Antecedensbedingungen, die zum Eintreten des gewollten Zustandes führen. Rein logisch ist das Problem gelöst, wenn aus den Gesetzeshypothesen der Theorie und Sätzen über die gesuchten Bedingungen der Satz, der den gewollten Zustand beschreibt, abgeleitet werden kann[1]. Aufgabe des Forschers ist es, die den Gesetzeshypothesen entsprechenden Antecedensbedingungen in der konkreten sozial-kulturellen Wirklichkeit zu entdecken. Falls sie dort nicht aufzufinden sind, ist zu untersuchen, ob und wie sie geschaffen werden können[2].

Nehmen wir als Beispiel an, es sei das Ziel gesetzt, zwei miteinander verfeindete Kleingruppen Jugendlicher auszusöhnen und zu einer größeren Gruppe zusammenzuschließen. Aus dem Vorrat sozialpsychologischer Theorien wird die empirisch bestätigte Gesetzeshypothese herangezogen, daß die Mitglieder verfeindeter sozialer Gruppen zum Abbau gegenseitiger Feindseligkeit und zu einem gemeinsamen Wir-Erlebnis gelangen, wenn sie in Situationen gemeinsamen Erlebens und Handelns kommen. Insbesondere tritt diese Einstellungsänderung in den Situationen »gemeinsamer Gegner«, »gemeinsame Not«, »gemeinsamer Vorteil« und »gemeinsame Freude« ein[3]. Es ist nun erforderlich, für die an einem bestimmten Ort zu einer bestimmten Zeit unter bestimmten Umständen befindlichen beiden Kleingruppen Bedingungen anzugeben, die der Wenn-Komponente der Gesetzeshypothese entsprechen. Die Situation »gemeinsamer Gegner« könnte zum Beispiel durch Teilnahme beider Gruppen an einem sportli-

---

[1] Der abgeleitete Satz, der den gewollten Zustand (oder das Ziel) beschreibt, entspricht also dem Explanandum im Erklärungsschema. Vgl. POPPER 1964, S. 96.
[2] Vgl. die Schemata der Forschungsschritte bei ATTESLANDER 1975, S. 16 ff.
[3] Vgl. HOFSTÄTTER 1957, S. 97.

chen Wettkampf gegen eine andere außenstehende Gruppe geschaffen werden usw.

Logisch liegt hier also das gleiche Schema vor wie bei der Erklärung und bei der Voraussage. Es besteht aus Gesetzesaussagen und singulären Sätzen über die Antecedensbedingungen als Prämissen, aus denen der Satz, der den gewollten Zustand beschreibt, abgeleitet werden kann:

Gesetzeshypothese:	»Wenn Mitglieder verfeindeter Gruppen in Situationen gemeinsamen Erlebens und Handelns kommen, dann wird gegenseitige Feindseligkeit abgebaut und es entsteht ein gemeinsames Wir-Erlebnis«.
Singuläre Sätze:	»Es gibt am Ort O zur Zeit t zwei miteinander verfeindete Kleingruppen A und B«.
	»Die Kleingruppen A und B kommen in die Situation gemeinsamen Erlebens und Handelns $S_1 - S_n$ (Wettkampf gegen gemeinsamen Gegner usw.).«
Singulärer Schlußsatz (Konklusion):	»Die Mitglieder der verfeindeten Kleingruppen A und B bauen gegenseitige Feindseligkeit ab und bilden ein gemeinsames Wir-Gefühl aus«.

Technologische Fragen beziehen sich auf die Mittel, die geeignet sind, gesetzte Zwecke (gewollte Zustände oder Ereignisse) zu verwirklichen. Ausgegangen wird stets von dem jeweils bezweckten Zustand oder Ereignis. Er wird als eine zu erzeugende Wirkung angesehen, und es wird nach der Gesamtheit der Bedingungen oder nach den Ursachen gefragt, von denen diese Wirkung abhängt[4]. Man möchte wissen, durch welche Kombination von Umständen der bezweckte Zustand herbeigeführt werden kann.

Zu den möglichen Zwecken gehören jedoch nicht nur Zustände oder Ereignisse, die man herbeiführen will. Ebenso kann bezweckt werden, das Eintreten bestimmter Ereignisse zu verhindern oder bereits vorhandenen Zuständen entgegenzuwirken. Was jeweils bezweckt wird, hängt von Entscheidungen ab. Diese Entscheidungen setzen Werturteile voraus. Nur Zustände oder Ereignisse, denen Wert zugeschrieben wird, werden hervorzubringen gewollt. Nur Ereignisse, die negativ bewertet werden, werden zu verhindern gewollt. In die erziehungstechnologischen Satzsysteme brauchen diese Werturteile jedoch nicht aufgenommen zu werden, sondern es genügt, von Zuständen oder Ereignissen auszugehen, die erfahrungsgemäß

---

[4] Vgl. MILL 1968, S. 363 ff.

bereits als Zwecke verfolgt worden sind oder möglicherweise bezweckt werden könnten[5]. Daß jede Entscheidung für einen Zweck auf einem Werturteil beruht, ist selbstverständlich, aber dieses Werturteil gehört nicht notwendig zum technologischen Satzsystem, denn die Tatsache, daß ein Phänomen bewertet und gewollt oder bezweckt wird, ist für die Beantwortung der Frage nach den Bedingungen für die Verwirklichung dieses Phänomens nebensächlich.

Zur Lösung technologischer Probleme sind Gesetzeshypothesen erforderlich, deren Dann-Komponente eine Aussage über das Phänomen enthält, das als Zweck verfolgt wird. In unserem Beispiel lautet die Gesetzeshypothese: »Wenn Mitglieder verfeindeter Gruppen in Situationen gemeinsamen Erlebens und Handelns kommen, dann wird gegenseitige Feindseligkeit abgebaut und es entsteht ein gemeinsames Wir-Erlebnis«. Diese Gesetzeshypothese ist wie jeder erfahrungswissenschaftliche Satz anwendungsneutral[6]. Sie kann für einander entgegengesetzte Zwecke verwendet werden. Wird der in der Dann-Komponente beschriebene Zustand *angestrebt*, dann läßt sich der technologische Satz aufstellen: »das Ziel ›Abbau gegenseitiger Feindseligkeit‹ kann erreicht werden, wenn die Mitglieder verfeindeter Gruppen in Situationen gebracht werden, die gemeinsames Erleben und Handeln ermöglichen«. Will man dagegen den in der Dann-Komponente beschriebenen Zustand *vermeiden*, dann läßt sich folgender technologischer Satz aufstellen: »Das Ziel ›Vermeidung des Abbaues (d. h. Aufrechterhaltung) gegenseitiger Feindseligkeit‹ kann erreicht werden, wenn die Mitglieder verfeindeter Gruppen *nicht* in Situationen gebracht werden, die gemeinsames Erleben und Handeln ermöglichen«. Nach dieser Erkenntnis wird dann gehandelt, wenn von Mitgliedern einer Gruppe geglaubt wird, daß eine feindselige Einstellung gegenüber einer anderen Gruppe zum Zusammenhalt der eigenen Gruppe und zur Verhütung des Abfalls von ihren Normen erforderlich ist. So verfahren häufig religiöse, weltanschauliche, politische, nationale oder lokale Gruppen, die ihre Mitglieder gegen Einflüsse abzuschirmen versuchen, die von anderen Gruppen mit abweichenden Normen ausgehen.

Man kann den Inhalt deskriptiver technologischer Aussagen auch in präskriptive Sätze übernehmen, die *Regeln oder technische Normen* ausdrücken. Während technologische Aussagen lediglich über Handlungs*möglichkeiten* informieren, enthalten technische Regeln Handlungs*vorschriften*. Sie schreiben vor, wie jemand handeln *soll*, um ein gesetztes Ziel zu erreichen. Eine technische Regel hat die Form »Um B zu erreichen, tue A« oder »Wenn du das Ziel B erreichen willst, dann wende die Mittel A an« (»B per A«). Falls man umgekehrt B vermeiden will, lautet die Regel: »Um

---

[5] Vgl. ALBERT 1960, S. 213 ff. und 1972a, S. 82 ff.
[6] Vgl. TOULMIN, S. 125; BUNGE 1968a, S. 135.

B zu verhindern, tue A nicht« oder »Wenn du das Ziel B vermeiden willst, dann wende nicht die Mittel A an« (»Non-B per non-A«). Beide Regeln beruhen auf ein und derselben Gesetzeshypothese: »Wenn die Bedingungen A vorliegen, dann tritt B ein« (»Wenn A, dann B«). Die Dann-Komponente (oder das Konsequens) der Gesetzeshypothese wird in der technischen Regel als Wenn-Komponente (oder Antecedens) verwendet, während die Wenn-Komponente (das Antecedens) der Gesetzeshypothese in der technischen Regel als Dann-Komponente (Konsequens) erscheint. Anders ausgedrückt: das logische Antecedens der Gesetzeshypothese (und seine Negation) erscheint in der technischen Regel als *Mittel*, während das logische Konsequens der Gesetzeshypothese (und seine Negation) in der technischen Regel das Ziel oder den *Zweck* bildet[7].

Die Beziehung zwischen Gesetzeshypothesen und technologischen Aussagen (bzw. Regeln) kann man sich schematisch durch die folgenden beiden Sätze verdeutlichen: »Da die Ursache (das Bedingungsgefüge) A die Wirkung B hat, kann (bzw. soll) man, um B zu erreichen, A herbeiführen (verwirklichen, tun)«. »Da die Ursache (das Bedingungsgefüge) A die Wirkung B hat, kann (bzw. soll) man, um B zu vermeiden, A nicht herbeiführen (verwirklichen, tun)«.

Diese Hinweise genügen, um die logische Seite der Anwendung von Theorien zur Lösung technologischer Probleme verstehen zu können. Die methodischen Schritte, die im konkreten Fall erforderlich sind, sind meistens sehr viel komplizierter. Es gibt viele als Erziehungsziele gesetzte erdachte psychische Dispositionen und Dispositionsgefüge, die nur vage bestimmt und deren Entstehungsbedingungen unklar sind. Es fehlt an einschlägigen Gesetzeshypothesen und häufig erweisen sich solche, die relevant zu sein scheinen, als zu allgemein, um unter spezifischen Umständen technologisch brauchbar zu sein. Außerdem sind nicht alle Gesetzeshypothesen, die zur Erklärung von Phänomenen geeignet sind, auch als theoretische Grundlage für die Herbeiführung, Verhütung oder Änderung dieser Phänomene geeignet. Es genügt ja nicht, die Bedingungen zu kennen, von denen eine gewollte Wirkung abhängt, sondern es kommt in der Technologie auf die Kenntnis jener Bedingungen an, die wir beeinflussen können.

Besonders verwickelt sind die technologischen Probleme auch deswegen, weil es im konkreten Fall nie (wie im vereinfachenden Modell) bloß um ein einziges Erziehungsziel geht, sondern jedes Ziel Bestandteil eines größeren Komplexes von Zielen ist, der mitberücksichtigt werden muß. Darin gibt es Ziele, die psychische Dispositionen bezeichnen, welche in ein und derselben Person psychologisch schwer miteinander verträglich sind wie zum Beispiel »Fähigkeit zur Ideologiekritik« und religiöse, weltanschauliche oder politische »Gläubigkeit«. Vor allem aber besteht die Gefahr, daß die zur

---

[7] Grundlegend hierzu BUNGE 1966 und 1967, Bd. 2, S. 132 ff.

Erreichung *eines* Erziehungszieles geeigneten Mittel die Erreichung eines *anderen* Erziehungszieles durch denselben Educanden behindern oder unmöglich machen. So kann sich zum Beispiel ein ideengeschichtlich-vergleichend und kritisch-analysierend-relativierend vorgehender Philosophieunterricht lähmend auf die religiöse Glaubensbereitschaft oder allgemeiner: auf die weltanschauliche Orientierung, auf das Geborgenheitsgefühl und auf die moralische Handlungsfähigkeit auswirken. Die *ungewollten Nebenwirkungen*[8], die durch die Anwendung bestimmter Mittel wie durch das Entstehen der bezweckten psychischen Dispositionen hervorgebracht werden können, sind ein zentrales Problem der Erziehungstechnologie[9].

Durch den Blick auf die verwickelten Zusammenhänge, in die durch erzieherisches Handeln einzugreifen versucht wird, kann man verstehen lernen, warum wir von einer *theoretisch begründeten* Technologie der Erziehung noch weit entfernt sind und überwiegend nach der unsicheren Methode von Versuch und Irrtum vorgehen. Die technologische Fragestellung der Erziehungswissenschaft begünstigt nicht etwa – wie von manchen vermutet wird – einen naiven Planungsoptimismus, sondern sie macht uns an konkreten Problemen überhaupt erst bewußt, wie wenig wir wissenschaftlich über die Bedingungen für den Erfolg der Erziehung wissen.

Weiterführende Literatur

FRIEDRICH WINNEFELD: Zur Methodologie der empirischen Forschung im pädagogischen Raum. In: Pädagogischer Kontakt und pädagogisches Feld. München, 5. Auflage 1971 (Verlag Ernst Reinhardt), S. 29–44.

In diesem Aufsatz aus dem Jahre 1954 werden Erziehungsfelder als vieldimensionale Faktorenkomplexe dargestellt, die durch teleologische Strukturiertheit, Offenheit, Labilität und Störbarkeit gekennzeichnet sind. Der Verfasser (1911–1968) gehört zu den Bahnbrechern der empirischen Unterrichtsforschung in Deutschland. Er beschreibt die Schwierigkeiten, die in diesem Bereich bei der Suche nach Gesetzeswissen auftreten, und diskutiert Einwände gegen die Möglichkeit nomothetischer Erziehungswissenschaft.

ROBERT M. W. TRAVERS: Einführung in die erziehungswissenschaftliche Forschung. München 1972 (Oldenbourg Verlag), 479 Seiten.

Deutsche Übersetzung eines in den USA viel gebrauchten Lehrbuches, das zur ersten Orientierung geeignet ist. Es informiert an amerikanischen Beispielen über die theoretischen Voraussetzungen, die wichtigsten Themenkreise, die Planung und die Methoden empirischer Forschung im Erziehungsbereich, wobei das Schwergewicht auf Probleme des Unterrichts, der Schulorganisation und der Schulverwaltung gelegt wird.

---

[8] Vgl. POPPER 1965a, S. 49 ff.
[9] Zum Problem der Grenzen der Erziehung und der Erziehungstechnologie vgl. BREZINKA 1977a.

HELMUT SKOWRONEK und DIETER SCHMIED (Hrsg.): Forschungstypen und Forschungsstrategien in der Erziehungswissenschaft. Hamburg 1977 (Hoffmann und Campe Verlag), 281 Seiten.

In diesem Buch wird eine einführende Darstellung verschiedener Typen erziehungswissenschaftlicher Forschung in enger Verbindung mit ausgewählten Originalberichten über empirische Untersuchungen geboten. Besonders berücksichtigt werden experimentelle und vergleichende kausalanalytische Verfahren. Die als Beispiele verwendeten Studien behandeln durchwegs Unterrichtsprobleme.

KARL JOSEF KLAUER: Das Experiment in der pädagogischen Forschung. Eine Einführung. Düsseldorf 1973 (Verlag Schwann), 170 Seiten.

Eine klare Einführung in Theorie und Technik des erziehungswissenschaftlichen Experiments mit zahlreichen Beispielen. Ausführlich behandelt werden die wichtigsten Fehlerquellen und typische Versuchspläne. Das Buch setzt keine speziellen Kenntnisse der Statistik und der Testtheorie voraus.

KARL ASCHERSLEBEN: Motivationsprobleme in der Schule. Stuttgart 1977 (Verlag Kohlhammer/Urban-Taschenbuch, Band 237), 148 Seiten.

Das Buch informiert klar, anschaulich und praxisbezogen über die für den Schulunterricht relevanten Ergebnisse der Motivationsforschung. Man kann aus ihm am Beispiel der Problemkreise »Leistungsmotivation« und Techniken der »Lernmotivierung« erfahren, wie in der Empirischen Erziehungswissenschaft von der Aufstellung und Prüfung von Hypothesen bis zur technologischen Anwendung von Theorien vorgegangen wird.

CARL GUSTAV HEMPEL: Wissenschaftliche und historische Erklärungen. In: HANS ALBERT (Hrsg.): Theorie und Realität. Tübingen, 2. Auflage 1972 (Verlag Mohr), S. 237–261.

Eine konzentrierte, aber gut verständliche Darstellung der Methodik deduktiv-nomologischer und induktiv-statistischer Erklärungen unter besonderer Berücksichtigung des Problems der Erklärung historischer Phänomene. Ausführlicher wird das Thema behandelt bei HEMPEL 1977.

ALAN RYAN: Die Philosophie der Sozialwissenschaften. München 1973 (List Verlag), 314 Seiten.

Ausgehend von den Unterschieden zwischen Natur- und Sozialwissenschaften wird in diesem Taschenbuch eine interessante Einführung in die Probleme der *sozialwissenschaftlichen* Theorienbildung geboten. Besonders lesenswert sind die Kapitel über Erklärungen und Voraussagen in den Sozialwissenschaften.

Ib. Historiographie der Erziehung

(englisch: *historiography of education;* französisch: *la science historique de l'éducation;* italienisch: *storiografia d'ell educazione;* spanisch: *historiografía de la educación;* russisch: *istoriografija vospitanija*)

> »Die (Wissenschaft von der) Geschichte ist ja überhaupt die unwissenschaftlichste aller Wissenschaften, nur daß sie viel Wissens*würdiges* überliefert.«
> JACOB BURCKHARDT[1]

Erziehung geschieht in der Zeit und wird dauernd Bestandteil der Vergangenheit. Die Menge der vergangenen Erziehung ist unermeßlich größer als die Menge der Erziehung in der Gegenwart. Vergangene Erziehung ist vergangenes Geschehen oder Geschichte. Sie gehört ebenso zum Gegenstand der Erziehungswissenschaft wie die gegenwärtige Erziehung[2]. Um Wissen über sie zu gewinnen, bedarf es historischer Forschung. Deshalb hat die Erziehungswissenschaft auch eine historische Teildisziplin, in der mit geschichtswissenschaftlichen Methoden die in der Vergangenheit liegenden Phänomene ihres Gegenstandsbereiches zugänglich gemacht und untersucht werden.

Verschiedene Namen für die historische Teildisziplin der Erziehungswissenschaft

Diese Teildisziplin wird mit verschiedenen Namen bezeichnet: »Geschichte der Pädagogik«[3], »Historische Pädagogik«[4], »Historische Erziehungswissenschaft«[5], »Erziehungsgeschichte«[6], »Geschichte der Erziehung«[7], »Pädagogikgeschichte«[8], »pädagogische Geschichtsschreibung«[9], »Ge-

---

[1] BURCKHARDT, S. 115 (Ergänzung von mir).
[2] Vgl. WILLMANN 1957, S. 39 ff. und 1906, S. 400 ff.; LOCHNER 1927, S. 9; MEISTER 1947a, S. 34 ff.; SCHINDLER 1976.
[3] Vgl. SCHALLER und SCHÄFER 1967, S. 9: »Geschichte der Pädagogik – eine Disziplin der Erziehungswissenschaft«; NICOLIN 1970.
[4] STOY 1861; WILLMANN 1906; DOLCH 1950.
[5] BRUNNENGRÄBER 1934, S. 5 ff.; W. FLITNER 1958, S. 17; LOCHNER 1957, S. 199.
[6] MEISTER 1947a, S. 30 ff.; DOLCH 1965, S. 108; LOCHNER 1947, S. 92 ff. und 1957.
[7] HILLEBRECHT 1972.
[8] NICOLIN 1975, S. 101 f.
[9] DOLCH 1930; NICOLIN 1970, S. 504 ff.

schichtsschreibung der Erziehung«[10], »pädagogische Historiographie«[11], »Historiographie der Erziehung«[12], »historische Bildungsforschung« [12a] und »Erziehungshistorie«[13]. Zwölf Namen für einen Gegenstand sind etwas viel. Zu dieser Menge ist es gekommen, weil sich bei der Benennung nicht nur die terminologische Uneinigkeit in der Erziehungswissenschaft (bzw. Pädagogik) ausgewirkt hat, sondern auch die der Geschichtswissenschaft[14].

Für die gegenseitige Verständigung ist es zweckmäßig, einen Namen zu wählen, der möglichst eindeutig ist. Er soll erkennen lassen, daß nicht die Geschichte der Erziehung als vergangenes Geschehen, sondern die wissenschaftliche Erforschung und Darstellung vergangener Erziehung gemeint ist. Auch der mehrdeutige Ausdruck »Pädagogik« sollte vermieden werden, weil er nur die Lehre von der Erziehung (bzw. Satzsysteme oder Theorien über Erziehung) bezeichnet, während es in unserer Disziplin um die Geschichte *aller* Phänomene geht, die mit Erziehung zusammenhängen. Es handelt sich um erziehungshistorische Forschung, die von Erziehungshistorikern geleistet wird. Ich schlage vor, die Aussagensysteme, die die Ergebnisse dieser Forschung enthalten, *Historiographie der Erziehung* zu nennen. Dieser Name erinnert durch die Betonung der Aktivität des Schreibens am deutlichsten daran, daß die Ergebnisse der Geschichtsforschung nicht einfach als Abbild oder Wiedergabe des wirklichen vergangenen Geschehens anzusehen sind, sondern als eine von den Historikern geschaffene hypothetische Konstruktion[15].

Selbstverständlich besteht der Gegenstand der Historiographie der Erziehung nicht allein in vergangenen erzieherischen Handlungen, sondern es gehören dazu auch alle anderen Bestandteile von vergangenen Erziehungssituationen oder Erziehungsfeldern sowie deren Beziehungen zu den größeren gesellschaftlich-kulturellen Systemen ihrer Zeit. Da erzieherisches Handeln theoretische Erwägungen über die Educanden und deren Situation, über Zwecke, Mittel und deren Wirkungen voraussetzt und da die Erzieher sich an theoretischen Plänen, Leitbildern oder Handlungsanweisungen und deren Begründungen in Erziehungslehren orientieren, bilden auch diese theoretischen Elemente vergangener Erziehungssituationen einen wesentlichen Gegenstand der erziehungshistorischen Forschung. Die vergangenen Erziehungslehren, die vergangene Literatur über Erziehung oder die vergangene Pädagogik sind also in den Gegenstandsbereich der Historiographie der Erziehung eingeschlossen. Man könnte das durch den Namen »Historiographie der Erziehung und der Pädagogik« terminologisch

---

[10] THIELE 1932.
[11] NICOLIN 1970, S. 494 und 1975, S. 102.
[12] NIPPERDEY 1964, S. 249; BREZINKA 1968, S. 455 ff. und 1971a, S. 91 ff.
[12a] LUNDGREEN 1977.
[13] SCHINDLER 1976.
[14] Vgl. FABER 1974 , S. 23 ff.; HEDINGER 1974.
[15] Vgl. MARROU 1973, S. 63 ff.; GOLDSTEIN 1976, S. 57 ff.

noch besonders betonen[16]. Da jedoch durch eine einfache Erläuterung klargemacht werden kann, daß vergangene Gedanken, Äußerungen oder Satzsysteme über Erziehung (traditionell »Geschichte der pädagogischen Ideen« genannt) mit dazugehören, scheint mir der abkürzende Name »Historiographie der Erziehung« vertretbar zu sein.

Verschiedene Ansichten über ihre Aufgaben

Je nachdem, ob man unter »Erziehungswissenschaft« (bzw. »wissenschaftlicher Pädagogik«) eine reine Erfahrungswissenschaft oder eine »normative Wissenschaft«[1] versteht, werden verschiedene Ansichten über die Aufgaben oder die Zwecke einer Historiographie der Erziehung geäußert.

Nach Auffassung der Vertreter einer *empirischen Erziehungswissenschaft* hat die historische Forschung in ihrem Fach keinen anderen Zweck als in den übrigen Sozial- und Kulturwissenschaften: für alle »Kulturwissenschaften hat die jeweils der einzelnen Fachwissenschaft zugeordnete historische Teildisziplin die Aufgabe, ... dieser Fachwissenschaft die gesamte geschichtliche Wirklichkeit bereitzustellen und sie dadurch in den Besitz ihres Gegenstandes in der ganzen Ausdehnung seiner Tatsächlichkeit zu setzen«[2]. »Die erziehungswissenschaftliche Auswertung des gesamten historischen Materials«[3] gilt als unerläßlich, um eine möglichst breite Erfahrungsgrundlage für die Theorie zu gewinnen. Die »Erweiterung der Erfahrungsbasis«[4] um die Kenntnis vergangener Ereignisse im Erziehungsbereich ist der Zweck der historischen Erziehungsforschung. Sie soll unser Wissen über die Vielfalt der Erziehungsphänomene vermehren und dadurch unter anderem auch Vergleiche von Ereignisabläufen und Bedingungslagen ermöglichen, die Licht auf die Bedeutung bestimmter Faktoren unter verschiedenen Umständen werfen.

Dabei liegt die wissenschaftstheoretische Überzeugung zugrunde: »Je

---

[16] Damit würde man den Einwand von NICOLIN 1970 (S. 514) gegenstandslos machen, daß mit dem Terminus »Historiographie der Erziehung« nur »die Historie des realen Erziehungsgeschehens erfaßt wird«.

[1] Vgl. z. B. SPRANGER 1920, S. 17: »Die Aufgabe der wissenschaftlichen Pädagogik liegt ... darin, eine bereits gegebene Kulturwirklichkeit aufzufassen, unter ordnende Begriffe zu bringen und zuletzt *durch Wertsetzungen und Normen zu gestalten*«. »Die Wissenschaft hat auch das Recht, *Werte zu setzen* und *Normen aufzustellen*«. (Hervorhebungen von mir). LANGEVELD 1962, S. 161: »Die Pädagogik ist eine normative Wissenschaft, weil sie auf der unterscheidenden Wahl fußt zwischen dem, was man für das Kind gut, richtig, fördernd findet, beziehungsweise was man für den Menschen gut findet – und dem, was man für falsch, zweifelhaft, schädlich und schlecht hält«. Ähnlich BOLLNOW 1964, S. 223 und 227.
[2] MEISTER 1950, S. 515; ähnlich 1958a, S. 16.
[3] DOLCH 1961a, S. 6.
[4] SCHINDLER 1976, S. 439.

geschichtsbewußter unsere Theorien über die soziale Welt und je theoretischer die Historie, um so besser für beide«[5]. Wesentlich ist, daß die empirische Erziehungswissenschaft auch in ihrem historiographischen Teil auf die Feststellung von Tatsachen, ihre Deutung und Erklärung begrenzt bleibt. Nach empirisch-analytischer Auffassung soll die Historiographie der Erziehung nicht durch vorgegebene weltanschauliche, moralische oder politische Normen eingeengt werden. Sie soll auch nicht dem praktischen Zweck unterworfen werden, die von einer Gruppe gegenwärtig lebender Menschen anerkannten Normen zu stützen oder gar zu begründen.

Demgegenüber sind die Vertreter einer *normativen Pädagogik* der Ansicht, daß die erziehungshistorische Forschung praktischen Zwecken dienen soll. Selbstverständlich kann es auch nach empirisch-analytischer Auffasssung nützlich sein, Ergebnisse erziehungshistorischer Forschung in praktischen Argumentationszusammenhängen zu verwenden. Viele Befürworter einer normativen Pädagogik wollen jedoch mehr: durch Auslegung oder Deutung vergangener psychischer Objektivationen[6] sollen Normen für das erzieherische und erziehungspolitische Handeln in der Gegenwart gewonnen und begründet werden. Zumindest soll die pädagogische Geschichtsschreibung vorrangig darauf gerichtet sein, jene Normen zu stützen, die in der Weltanschauungsgemeinschaft gelten, der die Erziehungstheoretiker angehören und für die sie ihre normative Pädagogik entwerfen.

Je nachdem, ob dabei an *technische Normen* (Regeln, Handlungsvorschriften) gedacht ist, die lediglich Mittel betreffen, oder an moralische, weltanschauliche und religiöse Normen, die sich vorwiegend auf Zwecke beziehen, treten verschiedene Probleme auf. Es ist durchaus möglich, aus der Rekonstruktion vergangener Erziehung und ihrer Wirkungen oder einfach aus vergangenen Erziehungslehren erziehungstechnologische Sätze zu gewinnen. Ob sie sich unter den in der Gegenwart jeweils gegebenen Umständen bewähren, wird sich dann bei den Versuchen, ihnen gemäß zu handeln, herausstellen. Erziehungstechnische Regeln sind – wie wir gesehen haben[7] – nur in präskriptive Form gebrachte erziehungstechnologische Aussagen, die auf Gesetzeshypothesen über Wenn-Dann-Beziehungen beruhen. Innerhalb der Historiographie der Erziehung können in der Vergangenheit aufgestellte erziehungstechnische Normen im Zusammenhang mit zeitgenössischen Erziehungssituationen zugänglich gemacht werden, aber die Kenntnis solcher Normen darf nicht mit theoretisch begründetem Wissen über ihren Nutzen verwechselt werden. Man kann freilich daran glauben, daß sie seinerzeit aufgestellt und festgehalten worden sind, weil sie sich bewährt haben, aber wissenschaftstheoretisch gesehen sind die ihnen zu-

---
[5] ACHAM 1974, S. 16 (in Abwandlung von CARR 1963, S. 65). Vgl. auch MILLS 1963, S. 192 ff.; BOSL 1965; EISERMANN 1967, S. 625 ff.; SCHULZE 1974, S. 178 ff.
[6] Vgl. hierzu S. 57.
[7] Vgl. S. 164 f.

grundeliegenden technologischen Sätze so lange nicht mehr als ungeprüfte Hypothesen, bis sie präzisiert und experimentell oder kausal-vergleichend bestätigt oder widerlegt worden sind.

In erziehungstechnologischer Hinsicht ist (also) aus der Geschichte lediglich eine Sammlung von Hypothesen zu gewinnen, die wahr, falsch oder auch unprüfbar sein können (weil sie zu unbestimmt sind). Jedenfalls ist die Erziehungsgeschichte nicht in dem Sinne die »große Lehrerin für das Leben wie für die Wissenschaft«[8], wie sich das einer der ersten Erziehungshistoriker vorgestellt hat, als er schrieb, daß »wir erst sehen müssen, was bis jetzt geschehen ist, ... bevor wir erkennen, was wir zu tun haben, um unsere Kinder gut ... zu erziehen«, und daß in der Erziehungslehre »nur auf das verwiesen zu werden braucht, was sich in der Geschichte vorfindet«[9].

Viel problematischer ist es, wenn von der Historiographie der Erziehung nicht nur Erkenntnisse über erziehungstechnische Normen erwartet werden, sondern ein Beitrag zur Gewinnung, Begründung, Festigung oder Stützung (bzw. bezogen auf den Gegner: zur Auflösung oder Zerstörung) *weltanschaulicher* und (oder) *moralischer Normen*.

Im deutschen Sprachgebiet hat man dieses Programm etwa seit 1880 wissenschaftstheoretisch dadurch abzusichern versucht, daß man die Pädagogik als eine Wissenschaft gekennzeichnet hat, die »historischer und philosophischer Natur zugleich«[10] sei. Häufig ist das auch durch den Hinweis ausgedrückt worden, sie sei eine »*historisch-systematische*« Disziplin[11]. Die Kennzeichnung als »historisch« und »systematisch« könnte an und für sich rein empirisch verstanden werden und würde dann der hier vertretenen empirisch-analytischen Auffassung entsprechen, nach der der Gegenstandsbereich der empirischen Erziehungswissenschaft sowohl mit nomothetischer (theoretischer, auf die Erkenntnis des Allgemeinen gerichteter oder »systematischer«) als auch mit historischer Fragestellung zu untersuchen ist. Tatsächlich ist jedoch in der traditionellen Pädagogik mit dem Wort »systematisch« meistens »philosophisch« gemeint[12], und »philosophisch« bezieht sich hier überwiegend auf Philosophie als Weltanschauung, als normative Ethik oder als praktische Theorie der Lebensführung[13]. Parallel dazu ist mit dem Wort »historisch« zum Beispiel bei WILHELM FLITNER und anderen pädagogischen Autoren nicht etwa »geschichtswissenschaftlich« gemeint, sondern »hermeneutisch« im Sinne einer normativen

---

[8] SCHWARZ 1829, S. 3.
[9] SCHWARZ 1829, S. XIII. Vgl. die kritische Rezension von HERBART (1832), Bd. 3, S. 457 ff.
[10] WILLMANN 1957, S. 43; 1917, Sp. 855f zählt er sie zu den »ethisch-historischen Wissenschaften«
[11] Vgl. NICOLIN 1966, S. 312 ff.; GROOTHOFF 1964a, S. 120; FROESE 1967. S. 170.
[12] Vgl. W. FLITNER 1958, S. 30 Vgl. auch DERBOLAV 1966, S. 126: »Was Pädagogik zu einer eigenständigen Wissenschaft macht, ist ihre *systematische und d. h. philosophische* Denkstruktur«. (Hervorhebung von mir). Ähnlich 1971, S. 7.
[13] Vgl. neben W. FLITNER 1958 auch NOHL 1949, S. 120.

Hermeneutik[14]. Es handelt sich um normative Bestrebungen, die mit den Aufgaben und den Methoden der Geschichtswissenschaft als einer Erfahrungswissenschaft nichts zu tun haben[15].

Bezeichnend dafür ist, daß FLITNER als einer der Wortführer dieser Richtung zwar den »historischen Charakter« der Pädagogik stark betont, sie aber zugleich auch wieder von den »eigentlichen historischen Wissenschaften« abgegrenzt hat[16]. Er ordnet sie den sogenannten »pragmatisch-hermeneutisch-normauslegenden Wissenschaften« zu. Diese können sich nach ihm nicht wie die Naturwissenschaften damit begnügen, nur festzustellen, was ist, noch wie die historisch-philologischen Disziplinen damit, nur zu verstehen, »was sich bereits bezeugt und ausgesprochen hat. Feststellend müssen sie vielmehr zugleich *entwerfen, was getan werden und geschaffen sein soll,* und verstehend müssen sie zugleich *kritisch auf Zukunft hin Normen durchdenken*«[17].

Schon WILLMANN hat in der seiner kritischen Lebensperiode folgenden Zeit der Pädagogik als einer »historischen und philosophischen« Disziplin die Aufgabe zugeschrieben, »nicht bloß das, was ist, sondern auch das, was sein soll, nicht bloß das Faktische, sondern auch das Rechte hinzustellen«[18]. »Nach dem Wahren forschen und das Rechte suchen fällt hier in eins zusammen«. Aus der historischen Untersuchung des »Gegebenen« können nach WILLMANN »Normen entspringen« für das, was erzieherisch sein *soll*. Die pädagogische Forschung – so wird behauptet – »ergreift in dem Sein zugleich das Sollen, im Gegebenen die Ideale«. Es sei »kein Sprung, kein Wechsel der Betrachtungsweise, wenn *die historische Reflexion in die ethisch-praktische ausläuft*«[19].

Vermutlich durch WILLMANN angeregt, hat 1888 auch DILTHEY betont, die Pädagogik solle »das Leben leiten«[20]. Man wolle »nicht nur wissen, wie die Dinge gewesen sind«, sondern »aus der Erkenntnis dessen, was ist, die Regel über das, was sein soll«, gewinnen[21]. Die Anhänger der auf DILTHEY zurückgehenden normativen Pädagogik, die zunächst als »*geisteswissenschaftliche*« und später als »*hermeneutische Pädagogik*« bezeichnet worden

---

[14] Hermeneutik (vom griechischen »hermeneutikē téchne«) ist die Kunstlehre der Auslegung von Texten; »hermeneutisch« bedeutet im ursprünglichen Sinne: auf die Auslegung von Texten bezüglich. Vgl. DILTHEY 1900 sowie grundlegend BETTI 1967. Zum Unterschied zwischen historischer und normativer Hermeneutik und zur Kritik der letzteren aus geschichtswissenschaftlicher Sicht vgl. FABER 1974, S. 109 ff.
[15] Zur Verwandtschaft des Erkenntnisideals der Geisteswissenschaften, in denen die hermeneutische Methode verwendet wird, mit dem der Analytischen Philosophie vgl. RADNITZKY 1968, Bd. 1, S. 31.
[16] W. FLITNER 1958, S. 30.
[17] W. FLITNER 1964, S. 45 (Hervorhebung von mir).
[18] WILLMANN 1957, S. 44.
[19] WILLMANN 1957, S. 46 (Hervorhebung von mir).
[20] DILTHEY 1888, S. 24.
[21] DILTHEY 1888, S. 16.

ist[22], haben bis in die Gegenwart an dem wissenschaftstheoretischen Programm festgehalten, durch Deutung des Vergangenen Normen gewinnen zu können. Das sogenannte »hermeneutische« Verfahren ist nach FLITNER »nicht beschreibend-verifizierend, sondern verstehend und... deutend«[23]. Von BOLLNOW wird dieses Verfahren, das angeblich »Wirklichkeitserfassung und Normgebung« miteinander zu verbinden erlaubt, programmatisch wie folgt umschrieben: »So wie die Hermeneutik im wörtlichen Sinn die methodisch entwickelte Auslegungskunst sprachlicher Texte ist, so betrachtet auch die Pädagogik die Gebilde der Erziehungswirklichkeit als einen ›Text‹, den es für das Verständnis richtig auszulegen gilt«[24]. »Wie der Philologe... seinen vorgegebenen Text zu deuten unternimmt..., so ist auch die Pädagogik... Deutung der ihr vorgegebenen Erziehungswirklichkeit. Dabei müssen aus der Analyse der Wirklichkeit... zugleich die immanenten Gesetze hervorgehen, die dann auch erlauben, diese Wirklichkeit zu *beurteilen*, sie zu *werten* und *Ziele zu entwickeln*«[25].

Da es den Vertretern der hermeneutischen Pädagogik vor allem auf Sinngebung, Wertung und Normsetzung ankommt, beachten sie weder die Grenzen der empirischen Erziehungswissenschaft noch den Unterschied zwischen der nomothetischen und der historischen Fragestellung. Nach FLITNER bewegt sich diese Pädagogik »auf dem Pfade, auf dem die Scheidung« der historischen von der systematischen Fragestellung »noch nicht vollzogen ist«[26]. Er sieht ihre »vornehmste Aufgabe« darin, eine »Über-

---

[22] Vgl. BOLLNOW 1971, S. 693.
[23] W. FLITNER 1958, S. 25. Die Entgegensetzung des »Deutens« zum »Verifizieren« ist nur sinnvoll, wenn man auf die Verifizierung der Deutungsergebnisse verzichten zu können meint. Das wird in den philologischen Wissenschaften, in denen die hermeneutische Methode ausgebildet worden ist, jedoch gerade nicht getan. Was in der geisteswissenschaftlichen oder hermeneutischen Pädagogik »hermeneutisches Verfahren« genannt wird, wird bezeichnenderweise auch nicht auf die Philologie, sondern ausdrücklich auf die »hermeneutische Philosophie« von HEIDEGGER und GADAMER zurückgeführt (vgl. BOLLNOW 1971, S. 693), die als Metaphysik anzusehen ist. Bei dieser »Hermeneutik neuer Art«, die das »Dasein« auszulegen beansprucht, handelt es sich um Glaubenssätze und nicht um wissenschaftliche Erkenntnisse. Zur Kritik vgl. FUNKE 1966, S. 72 ff. Vgl. auch BETTI 1967, S. 64 ff. über den fundamentalen Unterschied zwischen dem *»eigentlichen Auslegen«*, dessen Ergebnisse im Hinblick auf ihre Richtigkeit *nachprüfbar* seien, und dem *»spekulativen Deuten«*, d. h. dem Sinngeben vom Standpunkt einer angenommenen Weltanschauung aus«. Über die »gefährliche Begriffsverwirrung«, die durch das »sensationelle Schlagwort« von der »Hermeneutik des Daseins« hervorgerufen worden ist, und zur Kritik an HEIDEGGER und BOLLNOW vgl. ebenda S. 68.
[24] BOLLNOW 1951, S. 930. Zur Kritik an der Deutung der Welt als »Text« vgl. KEMPSKI 1964a; ALBERT 1969, S. 131 ff.
[25] BOLLNOW 1964, S. 228 f. (Hervorhebungen von mir). Was hier »Gesetz« genannt wird, ist offenbar von dem Gesetzesbegriff der empirischen Wissenschaften verschieden, denn weder kommt man durch bloße »Deutung der... Wirklichkeit« zu Gesetzeswissen, noch »erlaubt« Gesetzeswissen, zu werten und Ziele zu setzen; es ist vielmehr dazu gar nicht erforderlich. Es können hier also mit dem Wort »Gesetze« nur *Normen* gemeint sein.
[26] W. FLITNER 1958, S. 30. Zustimmend hierzu auch BOLLNOW 1971, S. 697.

einkunft über Gehalt und Sinn des Erziehens«[27], das heißt: »*Normgebung*« im Sinne einer »*Auslegung der menschlichen Bestimmung*«[28], eines »*Konsensus über das Daseinsverständnis*«[29] herbeizuführen. Dabei nütze »die Beobachtung des Tatsächlichen als solche wenig«[30] und deshalb sei die Pädagogik eine »Wissenschaft, die sich in der Zwischenregion zwischen Erfahrung und Spekulation angesiedelt hat«[31].

Der normativen Aufgabe entsprechend interessieren an der Vergangenheit vor allem weltanschaulich-religiöse Glaubensüberzeugungen, moralische Normen, Sitten, Lebensformen und die auf ihrer Grundlage entstandenen Erziehungslehren. Im Mittelpunkt steht die ideengeschichtliche »Strukturanalyse« im Sinne einer wertenden Auslegung überlieferter Glaubensinhalte zum Zweck der Gewinnung, Begründung oder Stützung von Normen der Weltdeutung und Lebensführung[32]. Die Aufgaben der Historiographie der Erziehung liegen aus dieser Sicht vor allem darin, durch die Konstruktion einer Übereinstimmung über bestimmte Normen in der Vergangenheit – gestützt auf das Beispiel bedeutender Persönlichkeiten, die sich zu ihnen bekannt haben, und auf Texte, die den normativen Vorentscheidungen entsprechend ausgewählt werden – zum Festhalten dieser Normen in der Gegenwart oder zur Rückbesinnung auf sie beziehungsweise zu ihrer Wiederbelebung zu ermuntern.[33]

Die Unterordnung erziehungshistorischer Forschung unter normative Zwecke findet sich nicht nur in »konservativen«, der Erhaltung einer Tradition dienenden Formen der Praktischen Pädagogik, sondern auch in »progressiven« und »revolutionären«, der vorherrschenden Tradition feindlichen Richtungen. Jede Gruppe, die am weltanschaulichen Ringen der Gegenwart beteiligt ist und Menschen zugunsten ihrer Weltanschauung beeinflussen will, sucht sich auch der Geschichte zu bedienen und stellt einseitig jene Ereignisse, Texte und Ideen heraus, die als Bestätigung ihrer Lehre interpretiert werden können.

So wird zum Beispiel im Rahmen der *marxistisch-leninistischen Pädagogik* der Historiographie der Erziehung die Aufgabe gestellt, zur »Entwicklung des sozialistischen Bewußtseins bei den Lehrern« beizutragen[34]. Von den Erziehungstheoretikern wird gefordert, daß ihre Arbeit »auf die Gestaltung der Gegenwart und der Zukunft gerichtet« ist. Sie werden verpflichtet, »die Entwicklungstendenzen und -linien der Zukunft nicht nur zu deuten, sondern bei deren... Gestaltung auch mitzuwirken«[35]. Gemeint ist

---

[27] W. Flitner 1958, S. 23 f.
[28] W. Flitner 1958, S. 14 (Hervorhebung von mir).
[29] W. Flitner 1958, S. 33 (Hervorhebung von mir).
[30] W. Flitner 1958, S. 24.
[31] W. Flitner 1958, S. 31.
[32] Vgl. W. Flitner 1957, S. 133 ff. und 1954, S. 48 (im Nachdruck 1965, S. 192).
[33] Belege hierzu bei Tenorth 1976.
[34] H. König 1968, S. 153.
[35] H. König 1968, S. 148 f.

damit die »Auswertung der progressiven Erfahrungen der Vergangenheit für die bei der Entwicklung des einheitlichen sozialistischen Bildungssystems zu lösenden Aufgaben«[36].

Auch die westeuropäischen *Neo- oder Spät-Marxisten* betonen den »politisch-praktischen Gegenwartsbezug der Geschichtsforschung« und die »zukunftsbezogene Form und Funktion der Geschichtsschreibung«. Nach HERRMANN ist »der Sinn der historischen Forschung... das Auffinden gegenwärtiger Zwänge, Möglichkeiten und Alternativen im Hinblick auf eine zu gestaltende Zukunft«[37]. Er hält es für möglich und zählt es zu den »neuen Zielen« oder »Aufgaben« der Historiographie der Erziehung, den »spezifische(n) Beitrag der Erziehung zur Genese unserer... Zukunft zu bestimmen und vor allem in praktischer Absicht... auszulegen«[38]. Das Wort »auslegen« erinnert daran, daß die wissenschaftstheoretische Grundlage dieses politisch-praktischen Programms die hermeneutische Philosphie ist, auf die sich auch die Anhänger der geisteswissenschaftlichen bzw. hermeneutischen Pädagogik berufen haben. Die neomarxistischen Erziehungshistoriker nennen ihr Fach zwar »Erziehungswissenschaft«, aber sie lassen keinen Zweifel daran, daß sie eine normative oder »*praktische* Wissenschaft« meinen: eine »Wissenschaft *von* einer Praxis *für* eine zu verbessernde Praxis«[39].

Als »erkenntnisleitendes Interesse« wird der »Abbau sozialer Ungerechtigkeit und Benachteiligung als faktischer Bedingung der Möglichkeit von Emanzipation und Mündigkeit« genannt[40]. Dementsprechend erhält die Historiographie der Erziehung eine doppelte Aufgabe: erstens »*Bewußtseinsveränderung* in Richtung auf Aufklärung und Emanzipation« und zweitens »*Anleitung und Kritik politischer Praxis* als Prozeß der *Gesellschaftsveränderung* in der Richtung des Abbaus von überflüssiger Herrschaft und von Entfremdung«[41]. Dabei wird vorausgesetzt, daß der marxistische Historiker die »Bestimmung des Menschen« kennt und »die Rekonstruktion des historischen Subjekts hinsichtlich seiner Zukunft« leisten kann[42].

Die neomarxistische Historiographie der Erziehung nimmt ihren »Ausgang von der aktuellen Situation der Erziehung«[43], die gemäß bestimmter

---

[36] H. KÖNIG 1968, S. 151.
[37] U. HERRMANN 1975, S. 278.
[38] U. HERRMANN 1974, S. 285.
[39] U. HERRMANN 1975, S. 277. Vgl. auch U. HERRMANN 1971, S. 232: »Insofern Pädagogik sich ihres Auftrages angesichts der ›Ziele der Menschheit‹ zur Verwirklichung von Humanität versichert, begreift sie sich als Disziplin der praktischen Philosophie«.
[40] U. HERRMANN 1974, S. 285. Zur Kritik dieser »interessegeleiteten« oder »engagierten« Historiographie vgl. FABER 1974, S. 193 ff.; MARROU 1973, S. 251 ff.
[41] U. HERRMANN 1975, S. 274.
[42] U. HERRMANN 1974, S. 285.
[43] HILLEBRECHT 1972, S. 208.

Wunschbilder von der Zukunft und bestimmter normativer Vorstellungen von der »Bestimmung des Menschen« kritisch bewertet wird. Da die wirklichen Menschen und ihre Einrichtungen weit hinter den utopischen Idealen, an denen sie gemessen werden, zurückbleiben und da sie durch vergangene Ereignisse oder durch »die Geschichte« so geworden sind, wie sie sind, stellen ihnen die Neo-Marxisten die »Aufgabe, zunächst von der Geschichte frei zu werden«[44]. Sie sollen »das Vergangene aufarbeiten«. »Nach ADORNO kann die Vergangenheit erst als aufgearbeitet gelten, wenn ›die Ursachen der Vergangenheit beseitigt sind‹«[45].

Daher stammen das gänzlich unhistorische Interesse der neomarxistischen Erziehungshistoriker an der Zukunft und der aktivistische Eifer, mit dem sie den Unterschied zwischen Theorie und Praxis, wissenschaftlichem und politischem Handeln zu übersehen bemüht sind. Sie haben sich nicht weniger vorgenommen als »eine Revision des vergangenen Geschichtsprozesses im Zuge künftiger Planung und Realisierung... mit Hilfe der Erziehung«[46]. Verständlicher ausgedrückt bedeutet das: sie wollen durch politische Planung der künftigen Gesellschaft einschließlich des Sozialcharakters ihrer Mitglieder und durch Verwirklichung des Geplanten mit dem Mittel der Erziehung erreichen, daß sich in Zukunft jene Ereignisse und Zustände nicht wiederholen, die von ihnen an der Vergangenheit wie an der Gegenwart als schlecht bewertet werden.

Um zur Verwirklichung dieses Programms beizutragen, wird der Historiographie der Erziehung eine »völlig neue Aufgabe« gestellt: sie soll nicht Vergangenes und Bestehendes in seiner Eigenart bestätigend darstellen, sondern sie hat »den Normcharakter der vorgegebenen Strukturen... in Frage zu stellen und Innovationen als alternative Lösungen, d. h. als reale, zum Teil schon in der Geschichte angelegte Möglichkeiten in das Bewußtsein zu heben.« »Vordringlicher Bezugspunkt« in Forschung und Lehre sei »der Widerstreit von progressiven und retardierenden Momenten in der aktuellen Situation der Erziehung heute«[47]. Von der erziehungshistorischen Forschung wird erwartet, daß sie »an der kritischen Fortführung von Innovationen im Schulwesen ein engagiertes Interesse hat«[48]. Sie soll »in konkreter *politisch-pädagogischer Absicht* der Verbesserung der Lebenswelt der jungen Generation« dienen[49].

In allen hier skizzierten Erscheinungsformen der normativen Pädagogik

---

[44] HILLEBRECHT 1972, S. 208.
[45] HILLEBRECHT 1972, S. 205 (der zitierte Satz von ADORNO 1966, S. 146 lautet richtig: »Aufgearbeitet wäre die Vergangenheit erst dann, wenn die Ursachen des Vergangenen beseitigt wären«).
[46] HILLEBRECHT 1972, S. 206.
[47] HILLEBRECHT 1972, S. 205.
[48] HILLEBRECHT 1972, S. 213. Als Beispiel für »progressive« Innovation wird die Gesamtschule genannt.
[49] U. HERRMANN 1974, S. 285.

wird nicht nur »die Geschichte«, sondern auch die Historiographie der Erziehung »als Entscheidungsfeld gesehen«[50]. Der gemeinsamen wissenschaftstheoretischen Grundlage entsprechend wird selbstverständlich damit gerechnet, daß ihre Aussagen parteiisch sind. Nach FLITNER geht es in der »wissenschaftlichen Pädagogik« eben auch »um eine Existenzerhellung und um die Bestimmung des Menschen, welche nur von metaphysisch-philosophischen oder glaubensmäßigen Positionen oder beiden her verstanden werden kann«[51]. Nach BOLLNOW gibt es »kein Verstehen, in dem ich nicht zugleich *werte*, und zwar werte in dem absoluten Sinn, daß ich darin Stellung nehme für das eine und gegen das andere«[52]; »Geisteswissenschaftliche Erkenntnis ist niemals von existentieller Entscheidung zu trennen«[53].

Solche Behauptungen treffen zweifellos für *Bekenntnisse* zu weltanschaulichen Glaubenssätzen über »die Bestimmung des Menschen« oder über »uneingelöste Möglichkeiten humaner Existenz«[54] zu, aber erfahrungswissenschaftliche *Erkenntnisse* und ihre unabhängig von Wertung und Entscheidung erfolgende Begründung sollten damit nicht verwechselt werden. Eine Historiographie der Erziehung im Dienst der Aufgabe, mittels Erziehung bestimmte zeitgebundene weltanschauliche Normen durchzusetzen oder bestimmte politische Entscheidungen zu verwirklichen, ist jedenfalls etwas anderes als die historische Teildisziplin der empirischen Erziehungswissenschaft. »Wer... die Geschichte benutzen will, um seiner eigenen Lehre dadurch Licht zu geben, der ist eben *nicht* Historiker«[55].

Zur Kritik der Forderung nach einer normativen Historiographie der Erziehung müssen wir einen Blick auf die Wissenschaftstheorie der Geschichtswissenschaft werfen.

Zur Wissenschaftstheorie der Geschichtswissenschaft

Die Historiographie der Erziehung ist hinsichtlich ihres Gegenstandsbereiches eine Teildisziplin der empirischen Erziehungswissenschaft. In ihren wissenschaftstheoretischen Grundlagen und in ihrer Forschungstechnik ist sie jedoch an die Regeln gebunden, die für die geschichtswissenschaftliche Forschung aufgestellt worden sind[1].

Auch die historischen Disziplinen gehören zu den empirischen, Erfah-

---

[50] HILLEBRECHT 1972, S. 200.
[51] W. FLITNER 1954a, S. 117.
[52] BOLLNOW 1959, S. 105. Zur Kritik an der sogenannten Methode des Verstehens vgl. STEGMÜLLER 1969, S. 360 ff.
[53] BOLLNOW 1949, S. 82.
[54] U. HERRMANN 1975, S. 273.
[55] HERBART (1832), Bd. 3, S. 463.

[1] Vgl. SCHINDLER 1976, S. 435 f.

rungs- oder Realwissenschaften. Ihre Basis besteht aus Aussagen über Phänomene, die der Erfahrung zugänglich sind. »Die Tatsache, daß es vergangene Phänomene sind, ändert nichts an der Sachlage«[2]. Deshalb sind auch die historischen Disziplinen den allgemeinen methodologischen Regeln unterworfen, die für alle Erfahrungswissenschaften gelten[3]. Schon deswegen ist es verfehlt, von der Historiographie der Erziehung zu erwarten, sie könne – ohne ihren Charakter als Wissenschaft zu verlieren – durch Auslegung oder Deutung vergangener Phänomene gewonnene Normen für das gegenwärtige oder zukünftige erzieherische und erziehungspolitische Handeln bieten. Der Historiker, der vergangene weltanschauliche, moralische oder erziehungstechnische Normen untersucht, »entscheidet nichts über ein Sollen, sondern interpretiert irgendwann irgendwo irgendwie erhobene Sollensforderungen«[4].

Die human-, sozial- oder kulturhistorischen Disziplinen unterscheiden sich von jenen Teilen der Human-, Sozial- oder Kulturwissenschaften, die auf nomologisches oder theoretisches Wissen ausgerichtet sind, in dreifacher Hinsicht: erstens durch ihre Fragestellung, zweitens durch besondere methodologische Schwierigkeiten und drittens durch besondere Forschungstechniken, die der Fragestellung und den methodologischen Schwierigkeiten angemessen sind.

Die *Fragestellung* der historischen Disziplinen wird gewöhnlich damit gekennzeichnet, daß sie *vergangenes* Geschehen[5] erforschen: vergangene Phänomene, Zustände, Ereignisse, Handlungen und Werke. Genauer ausgedrückt geht es jedoch darum, die *Veränderungen* der Menschen, ihrer Werke und ihrer Lebensumstände in einem bestimmten Raum *im Ablauf der Zeit* kausalanalytisch zu untersuchen. Man möchte nicht nur über vergangene Phänomene als solche etwas erfahren, sondern über die Entwicklung, den Ablauf oder die Veränderung bestimmter Phänomene in der Vergangenheit[6]. Das schließt dann eine Beschränkung auf Einzeltatsachen aus und macht es erforderlich, die Komplexität der Phänomene und die Zusammenhänge, in denen sie stehen, zu berücksichtigen. Dabei sucht man über die Rekonstruktion *einmaliger* Situationen und Ereignisabläufe hinauszugehen und zu begrenzt *verallgemeinernden* Aussagen über Gleichförmigkeiten im Sinne typischer Erscheinungen, Bedingungslagen, Ereignisfolgen und Handlungsmuster zu gelangen[7].

Die *methodologischen Schwierigkeiten* der Geschichtsforschung sind dadurch bedingt, daß ihre Gegenstände nur indirekt und unvollständig erfaß-

---

[2] Vgl. BOCHENSKI 1954, S. 131 ff.
[3] Vgl. V. KRAFT 1965, S. 79 ff. und 1973, S. 22 ff.; HEMPEL 1965 und 1972; STEGMÜLLER 1969, S. 335 ff.; FABER 1974; ACHAM 1974.
[4] FUNKE 1966, S. 76.
[5] FABER 1974, S. 63.
[6] Vgl. SCHULZE 1974, S. 187 ff.
[7] Vgl. EISERMANN 1967, S. 613 ff.; FABER 1974, S. 89 ff.

bar sind.«Was wir leichthin historische ›Tatsachen‹ nennen, sind nur Anzeichen und Spiegelungen einer nie mehr wiederkehrenden Wirklichkeit«. Wir können »bestenfalls Ausschnitte oder Bruchstücke der einst vorhandenen Wirklichkeit erfassen«[8]. Es müssen also in einem ersten Forschungsabschnitt zunächst durch Erschließung, Kritik und Interpretation von Quellen Aussagen über Tatsachen gewonnen werden, bevor diese Aussagen auf ihre Wahrheit hin geprüft und die Phänomene, die sie beschreiben, erklärt werden können. Dabei ist zu beachten, daß schon »die Fakten selbst und der Zusammenhang, den der Historiker zwischen ihnen herstellt, ... von der vergangenen Wirklichkeit abgezogene Resultate der Deutung (sind); die Tatsachenreihung ist nicht einfache Reproduktion des geschichtlichen Ablaufs«[9]. Darin besteht ein wichtiger Unterschied zu den Beobachtungsaussagen oder Basissätzen, die an gegenwärtigen Phänomenen gewonnen worden sind.

Unproblematisch, weil einer Deutung weitgehend entzogen, sind nur die sogenannten »niederen Tatsachen« wie archäologische, chronologische und statistische Daten. Wo es dagegen »um Vorgänge von eigentlicher geschichtlicher Relevanz geht – um das Verhalten und Entscheiden von Einzelnen und Gruppen etwa – da enthalten Quellen nicht mehr einfach Fakten, sondern nur Mitteilungen – Bericht ... von vergangenem Ereignis oder Geschehen, das als solches nicht mehr faßbar ist«[10]. Deshalb gibt es gar nicht »die Geschichte« im strengen Sinne als Gegenstand der Geschichtswissenschaft. Die Beschreibungen *vergangener* Ereignisse müssen methodologisch anders beurteilt werden als Beschreibungen von Ereignissen, die in der Gegenwart beobachtet werden können. Es ist undurchführbar, Vergangenes so zu beschreiben, wie es als Gegenwärtiges gewesen ist[11].

3. Die *Forschungstechniken* der historischen Disziplinen sind auf die methodologischen Schwierigkeiten, die bei der Gewinnung ihrer Gegenstände zu beachten sind, abgestimmt. Im Wesentlichen handelt es sich dabei um Mittel zur Erschließung von Quellen[12]. »Quellen nennen wir alle Texte, Gegenstände oder Tatsachen, aus denen Kenntnis der Vergangenheit gewonnen werden kann«[13]. Die quellenkundlichen Forschungstechniken haben auch für die empirische Erforschung *gegenwärtiger* sozialer Phänomene, die man als »Sozialgeschichtsschreibung der Gegenwart« interpretieren kann[14], Bedeutung[15]. Umgekehrt werden bei der Erforschung vergangener

---

[8] MAIER 1966, S. 662.
[9] MOMMSEN 1961, S. 82; ähnlich CARR 1963, S. 10 ff.; grundlegend hierzu GOLDSTEIN 1972 und 1976; MARROU 1973, S. 144 ff.
[10] MAIER 1966, S. 662; vgl. auch CARR 1963, S. 118.
[11] Vgl. GOLDSTEIN 1976, S. 60 ff.
[12] Vgl. MARROU 1973, S. 83 ff.; BRANDT 1976, S. 48 ff.
[13] KIRN 1972, S. 29.
[14] Vgl. SCHELSKY 1967, S. 74.
[15] Vgl. ALBRECHT 1972 (mit umfangreicher Bibliographie).

Ereignisse in nomothetischer Absicht zusätzlich zu den historischen Verfahren auch solche Verfahren verwendet, die in den Sozialwissenschaften zur Hypothesenprüfung ausgebildet worden sind, wie zum Beispiel das kausal-vergleichende Verfahren der »ex post facto«-Untersuchung.

Von den erwähnten drei Gesichtspunkten (die auf das eine Zentralproblem der Rekonstruktion vergangener Phänomene zurückgeführt werden können) abgesehen, gibt es keine wesentlichen methodologischen Unterschiede zwischen den historischen und den theoretisch-systematischen Bereichen der empirischen Sozialwissenschaften. Es trifft auch nicht zu, daß das *»Verstehen«* die spezifische Methode der Geschichtswissenschaft ist, wie die Vertreter der geisteswissenschaftlichen bzw. hermeneutischen Pädagogik behauptet haben[16]. Das Verstehen als psychischer Vorgang, durch den der Sinn oder die Bedeutung menschlicher Handlungen und Werke zu erfassen versucht wird[17], ist nicht auf historische Untersuchungen vergangener Persönlichkeiten, Handlungen und Werke beschränkt, sondern es ist – wie früher schon erwähnt[18] – in allen Bereichen der Sozial- und Kulturwissenschaften erforderlich. Das durch den Verstehensakt gewonnene Sinnverständnis ist eine Voraussetzung für den Versuch, Handlungen aus Motiven, Absichten oder Zwecken des Handelnden zu erklären[19]. Das Verstehen bringt kein sicheres Wissen, sondern lediglich eine Hypothese zur Deutung der fraglichen Handlung, die dem Verstehenden zwar subjektiv plausibel erscheint, jedoch der empirischen Überprüfung bedarf[20]. Es gibt also gar keine »verstehende Methode«, sofern damit eine Prüfungsmethode gemeint ist, sondern das Verstehen hat seinen Platz im Entdeckungs- oder Entstehungszusammenhang einer Wissenschaft.

Auf keinen Fall schließt der Akt des Verstehens ein Werturteil über das Verstandene oder eine Entscheidung dafür oder dagegen ein[21], so daß durch Verstehen Normen gewonnen werden könnten. Ein Werturteil könnte nur durch einen *zusätzlichen* psychischen Akt auf der Basis von Wertungsgrundsätzen getroffen werden, die *außerhalb* der Geschichtswissenschaft festgesetzt worden sind. »Die Geschichtswissenschaft verzichtet auf eine Bewertung der durch das forschende Verstehen in der Geschichte

---

[16] Vgl. W. FLITNER 1958, S. 17, wo vom »Verstehen« gehandelt wird, das »der Historiker ganz allgemein anwendet«. »Die historische Erziehungswissenschaft ... ist eine rein verstehende Disziplin«.
[17] Zur Bedeutungsanalyse von »Sinn« vgl. H. GOMPERZ 1929.
[18] Vgl. S. 129.
[19] Vgl. WRIGHT 1974, S. 122 ff. Häufig wird zwischen dem Verstehen einer Bedeutung und dem Erklären aus Motiven nicht unterschieden, sondern auch letzteres »Verstehen« genannt (vgl. z. B. FABER 1974, S. 129). »Verstehen« der ersten Art (Interpretation) ist dem Beschreiben zuzurechnen, »Verstehen« der zweiten Art ist dagegen ein Erklärungsversuch.
[20] Vgl. ABEL 1964; V. KRAFT 1965, S. 75 ff. und 1973, S. 22 ff.; HEMPEL 1965, S. 239 f.; NAGEL 1961, S. 480 ff.; STEGMÜLLER 1969, S. 363 ff.; FABER 1974, S. 132 ff.
[21] Wie BOLLNOW behauptet hat (vgl. S. 178).

gefundenen ›Sinn-Einheiten‹, sei es in der Form des Sich-Unterwerfens unter diesen Sinn, sei es als Emanzipation von der Tradition«[22].

Um Mißverständnissen vorzubeugen, sei nochmals betont, daß in der *Praktischen* Pädagogik, die als Anleitung zum erzieherischen Handeln entworfen wird, Werturteile und Normen berechtigt und notwendig sind. Hier wird nur zweierlei zurückgewiesen: erstens der Anspruch, sie aus der Erforschung vergangener Ereignisse gewinnen zu können, und zweitens der Versuch, unter der Tarnbezeichnung erziehungshistorischer Forschung vergangene Ereignisse einseitig zur Stützung der Glaubensüberzeugungen und Normen gegenwärtiger weltanschaulicher oder politischer Gesinnungsgemeinschaften auszubeuten. Auch Autoren, die die Pädagogik als eine »praktische Wissenschaft« angesehen haben, haben zwischen der »*berichtenden* und der *fordernden* praktischen Wissenschaft« unterschieden und der »historischen Pädagogik« ausschließlich die »berichtende« Aufgabe zugewiesen[23]. Sie soll »nicht Werturteile selber fällen, sondern ... Tatsachen ermitteln«. Sie soll »nicht Zweckforschung werden«, sondern »die Art der Grundlagenforschung beibehalten. Sie hat ... in getreuer Kleinarbeit und unter keinem anderen Leitstern als dem der Wahrheit das Gewesene zu ermitteln«[24].

Gegenstände einer Historiographie der Erziehung

Es ist schon früh zwischen der Geschichte der Erziehung und der Geschichte dessen, was über Erziehung gelehrt worden ist, unterschieden worden[1]. Die »Geschichte der pädagogischen Praxis« ist der Geschichte der »pädagogischen Meinungen« und »pädagogischen Lehren«[2], die »Geschichte des Erziehungs*wesens*« der Geschichte der »Erziehungs*lehre*«[3], die »Geschichte der Erziehungszustände« oder die »Erziehungsgeschichte« der »Literaturgeschichte der Pädagogik«[4] gegenübergestellt worden. Die eine gehöre zur Kultur- oder Sozialgeschichte, die andere teils mehr zur Ideen- oder Geistes-, teils zur Wissenschaftsgeschichte.

STOY hat die Beziehungen zwischen ihnen mit den Beziehungen zwischen

---

[22] FABER 1974, S. 128.
[23] Vgl. STOY 1861, S. 20 und S. 17. Auch WILLMANN, der im Hinblick auf ihren praktischen Zweck den »normativen Charakter« der Pädagogik betont, beschränkt die Aufgabe der Teildisziplin »*historische* Pädagogik« darauf, »empirisch-historisches Material« über die »Mannigfaltigkeit des Gegebenen« zu unterbreiten. Vgl. 1957, S. 44 f., 39 f. und 64.
[24] DOLCH 1950, S. 223 (im Nachdruck S. 64).

[1] SCHWARZ 1829, S. 5.
[2] STOY 1861, S. 120 ff.
[3] WILLMANN 1957, S. 40 f.
[4] DOLCH 1950, S. 217.

der Kirchengeschichte und der Dogmengeschichte verglichen[5]. Doch dieser Vergleich erinnert nicht nur an den Unterschied zwischen Normen und ihrer Befolgung, sondern auch daran, wie eng beide erziehungshistorischen Wissensbereiche zusammengehören. Ähnlich wie es kein kirchliches Leben ohne Dogmen gibt, gibt es kein Erziehungswesen ohne Meinungen, Lehren oder praktische Theorien über Erziehung. Umgekehrt haben auch »die pädagogischen Gedankensysteme verschiedener Zeit« jeweils eine bestimmte Erziehungspraxis »zur Voraussetzung und zum Beziehungspunkt«[6]. Der Inhalt der Erziehungslehren und die Erziehungspraxis einer Zeit können sich zwar wie Wunschbilder und Wirklichkeit voneinander unterscheiden, aber sie sind deswegen doch zusammengehörige Gegenstände der pädagogischen Geschichtsschreibung einer Epoche. Selbstverständlich kann man sie aufgrund spezieller Fragestellungen auch je für sich untersuchen, doch das läßt sich innerhalb ein und derselben historischen Teildisziplin der Erziehungswissenschaft tun.

Zu beachten ist allerdings, daß es sich hier um normative oder praktische Theorien, um Kunstlehren der Erziehung oder Praktische Pädagogik handelt, die nicht mit der Erziehungswissenschaft im strengen Sinne verwechselt werden dürfen. Die *Wissenschaftsgeschichte der Erziehungswissenschaft* fällt nicht unter den Begriff der Historiographie der Erziehung. Sie ist zwar auch eine historische Disziplin, aber sie steht zur Erziehungwissenschaft im gleichen Verhältnis wie die Wissenschaftstheorie der Erziehungswissenschaft.

Allgemein ausgedrückt sind die Gegenstände der Historiographie der Erziehung die Gegenstände der Erziehungswissenschaft[7], sofern sie vergangene Phänomene sind und in ihren Veränderungen im Ablauf der Zeit untersucht werden. Sie reichen von so komplexen Phänomenen wie Erziehungssituationen (oder Erziehungsfeldern) samt ihren Beziehungen zu den größeren sozial-kulturellen Systemen, in die sie eingegliedert und durch die sie mitbedingt sind, bis zu relativ einfachen Elementen von Erziehungssituationen wie Schulgesetzen, Lehrplänen, Schulräumen oder Lesebüchern.

Da die Pädagogik aus Kunstlehren der Erziehung, die hauptsächlich für Lehrer bestimmt gewesen sind, hervorgegangen und lange Zeit überwiegend als Berufskunde für Lehrer in Einrichtungen der Lehrerausbildung gepflegt worden ist, standen in ihrem historischen Teil zunächst die Geschichte der Erziehungslehren und die Geschichte des Schulwesens im Vordergrund. Es ist jedoch schon von den ersten Theoretikern der Historiographie der Erziehung empfohlen worden, die »Erziehungszustände« als »Funktionen von Größen, welche mitten im politischen und sozialen Leben

---

[5] STOY 1861, S. 121; ebenso WILLMANN 1957, S. 41.
[6] BRUNNENGRÄBER 1934, S. 9.
[7] Vgl. in diesem Buch S. 53 ff.

der Völker liegen«, zu betrachten und in »den allgemeinen sozialen Bedürfnissen und Zuständen« einen »Schlüssel für die Formen, in denen die Erziehung einer bestimmten Zeit sich ausspricht«, zu sehen[8]. Die Historiographie der Erziehung soll den Gesichtskreis erweitern, indem sie »die Erziehung im ganzen des Kulturlebens und der sozialen Verbände eines Volkes und einer Zeit« aufsucht[9].

Aus dieser Sicht erscheint die Schule nur als ein erzieherischer Zweck-Mittel-Komplex neben anderen. Weitere Gegenstandsbereiche der Historiographie der Erziehung sind die Erziehung in der Familie, in Stamm, Nachbarschaft und Gemeinde, in der Religions- oder Kultgemeinschaft, im Altersbund, in Berufsgenossenschaft und Betrieb, in militärischen Verbänden, in den Vereinen, in Heimen usw. Es gibt von der chinesischen Urzeit bis zur Gegenwart, von den Primitiven bis zu den modernen Industriegesellschaften unzählige Erscheinungsformen der Versuche, andere Menschen so zu beeinflussen, daß sie bestimmten Wunschbildern oder Idealen ähnlicher werden.

Sobald man eine dieser Erscheinungsformen einschließlich ihrer Bedingungen, ihrer Begleitumstände und ihrer Wirkungen näher untersucht, wird man rasch weit über sie hinausgeführt. So führt zum Beispiel die Untersuchung der Erziehungsziele zwangsläufig zur Weltanschauung, zum Normensystem, zur Sitte, zum Selbstbild einer Gesellschaft. Die Untersuchung der Erzieher und der Educanden führt zu Fragen nach ihrer psychischen Verfassung, nach ihrer Stellung zueinander, nach den Beziehungen zwischen den Generationen, nach dem Selbstverständnis der Altersklassen usw.[10]. Die Untersuchung der erzieherischen Handlungen und der Erziehungseinrichtungen als Mittel führt zu Fragen nach ihrem Erfolg, nach ihren ungewollten Wirkungen, nach ihrem Stellenwert im Erfahrungsraum der Educanden, nach ihren Beziehungen zu den anderen jeweils wirksamen Bedingungen für das Werden ihrer Persönlichkeit usw. Die Untersuchung der Lehrinhalte führt zu Fragen nach dem Kulturgut der betreffenden Gesellschaft, nach den Gesichtspunkten seiner Auswahl und nach den politischen Machtgruppen, die diese Auswahl bestimmt haben[11]. Die Liste der Faktoren, die Erzieher, Erziehungsantriebe[12], Erziehungspläne, erzieherische Handlungen und Erziehungseinrichtungen einerseits, Educanden und

---

[8] STOY 1861, S. 115 f. und S. 125; ähnlich S. 172.
[9] WILLMANN 1906, S. 401. Dieses Programm ist von ihm in seiner »Didaktik als Bildungslehre« (1882–88), deren erster Teil »die geschichtlichen Typen des Bildungswesens« behandelt, auch vorbildlich durchgeführt worden.
[10] Vgl. BERG 1960, S. 21–118; MÜHLMANN 1975; RASSEM 1975; HORNSTEIN 1965 und 1966; ARIÈS 1976.
[11] Vgl. DOLCH 1965a. Zum Kanon-Problem am Beispiel der altsprachlichen Schullektüre vgl. MEISTER 1931, S. 54 ff.; zum Machtkampf um die Lehrpläne vgl. WENIGER 1960, S. 22 ff.
[12] Zu diesem Begriff vgl. DOLCH 1961b.

deren Reaktion auf Erziehung andererseits beeinflussen, ist äußerst umfangreich[13].

Angesichts der Komplexität des Gegenstandsbereiches Erziehung und seiner Beziehungen zu zahlreichen anderen psychischen und sozial-kulturellen Phänomenen droht auch der Historiographie der Erziehung die Gefahr, von der die Erziehungswissenschaft insgesamt betroffen ist: zu einer enzyklopädisch angelegten Super-Wissenschaft vom Werden der Persönlichkeit unter dem Einfluß von Gesellschaft und Kultur aufgeschwemmt zu werden, in der die zentrale Frage nach den Zweck-Mittel-Beziehungen außer Sicht gerät[14]. Wenn neuerdings die Historiographie der Erziehung (vorerst rein programmatisch) zur »historischen Sozialisationsforschung« umgedeutet wird, die »die Bedingungen der Personagenese unter den Bedingungen der Zeit« zu untersuchen habe[15], dann ist die Frage angebracht: wo beginnen und wo enden im Beziehungs- und Bedingungsgeflecht von Einzelmensch, Gesellschaft und Kultur die *erzieherisch* relevanten Phänomene? Wenn *alles* die Erziehung berührt, was ist dann der besondere Gegenstandsbereich der Historiographie der Erziehung[16]? Wodurch unterscheidet sie sich von einer universalen Psychohistorie[17]?

Der Gegenstand der Erziehungswissenschaft ist nicht das Werden der Persönlichkeit (»Personagenese«), sondern es sind die Handlungen, durch die Menschen versuchen, die Persönlichkeit anderer Menschen möglichst dauerhaft zu beeinflussen. Die Erziehungswissenschaft erforscht nicht Sozialisationsvorgänge (d. h. Lernvorgänge in Lernenden), sondern die Beziehungen zwischen einer bestimmten Klasse von Zwecken (Erziehungszielen) und den Mitteln, die um dieser Zwecke willen angewendet werden (Erziehung), im Hinblick auf Erfolg, Mißerfolg und ungewollte Nebenwirkungen. Selbstverständlich hängen die Persönlichkeit der Erzieher, ihre Absichten, ihr erzieherisches Handeln und seine Wirkungen jeweils von unzähligen Bedingungen ab; selbstverständlich kommen weder gewollte noch ungewollte Wirkungen in Educanden ohne Lernvorgänge und deren Bedingungen zustande. Soweit es für den erziehungswissenschaftlichen Erkenntniszweck notwendig ist, muß man einen Teil dieser Bedingungen berücksichtigen, aber wenn man *sie* statt die Erziehung zum zentralen Gegenstand macht, dann erstrebt man etwas anderes als Erziehungswissenschaft.

Es ist also auch in der Historiographie der Erziehung unerläßlich, sich an den Handlungsbegriff der Erziehung zu halten[18], wenn man ihren Gegenstandsbereich nicht in der Unmenge aller Geschehnisse, die auf Menschen

---

[13] Vgl. die aus kulturanthropologischem Material gewonnene Liste bei HENRY 1971.
[14] Vgl. in diesem Buch S. 72.
[15] U. HERRMANN 1974, S. 285 ff.
[16] Vgl. SLOAN 1973, S. 259.
[17] Vgl. zu diesem Forschungsbereich NIPPERDEY 1976.
[18] Vgl. in diesem Buch S. 45; ausführlicher hierzu BREZINKA 1977, S. 64 ff.

einwirken, verlieren will. Es gibt unter diesem Leitbegriff mehr als genug zu erforschen, besonders wenn man den riesigen Problemkreis der *indirekten Erziehung* berücksichtigt. Dazu gehören unter anderem auch viele Handlungen, die zum Aufbau und zum Schutz der Lebensformen erfolgen[19], die vermutlich die wichtigste äußere Bedingung dafür sind, daß Educanden lernen, was den Normen ihrer Gruppe entspricht[20]. Man denke zum Beispiel an die Bedeutung von Kult, Liturgie, religiösen Festen und Feiern für den Erwerb und die Erhaltung von psychischen Dispositionen, die zum religiösen Glauben, zur Gewißheit über den Lebenssinn und zur Anerkennung moralischer Normen befähigen. Eine Historiographie der indirekten Erziehung im kirchlichen[21] und staatlichen[22] Lebensbereich ist dringend erforderlich. Dabei geht es um jene Handlungen und Werke, die SCHILLER mit der Forderung gemeint hat: Umgib die Menschen »mit edlen, mit großen, mit geistreichen Formen, schließe sie ringsum mit den Symbolen des Vortrefflichen ein, bis der Schein die Wirklichkeit und die Kunst die Natur überwindet«[23].

Wenn man sich in der Historiographie der Erziehung an den Leitfaden der Frage nach den Beziehungen zwischen Zwecken, Mitteln und Wirkungen hält, dann bietet auch die Geschichte der Schulen noch immer ein unerschöpfliches Forschungsgebiet. Die Abkehr von bloßer Geschichtsschreibung der Rechtsgrundlagen, der Schulorganisationsformen, der Schulbesuchsziffern und der verklärenden Schulprogramme hat gerade erst begonnen. Die »Entmythologisierung der Schulgeschichtsschreibung«[24] erfolgt durch Fragen nach den politischen Interessen der Schulpolitiker, nach den Standesinteressen der Lehrer, nach der Verwirklichung der verkündeten Ideale in der Unterrichtspraxis, nach dem Eigenleben der bürokratischen Schulorganisation (losgelöst von den offiziell für sie genannten Zwecken), nach der Verträglichkeit der vielen gleichzeitig verfolgten Erziehungsziele, nach den Unterschieden zwischen dem Selbstbild der Lehrer und dem Lehrerbild der Schüler, dem Selbstbild der Schüler und dem Schülerbild der Lehrer, nach dem Unterrichtserfolg in allen Fächern und den Ursachen der Mißerfolge, nach den ungewollten Nebenwirkungen wie schulbedingte psychische Erkrankungen von Schülern und Lehrern, Schulverdrossenheit von Schülern und Eltern, unerwartete Einstellungsänderungen großer Absolventengruppen, schullaufbahnbedingte Arbeitslosigkeit usw.

In einer Gesellschaft, die häufig »Erziehungsgesellschaft« genannt, in der

---

[19] Vgl. STOY 1861, S. 173.
[20] Vgl. KRIECK 1944; W. FLITNER 1961a.
[21] Materialien für die katholische Kirche bei BOPP 1928; zur Ideengeschichte der indirekten Erziehung durch den Kultus vgl. zu PLATO JAEGER 1947, S. 332 ff.
[22] Materialien für den kommunistischen totalitären Staat bei MONNEROT 1952, LANGE 1954, MÖBUS 1965; für den nationalsozialistischen bei GAMM 1962.
[23] SCHILLER 1795, S. 187.
[24] Vgl. SLOAN 1973, S. 245 ff.

an die Macht der Erziehung geglaubt und von den Nutznießern dieses Glaubens die »permanente Erziehung« gefordert wird[25], bestünde der größte Dienst, den die Erziehungshistoriker ihr leisten könnten, vielleicht darin, »eine Geschichte des pädagogischen Aberglaubens« zu schreiben[26].

Weiterführende Literatur

KARL-GEORG FABER: Theorie der Geschichtswissenschaft. München, 3. erweiterte Auflage 1974 (Verlag Beck), 265 Seiten.

Eine gut verständliche Einführung in die Wissenschaftstheorie der Geschichtswissenschaft als einer Erfahrungswissenschaft, die von der spekulativen Geschichtsphilosophie streng zu unterscheiden ist. Das Buch ist nach Problemkreisen gegliedert und unterrichtet in vermittelnder Absicht darüber, was von den Standpunkten der analytischen und der deskriptiv-hermeneutischen Wissenschaftstheorie aus zu ihnen gesagt worden ist.

HENRI-IRÉNÉE MARROU: Über die historische Erkenntnis. Welches ist der richtige Gebrauch der Vernunft, wenn sie sich historisch betätigt? Freiburg 1973 (Verlag Alber), 363 Seiten.

Eine kritische Untersuchung der Bedingungen und Grenzen historischer Erkenntnis von einem der angesehensten französischen Historiker, dem wir auch ein grundlegendes Werk über die »Geschichte der Erziehung im klassischen Altertum« verdanken. Die methodologischen Probleme werden an vielen Beispielen aus der Praxis der Geschichtsforschung erläutert. Besondere Beachtung verdienen die Kapitel über die in der Historiographie verwendeten Begriffe (S. 172–198) und über die Deutung und ihre Grenzen (S. 199–239).

AHASVER VON BRANDT: Werkzeug des Historikers. Eine Einführung in die Historischen Hilfswissenschaften. Stuttgart, 8. Auflage 1976 (Verlag Kohlhammer/Urban-Taschenbuch, Band 33), S. 48–118.

Eine vorzügliche Einführung in die Quellenkunde. Für Erziehungswissenschaftler besonders lesenswert ist das Kapitel über Urkunden und Akten.

FRIEDHELM NICOLIN: Geschichte der Pädagogik. In: JOSEF SPECK und GERHARD WEHLE (Hrsg.): Handbuch pädagogischer Grundbegriffe. Bd. 1, München 1970 (Kösel-Verlag), S. 493–516.

Ausgehend von einem Rückblick auf die Ansichten, die seit HERBART über die Beziehungen zwischen systematischer und historischer Pädagogik vertreten worden sind, wird eine Übersicht über die Gegenstände und die Aufgaben der pädagogischen Geschichtsschreibung geboten.

---

[25] Vgl. LENGRAND 1972. Zur Kritik derartiger Erziehungsvisionen vgl. BREZINKA 1977a.
[26] Ein Vorschlag von STOY 1861, S. 139. Programmatische Ansätze bei BERNFELD 1928; über die Geschichte des Glaubens an Erziehung als Allheilmittel in den USA seit 1865 vgl. PERKINSON 1977.

INGRID SCHINDLER: Aufgaben der Erziehungshistorie. In: Bildung und Erziehung, 29. Jg. (1976), S. 434–449.

Eine klare und konzentrierte Darstellung möglicher Aufgaben der erziehungshistorischen Forschung »im Rahmen einer vorwiegend empirisch verstandenen Erziehungswissenschaft«.

PETER LUNDGREEN: Historische Bildungsforschung. In: REINHARD RÜRUP (Hrsg.): Historische Sozialwissenschaft. Beiträge zur Einführung in die Forschungspraxis. Göttingen 1977 (Verlag Vandenhoeck und Ruprecht), S. 96–125.

Eine Einführung in den derzeitigen Stand der Historiographie der Erziehung im deutschen und englischen Sprachgebiet. Die neueren Fragestellungen werden am Beispiel der Sozialgeschichte der Erziehung in Deutschland im 19. Jahrhundert erläutert. Besonders nützlich ist die reichhaltige Bibliographie (S. 117–125).

II. Philosophie der Erziehung

(englisch: *philosophy of education*; französisch: *philosophie de l'éducation*; italienisch: *filosofia dell'educazione*; spanisch: *filosofia de la educación*; russisch: *filosofija vospitanija*)

> »Die Ziele der Erziehung sind einerseits maßgebend für die Entscheidung jeder pädagogischen Einzelfrage, sie sind anderseits abhängig von der gesamten Lebensanschauung, d. h. von der Gesamtheit der Ansicht über Wert und Sinn des Menschenlebens. Diese Frage aber gilt von jeher als Endfrage der Philosophie. Also ist die Pädagogik wesentlich von der Philosophie abhängig.« JONAS COHN (1919)[1]

Das Wort »Philosophie« hat viele Bedeutungen und deshalb kann auch mit dem Ausdruck »Philosophie der Erziehung« verschiedenes gemeint sein. Zunächst muß zwischen dem *Philosophieren als Tätigkeit*[2] oder als Denkvorgang und der *Philosophie als System von Sätzen* unterschieden werden[3]. In diesem Buch sind mit dem Wort »Philosophie« stets Satzsysteme, Ergebnisse des philosophischen Denkens oder Produkte des Philosophierens gemeint. Wodurch sind philosophische Satzsysteme gekennzeichnet? Durch welche Merkmale unterscheidet sich Philosophie von Satzsystemen, die nicht zur Philosophie gehören? Was ist der Gegenstandsbereich oder der Problemkreis der Philosophie? Wir müssen zuerst diesen Fragen nachgehen, bevor wir über die Philosophie der Erziehung Klarheit gewinnen können.

Verschiedene Auffassungen von Philosophie

Die Satzsysteme, die vom ersten Auftreten des Wortes bis heute als »Philosophie« bezeichnet worden sind, weisen je nach ihrem Zweck, ihrem Inhalt

---

[1] COHN 1919, S. 11.
[2] Vgl. zu dieser Wortbedeutung WITTGENSTEIN 1960, S. 31: »Der Zweck der Philosophie ist die logische Klärung der Gedanken. *Die Philosophie ist keine Lehre, sondern eine Tätigkeit.* Ein philosophisches Werk besteht wesentlich aus Erläuterungen. Das Resultat der Philosophie sind nicht ›philosophische Sätze‹, sondern das Klarwerden von Sätzen.«
[3] Vgl. DIEMER 1962, S. 27 ff. Im Englischen sind dafür die Bezeichnungen »philoso-

und den Methoden, durch die sie begründet werden, große Unterschiede auf.

Im alten Griechenland hat man unter »Philosophie« zunächst das Wissen, das um seiner selbst willen geschätzt wird, verstanden. Die Philosophie war ursprünglich Universalwissenschaft[4]. Ihre Hauptgegenstände waren die Natur, der Mensch, die Moral, der Staat, die Künste und die Regeln des richtigen Denkens. Neben dem rein theoretischen zeigte sich schon früh ein praktischer Problemkreis. Die Philosophie vereinigte Theorien über die Welt und Theorien über die Lebensführung, Naturphilosophie und Moralphilosophie. Nach dem Tode des ARISTOTELES ging diese Einheit verloren. Die Zunahme des Wissens zwang zur Spezialisierung. Es entstanden Einzel- oder Fachwissenschaften und der Name »Philosophie« wurde von nun an vorwiegend für die »Religion der Gebildeten«[5] und für eine Morallehre von der Lebenskunst (Lebenslehre) gebraucht. Seither hat das Wort »Philosophie« auch die Nebenbedeutungen von »Religionsersatz«, »weltliche Heilslehre« und »Weisheitslehre«.

Im christlichen Europa wurde die Aufgabe, religiöses Heilswissen zu bieten, der Theologie überlassen. Der Name »Philosophie« wurde neuerlich für das gesamte nicht-theologische, auf Vernunfterkenntnis gegründete Wissen (mit Ausnahme der praktischen Fächer Jurisprudenz und Medizin) verwendet. Seit dem 17. Jahrhundert haben sich jedoch die Spezialwissenschaften endgültig von der Philosophie gelöst[6]. Im 19. und 20. Jahrhundert haben sich als letzte der früher als Teile der Philosophie angesehenen Disziplinen auch die Logik und die Psychologie sowie die Politologie und die Pädagogik verselbständigt. Der Philosophie verblieb hauptsächlich die Aufgabe, die Probleme der Erkenntnis zu untersuchen. Erkenntnistheorie sowie die erkenntnistheoretischen Grundlagen der Einzelwissenschaften und der nicht-wissenschaftlichen Satzsysteme bilden jenen Problemkreis, für den sie nach wie vor unbestritten zuständig ist. Daneben ist jedoch das Interesse an Philosophie als Weltanschauung und an Philosophie als praktischer Lebenslehre nie verschwunden. Im Gegenteil: die Abkehr von der Religion, die Verweltlichung der Lebensansichten, der Verlust traditioneller Lebensformen und die Bedrohung durch Sinnkrise, Skepsis und Nihilismus haben in der Gegenwart wiederum – ähnlich wie in der Spätantike – dazu geführt, weltanschaulich-moralisches Orientierungswissen unter dem Namen der »Philosophie« anzubieten und zu suchen.

Es entspricht der Vielfalt und der Uneinheitlichkeit der modernen Kul-

---

phy as process« und »philosophy as product« gebräuchlich. Vgl. z. B. BRAUNER und BURNS 1965, S. 20 ff.
[4] Vgl. WINDELBAND 1919, S. 12 ff.; T. GOMPERZ, Bd. 1, S. 417; V. KRAFT 1967, S. 5 ff.; J. RITTER 1969, S. 9 ff.
[5] T. GOMPERZ, Bd. 3, S. 360.
[6] Vgl. V. KRAFT 1967, S. 30 ff.

tur, daß heute alle Auffassungen von Philosophie, die in der Vergangenheit aufgetreten sind, nebeneinander vertreten werden[7]. Es gibt keinen allgemein anerkannten Begriff der Philosophie. Beim Vergleich dessen, was unter diesem Namen angeboten wird, ist weder ein gemeinsamer Gegenstand noch eine gemeinsame Methode festzustellen. Je nach dem Zweck, der verfolgt wird, lassen sich mindestens fünf Klassen von Satzsystemen unterscheiden[8], für die der Name »Philosophie« beansprucht wird: 1. Weltanschauungsphilosophie oder Philosophie als »weltanschaulich-ideologischer Religionsersatz«[9]; 2. Philosophie als »Anweisung zur Lebensmeisterung« oder als Lebenslehre; 3. Philosophie als System theoretischer Sätze, die als unabhängig von den Erkenntnissen der Einzelwissenschaften wie von Weltanschauungen gedacht werden; 4. Philosophie als Zusammenfassung einzelwissenschaftlicher Ergebnisse zu einer Gesamtschau; 5. Philosophie als Grundlagenforschung, als Theorie und Kritik der Erkenntnis.

Es scheint aussichtslos zu sein, gemeinsame Merkmale zu finden, durch die sich so verschiedenartige Satzsysteme von nicht-philosophischen Satzsystemen unterscheiden lassen. Sie haben miteinander weniger gemeinsam als einige von ihnen mit der Wissenschaft, andere mit religiösen Lehren und mit Dichtungen gemeinsam haben. Deshalb ist vielfach vorgeschlagen worden, die *Wissenschaftlichkeit* als Maßstab zu verwenden und »wissenschaftliche Philosophie«[10] von »Weltanschauungsphilosophie«, »spekulativer«, »metaphysischer«, »dogmatischer« oder »irrationalistischer Philosophie«[11] abzugrenzen. Die »wissenschaftliche Philosophie« (oder »Philosophie als Wissenschaft«) wird damit den gleichen allgemeinen Normen unterworfen, die für die Wissenschaft aufgestellt worden sind: ihr Zweck ist die Erkenntnis und ihr Verfahren entspricht den allgemeinen Regeln der wissenschaftlichen Methode[12], in denen klare Begriffe, intersubjektive Prüfbarkeit der Behauptungen und deren Prüfung durch Anwendung der Logik und Vergleich mit Erfahrungsdaten gefordert werden. Die »Logik der Forschung«[13] ist für die »wissenschaftliche Philosophie« die gleiche wie für die Einzelwissenschaften. »Es gibt keine spezifische Erkenntnisweise der Philosophie«[14]. Nach Meinung ihrer Anhänger unterscheidet sich die

---

[7] Vgl. WOHLGENANNT 1977.
[8] Nach STEGMÜLLER 1969a, S. XXXVIII ff.
[9] FUNKE 1969, S. 3 ff.
[10] Vgl. REICHENBACH 1953; V. KRAFT 1967; FREY 1970, S. 94 ff. Kritisch hierzu WINDELBAND 1919, S. 5 ff. und SCHELER 1954a, S. 77: »Die ›wissenschaftliche Philosophie‹ ist ... ein *Unding*, da positive Wissenschaft ebenso ihre Voraussetzung *selbst* zu setzen, alle ihre möglichen Folgen *selbst* zu ziehen, und auch ihre Widersprüche *selbst* auszugleichen hat, Philosophie aber sich dabei mit Recht vom Leibe hält, wenn sie ihr dreinzureden sucht.«
[11] Vgl. V. KRAFT 1967, S. 45; FREY 1970, S. 94 ff.
[12] Vgl. in diesem Buch S. 18 f. und S. 34 ff.
[13] BRENTANO 1893, S. 79.
[14] V. KRAFT 1967, S. 65. Vgl. auch POPPER 1966, S. XVI: »Philosophen, genau wie

»wissenschaftliche Philosophie« durch die wissenschaftliche Methode von »vorgeblicher Philosophie«[15] oder »Pseudophilosophie«[16].

Dieser Abgrenzungsversuch ist problematisch, weil es bekanntlich mehrere Wissenschaftsbegriffe gibt. Nach dem Wissenschaftsideal der Analytischen Philosophie können manche Satzsysteme nicht zur Wissenschaft und manche Methoden nicht zu den wissenschaftlichen Methoden gezählt werden, die nach den Wissenschaftsidealen der Phänomenologischen, der Hermeneutischen oder der Dialektischen Philosophie dazugehören. So hat zum Beispiel HUSSERL seine Phänomenologische Philosophie als »strenge Wissenschaft«[17] bezeichnet und die Intuition (»Wesensschau«) für eine zulässige Methode gehalten, während ihr vom Standpunkt der Analytischen Philosophie aus gerade das fehlt, was Wissenschaftlichkeit ausmacht: die intersubjektive Nachprüfbarkeit der Sätze, die unter Berufung auf diese Methode gewonnen worden sind[18]. Das gleiche gilt sinngemäß für die Hermeneutische Philosophie und die »hermeneutische Methode«[19] sowie für die Dialektische Philosophie und die »dialektische Methode«[20]. Da verschiedene Auffassungen von »Wissenschaft« bestehen, bleibt also auch der Ausdruck »wissenschaftliche Philosophie« mehrdeutig. Die einen verwenden ihn auch für metaphysische Satzsysteme, die anderen verstehen darunter ausschließlich erkenntnistheoretische und erkenntniskritische Denkbemühungen und deren Ergebnisse. Es hängt vom Wissenschaftsbegriff ab, ob zumindest eine bestimmte Art von Weltanschauungsphilosophie oder dogmatischer Philosophie (wie z. B. die Marxistische Philosophie) als »wissenschaftliche Philosophie« anerkannt wird oder nicht. Deshalb sind genauere Angaben erforderlich, wenn man einen Philosophiebegriff unmißverständlich kennzeichnen will.

Da in diesem Buch vom Wissenschaftsbegriff der Analytischen Philosophie ausgegangen wird, folgt daraus, daß hier der Name »wissenschaftliche Philosophie« nur einer Philosophie zugebilligt werden könnte, die diesem Wissenschaftsbegriff entspricht. Das bedeutet jedoch nicht, daß dieser Name als zweckmäßig angesehen wird und daß die damit gemeinten Satzsysteme ohne weiteres als Wissenschaft einzustufen sind. Denn offensichtlich ist durch die Abgrenzung dieser Art der Philosophie von »weltanschaulicher«, »spekulativer«, »metaphysischer«, »dogmatischer« oder »irrationa-

---

andere Leute, können in ihrer Suche nach der Wahrheit alle Methoden wählen, die ihnen Erfolg zu versprechen scheinen. *Es gibt keine Methode, die für die Philosophie charakteristisch oder wesentlich ist.*«
[15] KANT 1796, S. 378.
[16] BRENTANO 1876, S. 58. Zu BRENTANOs Lehre von der Philosophie als Wissenschaft und ihren Surrogaten vgl. KASTIL 1951, S. 25 ff.
[17] HUSSERL 1965. Zur Kritik vgl. SCHELER 1954a, S. 74 ff.
[18] Vgl. STEGMÜLLER 1969a, S. 89.
[19] Vgl. FREY 1970, S. 103 ff.
[20] Vgl. POPPER 1949.

listischer« Philosophie mit Hilfe des Merkmals der Wissenschaftlichkeit noch nicht geklärt, wodurch sie sich von den Einzelwissenschaften unterscheidet.

In der Antwort auf diese Frage stimmen die Anhänger der Analytischen Philosophie, der Kritizistischen oder Transzendentalphilosophie (im Sinne KANTs) und der Phänomenologischen Philosophie weitgehend überein: die Philosophie hat keinen Gegenstand nach Art der Einzelwissenschaften, sondern sie ist »Grundlagenwissenschaft«[21]. Ihr Fragenkreis besteht in den erkenntnistheoretischen Grundlagen oder Voraussetzungen der Einzelwissenschaften wie der nicht-wissenschaftlichen Behauptungen. »Sie ist Kritik, Kontrolle, Korrektur der lebensweltlichen, glaubensmäßigen, wissenschaftlichen Selbstverständlichkeiten und sonst nichts«[22].

Während die wissenschaftlichen wie die alltagssprachlichen Satzsysteme stets bestimmte Ausschnitte der Welt zum Gegenstand haben, haben philosophische Satzsysteme dieser Art die Probleme der Geltung, der Berechtigung oder Begründung, der methodischen Prüfung und Kritik der objektgerichteten Sätze oder des einzelwissenschaftlichen wie des nicht-wissenschaftlichen Wissens zum Gegenstand. Die Philosophie ist also den wissenschaftlichen wie den nicht-wissenschaftlichen Theorien gegenüber als eine *Metatheorie* anzusehen[23].

Weil philosophische Untersuchungen dieser Art gemäß den allgemeinen Regeln der wissenschaftlichen Methode durchgeführt werden, ist es vielen gerechtfertigt erschienen, diesem Bereich der Philosophie den Namen »wissenschaftliche Philosophie« zu geben. Dieser Name drückt jedoch nicht deutlich genug die Sonderstellung aus, die die Philosophie als Metatheorie oder als eine durch Reflexion auf objektsprachliche Worte und Sätze gekennzeichnete Disziplin[24] gegenüber sämtlichen Einzelwissenschaften einnimmt. Deshalb wird die damit gemeinte Art von Philosophie auch als »kritische Philosophie«[25], »analytische Philosophie«[26] oder »methodische Philosophie«[27] bezeichnet. Ihr Aufgabenbereich ist die Theorie der Erkenntnis und die Kritik von Erkenntnisansprüchen (Epistemologie[28]). Sie ist nach KANT »die Polizei im Reiche der Wissenschaften«[29].

---

[21] Vgl. STEGMÜLLER 1969, S. XXIII; WINDELBAND 1919, S. 25 ff.; H. WAGNER 1967, S. 372 ff.; FREY 1970, S. 23 ff. und S. 131 ff.; FUNKE 1966a, S. 9 ff.
[22] FUNKE 1966a, S. 11.
[23] Vgl. FREY 1971, S. 19 ff.
[24] Vgl. FREY 1971, S. 19; FUNKE 1956, S. 54 ff.; H. WAGNER 1967.
[25] WINDELBAND 1919, S. 26; FUNKE 1966a, S. 11. »Kritisch« bedeutet hier »*erkenntnis*kritisch« und nicht etwa »gesellschaftskritisch«.
[26] Vgl. STEGMÜLLER 1969a, S. 429 ff.
[27] MITTELSTRASS 1974, S. 25.
[28] Vom griechischen »episteme« = Wissen, Erkenntnis. Der Ausdruck wird im englischen, französischen, spanischen und italienischen Sprachgebiet viel häufiger gebraucht als im deutschen.
[29] KANT 1796, S. 394; ähnlich SCHELER 1954a, S. 73.

Vielleicht ist es am wenigsten mißverständlich, wenn sie »*analytisch-erkenntniskritische Philosophie*« oder »*epistemologische Philosophie*« genannt wird.

Wir verdanken den verschiedenen Richtungen der analytisch-erkenntniskritischen Philosophie zunehmende Einsicht in die Methoden der wissenschaftlichen Erkenntnis und in ihre Grenzen. Sie ist jedoch weder die einzig vorhandene noch die einzig zulässige Art von Philosophie. Sie ermöglicht eine einigermaßen klare Abgrenzung der wissenschaftlichen von den nicht-wissenschaftlichen Satzsystemen, aber sie bietet das nicht, was auch unter dem Namen der Philosophie angeboten und verlangt wird: Weltanschauung und moralische Lebenslehre. Weltanschauliche und moralische Satzsysteme gehören nicht zur Wissenschaft, wie sie heutzutage in freien Ländern verstanden wird, aber es gibt Arten der Philosophie, die als Weltanschauung oder als normative Ethik oder als eine Verbindung von beidem anzusehen sind. In ihnen werden theoretische und praktische Fragen behandelt, für die die Wissenschaften nicht zuständig sind.

Sehen wir uns zunächst die *theoretischen* Fragen an, um die es dabei geht. Das Reden von »der« Wissenschaft läßt leicht vergessen, daß es nur eine Menge Einzelwissenschaften gibt, in denen arbeitsteilig begrenzte Gegenstandsbereiche untersucht werden. Die Menschen streben jedoch nicht bloß nach Spezialwissen, sondern auch nach »einheitlich-übersichtlicher Erkenntnis der Gesamtwirklichkeit«[30]. Satzsysteme über das »Gesamtwirkliche« sind früher »Metaphysik« genannt worden und werden seit dem 19. Jahrhundert auch als »Weltanschauung« bezeichnet. So hat zum Beispiel SCHELER geschrieben: »Die philosophische Metaphysik ist setzende Weltanschauung«[31], in die zwar auch Ergebnisse der Wissenschaften einfließen, die aber im Ganzen über das immer hypothetische und unfertige wissenschaftliche Wissen hinausgehe. Andere Autoren verstehen die Metaphysik als eine »*wissenschaftliche* Weltanschauung«, aber indem sie ihr »die Fragen nach Wesen, Herkunft, Ziel und Sinn der Gesamtwirklichkeit« zuweisen[32], wecken sie Zweifel daran, daß sie von jenem Wissenschaftsbegriff ausgehen, der hier gebraucht wird.

Es gibt bei dieser Art der Philosophie je nach dem Grad, in dem die Regeln der wissenschaftlichen Methode eingehalten werden, große Unterschiede. Man findet bloße Begriffsdichtungen, »Traumphilosophie« und »philosophische Musik«[33], aber auch logisch streng aufgebaute Systeme einer »empirisch-induktiv verfahrenden Metaphysik«[34], in der mit scharfen rationalen Argumenten bis zum Beweis der Hypothese vom Dasein Gottes

---

[30] BECHER 1949, S. 9.
[31] SCHELER 1923, S. 14. Mit »setzend« ist hier vermutlich »gesetzt« oder »festgesetzt« gemeint.
[32] BECHER 1949, S. 160 f.
[33] KASTIL 1951, S. 34 f.
[34] Vgl. BECHER 1949, S. 166 ff.

geschritten wird[35]. Deshalb halte ich es für unangemessen, diese Art der Philosophie ohne Rücksicht auf die riesigen Unterschiede, die es hinsichtlich der Vernünftigkeit (Rationalität) ihrer Begründung gibt, summarisch als »irrationalistische Philosophie«[36] zu bezeichnen. Sachgerechter scheinen mir die Namen »_weltanschauliche Philosophie_« oder »_metaphysische Philosophie_« zu sein. Ich ziehe den Ausdruck »weltanschauliche Philosophie« vor, weil er unmißverständlich auch auf Satzsysteme anwendbar ist, die von ihren Urhebern nicht als Metaphysik verstanden werden.

Neben den weltanschaulich-metaphysischen Fragen, die als vorwiegend theoretische betrachtet werden, gibt es auch _praktische Fragen_, für die die Wissenschaften nicht zuständig sind. Es geht hier vor allem um die Bewertung dessen, was uns im Leben begegnet, und um die Zwecke, die wir verfolgen, sowie um die Normen, nach denen wir uns beim Handeln richten sollen. Philosophische Satzsysteme, die diese Themenkreise behandeln, werden »Wertphilosophie«, »Ethik«, »Moralphilosophie« oder »praktische Philosophie«[37] genannt. In der Wertphilosophie[38] wird untersucht, was für die Menschen wertvoll ist, und es werden Wertungsgrundsätze oder Normen des gültigen Wertens aufgestellt. In der Ethik wird die wichtigste Klasse des Wertvollen, das sittlich oder moralisch Wertvolle (oder das sittlich Gute) untersucht und es werden Normen des sittlichen Gutseins (sittliche Ideale, Tugenden) und Normen des sittlich guten Handelns aufgestellt. Allen philosophischen Satzsystemen dieser Art ist gemeinsam, daß in ihnen Normen gesetzt und zu begründen versucht werden. Es ist deshalb zweckmäßig, sie als normgebende oder _normative Philosophie_ zu bezeichnen. Ihre wichtigste Erscheinungsform ist die _normative Ethik_ (oder normative Moralphilosophie). Sie wird »normativ« genannt, um Verwechslungen mit der »Metaethik« zu vermeiden, bei der es sich um jene Sparte der analytisch-erkenntniskritischen Philosophie handelt, in der vorgefundene ethische Ausdrücke und Sätze erkenntniskritisch untersucht werden[39].

Ähnlich, wie bei den Menschen Weltanschauung und Moral meistens eng zusammenhängen, bestehen auch zwischen der weltanschaulichen und der normativen Philosophie enge Beziehungen. Mit der metaphysischen Darstellung des »Gesamtwirklichen« ist »meist die wertende Beurteilung unmittelbar verbunden«, so daß man von einer »wertenden Metaphysik« sprechen kann[40]. Die »wertende Metaphysik«, welche »Metaphysik und

---

[35] Vgl. z. B. BRENTANO 1968.
[36] Vgl. FREY 1970, S. 94 ff.
[37] »praktisch« (vom griechischen »prattein« = handeln) bedeutet hier: auf das Handeln bezüglich; gemeint ist also eine zum Handeln anleitende Philosophie.
[38] Auch »Axiologie« genannt (besonders im englischen Sprachbereich): vom griechischen »axios« = Wert, und »logos« = Lehre. Vgl. HARTMANN 1935, S. 39, wo betont wird, daß sie den »Grundstock« der Ethik bildet.
[39] Vgl. HOSPERS 1967, S. 566 ff.; ALBERT 1972a, S. 127 ff.; HOERSTER 1976.
[40] Vgl. BECHER 1949, S. 11.

Wertphilosophie, Welt- und Lebensauffassung verbindet«, wird geradezu als »die Krönung des Gesamtsystems der (weltanschaulichen oder metaphysischen) Philosophie« bezeichnet[41].

Nachdem wir einen Überblick über die drei Hauptklassen jener Satzsysteme gewonnen haben, die den Namen »Philosophie« tragen, müssen wir nun untersuchen, was unter »Philosophie der Erziehung« zu verstehen ist. Auch dabei ist es zweckmäßig, zunächst nach den Problemen zu fragen, die bisher unter diesem oder einem ähnlichen Namen (wie »Philosophische Pädagogik«[42], »Pädagogik auf philosophischer Grundlage«[43], »Erziehungsphilosophie«[44]) behandelt oder zu behandeln gefordert worden sind.

Ansichten über Philosophie der Erziehung

In den Texten, die als »Philosophie der Erziehung« bezeichnet werden, finden wir ganz verschiedene Ansichten darüber, welche Probleme, Themen oder Gegenstände in diesen Wissensbereich gehören. Es lassen sich mindestens acht Bedeutungen des Wortes oder acht Klassen von Satzsystemen, die mit ihm benannt werden, unterscheiden.

Im Einzelfall ist die Zuordnung eines Textes zu einer dieser Klassen allerdings oft schwierig oder sogar unmöglich, weil von jeder etwas in ihm steckt. Stärker als bei den »reinen« Philosophen hat sich bei den Vertretern der Philosophie der Erziehung oder der Philosophischen Pädagogik die Ansicht erhalten, die Philosophie sei für *alle* Fragen zuständig. Diese Ansicht verdankt den Schein der Berechtigung der Tatsache, daß fast alle Philosophen, die sich von PLATO bis DEWEY über Erziehung geäußert haben, einfach geschrieben haben, was ihnen an diesem Gegenstand wichtig erschienen ist, ohne Rücksicht auf die modernen Unterscheidungen zwischen erfahrungswissenschaftlichen Theorien, praktischen Theorien und Philosophie der Erziehung zu nehmen. Wenn man jedoch alles, was ein Philosoph (oder jemand, der sich als solcher ausgibt) über Erziehung schreibt, unterschiedslos als »Philosophie der Erziehung« einstuft, dann bleibt dieses Wissensgebiet dem subjektiven Selbstverständnis der Autoren und dem Zufall überlassen. Da ich mir von dieser unkritischen Einstellung keinen Nutzen für die Erkenntnis erwarte, möchte ich trotz aller Zuordnungsschwierigkeiten eine Differenzierung der unter dem Namen »Philosophie der Erziehung« anzutreffenden Satzsysteme nach intersubjektiven analytisch-erkenntniskritischen Gesichtspunkten versuchen.

1. Manchmal wird mit »Philosophie der Erziehung« oder mit »Philoso-

---

[41] BECHER 1949, S. 14 (Ergänzung von mir).
[42] Vgl. SPRANGER 1933; DEWEY 1949; BOLLNOW 1969, S. 43.
[43] Vgl. COHN 1919.
[44] Vgl. FRISCHEISEN-KÖHLER 1917, S. 85 ff.; KRIECK 1930.

phischer Pädagogik« nichts anderes gemeint als *ein System von erfahrungswissenschaftlichen Sätzen über Erziehung, das nur unwesentlich durch normative Sätze angereichert ist*. Bei älteren Autoren, die die Psychologie noch zur theoretischen Philosophie (oder Metaphysik[1]) und die Lehre von der Gesellschaft und von der Kultur zur praktischen Philosophie (oder Ethik[2]) zählen, schließt das Wort »philosophisch« noch die Bedeutungen ein, die wir heutzutage mit den Worten »wissenschaftlich« und »theoretisch« ausdrücken.

Dieser Sprachgebrauch hat in Deutschland bei manchen Geisteswissenschaftlern bis in die Mitte des 20. Jahrhunderts nachgewirkt. Untersucht man zum Beispiel, was SPRANGER unter dem Namen »Philosophische Pädagogik«[3] und MEISTER unter dem Namen »Kulturphilosophische Pädagogik«[4] gelehrt haben, dann zeigt sich, daß es fast ausschließlich empirische Sätze über psychische, soziale und kulturelle Phänomene gewesen sind. Der eine hat diese Phänomene stark idealisierend beschrieben, der andere nüchtern, aber auf einer hohen Abstraktionsstufe. Dadurch, daß man Phänomene idealisierend beschreibt, entstehen jedoch noch keine philosophischen, sondern nur mehr oder weniger falsche, verbesserungsbedürftige Sätze. Ebensowenig gewinnen Begriffsbestimmungen, Beschreibungen und Klassifikationen dadurch, daß sie auf einer hohen Abstraktionsebene erfolgen, philosophischen Charakter. Schließlich werden realwissenschaftliche Probleme auch dadurch, daß man in ihre Behandlung gelegentlich Werturteile, Wunschbilder und Ermahnungen einstreut[5], noch nicht zu philosophischen Problemen.

Wir müssen also bei unserer Untersuchung berücksichtigen, daß vieles, was früher als Philosophie gegolten hat und was manche pädagogische Autoren noch immer dazu zählen, inzwischen längst einer einzelwissenschaftlichen Behandlung zugänglich geworden ist. »Ein Problem ist aber kein philosophisches mehr, wenn es mittels der Methoden empirischer Wissenschaft gelöst werden kann«[6].

2. Hier und da wird unter »Philosophie der Erziehung« eine auf Erziehung bezogene Universalwissenschaft in der platonisch-aristotelischen oder mittelalterlichen Bedeutung des Wortes »Philosophie« verstanden: *eine Kombination aus empirischer Erziehungswissenschaft, normativer, metaphysischer und analytisch-erkenntniskritischer Philosophie*. Diese Auffassung erinnert an das Ideal des allumfassenden Wissens oder der »Panso-

---

[1] Vgl. HERBART, Bd. 1, S. XXXIV ff.
[2] Vgl. HERBART a. a. O. und SCHLEIERMACHER, Bd. 1, S. 11 f.
[3] Vgl. SPRANGER 1933.
[4] Vgl. MEISTER 1959, 1961 und besonders 1965.
[5] Das ist für SPRANGER, nicht jedoch für MEISTER typisch.
[6] WOHLGENANNT 1977, S. 340. Vgl. auch ADLER 1942, S. 205 ff. Übrigens haben auch SPRANGER (1933, S. 16) wie MEISTER (1947 b) selbst ihre »Philosophische Pädagogik« ausdrücklich als »Wissenschaft« verstanden und bezeichnet.

phia«, das COMENIUS verfolgt hat[7]. Deshalb kann man sie abkürzend »*pansophische Philosophie der Erziehung*« nennen. Typisch für sie ist folgende Definition von PRICE: »Philosophie der Erziehung« bedeutet »jedes Gedankensystem, das eine Theorie der Erziehung enthält; eine Ethik, welche das Ziel, das die Theorie annimmt, rechtfertigt; eine Metaphysik, die die psychologischen und soziologischen Teile der Erziehungstheorie erklärt; und eine Epistemologie, die erklärt, warum gewisse Methoden des Unterrichtens und des Lernens wirksam sind, und die unsere Fähigkeit nachweist, die Wahrheit eines jeden Gedankens zu erkennen«[8]. Die »Theorie der Erziehung«, die einen von vier Bestandteilen dieses Typs der »Philosophie der Erziehung« ausmacht, wird definiert als »eine Ansicht über die Tatsachen der menschlichen Natur und der Gesellschaft, auf welcher Empfehlungen aufbauen über den Lehrplan, die Methoden und die Verwaltung der Erziehung, verstanden als Mittel zum letzten Zweck eines gerechten und guten Bürgers, der in einer gerechten und guten Gesellschaft lebt«.

Dieser Begriff geht auf eine Inhaltsanalyse von PLATOs Buch über den Staat zurück, das PRICE für ein »Paradigma« (d. h. Musterbeispiel) oder ein »Modell« der »Philosophie der Erziehung« hält, welches auch heute noch gültig sei. Kritisch ist dazu zu sagen, daß hier ein durch die Differenzierung der Einzelwissenschaften wie der Philosophie längst überholter Philosophiebegriff verwendet wird. Heutzutage läßt sich eine »Philosophie der Erziehung« auf dieser Grundlage schwer anders vorstellen als ein ungeheures Sammelsurium, das modernen erkenntniskritischen Maßstäben kaum entsprechen kann. Damit wird selbstverständlich nicht bestritten, daß es solche Sammelsurien, die »Philosophie der Erziehung« oder ähnlich genannt werden, auch in der pädagogischen Literatur der Gegenwart tatsächlich gibt.

3. Manchmal wird der Ausdruck »Philosophie der Erziehung« verwendet, um eine *praktische Theorie der Erziehung* (oder in unserer Terminologie: ein System der Praktischen Pädagogik) zu bezeichnen. Dabei scheint im Deutschen der Sprachgebrauch HERBARTs nachzuwirken, der die Pädagogik als eine praktische Disziplin angesehen hat, die »philosophisch« behandelt werden müsse und Teil der Philosophie sei[9]. Auch nach der Verselbständigung der Pädagogik gegenüber der Philosophie blieb weitgehend unbestritten, daß die Erziehungsziele der Ethik entnommen werden müssen, so daß die (Praktische) Pädagogik »in gewissem Sinne angewandte Ethik« sei[10]. In den USA scheint es dagegen eher dem saloppen Gebrauch des Wortes »Philosophie« im Sinne einer »working theory of life«[11] zuzuschreiben zu sein, daß das, was dort als »Philosophie der Erziehung« ge-

---

[7] Vgl. COMENIUS 1966.
[8] PRICE 1967, S. 232.
[9] Vgl. HERBART, Bd. 2, S. 9 f.; ähnlich WAITZ 1898, S. 10 ff.
[10] REIN 1911, Bd. 1, S. 61.
[11] Vgl. DEWEY 1913, S. 697.

wünscht und angeboten wird, oft nichts anderes ist als eine Form der Praktischen Pädagogik[12].

4. Mit dem Ausdruck »Philosophie der Erziehung« werden auch Satzsysteme benannt, die den Einfluß behandeln, den philosophische Lehren auf Erziehungstheorien (und durch diese eventuell auch auf die Erziehungspraxis) ausgeübt haben[13]. Sie lassen sich treffender als Beiträge zur *Historiographie der Ideen* einstufen, und zwar je nach der Fragestellung zur Historiographie der Wirkung philosophischer Literatur auf die Pädagogik oder zur Historiographie der pädagogischen Ideen und ihrer Herkunft.

5. Damit verwandt sind Satzsysteme, in denen philosophische Lehren unter dem Gesichtspunkt untersucht werden, was in ihnen ausdrücklich oder indirekt (und durch Interpretation rekonstruierbar) zu Fragen geäußert wird, die mit Erziehung zusammenhängen. Hierher gehören die zahlreichen Studien über die Beziehungen zwischen der Philosophie des Idealismus, des Realismus, des Pragmatismus, des Existentialismus usw. einerseits und der Pädagogik andererseits[14]. Hierzu rechne ich auch die vielen Schriften, in denen versucht wird, das Werk einzelner Philosophen erziehungstheoretisch auszuwerten[15] oder »für eine pädagogische Fragestellung fruchtbar zu machen«[16]. Es handelt sich um *Interpretationen philosophischer Texte unter pädagogischen Gesichtspunkten.*

6. Manchmal werden Satzsysteme ausdrücklich als »Analytische Philosophie der Erziehung«[17] bezeichnet, weit häufiger aber unter dem unbestimmten Namen »Philosophie der Erziehung«[18] ganz im Sinne der analytischen oder epistemologischen Philosophie entworfen, die in Wirklichkeit nicht die Erziehung, sondern Sätze über Erziehung oder Theorien der Erziehung zum Gegenstand haben. Es kann gar keine »Analytische Philosophie der Erziehung« geben, weil sich der Begriff der Erziehung auf Handlungen bezieht, während als Gegenstand der analytisch-erkenntniskritischen Philosophie ausschließlich Sätze (und Worte bzw. Begriffe als Bestandteile von Sätzen) in Betracht kommen. Was mit dieser falschen Bezeichnung gemeint ist, ist eine analytische (oder epistemologische) Philosophie der *Pädagogik*. Es handelt sich um die *analytisch-erkenntniskritische Philosophie pädagogischer Satzsysteme* oder um die *Metatheorie der Erzie-*

---

[12] Vgl. GOWIN 1969, S. 947: »an educational theory which guides practices«.
[13] Vgl. BRUBACHER 1969.
[14] Vgl. zum Idealismus HORNE 1942, ANTZ 1962, BUTLER 1966; zum Realismus BREED 1942, BROUDY 1961; zum Pragmatismus BAYLES 1966; zum Existentialismus BOLLNOW 1959, V. C. MORRIS 1966.
[15] Vgl. z. B. FRANKENA 1965 über ARISTOTELES, KANT und DEWEY; FINK 1970 über PLATO und ARISTOTELES.
[16] TOLLKÖTTER 1961, S. 11 (in einer erziehungsphilosophischen Studie über JASPERS).
[17] Vgl. SCHEFFLER 1954; MACMILLAN und KNELLER 1964, S. 27 ff.; CAHN 1970, S. 367 ff.
[18] Vgl. O'CONNOR 1957; MCCLELLAN 1976.

hung. Sie ist gegenüber der (weltanschaulichen und der normativen) Philosophie der Erziehung wie der Erziehungswissenschaft und der Praktischen Pädagogik Ausdruck einer höheren Reflexionsstufe, denn sie hat diese drei Klassen pädagogischer Theorien als deren Metatheorie zu ihrem Gegenstand.

Daß der Unterschied zwischen Philosophie der Erziehung und Philosophie der Pädagogik häufig übersehen wird, scheint vor allem daran zu liegen, daß im Englischen das Wort »education« sowohl für erzieherische Handlungen als auch für die Lehre (die Disziplin, das Fach, die Theorie) von der Erziehung verwendet wird. Die mangelnde Berücksichtigung dieser Doppelbedeutung dürfte eine wesentliche Ursache der Begriffsverwirrung sein, die in der anglo-amerikanischen Fachliteratur über »Philosophy of Education« herrscht[19] und die sich auch negativ auf die pädagogische Literatur anderer Länder ausgewirkt hat. Gelegentlich stößt man im Deutschen auf eine ähnliche Verwechslung, wenn das Wort »Pädagogik« nachlässig auch zur Bezeichnung der Erziehung (statt ausschließlich der Erziehungstheorie) gebraucht wird und von »Philosophie der Pädagogik« gesprochen wird, wo »Philosophie der Erziehung« gemeint ist. Gegenüber solchen durch ungenauen Sprachgebrauch bedingten Mißverständnissen sei nochmals betont, daß die analytisch-erkenntniskritische Philosophie pädagogischer Satzsysteme eine Philosophie der Erziehungstheorien ist, aber keine Philosophie der Erziehung.

7. Unter dem Namen »Philosophie der Erziehung« finden wir auch Satzsysteme, die man nach ihren vorherrschenden Merkmalen als *weltanschauliche Philosophie der Erziehung* bezeichnen kann. Sie sind je nach dem Inhalt der Weltanschauungsphilosophie, die zugrunde liegt, sehr verschieden. Von Autoren, die sich streng an die alte Unterscheidung zwischen theoretischer und praktischer Philosophie halten, wird ihr theoretischer (metaphysischer, ontologischer, philosophisch-anthropologischer) Charakter betont. Bei anderen, die (wie DEWEY) diese Unterscheidung ablehnen, gehen Probleme der theoretischen und der praktischen Philosophie durcheinander.

Nach der Absicht von Autoren der ersten Art enthält die weltanschauliche (oder metaphysische) Philosophie der Erziehung keine normativen Sätze, sondern bleibt auf deskriptive Sätze über das »Wesen«[20], die »Prinzipien«[21] oder den »Sinn«[22] der Erziehung beschränkt. Nach STRASSER wird in der »fundamentalen philosophischen Pädagogik« oder »Ontologie der Er-

---

[19] Unmißverständliche englische Ausdrücke für das, was mit »analytic philosophy of education« gemeint ist, sind »philosophy of educology« oder »metaeducology«. Vgl. STEINER MACCIA 1969.
[20] Vgl. STRASSER 1965, S. 103 ff.
[21] FRISCHEISEN-KÖHLER 1917, S. 85 ff. Zu den Bedeutungen des vieldeutigen Wortes »Prinzip« in der Philosophie vgl. DIEMER 1962, S. 42 ff.; in der Pädagogik EGGERSDORFER 1954, Sp. 953 f.
[22] Vgl. W. FLITNER 1966, S. 42; RÖHRS 1969, S. 65.

ziehung« »das *Sein* des Menschen im allgemeinen beschrieben«, aber nicht gesagt, »wie der Mensch sein soll«. Für die normative oder wertbestimmende Betrachtung sei die Ethik zuständig[23]. Nach KNELLER wird in der »spekulativen« Philosophie der Erziehung versucht, »Theorien über die Natur des Menschen, der Gesellschaft und der Welt aufzustellen, mit deren Hilfe wir die widerstreitenden Daten der pädagogischen Forschung und der Humanwissenschaften ordnen und interpretieren können[24].

Diese Erläuterungen lassen bereits erkennen, daß die Fragen, die hier zu behandeln beansprucht werden, entweder als Fragen der Begriffs- und Theorienbildung in die Empirische Erziehungswissenschaft gehören oder als »ontologische« Fragen keinerlei besonderen Bezug zur Pädagogik haben, sondern in der Ontologie behandelt werden können. In diesem Sinne gibt auch STRASSER zu, daß die »fundamentale philosophische Pädagogik« »noch keine Pädagogik«, sondern »ein Zweig der philosophischen Anthropologie« sei[25]. Eine »philosophische Pädagogik« dieser Art, die »keine Pädagogik« ist, ist nicht nur logisch ein Unding, sondern vermutlich auch sachlich entbehrlich.

In Wirklichkeit ist eine solche theoretische, werturteilsfreie und nichtnormative weltanschauliche Philosophie der Erziehung nirgends rein anzutreffen. So wie zwischen weltanschaulicher und normativer Philosophie im allgemeinen enge Beziehungen bestehen, gibt es auch kaum eine weltanschauliche Philosophie der Erziehung, die nicht zumindest Werturteile und meistens auch normative Sätze über Erziehungsziele, Mittel, Lehrinhalte, Tugenden der Erzieher usw. enthält. Die Grenzen zur normativen Philosophie der Erziehung lassen sich nicht scharf bestimmen. Vielfach dienen die weltanschaulichen Sätze hauptsächlich dazu, Normen für das erzieherische Handeln durch Bezugnahme auf die in der Weltanschauung festgesetzte Rangordnung der Werte zu begründen. Wir haben es also vorwiegend mit gemischten Satzsystemen von *weltanschaulich-normativer Philosophie der Erziehung* zu tun. Wenn hier trotzdem zwischen weltanschaulicher und normativer Philosophie der Erziehung unterschieden wird, dann deswegen, weil es tatsächlich als »Philosophie der Erziehung« bezeichnete Satzsysteme gibt, die überwiegend weltanschauungsphilosophischer Art sind und mehr zur Verkündigung und Verbreitung einer Weltanschauung unter den Erziehern bestimmt zu sein scheinen als zur konkreten und detaillierten Normierung des erzieherischen Handelns.

Beispiele dafür bieten unter anderem die erziehungsphilosophischen Schriften von JOHN DEWEY und ERNST KRIECK, die allerdings mit gewis-

---

[23] STRASSER 1965, S. 108 f.; ähnlich KLAFKI 1964, S. 167 ff.
[24] KNELLER 1963, S. 66. Ähnlich FRANKENA 1956, S. 290: »a speculative philosophy of education... looks for hypotheses about man and the world which may be relevant to education«.
[25] STRASSER 1965. S. 108.

sem Recht auch als Muster der pansophischen oder (dies gilt nur für DEWEY) der normativen Philosophie der Erziehung interpretiert werden können. Beide entwerfen auf der Grundlage metaphysisch-anthropologisch-geschichtsphilosophischer Annahmen eine weitgespannte Sozial- und Kulturphilosophie, in der Kritik an der vorhandenen Gesellschaft geübt und zu deren Umgestaltung aufgefordert wird, wobei die Erziehung als Mittel für »die planmäßige Durchführung der Philosophie in der Praxis« gilt. DEWEY behauptet von der Philosophie, sie sei »die Theorie der Erziehung in ihrer allgemeinsten Gestalt«[26] und die Probleme der Philosophie und der Pädagogik seien dieselben[27].

Diese enorme Ausweitung des Gegenstandsbereiches der Philosophie der Erziehung wird durch den Kunstgriff erleichtert, daß ihr nicht der Handlungs-Begriff, sondern der Geschehens-Begriff der Erziehung zugrundegelegt wird[28]. DEWEY versteht unter »Erziehung« »alle Einflüsse, die Dispositionen formen«. Er zählt dazu die täglichen Wechselwirkungen zwischen den Menschen, aber auch alle Einflüsse, die von der politischen Verfassung der Gesellschaft, von den Beziehungen der Klassen zueinander, von der Verteilung des Reichtums usw. ausgehen[29]. Ebenso sieht KRIECK jede »Wirkung, welche Werden, Gestaltung und Formung hervorruft oder beeinflußt, wo sie immer herstamme«, als »Erziehung« an[30]. Unter dieser Voraussetzung wird die weltanschauliche Erziehungsphilosophie zu einer die Einzelwissenschaften an Universalität überbietenden Lehre von der »Menschwerdung« und von der »geistigen Welt«[31], von der »Selbsterhaltung sozialer Gruppen«, von den »Lebensinteressen« und von den gesellschaftlichen »Umgestaltungen«, die ihren Urhebern als »erwünscht« erscheinen[32]. In ihr wird das zu geben beansprucht, was die Wissenschaften nicht bieten können: ein »Gesamtbild«, eine »einheitliche Weltanschauung«[33], eine »Zusammenschau ..., die die Lebensführung beeinflußt«, »eine Überschau des Möglichen, nicht ein Bericht über vollendete Tatsachen«[34].

In ihrem weltanschaulichen Inhalt unterscheidet sich eine weltanschauliche Philosophie *der Erziehung* nicht von der weltanschaulichen Philosophie, die ihr jeweils zugrunde liegt. In ihr wird lediglich auf Erziehungstheoretiker und Erzieher abgestimmt wiederholt, was von dorther bekannt ist,

---

[26] DEWEY 1949, S. 427 und S. 426. Das gilt selbstverständlich nur für die Pragmatistische Philosophie, die er selbst vertritt. Vgl. hierzu FRANKENA 1965, S. 137 ff.
[27] DEWEY 1913, S. 701. Ähnlich DILTHEY 1961, S. 7: »Blüte und Ziel aller wahren Philosophie ist Pädagogik im weitesten Verstande, Bildungslehre des Menschen«.
[28] Vgl. BREZINKA 1977, S. 64 ff.
[29] DEWEY 1913, S. 700.
[30] KRIECK 1922, S. 47.
[31] KRIECK 1922, S. 45 und S. 53.
[32] DEWEY 1949, S. 414, 427, 423.
[33] KRIECK 1922, S. 302.
[34] DEWEY 1949, S. 417 und S. 420.

jedoch ergänzt durch mehr oder weniger klare Interpretationen erzieherischer Phänomene im Lichte dieser Weltanschauung und durch mehr oder weniger genau bestimmte Forderungen an Educanden, Erzieher und Politiker, die sich angeblich aus ihr ergeben. Das trifft allerdings nur für jene Formen der weltanschaulichen Philosophie der Erziehung zu, die tatsächlich Anwendungsfälle einer unabhängig von ihnen bestehenden Weltanschauungsphilosophie sind, wie zum Beispiel die Aristotelisch-thomistische Philosophie[35], die Marxistische Philosophie[36], die Pragmatistische Philosophie[37] oder die Phänomenologische Philosophie[38]. Daneben finden sich auch eklektizistische wie originelle Erscheinungsformen unterschiedlichster Qualität, in denen sich mehr die persönliche Weltanschauung des Autors als eine bekannte Richtung der Weltanschauungsphilosophie ausdrückt[39].

Wie wir gesehen haben, gibt es Satzsysteme, die als weltanschauliche Philosophie der Erziehung gekennzeichnet werden können. Das bedeutet aber keineswegs, daß sie auch Beiträge zur Lösung theoretischer oder praktischer Probleme leisten, die anders nicht oder nicht besser geleistet werden könnten. Vielmehr erschwert gerade das Mischmasch, das als »Gesamtbild« oder »Zusammenschau« ausgegeben wird, schon die Klärung vieler Probleme und erst recht rationale Beiträge zu ihrer Lösung. Weder die Erziehungstheoretiker noch die Erzieher brauchen den Ballast allgemeiner weltanschaulicher oder metaphysischer Erörterungen, die die Welt und das Leben überhaupt, aber nicht speziell die Erziehung betreffen[40]. Eine weltanschauliche Philosophie der Erziehung kann auch weder die Empirische Erziehungswissenschaft noch eine auf konkrete Verhältnisse und Aufgaben bezogene Praktische Pädagogik ersetzen. Was wirklich gebraucht wird, sind Antworten auf die Wert- und Normfragen, die beim erzieherischen Planen und Handeln auftreten. Nach meiner Auffassung besteht der Zweck der Philosophie der Erziehung darin, für die Wert- und Normorientierung der Erzieher und Erziehungspolitiker das zu leisten, was innerhalb der Empirischen Erziehungswissenschaft nicht geleistet werden kann. Was als deren Ergänzung unentbehrlich ist, sind nicht jene sieben Satzsysteme, die wir

---

[35] Vgl. ADLER 1942; MCGUCKEN 1942; MARITAIN 1955 und 1956.
[36] Vgl. z. B. SUCHODOLSKI.
[37] Vgl. DEWEY 1949 und 1974; WILHELM 1975.
[38] Vgl. STRASSER 1965 und 1964.
[39] Das gilt z. B. für KRIECK 1922, der eine phantastisch irrationalistische Weltanschauungsphilosophie konstruiert hat, die freilich später als Grundlage der Nationalsozialistischen Erziehungsphilosophie verwendet worden ist. Vgl. zu dieser KNELLER 1941. Als Beispiel einer eklektizistischen weltanschaulichen Philosophie der Erziehung auf vager religiös-humanistischer Basis vgl. R. ULICH 1961 und zur Kritik BREZINKA 1963.
[40] Vgl. MCMURRIN 1962, S. 630 über »the confusion arising from the insistence that metaphysics and the art of teaching have something importantly and intrinsically to do with each other, although just what that is, is never quite revealed«.

bisher unter dem Namen »Philosophie der Erziehung« kennengelernt haben, sondern das ist allein die *normative* Philosophie der Erziehung. Nur sie läßt sich auch unserem Wissenschaftsbegriff entsprechend klar von der Erziehungswissenschaft, der Praktischen Pädagogik und der Metatheorie der Erziehung abgrenzen.

8. Mit »Philosophie der Erziehung« oder verwandten Ausdrücken ist am häufigsten eine *normative Philosophie der Erziehung* gemeint. Darunter wird jedoch verschiedenes verstanden und deshalb müssen wir zunächst einen klaren Begriff von ihr zu gewinnen versuchen.

Schon HERBART hat betont, daß die (Praktische) Pädagogik von der »praktischen Philosophie« abhängt, »welche das Sollen bestimmt« und damit auch das Ziel oder den Zweck der Erziehung[41]. Nach WAITZ können »die Aufgaben der Erziehung« nur aus der Ethik »als der begründenden Wissenschaft ... abgeleitet werden«[42]. »Die Ethik stellt Musterbilder für den Willen« und »ideale Forderungen« auf[43]. Nach REIN stellt »die praktische Philosophie oder Ethik ... die Maßstäbe für die Bestimmung von Wert und Unwert der Dinge zusammen« und »die ethische Grundlage bestimmt den Charakter des pädagogischen Systems«[44]. Keiner dieser Pädagogiker hat jedoch an eine spezielle normative Philosophie der Erziehung als relativ selbständige philosophische Disziplin gedacht, sondern man hat sich darauf beschränkt, im System der Praktischen Pädagogik jene Stelle, die vom Erziehungsziel handelt, mit Sätzen über Persönlichkeitsideale zu füllen, die aus einer als allgemein oder absolut gültig angesehenen Ethik[45] übernommen worden sind.

Es scheinen vor allem zwei Gründe gewesen zu sein, die seit dem Ende des 19. Jahrhunderts zu Versuchen geführt haben, eine relativ selbständige normative Philosophie der Erziehung aufzubauen. Erstens der Rückgang des christlichen Glaubens und der mit ihm verbundenen christlichen Moral in den ehemals christlichen Gesellschaften, mit dem die Ausbreitung einander widerstreitender ethischer Anschauungen, der Zweifel an der Möglichkeit einer allgemeingültigen Ethik und der ethische Relativismus und Agnostizismus einhergingen. Unter diesen Umständen wurde es unmöglich, die Ideale, auf welche die Praktische Pädagogik als Erziehungsziele angewiesen ist, einfach aus einer allgemein anerkannten Ethik zu übernehmen, weil es eine solche Ethik nicht mehr gab. Als Folge der radikalen Verweltlichung des französischen Schulwesens wurde das Problem zuerst in Frankreich vordringlich. Man begann nach den Zielen einer »rein vernunftmäßigen Erziehung« und deren Begründung zu suchen. Darunter

---

[41] HERBART, Bd. 2, S. 10 und S. 9.
[42] WAITZ 1898, S. 14.
[43] WAITZ 1898, S. 11.
[44] REIN 1911, Bd. 1, S. 60 und S. 62.
[45] Vgl. WAITZ 1898, S. 18; REIN 1911, Bd. 1, S. 105.

wurde eine Erziehung verstanden, »der jede Anleihe auf die Prinzipien untersagt ist, auf denen die offenbarten Religionen beruhen, die sich vielmehr einzig auf die Ideen, die Gefühle und die Praktiken stützt, die von der Vernunft allein abhängen«[46].

Der zweite Anstoß zum Aufbau einer normativen Philosophie der Erziehung kam aus der Einsicht, daß die der Ethik entlehnten Ideale gewöhnlich viel zu abstrakt, unbestimmt und inhaltsarm sind, um als Erziehungsziele dienen zu können, die eine rationale Erkenntnis der zu ihrer Erreichung geeigneten Mittel erlauben. Die gebräuchliche Rede von »dem« Zweck[47] (oder Ziel) der Erziehung, als gäbe es nur *einen*, auf den alles ankommt, täuscht darüber hinweg, daß ein solcher oberster oder höchster Zweck wie »Tugend«[48], »Sittlichkeit« oder »Moralität«[49], nicht mehr als ein zusammenfassender Name für ein komplexes Gefüge von gewollten psychischen Dispositionen sein kann, die als einzelne möglichst genau und anschaulich bestimmt werden müssen, um zweckrationales erzieherisches Handeln möglich zu machen.

Die ersten Entwürfe einer normativen Philosophie der Erziehung im deutschen Sprachgebiet stammen von FRIEDRICH WILHELM FOERSTER und JONAS COHN. FOERSTER geht in seinem »Versuch zu einer ›Philosophie der Erziehung‹«[50] von einer Kritik der Unentschiedenheit in Prinzipienfragen aus. Er verurteilt die »ganz vagen Ziele, die keine organisierende Kraft haben und dem Menschen keine unzweideutigen Zumutungen stellen«[51], und betont, daß die »Präzision der Zielsetzung« uns allein »die wirkliche Treffsicherheit in der Wahl der Methoden« gebe[52]. Er bekennt sich zur christlichen »Rangordnung der Lebenszwecke« und zeigt realistisch und konkret, was die christlichen Ideale als Erziehungsziele bedeuten und was die Erzieher tun sollen, um sich selbst und ihre Educanden ihnen gemäß zu ändern. COHN glaubt, die Ziele der Erziehung durch »Werteinsicht« in die Natur des Zöglings und in die Gemeinschaft »ableiten« zu können[53]. Er berücksichtigt dabei die historische Situation, indem er aus einer Analyse der Kulturlage der Gegenwart »pädagogische Folgerungen« zu ziehen versucht[54].

---

[46] DURKHEIM 1902 (1973, S. 59). Vgl. hierzu FOERSTER 1915, S. 192 ff.
[47] Vgl. HERBARTS Buchtitel »Allgemeine Pädagogik aus dem Zweck der Erziehung abgeleitet« (1806).
[48] Vgl. HERBART, Bd. 2, S. 16: »Tugend ist der Name für das Ganze des pädagogischen Zwecks«. WAITZ 1898, S. 67 interpretiert sie als die Fähigkeit zur »sittlichen Gestaltung des Lebens«.
[49] ZILLER 1901, S. 133. Vgl. auch die vage und interpretationsbedürftige Angabe bei REIN 1911, Bd. 1, S. 164, der das Erziehungsziel bestimmt als den »wahrhaft guten, für alles Löbliche und Wertvolle empfänglichen und geschickten, . . . gewissenhaften und aus voller Überzeugung religiösen Menschen«.
[50] FOERSTER 1917, S. VII.
[51] FOERSTER 1917, S. 71.
[52] FOERSTER 1917, S. 65 f.
[53] Vgl. COHN 1919, S. 18 ff.; zur Methode S. 49 und S. 87.
[54] COHN 1919, S. 64 ff.; ähnlich GIESE 1931.

Seine »philosophische Begründung der Pädagogik« beschränkt sich jedoch nicht auf die »sinndeutende« »Aufweisung« von Erziehungszielen, sondern nimmt zu allen »wesentlichen Seiten der Erziehung« wertend und normgebend Stellung.

Andere Autoren teilen den Glauben an die Möglichkeit, Erziehungsziele »abzuleiten«, nicht, sondern betonen, daß sie *gesetzt* werden und daß man sich für sie *entscheiden* muß[55]. Die Meinungsverschiedenheiten über die Begründung oder Rechtfertigung von Erziehungszielen sind verständlicherweise nicht geringer als die, die hinsichtlich Werturteilen und Normen überhaupt bestehen. Es gibt keine methodischen Sonderprobleme der Begründung von Erziehungszielen, sondern die Begründungsproblematik ist die gleiche, die für alle Werturteile, Rangordnungen von Zwecken und Ideale besteht. Dementsprechend kehren in der normativen Philosophie der Erziehung in methodischer Hinsicht alle Richtungen wieder, die es in der normativen (oder praktischen) Philosophie überhaupt gibt.

In inhaltlicher Hinsicht steht in allen Beiträgen die Frage nach den Erziehungszielen im Mittelpunkt: welche psychischen Dispositionen sollen in den Educanden gefördert werden und warum? Dabei geht es nicht nur um die moralischen (oder sittlichen) Tugenden, sondern um jede Art von Tüchtigkeit, die als erstrebenswert gilt[56]. Um eine Begründung der Erziehungsziele geben oder die Warum-Frage beantworten zu können, braucht man einen Maßstab, ein Kriterium oder ein Auswahlprinzip. Man muß auf Wertungsgrundsätze zurückgreifen, die Bestandteil einer Wertlehre und damit letztlich einer wertenden Weltanschauung sind. Jede normative Philosophie der Erziehung fußt auf Entscheidungen, die eine weltanschauliche Grundlage haben. Es genügt nicht, Möglichkeiten aufzuzählen und in ihrem Für und Wider gegeneinander abzuwägen[57], sondern die Überlegungen müssen in Werturteile und Zielsetzungen münden, wenn sie ihren normgebenden Zweck erfüllen sollen.

Die normative Philosophie der Erziehung bleibt bei den meisten Autoren nicht auf die Aufstellung, Erläuterung und Rechtfertigung von Erziehungszielen beschränkt, sondern bezieht alle Wertungs- und Normgebungsprobleme ein, die sich beim erzieherischen Handeln ergeben. Lehrplanfragen gehören ebenso dazu wie die Probleme des Erziehungsrechts der Eltern im Konflikt mit den Erziehungsansprüchen des Staates oder die Berufsethik für Erzieher[58]. Vielfach wird sogar der Fragenkomplex der Mittel oder Methoden eingeschlossen, und zwar nicht nur unter dem ethischen Gesichts-

---

[55] Vgl. BEHN 1923, S. 7 ff.
[56] Griechisch: »arete« (vgl. ARISTOTELES 1975); lateinisch: »virtus«; englisch: »excellence«: vgl. FRANKENA 1965, S. 7 ff.
[57] Vgl. KAUFMANN 1966, S. 258 ff.
[58] Vgl. z. B. JOHNSTON 1963 als Muster einer katholischen normativen Philosophie der Erziehung.

punkt ihres sittlichen Wertes, sondern auch unter dem rein technologischen Gesichtspunkt: Was soll wie und wann getan oder nicht getan werden, um in den Educanden die als Erziehungsziele gesetzten psychischen Dispositionen zu fördern[59]? Es werden also nicht nur Zwecke gesetzt, sondern auch Empfehlungen über Mittel ausgesprochen und zu rechtfertigen versucht[60]. Solche Formen einer normativen Philosophie der Erziehung haben viel mit der Praktischen Pädagogik gemeinsam.

Nach diesem Überblick darüber, was in der pädagogischen Literatur als »Philosophie der Erziehung« bezeichnet wird, will ich ihren wichtigsten Zweig, die normative Philosophie der Erziehung, noch etwas näher erläutern. Um das Verständnis für ihre Aufgaben und Probleme zu erleichtern, ist es nützlich, mit einem Blick auf die traditionelle normativ-deskriptive Pädagogik zu beginnen und zu prüfen, wie die Wertungs- und Normprobleme dort behandelt worden sind.

Normative Mängel der traditionellen normativ-deskriptiven Pädagogik

In den Kunstlehren der Erziehung, aus denen die wissenschaftliche Pädagogik hervorgegangen ist, werden Werturteile und Normen unbefangen der Weltanschauung und Morallehre entnommen, die in der Lebensgemeinschaft gelten, der der Verfasser angehört und für deren Mitglieder er schreibt. So stellt zum Beispiel COMENIUS seiner Erziehungslehre die drei allgemeinen Ziele »Gottseligkeit«, »Tugenden« und »Künste« (d. h. Wissen und Fähigkeiten) voran, differenziert sie in spezielle Teilziele (13 Tugenden, 8 Wissensbereiche usw.) und widmet dann den Hauptteil seiner Schrift der Frage, *wie* die Kinder zum Erwerb dieser psychischen Dispositionen anzuleiten sind[1]. Die religiösen und moralischen Überzeugungen der Lebensgemeinschaft von der Wertrangordnung der Dinge wie der möglichen Zwecke, vom Sinn des Lebens und von den Tugenden und Lastern gehen ohne ausdrückliche Begründung in die Erziehungslehren ein, weil sie als selbstverständlich gelten. Es wird klar gesagt, welche Ziele man durch Erziehung erreichen will, welche Mittel empfohlen werden und wie man die Mittel, die Hindernisse und sonstige Bestandteile der Erziehungssituationen bewertet[2].

Seit im 19. Jahrhundert begonnen worden ist, in Abgrenzung von den Kunstlehren der Erziehung eine wissenschaftliche Pädagogik zu schaffen,

---

[59] Vgl. FRANKENA 1965, S. 11.
[60] Vgl. FRANKENA 1956, S. 228.

[1] Vgl. COMENIUS 1633, S. 26 ff.
[2] Vgl. z. B. LOCKE 1693; SALZMANN 1780, 1796, 1806.

hat man zunächst an eine gemischte normativ-deskriptive Disziplin gedacht, der nicht bloß eine erfahrungswissenschaftliche Aufgabe zukomme, sondern auch die normative Aufgabe, normative Ideen zu »erzeugen« und zu »rechtfertigen«[3], vorgefundene Zwecke zu »rezensieren« oder zu »bewerten« und neue Zwecke zu »bestimmen« oder »festzusetzen«[4]. In den Versuchen, eine wissenschaftliche Pädagogik dieser Art wissenschaftstheoretisch zu begründen und als der Empirischen Erziehungswissenschaft überlegen auszugeben, wird bis heute als das entscheidende Argument angeführt, daß die wissenschaftliche Pädagogik von den Aufgaben der Wertung und Normgebung nicht entbunden werden dürfe, weil die Erzieher auf normative Orientierungshilfen angewiesen seien.

Untersucht man, ob und wie die Anhänger dieses normativ-deskriptiven Wissenschaftsprogrammes der Pädagogik die selbstgestellten normativen Aufgaben in den letzten einhundert Jahren erfüllt haben, so zeigt sich folgendes: im Vergleich mit dem Normgehalt der besten vorwissenschaftlichen Erziehungslehren und mit den ersten Ansätzen einer wissenschaftlichen Pädagogik bei HERBART ist im allgemeinen eher ein Rückgang als eine Zunahme an normativem Gehalt festzustellen. Das gilt nicht nur für erziehungstechnische Normen, auf der Suche nach denen man auf ein »Vakuum« stößt, auf ein »Niemandsland, in dem jeder glauben kann, was er will«[5]. Es gilt ebenso von den Erziehungszielen und ihrer Begründung (oder der normativen pädagogischen Teleologie[6]) wie von den moralischen Normen für das erzieherische Handeln (oder der normativen Ethik für Erzieher).

In den Texten der von ihren Anhängern als Wissenschaft verstandenen normativ-deskriptiven Pädagogik findet man über die Erziehungsziele selten mehr als äußerst allgemeine inhaltsarme Normsätze[7]. Es wurden meistens nur die Namen jener unzureichend bestimmten Gesinnungen, Haltungen und Fähigkeiten wiederholt, die jeweils bei der Mehrheit der »gebildeten« Zeitgenossen als erwünscht galten. Man begnügte sich in »edler Popularität« damit, »die schönsten Blumen vom Felde des sittlichen Lebens, Glückseligkeit, Vollkommenheit, ethische Persönlichkeit, Ebenbildlichkeit zu einem freundlichen Kranze« zusammenzubinden[8]. Selbst ein Autor wie WILLMANN, der den »normativen Charakter« der wissenschaftli-

---

[3] Vgl. HERBART, Bd. 1, S. 126.
[4] Vgl. HERBART, Bd. 1, S. 134 ff.; WILLMANN (1888) 1957, S. 306 ff. über »die Bewertung der Bildungszwecke«.
[5] Vgl. REDL und WINEMAN 1957, S. 268 ff., bes. S. 278.
[6] Vom griechischen »telos« = Ziel, Zweck und »logos« = Lehre. Gemeint ist hier die *normative* Lehre von den Erziehungszielen (im Unterschied zur deskriptiven, vergleichenden, historischen Lehre, die zur Empirischen Erziehungswissenschaft gehört). Vgl. STOY 1861, S. 31 ff.; REIN 1908, S. 59 ff.; GIESE 1931, S. 118 ff.
[7] Vgl. z. B. WAITZ 1898, S. 65 ff.; ZILLER 1901, S. 131 ff.; WILLMANN 1957, S. 314 ff.; REIN 1911, Bd. 1, S. 85 ff.
[8] DILTHEY 1888, S. 14; ebenso 1961, S. 175.

chen Pädagogik besonders betont hat[9], bietet als »Bildungsideal« nichts Konkreteres an als »lebendiges Wissen«, »durchgeistigtes Können« und »geläutertes Wollen«, vereinigt in der »Weisheit, in der sich das Wissen und Können verklärt zu einer dem Dienste der sittlichen Güter und der Tugend geweihten Gesinnung«[10].

Neuere Autoren fordern die »Vermenschlichung des Menschen«[11], »Humanität durch Humanisierung der zwischenmenschlichen Beziehungen«[12], »die vollkommene Persönlichkeit«[13], die »Freigabe des Menschen auf seine Menschlichkeit«[14], »die Realisierung von Mündigkeit«[15], die »Herstellung des richtigen Bewußtseins«[16] oder die »emanzipierte Identität«[17]. Selbst wenn man berücksichtigt, daß solche Schlagworte »verständlich werden, wenn man anderswoher weiß, was das Zeitbewußtsein in dieselben hineingelegt hat«[18], haben die Erzieher wenig von deren Interpretation. Bei den konkreten Zielfragen, die sie im Hinblick auf bestimmte Educanden unter bestimmten Umständen stellen müssen, zeigt sich, daß uns »die ethischen Werte, die uns den Sinn und den Gehalt unseres Lebens überhaupt ausmachen, ... in ihrer idealen Entrücktheit ... führerlos lassen«[19].

Je mehr sich seit dem Ende des 19. Jahrhunderts die Erkenntnis ausgebreitet hat, daß Erziehungsziele auf Entscheidungen beruhen, die weltanschaulich bedingt und damit zwangsläufig parteinehmend sind, desto inhaltsärmer, unbestimmter und um weltanschauliche Neutralität bemühter sind die normativen Äußerungen der meisten Pädagogiker dieser Richtung über Erziehungsziele geworden. Das Bestreben, der Pädagogik undifferenziert den Rang einer Wissenschaft zu sichern, hat sogar Autoren, die ihr einen normativ-deskriptiv gemischten oder einen rein normativ-philosophischen Charakter zugesprochen und ihre Verantwortung für die Erziehungspraxis betont haben, dazu verleitet, ihre normativen Aufgaben zu vernachlässigen. Weil die Setzung von Erziehungszielen keine wissenschaftliche Tätigkeit ist, ist man dem Bekenntnis zu gesetzten Erziehungszielen und der Aufgabe ihrer Begründung ausgewichen und hat sich mit pseudo-normativen Deutungen des Zeitgeistes begnügt, die überwiegend verschwommen und arm an konkretem normativen Gehalt geblieben

---

[9] WILLMANN 1957, S. 44 ff.
[10] WILLMANN 1957, S. 320 und S. 313.
[11] W. FLITNER 1964, S. 47.
[12] KROH 1954, S. 112.
[13] HENZ 1964, S. 26.
[14] BALLAUF 1962, S. 26.
[15] MOLLENHAUER 1968, S. 69.
[16] GIESECKE 1969, S. 92 ff.
[17] WELLENDORF 1970, S. 91.
[18] WILLMANN 1957, S. 316. Zur Interpretation pädagogischer Schlagworte vgl. KOMISAR und McCLELLAN 1961.
[19] FRISCHEISEN-KÖHLER 1912, S. 102.

sind[20]. Teilweise hat man sich auch mit nichtssagenden formalen und quasi-wertneutralen Erziehungszielen zufrieden gegeben wie zum Beispiel mit folgendem: »die durch eine Weltanschauung einheitlich wertgerichtete und durch die umgebende Kultur werterfüllte Persönlichkeit«[21]. Die inhaltliche Konkretisierung derartiger Zielformeln wurde der »Pädagogik als Kunstlehre«[22] oder der »Erziehungslehre«[23] überlassen, deren Werturteile und moralische Normen jeweils aus der gegebenen Gesellschaft, ihrer Kultur und Weltanschauung übernommen werden. Aus der Einsicht in die »Geschichtlichkeit des menschlichen Daseins« wurden die Erzieher mit ihren normativen Fragen auf den »Konsensus über das Daseinsverständnis« verwiesen, der in ihrem »Lebenskreis« gilt[24].

Ähnlich dürftig wie die Beiträge der normativ-deskriptiven Pädagogik zur Setzung, Konkretisierung und Begründung von Erziehungszielen sind auch ihre Beiträge zur Ethik des erzieherischen Handelns geblieben. Das hängt vorwiegend mit dem unzulänglichen Stand des erziehungstechnologischen Wissens zusammen. Solange erziehungswissenschaftliche Erkenntnisse über die Beziehungen zwischen genau bestimmten Zwecken, genau bestimmten Mitteln und den Wirkungen dieser Mittel auf genau bestimmte Educanden unter genau bestimmten Umständen fehlen, kommt man auch bei der ethischen Normgebung für das erzieherische Handeln nicht weit über die allgemeinste Norm hinaus, den Educanden keinen Schaden zuzufügen. Soweit ich sehe, konzentrieren sich gediegene Beiträge zur Ethik des erzieherischen Handelns hauptsächlich auf den der Erziehungspraxis etwas entrückten Problemkreis Autorität und Freiheit[25] und auf die Tugenden des Erziehers[26]. Selbst von diesem Aufgabenbereich meint allerdings ein sachkundiger Beurteiler: »das Problem der Tugenden des Erziehers ist bisher erstaunlich wenig durchdacht worden«[27]. Aus dem Kreis der Mittel, zwischen denen die Erzieher wählen müssen, ist bisher die Strafe erziehungsethisch am gründlichsten bearbeitet worden[28].

Wir finden also in der normativ-deskriptiven wissenschaftlichen Pädago-

---

[20] Das Versprechen von DILTHEY (1961, S. 10): »Wir werden . . . *aus der Natur unseres Volkes und unserer Zeit das konkrete* und volle *Ideal* des heutigen Erziehers und heutigen Unterrichtswesens in Deutschland *ableiten*« (Hervorhebungen von mir), ist nie erfüllt worden und kann auch in logisch einwandfreier und damit wissenschaftlich vertretbarer Weise gar nicht erfüllt werden. Vgl. z. B. SPRANGER 1920 (in 1973), S. 267 ff.; W. FLITNER 1954, S. 48 (Nachdruck 1965, S. 192): »Hier werden also Erziehungsziele sichtbar; sie sind gültig für jeden, der unserer Analyse der Zeitsituation folgt . . . . Worauf sie ›letztlich‹ gründen, ist nicht entscheidend.«
[21] MEISTER 1965, S. 21; ähnlich COHN 1919, S. 46.
[22] MEISTER 1965, S. 21 ff.
[23] W. FLITNER 1954, S. 42 ff; LOCHNER 1963, S. 511 ff.
[24] W. FLITNER 1958, S. 33; 1954 bzw. 1965, S. 176 ff.
[25] Vgl. den informativen Sammelband von REBEL 1967 sowie STROHAL 1955.
[26] Vgl. F. SCHNEIDER 1940; WOLF 1962; BOLLNOW 1968a, S. 52 ff.
[27] BOLLNOW 1968a, S. 52.
[28] Vgl. SACHSE 1894; SCHEIBE 1967; PETERS 1972, S. 272 ff.

gik trotz aller Beteuerungen ihrer Praxisbezogenheit[29] nicht nur wenig erziehungstechnologische Erkenntnisse, sondern auch wenig an konkreten und begründeten Normen. Dieser Widerspruch zum eigenen Programm scheint durch die Schwierigkeit bedingt zu sein, dieses Programm einer Verbindung von empirischer Wissenschaft und normativer Philosophie in ein und demselben Satzsystem zu verwirklichen. Um die Anerkennung des gemischten Satzsystems als Wissenschaft zu erhalten, versucht man möglichst weitgehend der Norm der Werturteilsfreiheit zu entsprechen, die doch nur für die Wissenschaften und nicht für die normative Philosophie mit ihren gänzlich anderen Aufgaben gilt. Um den Vorwurf zu vermeiden, unter dem Namen der wissenschaftlichen Pädagogik werde Weltanschauung (oder Ideologie) geboten, und um doch nicht ganz auf die Durchführung der normativen Seite des eigenen Programms verzichten zu müssen, werden den Erziehern vielfach vage, unklare oder inhaltsleere normative Sätze zum Enträtseln aufgegeben[30]. Obwohl für das erzieherische Handeln klar bestimmte und möglichst konkrete Normen gebraucht werden, fehlt es daran. Obwohl mit dem Anspruch auf Wissenschaftlichkeit für Werturteile und normative Sätze doch nichts anderes gemeint sein kann, als daß sie begründet werden, wird ihre Begründung unterlassen oder nur unzulänglich geleistet.

Diese normativen Mängel der normativ-deskriptiv gemischten wissenschaftlichen Pädagogik wären weniger bedenklich, hätten sich nicht viele Erziehungstheoretiker allzu lange von der Arbeit an einer selbständigen normativen Philosophie der Erziehung abhalten lassen, weil sie dem Programm geglaubt haben, die Aufgaben der Wertung und der Normgebung könnten *innerhalb* der wissenschaftlichen Pädagogik gelöst werden.

Um das Arbeitsfeld der normativen Philosophie der Erziehung zu bestimmen, ist es zunächst erforderlich, ihre Probleme von jenen mit Wertungen und Normen zusammenhängenden Problemen zu unterscheiden, die in der Empirischen Erziehungswissenschaft und in der Metatheorie der Erziehung behandelt werden.

Wertungen und Normen als empirisches, normatives und erkenntniskritisches Problem

Das Gebiet der Wertungen und Normen ist nicht nur sehr groß und unübersichtlich, sondern auch theoretisch so umstritten wie kaum ein anderer Bereich des Wissens. Die wichtigsten Worte wie »Wert«, »Norm«, »Sittlich-

---

[29] Vgl. z. B. W. FLITNER 1958, S. 18.
[30] Vgl. z. B. MOLLENHAUER 1972, S. 68.

keit«, »Moral«, »gut« sind mehrdeutig[1]. Es mangelt an klaren Begriffen und es gibt nicht einmal Übereinstimmung in der Deutung und Klassifikation der empirischen Grundlagen. Noch viel größer ist die Uneinigkeit über die Möglichkeit und die Methoden der Werterkenntnis und der Normbegründung. Damit hängt es zusammen, daß man sich sogar über die Probleme nicht einig ist, die in der Ethik oder Moralphilosophie zu behandeln sind. Zu diesem begrifflichen, klassifikatorischen und erkenntnistheoretischen Durcheinander kommen dann noch die enormen Meinungsverschiedenheiten in allen inhaltlichen Fragen von der Rangordnung der Werte, Güter, Zwecke und Tugenden über Persönlichkeits- und Gesellschaftsideale bis zu den moralischen Normen, Regeln oder Vorschriften. Ob wir die Wert- oder Güterlehren, die Tugendlehren, die Lehren von der idealen Gesellschaft oder die Pflichtenlehren betrachten: überall finden wir gegensätzliche Auffassungen und selten für eine von ihnen so stichhaltige Argumente, daß keinerlei Zweifel an ihrer Richtigkeit mehr aufkommen können[2].

Um sich bei der Klärung der Aufgaben einer normativen Philosophie der Erziehung in diesem Durcheinander nicht zu verlieren, muß zwischen empirischen, normativen und erkenntniskritischen Problemen unterschieden werden.

1. Die *empirischen Probleme* betreffen *Wertungsphänomene und Normen als psychische und soziale Tatsachen* in Gegenwart und Vergangenheit. Sie werden in den Erfahrungswissenschaften behandelt. Es geht um die Sammlung, Beschreibung, Interpretation, Vergleichung, Klassifikation und Erklärung dieser Phänomene. Ein Teil der Probleme ist *psychologischer* Art. Sie betreffen unter anderem die psychischen Vorgänge des Wertens, des Wählens und des zweckgerichteten Handelns, die Motivation, die moralischen Gefühle, die Entwicklung von Wertbewußtsein, moralischem Unterscheidungs- und Handlungsvermögen, die individuellen Unterschiede im Werten und in der Befolgung von Normen sowie die Psychopathologie des Wertens und des moralischen Verhaltens[3]. Andere Probleme sind *soziologischer* Art. Dazu gehören die Fragen nach der Abhängigkeit der Wertungen, Normen und Normbegründungsversuche von gesellschaftlichen und kulturellen Faktoren[4]. Zur Beantwortung sind *historiographische* Studien unerläßlich. Dabei ist die Geschichte der gelebten Moral ebenso wichtig wie die der Morallehren.

Bei der Untersuchung von Erziehungssituationen wie von Erziehungstheorien ergeben sich viele Tatsachenfragen nach Wertungen der Erzieher, der Educanden und der Erziehungstheoretiker, nach Erziehungszielen und

---

[1] Vgl. WRIGHT 1963 und 1963a; LAUTMANN 1969; SCHOLL-SCHAAF 1975.
[2] Vgl. WEISCHEDEL 1976.
[3] Vgl. z. B. SHERIF 1966; HUIJTS 1969; KEILER 1970.
[4] Vgl. OSSOWSKA 1972.

ihrem Einfluß, nach Normen für das erzieherische Handeln, ihrer Entstehung, Verbreitung und Wirkung. Ich nenne nur einige Beispiele: »Welche Erziehungsziele werden in einer bestimmten historischen Epoche von welchen Personengruppen vertreten?«; »Was haben die Anhänger des Erziehungsziels ›Fähigkeit zum Gebrauch der kritischen Vernunft‹ mit ihm gemeint?«; »Was halten überzeugt religiöse Eltern von der Forderung, die Kinder zum uneingeschränkten Gebrauch ihrer kritischen Vernunft zu erziehen?«; »Welche sozial-kulturellen Bedingungen haben die Norm außer Kraft gesetzt, es sei geboten, Schüler für schlechte Leistungen körperlich zu bestrafen?«; »Was wird von den Lehrern getan, um die Norm, beim Unterricht solle die Individualität der Schüler berücksichtigt werden, zu befolgen?«; »Was *kann* erzieherisch getan werden, um das Erziehungsziel ›Fähigkeit zum selbständigen Arbeiten‹ zu erreichen?«. Die Antworten auf diese Fragen sind Tatsachenaussagen, deren Wahrheit sich empirisch prüfen läßt.

Fragen dieser Art kann man der empirischen Wertlehre, der empirischen Moralwissenschaft (Moralpsychologie, Moralsoziologie, Historiographie der Moral und der Morallehren) oder der deskriptiven Ethik zuordnen. Es handelt sich um Probleme, die grundsätzlich auf erfahrungswissenschaftliche oder empirische Weise lösbar sind.

2. Die *normativen Probleme* können in einer engen und in einer weiten Bedeutung des Ausdrucks verstanden werden. In der engen Bedeutung geht es um Antwort auf die Frage: »Was soll ich tun?«[5]. In der weiten auch um Antworten auf die vorausgehende und umfassendere Frage: »Wie soll ich werten?«. Eine Setzung von Normen ist nur möglich, wenn zuvor den Phänomenen Wert oder Unwert zugesprochen und eine Rangordnung der Güter (oder Werte) aufgestellt worden ist. Es spricht vieles dafür, auch die wertende Sinngebung des Lebens durch Setzung eines obersten Zwecks (Ideals, Wertes, Gutes) in den Kreis der normativen Probleme einzubeziehen[6]. Ich fasse deshalb hier die *Probleme der Sinngebung, der Wertung und der Normsetzung* unter dem Oberbegriff der normativen Probleme zusammen. Nur sie sind Gegenstand der normativen Philosophie. Diese Auffassung entspricht der auf ARISTOTELES zurückgehenden Tradition, in der Ethik oder Moralphilosophie nicht nur Normen aufzustellen, sondern vorrangig die Fragen nach dem höchsten Gut, nach dem höchsten (oder richtigen) Zweck, nach der Rangordnung der Güter (oder Werte) und nach der Bestimmung des Menschen zu beantworten[7].

---

[5] Vgl. KANT 1923, S. 25, wo die Moralphilosophie als Antwort auf die Frage »Was soll ich tun?« gekennzeichnet wird.
[6] Vgl. REININGER 1946, der »die Frage nach dem Sinn des Lebens als Grundlage einer Wertordnung« und einer auf ihr zu errichtenden Ethik behandelt.
[7] Vgl. ARISTOTELES 1975, 1. Buch; BRENTANO 1952, S. 87 ff.; PAULSEN 1903, Bd. 1, S. 245 ff.; CATHREIN 1924, Bd. 1, S. 106 ff.; SCHELER 1954 (S. 30 nennt er die Ethik

Der Kreis der normativen Probleme im weiten Sinne enthält also erstens *Wertungsprobleme*, die in der (nicht-deskriptiven, wertenden oder) normativen Wertlehre (Axiologie[8]) zu behandeln sind. Dabei ist zu beachten, daß die moralischen oder sittlichen Wertungen nur eine Gruppe unter anderen bilden. Es gibt auch Wertbegriffe der Erkenntnis, des Rechts, des Religiösen, der Nützlichkeit, der Wirtschaftlichkeit, der Schönheit, der Vitalität usw.[9].

Für die Orientierung des erzieherischen und des erziehungspolitischen Handelns ist es unerläßlich, daß Wertungsfragen verschiedenster Art beantwortet werden. Sie betreffen alle Bestandteile der Erziehungssituationen, insbesondere natürlich die Zwecke und die Mittel. Ich erinnere als Beispiel nur an das Problem der Auswahl des Lehrguts aus dem Kulturgut, Unterrichtsinhalte aus der Fülle möglicher Lehrgegenstände[10]. Es gibt eine umfangreiche ältere Literatur zur »pädagogischen Wertlehre«[11]. Die Didaktik im engeren Sinne als Theorie der Lehrinhalte, die identisch ist mit dem größten Teil dessen, was heute »Curriculumtheorie« genannt wird, gehört in diesen Rahmen[12]. Es geht in ihr durchwegs um Werturteile. Erst wenn sie getroffen worden sind, ist eine Normsetzung durch einen Normgeber möglich.

Die *Normsetzungsprobleme* bilden den zweiten Teilbereich der normativen Probleme im weiten Sinn. Es gibt verschiedene Arten von Normen und eine Menge Versuche, sie zu ordnen[13]. Für die normative Philosophie der Erziehung ist vor allem wichtig der Unterschied zwischen Normen, die ausdrücken, daß etwas *sein* soll, und Normen, die ausdrücken, daß etwas *getan* oder nicht getan werden soll[14]. Die einen werden *Ideale* genannt, die anderen *Handlungsnormen* (oder Handlungs- bzw. Meidungsvorschriften). Bei den Idealen lassen sich unter anderem Persönlichkeitsideale und Gesellschaftsideale unterscheiden. Da die Zwecke des erzieherischen Handelns stets Persönlichkeitsmerkmale der Educanden sind, ist für die Orientierung der Erzieher die normative Lehre von den *Persönlichkeitsidealen oder Tugenden als Erziehungszielen* von zentraler Bedeutung.

Bei den Handlungsnormen lassen sich unter anderem technische und moralische Handlungsnormen unterscheiden. Von den erziehungstechnischen Normen können wir in der normativen Philosophie der Erziehung absehen,

---

die »Lehre von den sittlichen Werten, ihrer Rangordnung und den auf dieser Rangordnung beruhenden Normen«); HARTMANN 1935, S. 227 ff.; BEHN 1930.
[8] Zu den erkenntnistheoretischen Kontroversen über Wertlehren vgl. R. HARTMAN 1961.
[9] Vgl. V. KRAFT 1951, S. 19 ff.
[10] Vgl. WILLMANN 1957, S. 336 ff.; WENIGER 1960; zur Geschichte der Lehrpläne DOLCH 1965a.
[11] Vgl. KAMMEL 1927.
[12] Vgl. BLANKERTZ 1972.
[13] Vgl. WRIGHT 1963a.
[14] Vgl. WRIGHT 1963a, S. 14.

weil ihr sachlicher Gehalt aus Gesetzeshypothesen besteht, deren Aufstellung und Prüfung Sache der Empirischen Erziehungswissenschaft ist[15], während ihr normativer Gehalt an den jeweils gesetzten Zwecken hängt, die in der normativen Lehre von den Persönlichkeitsidealen als Erziehungszielen behandelt werden. Von größter Bedeutung sind jedoch die *moralischen Normen des erzieherischen Handelns*. In ihnen wird ausgedrückt, was nach gewissen moralischen (oder sittlichen) Maßstäben erzieherisch getan oder unterlassen werden soll. Als Beispiele können folgende Normen dienen: »Das natürliche Ehrgefühl muß sorgfältig geschont und vor tötenden Kränkungen durchaus gehütet werden«[16]; »Man hüte sich, die anfangende Selbstbestimmung stören zu wollen . . . durch die Ansprüche einer endlosen Zucht«[17]; »Nie ohne bedeutende Gründe das Bestehende unter den Kindern . . . zerrütten noch ihren Verkehr in erzwungene Gefälligkeit . . . verwandeln!«[18].

3. Die *erkenntniskritischen Probleme* betreffen unter anderem die Sprache der Werturteile und Normsätze, ihre logische Eigenart und die Argumente, die zu ihrer Begründung benutzt werden. Wir haben es hier mit der Metatheorie wertender und normativer Sätze oder Satzsysteme zu tun. Soweit es sich um die analytisch-erkenntniskritische Untersuchung *moralischer* Normen handelt, spricht man von *Meta-Ethik*. Ihre zentrale Aufgabe ist »die kritische Überprüfung von Begründungszusammenhängen in der ethischen Argumentation, die kritische Würdigung moralischer Prinzipien und die Kritik der vorherrschenden ethischen Systeme und der herrschenden Moral«[19].

Als Beispiele aus der Metatheorie normativer erziehungstheoretischer Sätze nenne ich folgende Fragen: »Was bedeutet der als ›methodischer Imperativ‹[20] bezeichnete Satz: ›Die Begegnung mit dem Inhalt soll fruchtbar werden‹?«; »Was bedeutet die Norm und wie wird sie begründet, das Ziel der Erziehung sei der ›Erwerb von Fähigkeiten einer kritischen Beteiligung am praktischen Fortschritt des Kampfes gegen Diskurs-einschränkende Bedingungen‹[21]?«; »Welchen Normgehalt enthält das vom Deutschen Bildungsrat verkündete Erziehungsziel[22], von jedem deutschen Schüler sei die Fähigkeit zu erwerben, ›die Freiheit und die Freiheiten zu verwirklichen, die ihm die Verfassung gewährt und auferlegt‹?«.

---

[15] Vgl. in diesem Buch S. 164 ff.
[16] HERBART, Bd. 1, S. 404.
[17] HERBART, Bd. 1, S. 406.
[18] HERBART, Bd. 1, S. 409.
[19] ALBERT 1972a, S. 162. Zur Meta-Ethik vgl. u. a. FRANKENA 1972, S. 114 ff.; KAULBACH 1974. Zur Begründungsproblematik von Erziehungsnormen vgl. E. KÖNIG 1975, Bd. 2.
[20] W. FLITNER 1963, S. 19.
[21] MOLLENHAUER 1972, S. 68.
[22] Deutscher Bildungsrat 1970, S. 29.

Nach dieser Abgrenzung der normativen von den empirischen und den erkenntniskritischen Problemen ist nun der Aufgabenbereich der normativen Philosophie der Erziehung noch etwas näher zu erläutern.

Aufgaben und Probleme einer Normativen Philosophie der Erziehung

Erziehungswissenschaftliches Wissen ist wie jedes empirische Wissen für beliebige Zwecke brauchbar. Wozu es verwendet wird, hängt von Entscheidungen für oder gegen bestimmte Handlungsziele ab, die aus der Menge dessen, was zu wollen möglich ist, ausgewählt werden. Man erfährt aus der Erziehungswissenschaft nur etwas über Tatsachen, aber nichts darüber, wie man werten und was man wollen soll.

Die wichtigste normative Orientierungshilfe über Wertungsgrundsätze, Rangordnung der Güter, Ideale, Tugenden und Pflichten gewinnt jeder Mensch aus der Weltanschauung seiner Lebensgemeinschaft, aus ihren Rechtsnormen und aus den Morallehren der Gruppen, denen er angehört. Für wesentliche zwischenmenschliche Beziehungen, wie die zwischen Ehepartnern, Eltern und Kindern, Vorgesetzten und Untergebenen, bestehen in der Form von Sitte und Brauch institutionalisierte Orientierungsmuster des Wertens und Handelns. Für manche Berufe gibt es eine besondere Berufsethik, darunter auch für Lehrer und andere Erzieher. Es ist also in den Sinngebungs-, Wertungs- und Normfragen nicht jeder auf sich allein angewiesen, sondern er findet in seinem Lebenskreis bereits gewohnheitsmäßig überlieferte Sinngebungssysteme, Wertungsgrundsätze, Ideale und Handlungsnormen vor. Das meiste dessen, »was die Philosophen ›Begründung der Moral‹ nannten und von sich forderten, war ... nur eine gelehrte Form des guten *Glaubens* an die herrschende Moral, ein neues Mittel ihres *Ausdrucks*, also ein Tatbestand ... innerhalb einer bestimmten Moralität«[1].

So einfach ist es mit dem Glauben an die herrschende Moral und mit seiner Begründung heute nicht mehr. In den offenen (oder pluralistischen) Gesellschaften der Gegenwart haben die normativen Orientierungshilfen abgenommen. Das liegt unter anderem am Rückgang der kleinen geschlossenen Gruppen[2], an der Ausbreitung eines wissenschaftlichen Weltbildes, an der Aufklärung über die Vielfalt der Weltanschauungen, Glaubensinhalte, Morallehren und Lebensstile, die es unter den Menschen gibt, und am Verlust der Bindungen an *eines* der Sinngebungssysteme als das allein verpflichtende. Diese Ereignisse haben eine rationalistische und individualistische Grundeinstellung begünstigt und die Menschen in den Sinn-, Wer-

---

[1] NIETZSCHE 1895 a, S. 114.
[2] Vgl. BREZINKA 1971 b, S. 94 ff. und 1966, S. 182 ff.

tungs- und Normfragen skeptisch, unsicher und ratlos gemacht. Die Menge der moralischen Normen, die allgemein anerkannt werden, geht über die Menschenrechte[3] kaum hinaus.

Das viele Reden von »Selbstbestimmung«, »Selbstverwirklichung«, »Autonomie«, »Mündigkeit« und »Emanzipation« kann nicht darüber hinwegtäuschen, daß die meisten Menschen in den hochindustrialisierten Gesellschaften der Außenlenkung erliegen. Das Bedürfnis nach Anerkennung durch die anderen zieht ein starkes Abhängigkeitsgefühl und eine »außergewöhnliche Empfangs- und Folgebereitschaft ... für die Handlungen und Wünsche der anderen«, insbesondere für die veröffentlichte Meinung nach sich[4]. In diesem seelischen Zustand wagt es kaum jemand mehr, für sich selbst und als Vorschlag für andere Wertungsgrundsätze und Normen zu setzen, die über die bestehenden vagen Gemeinsamkeiten mit den anderen hinausgehen oder gar in Widerspruch zu ihnen treten. Selbst die sogenannten Protestbewegungen der letzten Jahre haben nicht neue Sinngebung und neue Normen geschaffen, sondern nur alte bekämpft, verhöhnt und geschwächt. Sie haben lediglich die Ratlosigkeit vergrößert, aber die Scheu der meisten Zeitgenossen, sich in weltanschaulichen oder moralischen Fragen zu exponieren, nicht verringert. Diese Scheu hängt auch damit zusammen, daß man in unserem aufgeklärten Zeitalter die Schwierigkeiten der Begründung von Werturteilen und normativen Sätzen besser als je zuvor kennt oder wenigstens ahnt. Man möchte den sicheren Boden des wissenschaftlichen Wissens nicht verlassen. Das enthebt einen zwar der Gefahr, kritisiert zu werden, aber eine normative Orientierung läßt sich so nicht gewinnen. Sie setzt neben dem Wissen auch den Mut zum Werten, zur Entscheidung und zum Bekenntnis voraus.

In dieser Lage gedeiht die analytisch-erkenntniskritische Philosophie besser als die normative. Werturteile und Normen zu analysieren, zu interpretieren und zu kritisieren, ist für Philosophen unverfänglicher, als sie aufzustellen und zu begründen (wenn es nicht gerade die ohnedies herrschenden sind). Auf der anderen Seite steht außer Zweifel, daß Erzieher normative Orientierungshilfen brauchen, die sie in konkreten Erziehungssituationen nicht im Stich lassen. Sie haben wie alle, die handeln müssen, »das Bedürfnis nach beschränkten Horizonten« und »nach nächsten Aufgaben«[5]. Je weniger sie sich an eine Tradition, d. h. hier: an ein institutionalisiertes Sinngebungssystem samt der dazugehörigen Moral halten können, desto größer wird die Gefahr, sich beim Erziehen innerhalb des weiten Spiel-

---

[3] Vgl. die Konvention zum Schutze der Menschenrechte und Grundfreiheiten vom 4. 11. 1950 und Artikel 1–19 des Grundgesetzes für die Bundesrepublik Deutschland vom 23. 5. 1949.
[4] Vgl. RIESMAN 1958, S. 35 ff.
[5] NIETZSCHE 1895a, S. 118; ausführlicher hierzu 1895. Ähnlich DURKHEIM 1973, S. 93.

raums, den die liberale Rechtsordnung gewährt, durch zufällige Eingebungen und wechselnde Moden bestimmen zu lassen. Eine werturteilsfreie Analyse aller möglichen Wertschätzungen und Normen, die die Erziehung betreffen, im Sinne einer empirischen Wertlehre und einer deskriptiven Ethik ist kein Ersatz für die normative Orientierungshilfe, die die Erzieher brauchen. Auch für das empirische Wissen über Wertungen, Ideale, moralische Normen und ihre religiösen, weltanschaulichen oder philosophischen Begründungen gilt GOETHEs Hinweis: »Das Wissen fördert nicht mehr bei dem schnellen Umtriebe der Welt; bis man von allem Notiz genommen hat, verliert man sich selbst«[6].

Unter diesen Umständen kann nur wertende normative Philosophie der Erziehung normative Orientierungshilfe bieten. Weil sie normgebend sein muß, wird in ihr zwangsläufig *für* die einen und *gegen* andere Sinngebungs-, Wertungs- und Normierungsmöglichkeiten Partei ergriffen. Das geschieht nicht irrational, sondern auf der Grundlage von mehr oder weniger gründlichem Wissen über die Phänomene, die jeweils zu bewerten oder zu normieren sind, und über die tatsächlichen Wertungen, die die Menschen vornehmen. Es lassen sich Gründe dafür angeben, daß das eine bejaht und etwas anderes abgelehnt wird. Der philosophische Charakter der normativen Philosophie besteht gerade darin, daß ihre Sätze vernünftig begründet werden. Aber diese Begründung kann in keinem Fall so vollständig sein, daß sie eine Entscheidung überflüssig macht[7].

Selbstverständlich kann eine normative Philosophie der Erziehung keine geglaubte Weltanschauung, kein geltendes Recht, keine gelebte Moral und keine institutionalisierten moralischen Handlungsnormen für Erzieher ersetzen. Sie ist ein Satzsystem und als solches kein unmittelbar wirksames Element der Gesellschaftsordnung oder der Sozialen Kontrolle. Sie enthält Werturteile und normative Festsetzungen, die von einem bestimmten weltanschaulich-moralischen Standpunkt aus im Sinne eines mehr oder weniger gut begründeten Bekenntnisses vertreten werden. Nur für die Anhänger dieses Standpunktes erscheint ihr Normgehalt als Ausdruck des eigenen Wollens und damit auch als verpflichtend. In den Augen der anderen handelt es sich bloß um einen Vorschlag, für den um Zustimmung geworben wird. Nur soweit es gelingt, zu überzeugen, kann ihr normativer Inhalt angeeignet und Bestandteil der gelebten Moral von Personen und Gruppen werden. Nur wenn die Zustimmung der Mehrheit gewonnen wird, können gewisse Normen in Normendurchsetzungsverfahren auch rechtliche Geltung erlangen.

Dieser Hinweis auf die Grenzen des Einflusses normativ-philosophischer Satzsysteme ändert freilich nichts daran, daß der Zweck der normativen

---

[6] GOETHE 1943, S. 37 (Nr. 215).
[7] Zur Theorie der Entscheidung vgl. LÜBBE 1971a und 1977.

Philosophie in der Einflußnahme auf die Menschen besteht. Wer sie ausarbeitet und lehrt, will Lehrer der Ideale sein[8]. »Sie ist eine praktische Disziplin, ihre Lehre will Macht gewinnen«[9]. Sie ist eine Disziplin, »in der man es sich nicht nur zum Ziel setzt, menschliches Verhalten zu untersuchen, sondern auch, es zu lenken«[10]. »Der normative Ethiker muß darauf aus sein, zum Tun der einen Handlung zu ermuntern und vom Tun der anderen abzuhalten«[11].

Die Aufgaben einer normativen Philosophie der Erziehung lassen sich am einfachsten dem Zweck-Mittel-Schema entsprechend ordnen. Danach kann man eine normative Philosophie der Erziehungsziele (oder normative pädagogische Teleologie) und eine normative Philosophie der Mittel unterscheiden[12]. In dem mit den Mitteln befaßten Teilbereich ist zu unterscheiden zwischen den Erziehern und ihren erzieherischen Handlungen einerseits und sachlichen Mitteln andererseits. Der erste Themenkreis dieses Teilbereiches wird von mir »normative Ethik für Erzieher« genannt. Sie gliedert sich in die normative Lehre von den Tugenden der Erzieher (Tugendlehre) und in die Ethik der erzieherischen Handlungen der Erzieher (Pflichtenlehre). Zum zweiten Themenkreis gehört die (wertende oder normative) Wertlehre von den sachlichen Mitteln (Güterlehre). Sie kann in die Werttheorie der Lehrinhalte (normative Didaktik) und in die normative Philosophie der Erziehungsorganisation unterteilt werden (Axiologie der Lehrinhalte und der Erziehungsorganisation[13]). Die normative Philosophie der Erziehung beschränkt sich also nicht auf (die Erziehung betreffende) moralische (oder sittliche) Normen, sondern schließt Werturteile ein, wobei neben den moralischen Werturteilen auch rechtliche, ästhetische, religiöse, wirtschaftliche, hygienische usw. in Betracht kommen.

---

[8] Vgl. KANT 1911, S. 542: »Lehrer im Ideal«.
[9] BRENTANO 1952, S. 9. Vgl. auch NIETZSCHE 1895a, S. 161: »Die eigentlichen Philosophen ... sind Befehlende und Gesetzgeber: sie sagen ›so soll es sein!‹, sie bestimmen erst das Wohin? und Wozu? des Menschen ... Ihr ›Erkennen‹ ist Schaffen, ihr Schaffen ist eine Gesetzgebung, ihr Wille zur Wahrheit ist – Wille zur Macht.«
[10] OSSOWSKA 1972, S. 18 f.
[11] OSSOWSKA 1972, S. 40. Sinngemäß schon bei ARISTOTELES 1975, S. 83 (II, 2): »wir fragen nicht, um zu wissen, was die Tugend sei, sondern damit wir tugendhaft werden«.
[12] Das ist ein Zugeständnis an den Sprachgebrauch. Strenggenommen müßte – wenn (wie in diesem Buch) unter »Erziehung« Handlungen verstanden werden, die unter den Begriff des Mittels fallen – zwischen normativer Philosophie der Erziehungsziele (d. h. der Zwecke der Erziehung) und normativer Philosophie der Erziehung (d. h. der erzieherischen Handlungen als Mittel) unterschieden werden. Der beide zusammenfassende und allgemein benutzte Name »Philosophie der Erziehung« ist also eigentlich nur eine Abkürzung für »Philosophie der Erziehungszwecke und der Erziehung (als Mittel)«.
[13] Ältere Ausdrücke dafür sind: Bildungswesen, Erziehungseinrichtung. Zum Begriff der Organisation, mit dem ein soziales Gebilde gemeint ist, das auf spezifische Zwecke orientiert und zu deren Verwirklichung rational gestaltet ist, vgl. MAYNTZ 1963, S. 36 ff.

Ich kann hier weder die inhaltlichen Probleme der normativen Philosophie der Erziehung noch die metatheoretischen Probleme dieser Klasse pädagogischer Satzsysteme[14] ausführlich behandeln, sondern muß mich mit einigen Hinweisen begnügen.

Normative Philosophie der Erziehungsziele und ihre Metatheorie

Erziehungsziele sind Ideale von der Persönlichkeit des (oder der) Educanden. Sie drücken etwas Gewolltes[1] aus: die psychischen Dispositionen (Fähigkeiten, Tüchtigkeiten, Tugenden), die der Educand erwerben und zu deren Erwerb der Erzieher durch Erziehung beitragen soll[2]. Persönlichkeitsideale werden geschaffen oder gesetzt. Sie sind Forderungen, die aufgestellt werden. Sie können anerkannt und übernommen oder abgelehnt und bekämpft werden. Manche betreffen die Persönlichkeit als Ganzes, andere Teilbereiche (Dispositionsgefüge) oder Einzelmerkmale (Dispositionen).

Die grundlegenden und alle Mitglieder verpflichtenden Persönlichkeitsideale ihrer Gesellschaft sind den Erziehern in deren Kultur vorgegeben. Man braucht sie nicht erst neu zu schaffen, sondern nur zu klären, zu deuten, zu konkretisieren, zu ergänzen und eventuell auch fortzubilden. Das geht in einer Demokratie grundsätzlich alle Bürger an. Die professionellen Erzieher und Erziehungstheoretiker sind hierfür nicht zuständiger als andere Personen und Berufsgruppen.

Nun ist jedoch das Erziehungswesen jener Teilbereich eines Gesellschaftssystems, dem ausdrücklich die Sorge für die Verwirklichung der als Persönlichkeitsideale gesetzten psychischen Dispositionen übertragen ist, von denen der Fortbestand der Gesellschaft und ihrer Sozialgebilde abhängt[3]. Um diese Aufgabe erfüllen zu können, müssen die zu verwirklichenden wie die zu unterdrückenden Dispositionen und Dispositionsgefüge genauer bestimmt werden als es für die Verständigung und Handlungsorientierung der Gesellschaftsmitglieder ohne Rücksicht auf die erzieherische Aufgabe notwendig ist. Vor allem aber dürfen die Educanden in dem großen Freiraum, der innerhalb der Grenzen der wenigen grundlegenden und alle verpflichtenden Ideale besteht, nicht einfach dem Zufall überlassen bleiben. In diesem riesigen Freiraum der rechtlich zugelassenen oder erlaubten Handlungsmöglichkeiten spielen sich in pluralistischen Gesellschaften die Kämpfe um die konkreten Persönlichkeitsideale ab. Hier wer-

---

[14] Unabgekürzt ausgedrückt: die Probleme einer analytisch-erkenntniskritischen Philosophie der normativen Philosophie der Erziehung.

[1] Vgl. WEINBERGER 1970, S. 293 ff.
[2] Vgl. zum normativen Doppelcharakter von Erziehungszielen BREZINKA 1977, S. 138 ff.
[3] Vgl. WILLMANN 1957, S. 604 ff.; DURKHEIM 1972, S. 29 ff.

den Forderungen erhoben, die miteinander unverträglich sind. Hier werden Rangordnungen von Tugenden aufgestellt, die einander widersprechen. Hier gibt es Laster, für die Werbung erlaubt ist und die strafrechtlich nicht verfolgt werden, obwohl sie die Betroffenen ruinieren. Hier wird für eine Unmenge von Idealen Anerkennung beansprucht, die ganz verschieden bewertet werden können. Mit dem Untergang der traditionsgebundenen Gesellschaft und der Ausbreitung des historischen Wissens hat eine weltanschaulich-normative Reizüberflutung eingesetzt, die die Fähigkeit, sich dauerhaft an bestimmte Ideale zu binden, zu lähmen droht.

Aus diesem Chaos vorhandener und möglicher Ideale muß eine Auswahl getroffen werden, damit Erziehung als zweckrationales Handeln überhaupt stattfinden kann. Die Planung von Mitteln setzt Klarheit über die Zwecke und ihre Rangordnung voraus. Die Ideale müssen bewertet, unterschieden und gegeneinander abgewogen werden. Da unmöglich alle berücksichtigt werden können, kommt man um Entscheidungen nicht herum. Sie werden je nach Weltanschauung und Situationsdeutung verschieden ausfallen. Auch diese Aufgaben gehen grundsätzlich jeden mündigen Bürger an, aber sie werden von vielen gar nicht und von den meisten übrigen nur unvollständig und unsystematisch erfüllt. Deshalb müssen die Erziehungsphilosophen sie im Sinne einer Arbeitsteilung stellvertretend für andere erfüllen und dann um deren Zustimmung zu ihren Vorschlägen werben. Dabei kommt es nicht auf neue Schlagworte oder abstrakte Sammelnamen wie »Divinität«, »Humanität«, »Personalität« oder »Emanzipation« an, sondern auf eine psychologisch und logisch gegliederte Rangordnung psychischer Dispositionen[4], die durch Beispiele zu erläutern sind. Nicht eine Aufzählung von allen Wissens-, Gefühls- und Handlungsdispositionen, die überhaupt wünschbar sind, wird gebraucht, sondern ein auf die besondere gesellschaftlich-kulturelle Lage der Gegenwart und ihre Gefahren bezogenes System ausgewählter konkreter Tugenden[5], Wissensdispositionen und sonstiger Fähigkeiten[6]. Es muß im Sinne der getroffenen weltanschaulich-moralischen Grundentscheidungen einseitig sein, statt allumfassend. Es muß die Educanden wie die Erzieher erkennen lassen, welchen besonderen Aufgaben sie sich widmen sollen.

Um zu erläutern, wie die Auswahl und Setzung von Erziehungszielen zustandekommt, kann man nicht umhin, auf die epistemologische Philosophie zurückzugreifen. Die *analytisch-erkenntniskritische (oder metatheoretische) Problematik der Erziehungsziele* betrifft einerseits ihren *Normgehalt und dessen Interpretation*, andererseits ihre *Begründung*. Diese Problematik kehrt sinngemäß in allen anderen Teilbereichen der normativen Philoso-

---

[4] Vgl. MEISTER 1947c; STROHAL 1961.
[5] Zum Begriff der Tugend vgl. SCHELER 1955; BOLLNOW 1951/52; PIEPER 1974.
[6] Ansätze hierzu bei HORNEY 1963; BREZINKA 1966a, S. 146 ff.; WILSON 1967, S. 190 ff.; HENTIG 1968, S. 69–100 und 1971; WOLF 1972 und 1975.

phie der Erziehung und ihrer Metatheorie wieder. Ich werde sie deshalb hier am Beispiel der Begründung von Erziehungszielen so behandeln, daß bei den anschließenden Hinweisen auf die übrigen Teilbereiche nicht mehr auf sie eingegangen werden muß.

zu a.) Hinsichtlich des *Normgehalts* geht es um die Prüfung, ob er überhaupt vorhanden ist und worin er besteht. Manche obersten Erziehungsziele erweisen sich als *pseudo-normative Leerformeln*[7]. Damit sind normative Sätze gemeint, die einen großen logischen Spielraum und einen geringen Normgehalt haben. Der Normgehalt eines Satzes ist um so größer, je kleiner der Spielraum der von ihm zugelassenen empirischen Seins- oder Handlungsmöglichkeiten ist. Der Normgehalt eines Normsatzes ist also von seinem empirischen Gehalt untrennbar, d. h. von Angaben über die menschlichen Seins- oder Verhaltensweisen, die er gebietet, verbietet oder erlaubt. Zur Norm wird der empirische Gehalt dadurch, daß er gefordert oder als Seinsollendes gesetzt wird. Mangel an Normgehalt bedeutet immer Mangel an empirischem Gehalt des Normsatzes. Normative Sätze »haben nur dann einen echten Normgehalt, wenn sie bestimmte, möglichst genau gekennzeichnete Verhaltens- oder Denkweisen ausschließen. Ein normatives Prinzip, das keine derartigen Weisungen enthält, ist in diesem Sinne gehaltlos und hat daher keine regulative Funktion«[8].

Ich erwähne als Beispiel folgende pseudo-normativen Sätze: Der Zögling soll lernen, »verantwortlich zu handeln«; »Verantwortung hat ihren Sinn in jeder Bindung des Ich, in der es seine Akte gültig zu ordnen hat«; »Alle Verantwortung gründet sich auf das oberste Prinzip des Sittlichen: das Gute. Wer Verantwortung übernimmt, mißt sie an diesem Prinzip. Verantwortung übernehmen, sittlich geordnet handeln, bedeutet eines und dasselbe«[9]. Aus diesem Normsatz und seiner Erläuterung erfährt man nicht, wie der Educand beschaffen sein und was er tun können soll, weil unklar bleibt, was hier »Verantwortung« als »gültiges Ordnen von Akten« in der psychischen Realität bedeutet, an welchem Maßstab ein solches Ordnen als »gültig« zu erkennen ist und worin »das Gute« besteht.

Als weitere Beispiele können die Normen dienen, es solle zur »Mündigkeit«, zur »Ich-Identität« oder zur »Emanzipation« erzogen werden. Derartige Erziehungsziele haben einen äußerst geringen Normgehalt und dieser ist auch erst dann erkennbar, nachdem sie gemäß bestimmten moralisch-politischen Ideen empirisch interpretiert worden sind. Statt als normative Handlungsorientierung dienen sie eher als hochabstrakte, aber gefühlserregende Glaubenssymbole[10] oder Schlagworte, an denen sich die

---

[7] Grundlegend zum Begriff der Leerformel TOPITSCH 1960; DEGENKOLBE 1965.
[8] TOPITSCH 1966, S. 83. Über leere Normen in der Pädagogik vgl. BEST 1960.
[9] PETZELT 1964, S. 281 f.
[10] Zahlreiche Beispiele pseudo-normativer Leerformeln aus der neueren deutschen Religionspädagogik bei SCHMITT 1971.

Anhänger einer bestimmten Weltanschauung erkennen können und die sich unterstützend auf ihre Überzeugungen und auf ihren sozialen Zusammenhalt auswirken. Sie sind selten reine »Wortmusik«[11]. Was sie unter den gegebenen sozial-kulturellen Umständen bedeuten, ist zwar nicht aus ihnen selbst, wohl aber aus den Interpretationen zu erkennen, die von ihren Urhebern und Anhängern gegeben werden[12]. Ihren empirischen Inhalt klar herauszuarbeiten, dient nicht nur ihrer weltanschaulichen Identifizierung, sondern ist auch eine notwendige Voraussetzung, um sie kritisieren und sich vernünftig für oder gegen sie entscheiden zu können[13]. Man muß zunächst herausbekommen, welche psychischen Dispositionen (Erlebnis- und Verhaltensbereitschaften) mit einem bestimmten Erziehungsziel gemeint sind, bevor man es auf seine Berechtigung, seine Implikationen und seine Realisierbarkeit hin prüfen kann[14].

Die metatheoretische Problematik der *Begründung* von Erziehungszielen ist – wie bereits erwähnt[15] – keine andere als die von Idealen (als Teilklasse der Normen) überhaupt. Um sich über sie klar werden zu können, muß zunächst berücksichtigt werden, daß es verschiedene metatheoretische Auffassungen über die Eigenart von Normsätzen gibt. Die drei wichtigsten sind folgende[16].

Die metaethischen *Naturalisten* behaupten, daß man normative Begriffe vollständig durch deskriptive definieren, Normsätze ohne Bedeutungsverlust in empirische Aussagen übersetzen und demnach auch aus empirischen Sätzen ableiten kann. Normen und Werturteile werden als verkleidete Aussagen über Tatsachen betrachtet, die wie alle Tatsachenaussagen wahr oder falsch sein können. Nach dieser Auffassung ist zum Beispiel die Bedeutung des Normsatzes »Die österreichische Schule ... hat die Jugend mit dem für das Leben und den künftigen Beruf erforderlichen Wissen und Können auszustatten«[17] nichts anderes als die Sollsatzform der deskriptiven Aussage: »Der österreichische Nationalrat hat beschlossen (oder: das Gesetz schreibt vor), daß die Schule die Jugend mit ... Wissen und Können ausstatten soll.« Das Problem der Begründung von Erziehungszielen wäre nach dieser Ansicht entsprechend dem der Begründung von Aussagen auf die Frage beschränkt, ob der Gesetzgeber diese Forderung tatsächlich ausgesprochen

---

[11] PARETO 1962, S. 5 (§ 1686).
[12] Vgl. KOMISAR und McCLELLAN 1961, S. 200 ff.; TOPITSCH 1966, S. 84.
[13] Zur Analyse und Kritik des Erziehungsziels »Mündigkeit« vgl. SPAEMANN 1971; des Erziehungsziels »Emanzipation« SPAEMANN 1975; RÖSSNER 1974, S. 47 ff.; BREZINKA 1976a, S. 151 ff.
[14] Zur logischen und empirischen Prüfung von Erziehungszielen vgl. HASELOFF 1960.
[15] Vgl. S. 206.
[16] Vgl. FRANKENA 1972, S. 115 ff.; HOSPERS 1961, S. 526 ff.; ZEDLER 1976, S. 84 ff.
[17] Österreichisches Schulorganisationsgesetz vom 25. 7. 1962, § 2.

hat; sie läßt sich rein empirisch beantworten. Ein Sein-Sollen-Problem[18] gibt es von diesem Standpunkt aus nicht.

2. Die metaethischen *Intuitionisten* (oder Non-Naturalisten) sind der Auffassung, daß zwischen normativen und deskriptiven Sätzen ein wesentlicher Unterschied besteht und daß normative Sätze nicht aus deskriptiven abgeleitet oder rein empirisch gerechtfertigt werden können. Die Wertungsgrundsätze wie die Grundnormen werden nach ihrer Meinung durch Intuition als evident erkannt. Werturteile bzw. Normsätze, die aus ihnen abgeleitet werden, sind nicht wahr oder falsch, sondern gültig oder ungültig.

3. Die metaethischen *Non-Kognitivisten* (oder Emotivisten) lehren, daß Normsätze primär eine praktische Aufgabe erfüllen. Ihr Hauptmerkmal ist nicht, daß in ihnen ein Sachverhalt beschrieben oder festgestellt wird (d. h., daß sie nur kognitiven Charakter haben), sondern es besteht darin, daß sie Forderungen ausdrücken[19]. Daran liegt es, daß sie nicht wahr oder falsch sein können. In der *radikalen* Fassung dieser Lehre ist normativen Sätzen (und Werturteilen) jeder empirische Gehalt abgesprochen und sie sind ausschließlich als gefühlsmäßige (emotive) Stellungnahmen und als Mittel zur Hervorbringung solcher Stellungnahmen in anderen Personen gedeutet worden. Diese Auffassung hat sich als unhaltbar erwiesen und wird heute kaum noch vertreten[20]. In der *gemäßigten* Fassung wird zwar daran festgehalten, daß normative Sätze von empirischen Aussagen oder deskriptiven Sätzen zu unterscheiden sind (deshalb gelegentlich auch »Non-Deskriptivismus« genannt), aber gleichzeitig betont, daß sie einen empirischen (oder deskriptiven) Inhalt haben, zu dem der Sollens-, Forderungs- oder Normcharakter (bzw. bei Werturteilen der Wertungscharakter) hinzutritt.

Ich halte den *gemäßigten Non-Kognitivismus* für die einleuchtendste Auffassung[21] und gehe deshalb von ihr aus. Danach werden unter Normen empirisch mehr oder weniger gehaltvolle Forderungs- oder Soll-Sätze verstanden, die rational begründet und kritisiert werden können. Diese Ansicht beruht auf der Erfahrungstatsache, daß von den Menschen für Normen (und Werturteile) in der Regel der Anspruch erhoben wird, »einer strengen Prüfung, die mit aller Gründlichkeit und Faktenkenntnis vorgeht, gewachsen und insoweit konkurrierenden Urteilen überlegen zu sein«[22].

Das Wort »*Normbegründung*« ist mehrdeutig. Viel Verwirrung und viel unnötiger Streit gehen auch in der Pädagogik darauf zurück, daß seine Bedeutungen nicht klar unterschieden werden. Mit dem Wort kann folgendes

---

[18] Zur Analyse dieses Problems vgl. MORSCHER 1974a.
[19] Als Hauptvertreter des gemäßigten Emotivismus vgl. STEVENSON 1944 und HARE 1972.
[20] Zur Kritik vgl. V. KRAFT 1951, S. 183 ff.; HOSPERS 1961, S. 562 ff.; TOULMIN 1968; BAIER 1974, S. 41 ff.; NAJDER 1975, S. 98 ff.
[21] Vgl. FRANKENA 1972, S. 129 ff.; ZECHA 1972 und 1977, S. 148 ff.
[22] FRANKENA 1972, S. 131.

gemeint sein: 1. logische (oder deduktive) Begründung; 2. Begründung durch ein anerkanntes (oder gültiges) Normsetzungsverfahren; 3. Begründung als Angabe empirischer Gründe (oder »Begründung der Norm im inhaltlich-wertenden Sinne«). Nur diese dritte Bedeutung betrifft die eigentliche Normbegründungsproblematik[23].

Bei der *logischen Begründung* wird nur die Frage der logischen Folge (der Ableitbarkeit oder Deduzierbarkeit) in Betracht gezogen[24]. Ein Normsatz gilt in diesem Fall unter der Bedingung als begründet, daß er aus anderen geltenden Normsätzen ableitbar ist. Dabei muß man letztenendes auf oberste Normsätze, Grundnormen oder normative Basissätze zurückgreifen, die selbst nicht mehr ableitbar sind, sondern als gesetzt angenommen werden müssen. Die Begründung solcher Grundnormen kann nicht mehr logisch, sondern nur inhaltlich-wertend im Sinne des dritten der vorstehend unterschiedenen Begründungsbegriffe erfolgen[25].

In der Pädagogik sind Unkenntnis der Grenzen (oder Illusionen über die Möglichkeiten) einer deduktiven Begründung von Erziehungszielen noch weit verbreitet. Ich erinnere nur an die Versuche, Erziehungsziele aus Tatsachenaussagen abzuleiten, und an den Anspruch, inhaltsreiche aus inhaltsarmen (»konkrete« aus »allgemeinen« oder »obersten«) Erziehungszielen ableiten zu können. Als Beispiel für Fehlschlüsse vom Sein auf ein Sollen können folgende Sätze dienen: »Wenn wir . . . problemlösende Denk- und Erkenntnisleistungen als die produktivsten Fähigkeiten erkannt haben, die der Mensch im kognitiven Bereich zu entwickeln vermag, dann sind genau diese schon früh im Kind zu entwickeln«; »Wenn . . . die in die Zukunft weisenden und die Zukunft gestaltenden Wissenschaften . . . entscheidender geworden sind als die der Erforschung der Vergangenheit dienenden, so sind diese verstärkt und früher als seither in das Curriculum aufzunehmen«[26]. Hierher gehört auch der Versuch, das Problem des Übergangs vom Sein zum Sollen so zu lösen, daß man seine Existenz leugnet und behauptet, daß es »im Bereich der Geisteswissenschaften gar kein wertfreies Sehen« gibt, sondern daß »im ›Sehen‹ . . . schon die Wertungen mitenthalten« seien[27]. »Tatsachen und Normen« seien »untrennbar verbunden« und die deskriptiven Sätze dürften »nicht gesondert werden von den . . . Normen«, weil das den Normen ihre Begründung nehmen würde[28]. Hier wird aus (logisch berechtigter) Skepsis gegenüber der Möglichkeit einer Ableitung von

---

[23] Vgl. WEINBERGER 1970, S. 222 ff.
[24] Vgl. ZECHA 1972, S. 590 ff. und 1977, S. 144 ff.
[25] Grundlegend hierzu DUBISLAV 1937.
[26] ROTH 1971, S. 43.
[27] BOLLNOV 1974, S. 124; ähnlich 1971, S. 701 ff. Das trifft für das natürliche Erleben zweifellos zu (vgl. REININGER 1946, S. 29 f.), aber 1. wird in den Wissenschaften von den subjektiven Werterlebnissen abgesehen, und 2. sind Wertungen keine Normen, d. h. es folgt aus ihnen nichts für ein Sollen.
[28] DILTHEY 1895, S. 267.

Normen aus deskriptiven Sätzen[29] Seinsaussagen normativer Charakter und Normsätzen Seiendes beschreibender Charakter angedichtet[30].

Der Irrtum, man könne inhaltsreiche Erziehungsziele dadurch begründen, daß man sie aus inhaltsarmen »höheren« oder »allgemeineren« Erziehungszielen deduktiv ableitet, ist in der normativen Didaktik weit verbreitet[31]. Dabei bleibt die elementare logische Erkenntnis unbeachtet, daß ein abgeleiteter Satz inhaltlich nicht mehr enthalten kann, als die Prämissen enthalten, aus denen er abgeleitet worden ist. Inhaltsreiche Erziehungsziele kann man also durch keine Art von Ableitung (Deduktion oder Folgerung) gewinnen, sondern nur dadurch, daß man auf inhaltsarme verzichtet oder inhaltsarmen Erziehungszielen durch Einführung zusätzlicher Merkmale (häufig »Interpretation« genannt) einen größeren Inhalt gibt.

So läßt sich zum Beispiel aus dem Normsatz »Die Schüler sollen die Fähigkeit erwerben, die Freiheiten zu verwirklichen, die ihnen die Verfassung gewährt!«[32] kein einziges weniger vages Erziehungsziel ableiten, aber es ist möglich, diese Norm durch Aufzählung der in der Verfassung genannten Freiheitsrechte zu interpretieren und jedem einzelnen dieser Rechte psychische Dispositionsgefüge zuzuordnen, von denen man annimmt, daß sie dazu befähigen, diese Rechte (z. B. Glaubensfreiheit, Meinungsfreiheit, Pflege und Erziehung der Kinder) zu nutzen. Die aus einer solchen Interpretation der Grundrechte zu gewinnenden Erziehungsziele genügen selbstverständlich bei weitem nicht, um den gesamten Unterricht eines nationalen Schulsystems positiv zu normieren, sondern sie dienen eher als Maßstab, um Unterrichtsziele und -methoden kritisieren oder ausschließen zu können, die mit ihnen unvereinbar sind. Auf jeden Fall wäre es unsinnig, hier von einer »Ableitung« von Erziehungszielen zu sprechen und an Ableitbarkeit zu glauben, wo logisch nur Normsetzung oder Interpretation der gesetzten Normen und ihre *inhaltlich-wertende* Begründung möglich sind.

2. In der zweiten Bedeutung des Wortes ist mit »Begründung« gemeint, daß ein Normsatz gilt, weil er von einem Normsubjekt (Normschöpfer, Gesetzgeber) nach Beendigung eines vorschriftsmäßigen Normsetzungsverfahrens aufgestellt worden ist. Hier wird von den inhaltlichen Gründen, die für seine Setzung vorgebracht worden sind (oder vorgebracht werden können), abgesehen und lediglich auf die rechtmäßige Entstehungsweise (z. B. durch Mehrheitsbeschluß unter Einhaltung sämtlicher geltender Verfahrensnormen) Bezug genommen. Dieser Sachverhalt läßt sich treffender als *formale*

---

[29] In 1961, S. 10 ist DILTHEY dagegen weit entfernt von dieser Skepsis, sondern verspricht, er werde Ideale »aus der Natur unseres Volkes und unserer Zeit . . . *ableiten*«.
[30] Zur Verteidigung dieser Position vgl. BOLLNOW 1974, zur Kritik ZECHA 1977, S. 185 f.
[31] Vgl. z. B. MEYER 1972 und 1972a. Zur Kritik vgl. HILGENHEGER 1973 und 1973a; ZECHA 1977, S. 172 ff.
[32] Frei nach: Deutscher Bildungsrat 1970, S. 29.

Legitimation bezeichnen. Man spricht auch von »Legitimation durch Verfahren«[33]. Sie gibt einen Rechtsgrund, der die Normadressaten zur Anerkennung der Normen veranlassen kann, aber keine sachlichen Gründe zugunsten des Inhalts der Normen. Die Normen für Normsetzungsverfahren werfen selbst wieder normative Probleme auf, wie zum Beispiel der Streit um die Mitbestimmung (oder »Partizipation«) der von Unterrichtszielen »Betroffenen« (Lehrer, Schüler, Eltern) zeigt[34]. Da diese Probleme jedoch nicht die Begründung der Erziehungsziele, sondern die der Erziehungszielsetzungsverfahren betreffen, können sie hier unberücksichtigt bleiben.

Beim eigentlichen Normbegründungsproblem geht es um die *inhaltlich-wertende Begründung* von Normen. In ihr sind Erkenntnisvorgänge und Willensakte miteinander verbunden. Der Anteil, den Erkenntnisse an ihr haben, ist umstritten.

3.

Manche Vertreter der Empirischen Erziehungswissenschaft haben den Eindruck erweckt, es sei völlig unmöglich, Werturteile und Normen durch empirisches Wissen zu begründen. Folglich sei es auch unmöglich, festzustellen, ob bei konkurrierenden Normen (oder Normvorschlägen) mehr empirische Gründe für die eine oder für die andere sprechen. Die einzige für den Norminhalt (im Unterschied zur formalen Legitimation durch Verfahren) zuständige »Instanz der Legitimation« sei »das persönliche Bekenntnis«[35]. Wer eine Norm bejahe, habe »genauso recht wie alle anderen Menschen, die andere bzw. gegebenenfalls gegensätzliche Normen vertreten«. Es gebe kein Verhalten, »das objektiv ... gut oder schlecht ist«[36]. Solche Sätze sind äußerst mißverständlich. Wenn mit ihnen lediglich gemeint sein sollte, daß Normen gesetzt, aber nicht wissenschaftlich bewiesen werden können, und daß sie auf Entscheidungen zwischen mehreren Möglichkeiten beruhen, dann ist dem zuzustimmen. Etwas so Selbstverständliches müßte allerdings klarer ausgedrückt werden. Insbesondere sollte kein Anlaß gegeben werden, das Recht auf freie Meinungsäußerung mit der Frage nach der inhaltlichen Rechtfertigung von Meinungen (in unserem Fall: von normativen Sätzen) zu verwechseln. Wenn dagegen gemeint sein sollte, es gebe für keine Norm mehr bzw. weniger objektive (d. h. sachliche, vom subjektiven Wollen unabhängige) Gründe, dann handelt es sich um eine erkenntnistheoretische Meinung, die unhaltbar ist. Die rationalen Bestandteile von Werturteilen und Normen werden ohne Rücksicht auf das Erfahrungswissen, welches dagegen spricht[37], ganz ungebührlich unterschätzt, wenn behauptet wird, daß in bezug auf »moralische Anschauungen ... jedermann ... in gleichem Maße recht hat«[38].

---

[33] Vgl. für den pädagogischen Bereich ZEDLER 1976, S. 187 ff.; CUBE 1977, S. 95 f.
[34] Vgl. z. B. RASCHERT 1975, S. 76 ff.
[35] CUBE 1977, S. 96.
[36] RÖSSNER 1975, S. 51; ähnlich 1977, S. 48.
[37] Vgl. z. B. AUSUBEL 1971.
[38] RÖSSNER 1975, S. 52.

Pauschale Urteile dieser Art sind irreführend (und in ihren praktischen Auswirkungen gefährlich), weil sie wesentliche Unterscheidungen unberücksichtigt lassen. Schon JONAS COHN hat auf folgenden Unterschied hingewiesen: »Richtig an den Behauptungen des Relativismus ist, daß es keinen *rein logischen* Beweis für die Gültigkeit irgendwelcher außerlogischen Werte, Ziele oder Normen geben kann, d. h. es schließt keinen Widerspruch ein, die Geltung jedes ethischen, ästhetischen usf. Wertes zu leugnen. Das besagt aber nicht: es gibt überhaupt keine wissenschaftliche Entscheidungsmöglichkeit über ihre Geltung«[39]. Rationales Argumentieren über Werturteile und Normen kann ebensowenig auf rein logische oder deduktive Argumente beschränkt werden wie rationales Argumentieren über empirische Behauptungen. Vielmehr kann und muß in erster Linie empirisches Wissen benutzt werden[40].

Die Anteile, die Erkenntnisse und Entscheidungen an der Normbegründung haben, lassen sich wie folgt bestimmen[41]:
1. Die Festlegung des Norminhalts hängt zwar von Erkenntnissen (empirischem Wissen, Informationen) ab, ist selbst aber nicht Erkenntnis, sondern Willensakt.
2. »Die Grundlage der Normbegründung ist die Erkenntnis der gesellschaftlichen Situation, in welche die zu setzende Norm eingreifen soll.«
3. »Die Normierung ist immer ein Akt der Auswahl zwischen verschiedenen ... möglichen Regelungen. ... Die Darlegung der möglichen Regelungen, zwischen denen gewählt wird – wobei der Normsetzungsakt die erwählte Alternative als Norm setzt – ist Erkennen: es wird ein sachlicher Rahmen erkannt, in dem die verschiedenen Möglichkeiten der normativen Regelung ausgesponnen werden.« Die Auswahl der Norm ist aber nicht allein durch Erkenntnis bestimmt, »sondern vom Zwecksystem des Normschöpfers, von seiner Willensorientierung abhängig«.
4. Ein wesentliches rationales Element der Begründungserwägungen besteht im empirischen Wissen oder in den auf solchem Wissen beruhenden Vermutungen über die Auswirkungen der zu setzenden Normen. Die Analyse und Bewertung der voraussichtlichen Wirkungen aufgrund des verfügbaren Wissens über die Menschen, ihre Situation und den zu normierenden Wirklichkeitsbereich ist der Kern rationaler Normbegründung wie rationaler Kritik an Normen.

Sobald man diese elementaren Unterscheidungen berücksichtigt, zeigt sich, daß die Willensakte der Entscheidung und des Bekenntnisses keineswegs die einzige Grundlage für die Setzung oder Anerkennung von Normen bilden, sondern daß sehr ausgedehnte empirische Erkenntnisse und Urteile deren Inhalt sowie die Motivation, sie anzuerkennen, ganz wesentlich mit-

---

[39] COHN 1919, S. 49.
[40] Vgl. hierzu auch KAUFMANN 1966, S. 254 ff.
[41] Nach WEINBERGER 1970, S. 223 f.

bestimmen können[42]. Es ist hier aus Platzmangel nicht möglich, auf die vielen interessanten Spezialfragen einzugehen, die mit der Begründung und Kritik von Erziehungszielen zusammenhängen[43]. Ich muß dieses Kapitel mit einem kurzen Hinweis auf die übrigen ebenso wichtigen Teilgebiete der normativen Philosophie der Erziehung abschließen.

Normative Ethik für Erzieher und normative Philosophie der Lehrinhalte und der Erziehungsorganisation

1. Die wichtigste der vom Erzieher beeinflußbaren Bedingungen dafür, daß Educanden die für sie als Erziehungsziel gesetzte psychische Verfassung erwerben können, ist der Erzieher selbst. Deshalb hat man in der Pädagogik von jeher die Bedeutung seines Beispiels betont und bestimmte Tugenden von den Erziehern gefordert. Die *Tugendlehre für Erzieher* baut auf der Erfahrung auf, daß die größte Wirkung auf Educanden vor, neben und nach seinen erzieherischen Handlungen von dem ausgeht, was der Erzieher als Persönlichkeit ist und tut. Die notwendige Autorität kann nach HERBART nur erworben werden »durch Überlegenheit des Geistes ...; sie muß für sich, *ohne alle Rücksicht auf Erziehung*, dastehen«[1]. Das bedeutet, daß es bei Erziehern nicht nur auf Berufstugenden im engeren Sinne wie Geduld, Takt, Gerechtigkeit usw. ankommt, sondern daß von ihnen in erster Linie Wissens-, Gefühls- und Handlungsdispositionen gefordert werden, die sie unabhängig von ihrem erzieherischen Handeln zu Persönlichkeiten machen, im Umgang mit denen die moralischen und intellektuellen Ideale der Gesellschaft erfahrbar sind, in der sie leben.

In diesem Sinne hat BUBER davon gesprochen, daß »die entscheidende Wirkungsmacht« die »Auslese der wirkenden Welt« sei, die sich im Erzieher gesammelt haben müsse. Worauf es vor jedem erzieherischen Handeln ankomme, sei »das verborgene Einwirken aus der Ganzheit des Wesens« und dieses setze voraus, daß der Erzieher »die aufbauenden Kräfte der Welt ... in sich selber« eingesammelt habe[2]. Diese Argumentation verleitet – vor allem in Zeiten des Wertungsrelativismus und der moralischen Skepsis – leicht zu unrealistischen Idealen, die die Erzieher moralisch überfordern[3], aber der Grundgedanke ist richtig, daß für die Educanden die ungeplanten

---

[42] Grundlegend hierzu vom Standpunkt der Analytischen Philosophie V. KRAFT 1967, S. 99 ff.; 1951, S. 183 ff.; 1963; 1968, S. 101 ff.; FEIGL 1969; FRANKENA 1972; BAIER 1974.
[43] Wesentliche Beiträge hierzu bei ZECHA 1977. Vgl. auch KLAUER 1973, S. 106 ff.

[1] HERBART, Bd. 1, S. 251 f. (Hervorhebung von mir).
[2] BUBER 1953, S. 23 f. und S. 45.
[3] Zur moralischen Überforderung der Berufserzieher vgl. BREZINKA 1955 und 1966a, S. 37 und 106 f.

Umgangserfahrungen mit ihren Erziehern im allgemeinen folgenreicher sind als deren durch Erziehungsabsicht bestimmtes Handeln[4].

Schon aus diesem relativ abstrakten Gedankengang ist zu erkennen, daß die Tugendlehre für Erzieher eine empirische Grundlage hat. Sie beruht auf Beobachtungen über die Wirkungen, die bestimmte Eigenschaften und Handlungsweisen ihrer Mitmenschen auf Educanden im Hinblick darauf haben, ob sie deren Annäherung an die als Erziehungsziel gesetzte psychische Verfassung fördern oder behindern. Da im allgemeinen *schädliche* Einflußfaktoren leichter zu bestimmen sind als positiv wirkende, ist die Liste der *Un*tugenden oder Laster umfangreicher und empirisch besser gesichert als die der Tugenden. Was als Tugend gefordert wird, ist in vielen Fällen nichts anderes als die positiv bewertete Gegenhaltung zu einer als schädlich beurteilten Haltung oder Handlungsweise. Ich erinnere als Beispiel nur an Erkenntnisse über die negativen Folgen liebloser Behandlung von Kindern, auf die sich die Forderungen nach Güte als Erziehertugend und liebevollem Umgang als Erzieherpflicht stützen. Diese Normen können zwar aus dem erwähnten Erfahrungswissen allein nicht abgeleitet werden, aber sie lassen sich empirisch und logisch begründen, sobald die Norm gesetzt worden ist, daß das als schädlich bewertete Phänomen nicht sein soll.

2. Was von der Tugendlehre gesagt worden ist, gilt sinngemäß auch von der *Pflichtenlehre für Erzieher* oder von der Ethik des erzieherischen Handelns. Zwischen diesen beiden Bestandteilen einer Ethik für Erzieher besteht eine sehr enge Verbindung, weil Tugenden nichts anderes sind als Handlungsbereitschaften (Dispositionen), die anzunehmen psychologisch nur berechtigt ist, wenn es entsprechende Handlungsweisen gibt, und deren ethischer Wert darin liegt, daß sie zu tugendhaftem Handeln befähigen.

Der Pflichtenlehre liegt wie der Tugendlehre das Zweck-Mittel-Schema zugrunde. Einstellungen und Handlungsweisen, die als Mittel zur Förderung der als moralisch gut bewerteten Zwecke geeignet zu sein scheinen, werden – sofern sie weder übergeordneten moralischen Normen widersprechen noch ungewollte moralisch schlechte Nebenwirkungen hervorrufen – als seinsollend gesetzt. Einstellungen und Handlungsweisen, die der Erreichung der als moralisch gut bewerteten Zwecke schaden, werden zu vermeiden vorgeschrieben[6]. Die empirische Grundlage für Handlungs- wie für Meidungsvorschriften sind technologische Sätze. Das moralische Urteil über die jeweiligen Erziehungsziele reicht jedoch allein für eine Ethik des erzieherischen Handelns nicht aus, weil zur Erreichung der Ziele verschiedene Mittel gewählt werden können, die verschiedene Wirkungen auf die Educanden haben können. Deshalb müssen die möglichen technischen

---

[4] Vgl. BREZINKA 1977a, S. 131 ff.
[5] Zur Tugendlehre für Erzieher vgl. SALZMANN 1806; F. SCHNEIDER 1940; SPRANGER 1951; WOLF 1962; BOLLNOW 1968a, S. 44 ff.; DERBOLAV 1971, S. 136 ff.
[6] Viele Beispiele dazu bei SALZMANN 1780.

Normen nach übergeordneten moralischen Normen beurteilt werden. Beispiele dafür sind die Norm, »die Individualität so unversehrt als möglich zu lassen«[7]; die Norm, es solle jedes erzieherische Handeln von der »Erfahrung der Gegenseite« her[8], d. h. aus der Einfühlung in den Educanden beurteilt werden; die Norm: »Die ganze Erziehung muß im Klima der Liebe erfolgen«[9]; oder die Norm der »Verantwortung vor und für den Educandus« wie »für die Echtheit des pädagogischen Bezugs zwischen Bildungsanspruch der Sache und Fragebewußtsein des Educandus«[10].

Übergeordnete Normen dieser Art werden häufig (moralische) »*Prinzipien*« *der Erziehung* genannt. In der Pflichtenlehre geht es unter anderem um solche Prinzipien, die die moralische Beurteilung konkreter Erziehungssituationen, der in ihnen stattfindenden erzieherischen Handlungen und der jeweils gegebenen erziehungstechnischen Handlungsmöglichkeiten erlauben. Hinsichtlich ihres Normgehalts gibt es ähnlich große Unterschiede wie bei den Erziehungszielen. Auch unter den Erziehungsprinzipien findet man normative Sätze, die nahezu inhaltsleer sind. Auf keinen Fall aber reichen allgemeine Prinzipien aus, um das erzieherische Handeln moralisch zu normieren. Sie können nicht mehr als leitende Gesichtspunkte bieten und müssen deshalb durch besondere Handlungsnormen ergänzt werden, die sich auf die konkreten Handlungsalternativen in typischen Erziehungssituationen beziehen[11]. Es genügt nicht, Sätze aus der allgemeinen Ethik über Verantwortung, Gerechtigkeit, Achtung vor der Würde des Partners usw. in pädagogischen Satzssystemen zu wiederholen. Was gebraucht wird, ist ein *berufsspezifischer* Pflichtenkatalog, der die Erzieher dazu anleitet, bei allem, was sie in der Ausübung ihres Amtes tun oder unterlassen, auch die moralische Seite zu prüfen[12]. Gewiß muß eine solche Pflichtenlehre immer wieder neu durchdacht und veränderten Umständen angepaßt werden, aber man sollte sich durch die Tatsache des raschen Wandels vieler Umstände in unserer Zeit nicht so beeindrucken lassen, daß man gar nicht mehr wagt, für die Erzieher moralische Normen aufzustellen und deren Befolgung auch durchzusetzen.

3. Die Probleme der *normativen Philosophie der Lehrinhalte* sind zu vielfältig, um hier auch nur skizzenhaft dargestellt werden zu können. Sie sind früher vorwiegend unter den Namen »Bildungstheorie« oder »Lehrplantheorie« behandelt worden; gegenwärtig wird der der anglo-amerikani-

---

[7] HERBART, Bd. 1, S. 267.
[8] BUBER 1953, S. 35 ff.
[9] SPRANGER 1951, S. 416; zur Interpretation vgl. 1958, S. 80 ff.
[10] DERBOLAV 1971, S. 134.
[11] Empirische Vorarbeiten dafür u. a. bei WINNEFELD 1957, S. 128 ff.; TAUSCH 1973. Vgl. auch die Forschungsberichte von GERNER 1972 und NICKEL 1974.
[12] Ansätze hierzu bei SALZMANN 1806; zerstreut bei HERBART; COHN 1919, S. 199 ff.; F. SCHNEIDER 1940; MAKARENKO 1974; DREIKURS und SOLTZ 1966; über neuere sowjetische Beiträge JUNGHÄNEL und SACHNOWSKIJ 1976.

schen pädagogischen Terminologie entlehnte Name »Curriculumtheorie« bevorzugt[13].

Aus dem Wunsch, daraus eine quasi-wissenschaftliche Theorie zu machen, sind auf diesem Gebiet in den letzten Jahren pädagogische Satzsysteme geschaffen worden, die an Inhaltsarmut, Weitschweifigkeit und bombastischem Jargon alles überbieten, was an großsprecherischer Pädagogik je erschienen ist[14]. Durch den einschüchternden quasi-erfahrungswissenschaftlich tönenden Wortschwall scheint manchen Produzenten und vielen Abnehmern sogenannter Curriculumtheorien die einfache Tatsache aus dem Blick geraten zu sein, daß es sich bei der Aufstellung und Begründung von Lehrplänen um ein Arbeitsfeld der normativen Philosophie der Erziehung handelt und daß deshalb auch Ergebnisse dieser Arbeit nicht als Ergebnisse Empirischer Erziehungswissenschaft ausgegeben werden sollten. Für die analytisch-erkenntniskritische Philosophie pädagogischer Satzsysteme bieten derzeit die sogenannten »Curricula« und deren Begründung eines der lohnendsten Untersuchungsobjekte[15].

4. Auch die Probleme der *normativen Philosophie der Erziehungsorganisation* sind so zahlreich, daß ich mich hier damit begnügen muß, lediglich an sie zu erinnern. Von den großen schulpolitischen Themen wie staatliches Schulmonopol, Dauer der Schulbesuchspflicht, Schulformen und Schulabschlüsse, Lehrerbildung, Kontrolle der Lehrer usw. bis zu Detailfragen wie Schulbuch-Genehmigung, Prüfungen, Notengebung usw. gibt es eine Fülle von Phänomenen, die der Regelung bedürfen und das Abwägen von Gründen und Gegengründen erforderlich machen, bevor Entscheidungen getroffen werden. Man denke nur an aktuelle Streitpunkte wie die Gesamtschule, das sogenannte duale Berufsausbildungssystem (Kombination von betrieblicher Lehre und Berufsschule), die sogenannte Kollegstufe (Integration von Gymnasialoberstufe, Fach- und Berufsschulen), die Ganztagsschule, den Zwang zum Besuch der Vorschule usw. Man denke an die Probleme, die das Postulat der »Gleichheit der Bildungschancen« aufwirft[16].

In allen diesen Problembereichen müssen Werturteile gefällt und Normen vorgeschlagen werden. Zu ihrer Begründung sollen soweit wie möglich Ergebnisse der Wissenschaften – darunter auch solche der Erziehungswissenschaft – ausgewertet werden. Dabei gilt jedoch festzuhalten, daß es sich im Kern stets um eine normativ-philosophische Argumentation handelt, die auch dann, wenn viel erfahrungswissenschaftliches Material herangezogen wird, nicht zu einem rein empirischen Prüfungs- und Bestätigungsverfahren werden kann. Es ist ein Gebot der Redlichkeit, daß in pädagogischen Satz-

---

[13] Als Übersicht vgl. BLANKERTZ 1975; HESSE und MANZ 1972.
[14] Zur Kritik vgl. NICKLIS 1972.
[15] Als Beispiel vgl. die Kritik der Begründung der nordrhein-westfälischen Richtlinien für den Politischen Unterricht durch LAUFS 1976.
[16] Vgl. hierzu grundlegend KLEINBERGER 1967; KLAUER 1977.

systemen dieser Art genau angegeben wird, wo die Grenzen des empirischen Wissens liegen, von welchem Wertungsstandpunkt aus es interpretiert wird und wo die Werturteile und normativen Sätze beginnen[17]. Wer die Erziehungspolitiker, die vor allem auf die Ergebnisse der normativen Philosophie der Erziehungsorganisation angewiesen sind, nicht täuschen will, darf nicht als gesichertes wissenschaftliches Wissen ausgeben, was nur eine mehr oder weniger gut begründete Meinung sein kann, die immer auf bestimmten weltanschaulich-moralischen Voraussetzungen beruht.

Weiterführende Literatur

CHRISTOPHER J. LUCAS (Hrsg.): What is Philosophy of Education? New York und London 1969 (The Macmillan Company), 313 Seiten.

Eine Sammlung wesentlicher anglo-amerikanischer Beiträge zur Metaphilosophie der Erziehung (d. h. zur Philosophie der Philosophie der Erziehung). Von verschiedenen Standpunkten aus wird versucht, den Inhalt dieser Disziplin zu bestimmen und ihren Nutzen nachzuweisen.

EUGEN FINK: Erziehungswissenschaft und Lebenslehre. Freiburg 1970 (Verlag Rombach), 240 Seiten.

Das Buch ist ein ungewöhnlich anregendes Beispiel weltanschaulicher Philosophie der Erziehung von hohem Rang. Der Verfasser gibt vom Standpunkt der Phänomenologischen Philosophie aus eine skeptische Deutung der geistigen Situation unserer Zeit und knüpft daran Erwägungen über eine dieser Deutung angemessene Pädagogik und Erziehungspraxis, ohne jedoch ausdrücklich Normen zu setzen.

JONAS COHN: Geist der Erziehung. Pädagogik auf philosophischer Grundlage. Leipzig 1919 (Verlag Teubner), 381 Seiten.

Das Buch ist (sofern man von seinen unzulänglichen metatheoretischen Abschnitten zum Begründungsproblem absieht) ein noch heute lesenswertes Beispiel systematischer normativer Philosophie der Erziehung. Der Verfasser (1869–1947), wie EUGEN FINK ein angesehener Philosoph, urteilt vom Standpunkt der werttheoretischen Richtung des Neukantianismus aus. In klarer Sprache und stets auf die Erziehungspraxis bezogen setzt und begründet er Erziehungsziele, bietet Beiträge zu einer Tugend- und Pflichtenlehre für Erzieher und nimmt zu wesentlichen Fragen der normativen Didaktik und der normativen Philosophie der Erziehungsorganisation wertend Stellung.

---

[17] Ein Beispiel für den Verstoß gegen diese Regel bieten EIGLER und KRUMM 1972, die im Bericht über die Ergebnisse einer Befragung zum Problem der Hausaufgaben unvermittelt die Forderung nach Einführung der Ganztagsschule erheben (S. 127), obwohl der Fragebogen, auf den sie sich stützen, gar keine Frage zu diesem Thema enthält. Sie erwecken so zu unrecht den Eindruck, ihre Forderung sei in den Antworten der befragten Schülereltern und Gymnasialdirektoren begründet.

KARL JOSEF KLAUER: Revision des Erziehungsbegriffs. Grundlagen einer empirisch-rationalen Pädagogik. Düsseldorf 1973 (Verlag Schwann), S. 106–137: Normative Pädagogik.

In diesem Kapitel werden die Unentbehrlichkeit von Erziehungszielen (hier »Soll-Axiome« genannt) und die logischen und empirischen Methoden ihrer Begründung diskutiert. Ferner wird zu Einwänden gegen die normative Philosophie der Erziehung (vom Verfasser »Normative Pädagogik« genannt) Stellung genommen.

HELMUT HEID: Zur pädagogischen Legitimität gesellschaftlicher Verhaltenserwartungen. In: Zeitschrift für Pädagogik, 16. Jg. (1970), S. 365–394.

HELMUT HEID: Begründbarkeit von Erziehungszielen. In: Zeitschrift für Pädagogik, 18. Jg. (1972), S. 551–581.

Zwei grundlegende Beiträge zur analytisch-erkenntniskritischen Philosophie normativer pädagogischer Satzsysteme. Im ersten wird dargestellt, daß weder die individuelle psychische Ausstattung des Educanden noch angebliche gesellschaftliche Erfordernisse eindeutige und zureichende Kriterien für die Setzung von Erziehungszielen enthalten. Im zweiten Aufsatz werden die Möglichkeiten der Begründung von Erziehungszielen untersucht.

ECKARD KÖNIG: Theorie der Erziehungswissenschaft. Bd. 2: Normen und ihre Rechtfertigung. München 1975 (Wilhelm Fink Verlag), 263 Seiten.

Der Verfasser wertet die metaethische und die entscheidungstheoretische Spezialliteratur in übersichtlicher und klarer Form zur Klärung und Lösung normativer pädagogischer Probleme aus. Sein eigener Vorschlag baut auf der Zweck-Mittel-Argumentation auf. Das Buch enthält umfangreiche Literaturhinweise.

CHRISTIAN GOTTHILF SALZMANN: Ameisenbüchlein oder Anweisung zu einer vernünftigen Erziehung der Erzieher. Herausgegeben von THEO DIETRICH. Bad Heilbrunn, 2. Auflage 1964 (Verlag Julius Klinkhardt), 72 Seiten.

Diese erstmals 1806 erschienene Berufsethik für Erzieher ist noch heute äußerst lesenswert. Der Verfasser (1744–1811) hat jahrzehntelang vorbildlich und mit großem Erfolg als Leiter eines Erziehungsheimes gewirkt. Seine Schriften zeichnen sich durch eine realistische Kenntnis der konkreten Einzelheiten erzieherischer Situationen und durch einen schlichten, aber warmen Stil aus. Eine klassische Schrift im Geiste eines aufgeklärten christlichen Humanismus.

FRIEDRICH SCHNEIDER: Unterrichten und Erziehen als Beruf. Eine christliche Berufsethik für den Pädagogen. Einsiedeln 1940 (Verlag Benziger), 237 Seiten.

Soweit ich sehe, handelt es sich um die einzige systematische Berufsethik für Erzieher (insbesondere Lehrer), die es bisher gibt. Der Verfasser (1881–1974) urteilt vom christlichen Standpunkt aus. Das Buch ist reich an Beispielen aus dem erzieherischen Alltag.

KARL WOLF: Die Gerechtigkeit des Erziehers. München 1962 (Kösel-Verlag), 78 Seiten.

Eine knappe praxisbezogene Studie über die Gerechtigkeit als Berufstugend der Erzieher in Familie und Schule.

OTTO FRIEDRICH BOLLNOW: Die pädagogische Atmosphäre. Untersuchungen über die gefühlsmäßigen zwischenmenschlichen Voraussetzungen der Erziehung. Heidelberg, 3. Auflage 1968 (Verlag Quelle und Meyer), S. 44–72.

Eine phänomenologische Analyse wesentlicher Tugenden des Erziehers und ihre Begründung durch Hinweise auf die Wirkungen, die aus ihnen hervorgehendes erzieherisches Handeln auf Kinder hat. Dargestellt werden das Vertrauen zum Kind, die erzieherische Liebe, die Geduld, die Hoffnung, die Heiterkeit, der Humor und die Güte.

JAKOB MUTH: Pädagogischer Takt. Monographie einer aktuellen Form erzieherischen und didaktischen Handelns. Heidelberg, 2. Auflage 1967 (Verlag Quelle und Meyer), 128 Seiten.

Ein Beitrag zur normativen Ethik des erzieherischen Handelns, der reich an Beispielen ist und deutlich erkennen läßt, wie unerläßlich empirische Analysen konkreter Erziehungssituationen und deren Wertung für die Aufstellung praktisch anwendbarer Erziehungsnormen sind.

III. Praktische Pädagogik

(englisch: *praxiology of education*; französisch: *pédagogie pratique*; italienisch: *pedagogia pratica*; spanisch: *pedagogía práctica*; russisch: *praktičeskaja teorija vospitanija*)

> »Wenn ich die Lehren der Geschichte nicht falsch interpretiere, scheint mir, daß die Erfahrung gezeigt hat, daß es niemals ein großes, blühendes Volk gab, das nicht von irgendeinem Glauben getragen war, und wenn er in nichts anderem bestand als in einem hohen Sinn für den Patriotismus. Und wenn vom Standpunkt der Wissenschaft aus der Zweifel jedes Prinzip angreifen kann und muß, so muß man vom Standpunkt des sozialen Nutzens aus sich ruhig verhalten und diese Prinzipien, die das Gedeihen des sozialen Systems gewährleisten, unangetastet lassen.«
> VILFREDO PARETO (1906)[1]

Praktische Pädagogik und Erziehungswissenschaft

Die Erziehungswissenschaft ist – historisch gesehen – aus Erziehungslehren oder praktischen Theorien der Erziehung hervorgegangen, aber sie macht sie nicht überflüssig. Die ersten Wegbereiter der Empirischen Erziehungswissenschaft haben ausdrücklich betont, daß praktische Erziehungslehren nicht nur berechtigt, sondern unentbehrlich sind. Sie haben sie nicht etwa auflösen und durch die Erziehungswissenschaft ersetzen wollen, sondern sie haben lediglich gehofft, sie mit Hilfe des neu zu gewinnenden erziehungswissenschaftlichen Wissens verbessern zu können. Bekämpft haben sie nur den ungerechtfertigten Anspruch, die Praktische Pädagogik sei bereits jene Erziehungswissenschaft, die doch erst durch die Anwendung der wissenschaftlichen Methode auf Erziehungsprobleme geschaffen werden mußte. Diese positive Einschätzung der Erziehungslehren treffen wir besonders beim jüngeren OTTO WILLMANN, bei EMILE DURKHEIM und RUDOLF LOCHNER an.

---

[1] PARETO 1976, S. 166.

Für WILLMANN (1839–1920)[2] ergibt sich die Daseinsberechtigung der Erziehungslehre aus dem Unterschied zwischen der theoretischen und der praktischen Einstellung zum Gegenstand »Erziehung«[3]. Methodologisch gründet er sie auf den unüberbrückbaren Unterschied zwischen Gesetzen und Regeln: die Gesetze sind Feststellungen über das, was ist; die Regeln schreiben vor, was geschehen soll[4]. Die wissenschaftliche Pädagogik ist von ihm schon um 1876 als eine erklärende Tatsachenwissenschaft aufgefaßt worden, die Praktische Pädagogik dagegen als ein System von Handlungsnormen und -regeln, die grundsätzlich nicht aus wissenschaftlichen Erkenntnissen ableitbar sind. Da die Erziehung den Menschen aber nun einmal »aufgegeben« sei, sei es auch berechtigt, »Kunstlehren« dafür aufzustellen. Ihr Kennzeichen ist, daß sie normativ, »postulatorisch« oder »regulativ« sind. Ihr Stil ist »der Imperativ«[5].

Eine Erziehungslehre gibt Anweisungen für das richtige und zweckmäßige Handeln der Erzieher. Sie »bestimmt, was geschehen soll, selbstverständlich unter gewissen gegebenen Verhältnissen, da das nicht schlechthin und allgemein festzustellen ist«[6]. Sie »ist nicht universell, sondern an einen bestimmten Boden«, eine »bestimmte Gesellschaft«, eine bestimmte historische Lage gebunden. Die Geltung ihrer Sätze ist räumlich und zeitlich beschränkt. Inhaltlich gibt es zwischen den Erziehungslehren erhebliche Unterschiede. Sie können mehr oder weniger umfassend, mehr oder weniger gründlich durchgearbeitet sein. Sie reichen »von der Anweisung, daß es so zu machen ist, bis hinauf zu einem idealen Entwurf einer verbesserten Erziehung«[7]. Gemeinsam aber ist ihnen die Aufgabe, zu sagen, wie die Erziehung in einer bestimmten Gesellschaft unter bestimmten historischen Umständen gestaltet werden soll. Sie bleiben dabei an das in dieser Gesellschaft lebendige Ethos und an die vorgefundenen sozialen Bedingungen gebunden. Das schließt jedoch nicht aus, daß Kunstlehren sich auch »*reformatorisch* an die Gesellschaft, Kirche und Staat wenden« können, um Verbesserungen in Gang zu bringen[8].

Auch DURKHEIM (1858–1917) geht in einem 1911 erschienenen Artikel davon aus, daß man über Erziehung mit verschiedener Zielsetzung nachdenken kann: mit wissenschaftlicher und mit praktischer. Im einen Fall wird versucht, zu beschreiben und zu erklären, was ist oder was gewesen ist. Das Ergebnis dieser Bemühungen sind die wissenschaftlichen Theorien. Im an-

---

[2] Alle hier erwähnten Ansichten stammen aus WILLMANNS Prager pädagogischen Vorlesungen von 1875/76, die unbegreiflicherweise vom Willmann-Archiv in Freiburg noch immer nicht veröffentlicht worden sind. Wir sind deshalb auf den Bericht und die ausführlichen Zitate bei PFEFFER 1962 angewiesen.
[3] Vgl. PFEFFER 1962, S. 173 ff.; HAMANN 1965, S. 74 ff.
[4] WILLMANN nach PFEFFER 1962, S. 111 und S. 182.
[5] PFEFFER 1962, S. 110, 122, 176 ff.
[6] WILLMANN nach PFEFFER 1962, S. 110.
[7] WILLMANN nach PFEFFER 1962, S. 173.
[8] WILLMANN nach PFEFFER 1962, S. 179.

deren Fall wird zu bestimmen versucht, was getan werden soll. Das Interesse ist auf die Zukunft gerichtet. Es geht nicht um die Darstellung des gegenwärtig praktizierten Handelns, sondern um Vorschriften für das künftige Handeln. Die Ergebnisse dieses Denkens werden von DURKHEIM als »praktische Theorien« (théories pratiques) bezeichnet. Die wissenschaftliche Theorie der Erziehung nennt er »Erziehungswissenschaft« (la science de l' éducation), die praktischen Theorien »Pädagogik« (pédagogie). »Die Pädagogik ist etwas anderes als die Erziehungswissenschaft«[9].

Die »praktischen Theorien« haben ihren Platz zwischen der »Kunst« (im Sinne von »Ausübung eines Könnens« oder Praxis) und der Wissenschaft. Sie kommen dadurch zustande, daß »man über die Handlungen nachdenkt, die ausgeübt werden, aber nicht um sie zu verstehen oder zu erklären, sondern um abzuschätzen, was sie wert sind; ob sie so sind, wie sie sein sollten; ob es nützlich wäre, sie zu ändern, und auf welche Weise, oder sie sogar durch neue Verfahren völlig zu ersetzen«. Wir haben es hier mit einer Kombination von Gedanken zu tun, deren Zweck es ist, die Handelnden zu orientieren. »*Praktische Theorien* « sind »*Programme für das Handeln*«. Als eine »praktische Theorie« dieser Art wird von DURKHEIM auch die »Pädagogik« angesehen. »Sie untersucht die Systeme der Erziehung nicht wissenschaftlich, sondern denkt über sie nach, um den Erzieher mit Ideen zu versorgen, von denen er sich bei seiner Tätigkeit leiten läßt«[10]. Sie hat den Zweck, das Verhalten der Erzieher zu lenken[11].

DURKHEIM hat besonders auf den reformerischen Grundzug der »Pädagogik« hingewiesen. Die Zustände und Praktiken der Gegenwart wie der Vergangenheit werden von den Autoren »praktischer Theorien« der Erziehung gewöhnlich geringgeschätzt. Es werden an ihnen vor allem die Unzulänglichkeiten herausgestrichen. Fast alle großen pädagogischen Schriftsteller wie RABELAIS, MONTAIGNE, ROUSSEAU und PESTALOZZI seien revolutionär gesinnt gewesen: sie waren Rebellen gegen die Erziehungspraktiken ihrer Zeitgenossen und haben die alten wie die gegenwärtigen Erziehungssysteme nur erwähnt, um sie zu verwerfen[12]. Ganz ähnlich hat auch WILLMANN die Erziehungslehren beurteilt, als er daran erinnerte, »daß allermeist die pädagogische Reflexion durch den praktischen Antrieb hervorgerufen wird, die bestehenden Erziehungssitten und Bildungsformen zu verbessern, wenn nicht völlig zu erneuern, und daher . . . auf deren Gestaltung für die Zukunft gerichtet ist. Ein reformatorisches Streben aber wird niemals der Vergangenheit gerecht«[13].

---

[9] DURKHEIM 1972, S. 58; im französischen Original Paris 1922 (Félix Alcan), S. 86; ähnlich 1973, S. 57 f.
[10] DURKHEIM 1972, S. 60 (die Übersetzung der Zitate stammt von mir und weicht von der deutschen Buchausgabe ab).
[11] DURKHEIM 1973, S. 58.
[12] DURKHEIM 1972, S. 58.
[13] WILLMANN 1957, S. 36.

Nachdem DURKHEIM die »Pädagogik« als »praktische Theorie« charakterisiert hat, setzt er sich mit dem Einwand auseinander, eine »praktische Theorie« sei nur dann möglich und zulässig, wenn sie sich auf eine ausgebaute Wissenschaft stützen könne, von der sie bloß die Anwendung ist. Er gibt zu, daß eine Erziehungswissenschaft noch kaum existiert und daß auch die Soziologie und die Psychologie erst wenig entwickelt sind. Sollen wir aber deshalb mit der »Pädagogik« warten, bis diese Wissenschaften größere Fortschritte gemacht haben? DURKHEIM gibt eine ebenso realistische wie engagierte Antwort: wir *können* gar nicht geduldig warten, bis die Wissenschaften uns Ergebnisse liefern! Wir haben mit der Erziehung schon angefangen und müssen sie fortsetzen! Wir müssen uns mit erzieherischen Problemen auseinandersetzen, weil wir leben müssen!

»An vielen Stellen harmoniert unser überliefertes Erziehungssystem nicht mehr mit unseren Ideen und Bedürfnissen. Wir haben deshalb nur die Wahl zwischen den beiden folgenden Alternativen: entweder versuchen wir die Praktiken, die uns aus der Vergangenheit überliefert worden sind, zu erhalten, selbst wenn sie nicht mehr eine Antwort auf die Erfordernisse der Situation sind, oder wir machen uns daran, die gestörte Harmonie tatkräftig wieder herzustellen, indem wir herausfinden, welche Änderungen notwendig sind«[14]. Die erste Alternative zu wählen, ist vergeblich und führt zu nichts. Wie aber sollen wir die erforderlichen Änderungen im Erziehungswesen entdecken, wenn nicht durch den Gebrauch unserer Vernunft? »Nur der denkende Geist kann die Lücken in der Tradition füllen, wenn diese mangelhaft geworden ist. *Was ist Pädagogik anderes als Reflexion, die so systematisch wie möglich auf die Phänomene der Erziehung angewendet wird mit dem Ziel, ihre Entwicklung zu regeln?* Ohne Zweifel haben wir nicht alle Elemente zur Verfügung, die wünschenswert wären, um das Problem zu lösen; aber das ist kein Grund dafür, überhaupt nicht nach einer Lösung zu suchen – denn es muß gelöst werden. Wir können nur unser Bestes tun, so viele erhellende Tatsachen sammeln, wie wir können, und sie so methodisch wie möglich interpretieren, um die Möglichkeiten des Irrtums auf ein Minimum herabzusetzen ... Nichts ist so eitel und steril wie jener wissenschaftliche Puritanismus, der unter dem Vorwand, daß die Wissenschaft noch nicht voll entwickelt sei, Enthaltung vom Urteil lehrt und den Menschen empfiehlt, als unbeteiligte oder zumindest in ihr Schicksal ergebene Zeugen den Gang der Ereignisse abzuwarten.« »Ohne Zweifel: unter diesen Bedingungen zu handeln, bringt Risiken mit sich. Aber das Handeln schreitet nie ohne Risiken voran; die Wissenschaft, wie fortgeschritten sie auch sein mag, würde nie zu sagen wissen, wie sie ausgeschaltet werden könnten. Alles, was von uns verlangt werden kann, besteht darin, unsere ganze Wissenschaft, so unvollkommen sie auch sein mag, und alle unsere

---

[14] DURKHEIM 1972, S. 62.

Geisteskräfte zusammenzunehmen, um diese Risiken so gut wie wir können gedanklich vorwegzunehmen. Und das ist genau die Aufgabe der Pädagogik«[15].

Diese Zitate zeigen, daß DURKHEIM die »Pädagogik« zwar als praktische Theorie verstanden hat, aber sie so weit wie möglich *auf die Ergebnisse der Wissenschaften und auf das kritische Denken stützen* wollte. Sie soll auch in ihren normativen Sätzen auf der Kenntnis der historisch gewachsenen Realität aufbauen. In der Vergangenheit »war die Pädagogik zu oft nur eine Form der utopischen Literatur«[16]. DURKHEIM dagegen wollte sie von allen verstaubten, dogmatischen und utopischen Zügen befreien, damit die Erzieher in ihr wirklich eine Hilfe für die tägliche Praxis mit ihren vielen Schwierigkeiten erhalten. Er war sich freilich klar darüber, daß die Ausarbeitung eines solchen Satzsystems ungewöhnlich vielseitige und komplexe Denkleistungen erfordert. Während er die Regeln der wissenschaftlichen Methode für die Soziologie genau beschrieben hat[17], schien es ihm »kaum in befriedigender Weise möglich« zu sein, »für die Pädagogik einen abstrakten Katalog methodologischer Regeln aufzustellen«[18].

DURKHEIMS metatheoretische Ansichten über Erziehung sind im deutschen Sprachgebiet ebensowenig bekannt geworden wie die des jungen kritischen WILLMANN. Erst RUDOLF LOCHNER (geb. 1895) hat 1934 – unabhängig von diesen Vorläufern, aber in Übereinstimmung mit ihrem Programm – das erste Lehrbuch vorgelegt, in dem die Erziehungswissenschaft konsequent als empirische Wissenschaft behandelt wird. Gerade dieser Pionier einer Erziehungswissenschaft im strengen Sinne hat sich jedoch immer dafür eingesetzt, daß neben ihr auch die Erziehungslehre unentbehrlich bleibt und ernst genommen zu werden verdient. »Der letzte Zweck der Erziehungslehre« liegt nach ihm nicht »in der Erkenntnis der Gegebenheiten«, »sondern im Handeln. *Erziehungslehre stützt sich auf Wissenschaften, darunter auch auf Erziehungswissenschaft; ihre Aufgabe aber ist es, das Sollen zu bestimmen, Ziele aufzustellen und zu empfehlen, Verfahrensweisen zu beurteilen und vorzuschreiben*«[19].

Unter »Lehre« versteht LOCHNER in diesem Kontext »eine geordnete Zusammenfassung von Ratschlägen, Empfehlungen oder Normen, wie ein Sachbereich ... zu organisieren, zu beherrschen, zu verbessern sei«. »Lehre erhebt Anspruch auf Normensetzung.« Ihre Normen schreiben Handlungen und die Art ihrer Ausführung vor; sie dienen aber auch als »Maßstab bei der Beurteilung und Bewertung von Handlungen, Verhaltungsweisen und Zuständen«[20].

---

[15] DURKHEIM 1972, S. 63.
[16] DURKHEIM 1972, S. 69.
[17] Vgl. DURKHEIM 1965.
[18] DURKHEIM 1972, S. 71.
[19] LOCHNER 1934, S. 2.
[20] LOCHNER 1947, S. 7 f.

Eine Erziehungslehre stellt dar, »wie erzogen werden soll, wie man sich als Erzieher verhalten soll, was man zu beachten hat, wenn man als erzieherisch tätiger Mensch erzieherische Effekte anstrebt. Die Erziehungslehre bemüht sich um Ziele und Normen und ferner um deren eingängige Formulierung. In ihrer Tendenz geht sie nicht auf Forschung, sondern *auf Hilfe für das praktische Handeln*.« Sie »will erzieherische Praxis, die sie in irgendeiner Gruppe vorfindet, beeinflussen, d. h. zu ihrer Sicherung, Erweiterung, Umgestaltung, Verbesserung Ratschläge erteilen«[21].

Was LOCHNER über den logischen Charakter der Erziehungslehre gesagt hat, führt über DURKHEIM hinaus. DURKHEIM hatte die Ansicht, die »Pädagogik« sei eine »angewandte« Theorie, die aus den Grundwissenschaften Psychologie, Soziologie und Erziehungswissenschaft praktische Konsequenzen »ableitet«, nicht grundsätzlich zurückgewiesen, sondern sie nur *bis auf weiteres* als unrealistisch abgetan, solange diese Wissenschaften zur Lösung erzieherischer Probleme noch so wenig wie bisher beitragen[22]. Diese Auffassung hängt damit zusammen, daß DURKHEIM wie sein Vorgänger AUGUSTE COMTE, der Begründer des Positivismus, die logische Kluft zwischen Tatsachenaussagen und Normen nicht respektiert, sondern geglaubt hat, es sei möglich, durch empirische Forschung zur Bewertung und Umgestaltung der Moral sowie zu wissenschaftlichen Regeln für das praktische Handeln zu gelangen[23]. LOCHNER hat dagegen herausgearbeitet, daß die »Erziehungslehre« *grundsätzlich* nicht als »angewandte Wissenschaft« angesehen werden kann, »weil sie außer auf wissenschaftlichen auch noch auf anderen Grundlagen ruht«[24]. Sie stützt sich – oder *sollte* sich jedenfalls stützen – auf die Forschungsergebnisse der Erziehungswissenschaft und anderer Realwissenschaften sowie auf die Logik, die Ethik und »auf Gedankengänge einer Erziehungsphilosophie.« Zur Bestimmung der Ziele der Erziehung aber ist »vor allem das Gegenwartsleben . . . heranzuziehen«. Damit meint LOCHNER die »zum Bewußtsein gekommenen Bedürfnisse und Forderungen«, die »weltanschaulichen oder religiösen Bindungen«, die »Meinungen, Ideen, Glaubenssätze, Wünsche und Erfahrungen der umgebenden Gesellschaft«, der maßgeblichen »Kulturrepräsentanten«, der politischen Führung, der »Berufsträger« usw. Die Erziehungslehre »denkt von einem ganz bestimmten Leben her, dem sie zu dienen bestrebt ist«. Sie ist »immer orts- und zeitgebunden, und ihre Tendenz geht auf ganz konkrete Verwirklichung«[25]. Je größer allerdings »der Umkreis, für den eine Erziehungslehre aufgebaut wird, desto weniger konkret können ihre Sätze und

---

[21] LOCHNER 1963, S. 511.
[22] DURKHEIM 1972, S. 61 ff.
[23] Vgl. DURKHEIM 1967, S. 114 ff., bes. S. 121. Zur Kritik vgl. ROSS 1933, S. 258 ff.; BRECHT 1961, S. 206 ff.
[24] LOCHNER 1963, S. 512.
[25] LOCHNER 1963, S. 514 f.

Regeln sein«[26]. Eine weitere »Quelle für die Formulierung ihrer Ratschläge« bilden »erzieherische und andere Lebenserfahrungen des Theoretikers, der die Erziehungslehre entwirft«.

Bei der Auswahl der Themen einer Erziehungslehre besteht ein großer Spielraum. Es gibt »keine unbedingte Notwendigkeit, daß dies oder jenes unter allen Umständen bedacht, notwendig formuliert und berücksichtigt werden müßte«. LOCHNER weist jedoch auf drei zentrale »Bereiche« besonders hin: auf den teleologischen, den methodischen und den organisatorischen Bereich. Das Schwergewicht legt er – dem praktischen Zweck der Erziehungslehre entsprechend – auf die methodischen Ratschläge und ihre Begründung.

LOCHNER hat das Verdienst, als erster eine gründliche Analyse des pädagogischen Satzsystems »Erziehungslehre« vorgelegt zu haben, in der er ihrem nicht-wissenschaftlichen Charakter ebenso gerecht wird wie der Möglichkeit, sie in engster Beziehung zur Wissenschaft zu entwerfen. Damit hat er wenigstens programmatisch die methodische und inhaltliche Isolierung der Erziehungslehren von den Wissenschaften überwunden und die Arbeit an ihnen als eine Aufgabe erkennen lassen, der sich auch Wissenschaftler nicht zu schämen brauchen. Er fordert für die Erziehungslehren, daß zu ihrer Grundlegung die Wissenschaften herangezogen werden, wo immer es möglich ist, und sieht den praktischen Nutzen der Erziehungswissenschaft gerade darin, »daß sie eine Erziehungslehre maßvoll, klug, zeitgemäß und zukunftsoffen macht«[27].

Neben WILLMANN, DURKHEIM und LOCHNER als den bedeutendsten Bahnbrechern der Empirischen Erziehungswissenschaft hat auch RICHARD MEISTER (1881–1964) das Eigenrecht der »pädagogischen Kunstlehren« gegenüber der »wissenschaftlichen Pädagogik« hervorgehoben. Er unterscheidet die theoretische Wissenschaft *von* der Erziehung und »Kunstlehren« als praktische Theorien *für* die Erziehung. »Pädagogik als Wissenschaft ist die Theorie von der Kulturtatsache Erziehung«[28]. Sie »ist grundsätzlich weltanschaulich neutral«[29]. Demgegenüber ist die »Kunstlehre der Erziehung« ein »sehr konkretes und daher niemals allgemeingültiges ... System von Normen, das die Erziehung in einem bestimmten Kulturbereiche zu einer bestimmten Zeit regelt«. Es dient »der Erziehung in dem Kulturbereich, aus dem und für den es geschaffen ist, zur Grundlage«[30]. Die »Pädagogik als Kunstlehre« muß konkrete normative Angaben über das Ziel der Erziehung machen, d. h. über eine bestimmte Rangordnung jener Werthaltungen, die die Zöglinge erwerben sollen. »Jede Wertordnung setzt

---

[26] LOCHNER 1963, S. 523.
[27] LOCHNER 1960, S. 17 (bei NICOLIN 1969, S. 421).
[28] MEISTER 1947b, S. 65.
[29] MEISTER 1965, S. 21.
[30] MEISTER 1947b, S. 55.

vor allem ein Kriterium für die Rangfolge der Werte voraus.« Ein solches Kriterium kann nach MEISTER »nur durch eine bestimmte Weltanschauung gegeben werden, das heißt, durch eine Überzeugung von der Bestimmung des Menschen und die darauf begründete Wahl des dominierenden Wertes«[31]. *Deshalb sind pädagogische Kunstlehren notwendig weltanschaulich bestimmt.*

Abgrenzung und Benennung

Nach allem, was bisher über die Aufgaben und die Merkmale praktischer Theorien der Erziehung gesagt worden ist, fällt ihre Abgrenzung gegen die Erziehungswissenschaft nicht schwer. Eine praktische Theorie der Erziehung hat einen praktischen und keinen wissenschaftlichen Zweck: sie wird geschaffen, um Erzieher mit dem praxisbezogenen Wissen auszurüsten, das sie für zweckrationales erzieherisches Handeln brauchen. Sie bezieht sich auf einen gesellschaftlich, kulturell, institutionell und personell begrenzten erzieherischen Handlungsbereich. Sie wird von einem weltanschaulichen Standpunkt aus entworfen und ist wertend. Dementsprechend enthält sie normative und deskriptive Sätze. Sie soll frei sein von wissenschaftlichem und philosophischem Beiwerk, das nicht unmittelbar ihrem Zweck dient[1]. Zusammenfassend kann man sie als *ein normativ-deskriptiv gemischtes Satzsystem* kennzeichnen, *das bestimmte Gruppen von Erziehern in einer bestimmten gesellschaftlich-kulturellen Lage über ihre erzieherischen Aufgaben sowie über die Mittel zu deren Durchführung informieren und sie zum erzieherischen Handeln im Sinne der geltenden Weltanschauung und Moral inspirieren soll.*

Die Abgrenzung von der normativen Philosophie der Erziehung ist schwieriger. Auch diese ist ein normativ-deskriptiv gemischtes Satzsystem, aber sie beschränkt sich auf die Begründung bestimmter Klassen von Werturteilen über Phänomene, die für die Erziehung relevant sind, und auf die Aufstellung und Begründung nicht-technischer, insbesondere moralischer Normen, die die Zwecke der Erziehung und die Erziehung selbst als Mittel betreffen. Sie soll Wertungs- und Normgebungsfragen beantworten und die Antworten rational begründen. In der Praktischen Pädagogik werden alle für ihren Zweck wesentlichen weltanschaulichen und moralischen Grundnormen bereits als gültig vorausgesetzt und nicht neuerlich in Frage gestellt

---

[31] MEISTER 1965, S. 20 f.; ähnlich S. 55.

[1] Vgl. MILL 1968, S. 366: Die Kunstlehre »besteht aus den Wahrheiten der Wissenschaft, in der den Zwecken der Praxis am besten entsprechenden Ordnung zusammengestellt, statt in jener Weise angeordnet zu sein, welche die geeignetste für die Zwecke der Erkenntnis ist«.

und begründet. Soweit man sich bei ihrem Entwurf auf eine normative Philosophie der Erziehung stützen kann, wird man deren Ergebnisse berücksichtigen, aber es bedarf ihrer nicht unbedingt, sondern die weltanschaulichen und moralischen Normen können auch unmittelbar der jeweils geltenden Weltanschauung und Morallehre entnommen werden. Den Hauptteil der Praktischen Pädagogik machen die erziehungs*technischen* Normen aus, die auf die jeweils angenommenen Zwecke und auf erziehungstechnologischen Hypothesen gegründet werden. Es besteht also eine Arbeitsteilung: was in der normativen Philosophie der Erziehung (soweit vorhanden) und in der Erziehungswissenschaft an erziehungspraktisch brauchbarem Wissen über Zwecke und Mittel erarbeitet worden ist, wird in der Praktischen Pädagogik auf einen bestimmten erzieherischen Handlungsbereich unter bestimmten sozial-kulturellen Bedingungen bezogen ausgewertet und zu einem handlungs- oder anwendungsorientierten Satzsystem verarbeitet.

Über die Zweckmäßigkeit der Unterscheidung zwischen wissenschaftlichen und praktischen Theorien der Erziehung sind sich international viele Erziehungstheoretiker einig[2]. Schwieriger ist es, einen unmißverständlichen *Namen* für die praktische Theorie der Erziehung zu finden. Der alte deutsche Ausdruck »*Erziehungslehre*« ist unbefriedigend, weil er ohne zusätzliche Erläuterung kaum hinlänglich verstanden werden kann. Er besagt eigentlich nur, daß ein Satzsystem gemeint ist, welches nicht in den Geltungsbereich des Begriffes Wissenschaft gehört. Er ist ferner durch die einseitig wissenschaftsgeschichtliche Vorstellung belastet, es handle sich um ein *vor*wissenschaftliches Satzsystem mit wissenschaftlicher Grundintention, also um verfehlte oder mißlungene theoretische Produkte von Menschen auf einer naiven Bewußtseinsstufe, die durch die Erziehungswissenschaft grundsätzlich bereits überholt seien. Dem Leser oder Hörer des Wortes »Erziehungslehre« wird die große Variationsbreite kaum bewußt, die es für nicht-wissenschaftliche Satzsysteme über Erziehung gibt, besonders hinsichtlich des Umfanges, in dem sie sich auf Wissenschaft stützen bzw. den für die Wissenschaft geltenden Regeln gemäß entworfen worden sind. Es kommt hinzu, daß der Ausdruck »Erziehungslehre« in andere Sprachen kaum übersetzbar ist.

Unter diesen Umständen ist es mir angebracht erschienen, nach einem treffenderen Terminus zu suchen. Dabei lag es nahe, auf das Wort »Pädagogik« zurückzugreifen und es durch eine zusätzliche Bestimmung zu präzisieren. Das ist deswegen berechtigt, weil »Pädagogik« von jeher der Name für die *praktische* Theorie der Erziehung gewesen ist, für »eine prak-

---

[2] Vgl. für Deutschland DOHMEN 1966; für England HIRST 1963 und 1966, O'CONNOR 1957, BEST 1965; für Holland STELLWAG 1967, S. 208 ff.; für die USA ARCHAMBAULT 1965, AUSUBEL 1953, BRAUNER 1964, NEWSOME 1964 und 1967; für Japan MURAI 1969, S. 70 ff.

tisch-gerichtete Kunstlehre, die unmittelbar dem Handeln dienen will«[3]. Erst dadurch, daß das gleiche Wort zur Bezeichnung *wissenschaftlicher* Theorien der Erziehung verwendet worden ist, ist es zu jener sprachlichen und gedanklichen Verwirrung gekommen, die die Arbeit an wissenschaftlichen wie an praktischen Theorien der Erziehung bis heute belastet. Das waren die Auswirkungen der Verkennung des logischen Charakters praktischer Theorien und des für diese erhobenen Anspruches auf Wissenschaftlichkeit. Werden dagegen die in diesem Buch begründeten Abgrenzungsvorschläge angenommen, dann steht nichts mehr im Wege, das Wort »Pädagogik« zu benutzen. Es muß nur noch geklärt werden, welches Beiwort zur Präzisierung geeignet ist.

Soweit ich sehe, stehen dafür die Worte »normativ«, »angewandt«, »praktisch«, »pragmatisch« und »praxeologisch« zur Verfügung. Der Name »*normative Pädagogik*« bringt zwar den Unterschied zur Empirischen Erziehungswissenschaft zum Ausdruck, begünstigt jedoch Verwechslungen mit der normativen Philosophie der Erziehung. Wo er benutzt wird, ist meistens diese gemeint[4]. Deshalb ist er für unseren Zweck nicht geeignet.

Der Name »*angewandte Pädagogik*« wäre in zweifacher Hinsicht mißverständlich. Zunächst könnte man vermuten, es sei ein technologisches Aussagensystem im strengen Sinne gemeint, d. h. also die Erziehungswissenschaft, soweit sie erziehungstechnologische Aussagen macht. Es könnte fälschlich auch eine Analogie zu wissenschaftlichen Disziplinen wie zum Beispiel der »angewandten Psychologie« vermutet werden. Die praktische Theorie der Erziehung ist jedoch auf keinen Fall mit dem identisch, was gemeint war, wenn es hieß, die Pädagogik sei »der Hauptsache nach eine angewandte Psychologie«[5]. Pädagogik als »angewandte Psychologie« wurde vielmehr als *wissenschaftliche* Theorie der Erziehung verstanden. Andererseits könnte auch vermutet werden, mit »angewandter Pädagogik« sei der Prozeß der praktischen Anwendung theoretischer Einsichten, d. h. die Erziehungspraxis selbst gemeint. Dazu verleitet vor allem der nachlässige Sprachgebrauch, den sogar manche Fachleute begünstigen, wenn sie auch »eine praktische Bemühung um den Menschen« als »Pädagogik« bezeichnen[6] oder unter »Pädagogik« »eine die Praxis und Theorie der Erzie-

---

[3] Döpp-Vorwald 1964, S. 94.
[4] Vgl. A. Fischer 1932b, S. 160: »Normative Pädagogik ist gewissermaßen angewandte Philosophie, Religion, Weltanschauung . . .«; Spieler 1932, Sp. 532: »Die rein normative Pädagogik . . . wäre in jedem Fall den philosophischen Prinzipienwissenschaften einzureihen, und zwar den Disziplinen der praktischen Philosophie«; Heitger 1975, S. 733: »Normative Pädagogik« ist »auf Sinngebung und Begründung von Sollenssätzen aus«. Vgl. auch Lassahn 1974, S. 94 ff.; E. König 1975, S. 34 ff. Dagegen bedeutet der Name bei Meister 1924, S. 18 bzw. 1934, S. 50 »Kunstlehre der Erziehung« oder »pädagogische Kunstlehre«.
[5] Beneke 1835, Bd. 1, S. 30 und S. XIII; ähnlich Dilthey 1963, S. 13.
[6] Groothoff 1964, S. 212.

hung umgreifende Größe« verstehen[7]. Aus diesen Gründen ist das Adjektiv »angewandt« für unsere Zwecke unbrauchbar.

Wenn man zweckmäßigerweise daran festhält, daß »Pädagogik« grundsätzlich Theorie und niemals Praxis bedeuten soll, dann dürften die Worte »praktisch«, »pragmatisch« und »praxeologisch« am ehesten treffen, was hier gemeint ist. »Praktisch« bedeutet: auf die Praxis bezogen, auf das Handeln ausgerichtet, für das Handeln tauglich[8]. In Verbindung mit »Theorie«, »Disziplin« oder »Satzsystem« gebraucht, kann das Wort allerdings zwei verschiedene Bedeutungen haben. Erstens kann lediglich gemeint sein, daß der *Gegenstand* einer solchen Theorie ein Handeln, eine Praxis ist. Eine praktische Theorie in diesem Sinne bliebe auf die rein theoretische, d. h. deskriptiv-kausalanalytische Behandlung ihres Gegenstandes beschränkt. Zweitens aber kann gemeint sein, die *Aufgabe* der Theorie sei es, *das Handeln zu normieren*[9]. Nur diese zweite Bedeutung ist hier gemeint, wenn der umständliche Ausdruck »praktische Theorie der Erziehung« durch den Terminus »*Praktische Pädagogik*« ersetzt wird. Er bezeichnet eine für das Handeln taugliche oder eine zum Handeln anleitende normative Theorie der Erziehung.

Auch das Wort »pragmatisch« bedeutet: praktisch, das Handeln betreffend, zum Handeln befähigend, der Praxis dienend[10]. Da WILHELM FLITNER den Begriff »*pragmatische Pädagogik*« bereits eingeführt und dabei ausdrücklich ihre normierende, normauslegende und Normen kritisierende Aufgabe betont hat[11], stünde von der ursprünglichen Wortbedeutung her nichts im Wege, auch diesen Namen zur Bezeichnung der praktischen Theorie der Erziehung zu verwenden. Er hat die gleiche Bedeutung wie der Terminus »praktische Pädagogik« im früher präzisierten Sinne. Beide Termini könnten nebeneinander und stellvertretend füreinander verwendet werden. Es sprechen jedoch zwei Gründe dafür, den Terminus »praktische Pädagogik« vorzuziehen. Erstens ist das Wort »pragmatisch« in der heutigen deutschen Sprache mehrdeutiger, schwerer verständlich und ungebräuchlicher als das Wort »praktisch«[12]. Zweitens wird in der englischen Sprache zur Bezeichnung des hier Gemeinten bereits durchweg das Adjektiv »practical« verwendet, während »pragmatic« nur in Ausnahmefällen im Sinne von »practical« gebraucht wird[13]. Deshalb sind im Englischen allein

---

[7] FROESE 1967, S. 127.
[8] Vom griechischen »praxis« = Handlung. Vgl. EISLER 1929, S. 487 f.; HOFFMEISTER 1955, S. 484; STOCKHAMMER 1967, S. 274; BALDWIN 1960, S. 320.
[9] Die Nichtbeachtung der Mehrdeutigkeit der Worte »praktisch« und »pragmatisch« scheint zum verworrenen Zustand der Pädagogik und der Metatheorie der Erziehung viel beigetragen zu haben. Vgl. als Beispiel MEISTER 1965, S. 58 ff.
[10] Vom griechischen »pragma« = Handlung. Vgl. SCHISCHKOFF 1969, S. 486; EISLER 1929, S. 484; HOFFMEISTER 1955, S. 483.
[11] W. FLITNER 1964, S. 45.
[12] Vgl. Ullstein Lexikon 1969, S. 695.
[13] Vgl. The Oxford English Dictionary. Vol. 8, Oxford 1961 (Clarendon), S. 1224.

die Termini »practical theory of education« oder »praxiology of education« angebracht. Auch um der Vereinheitlichung der internationalen pädagogischen Fachsprache willen empfiehlt es sich deshalb, dem Terminus »praktische Pädagogik« den Vorzug zu geben.

Schließlich kommt noch der Ausdruck »*praxeologisch*« in Betracht. Er ist jedoch ebenfalls mehrdeutig. Die einen meinen damit eine »Wissenschaft vom wirksamen Handeln« im Sinne einer werturteilsfreien Technologie[14]. Andere verstehen darunter eine normative Philosophie des menschlichen Handelns im Sinne einer Synthese aus normativer Anthropologie, Sozial- und Kulturphilosophie mit »eigenständigen Forschungsaufgaben«, die sich bis zu einer normativen »Theorie der Gesamtgesellschaft« erstrecken[15]. Da hier weder eine werturteilsfreie technologisch orientierte Erziehungswissenschaft noch eine normative Philosophie der Erziehung gemeint ist, sondern ein auf konkrete Praxis bezogenes Satzsystem, das sich auf die beiden anderen stützt, dürfte es derzeit am wenigsten mißverständlich sein, beim Namen »Praktische Pädagogik« zu bleiben. Er ist nicht nur der älteste und früher weit verbreitet gewesen[16], sondern unter ihm sind auch schon Beiträge zur praktischen Theorie der Erziehung veröffentlicht worden, die für diese Klasse pädagogischer Satzsysteme noch heute als mustergültig angesehen werden können[17].

Geisteswissenschaftliche Pädagogik als Praktische Pädagogik

Im deutschen Sprachgebiet haben sich vor allem die Anhänger der sogenannten »geisteswissenschaftlichen Pädagogik« das Verdienst erworben, auf die Grenzen der Empirischen Erziehungswissenschaft aufmerksam gemacht und die Einsicht in die Unentbehrlichkeit praktischer Theorien der Erziehung gefördert zu haben. Sie sind dabei allerdings von dem sehr weiten und vagen Wissenschaftsbegriff der »Geisteswissenschaften« ausgegangen, welcher es erlaubt hat, auch weltanschauliche und normative Sätze als wissenschaftlich legitim anzusehen[1]. Man darf sich jedoch durch den Anspruch auf den Namen »Wissenschaft« nicht täuschen lassen: tatsächlich

---

[14] Vgl. KOTARBINSKI 1965; OSSOWSKA 1972, S. 19: »In der Praxiologie werden solche Regeln zusammengestellt, die einen Handlungserfolg gewährleisten, der durchaus einmal in Übereinstimmung und ein andermal in Widerspruch zum sittlichen Handlungswert stehen könnte – welcher in solchen Überlegungen keine Rolle spielt«.
[15] DERBOLAV 1975, S. 91 ff. und 1976.
[16] Vgl. STOY 1861, S. 213 ff.; REIN 1908, S. 15 ff. und 1911, Bd. 2; WILLMANN 1913, Sp, 1161; MESSER 1931, S. 48 ff.
[17] Vgl. z. B. MATTHIAS 1922.

[1] Über die Abhängigkeit der Geisteswissenschaften von Weltanschauungen vgl. ROTHACKER 1927, S. 107 ff.

ging es ihnen gar nicht primär um Wissenschaft in der modernen strengen Bedeutung des Wortes, sondern um praktische Theorien, die »das Leben leiten sollen«[2]. Gerade jene Aufgaben, die sie für die wichtigsten oder zentralen der »wissenschaftlichen Pädagogik« gehalten haben, erweisen sich bei genauerer Prüfung als solche der Praktischen Pädagogik.

Als Beleg für diese Behauptung sei zunächst an WILHELM DILTHEY (1833–1911) erinnert, der der Pädagogik die Aufgabe gestellt hat, »aus der Erkenntnis dessen, was ist, die Regel über das, was sein soll«[3], zu gewinnen. Daß DILTHEY bei aller Betonung der Deskription mit seiner »wissenschaftlichen Pädagogik« auch die Zwecke einer Erziehungslehre für Erzieher verfolgt hat, geht unter anderem daraus hervor, daß er ihre »reizvollste Aufgabe« darin gesehen hat, den »pädagogischen Genius« zu beschreiben und zu analysieren: »sie soll hierdurch *den werdenden Erzieher* mit dem Gefühl seiner Würde und *mit der Begeisterung für seinen Beruf erfüllen*«[4]. Hier wird also neben der Information die moralische Inspiration angestrebt, wobei man den zitierten Satz sogar so interpretieren könnte, daß die Information geradezu um der Inspiration willen geboten wird, die man durch sie im Erzieher auslösen zu können hofft. DILTHEYs Schüler SPRANGER und NOHL haben diese Kunst der idealisierenden Schilderung großer Erzieherpersönlichkeiten in moralisch erweckender, statt in rein historiographischer Absicht zu höchster Vollkommenheit ausgebildet. NOHL hat den »letzten Sinn« einer Darstellung der »Geschichte der Pädagogik« ausdrücklich darin gesehen, *etwas vom »erzieherischen Impuls« zu vermitteln*[5].

Ein anderer Schüler DILTHEYS, MAX FRISCHEISEN-KÖHLER (1878–1923), hat betont, daß die pädagogischen Theorien »in grundsätzlich anderer Weise als die strengen Erfahrungswissenschaften auf das Objekt ihrer Erkenntnis bezogen« seien. »Sie konstruieren dasselbe nicht . . . im Denken nach«, sondern seien »vielmehr Mittel seiner Erzeugung, Gestaltung und Verwirklichung. Sie sind nicht uninteressierte Erkenntnis dessen, was ist, sondern *interessierte Verkündigung dessen, was sein soll*«. In der »pädagogischen Wissenschaft« spreche »sich aus, wie die Bildung des werdenden Geistes . . . im Sinn eines bestimmten Kulturideales geleitet und gestaltet werden *soll*«[6].

In ähnlicher Form hat THEODOR LITT (1880–1962) gefordert, die Pädagogik solle »die Theorie eines Handelns« sein, die die Tatsachen der Erziehung nicht lediglich betrachtet, »um sie so, wie sie ihr vorliegen, zu verstehen und zu deuten, sondern um aus ihrer gedanklichen Verarbeitung

---

[2] DILTHEY 1963, S. 24.
[3] DILTHEY 1963, S. 16.
[4] DILTHEY 1963, S. 30.
[5] NOHL 1958, S. 4.
[6] FRISCHEISEN-KÖHLER 1921, S. 13.

Nutzen zu ziehen für die Praxis selbst«[7]. LITT hat sich zu einer »philosophisch begründeten, *zielsetzenden* Wissenschaft vom Ganzen der nationalen Bildung« bekannt, die er »Kulturpädagogik« nannte. Sie solle »vermöge eines konstruierenden Verfahrens«, über das er sich nicht näher äußert, »die in die Zukunft weisenden Ideen aus dem geistigen Bestande der Gegenwart« herleiten und »die so erkannten Grundtendenzen des Werdenden pädagogisch ausformen«. Er erwartet von der »Kulturpädagogik«, daß sie den Erziehungspolitikern »leitende Gedanken« und *dem »Ethos des Erziehers* als eines Verwalters nationalen Geistesgutes *Stütze und Kräftigung«* geben werde[8].

Für LITT ist die »Pädagogik« weder eine rein theoretische noch eine angewandte Wissenschaft. Er schreibt ihr vielmehr eine eigene »Methodik des Denkens«, das sogenannte »pädagogische Denken« zu. »Pädagogisch denken« heißt bei LITT: so denken, wie der von ihm stark idealisierte Erzieher angeblich denkt. Es handelt sich dabei um ein »Schauen«, »Erschauen« oder »Ausschauen«, wobei die wissenschaftliche Frage nach der Begründung der Gültigkeit des »Geschauten« gar nicht gestellt wird. Das »erzieherische Denken« wird als ein »geistiges Gesamtverhalten« bezeichnet, »das mit seinen tiefsten Wurzeln unter (den) Gegensatz von Theorie und Praxis hinabgreift«[9]. An anderer Stelle heißt es, »die theoretische Auffassung des Tatbestandes ›Erziehung‹ einerseits, die *praktische Stellungnahme zu den Aufgaben der Erziehung* andererseits« seien »gleichsam sekundäre Ausgestaltungen *einer* Grundeinstellung zum Problem ›Erziehung‹ überhaupt, die *über dem Gegensatz von Theorie und Praxis, Tatsachenforschung und Zielsetzung* steht«[10]. Unter dieser Voraussetzung wird behauptet, daß »Seinserfassung und Sollensbestimmung ganz unmittelbar aus einer Wurzel ... hervorwachsen«[11]. Aufgabe der pädagogischen Theorie sei es, durch eine »kulturphilosophische Zusammenschau« dem erzieherischen Handeln zu dienen. »In ihr besinnt sich der Wille zur Selbstgestaltung im Erschauen dessen, was er war und ist, auf das, was er sein soll, deutet er im Erstreben dessen, was er sein soll, hinwiederum das, was er war und ist«[12].

Es ist hier nicht der Ort für eine Auseinandersetzung mit LITTs unklaren methodologischen Ideen, sondern es geht nur um den Nachweis, daß die »geisteswissenschaftliche Pädagogik« zumindest ihrem Programm nach als eine spezifisch deutsche Form der Praktischen Pädagogik angesehen werden kann[13]. Für unseren Zusammenhang ist noch wichtig, daß LITT der pädagogischen Theorie die Aufgabe zugewiesen hat, dem Lehrer »*ein ge-*

---

[7] LITT 1949, S. 85 f.
[8] LITT 1965, S. 10 f.
[9] LITT 1949, S. 109.
[10] LITT 1949, S. 102.
[11] LITT 1949, S. 104.
[12] LITT 1965, S. 23 ff.
[13] In der Durchführung weist sie dagegen (von Beiträgen zur Historiographie der

schichtliches Standortbewußtsein« zu geben. Sie müsse »die Konkretheit der Lage, in der er sein Werk verrichtet, mit in sich hineinnehmen und nicht eine Allgemeingültigkeit anstreben, durch die sie die Fühlung mit dieser Lage verlieren müßte«[14].

Ähnlich wie LITT haben auch NOHL, SPRANGER, FLITNER und WENIGER die Pädagogik aufgefaßt. HERMAN NOHL (1879–1960) hielt sie für gebunden an »weltanschauliche Einstellungen«[15] und hat ihren Zweck vorwiegend in der sittlichen Orientierung der Erzieher gesehen. EDUARD SPRANGER (1882–1963) hat der Pädagogik die Aufgabe gestellt, eine »gegebene Kulturwirklichkeit aufzufassen, unter ordnende Begriffe zu bringen und zuletzt *durch Wertsetzungen und Normen zu gestalten*«[16]. Er war sich klar darüber, daß Wertsetzungen wissenschaftlich nicht beweisbar sind und daß weltanschauliche Stellungnahmen und sittliche Entscheidungen über die Möglichkeiten der wissenschaftlichen Erkenntnis hinausgehen[17]. Dennoch hat er von der Pädagogik verlangt, sie solle sich »des Problems der Legitimität von Normen« annehmen, eine »Kritik der Bildungsideale« leisten und »das Metaphysische« einbeziehen, ohne welches man »das pädagogische Urphänomen« gar nicht zu Gesicht bekommen könne[18]. Solche Aufgaben konnte SPRANGER der Pädagogik nur deswegen stellen, weil er sie nicht als Empirische Erziehungswissenschaft, sondern als eine Mischung aus weltanschaulich-normativer Philosophie der Erziehung und Praktischer Pädagogik verstanden hat.

WILHELM FLITNER (geb. 1889) hat die Pädagogik eine »*pragmatische* Geisteswissenschaft« genannt, weil sie sich auf eine Praxis, »auf das Handeln des Menschen mit dem Menschen« beziehe, »welches immer eine Selbstauslegung des Geistes zur Voraussetzung« habe. Sie solle »der praktischen Erziehung zur Hilfe werden«[19]. Es sei für sie charakteristisch, daß sie »in die Geisteskämpfe« hineingerate. Sie müsse »den Kampf der Geister bis zu einem praktischen Ergebnis durchzufechten suchen«. Die Pädagogik stamme »aus dem Gespräch, das die Verantwortlichen führen«, um sich über die »rechte Erziehung« zu verständigen. Sie strebt danach, »die pädagogische Bildung zu fördern« und »einen öffentlichen Erziehungsgeist« zu begründen, »der die Gesittung unseres Kulturkreises weiterträgt«. Sie möchte den Einzelnen »zum wissenden Bürgen und mitschaffenden Träger dieses erzieherischen Geistes bilden«[20].

---

pädagogischen Ideen abgesehen) vorwiegend die Merkmale einer gemischten weltanschaulich-normativen Philosophie der Erziehung auf.
[14] LITT 1949, S. 118 f.
[15] NOHL 1949, S. 117.
[16] SPRANGER 1920 (bei RÖHRS 1964), S. 17.
[17] SPRANGER 1963, S. 39 ff.
[18] SPRANGER 1962, S. 122 ff.
[19] W. FLITNER 1966, S. 15 ff.
[20] W. FLITNER 1966, S. 21.

Hier wird die Pädagogik also eindeutig direkt in den Dienst praktischer und politischer Aufgaben gestellt. Daß es FLITNER nicht um eine Erfahrungswissenschaft, sondern um eine »ethische« Disziplin geht, zeigt sich auch darin, daß er wie LITT die analytisch-empirischen Methoden zurückweist und eine besondere Methode für sie beansprucht: »das Verfahren der existentiellen Besinnung«[21]. Pädagogik ist für ihn »ein Denken vom Standort verantwortlicher Erzieher aus«; sie ist »*engagierte Reflexion*«, bei der sich der Denkende in »seinem Wollen und seinem Glauben« prüft[22].

FLITNER sieht »die vornehmste Aufgabe« der Pädagogik darin, »*eine Übereinkunft über Gehalt und Sinn des Erziehens*«, über die »realen *Wertgehalte* in einer gegebenen historischen Situation« herbeizuführen. Ihre zweite Aufgabe sei es, *den Erziehern* »*ein Standortbewußtsein im Kampfgewühl der Zeit*« *zu geben*. »Erst in dritter Reihe steht die unmittelbare technische Hilfe, die in den Schwierigkeiten des Erziehungsgeschäfts ... geboten werden muß«[23]. Diese Zweckbestimmung der Pädagogik erlaubt kaum einen Zweifel daran, daß hier eine praktische, d. h. zum Handeln anleitende normative Theorie der Erziehung gemeint ist. Daß FLITNER sie als »Wissenschaft« bezeichnet und von den »Erziehungslehren« abgrenzt[24], ist sachlich von geringer Bedeutung und primär ein sprachliches Problem. Es hängt mit seinem ungewöhnlich weiten Begriff von Wissenschaft und mit seinem auf regional-, epochal- und weltanschauungsspezifische Berufslehren für Erzieher eingeengten Begriff der Erziehungslehre zusammen. Der logischen Struktur nach gibt es jedoch zwischen dem, was FLITNER »wissenschaftliche Pädagogik«, und dem, was er »Erziehungslehre« nennt, keine prinzipiellen, sondern nur graduelle Unterschiede. Seine »wissenschaftliche Pädagogik« kann unseren Abgrenzungsvorschlägen nach als eine relativ abstrakte Praktische Pädagogik für eine pluralistische Großgesellschaft angesehen werden.

Auch ERICH WENIGER (1894–1961) ist dafür eingetreten, daß die Pädagogik der Praxis dienen solle: sie »gilt nur so weit, als sie der Praxis helfen, als der Praktiker etwas mit ihren Ergebnissen anfangen kann«. Er weist ihr unter Berufung auf SCHLEIERMACHER die Aufgabe zu, zur Verbesserung des Erziehungswesens beizutragen: ihr Ziel sei »eine geläuterte Praxis für jeden Einzelnen«. Als Voraussetzung »wahrer« pädagogischer Theorie fordert WENIGER »die *Befangenheit* des Theoretikers in der pädagogischen Aufgabe und an das pädagogische Tun. Er muß die Verantwortung der Praxis teilen, ihre Ziele bejahen, von der Verantwortung und von den Zielen aus denken ... Man sieht hier nur als Befangener«[25].

---

[21] W. FLITNER 1958, S. 26.
[22] W. FLITNER 1958, S. 18; vgl. auch 1964, S. 45.
[23] W. FLITNER 1964, S. 142; ähnlich 1958, S. 24.
[24] Vgl. W. FLITNER 1958, S. 15 ff.; 1954a, S. 113 ff.
[25] WENIGER 1953, S. 20 f. Als positive Interpretation dieser Auffassung WENIGERS im Anschluß an HORKHEIMER und HABERMAS vgl. DAHMER 1968, S. 48 ff.

Diese Belege aus der sogenannten »geisteswissenschaftlichen Pädagogik« mögen als Nachweis dafür genügen, daß ihre führenden Vertreter vorwiegend praktische Theorien der Erziehung bieten wollten. Daß dann manche ihrer Schriften ziemlich unpraktisch ausgefallen sind, dürfte mit ihrer Vorliebe für die weltanschaulich-normative Philosophie der Erziehung auf Kosten des Studiums erziehungstechnischer Probleme zusammenhängen.

Praktische Theorien der Erziehung können von jedem weltanschaulich-moralischen Standpunkt aus entworfen werden. Während früher religiös-konfessionelle Satzsysteme überwogen haben, sind parallel zum Rückgang des Einflusses der Religionsgemeinschaften im 20. Jahrhundert die politisch-konfessionellen pädagogischen Satzsysteme in den Vordergrund getreten. Wenn zum Beispiel MOLLENHAUER der Pädagogik die Aufgabe zuschreibt, die wirkliche Erziehung »im Namen einer besseren Erziehung« zu kritisieren, indem sie »die Mangelhaftigkeit des Faktischen durch die Konfrontation mit dem Möglichen erweist«, dann befindet er sich völlig im Einklang mit der Tradition der Praktischen Pädagogik in ihrer gesellschaftskritischen Variante. Es ist eine politische Entscheidung, ein Ergebnis »engagierter Reflexion«, wie sie FLITNER gefordert hat, und keine wissenschaftliche Erkenntnis, wenn MOLLENHAUER nicht nur den Erziehungspraktikern, sondern auch der pädagogischen Theorie die Aufgaben stellt, »in der heranwachsenden Generation das Potential gesellschaftlicher Veränderung hervorzubringen«, die »Kritik der Zwecke« zu leisten, »Verantwortung für die Realisierung von Mündigkeit« zu übernehmen oder »die Erziehung unter dem Anspruch der Emanzipation« zu behandeln[26].

Praktische Theorien der Erziehung sind nicht nur zulässig, sondern ebenso wie normative Philosophien der Erziehung für die Orientierung der Erzieher auch notwendig. Es braucht besonders in einer offenen und sich rasch ändernden Gesellschaft den Mut zum vernünftigen Werten und zum Festhalten bewährter Normen, aber auch zur Kritik an fragwürdigen Normen und zur Setzung neuer Normen. Nur sollte niemand weltanschaulich-normative pädagogische Satzsysteme als »Wissenschaft« ausgeben, denn schon eine einfache Analyse ihrer Sprache zeigt, daß ihre zentralen Sätze nicht deskriptiver, sondern präskriptiv-emotiver Art, d. h. »lediglich werbend und empfehlend sind«[27].

---

[26] MOLLENHAUER 1968, S. 69.
[27] Nach LOCHNER 1963, S. 511 ein sprachliches Kennzeichen der Praktischen Pädagogik (von ihm »Erziehungslehre« genannt).

Bestandteile der Praktischen Pädagogik

Nach der Untersuchung der wichtigsten programmatischen Äußerungen über die Praktische Pädagogik und den Hinweisen auf ihre »geisteswissenschaftlich« und »kritisch-emanzipatorisch« genannten Erscheinungsformen müssen wir nun ihren Inhalt noch näher kennzeichnen. Allgemein gesprochen hängt es vor allem von der kulturellen Lage einer Gesellschaft (bzw. einer Gruppe) und vom Bewußtseinszustand ihrer Mitglieder ab, wie die für sie bestimmte Praktische Pädagogik inhaltlich aussieht. Damit sie ihren Zweck erfüllt, muß an den vorhandenen Bewußtseinszustand und an die bestehende Erziehungspraxis angeknüpft werden, und zwar auch dann, wenn eine Praktische Pädagogik in gesellschaftskritischer und reformerischer Absicht entworfen wird.

Wir haben festgestellt, daß die Praktische Pädagogik anderen Aufgaben dient als die Erziehungswissenschaft. Deshalb ist es der Sache nicht angemessen, wenn man sie ausschließlich nach jenen Kriterien beurteilt, die für wissenschaftliche Theorien gelten. Das metatheoretische Grundproblem der Praktischen Pädagogik besteht vielmehr gerade darin, wieweit sie überhaupt wissenschaftlich sein kann, wenn sie ihren Zweck erfüllen soll. Es handelt sich dabei letztenendes um ein moralisches und politisches Problem, das nicht einfach durch eine pauschale Entscheidung für Aufklärung, Kritik und Wissenschaftlichkeit um jeden Preis gelöst werden kann, sondern einer sehr differenzierten Untersuchung bedarf.

Dabei empfiehlt es sich, von jenen *vier Aufgaben* auszugehen, die der Praktischen Pädagogik bisher hauptsächlich gestellt worden sind. Den programmatischen Äußerungen, die wir kennengelernt haben, entsprechend soll sie folgendes leisten: 1. eine wertende Deutung der gesellschaftlich-kulturellen Situation für Erzieher bieten; 2. die Erziehungsziele angeben; 3. praktische Gesichtspunkte, Regeln, Empfehlungen oder Anweisungen für das erzieherische Handeln und für die Gestaltung von Erziehungseinrichtungen geben; 4. die Wertorientierung und die Dispositionen zum sittlich wertvollen erzieherischen Handeln oder die »Berufstugenden« der Erzieher wecken, fördern und stützen.

Die Praktische Pädagogik hat also einen situationsanalytischen, einen teleologischen, einen methodischen und einen berufsethisch-motivierenden Bestandteil. Die Frage nach dem möglichen und nach dem wünschbaren Maß an Aufklärung, Rationalität und kritischer Reflexion wird man für jeden dieser Bestandteile verschieden beantworten müssen. Grundsätzlich sollte zwar auch die Praktische Pädagogik im Geist der allgemeinen Regeln der wissenschaftlichen Methode entworfen werden, aber nicht jede ihrer Aufgaben läßt sich damit gleich gut lösen.

Wenden wir uns zunächst dem *situationsanalytischen* Element zu. Zur Orientierung der Erzieher über die gesellschaftlich-kulturelle Situation, in der sie handeln müssen, kann sicher die Geschichtswissenschaft viel Material beitragen, das die Entstehung dieser Situation aus vergangenen Ereignissen erhellt. In erster Linie gefordert wird aber eine Darstellung der Geschichte der Gegenwart oder der Zeitgeschichte, und zwar im Hinblick auf ihre für das künftige erzieherische und erziehungspolitische Handeln relevanten Züge. Dafür kann man sich nur zu einem geringen Teil auf die Ergebnisse der empirischen Sozialforschung stützen. Es bleibt ein großer Spielraum für die Auswahl und die Interpretation der Tatsachen. Beides erfolgt unvermeidlich von einem bestimmten Standpunkt aus, für den man nie beanspruchen kann, er sei der richtige oder der einzig mögliche. Die weltanschaulichen, religiösen, philosophischen und politischen Grundentscheidungen, die sich im Bekenntnis zu bestimmten Erziehungszielen äußern, beeinflussen auch die Interpretation der historischen Situation. Eine mehr oder weniger vorbehaltlose Bejahung der bestehenden Verhältnisse ist ebenso möglich wie die partielle oder die totale Kritik an ihnen, und beide Interpretationen können sich auf je andere oder sogar auf die gleichen, nur verschieden bewerteten Tatsachen stützen. Als Beispiel sei an den Unterschied zwischen marxistischer und liberaler Geschichtsschreibung erinnert. Da ein der eigenen Werthierarchie entsprechendes Geschichtsbild zusätzlich zum Handeln gemäß diesen Wertungen zu motivieren vermag, ist es verständlich, daß sich die situationsanalytischen Bestandteile der Praktischen Pädagogik im allgemeinen als parteiisch, d. h. als untrennbar verschmolzen mit der darin postulierten Rangordnung der Werte erweisen.

Was folgt daraus für die Frage nach den verschiedenen Erscheinungsformen der Praktischen Pädagogik? Ein Satzsystem, dessen situationsanalytische Sätze vorbehaltlos als allein wahr und den Gegenstand erschöpfend ausgegeben werden, wäre als unkritisch oder als dogmatisch zu bezeichnen. Wenn dagegen zu erkennen gegeben wird, daß es sich um eine Interpretation von einem bestimmten Standpunkt aus handelt, daß keine Interpretation endgültig ist und daß auch andere Deutungen möglich und berechtigt sind, dann kann eine Praktische Pädagogik in dieser Hinsicht kritisch oder hypothetisch genannt werden[1].

Noch schwieriger als der situationsanalytische ist der *teleologische* Bestandteil einer Praktischen Pädagogik zu beurteilen. In geschlossenen, weltanschaulich relativ einheitlichen Gesellschaften oder in so gearteten Untergruppen einer Gesellschaft (wie z. B. den christlichen Kirchen) werden die Zielangaben der Erziehungslehren ganz unbefangen aus den vorherrschenden Glaubensüberzeugungen übernommen[2]. Soweit in solchen

---

[1] Über den Unterschied zwischen historischen Interpretationen und wissenschaftlichen Theorien vgl. POPPER 1958, Bd. 2, S. 328 ff.
[2] Als Beispiel für eine so konzipierte katholische Praktische Pädagogik vgl. EGGERSDORFER 1955, Sp. 556, wo die Frage: »Wer aber setzt (das) Ziel einer guten Erziehung und verbietet ein solches der schlechten?« damit beantwortet wird, daß es

Gesellschaften Erziehungswissenschaft überhaupt möglich ist, sind die als wesentlich betrachteten Weltanschauungsinhalte und moralischen Normen für sie tabu. Eine kritische Moralphilosophie, die Alternativen dazu abwägt, gibt es kaum, sondern die Reflexion erschöpft sich in der Dogmatik und in der Exegese der als verbindlich angesehenen Texte. Unter diesen Umständen kann auch die Praktische Pädagogik in teleologischer Hinsicht gar nicht anders als dogmatisch sein.

In einer offenen, weltanschaulich pluralistischen Gesellschaft hat es zunächst den Anschein, als sei eine dogmatische Praktische Pädagogik weder zulässig noch möglich. Hier sind auch Weltanschauungen und Normen, für die Geltung beansprucht wird, Gegenstände sozialwissenschaftlicher und philosophisch-erkenntniskritischer Untersuchungen. Hier wird auch die Kritik an den herrschenden Ideologien zugelassen. Hier gibt es eine kritische Moralphilosophie. Theoretisch wird mit allen nur denkbaren normativen Möglichkeiten gespielt und zwar im Extremfall bis zur Lähmung der Entscheidungsfähigkeit. Praktisch aber kann man weder die Erziehung noch andere Aufgabenbereiche der Gesellschaft wie die Politik, die Wirtschaft oder die Rechtssprechung der Beliebigkeit des frei konstruierenden normativen Denkens und Probierhandelns überlassen. Wirksames erzieherisches Handeln setzt vielmehr voraus, daß man sich für die Verfolgung bestimmter Ziele, für die Erfüllung bestimmter Aufgaben entschieden hat und diese Entscheidung nicht fortgesetzt wieder in Frage stellt. Das gilt nicht nur für den einzelnen Erzieher, sondern auch für die Gesamtheit des Erziehungspersonals einer Gesellschaft und ihrer Untergruppen, dessen Angehörige einander gegenseitig ergänzen müssen, will man der Gefahr entgehen, trotz großem Aufwand erzieherisch erfolglos zu bleiben.

Es handelt sich hier also nicht bloß um ein spezifisches Problem der Praktischen Pädagogik, sondern um eine Existenzfrage jeder Gesellschaft, in der die Verwissenschaftlichung des Denkens und die allgemeine Aufklärung bereits weit fortgeschritten sind: »Ist eine ideologie-freie Gesellschaft möglich? Oder genauer: kann eine Gesellschaft ihre Werte als das erkennen, was sie sind – ohne irgendeine ideologische Stütze –, und ihnen doch in angemessener Beständigkeit verpflichtet bleiben?«[3]. Es gibt darauf keine sichere Antwort, aber die bisher bekannten historischen Erfahrungen (insbesondere mit den »Intellektuellen« oder »Gebildeten«) und psychologisch-soziologisch begründete Vermutungen über die Ängste wie über die Sicherheits- und Gemeinschaftsbedürfnisse der Menschen mahnen zur Skep-

---

»denknotwendig« sei, hier auf den »transzendenten persönlichen Gott« zurückzugehen. »Er setzt die Ziele und ordnet sie dem Weltganzen in Müssen und Sollen, in Notwendigkeit und Freiheit ein, und er läßt uns diese Ziele in geistiger Aufgeschlossenheit erkennen«. Als protestantische Variante vgl. u. a. BOHNE 1953, S. 72 ff.
[3] BERGMANN 1967, S. 324 f.

sis[4]. Es spricht viel für die These GEHLENS: »Wenn man sich zu den Göttern und Institutionen der eigenen Gesellschaft ›objektiv‹ verhält, ... dann sieht man sie schon als vergangene«[5]. Die fortgesetzte kritische Relativierung der eigenen Überzeugungen wirkt auf diese destruktiv. An ihrer Stelle »schießen die ›Ideen‹ empor, mit denen sich nichts anderes anfangen läßt, als sie zu diskutieren«[6]. Damit schwindet die Sicherheit des Verhaltens, die auch für das Erziehen unerläßlich ist, und es entsteht die Gefahr, »ein Ideal substanzloser Jagd nach dem Neuen in das geistige Leben hineinzutragen«[7].

Man sollte sich jedoch durch den für Umbruchszeiten charakteristischen Schwund an verbindlichen Überzeugungen, durch die Abkehr von Traditionen und durch die Entwertung alter Symbole nicht zu der kurzsichtigen Meinung verleiten lassen, eine Gesellschaft könnte jemals ohne einen Mindestbestand an gemeinsamen Glaubensüberzeugungen, ohne Tradition und Symbole auskommen. Es wandeln sich nur die Inhalte und ihre Ausdrucksformen, aber *eine Eingrenzung der Handlungsmöglichkeiten durch ihre Bewertung*, durch einen *sozialen Konsensus* über gültige Ideale, über wichtige und weniger wichtige Ziele erfolgt in jedem Falle. Auch wenn ein solcher Konsensus nicht mehr unter Berufung auf die Offenbarung Gottes, auf die Überlieferung der Vorfahren oder auf die Autorität eines Weisen erfolgt, sondern unter Berufung auf die kritische Vernunft, auf die öffentliche Meinung oder auf den Willen der Mehrheit, handelt es sich praktisch um die (zumindest zeitweilige) *Dogmatisierung bestimmter weltanschaulicher und moralischer Postulate*[8]. Auch wenn diese Postulate zunehmend häufiger in einer quasi-wissenschaftlichen Sprache formuliert werden, darf man sich nicht darüber täuschen, daß es Glaubensüberzeugungen und keine erfahrungswissenschaftlich bestätigten Sätze sind.

Was folgt daraus für die Frage nach den verschiedenen Erscheinungsformen der Praktischen Pädagogik? Ein Satzsystem, dessen teleologische Angaben auf der Voraussetzung eines Wertkonsensus beruhen, der unter den Adressaten dieses Systems gar nicht vorhanden ist (sei es nicht mehr oder sei es noch nicht), wird man als praktisch unbrauchbar bezeichnen müssen (entweder als veraltet oder als utopisch). In jedem Falle aber ist eine Praktische Pädagogik unter teleologischem Aspekt dogmatisch und soll es auch sein. Ohne weltanschauliche und moralische Entscheidungen zu treffen, sind weder erzieherisches Handeln noch praktische Theorien für dieses Handeln möglich. Praktische »Systeme *müssen* also einseitig sein und *müs-*

---

[4] Vgl. hierzu MANNHEIM 1951, S. 24 ff.; 1970, S. 25 f.; 1950, S. 285 ff. Als rationalistische Gegenposition dazu vgl. GEIGER 1964.
[5] GEHLEN 1956, S. 290.
[6] GEHLEN 1956, S. 287.
[7] ROTHACKER 1927, S. 155.
[8] Interessante Beispiele dafür sind die »Empfehlungen und Gutachten des Deutschen Ausschusses für das Erziehungs- und Bildungswesen« 1966 sowie die Empfehlungen und Gutachten des Deutschen Bildungsrates.

sen einen bestimmten *Inhalt* haben, so lange sie den Anspruch erheben, weltanschaulich das Leben zu ordnen«⁹. Die kritische Diskussion theoretisch möglicher Alternativen gehört in die Erziehungswissenschaft und in die normative Philosophie der Erziehung.

Ganz anders verhält es sich mit dem *methodischen* Bestandteil der Praktischen Pädagogik. Hier geht es vorwiegend um Probleme von Wenn-Dann-Beziehungen, von Zweck-Mittel-Relationen, von Bedingungszusammenhängen. Hinweise oder Regeln für das erzieherische Handeln und für die Gestaltung von Erziehungseinrichtungen versprechen in der Praxis um so wirksamer zu sein, je mehr sie sich auf relevantes erziehungstechnologisches Wissen, das in der Erziehungswissenschaft erarbeitet worden ist, stützen. In ihren methodischen Aussagen hängt die Qualität der Praktischen Pädagogik am stärksten von wissenschaftlichen Forschungsergebnissen ab. Daraus folgt für unsere Frage, daß sich eine Unterscheidung zwischen naiven und kritischen, dogmatischen und hypothetischen, inhaltsarmen und informationsreichen Formen der Praktischen Pädagogik am überzeugendsten für ihre methodischen Bestandteile durchführen läßt. Die größte Schwäche vieler Beiträge zur Praktischen Pädagogik liegt bis heute darin, daß ihre methodischen und organisationstheoretischen Bestandteile ohne ausreichende Verbindung mit den zuständigen Einzelwissenschaften entworfen worden sind.

Dabei muß gerechterweise allerdings berücksichtigt werden, daß sich die psychologische und die soziologische Forschung erst in jüngster Zeit Problemen zugewandt haben, die für die Praktische Pädagogik relevant sind. Diese aber hat schon längst vorher auf sich allein gestellt versuchen müssen, die Erzieher und Erziehungspolitiker zu beraten. Daraus ist eine Tradition des Gebrauchs des »gesunden Menschenverstandes« (common sense) in Erziehungsfragen entstanden, die bis heute ihre Selbständigkeit gegenüber den Äußerungen der sozialwissenschaftlichen Experten bewahrt hat. Wenn nun in Zukunft auch mehr wissenschaftliche Erkenntnisse als bisher in die Praktische Pädagogik einzuarbeiten sein werden, wird dieses »common-sense-Denken« deswegen doch nicht überflüssig.

Dafür gibt es zwei Gründe. Erstens lassen sich methodische und organisatorische Anweisungen vorläufig nur in sehr beschränktem Maße auf empirisch bestätigte Gesetzeshypothesen stützen. Da man aber die Erzieher nicht warten lassen kann, bis die wissenschaftliche Forschung ergiebiger geworden ist, muß man in der Praktischen Pädagogik unvermeidlich auch Vorschläge oder Empfehlungen bieten, die sich auf bloß *vermutete* Gesetzmäßigkeiten, auf *erratene* Wirkungszusammenhänge stützen, welche wissenschaftlich noch nicht ausreichend überprüft worden sind. Das ist durchaus berechtigt, sofern entsprechende Vorbehalte gemacht werden. Irrefüh-

---

⁹ ROTHACKER 1927, S. 156.

rend wäre es jedoch, derartige Anweisungen und ihre Begründung so darzustellen, als seien sie wissenschaftlich gesichert. Um in der Erziehungspraxis, insbesondere an den Adressaten der Erziehung nichts zu verderben, sollten die methodischen Bestandteile einer Praktischen Pädagogik vielmehr so vorsichtig und bescheiden formuliert werden, wie es dem höchst hypothetischen Charakter unseres Wissens auf diesem Gebiet entspricht.

Nun kommt aber zweitens noch erschwerend hinzu, daß selbst dieses beschränkte wissenschaftliche Wissen, welches technologisch verwendbar ist, nicht direkt in Handlungsanweisungen für konkrete Situationen umgesetzt werden kann. Die Ergebnisse der psychologischen und soziologischen Forschung stehen immer in Beziehung zu den ganz spezifischen Bedingungen, unter denen sie gewonnen worden sind, und diese Bedingungen haben oft wenig Ähnlichkeit mit jenen, unter denen die Erzieher handeln müssen[10]. Es ist also notwendig, diese Ergebnisse jeweils im Hinblick auf die besonderen praktischen Probleme, für deren Lösung man sich von ihnen Hinweise verspricht, zu interpretieren.

Gegeben sind in der Wissenschaft bestenfalls allgemeine Gesetzmäßigkeiten, d. h. Abstraktionen, denen niemals irgendeine reale Situation genau entspricht. Damit sie praktisch anwendbar werden, muß man sie erst in konkrete Handlungsanweisungen zu überführen versuchen. Als ideale Forderung wäre dieser Umsetzungsprozeß letztlich von jedem Erzieher für seine eigene ganz konkrete Situation selbst vorzunehmen[11]. Wenn das jedoch nicht eine völlig unrealistische Überforderung sein soll, dann muß ihm die Praktische Pädagogik einige Schritte der situationsgerechten Verarbeitung erziehungstechnologischen Wissens abnehmen. Sie muß zwischen den Wissenschaften und dem situations- und praxiorientierten Denken der Erzieher vermitteln. Damit ist folgendes gemeint: es müssen die jeweils gegebenen konkreten Umstände erfaßt und dann aus der Fülle des vorhandenen wissenschaftlichen Materials jene Erkenntnisse ausgewählt werden, die für das erzieherische Handeln unter diesen Umständen relevant sind.

Dabei ist es eine besonders wichtige Aufgabe, diese Erkenntnisse aus der komplizierten und abstrakten Fachsprache der wissenschaftlichen Spezialisten in die einfache, konkrete und anschauliche Umgangssprache der erzieherisch handelnden Menschen zu übersetzen. Gelingt diese sprachliche Übersetzung und die damit meist zu verbindende gedankliche Vereinfachung nicht, dann wird eine solche Praktische Pädagogik mit Nichtbeachtung seitens jener, für die sie bestimmt ist, beantwortet und hat damit ihren Zweck verfehlt. Es wäre also ganz unzulässig, wollte man bei irgendeinem Text aus seiner einfachen, nicht-spezialistischen Sprache darauf schließen, daß er der naiven Form der Praktischen Pädagogik zuzurechnen sei. Naivi-

---

[10] Vgl. B. Morris 1966, S. 137 ff.
[11] Vgl. z. B. Carpenter und Haddan 1964, S. 10 ff.

tät erweist sich nicht in schlichter Sprache, sondern im Mangel an dem der Sache jeweils angemessenen Problembewußtsein.

Werfen wir abschließend noch einen Blick auf den _berufsethisch-motivie-_ 4. _renden_ Bestandteil der Praktischen Pädagogik. Hier gibt es zwischen den einzelnen Satzsystemen erhebliche Unterschiede, die von massiver Propaganda für eine Weltanschauung bis zu diskreten lebenskundlich-psychohygienischen Ratschlägen reichen. Es gibt Fälle, in denen die Absicht, das Berufsethos der Erzieher zu fördern, fast ganz zurücktritt hinter dem viel allgemeineren Bestreben, ihren Glauben an eine bestimmte Religion, Weltanschauung oder politische Ordnung zu stärken. Wie die praktischen Theorien der Gesellschaft, der Politik oder der Wirtschaft dienen auch die der Erziehung nicht nur der Information, sondern ebenso der »normativ-emotionalen Verhaltenssteuerung« ihrer Adressaten. Sie können »oft eine politisch sehr relevante Wirkung auf das menschliche Motivationsbewußtsein ausüben«[12].

Unter diesem Aspekt ist gegen praktische Theorien der Erziehung der Einwand erhoben worden, sie beruhten auf einer »Geringschätzung der sittlichen Autonomie sowie auf mangelndem Vertrauen in die moralische Entscheidungsfähigkeit der Beratenen«[13]. Sehen wir bei der Prüfung dieses Einwandes einmal ganz davon ab, daß sich zugunsten einer solchen skeptischen Einschätzung vermutlich schwerwiegende Argumente als zugunsten einer optimistischen anführen lassen. Es dürfte genügen, die Beziehung zwischen der Praktischen Pädagogik als einem Satzsystem und der Situation des Erziehers genauer zu untersuchen, um zu erkennen, daß ihr Einfluß viel weniger direkt und unwiderstehlich ist, als er den auf die Sicherung der Entscheidungsfreiheit der Person bedachten Kritikern zu sein scheint. Ungenaue Formulierungen wie zum Beispiel die Wendung, die Erziehungslehre suche »ein Aufgegebenes zu verwirklichen«[14], und ähnliche unzulässige Personifizierungen von Satzgefügen verschleiern leicht die einfache Tatsache, daß nicht Erziehungs*theorien*, sondern bestenfalls *Erzieher* etwas verwirklichen können, und zwar nicht den Inhalt einer praktischen Theorie, sondern das, für dessen Verwirklichung sie sich entschieden haben.

Es ist für das Verständnis der Aufgaben wie der Grenzen der Praktischen Pädagogik von großer Bedeutung, neben dem Unterschied zwischen deskriptiven und präskriptiven (insbesondere normativen) Sätzen noch einen zweiten Unterschied im Auge zu behalten: eine Mitteilung an jemanden ist etwas anderes als der Versuch, ihn zum *Glauben* an den Inhalt dieser Mitteilung zu bringen oder zum *Tun* dessen, was man ihm gesagt hat. Wenn wir jemandem sagen, er solle etwas tun, dann ist das nichts als die Antwort auf die Frage: »Was soll ich tun?«. Der Hörer oder Leser weiß nun, was er

---
[12] TOPITSCH 1965, S. 25.
[13] HEID 1967, S. 87 f.
[14] WILLMANN nach PFEFFER 1962, S. 111.

(nach *unserer* Ansicht) tun soll, aber »er ist dadurch nicht notwendigerweise in der einen oder anderen Richtung *beeinflußt* worden, noch haben wir versagt, wenn das nicht der Fall ist; denn er könnte sich entscheiden, uns nicht zu glauben oder nicht zu folgen, und unsere bloße Mitteilung an ihn trägt nichts dazu bei, ihn daran zu hindern«[15].

Es wäre also irrig, die Praktische Pädagogik als ein Mittel anzusehen, das als solches dazu dienen könnte, die Erzieher unmündig zu halten und sie unter Umgehung ihrer rationalen Zustimmung im Sinne der Verfasser zu beeinflussen. Eine Praktische Pädagogik ist vielmehr ein freies theoretisches Angebot an die Erzieher und zwar in einer pluralistischen Großgesellschaft nur *eines* unter vielen miteinander im Wettbewerb stehenden Angeboten. Schon LOCHNER hat diesen Sachverhalt klar herausgearbeitet: »Die Erziehungslehre bietet Ziele und Wege an«, aber »sie kann nicht fordern, daß der praktische Erzieher nur *ein* bestimmtes Ziel und *einen* Weg wähle, nämlich die, welche dem Autor der Erziehungslehre einleuchten. Hier ist ein großer Spielraum der Freiheit, und es läßt sich zwar *zu*reden und bisweilen auch *über*reden, aber es läßt sich nichts erzwingen«[16]. Wer das bestreitet, indem er die Möglichkeit, daß sich irgendwelche Erzieher durch eine Erziehungslehre einfach überreden lassen, einseitig dramatisiert, unterschätzt die Selbstbestimmungsfähigkeit des Menschen. Sein Argument wäre nur dann stichhaltig, wenn das Verhalten der Menschen durch einen einfachen Reiz-Reaktions-Mechanismus bestimmt werden würde, so daß die Erziehungslehre als Reiz und die Wertorientierung der Erzieher als zwangsläufig durch ihn ausgelöste Reaktion angesehen werden könnten. Dieses primitive Schema wird jedoch der Fähigkeit des Menschen, zwischen Reizaufnahme und Reizbeantwortung Überlegungen und Entscheidungen einzuschalten, nicht gerecht.

Der motivierende Einfluß, den die Praktische Pädagogik auf Erzieher haben kann, geht vermutlich sehr viel indirekter und weniger irrational vor sich, wobei ihr Verstärkungseffekt auf bereits vorhandene Dispositionen am wichtigsten sein dürfte. Die Praktische Pädagogik kann dazu beitragen, daß die Bereitschaft zunimmt, über das eigene erzieherische Handeln im Sinne der von ihr angebotenen Interpretationen und Empfehlungen mehr nachzudenken. Sie kann im besten Fall Anstöße dazu geben, sich weiterzubilden, d. h. also sehr sehr indirekt über die Selbstbildung der Erzieher jene Handlungsbereitschaften in ihnen fördern, die als personale Vorbedingungen für den Erfolg erzieherischer Bemühungen angesehen werden.

Eine Praktische Pädagogik, die in Kenntnis der Grenzen dessen, was durch sie berufsethisch-motivierend zu leisten möglich ist, entworfen worden ist, können wir als kritisch bezeichnen. Eine Erziehungslehre dagegen,

---

[15] HARE 1964, S. 14 f.
[16] LOCHNER 1963, S. 514.

in welcher unter diesem Aspekt der Appell, die Ermahnung oder der Versuch, zu erwecken und zu bekehren, überwiegen, wird man vielleicht am besten appellierend nennen können[17].

Einwände gegen die Praktische Pädagogik

Von verschiedenen Seiten sind Zweifel daran geäußert worden, ob die Praktische Pädagogik als drittes relativ selbständiges Satzsystem neben der Erziehungswissenschaft und der Philosophie der Erziehung überhaupt zu rechtfertigen sei. Unbestreitbar ist, daß es sie unter verschiedenen Namen stets gegeben hat und nach wie vor gibt. Jeder Blick auf die pädagogische Literatur der Gegenwart zeigt, daß nur für einen Bruchteil davon wissenschaftlicher oder philosophischer Charakter beansprucht wird, und daß selbst aus dieser Teilmenge vieles nicht der Norm der Wissenschaftlichkeit entspricht. Es geht also nicht darum, eine Klasse pädagogischer Satzsysteme, die weder zu den Wissenschaften noch zur Philosophie gehören, neu einzuführen. Diese Satzsysteme sind längst vorhanden und machen schätzungsweise 90 bis 99 Prozent der pädagogischen Veröffentlichungen aus. Sie sind von jenen Erziehungstheoretikern, die sie analysiert und ihre Unentbehrlichkeit betont haben, nicht erfunden worden. Die metatheoretische Aufgabe kann demnach nur darin bestehen, die Merkmale dieser pädagogischen Satzsysteme und die Zwecke, denen sie dienen, festzustellen, die Unterschiede gegenüber erfahrungswissenschaftlichen und philosophischen Theorien herauszuarbeiten und Regeln anzugeben, die bei ihrem Entwurf berücksichtigt werden sollen. Es handelt sich also wie stets in der Metatheorie um die Aufgabe der Beschreibung (bzw. Rekonstruktion) vorhandener Satzsysteme, um ihre Kritik und um normative Vorschläge zu ihrer Verbesserung.

Einwände gegen Versuche, die Praktische Pädagogik zu rechtfertigen, werden von Gegnern, aber auch von Anhängern des Wissenschaftsbegriffs der Analytischen Philosophie vorgebracht. Wenden wir uns zunächst den Argumenten jener Autoren zu, die einen *anderen Wissenschaftsbegriff* vertreten. Sie gehen von der metawissenschaftlichen Basisentscheidung aus, die Wissenschaft solle nicht auf deskriptive Aussagen beschränkt werden, sondern sie dürfe und solle auch Werturteile und normative Sätze wesentlich enthalten. So schreibt zum Beispiel MENZE, »das *Entscheiden*« sei »die höchste Aufgabe, die der pädagogischen Wissenschaft gestellt ist«[1]. Normative Sätze seien aus ihr nicht etwa auszuschließen, sondern sie seien für

---

[17] Als Beispiel für die appellierende Form der Praktischen Pädagogik kann ein großer Teil der Schriften von FRIEDRICH WILHELM FOERSTER dienen.

[1] MENZE 1967, S. 327. Zur Kritik dieser Ansicht vgl. BÖVERSEN 1968.

sie wesentlich. Es gehe in der »pädagogischen Wissenschaft« darum, erkannte Sachverhalte »unter einen normativen Anspruch« zu stellen und zu bewerten. Er behauptet, daß die »wissenschaftliche Pädagogik« »nicht von der Struktur der Sozialwissenschaften ist«, sondern einen »Doppelcharakter« als theoretische *und* »pragmatische Wissenschaft« habe[2]. MENZE fordert, die Unterscheidung zwischen Erziehungswissenschaft und Praktischer Pädagogik (von ihm »Erziehungslehre« genannt) müsse als »fruchtlos« aufgegeben und »der Bereich der Erziehungslehre ... in eine anders und neu zu bestimmende ›Erziehungswissenschaft‹ eingeholt werden«[3]. Er bestreitet der »empirischen Pädagogik« das Recht auf den Anspruch, »wissenschaftliche Pädagogik überhaupt zu sein«[4], und tritt für eine neo-normative Pädagogik ein. Diese unterscheidet sich von der älteren normativen Pädagogik dadurch, daß sie nicht von angeblich absolut gültigen moralischen Prinzipien ausgeht, sondern von gesellschaftlich bedingten Wertmaßstäben. Grundsätzlich wird jedoch an der Überzeugung von der »Wissenschaftlichkeit normativer Sätze« und der »Objektivität« von Werturteilen festgehalten.

Wie problematisch diese Überzeugung ist, läßt sich leicht erkennen, wenn man folgende Behauptung analysiert: »Ein normativer Satz ist dann gültig, wenn er auf Grund der Wertmaßstäbe, die das drängende Leben der Gegenwart hervorbringt, einen als wahr erkannten Sachverhalt so einschätzt, daß diese Einschätzung dem gesamtkulturellen Leben der Gegenwart entspricht«[5]. Es dürfte in einer offenen, pluralistischen Gesellschaft kaum möglich sein, einwandfrei festzustellen, welcher der miteinander konkurrierenden Wertmaßstäbe als repräsentativ für das »gesamtkulturelle Leben« anzusehen ist. In einer geschlossenen Gesellschaft ist es zwar leichter, zu sagen, welchen Wertmaßstab »das drängende Leben der Gegenwart hervorbringt«, aber in keinem Fall steht damit schon fest, daß dieser Wertmaßstab auch gelten *soll*. Der empirischen Forschung sind die jeweils herrschenden Wertungen und Normen nur als kulturelle Tatsachen zugänglich, aber sie kann nicht ihre Gültigkeit nachweisen. »Eine empirische Wissenschaft vermag niemanden zu lehren, was er *soll*, sondern nur, was er *kann* und – unter Umständen – was er *will*«[6].

Wer für eine wertende und normgebende Erziehungswissenschaft eintritt, setzt sich über die logische Kluft zwischen Tatsachenaussagen und Werturteilen bzw. Normen und über den Unterschied zwischen Normanerkennung und Normbegründung hinweg. Er bekennt sich damit zu dem fragwürdigen Glauben, »daß die wahre Moral aus Forderungen bestehe, die

---

[2] MENZE 1967, S. 328 f.
[3] MENZE 1967, S. 322.
[4] MENZE 1968, S. 656.
[5] MENZE 1967, S. 321.
[6] M. WEBER 1968, S. 6.

aus den eigenen innersten Tendenzen oder Bestrebungen der Wirklichkeit (der Menschennatur) entspringen, die konfus gefühlt werden und in den faktischen Moralvorstellungen zum Ausdruck kommen«[7]. In diesem Bekenntnis vereinen sich Anhänger aller Weltanschauungen, denen daran liegt, daß ihre Dogmen nicht als Dogmen erkannt, sondern als Bestandteil der »Wissenschaft« angesehen werden. Ich kann darin keinen Gewinn, sondern nur eine Gefahr für die wissenschaftliche Erkenntnis sehen, einen Rückfall in die Konfessionalisierung der Wissenschaft. Ob man dabei wie PÖGGELER eine »katholische Pädagogik bei voller Wahrung der Wissenschaftlichkeit« für möglich hält[8], wie MENZE eine areligiöse normative »pädagogische Wissenschaft« verficht oder wie GIESECKE die Erziehungswissenschaft in den Dienst der politischen Ideologie der »Demokratisierung« stellt[9], macht wenig Unterschied. Sind die Grenzen zwischen Erziehungswissenschaft und Praktischer Pädagogik einmal gefallen, dann kann jede Weltanschauungsgruppe für ihre normativen pädagogischen Überzeugungen den Namen »Wissenschaft« in Anspruch nehmen. Es ist dann nicht mehr möglich, die Erziehungswissenschaft von Ideologien freizuhalten, wie das zum Beispiel LOCHNER 1934 im Schatten der Diktatur getan hat, als er in seinem Lehrbuch der Erziehungswissenschaft das nationalsozialistische Schrifttum vollständig ignoriert und ausdrücklich in den Rahmen einer »Erziehungslehre« nicht-wissenschaftlichen Charakters verbannt hat[10].

Den Gegnern einer metatheoretischen Rechtfertigung der Praktischen Pädagogik geht es also gar nicht um diese selbst, sondern vielmehr darum, ihre eigene Praktische Pädagogik (ebenso wie ihre normative Philosophie der Erziehung) weiterhin unangefochten als Erziehungswissenschaft ausgeben zu können. Dabei verdient beachtet zu werden, daß die Anhänger einer wertenden »wissenschaftlichen Pädagogik« aus sehr verschiedenen weltanschaulichen und politischen Lagern stammen. Es gehören dazu weltanschauliche Dogmatiker und politisch »konservative« Autoren ebenso wie weltanschaulich liberale und politisch »progressive« Persönlichkeiten. Die Sozialgeschichte der Wissenschaften zeigt, daß die Anhänger der katholischen Kirchenscholastik wie die der marxistischen Parteischolastik[11], die Gefolgsleute des deutschen Idealismus unter den Geisteswissenschaftlern wie die Ideologen des Nationalsozialismus und des Neo-Marxismus das gleiche Mittel angewendet haben, um ihren Ideen möglichst viel Einfluß auf das Bewußtsein der Menschen zu sichern: den Kampf gegen das Ideal der Werturteilsfreiheit in der Wissenschaft[12].

---

[7] ROSS 1933, S. 263 (mit Bezug auf die Positivisten COMTE und DURKHEIM).
[8] PÖGGELER 1959, S. 519; ähnlich ROMBACH 1965, S. 84. Zur Kritik vgl. BREZINKA 1966a, S. 96 ff.
[9] GIESECKE 1969, S. 194 f.
[10] Vgl. LOCHNER 1934, S. 209.
[11] Vgl. zum Begriff und zu den Formen der Scholastik HONIGSHEIM 1960, S. 41 ff.
[12] Vgl. TOPITSCH 1968, S. 8 ff.

Das Hauptargument gegen die Billigung der Praktischen Pädagogik mit ihrer weltanschaulich-moralischen Bekenntnisgrundlage lautet, man würde damit »die Normen pädagogischen Handelns ... dogmatischen Setzungen ... überantworten«, statt sie der »Kritik zugänglich zu machen«[13]. Man wolle sie »dadurch dem kritischen Zugriff der Wissenschaft entziehen«, daß man »ihnen in der weniger kritischen Erziehungslehre Asyl gewährt«[14]. Besonders tief beklagen einige marxistisch-leninistische Erziehungstheoretiker, daß in der Praktischen Pädagogik eine »irrationalistische Festsetzung und Kanonisierung der Zwecke« in einer »Minipädagogik« von der Art einer »praktischen Ersatzreligion« erfolge[15].

In diesem Argument werden drei völlig verschiedene Fragen durcheinandergebracht: eine metatheoretisch-wissenschaftssystematische, eine empirisch-psychologische und eine moralische Frage. Die erste Frage betrifft den theoretischen Rahmen, in dem erziehungsrelevante Werturteile und Normen diskutiert und kritisiert werden sollen. Nach meinem Vorschlag wird dieser Rahmen in der Empirischen Erziehungswissenschaft, in der Metatheorie der Erziehung und in der Philosophie der Erziehung geboten. Die Erziehungswissenschaft hat unter anderem die Aufgabe, erziehungsrelevante Wertungen und Normen als Tatsachen hinsichtlich ihrer Entstehungsbedingungen, ihrer Bedeutung im sozialen System und ihrer Wirkungen zu untersuchen. Die analytisch-erkenntniskritische Philosophie pädagogischer Satzsysteme hat unter anderem auch die Aufgabe, die Begründung von pädagogischen Werturteilen und normativen pädagogischen Sätzen zu prüfen, wobei neben den logischen Regeln zur Prüfung ihrer empirischen Grundlagen erfahrungswissenschaftliche Erkenntnisse heranzuziehen sind. In der normativen Philosophie der Erziehung ist schließlich Gelegenheit, Alternativen zu erörtern und jedes mögliche Normensystem zu kritisieren – sei es auf der Grundlage der eigenen angenommenen Basisnormen, sei es auf der eines beliebigen anderen Normensystems. Da die normativen Sätze einer Praktischen Pädagogik jederzeit zum Gegenstand erziehungswissenschaftlicher, metatheoretischer und normativ-philosophischer Untersuchungen gemacht werden können, sind sie nicht grundsätzlich der Kritik entzogen. Vielmehr können sie hinreichend überhaupt nur in einem unparteiischen, hinsichtlich ihrer Anerkennung neutralen Rahmen kritisiert werden. Eine »Umdefinition des Wissenschaftsbegriffes«[16] mit dem Zweck, die unvermeidlich weltanschaulich-moralisch festgelegte Praktische Pädagogik in eine »Erziehungswissenschaft« wertend-normativer Art »einzuholen«[17], würde die Möglichkeiten für Kritik nicht vermeh-

---

[13] MENZE 1968, S. 651.
[14] HILGENHEGER 1971, S. 432.
[15] STIERAND 1975, S. 208 f.
[16] TOPITSCH 1968, S. 15.
[17] MENZE 1967, S. 322.

ren, sondern einschränken, wie alle Beispiele religiös-konfessioneller und politisch-konfessioneller sogenannter »wissenschaftlicher Pädagogik« beweisen: Kritik ist darin nur an den Normen der Gegner erlaubt[18].

Die zweite Frage, die im Hauptargument gegen die Rechtfertigung der Praktischen Pädagogik angeschnitten wird, ist eine empirisch-psychologische Frage: trifft es zu, daß in den meisten Fällen für den Einzelmenschen wie für soziale Gruppen Lebenssinn, normative Orientierung und emotionale Sicherheit nur zu haben sind, wenn ihre weltanschaulichen Grundüberzeugungen und moralischen Grundnormen gegen radikale kritische Dauerreflexion abgeschirmt werden? Ich habe aus meiner Kenntnis der Sache eine bejahende Antwort gegeben[19]. Wer die Praktische Pädagogik unter diesem empirisch-psychologischen Gesichtspunkt für entbehrlich hält, müßte beweisen, daß religiöse, weltanschauliche, moralische oder politische Erziehungen erfolgreich sein können, ohne daß die jeweils elementaren Sinngebungen und die moralischen Grundnormen von Educanden und Erziehern als feststehend vorausgesetzt werden können.

Die dritte Frage ist moralischer Art: ist es moralisch verboten, Erziehern in der Praktischen Pädagogik Werturteile und normative Sätze anzubieten, ohne daß diese im selben pädagogischen Satzsystem auch gleich kritisiert werden? Oder ist das moralisch erlaubt? Die Antwort auf diese moralische Frage hängt von der Wertrangordnung ab, die aufgestellt und anzuerkennen gefordert wird. Sie hängt also ab von der Antwort auf die Frage: gilt für die Praktische Pädagogik Normenkritik als höchster Wert? Oder allgemeiner gefragt: ist das Werturteile relativierende und normenkritische Bewußtsein für die Menschen (und insbesondere für Erzieher als Adressaten der Praktischen Pädagogik) das höchste Gut?

Ich verneine diese Frage mit den gleichen empirischen Argumenten, aufgrund deren ich die zweite empirisch-psychologische Frage bejaht habe. In Kenntnis der weiten Verbreitung von »noogenen (aus dem Geistigen ent-

---

[18] Bezeichnend dafür ist zum Beispiel, daß die Kritik des kommunistischen Pädagogikers STIERAND (1975) an meiner Metatheorie in irrationale Beschimpfungen wie »Apologet des Kapitals«, »unredliche politische Absichten«, »bürgerliche Befangenheit«, »Parteinahme für die verfaulende kapitalistische Gesellschaft« ausartet. Sein Eintreten für die Vereinigung der von mir unterschiedenen Satzsysteme in einer einzigen wertend-normativen »wissenschaftlichen Pädagogik« gipfelt in dem Bekenntnis, daß »die erfolgreiche wissenschaftliche Lösung dieser Fragen . . . nur auf der Basis des Marxismus-Leninismus« oder der »Ideologie der Arbeiterklasse«, in der »Objektivität und Parteilichkeit . . . eine untrennbare Einheit« bilden, erfolgen könne. Vgl. auch F. HOFMANN 1972, S. 80, wo der wahre Grund für die Ablehnung meiner Metatheorie genannt wird: »Sie ermuntert . . ., den legitimen Zusammenhang von Wissenschaft und Ideologie sowie von Politik und Pädagogik zu bezweifeln und den Einfluß der . . . marxistisch-leninistischen Partei auf Theorie und Praxis der . . . Erziehung als außerhalb des streng wissenschaftlichen Interesses stehend abzuwerten, ja zu negieren«. Damit werde dem »ideologischen Grundanliegen des modernen Revisionismus« und des »Sozialdemokratismus« Vorschub geleistet.
[19] Vgl. BREZINKA 1971b, S. 251 ff. und 1976, S. 62 ff.

standenen) Neurosen«[20] halte ich »das rasend-unbedachte Zersplittern und Zerfasern aller Fundamente, ihre Auflösung in ein immer fließendes und zerfließendes Werden, das unermüdliche Zerspinnen und Historisieren alles Gewordenen durch den modernen Menschen«[21] für eine seelische und soziale Gefahr. Ich weise außerhalb des Aufgabenbereiches der Wissenschaft und der analytisch-erkenntniskritischen Philosophie alle rationalistischen, wertrelativistischen und wertnihilistischen Forderungen zurück, die darauf hinauslaufen, »die pietätvolle Illusions-Stimmung, in der alles, was leben will, allein leben kann«[22], zu zerstören. Ich teile die von der psychologischen Lebensziel-Forschung[23] vielfach bestätigte Ansicht NIETZSCHES: »Nur in Liebe . . ., nur umschattet von der Illusion der Liebe, schafft der Mensch, nämlich nur im unbedingten Glauben an das Vollkommene und Rechte. Jedem, den man zwingt, nicht mehr unbedingt zu lieben, hat man die Wurzeln seiner Kraft abgeschnitten: er muß verdorren«[24]. Ein wesentlicher Vorteil meines metatheoretischen Abgrenzungsvorschlages scheint mir gerade darin zu liegen, daß er die Erziehungswissenschaft um der Erfüllung ihrer erfahrungswissenschaftlichen Aufgaben willen von weltanschaulich-normativen Aufgaben und Elementen frei hält, ohne andererseits jene pädagogischen Satzsysteme von der Anerkennung und Förderung auszuschließen, die der weltanschaulich-moralischen Orientierung der Erzieher dienen und sich dabei nicht nur auf Ergebnisse der Erziehungswissenschaft, sondern auch auf Weltanschauung und Morallehren stützen.

Die meisten Gegner dieser Unterscheidung erwecken fälschlich den Eindruck, als werde durch die Praktische Pädagogik andersgläubigen, ungläubigen oder glaubensunwilligen Erziehern ein ihnen fremder weltanschaulich-moralischer Glaube aufgenötigt. Dabei wird völlig außer acht gelassen, daß die Praktische Pädagogik eine »auf ein bestimmtes Milieu bezogene Pädagogik« ist, in der für Erzieher mit gemeinsamen weltanschaulich-moralischen Grundüberzeugungen durch einen *gleichgesinnten* Autor deren Frage zu beantworten versucht wird: »wie sollen *wir* erziehen?«[25]. Unter dieser Voraussetzung wäre es sinnwidrig, die gemeinsam anerkannten Grundnormen normenkritisch zu analysieren. Es ist nicht einmal notwendig, sie – wie neu zu setzende Normen – ausführlich zu begründen, weil unter den Betroffenen Einverständnis über sie besteht. Im Unterschied zur normativen Philosophie der Erziehung, in der die *Begründung* der empfohlenen oder gesetzten Normen wesentlich ist, genügt in der Praktischen Pädagogik (soweit sie sich nicht werbend an »Andersgläubige« wendet) die *Er-*

---

[20] FRANKL 1975, S. 135 ff.; vgl. auch 1972, S. 176 ff.
[21] NIETZSCHE 1895, S. 359; vgl. auch BUBER 1953, S. 27.
[22] NIETZSCHE 1895, S. 339.
[23] Vgl. ALLPORT 1958, bes. S. 86 ff. und 1954; BUSEMANN 1967; BÜHLER 1972; BÜHLER und MASSARIK 1969.
[24] NIETZSCHE 1895, S. 339.
[25] WILLMANN 1913, Sp. 1161.

innerung (Paränese[26]) an das, was weltanschaulich selbstverständlich ist und moralisch (und/oder rechtlich) gefordert wird.

b.)

Wie bereits am Anfang dieses Kapitels erwähnt, werden nicht nur von den Gegnern, sondern auch von einzelnen *Anhängern des Wissenschaftsbegriffs der Analytischen Philosophie* Einwände gegen die Existenzberechtigung der Praktischen Pädagogik erhoben. So hat zum Beispiel HEID gemeint, *die »Erziehungslehre« sei »völlig entbehrlich«*[27]. Er hält LOCHNERs Auffassung, die Erziehungswissenschaft müsse aus praktischen Gründen durch eine »Erziehungslehre« ergänzt werden, für »unhaltbar«[28]. HEID sieht in der Praktischen Pädagogik eine sehr fragwürdige »quasi-unwissenschaftliche Anwendungsbeziehung der ›reinen‹ Theorie«[29]. Sie zu fordern oder zu billigen, beruhe »auf einer gewaltigen Unterschätzung der Leistungsfähigkeit einer (reinen) Erfahrungswissenschaft«[30]. Er macht darauf aufmerksam, »daß auch die (reine) Erfahrungswissenschaft de facto *berät«*/ und »daß eine pragmatische Orientierung der Wissenschaft weder Werturteile erfordert, noch die logische Struktur der Erfahrungswissenschaft beeinträchtigt«. Die werturteilsfreie Erziehungswissenschaft habe »Raum für die Zielsetzung, ohne damit schon normativ sein zu müssen«, und könne eine »nüchterne und exakte Analyse der Konsequenzen alternativer Entscheidungen« leisten.

Diese Argumente stützen sich auf die früher dargestellte Analyse der wissenschaftlichen Erklärung[31], aus der hervorgeht, daß die Anwendung wissenschaftlicher Theorien für Voraussagen und die *technische* Anwendung *bei gegebenen Zielen* »lediglich eine Art Umkehrung des fundamentalen Erklärungsschemas darstellen«[32]. Man kann also grundsätzlich auch erziehungswissenschaftliche Theorien in technologische Satzsysteme umwandeln, die uns sagen, was getan werden kann, wenn man ein vorher bestimmtes Ziel erreichen will, welche Ziele unerreichbar, welche Mittel ungeeignet, welche Nebenwirkungen zu erwarten sind usw.

Nehmen wir nun einmal an, es gäbe bereits eine brauchbare Technologie der Erziehung. Kann sie die »Praktische Pädagogik« *ersetzen*? Diese Frage ließe sich nur dann bejahen, wenn die Aufgaben und die Bestandteile der Praktischen Pädagogik ausschließlich deskriptiv-kausalanalytisch-technologischer Art wären, wenn also Praktische Pädagogiken nichts anderes wären als vorwissenschaftliche empirisch-*theoretische* Versuche der Wirklichkeitserkenntnis, die aufgegeben werden müssen, sobald besser bewährte

---

[26] Vom lateinischen (bzw. griechischen) »paraenesis« = Ermahnung, Erinnerung, Vorschrift. Vgl. SCHÜLLER 1973, S. 11 ff.
[27] HEID 1967, S. 101.
[28] HEID 1967, S. 87.
[29] HEID 1967, S. 101.
[30] HEID 1967, S. 87.
[31] Vgl. in diesem Buch S. 154 ff.
[32] Vgl. POPPER 1964, S. 96; ALBERT 1964, S. 61 ff.

wissenschaftliche Theorien vorhanden sind. Das trifft jedoch nicht zu. Wir haben vielmehr festgestellt, daß die Praktische Pädagogik in *praktischer* Einstellung entworfen wird, um Antwort auf die Frage zu geben: Was *sollen* wir tun? Technologische Aussagensysteme ermöglichen jedoch nur Antworten auf die Frage: Was *können* wir tun? Ein technologisches Satzsystem ist nichts anderes als eine Umformung eines theoretischen Satzsystems. Sein informativer Gehalt »geht nicht über den seiner theoretischen Grundlage hinaus«, sondern ist »höchstens geringer«. Es enthält keinerlei Vorschriften, »keine präskriptiven Aussagen irgendwelcher Art«[33].

Wenn HEID also behauptet, daß die Erziehungswissenschaft »empfehlen« und »beraten« könne[34], wenn er von »erfahrungswissenschaftlicher Empfehlung« spricht[35] und die Struktur der »erziehungswissenschaftlichen Beratung« als logisch gleichartig der Struktur der wissenschaftlichen Erklärung bezeichnet[36], dann sind das ungenaue Formulierungen, die mehr versprechen als rein wissenschaftlich gehalten werden kann. Ähnlich mißverständlich ist die Behauptung, die »pädagogische Tatsachenforschung« könnte der Erziehungspraxis »nicht nur durch die Information über die Realität« dienen, »sondern auch durch eigene (sogar völlig wertungsfrei formulierbare) Systeme von pädagogischen Empfehlungen und Warnungen«[37]. Dagegen ist zu sagen, daß technologische Satzsysteme im strengen Sinne niemals *mehr* bieten als »Information über die Wirklichkeit«. Was darüber hinaus hinzukommt, damit ein »System von Empfehlungen und Warnungen« geschaffen werden kann, sind Werturteile. Das zeigt schon ein Blick auf die Wortbedeutungen von »empfehlen« und »warnen«. Mit »empfehlen« ist gemeint: jemandem etwas als für ihn gut, nützlich oder angenehm darstellen, ihm etwas anraten, ihm zu etwas raten. »Warnen« bedeutet: jemanden auf eine Gefahr, auf Unangenehmes, Drohendes aufmerksam machen; jemanden durch Androhung von etwas Unangenehmen von etwas abzuhalten, abzuschrecken versuchen[38].

Ausgenommen als *Gegenstand* der Untersuchung haben in der Erziehungswissenschaft weder Empfehlungen noch Warnungen Platz. Sie sind präskriptive Sätze und gehören deshalb in das präskriptive Satzsystem der Praktischen Pädagogik, sollten dort allerdings unter größtmöglicher Berücksichtigung erziehungswissenschaftlicher Theorien formuliert werden. Damit wird natürlich nicht bestritten, daß der Erziehungswissenschaftler *als Person* dank seiner erziehungswissenschaftlichen Kenntnisse in besonderer Weise für pädagogische Empfehlungen und Warnungen befähigt sein kann. Aber hier geht es nicht um Personen, sondern um Satzsysteme.

---

[33] ALBERT 1964, S. 67; ähnlich in 1965a, S. 192 ff.
[34] HEID 1967a, S. 213.
[35] HEID 1967a, S. 214.
[36] HEID 1967a, S. 219.
[37] HEID 1967a, S. 219.
[38] Ullstein Lexikon 1969, S. 270 und S. 966.

Auch wenn man sich für die Lösung erziehungspraktischer Probleme von der Erziehungswissenschaft sehr viel erwartet, macht ein noch so großer Zuwachs an empirischem Wissen Bewertungen nicht überflüssig. Die Anwendung wissenschaftlicher Erkenntnisse in konkreten Situationen »setzt *Entscheidungen* über Zielsetzungen und Mittelverwendungen voraus, die nicht aus der Technologie selbst ableitbar, aber unter Berücksichtigung technologischer Aussagen zu treffen sind«[39]. Diese Entscheidungen kann man nicht gänzlich dem individuellen Belieben der Erzieher überlassen. Sie müssen jeweils für größere soziale Gruppen und für eine gewisse Zeitperiode getroffen werden, um die Ordnung und die Kontinuität der Erziehung zu sichern. Auf der Basis solcher sozial vorgegebener oder angestrebter Rahmen-Normen die erzieherischen Aufgaben und Handlungsmöglichkeiten in der gegebenen Situation wertend darzustellen, wird immer notwendig bleiben.

Anforderungen an die Praktische Pädagogik

Wie am Beginn dieses Buches dargestellt worden ist, geht jeder Versuch einer Klassifikation pädagogischer Satzsysteme letztenendes auf normative Festsetzungen zurück. Auch meinen Abgrenzungsvorschlägen liegen Entscheidungen darüber zugrunde, was als Erziehungswissenschaft, was als Philosophie der Erziehung und was als Praktische Pädagogik anerkannt werden soll. In allen drei Fällen handelt es sich um ein *Ideal* oder um eine *Norm*, mit deren Hilfe die tatsächlich vorliegenden Satzgefüge beurteilt werden können. Als Normbegriff der Praktischen Pädagogik wurde abkürzend festgesetzt, daß darunter »eine für das Handeln taugliche oder eine zum Handeln anleitende normative Theorie der Erziehung« zu verstehen sei[1]. Man kann sie wissenschaftstheoretisch auch als eine »Praktische Kanonik«, d. h. als ein auf Wissenschaft und »Dogmatik« aufgebautes System von Anweisungen bezeichnen[2].

Was bedeutet das konkret? Welche Beschaffenheit soll die Praktische Pädagogik haben? Welche Eigenschaften oder Merkmale vorhandener

---

[39] ALBERT 1964, S. 68. Vgl. ferner folgenden Hinweis: »Wir haben also zwischen dem technologischen System, seiner Anwendung auf eine konkrete Situation und den Entscheidungen zu unterscheiden, die zur Realisierung einer bestimmten Handlungsalternative führen. Wenn eine derartige Unterscheidung nicht gemacht wird, insbesondere, wenn man nicht zwischen technologischen Aussagen und ihrer praktischen Verwendung in einem sozialen Kontext unterscheidet, kommt es leicht zu einer Konfusion, die zu methodologischen Schwierigkeiten führt, besonders hinsichtlich der Wertproblematik.«

[1] Vgl. in diesem Buch S. 246.
[2] Vom lateinischen »canon« = Regel, Norm, Richtschnur. Vgl. DIEMER 1970, S. 225.

bzw. denkbarer praktisch-pädagogischer Satzsysteme wollen wir als zu fordernde auszeichnen? Als Antwort seien zum Schluß dieses Kapitels einige Mindestforderungen vorgeschlagen, die sich aus unseren bisherigen Überlegungen ergeben.

1. Die Praktische Pädagogik soll eine dem Aufgabenbereich und dem Bildungsstand des Adressatenkreises angemessene Menge an brauchbaren empirischen Erkenntnissen über die jeweils gegebenen Erziehungssituationen und an normativen Orientierungshilfen für das erzieherische Handeln bieten. Sie soll die einschlägigen Ergebnisse der Wissenschaften so weit wie möglich berücksichtigen und sie den Erziehern *in einer praxisbezogenen Form* vermitteln[3]. Sie sollte zumindest keine Sätze enthalten, die wissenschaftlich bewährten Aussagen (Beobachtungsergebnissen, historischen Feststellungen, Gesetzeshypothesen, Theorien) widersprechen.

2. Die Bedeutung (der Sinn) der Sätze soll klar sein. Insbesondere sollte jeweils erkennbar sein, ob es sich um empirische Aussagen, analytische Sätze, Werturteile oder normative Sätze handelt. Das ist eine unerläßliche Vorbedingung, um prüfen zu können, ob sie wahr bzw. gültig sind oder nicht. Soweit empirische Aussagen gemacht werden, sollten sie so formuliert werden, daß sie prinzipiell durch Erfahrung (Beobachtung) prüfbar sind.

3. Es sollen die Regeln der Logik eingehalten werden. Das gilt sowohl für die Ableitungen der deskriptiven wie der normativen Sätze, die in einem System der Praktischen Pädagogik vorgenommen werden. Zur Ableitungsrichtigkeit gehört insbesondere, daß Normen (oder Soll-Sätze) nicht aus deskriptiven Aussagen (oder Ist-Sätzen), sondern grundsätzlich nur aus Prämissen abgeleitet werden, von denen mindestens eine normativ ist[4].

4. Bei Werturteilen sollen die Wertungsgrundsätze (Kriterien, Prinzipien), von denen aus geurteilt wird, genannt werden oder zumindest aus dem Kontext klar ersichtlich sein. Die Gültigkeit der Werturteile hängt davon ab, daß sie aus jeweils allgemeineren Werturteilen und letztlich aus vorausgesetzten Wertungsaxiomen logisch richtig abgeleitet werden. Nur wenn man diese zugrunde gelegten Basiswertungen anerkennt, muß man auch die abgeleiteten Werturteile anerkennen, sofern der bewertete Gegenstand oder Sachverhalt tatsächlich jene Qualitäten aufweist, deren Wertcharakter bereits feststeht[5].

5. Normen sollen inhaltlich so eindeutig wie möglich formuliert werden. Die relativierende Einschränkung »wie möglich« ergibt sich aus der Tatsa-

---

[3] Zu den damit zusammenhängenden wissenschaftstheoretischen Problemen vgl. OELKERS 1976; zur Kritik am »Praxisverlust« der Praktischen Pädagogik infolge von Mißverständnissen hinsichtlich der Notwendigkeit ihrer »Verwissenschaftlichung« vgl. STÜTTGEN 1975.
[4] Vgl. WOHLGENANNT 1969, S. 81 ff.
[5] Vgl. V. KRAFT 1951, S. 212 ff.

che, daß die Aufstellung pädagogischer Vorschriften oder Forderungen außerordentlich schwierig ist, weil die Bedingungen für die Erreichung von Erziehungszielen in den meisten Fällen nicht genügend bekannt sind. Neben den relativ abstrakten *allgemeinen* Handlungs- und Meidungsvorschriften sollten in der Praktischen Pädagogik die *besonderen* Normen stärker beachtet werden, deren Geltungsbereich auf typische Personengruppen, Altersstufen, Situationen usw. beschränkt ist. Dagegen sollten pseudonormative Leerformeln, denen es an Normgehalt mangelt, auf jenes Minimum eingeschränkt werden, das mit Rücksicht auf das Wertsystem der Gruppe, für die eine Praktische Pädagogik entworfen wird, unerläßlich ist.

6. Die Sprache der Praktischen Pädagogik soll leicht verständlich sein. Man muß den Lesern durch die bestmögliche Form der Darstellung helfen, einen anziehenden Zugang zur Sache zu finden. Die Kunst besteht darin, komplizierte Zusammenhänge durchsichtig zu machen und schwierige Gedanken zu vereinfachen, ohne jenes falsche Gefühl der Sicherheit zu begünstigen, das aus Unkenntnis über die Begrenztheit des vorhandenen Wissens stammt[6].

7. Da die Praktische Pädagogik unter anderem auch dem Zweck dient, zum sittlich wertvollen Handeln zu motivieren, ist es berechtigt, in ihrem Rahmen die Sprache nicht nur deskriptiv-informativ, sondern auch emotiv, d. h. zur Erregung von Gefühlen zu verwenden. Der emotive Gebrauch der Sprache soll jedoch den darstellenden nicht verdrängen oder ersetzen, sondern lediglich dazu dienen, die Anerkennung der rational begründeten Werturteile und moralischen Normen emotional zu unterstützen[7].

Die hier zusammengestellten sieben Minimalforderungen an Beiträge zur Praktischen Pädagogik sind gewiß nicht vollständig, aber sie genügen vielleicht als ein erster vorläufiger Maßstab, um derartige Schriften nach ihrer Qualität beurteilen zu können. Man sollte nie vergessen, daß die Praktische Pädagogik viel mehr Erzieher erreicht und sie stärker beeinflußt, als es die Empirische Erziehungswissenschaft vermag. Sie ist jenes pädagogische Satzsystem, das der Ausbildung der Erzieher zu dienen hat. Deshalb sollten die Erziehungswissenschaftler dieses Arbeitsfeld nicht den Dilettanten überlassen. Es kann moralisch wie gesellschaftspolitisch wichtiger sein, hier und heute die bestmögliche, wenn auch notwendig unvollkommene Praktische Pädagogik zu bieten, als sich ganz der langfristigen erziehungswissenschaftlichen Spezialforschung zu widmen. Wenn wir nicht wollen, daß die Erzieher Steine statt Brot erhalten, dann müssen die Erziehungstheoretiker

---

[6] Hervorragende Beispiele bieten u. a. als Praktische Pädagogik für Gymnasiallehrer MATTHIAS 1922; für Eltern MATTHIAS 1922 a, MAKARENKO 1958, DREIKURS und SOLTZ 1966, METZGER 1960.
[7] Vgl. STEVENSON 1944, S. 332 ff.

ihre Verantwortung für die Qualität der Praktischen Pädagogik mindestens ebenso ernst nehmen wie die für die Erziehungswissenschaft und für die Philosophie der Erziehung.

Weiterführende Literatur

ADOLF MATTHIAS: Praktische Pädagogik für höhere Lehranstalten. München, 6. Auflage 1922 (Verlag Beck), 323 Seiten.

Dieses erstmals 1895 erschienene Buch ist durch seinen Inhaltsreichtum, seine Praxisnähe, seine ausgewogenen Werturteile und seine einfache Sprache das beste Muster eines Systems der Praktischen Pädagogik für Lehrer, das ich kenne. Der Verfasser (1847–1917) behandelt die Berufstugenden und -laster der Lehrer, die Unterrichtsmethoden, die Disziplin, die Berücksichtigung der Schülerindividualität und die Beziehungen zwischen Schule und Elternhaus, wobei er vorwiegend von den Fehlern ausgeht, die in der Schule begangen werden. Er betont, daß die Pädagogik »nicht nur Eigentum der Zunftgenossen ist«, und strebt nach »schlichter und gemeinfaßlicher Rede«, damit nicht »schon durch den hohen Ton eine Art von Mauer aufgerichtet wird«.

ANTON SEMJONOWITSCH MAKARENKO: Vorträge über Kindererziehung. In: Gesammelte Werke, Bd. IV, Berlin 1958 (Verlag Volk und Wissen), S. 367–448.

Ein Musterbeispiel einer einfachen und knappen Praktischen Pädagogik für (sowjetische) Eltern, bei denen keine erziehungstheoretischen Vorkenntnisse vorausgesetzt werden können. Der Verfasser (1888–1939) zeichnet sich inhaltlich durch ungewöhnliche Detailkenntnisse der Erziehungspraxis und formal durch eine besonders klare präskriptiv-emotive Sprache aus.

FRITZ REDL und DAVID WINEMAN: Steuerung des aggressiven Verhaltens beim Kind. München 1976 (Piper Verlag), 128 Seiten (Taschenbuch Serie Piper, Band 129).

Eine praxisbezogene Darstellung von 17 Erziehungstechniken auf neo-psychoanalytischer Grundlage. Die Verfasser werten psychotherapeutische Erfahrungen aus, die sie in einem Heim für seelisch schwer gestörte Kinder in den USA gewonnen haben. Das Buch enthält viele Beispiele und ist lebendig geschrieben, setzt jedoch elementare Kenntnisse der psychoanalytischen Theorie und Terminologie voraus.

WOLFGANG BREZINKA: Der Erzieher und seine Aufgaben. Stuttgart 1966 (Ernst Klett Verlag), 224 Seiten.

Das Buch enthält Beiträge zur Praktischen Pädagogik, die sich in der Tradition eines aufgeklärten christlichen Humanismus teils an Lehrer, teils an außerschulische Erzieher wenden. Es zeigt, wie sich der Verfasser eine moderne Praktische Pädagogik vorstellt, die »die Ergebnisse der Wissenschaften aufnimmt, darüber hinaus aber auch Glaubenssätze, gesellschaftliche Normen und moralische Forderungen enthält, ohne deswegen irrational zu sein« (S. 9).

Schluß: Über die Vielfalt und die Einheit des pädagogischen Wissens

»Das Streben nach wissenschaftlicher Einheit verführt oftmals die Denker, das künstlich *in*einander drängen und *aus*einander deduzieren zu wollen, was seiner Natur nach als vieles *neben*einander steht«.

FRIEDRICH HERBART (1806)[1]

Die Untersuchung der drei Satzsysteme Erziehungswissenschaft, Philosophie der Erziehung und Praktische Pädagogik hat erkennen lassen, daß die Probleme, die mit der Erziehung zusammenhängen, viel zahlreicher und komplizierter sind, als es in der traditionellen »Pädagogik« zum Ausdruck kam. Das gilt sowohl für die Auswahl und Begründung von Erziehungszielen und sonstigen Normen als auch für die Prüfung der Mittel, die zur Erreichung von Erziehungszielen empfohlen oder zu entdecken versucht werden. Deshalb liegt es schon aus dem praktischen Grund einer Arbeitsteilung zwischen den Theoretikern der Erziehung nahe, sich an die hier vorgeschlagene Gliederung des pädagogischen Wissens zu halten. Vor allem aber sind es logisch-methodologische Gründe, die es zweckmäßig erscheinen lassen, zwischen Einzelwissenschaft, Philosophie und Praktischer Theorie zu unterscheiden. Wie aber steht es dann mit der *Einheit des pädagogischen Wissens*? Bleibt es bei einem Nebeneinander der drei Satzsysteme oder können sie auf höherer Ebene in einer umfassenderen »Theorie« wieder verbunden werden?

Wenn man vom Wissenschaftsbegriff der Analytischen Philosophie ausgeht, erscheint eine »pädagogische Gesamttheorie«[2]*, welche die Satzsysteme, die hier unterschieden worden sind, übergreifend vereint, als undurchführbar.* Die Vorstellung, es könne und solle ein Gesamtsystem des pädagogischen Wissens geschaffen werden, geht vermutlich in erster Linie auf praktische Bedürfnisse bei der Ausbildung von Erziehern zurück. Hier wird mit Recht nach einer *Synthese* verlangt, aber damit ist nicht eine systematische

---
[1] HERBART, Bd. 1, S. 259.
[2] Vgl. BOKELMANN 1970, S. 227 ff.

Zusammenfassung der jeweils vorhandenen wissenschaftlichen Erkenntnisse über als Erziehungsziele gesetzte psychische Dispositionen und die Bedingungen ihrer Verwirklichung gemeint, sondern eine auf das erzieherische Handeln in der Gegenwart unter bestimmten kulturellen Umständen bezogene normative oder praktische Theorie der Erziehung.

Soweit eine wissenschaftstheoretisch gerechtfertigte Verbindung von Seinserkenntnissen und Sollensforderungen gesucht wird, kann diese nur in der *Praktischen Pädagogik* hergestellt werden[3]. Für sie wird aber kein Anspruch darauf erhoben, ein theoretisches Gesamtsystem des pädagogischen Wissens zu sein, sondern sie wird als eine unter praktischen Gesichtspunkten vorgenommene *Auswahl* aus dem vorhandenen theoretischen Wissen einerseits und den möglichen Wertungen und Normen andererseits angesehen. Wer ein System der Praktischen Pädagogik in ihrer modernen kritischen Form zu entwerfen versucht, macht zwar von erziehungswissenschaftlichen Erkenntnissen und erziehungsphilosophischen Überlegungen Gebrauch, aber die gewonnene Synthese ist ausdrücklich auf eine bestimmte historische Situation bezogen und an Wertungsvoraussetzungen gebunden, welche sozial-kulturell bedingt, wandelbar und mehr oder weniger umstritten sind. Diese *handlungsorientiert-wertende Synthese* soll die Erzieher über das ihnen jeweils vorgegebene Handlungsfeld informieren und ihnen Gesichtspunkte für die zu treffenden Entscheidungen bieten. Sie ist also in theoretischer Hinsicht weniger und in praktischer Hinsicht mehr als eine wissenschaftliche Gesamttheorie von der Erziehung.

Demgegenüber kann in der *Erziehungswissenschaft* nur eine Synthese der an der Erfahrung überprüfbaren Aussagen über Erziehung erarbeitet werden. Als ideales Aussagensystem betrachtet wäre sie die »Gesamttheorie« dessen, was an wissenschaftlichen Erkenntnissen über Erziehung vorliegt. Von einer solchen *realwissenschaftlichen Synthese* sind wir derzeit noch weit entfernt. Es ist aber heute angesichts der zunehmenden Spezialisierung der Erziehungsforschung besonders wichtig, den Versuch eines einheitlichen Systems der Erziehungswissenschaft zu wagen. Erziehungsziele und Sachverhalte, die für die Erreichung von Erziehungszielen relevant sind, werden in mehreren wissenschaftlichen Disziplinen untersucht und die Erziehungsforschung wird wegen der Vielgestaltigkeit der auftretenden Probleme auch künftig kaum anders als interdisziplinär betrieben werden können. Da aber jede dieser Disziplinen wie Psychologie, Psychiatrie, Soziologie, Kulturanthropologie (Ethnologie) usw. ihr eigenes System und in der Regel sogar mehrere miteinander konkurrierende Systeme hat, genügt es nicht, ihre die Erziehung betreffenden Ergebnisse enzyklopädisch zu-

---

[3] Das geben *sachlich* (wenn auch nicht terminologisch) auch jene Autoren zu, die wie W. FLITNER 1976 (S. 3) und STRASSER 1972 die »pädagogische Gesamttheorie als praktische Wissenschaft« ansehen.

sammenzufassen. Die schöpferische Aufgabe besteht vielmehr darin, aus vielen ohne Beziehung zueinander entworfenen Teiltheorien ein einheitliches theoretisches System herzustellen[4].

Da die Ergebnisse der Einzelforschung kaum mehr zu überblicken sind und da ihre sachgerechte Beurteilung an die Kenntnis zunehmend komplizierter werdender Voraussetzungen inhaltlicher wie methodischer Art gebunden ist, ist allerdings bei jedem Versuch einer Systembildung die Gefahr des Dilettantismus groß. Der Generalist, der eine Synthese wagt, setzt sein Werk viel stärker der Kritik aus als der Spezialist, der nur einen engen Problemkreis bearbeitet, den er in allen Einzelheiten kennt. Und doch wird heute um der vielen Menschen willen, die von der Erziehungswissenschaft Beiträge zur Lösung von Erziehungsproblemen erwarten, nichts dringender gebraucht als der *Mut zur Synthese*. Die strenger gewordenen methodischen Anforderungen, für die ich in diesem Buch eingetreten bin, können als ein nützliches Mittel zur Kontrolle erziehungswissenschaftlicher Aussagen dienen. Es wäre jedoch ein folgenschweres Mißverständnis, wenn sich Erziehungstheoretiker durch sie veranlaßt sehen würden, die Weite des Blickes und die Beschäftigung mit den wesentlichen Problemen der Erziehung dem Streben nach jener Sicherheit und Genauigkeit der Erkenntnis zu opfern, die allenfalls bei der Erforschung mancher Teilgebiete erreichbar sind. Die Furcht vor dem Irrtum macht unfruchtbar. Es dient der Sache mehr, von vornherein mit Irrtumsmöglichkeiten zu rechnen und jeden systematischen Entwurf als ein Hypothesensystem zu betrachten, das mehr oder weniger unsicher, unfertig und nur *eine* Möglichkeit unter anderen ist. Je weniger dogmatisch erziehungswissenschaftliche Synthesen formuliert werden, desto mehr gebührt ihnen neben der notwendigen Kritik auch jene Toleranz, die auf der Kenntnis der Schwierigkeiten der Sache beruht.

Wenn also von unseren methodologischen Voraussetzungen aus eine »pädagogische Gesamttheorie«, die zugleich wissenschaftliche Theorie *und* praktische Theorie sein soll, unmöglich erscheint, so bedeutet das nicht, daß auf jegliche Synthese des pädagogischen Wissens verzichtet wird. Es sind vielmehr realwissenschaftliche Synthesen in der Erziehungswissenschaft und handlungsorientiert-wertende Synthesen in der Praktischen Pädagogik möglich und dringend erforderlich. Wem sie nicht genügen, der sollte bedenken, daß alles, was in bezug auf Erziehung überhaupt erkennbar ist, im System der Erziehungswissenschaft Platz finden kann. Sofern kein anderer Zweck als die wissenschaftliche Erkenntnis verfolgt wird, könnte durch keine Art von Erweiterung dieses Systems etwas hinzugewonnen werden. Was dagegen für die Erzieher zur Vorbereitung ihrer Entscheidungen zu wissen als nützlich erscheint, kann in die Systeme der Praktischen Pädagogik aufgenommen werden. Es stünde im Widerspruch zum praktischen

---

[4] Vgl. S. 70 ff.

Zweck dieser Systeme, wollte man nicht bloß eine Auswahl, sondern das gesamte erziehungswissenschaftliche Wissen in sie aufnehmen, denn nur ein geringer Bruchteil dieses Wissens ist für das erzieherische Handeln in berufsspezifischen Situationen brauchbar. Es gibt also weder stichhaltige wissenschaftliche noch praktische Gründe dafür, nach höheren Formen der theoretischen Integration pädagogischer Sätze zu suchen, als sie in den Systemen der Erziehungswissenschaft und der Praktischen Pädagogik mit jeweils anderer Zielsetzung geschaffen werden können.

Beim Aufbau beider Satzsysteme ist man in vieler Hinsicht auf *philosophische Untersuchungen* angewiesen. Ein befriedigendes System der Erziehungswissenschaft kann nur geschaffen werden, wenn man erkenntnis- und wissenschaftstheoretische Gesichtspunkte berücksichtigt. Ein wohlbegründetes System der Praktischen Pädagogik setzt werttheoretische und vor allem moralphilosophische Analysen und Entscheidungen voraus, denn hier muß ja eine Wahl zwischen verschiedenen Zwecken und Mitteln getroffen werden, für die Maßstäbe (Kriterien) gebraucht werden. Die Praktische Pädagogik ist eine Synthese ausgewählter erziehungswissenschaftlicher Erkenntnisse, weltanschaulicher Deutungen und moralischer Sätze, die als theoretische Grundlage für vernünftige Entscheidungen beim erzieherischen Handeln dienen soll.

Die Frage nach der Einheit des pädagogischen Wissens bezieht sich aber nicht nur auf die Möglichkeit einer pädagogischen Gesamttheorie. Bisher haben wir nur eine Bedeutung des Ausdruckes »pädagogisches Wissen« berücksichtigt: die mehr oder weniger gut bestätigten Sätze, die in Satzsystemen (»Theorien«) zusammengefaßt werden. Da dieses Buch von pädagogischen Satzsystemen handelt, stand sie hier im Vordergrund. In einer anderen und ursprünglicheren Bedeutung meint der Ausdruck »pädagogisches Wissen« eine Eigenschaft von Personen: das, was jemand über Erziehung gelernt hat und nun weiß. Wird die Frage nach der Einheit des pädagogischen Wissens in diesem Sinne gestellt, dann bezieht sie sich auf *die Verbindung von pädagogischen Zweck-Mittel- und Situationskenntnissen, moralischen Überzeugungen und Wertungsbereitschaften in der Persönlichkeit von Erziehern* (und/oder Erziehungstheoretikern). Mit der so verstandenen Einheit des pädagogischen Wissens kann ein in bestimmten Menschen tatsächlich vorhandener Zustand (deskriptive Bedeutung) oder ein Ideal gemeint sein, das verwirklicht werden soll (normative Bedeutung).

In unserem Zusammenhang geht es um ein Ideal für Erzieher: um eine Verfassung ihrer Persönlichkeit, die sie erreichen sollen. Sie ist dadurch gekennzeichnet, daß der Erzieher alles, was er über die Menschen und ihre Erziehung weiß, im Hinblick auf das erzieherische Handeln in konkreten Situationen zu ordnen und auszuwerten imstande ist. Diese subjektive und von jedem Erzieher auf seine individuelle Art zu verwirklichende Einheit des pädagogischen Wissens kann auch als *das Ideal der pädagogischen Bil-*

dung (im Sinne eines erwünschten Zustandes) umschrieben werden. Andere bezeichnen dieses ideale psychische Dispositionsgefüge des Erziehers als *pädagogische Weisheit*.

Es handelt sich hier jedenfalls nicht um ein pädagogisches Gesamtwissen, sondern um die *erziehungspraktische Urteilsfähigkeit* aufgrund eines situationsbezogenen und handlungsrelevanten Teilwissens darüber, was unter den jeweils gegebenen Umständen am besten zu tun ist[5]. Sie beruht auf der Kenntnis der Zwecke, des Educanden und der Mittel, die in der vorhandenen Situation vermutlich geeignet sind. Das ist nie ein besonders sicheres, sondern ein ziemlich unsicheres, verbesserungsbedürftiges Wissen[6]. Es verhilft zu einer gewissen Klarheit über das Handlungsfeld des Erziehers, aber es reicht selten aus, um eine bestimmte Handlung voll zu rechtfertigen[7].

Gewiß sind in den letzten Jahrzehnten viele neue sozialwissenschaftliche Erkenntnisse gewonnen worden, aber die Situation der Erzieher hat sich dadurch doch nicht wesentlich verändert. Nach wie vor ist es angebracht, zur pädagogischen Bildung nicht nur das Wissen zu zählen, sondern auch die *Einsicht in die Grenzen unseres Wissens über Erziehung*[8]. Der Erzieher wird immer handeln müssen, obwohl vieles ungewiß ist. Niemand vermag ihm die Verantwortung für seine Entscheidungen abzunehmen, aber vermehrtes erziehungswissenschaftliches, erziehungsphilosophisches und erziehungspraktisches Wissen kann dazu beitragen, daß diese Entscheidungen so überlegt und verantwortungsbewußt wie möglich getroffen werden können.

---

[5] Vgl. DUCASSE 1969, S. 174: »Wisdom is knowledge of what, *in given circumstances*, it would *on the whole* be best to do«.
[6] Dadurch unterscheidet sich »pädagogische Weisheit« im hier gemeinten nüchtern-selbstkritisch-skeptischen Sinne von der irrational-mystischen Bedeutung des Wortes »Weisheit«, wie sie z. B. in der Erziehungsphilosophie von WILLMANN (vgl. HAMANN 1965, S. 36 ff.) oder STRASSER 1965, S. 153 ff. vorherrscht, wo Weisheit charakterisiert wird als »ein vollständiges Geöffnetsein für die transzendente Wahrheit-Gutheit-Schönheit in ihrer ungeschiedenen Einheit« und das Auftreten des Erziehers »als Berater und Führer anderer« davon abhängig gemacht wird, daß er imstande ist, »sich und anderen Rechenschaft über den Sinn des menschlichen Lebens *und Sterbens* abzulegen« (S. 167). Hier ist vielmehr an jene Bedeutung gedacht, die im Oxford English Dictionary (Vol. XII, 1961, S. 191 f.) wie folgt angegeben ist: »Wisdom: Capacity of judging rightly in matters relating to life and conduct; soundness of judgement in the choice of means and ends«.
[7] Über die allgemeine Problematik der Beziehungen zwischen wissenschaftlicher Theorie und Praxis vgl. die vorbildlich klare und nüchterne Analyse von H. GOMPERZ 1934.
[8] Vgl. BREZINKA 1977a.

Literaturverzeichnis

ABB, EDMUND: Lehrbuch der allgemeinen Erziehungs- und Bildungslehre. Paderborn 1933 (Schöningh).
ABEL, THEODORE: The Operation Called Verstehen. In: ALBERT 1964, S. 177–188.
ACHAM, KARL: Analytische Geschichtsphilosophie. Eine kritische Einführung. Freiburg 1974 (Alber).
ACHINSTEIN, PETER: Concepts of Science. A Philosophical Analysis. Baltimore 1968 (The Johns Hopkins Press).
ACHTENHAGEN, FRANK und MEYER, HILBERT L. (Hrsg.): Curriculumrevision – Möglichkeiten und Grenzen. München ³1972 (Kösel).
ADLER, MORTIMER J.: In Defense of the Philosophy of Education. In: HENRY 1942, S. 197–249.
ADORNO, THEODOR: Was bedeutet: Aufarbeitung der Vergangenheit (1959). In: Eingriffe. Frankfurt 1966 (Suhrkamp), S. 125–146.
– ALBERT, HANS u. a.: Der Positivismusstreit in der deutschen Soziologie. Neuwied 1972 (Luchterhand).
AICHHORN, AUGUST: Verwahrloste Jugend. Die Psychoanalyse in der Fürsorgeerziehung. Bern ⁸1974 (Huber).
ALBERT, HANS: Entmythologisierung der Sozialwissenschaften. In: Kölner Zeitschrift für Soziologie, 8. Jg. (1956), S. 243–271.
– Wissenschaft und Politik. Zum Problem der Anwendbarkeit einer wertfreien Sozialwissenschaft. In: ERNST TOPITSCH (Hrsg.): Probleme der Wissenschaftstheorie. Wien 1960 (Springer), S. 201–232.
– Probleme der Theoriebildung. In: Theorie und Realität. Tübingen 1964 (Mohr), S. 3–70.
– Modell-Platonismus. In: TOPITSCH 1965, S. 406–434.
– Wertfreiheit als methodisches Prinzip. In: TOPITSCH 1965, S. 181–210 (hier zitiert als 1965a).
– Theorie und Prognose in den Sozialwissenschaften. In: TOPITSCH 1965, S. 126–143 (hier zitiert als 1965b).
– (Hrsg.): Theorie und Realität. Ausgewählte Aufsätze zur Wissenschaftslehre der Sozialwissenschaften. Tübingen 1964 (Mohr). 2., veränderte Auflage 1972.
– Traktat über kritische Vernunft. Tübingen ²1969 (Mohr).
– Plädoyer für kritischen Rationalismus. München 1971 (Piper).
– Theorien in den Sozialwissenschaften. In: Theorie und Realität. Tübingen ²1972 (Mohr), S. 3–25.
– Konstruktion und Kritik. Aufsätze zur Philosophie des kritischen Rationalismus. Hamburg 1972 (Hoffmann und Campe), (hier zitiert als 1972a).
– Der Gesetzesbegriff im ökonomischen Denken. In: HANS K. SCHNEIDER und CHRISTIAN WATRIN (Hrsg.): Macht und ökonomisches Gesetz. Berlin 1973 (Duncker und Humblot), S. 129–161.
– und TOPITSCH, ERNST (Hrsg.): Werturteilsstreit. Darmstadt 1971 (Wissenschaftliche Buchgesellschaft).
ALBRECHT, GÜNTHER: Zur Stellung historischer Forschungsmethoden und nicht-reaktiver Methoden im System der empirischen Sozialforschung. In: PETER C. LUDZ (Hrsg.): Soziologie und Sozialgeschichte. Opladen 1972 (Westdeutscher Verlag), S. 242–293.
ALLPORT, GORDON W.: Persönlichkeit. Struktur, Entwicklung und Erfassung der menschlichen Eigenart. Stuttgart 1949 (Klett).
– The Individual and his Religion. A Psychological Interpretation. New York 1954 (Macmillan).
– Werden der Persönlichkeit. Bern 1958 (Huber).
ANDERSON, RICHARD G.: Learning in Discussions: A Resume of the Authoritarian-Democratic Studies. In: Harvard Educational Review, Vol. 29 (1959), S. 201–215.

ANDRESKI, STANISLAV: Die Hexenmeister der Sozialwissenschaften. Mißbrauch, Mode und Manipulation einer Wissenschaft. München 1974 (List).
ANTZ, LOUISE: Idealism as a Philosophy of Education. In: BURNS und BRAUNER 1962, S. 237–252.
ARCHAMBAULT, REGINALD D. (Hrsg.): Philosophical Analysis and Education. London 1965 (Routledge and Kegan Paul).
ARIÈS, PHILIPPE: Geschichte der Kindheit. München ³1976 (Hanser).
ARISTOTELES: Metaphysik. Übersetzt von EUGEN ROLFES, Leipzig ³1928 (Meiner).
– Die Nikomachische Ethik. Herausgegeben von OLOF GIGON. München ²1975 (Deutscher Taschenbuch Verlag).
ARNSTINE, DONALD: The Knowledge Nobody Wants: The Humanistic Foundations in Teacher Education. In: Educational Theory, Vol. 23 (1973), S. 3–14.
ASCHERSLEBEN, KARL: Motivationsprobleme in der Schule. Stuttgart 1977 (Kohlhammer).
ATTESLANDER, PETER: Methoden der empirischen Sozialforschung. Berlin ⁴1975 (de Gruyter).
AUSUBEL, DAVID P.: The Nature of Educational Research. In: Educational Theory, Vol. 3 (1953), S. 314–320.
– Psychology's Undervaluation of the Rational Components in Moral Behaviour. In: CLIVE M. BECK, BRIAN S. CRITTENDEN und EDMUND V. SULLIVAN (Hrsg.): Moral Education. Interdisciplinary Approaches. New York 1971 (Newman), S. 200–227.

BAIER, KURT: Der Standpunkt der Moral. Eine rationale Grundlegung der Ethik. Düsseldorf 1974 (Patmos).
BALDWIN, JAMES M. (Hrsg.): Dictionary of Philosophy and Psychology. Gloucester, Mass. (USA) 1960 (Smith).
BALLAUF, THEODOR: Systematische Pädagogik. Heidelberg 1962 (Quelle und Meyer).
BARION, JAKOB: Ideologie, Wissenschaft, Philosophie. Bonn 1966 (Bouvier).
BAUMRIND, DIANA: Effects of Authoritative Parental Control on Child Behavior. In: Child Development, Vol. 37 (1966), S. 887–907.
BAYLES, ERNEST E.: Pragmatism in Education. New York 1966 (Harper and Row).
BECHER, ERICH: Einführung in die Philosophie. Berlin ²1949 (Duncker und Humblot).
BECKER, WESLEY C.: Consequences of Different Kinds of Partental Discipline. In: M. L. und L. W. HOFFMANN (Hrsg.): Review of Child Development Research. New York 1964 (Russell Sage), S. 169–208.
BEHN, SIEGFRIED: Kritik der pädagogischen Erkenntnis. Bonn 1923 (Cohen).
– Philosophie der Werte als Grundwissenschaft der pädagogischen Zieltheorie. München 1930 (Kösel).
BENEKE, FRIEDRICH EDUARD: Erziehungs- und Unterrichtslehre. 2 Bände, Berlin 1835 (Mittler).
BENNER, DIETRICH: Hauptströmungen der Erziehungswissenschaft. Eine Systematik traditioneller und moderner Theorien. München 1973 (List).
BENNETT, NEVILLE: Teaching Styles and Pupil Progress. London 1976 (Open Books).
BERELSON, BERNARD und STEINER, GARY A.: Human Behavior. An Inventory of Scientific Findings. New York 1964 (Harcourt, Brace and World). Deutsche Ausgabe: Menschliches Verhalten. Grundlegende Ergebnisse empirischer Forschung. 2 Bände, Weinheim 1969/72 (Beltz).
BERG, JAN HENDRIK VAN DEN: Metabletica. Über die Wandlung des Menschen. Grundlinien einer historischen Psychologie. Göttingen 1960 (Vandenhoeck).
BERGMANN, GUSTAV: Ideology. In: The Metaphysics of Logical Positivism. Madison 1967 (The University of Wisconsin Press), S. 300–325.
BERNFELD, SIEGFRIED: Sisyphos oder die Grenzen der Erziehung. Wien ²1928 (Internationaler Psychoanalytischer Verlag). Nachdruck: Frankfurt 1967 (Suhrkamp).
BEST, EDWARD: The Empty Prescription in Educational Theory. In: Universities

Quarterly (London), Vol. 14 (1960), S. 233–242.
- A Failure in Communication. In: Studies in Philosophy and Education, Vol. 3 (1964), S. 163–184.
- Common Confusions in Educational Theory. In: ARCHAMBAULT 1965, S. 39–56.

BETTELHEIM, BRUNO: Liebe allein genügt nicht. Die Erziehung emotional gestörter Kinder. Stuttgart 1970 (Klett).

BETTI, EMILIO: Allgemeine Auslegungslehre als Methodik der Geisteswissenschaften. Tübingen 1967 (Mohr).

BLACK, MAX: Critical Thinking. An Introduction to Logic and Scientific Method. Englewood Cliffs, N. J. ²1952 (Prentice-Hall).
- Vagueness: An Exercise in Logical Analysis. In: Language and Philosophy. Ithaca 1966 (Cornell University Press), S. 23–58.

BLANKERTZ, HERWIG: Die Funktion eines didaktischen Strukturgitters in der mittelfristigen, fachdidaktisch orientierten Curriculumforschung. In: Philologen-Verband Nordrhein-Westfalen: Bildungsreform als Lehrplanrevision (23. Gemener Kongreß). Bottrop 1971 (Postberg), S. 32–41.
- Pädagogik unter wissenschaftstheoretischer Kritik. In: SIEGFRIED OPPOLZER (Hrsg.): Erziehungswissenschaft 1971 zwischen Herkunft und Zukunft der Gesellschaft. Wuppertal 1971 (Henn), S. 20–33 (hier zitiert als 1971 a).
- Wissenschaftstheorie. In: CHRISTOPH WULF (Hrsg.): Wörterbuch der Erziehung. München 1974 (Piper), S. 630–634.
- Theorien und Modelle der Didaktik. München ⁹1975 (Juventa).

BLOCH, ERNST: Parteilichkeit in Wissenschaft und Welt. In: Pädagogica. Frankfurt 1971 (Suhrkamp), S. 78–95.

BOCHENSKI, JOSEPH M.: Die zeitgenössischen Denkmethoden. Bern 1954 (Francke).

BÖDECKER, WILLI: Autoritätsbildung in einer Klasse verwahrloster »Halbstarker«. In: Die Deutsche Schule, 53. Jg. (1961), S. 167–187.

BÖVERSEN, FRITZ: Erkennen – Werten – Verantworten. In: Pädagogische Rundschau, 22. Jg. (1968), S. 627–642.

BOHNE, GERHARD: Aufgabe und Weg der Erziehung. Hamburg 1953 (Furche).

BOHNEN, ALFRED: Zur Kritik des modernen Empirismus. In: HANS ALBERT (Hrsg.): Theorie und Realität. Tübingen ²1972 (Mohr), S. 171–190.

BOKELMANN, HANS: Pädagogik: Erziehung, Erziehungswissenschaft. In: JOSEF SPECK und GERHARD WEHLE (Hrsg.): Handbuch Pädagogischer Grundbegriffe. Bd. 2, München 1970 (Kösel), S. 178–267.

BOLLNOW, OTTO F.: Das Verstehen, Mainz 1949 (Kirchheim).
- Pädagogik. In: Schweizerische Lehrerzeitung, 96. Jg. (1951), S. 929–932.
- Konkrete Ethik. Vorbetrachtungen zu einer philosophischen Tugendlehre. In: Zeitschrift für philosophische Forschung. Bd. 6 (1951/52), S. 321–339.
- Die Lebensphilosophie. Berlin 1958 (Springer).
- Existenzphilosophie und Pädagogik. Stuttgart 1959 (Kohlhammer).
- Pädagogische Forschung und philosophisches Denken. In: HERMANN RÖHRS (Hrsg.): Erziehungswissenschaft und Erziehungswirklichkeit. Frankfurt 1964 (Akademische Verlagsgesellschaft), S. 221–238.
- Der Erfahrungsbegriff in der Pädagogik. In: Zeitschrift für Pädagogik, 14. Jg. (1968), S. 221–252.
- Die pädagogische Atmosphäre. Untersuchungen über die gefühlsmäßigen zwischenmenschlichen Voraussetzungen der Erziehung. Heidelberg ³1968 (Quelle und Meyer), (hier zitiert als 1968 a).
- Der Wissenschaftscharakter der Pädagogik. In: Erziehung in anthropologischer Sicht. Zürich 1969 (Morgarten), S. 15–50.
- Philosophie der Erkenntnis. Stuttgart 1970 (Kohlhammer).
- Empirische Wissenschaft und Hermeneutische Pädagogik. Bemerkungen zu Wolfgang Brezinka: Von der Pädagogik zur Erziehungswissenschaft. In: Zeitschrift für Pädagogik, 17. Jg. (1971), S. 683–708.
- Zum Problem der Beschreibung in der Erziehungswissenschaft. In: H. J. KRAUSE (Hrsg.): Orientierungspunkte internationaler Erziehung. Hamburg 1973 (Fundament), S. 47–63.
- Über einen Satz Diltheys. In: KLAUS J. GRUNDNER, PETER KRAUSSER und HEIN-

RICH WEISS (Hrsg.): Der Mensch als geschichtliches Wesen. Stuttgart 1974 (Klett), S. 118–138.
- Pädagogische Anthropologie als Integrationskern der Allgemeinen Pädagogik. In: KLAUS GIEL (Hrsg.): Allgemeine Pädagogik. Freiburg 1976 (Herder), S. 59–70.
BOPP, LINUS: Die erzieherischen Eigenwerte der katholischen Kirche. Paderborn 1928 (Bonifacius).
BOSL, KARL: Der »soziologische Aspekt« in der Geschichte. In: Historische Zeitschrift, Bd. 201 (1965), S. 613–630.
BOWLBY, JOHN: Mütterliche Zuwendung und geistige Gesundheit. München 1973 (Kindler).
BRANDT, AHASVER VON: Werkzeug des Historikers. Eine Einführung in die Historischen Hilfswissenschaften. Stuttgart ^{8}1976 (Kohlhammer).
BRANDTSTÄDTER, JOCHEN u. a.: Entwurf eines heuristisch-taxonomischen Schemas zur Strukturierung von Zielbereichen pädagogisch-psychologischer Forschung und Lehre. In: Zeitschrift für Entwicklungspsychologie und Pädagogische Psychologie, Bd. 6 (1974), S. 1–18.
BRAUNER, CHARLES J.: American Educational Theory. Englewood Cliffs, N. J. 1964 (Prentice-Hall).
- und BURNS, HOBERT W.: Problems in Education and Philosophy. Englewood Cliffs, N. J. 1965 (Prentice-Hall).
BRECHT, ARNOLD: Politische Theorie. Tübingen 1961 (Mohr).
BREDENKAMP, JÜRGEN: Experiment und Feldexperiment. In: C. F. GRAUMANN (Hrsg.): Sozialpsychologie. Bd. 1, Göttingen 1969 (Verlag für Psychologie), S. 332–374.
BREED, FREDERICK S.: Education and the Realistic Outlook. In: HENRY 1942, S. 87–138.
BRENTANO, FRANZ: Was für ein Philosoph manchmal Epoche macht (1876). In: Die vier Phasen der Philosophie. Hamburg ^{2}1968 (Meiner), S. 33–59.
- Über die Zukunft der Philosophie (1893). Hamburg ^{2}1968 (Meiner).
- Grundlegung und Aufbau der Ethik. Bern 1952 (Francke).
- Vom Dasein Gottes. Hamburg ^{2}1968 (Meiner).
BREZINKA, WOLFGANG: Der Erzieher als Mensch der Gegenwart. In: W. BREZINKA (Hrsg.): Erziehung als Beruf. Wien 1955 (Österreichischer Bundesverlag), S. 27–48. Verbesserter Nachdruck in: BREZINKA 1960, S. 11–38.
- Die Pädagogik und die erzieherische Wirklichkeit. In: Zeitschrift für Pädagogik, 5. Jg. (1959), S. 1–34. Verbesserter Nachdruck in: BREZINKA 1976, S. 11–38.
- Frühe Mutter-Kind-Trennung. In: Die Sammlung, 14. Jg. (1959), S. 88–101 (hier zitiert als 1959a).
- Erziehung – Kunst des Möglichen. Würzburg 1960 (Werkbund).
- Philosophy of Education. In: Harvard Educational Review, Vol. 33 (1963), S. 220–223.
- Eine kritische Prinzipiengeschichte der Erziehungswissenschaft. Anmerkungen zu Rudolf Lochners Deutscher Erziehungswissenschaft. In: Zeitschrift für Pädagogik, 11. Jg. (1965), S. 270–287.
- Die Krise der wissenschaftlichen Pädagogik im Spiegel neuer Lehrbücher. In: Zeitschrift für Pädagogik, 12. Jg. (1966), S. 53–88. Gekürzter Nachdruck in: NICOLIN 1969, S. 444–454; ERLINGHAGEN 1971, S. 126–138.
- Der Erzieher und seine Aufgaben. Reden und Aufsätze zur Erziehungslehre und Erziehungspolitik. Stuttgart 1966 (Klett) (hier zitiert als 1966a).
- K problému vymezení vědy o vychove (Zum Problem der Abgrenzung der Erziehungswissenschaft). In: Pedagogika (Prag), 17 Jg. (1967), S. 160–170.
- Über den Wissenschaftsbegriff der Erziehungswissenschaft und die Einwände der weltanschaulichen Pädagogik. In: Zeitschrift für Pädagogik, 13. Jg. (1967), S. 135–168.
- Von der Pädagogik zur Erziehungswissenschaft. Vorschläge zur Abgrenzung. In: Zeitschrift für Pädagogik, 14. Jg. (1968), S. 317–334 und 435–475.
- Philosophie der Erziehung. In: Zeitschrift für Pädagogik, 15. Jg. (1969), S. 551–597.
- Empirische Erziehungswissenschaft. In: Lexikon der Pädagogik. Neue Ausgabe.

Bd. 1, Freiburg 1970 (Herder), S. 347–350.
- Die westliche Pädagogik des 20. Jahrhunderts. In: Sowjetsystem und demokratische Gesellschaft. Eine vergleichende Enzyklopädie. Bd. IV, Freiburg 1971 (Herder), Sp. 993–1002. Nachdruck in: MITTER 1974, S. 13–23.
- Von der Pädagogik zur Erziehungswissenschaft. Eine Einführung in die Metatheorie der Erziehung. Weinheim 1971 (Beltz), (hier zitiert als 1971 a).
- Erziehung als Lebenshilfe. Eine Einführung in die pädagogische Situation (1957). Stuttgart ^{8}1971 (Klett), (hier zitiert als 1971 b).
- Erziehungsziele, Erziehungsmittel, Erziehungserfolg. Beiträge zu einem System der Erziehungswissenschaft. München 1976 (Reinhardt/Uni-Taschenbücher).
- Erziehung und Kulturrevolution. Die Pädagogik der Neuen Linken. München ^{2}1976 (Reinhardt), (hier zitiert als 1976 a).
- Grundbegriffe der Erziehungswissenschaft. München ^{3}1977 (Reinhardt/Uni-Taschenbücher).
- Grenzen der Erziehung. In: Schicksal? Grenzen der Machbarkeit. München 1977 (Deutscher Taschenbuch Verlag), S. 104–140 (hier zitiert als 1977 a).
BRODBECK, MAY: Logic and Scientific Method in Research on Teaching. In: N. L. GAGE (Hrsg.): Handbook of Research on Teaching. Chicago 1963 (Rand McNally), S. 44–93. Deutsche Übersetzung: Wissenschaftstheoretische Grundlagen der Unterrichtsforschung. In: KARLHEINZ INGENKAMP (Hrsg.): Handbuch der Unterrichtsforschung. Bd. 1, Weinheim 1970 (Beltz), Sp. 137–268 (erweitert von KLAUS HEIPCKE).
BROMME, RAINER und HÖMBERG, ECKHARD: Psychologie und Heuristik. Probleme der systematischen Effektivierung von Erkenntnisprozessen. Darmstadt 1977 (Steinkopff).
BRONFENBRENNER, URIE: The Experimental Ecology of Education. In: Teachers College Record, Vol. 78 (1976/77), S. 157–204.
- The Experimental Ecology of Human Development. Cambridge, Mass. 1977 (Harvard University Press).
BROUDY, HARRY S.: Building a Philosophy of Education. Englewood Cliffs, N. J. ^{2}1961 (Prentice-Hall).
BRUBACHER, JOHN S.: Modern Philosophies of Education. New York ^{4}1969 (McGraw-Hill).
BRUNNENGRÄBER, HANS: Geschichte der pädagogischen Ideen und Einrichtungen. In: JOSEF SCHRÖTELER (Hrsg.): Die Pädagogik der nichtchristlichen Kulturvölker (Handbuch der Erziehungswissenschaft V,1). München 1934 (Kösel und Pustet), S. 1–21.
BUBER, MARTIN: Reden über Erziehung. Heidelberg 1953 (Lambert Schneider).
BÜHLER, CHARLOTTE: Wenn das Leben gelingen soll. Psychologische Studien über Lebenserwartungen und Lebensergebnisse. München 1969 (Droemer Knaur).
- und MASSARIK, FRED (Hrsg.): Lebenslauf und Lebensziele. Studien in humanistisch-psychologischer Sicht. Stuttgart 1969 (Gustav Fischer).
BÜTTEMEYER, WILHELM: Der Streit um »positivistische« Erziehungswissenschaft in Deutschland. In: Scientia, Vol. 110 (1975), S. 419–437.
BUNGE, MARIO: Technology as Applied Science. In: Technology and Culture, Vol. 7 (1966) S. 329–347.
- Scientific Research. Bd. I: The Search for System. Bd. II: The Search for Truth. Berlin 1967 (Springer).
- Arten und Kriterien wissenschaftlicher Gesetze. In: GÜNTER KRÖBER (Hrsg.): Der Gesetzesbegriff in der Philosophie und den Einzelwissenschaften. Berlin 1968 (Akademie), S. 117–146.
- Scientific Laws and Rules. In: RAYMOND KLIBANSKY (Hrsg.): Contemporary Philosophy. A Survey. Bd. 2: Philosophy of Science. Firenze 1968 (La Nuova Italia), S. 128–140 (hier zitiert als 1968 a).
BURCKHARDT, JACOB: Weltgeschichtliche Betrachtungen. Historisch-kritische Gesamtausgabe. Herausg. von RUDOLF STADELMANN, o. O., o. J. (Neske).
BURNS, HOBERT W. und BRAUNER, CHARLES J. (Hrsg.): Philosophy of Education. Essays and Commentaries. New York 1962 (Ronald).
BUSEMANN, ADOLF: Einführung in die Pädagogische Milieukunde. In: BUSEMANN

(Hrsg.): Handbuch der Pädagogischen Milieukunde. Halle 1932 (Schroedel), S. 1–30.
– Die Einheit der Psychologie und das Problem des Mikropsychischen. Stuttgart 1948 (Klett).
– Weltanschauung in psychologischer Sicht. Ein Beitrag zur Lehre vom Menschen. München 1967 (Reinhardt).
BUTLER, J. DONALD: Idealism in Education. New York 1966 (Harper and Row).
BUTTS, R. FREEMAN: Reconstruction in Foundations Studies. In: Educational Theory, Vol. 23 (1973), S. 27–41.

CAHN, STEVEN M.: The Philosophical Foundations of Education. New York 1970 (Harper and Row).
CALDWELL, BETTYE M.: The Effects of Infant Care. In: M. L. und L. W. HOFFMANN (Hrsg.): Review of Child Development Research. New York 1964 (Russell Sage), S. 9–87.
CAMPBELL, NORMAN: What is Science? New York 1953 (Dover).
CARNAP, RUDOLF: Induktive Logik und Wahrscheinlichkeit. Wien 1959 (Springer).
– Beobachtungssprache und theoretische Sprache. In: Logica. Studia Paul Bernays dedicata. Neuchâtel 1959 (Griffon), S. 32–44 (hier zitiert als 1959a).
– Einführung in die symbolische Logik. Wien ²1960 (Springer).
– Einführung in die Philosophie der Naturwissenschaft. München 1969 (Nymphenburger).
– Theoretische Begriffe der Wissenschaft. In: GERALD EBERLEIN, WERNER KROEBER-RIEL und WERNER LEINFELLNER (Hrsg.): Forschungslogik der Sozialwissenschaften. Düsseldorf 1974 (Bertelsmann), S. 47–91.
CARPENTER, FINLEY und HADDAN, EUGENE E.: Systematic Application of Psychology to Education. New York 1964 (Macmillan).
CARR, EDWARD HALLET: Was ist Geschichte? Stuttgart 1963 (Kohlhammer).
CASLER, LAWRENCE: Maternal Deprivation: A Critical Review of the Literature. In: Monographs of the Society for Research in Child Development, Vol. 26 (1961), No. 2.
CATHREIN, VICTOR: Moralphilosophie. Leipzig ⁶1924 (Vier Quellen).
CHWOSTOW, W. M.: Die Aufgaben der sozialistischen Pädagogik im Kampf gegen bürgerliche Bildungs- und Erziehungstheorien. In: Pädagogik, 27. Jg. (1972), S. 122–143.
CLEMENTS, MILLARD: Theory and Education. In: Educational Theory, Vol. 12 (1962), S. 124–128.
COHN, JONAS: Geist der Erziehung. Pädagogik auf philosophischer Grundlage. Leipzig 1919 (Teubner).
COMENIUS, JOHANN AMOS: Informatorium der Mutterschul (1633). Herausgegeben von JOACHIM HEUBACH. Heidelberg 1962 (Quelle und Meyer).
– De rerum humanarum emendatione consultatio catholica. 2 Bände, Prag 1966 (Tschechoslowakische Akademie der Wissenschaften).
CONNELL, W. F./DEBUS, R. L. und NIBLETT, W. R. (Hrsg.): Readings in The Foundations of Education. London 1967 (Routledge and Kegan Paul).
COPI, IRVING M.: Introduction to Logic. New York ⁴1972 (Macmillan).
CUBE, FELIX VON: Erziehungswissenschaft. Möglichkeiten, Grenzen, politischer Mißbrauch. Stuttgart 1977 (Klett).

DAHMER, ILSE: Theorie und Praxis. In: ILSE DAHMER und WOLFGANG KLAFKI (Hrsg.): Geisteswissenschaftliche Pädagogik am Ausgang ihrer Epoche – Erich Weniger. Weinheim 1968 (Beltz), S. 35–80.
DAHRENDORF, RALF: Pfade aus Utopia. Arbeiten zur Theorie und Methode der Soziologie. München 1967 (Piper).
DEGENKOLBE, GERT: Über logische Struktur und gesellschaftliche Funktionen von Leerformeln. In: Kölner Zeitschrift für Soziologie, 17. Jg. (1965), S. 327–338.
DERBOLAV, JOSEF: Die Stellung der Pädagogischen Psychologie im Rahmen der Erziehungswissenschaft und ihre Bedeutung für das pädagogische Handeln. In: HILDEGARD HETZER (Hrsg.): Pädagogische Psychologie. Bd. 10 des Handbuchs der

Psychologie, Göttingen 1959 (Verlag für Psychologie), S. 3–43.
- Das Problem einer philosophischen Grundlegung der Pädagogik. In: DIETER STOLTE und RICHARD WISSER (Hrsg.): Integritas. Tübingen 1966 (Wunderlich), S. 124–141. Nachdruck in: DERBOLAV 1970, S. 49–63.
- Philosophie und Ideologie. In: Akten des 14. Internationalen Kongresses für Philosophie. Wien 1968 (Herder), S. 468–481.
- Frage und Anspruch. Pädagogische Studien und Analysen. Wuppertal 1970 (Henn).
- Systematische Perspektiven der Pädagogik. Heidelberg 1971 (Quelle und Meyer).
- Abriß einer pädagogischen Ethik. In: DERBOLAV 1971, S. 124–155.
- Pädagogik und Politik. Eine systematisch-kritische Analyse ihrer Beziehungen. Stuttgart 1975 (Kohlhammer).
- (Hrsg.): Kritik und Metakritik der Praxeologie, im besonderen der politischen Strukturtheorie. Kastellaun 1976 (Henn).

Deutscher Ausschuß für das Erziehungs- und Bildungswesen: Empfehlungen und Gutachten. Stuttgart 1966 (Klett).

Deutscher Bildungsrat: Strukturplan für das Bildungswesen. Stuttgart ²1970 (Klett).

DEWEY, JOHN: Philosophy of Education. In: PAUL MONROE (Hrsg.): A Cyclopedia of Education. Vol. IV, New York 1913 (Macmillan), S. 697–703.
- Demokratie und Erziehung. Eine Einleitung in die philosophische Pädagogik. Braunschweig ²1949 (Westermann).
- Psychologische Grundfragen der Erziehung. (Der Mensch und sein Verhalten. Erfahrung und Erziehung). München 1974 (Reinhardt).

DIEMER, ALWIN: Grundriß der Philosophie. Bd. 1, Meisenheim 1962 (Hain).
- (Hrsg.): System und Klassifikation in Wissenschaft und Dokumentation. Meisenheim 1968 (Hain).
- Zur Grundlegung eines allgemeinen Wissenschaftsbegriffes. In: Zeitschrift für allgemeine Wissenschaftstheorie, Bd. 1 (1970), S. 209–227.
- Der Wissenschaftsbegriff in historischem und systematischem Zusammenhang. In: DIEMER (Hrsg.): Der Wissenschaftsbegriff. Historische und systematische Untersuchungen. Meisenheim 1970 (Hain), S. 3–20 (hier zitiert als 1970a).
- Die Trias Beschreiben, Erklären, Verstehen in historischem und systematischem Zusammenhang. In: DIEMER (Hrsg.): Der Methoden- und Theorienpluralismus in den Wissenschaften. Meisenheim 1971 (Hain), S. 5–26.

DIETRICH, ALBERT: Theorie der Erziehung. In: Internationale Zeitschrift für Erziehung. 9. Jg. (1940), S. 193–230.

DILTHEY, WILHELM: Über die Möglichkeit einer allgemeingültigen pädagogischen Wissenschaft (1888). Herausg. von HERMAN NOHL. Weinheim ⁴1963 (Beltz).
- Beiträge zum Studium der Individualität (1895/96). In: Gesammelte Schriften. Bd. V, Leipzig 1924 (Teubner), S. 241–316.
- Die Entstehung der Hermeneutik (1900). In: Gesammelte Schriften. Bd. V, 1. Hälfte, Leipzig 1924 (Teubner), S. 317–338.
- Pädagogik. Geschichte und Grundlinien des Systems (Gesammelte Schriften, Bd. IX). Stuttgart ³1961 (Teubner).

DÖPP-VORWALD, HEINRICH: Pädagogie – Pädagogik – Erziehungswissenschaft. In: HERMANN RÖHRS (Hrsg.): Erziehungswissenschaft und Erziehungswirklichkeit. Frankfurt 1964 (Akademische Verlagsgesellschaft), S. 92–104.

DOHMEN, GÜNTHER: »Erziehungswissenschaft« und »Pädagogik«. In: Pädagogische Rundschau, 20. Jg. (1966), S. 435–452.

DOLCH, JOSEF: Pädagogische Systembildungen in der Weimarer Zeit (1929). Darmstadt 1966 (Wissenschaftliche Buchgesellschaft).
- Gegenstände und Formen der pädagogischen Geschichtsschreibung. In: Zeitschrift für Geschichte der Erziehung und des Unterrichts, 20. Jg. (1930), S. 275–300.
- Die gegenwärtige Situation der Historischen Pädagogik. In: Internationale Zeitschrift für Erziehungswissenschaft, 6. Jg. (1950), S. 210–224. Nachdruck in: KLAUS SCHALLER und KARL-H. SCHÄFER (Hrsg.): Bildungsmodelle und Geschichtlichkeit. Ein Repertorium zur Geschichte der Pädagogik. Hamburg 1967 (Leibniz), S. 51–64.

- Worte der Erziehung in den Sprachen der Welt. In: WOLFGANG BREZINKA (Hrsg.): Weltweite Erziehung. Freiburg 1961 (Herder), S. 163–176. Gekürzter Nachdruck in: ERICH WEBER (Hrsg.): Der Erziehungs- und Bildungsbegriff im 20. Jahrhundert. Bad Heilbrunn ³1976 (Klinkhardt), S. 7–15.
- Erziehungserfahrung und Erziehungsgeschichte. In: Zeitschrift für Pädagogik, 7. Jg. (1961), S. 1–10 (hier zitiert als 1961a).
- Über Erziehungsantriebe und ihren Stärkewandel. In: Erkenntnis und Erziehung (Festschrift für Richard Meister). Wien 1961 (Österreichischer Bundesverlag), S. 13–22 (hier zitiert als 1961b).
- Geläufige Bildungsmodelle. In: Pädagogischer Almanach 1963. Ratingen 1963 (Henn), S. 45–53 und 217–218.
- Grundbegriffe der pädagogischen Fachsprache. München ⁵1965 (Ehrenwirth).
- Lehrplan des Abendlandes. Zweieinhalb Jahrtausende seiner Geschichte. Ratingen ²1965 (Henn), (hier zitiert als 1965a).

DREIKURS, RUDOLF und SOLTZ, VICKI: Kinder fordern uns heraus. Wie erziehen wir sie zeitgemäß? Stuttgart 1966 (Klett).

DUBISLAV, WALTER: Zur Unbegründbarkeit der Forderungssätze (1937). In: ALBERT und TOPITSCH 1971, S. 439–454.

DUCASSE, C. F.: On the Function and Nature of the Philosophy of Education. In: LUCAS 1969, S. 167–175.

DURKHEIM, EMILE: Die Regeln der soziologischen Methode (1895). Neuwied ²1965 (Luchterhand).
- Soziologie und Philosophie. Frankfurt 1967 (Suhrkamp).
- Erziehung und Soziologie. Düsseldorf 1972 (Schwann).
- Erziehung, Moral und Gesellschaft. Vorlesung an der Sorbonne 1902/03. Neuwied 1973 (Luchterhand).

EASTMAN, GEORGE: The Ideologizing of Theories: John Dewey's Educational Theory, a Case in Point. In: Educational Theory, Vol. 17 (1967), S. 103–109.

EBEL, ROBERT L. (Hrsg.): Encyclopedia of Educational Research. New York ⁴1969 (Macmillan).

EGGERSDORFER, FRANZ XAVER: Hilfswissenschaften der Pädagogik. In: ERNST ROLOFF (Hrsg.): Lexikon der Pädagogik. Bd. 2, Freiburg 1913 (Herder), Sp. 787–792.
- System der Pädagogik. In: Lexikon der Pädagogik. Bd. IV, Freiburg 1955 (Herder), Sp. 554–560.

EIGEN, MANFRED: Gesetz und Zufall – Grenzen des Machbaren. In: Schicksal? Grenzen der Machbarkeit. Ein Symposion. München 1977 (Deutscher Taschenbuch Verlag), S. 176–192.

EIGLER, GUNTHER: Empirische Verfahren in der Erziehungswissenschaft. In: JOSEF SPECK und GERHARD WEHLE (Hrsg.): Handbuch pädagogischer Grundbegriffe. Bd. 2, München 1970 (Kösel), S. 130–162.
- und KRUMM, VOLKER: Zur Problematik der Hausaufgaben. Weinheim 1972 (Beltz).

EISERMANN, GOTTFRIED: Soziologie und Geschichte. In: RENÉ KÖNIG (Hrsg.): Handbuch der empirischen Sozialforschung. Bd. I, Stuttgart ²1967 (Enke), S. 601–640.

EISLER, RUDOLF: Wörterbuch der philosophischen Begriffe. Berlin ⁴1929 (Mittler).

ELZER, HANS-MICHAEL: Einführung in die Pädagogik. Frankfurt 1968 (Diesterweg).

ENDRES, WALTER: Zur Ausdrucksweise im betriebswirtschaftlichen Schrifttum. In: Zeitschrift für betriebswirtschaftliche Forschung, 21. Jg. (1969), S. 601–609.

ERDMANN, KARL OTTO: Die Bedeutung des Wortes. Aufsätze aus dem Grenzgebiet der Sprachpsychologie und Logik. Leipzig ³1922 (Haessel).

ERLINGHAGEN, KARL: Der mehrfache Gebrauch des Wortes »Pädagogik«. In: Pädagogische Rundschau, 17. Jg. (1963), S. 84–90.
- Erziehung – Erziehungslehre – Erziehungswissenschaft. In: Konfessionalität und Erziehungswissenschaft. Herausg. vom Willmann-Institut. Freiburg 1965 (Herder), S. 7–18. Nachdruck in: ERLINGHAGEN 1971, S. 115–123.
- (Hrsg.): Erziehungswissenschaft und Konfessionalität. Frankfurt 1971 (Akademi-

sche Verlagsgesellschaft).
ESSLER, WILHELM K.: Analytische Philosophie I. Stuttgart 1972 (Kröner).

FABER, KARL-GEORG: Theorie der Geschichtswissenschaft. München ³1974 (Beck).
FEIGL, HERBERT: Philosophy of Science. In: RODERICK M. CHISHOLM u. a. (Hrsg.): Philosophy. Englewood Cliffs, N. J. 1964 (Prentice Hall), S. 465–639.
– De Principiis Non Est Disputandum? In: JOHN HOSPERS (Hrsg.): Readings in Introductory Philosophical Analysis. London 1969 (Routledge and Kegan Paul), S. 111–135.
FEND, HELMUT: Schulsystem und Gesellschaft. In: JOSEF SPECK (Hrsg.): Problemgeschichte der neueren Pädagogik. Bd. 1, Stuttgart 1976 (Kohlhammer), S. 108–149.
FEUERSTEIN, THOMAS: Emanzipation und Rationalität einer kritischen Erziehungswissenschaft. Methodologische Grundlagen im Anschluß an Habermas. München 1973 (Kösel).
FEYERABEND, PAUL K.: Problems of Empiricism. In: ROBERT G. COLODNY (Hrsg.): Beyond the Edge of Certainty. Essays in Contemporary Science and Philosophy. Vol. 2, Englewood Cliffs, N. J. 1965 (Prentice Hall), S. 145–260.
– Bemerkungen zur Geschichte und Systematik des Empirismus. In: PAUL WEINGARTNER (Hrsg.): Grundfragen der Wissenschaften und ihre Wurzeln in der Metaphysik. Salzburg 1967 (Pustet), S. 136–180.
FIJALKOWSKI, JÜRGEN: Methodologische Grundorientierungen soziologischer Forschung. In: Enzyklopädie der geisteswissenschaftlichen Arbeitsmethoden. 8. Lieferung: Methoden der Sozialwissenschaften. München 1967 (Oldenbourg), S. 131–162.
FINK, EUGEN: Metaphysik der Erziehung im Weltverständnis von Plato und Aristoteles. Frankfurt 1970 (Klostermann).
– Erziehungswissenschaft und Lebenslehre. Freiburg 1970 (Rombach), (hier zitiert als 1970 a).
FISCHER, ALOYS: Über die Bedeutung des Experiments in der pädagogischen Forschung und die Idee einer exakten Pädagogik (1913). In: HERMANN RÖHRS (Hrsg.): Erziehungswissenschaft und Erziehungswirklichkeit. Frankfurt 1964 (Akademische Verlagsgesellschaft), S. 35–57.
– Deskriptive Pädagogik (1914). In: Leben und Werk. Herausg. von KARL KREITMAIR. Bd. 2, München 1951 (Bayerischer Schulbuch-Verlag), S. 5–29.
– Über Begriff und Aufgabe der pädagogischen Psychologie. In: Zeitschrift für pädagogische Psychologie und experimentelle Pädagogik, 18. Jg. (1917), S. 5–13 und 109–118.
– Über das Studium der Pädagogik an den Hochschulen (1921). In: NICOLIN 1969, S. 244–267.
– Die pädagogische Wissenschaft in Deutschland. In: Die neuzeitliche deutsche Volksschule. Bericht über den Kongreß in Berlin 1928. Berlin 1928 (Comenius), S. 76–93.
– Umriß einer Philosophie des deutschen Erziehungsgedankens (1932). In: Leben und Werk. Bd. 8, München 1971 (Bayerischer Schulbuch-Verlag), S. 52–141.
– Pädagogische Soziologie (1932). In: Leben und Werk. Bd. 3/4, München 1954 (Bayerischer Schulbuch-Verlag), S. 107–158 (hier zitiert als 1932 a).
– Soziologische Pädagogik (1932). In: Leben und Werk. Bd. 3/4, S. 159–166 (hier zitiert als 1932 b).
FLAMMER, AUGUST: Individuelle Unterschiede im Lernen. Weinheim 1975 (Beltz).
FLITNER, ANDREAS (Hrsg.): Wege zur Pädagogischen Anthropologie. Heidelberg 1963 (Quelle und Meyer).
– Sprache und literarischer Stil in den Sozialwissenschaften und in der Pädagogik. In: Zeitschrift für Pädagogik, 23. Jg. (1977), S. 1–8.
FLITNER, WILHELM: Theorie des pädagogischen Weges und Methodenlehre. In: HERMAN NOHL und LUDWIG PALLAT (Hrsg.): Handbuch der Pädagogik. Bd. 3, Langensalza 1930 (Beltz), S. 59–118.
– Systematische Pädagogik. Breslau 1933 (Hirt).
– Theorie des pädagogischen Wegs und der Methode. Weinheim ²1953 (Beltz).

(Neubearbeitung von FLITNER 1930).
- Erziehungsziele und Lebensformen. In: Grund- und Zeitfragen der Erziehung und Bildung. Stuttgart 1954 (Klett), S. 32–48. Nachdruck in: Grundlegende Geistesbildung. Heidelberg 1965 (Quelle und Meyer), S. 176–192.
- Erziehungswissenschaft und kirchliche Pädagogik. In: Grund- und Zeitfragen der Erziehung und Bildung. Stuttgart 1954 (Klett), S. 113–125 (hier zitiert als 1954a).
- Die Sozialwissenschaften als pragmatisch-hermeneutische Disziplinen und ihr Verhältnis zur Theologie. In: Hamburger Jahrbuch für Wirtschafts- und Gesellschaftspolitik, 2. Jg. (1957), S. 128–135.
- Das Selbstverständnis der Erziehungswissenschaft in der Gegenwart. Heidelberg ²1958 (Quelle und Meyer).
- Pädagogik. In: Die Religion in Geschichte und Gegenwart. Bd. 5, Tübingen ³1961 (Mohr), Sp. 8–14.
- Europäische Gesittung. Ursprung und Aufbau abendländischer Lebensformen. Zürich 1961 (Artemis), (hier zitiert als 1961a).
- Der Standort der Erziehungswissenschaft. Hannover 1964 (Niedersächsische Landeszentrale für politische Bildung).
- Allgemeine Pädagogik. Stuttgart ¹¹1966 (Klett). (Neubearbeitung von FLITNER 1933).
- Aufbau und Zusammenhang der Pädagogischen Studien. In: Zeitschrift für Pädagogik, 12. Jg. (1966), S. 195–212 (hier zitiert als 1966a).
- Rückschau auf die Pädagogik in futurischer Absicht. In: Zeitschrift für Pädagogik, 22. Jg. (1976), S. 1–8.
FOERSTER, FRIEDRICH WILHELM: Jugendlehre. Berlin 1915 (Reimer).
- Erziehung und Selbsterziehung. Zürich 1917 (Schultheß).
FRANKENA, WILLIAM K.: Toward a Philosophy of the Philosophy of Education (1956). In: LUCAS 1969, S. 286–291.
- Ethical Theory. In: RODERICK M. CHISHOLM, HERBERT FEIGL u. a. (Hrsg.): Philosophy. Englewood Cliffs, N. J. 1964 (Prentice Hall), S. 345–463.
- Three Historical Philosophies of Education. Aristotle, Kant, Dewey. Glenview, Ill. 1965 (Scott).
- Analytische Ethik. München 1972 (Deutscher Taschenbuch Verlag).
FRANKL, VIKTOR E.: Der Mensch auf der Suche nach Sinn. In: Psychotherapie für Laien. Freiburg ³1972 (Herder), S. 174–185.
- Theorie und Therapie der Neurosen. Einführung in Logotherapie und Existenzanalyse. München ⁴1975 (Reinhardt).
FREY, GERHARD: Philosophie und Wissenschaft. Eine Methodenlehre. Stuttgart 1970 (Kohlhammer).
- Möglichkeiten und Grenzen einer wissenschaftlichen Philosophie. In: Zeitschrift für allgemeine Wissenschaftstheorie. 2. Bd. (1971), S. 14–26.
FREYER, HANS: Theorie des objektiven Geistes. Eine Einleitung in die Kulturphilosophie (1923). Darmstadt 1966 (Wissenschaftliche Buchgesellschaft).
FRIEDRICHS, JÜRGEN und LÜDTKE, HARTMUT: Teilnehmende Beobachtung. Zur Grundlegung einer sozialwissenschaftlichen Methode empirischer Feldforschung. Weinheim 1971 (Beltz).
FRISCHEISEN-KÖHLER, MAX: Pädagogik und Ethik (1912). In: Philosophie und Pädagogik. Weinheim ²1962 (Beltz), S. 92–109.
- Philosophie und Pädagogik (1917). In: Philosophie und Pädagogik. Weinheim ²1962 (Beltz), S. 36–91.
- Bildung und Weltanschauung. Eine Einführung in die pädagogischen Theorien. Charlottenburg 1921 (Mundus).
FRITZSCH, THEODOR: Die Anfänge der Kinderpsychologie und die Vorläufer des Versuchs in der Pädagogik. In: Zeitschrift für pädagogische Psychologie und experimentelle Pädagogik, 11. Jg. (1910), S. 149–160.
FRÖHLICH, WERNER D. und WELLEK, STEFAN: Der begrifflich-theoretische Hintergrund der Sozialisationsforschung. In: C. F. GRAUMANN (Hrsg.): Sozialpsychologie. 2. Halbband (Handbuch der Psychologie, Bd. 7), Göttingen 1972 (Verlag für Psychologie), S. 661–714.

FROESE, LEONHARD: Voraussetzungen der geisteswissenschaftlichen Pädagogik. In: Erziehung und Bildung in Schule und Gesellschaft. Weinheim 1967 (Beltz).
FUNKE, GERHARD: Beantwortung der Frage, welchen Gegenstand die Philosophie habe oder ob sie gegenstandslos sei. Mainz 1965 (Gutenberg).
– Möglichkeit und Grenze des hermeneutischen Ansatzes für die Grundlegung der Pädagogik. In: Neue Folge der Ergänzungshefte zur Vierteljahrsschrift für Wissenschaftliche Pädagogik, Heft 4, Bochum 1966, S. 58–79.
– Phänomenologie – Metaphysik oder Methode? Bonn 1966 (Bouvier), (hier zitiert als 1966 a).
– Der Weg der neueren deutschen Philosophie. Coimbra (Portugal) 1969 (Philosophica Coimbricensia, Vol. I).
– Was ist Philosophie? In: 53. Schopenhauer-Jahrbuch für das Jahr 1972. Frankfurt 1972 (Kramer), S. 237–259.

GAMM, HANS-JOCHEN: Der braune Kult. Das Dritte Reich und seine Ersatzreligion. Hamburg 1962 (Rütten und Loening).
– Das Elend der spätbürgerlichen Pädagogik. Studien über den politischen Erkenntnisstand einer Sozialwissenschaft. München 1972 (List).
– Einführung in das Studium der Erziehungswissenschaft. München 1974 (List).
GEHLEN, ARNOLD: Urmensch und Spätkultur. Bonn 1956 (Athenäum).
– Einige Methodenprobleme der Soziologie. In: Erkenntnis und Erziehung (Festschrift für Richard Meister). Wien 1961 (Österreichischer Bundesverlag), S. 23–28.
GEIGER, THEODOR: Demokratie ohne Dogma. Die Gesellschaft zwischen Pathos und Nüchternheit. München ²1964 (Szczesny).
GEISSLER, ERICH E.: Erziehungsmittel. Bad Heilbrunn ⁴1973 (Klinkhardt).
GERNER, BERTHOLD: Der Lehrer – Verhalten und Wirkung. Ergebnisse empirischer Forschung im deutschsprachigen Raum. Darmstadt ²1972 (Wissenschaftliche Buchgesellschaft).
GEYSER, JOSEPH: Experimentalpädagogik. In: ERNST M. ROLOFF (Hrsg.): Lexikon der Pädagogik. Bd. 1, Freiburg 1913 (Herder), Sp. 1189–1194.
GIESE, FRITZ: Bildungsideale im Maschinenzeitalter. Halle 1931 (Marhold).
GIESECKE, HERMANN: Einführung in die Pädagogik. München 1969 (Juventa).
GIESEN, BERNHARD und SCHMID, MICHAEL (Hrsg.): Theorie, Handeln und Geschichte. Erklärungsprobleme in den Sozialwissenschaften. Hamburg 1975 (Hoffmann und Campe).
GLÖCKNER, PETER-HEINRICH: Das Finden von Begriffen. Eine erkenntniskritisch-logische Untersuchung unter besonderer Berücksichtigung der Wirtschaftswissenschaften. Stuttgart 1963 (Poeschel).
GOETHE, JOHANN WOLFGANG: Maximen und Reflexionen. Stuttgart 1943 (Kröner).
GÖTTLER, JOSEPH: System der Pädagogik. München ⁸1948 (Kösel).
GOLDSCHMIDT, DIETRICH (Hrsg.): Erziehungswissenschaft als Gesellschaftswissenschaft. Heidelberg 1969 (Quelle und Meyer).
– und HÄNDLE, CHRISTA: Der Wandel der Pädagogik in der Auseinandersetzung mit der Soziologie. In: GOLDSCHMIDT 1969, S. 9–44.
GOLDSTEIN, LEON J.: Daten und Ereignisse in der Geschichte. In: HANS ALBERT (Hrsg.): Theorie und Realität. Tübingen ²1972 (Mohr), S. 263–288.
– Historical Knowing. Austin 1976 (University of Texas Press).
GOMPERZ, HEINRICH: Über Sinn und Sinngebilde, Verstehen und Erklären. Tübingen 1929 (Mohr).
– Die Wissenschaft und die Tat. Wien 1934 (Gerold). Nachdruck in: ALBERT und TOPITSCH 1971, S. 383–414.
GOMPERZ, THEODOR: Griechische Denker. Eine Geschichte der antiken Philosophie. Bd. 1, Leipzig ³1911 (Veit); Bd. 3, 1909.
GOODE, WILLIAM J. und HATT, PAUL K.: Grundelemente der wissenschaftlichen Methode. In: RENÉ KÖNIG (Hrsg.): Beobachtung und Experiment in der Sozialforschung. Köln ⁶1968 (Kiepenheuer), S. 51–75.
– Die Einzelfallstudie. In: ebenda, S. 299–313 (hier zitiert als 1968a).
GOWIN, D. B.: Can Educational Theory Guide Practice? In: LUCAS 1969, S.

209–216.
– Philosophy of Education. In: EBEL 1969, S. 946–951.
GRAUMANN, CARL FRIEDRICH: Sozialpsychologie: Ort, Gegenstand und Aufgabe. In: GRAUMANN (Hrsg.): Sozialpsychologie. 1. Halbband (Handbuch der Psychologie, Bd. 7), Göttingen 1969 (Verlag für Psychologie), S. 3–80.
– Interaktion und Kommunikation. In: Sozialpsychologie. 2. Halbband (Handbuch der Psychologie, Bd. 7), Göttingen 1972 (Verlag für Psychologie), S. 1109–1262.
GROOTHOFF, HANS HERMANN: Pädagogik. In: Pädagogik. Frankfurt 1964 (Fischer Lexikon), S. 204–221.
– Historische Pädagogik. In: ebenda, S. 119–129 (hier zitiert als 1964a).
– Einführung in die Erziehungswissenschaft. Ratingen 1975 (Henn).
GUYER, WALTER: Grundlagen einer Erziehungs- und Bildungslehre. Zürich 1949 (Hirzel).

HABERMAS, JÜRGEN: Analytische Wissenschaftstheorie und Dialektik (1963). In: ADORNO 1972, S. 155–191.
– Erkenntnis und Interesse (1965). In: Technik und Wissenschaft als »Ideologie«. Frankfurt 1968 (Suhrkamp), S. 146–168.
– Zur Logik der Sozialwissenschaften. Beiheft 5 der Philosophischen Rundschau, Tübingen 1967 (Mohr).
HÄBERLIN, PAUL: Wege und Irrwege der Erziehung. Grundzüge einer allgemeinen Erziehungslehre. Basel ²1920 (Kober).
HAMANN, BRUNO: Die Grundlagen der Pädagogik. Systematische Darstellung nach Otto Willmann. Freiburg 1965 (Herder).
HARE, RICHARD M.: The Language of Morals. Oxford 1964 (Oxford University Press). Deutsch: Die Sprache der Moral. Frankfurt 1972 (Suhrkamp).
HARTMAN, ROBERT S.: General Theory of Value. In: RAYMOND KLIBANSKY (Hrsg.): Philosophy in the Mid-Century. Bd. 3: Values, History and Religion. Florenz 1961 (La Nuova Italia), S. 3–41.
HARTMANN, NICOLAI: Ethik. Berlin ²1935 (de Gruyter).
– Das Problem des geistigen Seins. Untersuchungen zur Grundlegung der Geschichtsphilosophie und der Geisteswissenschaften. Berlin ³1962 (de Gruyter).
HASELOFF, OTTO WALTER: Probleme der empirischen Bewährungsprüfung von Erziehungszielen. In: Schule und Erziehung. Berlin 1960 (Lüttke), S. 49–75.
HECKHAUSEN, HEINZ: Leistungsprinzip und Chancengleichheit. In: HEINRICH ROTH und DAGMAR FRIEDRICH (Hrsg.): Bildungsforschung. Teil 1, Stuttgart 1975 (Klett), S. 101–152.
HEDINGER, HANS-WALTER: Historik, ars historica. In: JOACHIM RITTER (Hrsg.): Historisches Wörterbuch der Philosophie. Bd. 3, Basel 1974 (Schwabe), Sp. 1132–1137.
HEGEL, GEORG W. FRIEDRICH: System der Philosophie. 3. Teil: Die Philosophie des Geistes. In: Sämtliche Werke, herausg. von HERMANN GLOCKNER. Stuttgart ⁴1965 (Frommann).
HEID, HELMUT: Zur logischen Struktur einer empirischen Sozialpädagogik. In: JOHANNES BAUMGARDT (Hrsg.): Erziehung in einer ökonomisch-technischen Welt. Festschrift für Friedrich Schlieper. Freiburg 1967 (Lambertus), S. 74–109. Nachdruck in: DIETER ULICH (Hrsg.): Theorie und Methode der Erziehungswissenschaft. Weinheim 1972 (Beltz), S. 254–291.
– Pädagogische Konsequenzen sozial-kultureller Strukturwandlungen. In: Jahrbuch für Wirtschafts- und Sozialpädagogik 1967. Heidelberg (Quelle und Meyer), S. 195–265 (hier zitiert als 1967a).
– Zur pädagogischen Legitimität gesellschaftlicher Verhaltenserwartungen. In: Zeitschrift für Pädagogik, 16. Jg. (1970), S. 365–394.
– Begründbarkeit von Erziehungszielen. In: Zeitschrift für Pädagogik, 18. Jg. (1972), S. 551–581.
HEITGER, MARIAN: Was heißt normative Pädagogik? In: Erziehung und Unterricht, 125. Jg. (1975), S. 731–738.
HEMPEL, CARL GUSTAV: Aspects of Scientific Explanation and Other Essays in the Philosophy of Science. New York 1965 (Free Press).

- Wissenschaftliche und historische Erklärungen. In: HANS ALBERT (Hrsg.): Theorie und Realität. Tübingen 1972 (Mohr), S. 237–261.
- Philosophie der Naturwissenschaften. München 1974 (Deutscher Taschenbuch Verlag).
- Grundzüge der Begriffsbildung in der empirischen Wissenschaft. Düsseldorf 1974 (Bertelsmann), (hier zitiert als 1974a).
- Aspekte wissenschaftlicher Erklärung. Berlin 1977 (de Gruyter).
- und OPPENHEIM, PAUL: The Logic of Explanation. In: HERBERT FEIGL und MAY BRODBECK (Hrsg.): Readings in the Philosophy of Science. New York 1953 (Appleton-Century-Crofts), S. 319–352.

HENRY, JULES: A Cross-Cultural Outline of Education. In: Essays on Education. Harmondsworth, England 1971 (Penguin), S. 72–183.

HENRY, NELSON B. (Hrsg.): Philosophies of Education. 41. Yearbook of the National Society for the Study of Education. Chicago 1942 (University of Chicago Press).
- Modern Philosophies and Education. 54. Yearbook of the National Society for the Study of Education. Part I, Chicago 1955 (University of Chicago Press).

HENTIG, HARTMUT VON: Systemzwang und Selbstbestimmung. Über die Bedingungen der Gesamtschule in der Industriegesellschaft. Stuttgart 1968 (Klett).
- Allgemeine Lernziele der Gesamtschule. In: Deutscher Bildungsrat (Hrsg.): Lernziele der Gesamtschule. Stuttgart ²1971 (Klett), S. 13–43.

HENZ, HUBERT: Lehrbuch der Systematischen Pädagogik. Freiburg 1964 (Herder).

HERBART, JOHANN FRIEDRICH: Lehrbuch zur Einleitung in die Philosophie (1813). In: Sämtliche Werke. Herausg. von KARL KEHRBACH und OTTO FLÜGEL, Bd. 4, Langensalza 1891 (Neudruck Aalen 1964, Scientia Verlag).
- Pädagogische Schriften. Hrsg. von OTTO WILLMANN und THEODOR FRITZSCH. 3 Bände, Osterwieck ³1913, 1914, 1919 (Zickfeldt).

HEROLD, N.: Gesetz: III. Der Gesetzesbegriff in Philosophie und Wissenschaftstheorie der Neuzeit. In: JOACHIM RITTER (Hrsg.): Historisches Wörterbuch der Philosophie. Bd. 3, Stuttgart 1974 (Schwabe), Sp. 501–514.

HERRMANN, THEO: Über einige Einwände gegen die nomothetische Psychologie. In: Zeitschrift für Sozialpsychologie, 2. Bd. (1971), S. 123–149.
- Anmerkungen zum Theorienpluralismus in der Psychologie. In: ALWIN DIEMER (Hrsg.): Der Methoden- und Theorienpluralismus in den Wissenschaften. Meisenheim 1971 (Hain), S. 192–197 (hier zitiert als 1971a).

HERRMANN, ULRICH: Historismus und geschichtliches Denken. Bemerkungen zum Thema »Pädagogik als Problemgeschichte«. In: Zeitschrift für Pädagogik, 17. Jg. (1971), S. 223–232.
- Historisch-systematische Dimensionen der Erziehungswissenschaft. In: CHRISTOPH WULF (Hrsg.): Wörterbuch der Erziehung. München 1974 (Piper), S. 283–289.
- Probleme einer erziehungswissenschaftlichen Historik. In: JOSEPH L. BLAAS u. a. (Hrsg.): Bildungstradition und moderne Gesellschaft. Festschrift für Hans-Hermann Groothoff. Hannover 1975 (Schroedel), S. 268–282.

HESSE, HANS A. und MANZ, WOLFGANG: Einführung in die Curriculumforschung. Stuttgart ²1972 (Kohlhammer).

HEYDE, JOHANNES ERICH: Wert. Eine philosophische Grundlegung. Erfurt 1926 (Stenger).

HILGARD, ERNEST R.: Zur Beziehung zwischen Lerntheorie und Unterrichtspraxis. In: GÜNTHER DOHMEN u. a. (Hrsg.): Unterrichtsforschung und didaktische Theorie. München 1970 (Piper), S. 173–187.

HILGENHEGER, NORBERT: Erziehungswissenschaft und Praktische Pädagogik. Kritik einiger Vorschläge Wolfgang Brezinkas zur Metatheorie der Pädagogik. In: Pädagogische Rundschau, 25. Jg. (1971), S. 425–434.
- Das Deduktionsproblem in der Curriculumtheorie. In: Pädagogische Rundschau, 27. Jg. (1973), S. 36–45.
- Zur Legitimation curricularer Entscheidungen. In: Vierteljahrsschrift für wissenschaftliche Pädagogik, 49. Jg. (1973), S. 105–115 (hier zitiert als 1973a).

HILLEBRECHT, WERNER: Geschichte der Erziehung als kritische Disziplin. In: DIETRICH HOFFMANN und HANS TÜTKEN (Hrsg.): Realistische Erziehungswissen-

schaft. Hannover 1972 (Schroedel), S. 197–216.
HIRSCHER, JOHANN BAPTIST: Katechetik. Oder: der Beruf des Seelsorgers, die ihm anvertraute Jugend im Christenthum zu unterrichten und zu erziehen. Tübingen ⁴1840 (Laupp).
HIRST, PAUL H.: Philosophy and Educational Theory. In: British Journal of Educational Studies, Vol. 12 (1963), S. 51–64. Nachdruck in: SCHEFFLER 1966, S. 78–95.
– Educational Theory. In: J. W. TIBBLE (Hrsg.): The Study of Education. London 1966 (Routledge and Kegan Paul), S. 29–58.
HOERSTER, NORBERT: Ethik und Moral. In: DIETER BIRNBACHER und N. HOERSTER (Hrsg.): Texte zur Ethik. München 1976 (Deutscher Taschenbuch Verlag), S. 9–23.
HOFFMEISTER, JOHANNES: Wörterbuch der philosophischen Begriffe. Hamburg ²1955 (Meiner).
HOFMANN, FRANZ: »Von der Pädagogik zur Erziehungswissenschaft«. Neo-positivistische Erneuerungsversuche in der spätbürgerlich-imperialistischen Pädagogik der BRD. In: Vergleichende Pädagogik, 8. Jg. (1972), S. 74–83.
HOFMANN, HANS-GEORG: Die ideologische Offensive der marxistisch-leninistischen Pädagogik gegen die Bildungspolitik und Pädagogik der BRD. In: Pädagogik, 27. Jg. (1972), S. 144–171.
HOFSTÄTTER, PETER R.: Gruppendynamik. Die Kritik der Massenpsychologie. Hamburg 1957 (Rowohlt).
HOLZKAMP, KLAUS: Wissenschaft als Handlung. Berlin 1968 (de Gruyter).
– Zum Problem der Relevanz psychologischer Forschung für die Praxis. In: Psychologische Rundschau, 21. Jg. (1970), S. 1–22.
HOMANS, GEORGE CASPAR: Elementarformen sozialen Verhaltens. Köln 1968 (Westdeutscher Verlag).
– Was ist Sozialwissenschaft? Köln 1969 (Westdeutscher Verlag).
– Theorie der sozialen Gruppe. Köln ⁴1969 (Westdeutscher Verlag), (hier zitiert als 1969a).
– Grundfragen soziologischer Theorie. Opladen 1972 (Westdeutscher Verlag).
HONIGSHEIM, PAUL: Über die sozialhistorische Standortgebundenheit von Erziehungszielen. In: Schule und Erziehung. Berlin 1960 (Lüttke), S. 39–48.
HORNE, HERMAN H.: An Idealistic Philosophy of Education. In: HENRY 1942, S. 139–195.
HORNEY, WALTER: Pädagogische Tugendlehre. In: W. HORNEY und WALTER SCHULTZE (Hrsg.): Handbuch für Lehrer. Bd. 3: Die Erziehung in der Schule. Gütersloh 1963 (Bertelsmann), S. 345–389.
HORNSTEIN, WALTER: Vom »jungen Herrn« zum »hoffnungsvollen Jüngling«. Wandlungen des Jugendlebens im 18. Jahrhundert. Heidelberg 1965 (Quelle und Meyer).
– Jugend in ihrer Zeit. Geschichte und Lebensformen des jungen Menschen in der europäischen Welt. Hamburg 1966 (Schröder).
HOSPERS, JOHN: Human Conduct. An Introduction to the Problems of Ethics. New York 1961 (Harcourt, Brace and World).
– An Introduction to Philosophical Analysis. Englewood Cliffs, N. J. ²1967 (Prentice-Hall).
HUIJTS, JOSEPH H.: Gewissensbildung. Eine Einführung in die Psychologie der moralischen Selbstverwirklichung. Köln 1969 (Bachem).
HUME, DAVID: Eine Untersuchung über den menschlichen Verstand (1748). Herausgegeben von HERBERT HERRING. Stuttgart 1971 (Reclam).
HUSSERL, EDMUND: Philosophie als strenge Wissenschaft. Frankfurt 1965 (Klostermann).

IMMISCH, PETER und RÖSSNER, LUTZ: Verhaltens-Korrektur in Lerngruppen. München 1975 (Reinhardt).

JAEGER, WERNER: Paideia. Die Formung des griechischen Menschen. Bd. 3, Berlin 1947 (de Gruyter).

JOHANNESSON, INGVAR: Über die Wirkungen von Lob und Tadel auf Leistungen und Einstellungen von Schulkindern. In FRANZ WEINERT (Hrsg.): Pädagogische Psychologie. Köln ²1967 (Kiepenheuer), S. 336–345.
JOHNSTON, HERBERT: A Philosophy of Education. New York 1963 (McGraw-Hill).
JUHOS, BÉLA: Das Wertgeschehen und seine Erfassung. Meisenheim 1956 (Hain).
– Über die empirische Induktion. In: Studium generale, 19. Jg. (1966), S. 259–272.
– Die methodologische Symmetrie von Verifikation und Falsifikation. In: Zeitschrift für allgemeine Wissenschaftstheorie, 1. Bd. (1970), S. 41–70.
JUNGHÄNEL, GÜNTHER und SACHNOWSKIJ, GABRIELE: Berufsethik des Pädagogen in der UdSSR. In: Vergleichende Pädagogik, 12. Jg. (1976), S. 290–296.
JUNKER, DETLEF: Über die Legitimität von Werturteilen in den Sozialwissenschaften und der Geschichtswissenschaft. In: Historische Zeitschrift, 211. Jg. (1970), S. 1–33.

KAINZ, FRIEDRICH: Psychologie der Sprache. Bd. 1, Stuttgart ³1962 (Enke).
KAMMARI, M. D.: Die revisionistische Theorie über die »Befreiung« der Wissenschaft von der Ideologie. In: Deutsche Zeitschrift für Philosophie, 5. Jg. (1958), S. 686–707.
KAMMEL, WILLIBALD: Einführung in die pädagogische Wertlehre. Paderborn 1927 (Schöningh).
KANITSCHEIDER, BERNULF: Der semantische Status von Naturgesetzen. In: Conceptus. Zeitschrift für Philosophie, 7. Jg. (1973), Nr. 21/22, S. 27–43.
KANT, IMMANUEL: Von einem neuerdings erhobenen vornehmen Ton in der Philosophie (1796). In: Werke, herausg. von WILHELM WEISCHEDEL, Bd. 5, Darmstadt 1975 (Wissenschaftliche Buchgesellschaft), S. 377–397.
– Kritik der reinen Vernunft. In: Gesammelte Schriften (Akademie-Ausgabe), Bd. 3, Berlin 1911 (Reimer).
– Logik. In: Gesammelte Schriften (Akademie-Ausgabe), Bd. 9, Berlin 1923 (de Gruyter), S. 1–87.
KAPLAN, ABRAHAM: The Conduct of Inquiry. Methodology for Behavioral Science. San Francisco 1964 (Chandler).
KASTIL, ALFRED: Die Philosophie Franz Brentanos. Eine Einführung in seine Lehre. Bern 1951 (Francke).
KAUFMANN, WALTER: Educational Development from the Point of View of a Normative Philosophy. In: Harvard Educational Review, Vol. 36 (1966), S. 247–264.
KAULBACH, FRIEDRICH: Philosophie der Beschreibung. Köln 1968 (Böhlau).
– Ethik und Metaethik. Darstellung und Kritik metaethischer Argumente. Darmstadt 1974 (Wissenschaftliche Buchgesellschaft).
KEILER, PETER: Wollen und Wert. Versuch der systematischen Grundlegung einer psychologischen Motivationslehre. Berlin 1970 (de Gruyter).
KEMPSKI, JÜRGEN VON: Philosophie und theoretischer Fortschritt. In: Brechungen. Kritische Versuche zur Philosophie der Gegenwart. Reinbek 1964 (Rowohlt), S. 310–327.
– Die Welt als Text. In: ebenda, S. 285–294 (hier zitiert als 1964a).
KENTLER, HELMUT/LEITHÄUSER, THOMAS und LESSING, HELLMUT: Jugend im Urlaub. Weinheim 1969 (Beltz).
KERLINGER, FRED N.: Foundations of Behavioral Research. Educational and Psychological Inquiry. New York 1964 (Holt).
– Research in Education. In: EBEL 1969, S. 1127–1144.
– Grundlagen der Sozialwissenschaften. Bd. 1, Weinheim 1975 (Beltz).
KIRN, PAUL: Einführung in die Geschichtswissenschaft. Berlin ⁶1972 (de Gruyter).
KLAFKI, WOLFGANG: Die Stufen des pädagogischen Denkens. In: HERMANN RÖHRS (Hrsg.): Erziehungswissenschaft und Erziehungswirklichkeit. Frankfurt 1964 (Akademische Verlagsgesellschaft), S. 145–176.
– Erziehungswissenschaft als kritisch-konstruktive Theorie: Hermeneutik – Empirie – Ideologiekritik. In: Zeitschrift für Pädagogik, 17. Jg. (1971), S. 351–385. Nachdruck in: KLAFKI: Aspekte kritisch-konstruktiver Erziehungswissenschaft. Weinheim 1976 (Beltz), S. 13–49.
KLAUER, KARL JOSEF: Das Experiment in der pädagogischen Forschung. Düsseldorf

1973 (Schwann).
- Revision des Erziehungsbegriffs. Grundlagen einer empirisch-rationalen Pädagogik. Düsseldorf 1973 (Schwann), (hier zitiert als 1973 a).
- Gleichheit der Bildungschancen. Eine kritische Analyse. In: Hochschulverband (Hrsg.): Bilanz einer Reform. Bonn 1977 (Fromm), S. 189–200.
KLAUS, GEORG: Die Macht des Wortes. Ein erkenntnistheoretisch-pragmatischer Traktat. Berlin 1964 (Deutscher Verlag der Wissenschaften).
- und BUHR, MANFRED: Bedingung. In: Philosophisches Wörterbuch. Berlin ²1970 (das europäische Buch), Bd. 1, S. 174–175.
KLEINBERGER, AHARON FRITZ: Reflections on Equality in Education. In: Studies in Philosophy and Education, Vol. 5 (1967), S. 293–340.
KLIMA, ROLF: Theorienpluralismus in der Soziologie. In: ALWIN DIEMER (Hrsg.): Der Methoden- und Theorienpluralismus in den Wissenschaften. Meisenheim 1971 (Hain), S. 198–219.
KLUCKHOHN, CLYDE: Culture and Behavior. In: GARDNER LINDZEY (Hrsg.): Handbook of Social Psychology. Vol. II, Cambridge, Mass. 1954 (Addison-Wesley), S. 921–976.
- und MURRAY, HENRY A.: Personality Formation: The Determinants. In: Personality in Nature, Society, and Culture. New York ²1955 (Knopf), S. 53–67.
KNELLER, GEORGE F.: The Educational Philosophy of National Socialism. New Haven 1941 (Yale University Press).
- Philosophy in Education. In: G. F. KNELLER (Hrsg.): Foundations of Education. New York 1963 (Wiley), S. 45–73.
- Logic and Language of Education. New York 1966 (Wiley).
KÖNIG, ECKARD: Theorie der Erziehungswissenschaft. Bd. 1: Wissenschaftstheoretische Richtungen der Pädagogik. München 1975 (Fink).
- Theorie der Erziehungswissenschaft. Bd. 2: Normen und ihre Rechtfertigung. München 1975 (Fink).
KÖNIG, HELMUT: Zur Stellung der Pädagogik im System der Wissenschaften. In: Einheit, 21. Jg. (1966), S. 1017–1026.
- Pädagogik – Geschichte der Erziehung – Geschichtswissenschaft. In: Jahrbuch für Erziehungs- und Schulgeschichte, 8. Jg. (1968), S. 145–155.
KÖNIG, RENÉ (Hrsg.): Beobachtung und Experiment in der Sozialforschung. Köln ⁶1968 (Kiepenheuer und Witsch).
KOMISAR, B. PAUL und MCCLELLAN, JAMES E.: The Logic of Slogans. In: B. OTHANEL SMITH und ROBERT H. ENNIS (Hrsg.): Language and Concepts in Education. Chicago 1961 (Rand McNally), S. 195–214.
KOROLJOW, F. F. und GMURMAN, W. J. (Hrsg.): Allgemeine Grundlagen der marxistischen Pädagogik. Pullach 1973 (Dokumentation).
KOTARBINSKI, TADEUSZ: Praxiology: An Introduction to the Sciences of Efficient Action. Oxford 1965 (Pergamon).
KRAFT, JULIUS: Die Unmöglichkeit der Geisteswissenschaft (1934). Frankfurt ²1957 (Verlag Öffentliches Leben).
- Das Rätsel der Geisteswissenschaft und seine Lösung. In: Studium Generale, 11. Jg. (1958), S. 131–138.
KRAFT, VICTOR: Die Grundlagen einer wissenschaftlichen Wertlehre. Wien ²1951 (Springer).
- Erkenntnislehre. Wien 1960 (Springer).
- Rationale Moralbegründung. In: Sitzungsberichte der phil.-histor. Klasse der Österreichischen Akademie der Wissenschaften. 242. Bd., Wien 1963 (Böhlaus).
- Geschichtsforschung als strenge Wissenschaft. In: TOPITSCH 1965, S. 72–82.
- Einführung in die Philosophie. Wien ²1967 (Springer).
- Die Grundlagen der Erkenntnis und der Moral. Berlin 1968 (Duncker und Humblot).
- Der Wiener Kreis. Der Ursprung des Neopositivismus. Wien ²1968 (Springer), (hier zitiert als 1968 a).
- Mathematik, Logik und Erfahrung. Wien ²1970 (Springer).
- Das Problem der Induktion. In: Zeitschrift für allgemeine Wissenschaftstheorie, Bd. 1 (1970), S. 71–82 (hier zitiert als 1970 a).

- Die Grundformen der wissenschaftlichen Methoden. Wien ²1973 (Verlag der Österreichischen Akademie der Wissenschaften).
- Die Gültigkeit von Aussagen. In: Zeitschrift für allgemeine Wissenschaftstheorie, Bd. 4 (1973), S. 54–80 (hier zitiert als 1973a).

KRAMER, HORST: Zur Einheit von Wissenschaftlichkeit und Parteilichkeit. In: Pädagogik, 21. Jg. (1966), S. 852–860.
KRAUS, OSKAR: Die Werttheorien. Geschichte und Kritik. Brünn 1937 (Rohrer).
KRIECK, ERNST: Philosophie der Erziehung. Jena 1922 (Diederichs).
- Grundriß der Erziehungswissenschaft. Leipzig 1927 (Quelle und Meyer).
- Erziehungsphilosophie. München 1930 (Oldenbourg).
- Die Wendung zur reinen Erziehungswissenschaft. In: Internationale Zeitschrift für Erziehungswissenschaft, 1. Jg. (1931/32), S. 371–381.
- Politische Wissenschaft. In: Nationalpolitische Erziehung. Leipzig ⁹1933 (Armanen), S. 1–12.
- Wissenschaft, Weltanschauung, Hochschulreform. Leipzig 1934 (Armanen).
- Menschenformung. Grundzüge der vergleichenden Erziehungswissenschaft. Leipzig ⁶1944 (Quelle und Meyer).

KROEBER, ALFRED L. und KLUCKHOHN, CLYDE: Culture. A Critical Review of Concepts and Definitions (1952). New York 1963 (Vintage Books).
KRÖBER, GÜNTER (Hrsg.): Der Gesetzesbegriff in der Philosophie und den Einzelwissenschaften. Berlin 1968 (Akademie).
KROEBER-RIEL, WERNER: Wissenschaftstheoretische Sprachkritik in der Betriebswirtschaftslehre. Berlin 1969 (Duncker und Humblot).
KROH, OSWALD: Revision der Erziehung. Heidelberg 1952 (Quelle und Meyer).
KUHN, THOMAS: The Structure of Scientific Revolutions. Chicago 1962 (University of Chicago Press). Deutsche Ausgabe: Die Struktur wissenschaftlicher Revolutionen. Frankfurt 1967 (Suhrkamp).

LANGE, M. G.: Totalitäre Erziehung. Das Erziehungssystem der Sowjetzone Deutschlands. Frankfurt 1954 (Verlag der Frankfurter Hefte).
LANGEVELD, MARTINUS J.: Einführung in die Pädagogik (1951). Stuttgart ³1962 (Klett).
- Brezinka als exponent der wereldvervreemding. In: Pedagogische Studien, 54. Jg. (1977), S. 123–129.

LASKA, JOHN A.: Current Progress in the Foundations of Education. In: The Teachers College Record (Columbia University), Vol. 71 (1969/70), S. 179–186.
LASSAHN, RUDOLF: Einführung in die Pädagogik. Heidelberg 1974 (Quelle und Meyer).
LAUCKEN, UWE und SCHICK, AUGUST: Einführung in das Studium der Psychologie. Stuttgart 1971 (Klett).
LAUFS, JOACHIM: Politische Bekenntnisse als »Wissenschaft«. Eine Kritik der Begründung der nordrhein-westfälischen Richtlinien für den Politischen Unterricht. Frankfurt 1976 (Lang).
LAUTMANN, RÜDIGER: Wert und Norm. Köln 1969 (Westdeutscher Verlag).
LAZARSFELD, PAUL F. und SIEBER, SAM D.: Organizing Educational Research. Englewood Cliffs, N. J. 1964 (Prentice-Hall).
LEINFELLNER, WERNER: Die Entstehung der Theorie. Eine Analyse des kritischen Denkens in der Antike. Freiburg 1966 (Alber).
- Einführung in die Erkenntnis- und Wissenschaftstheorie. Mannheim ²1967 (Bibliographisches Institut).

LEMBERG, EUGEN: Ideologie und Gesellschaft. Eine Theorie der ideologischen Systeme, ihrer Struktur und Funktion. Stuttgart ²1974 (Kohlhammer).
LEMPERT, WOLFGANG: Bildungsforschung und Emanzipation. Über ein leitendes Interesse der Erziehungswissenschaft und seine Bedeutung für die empirische Analyse von Bildungsprozessen. In: Leistungsprinzip und Emanzipation. Frankfurt 1971 (Suhrkamp), S. 310–334.
LENGRAND, PAUL: Permanente Erziehung. München 1972 (Dokumentation).
LENK, HANS: Erklärung, Prognose, Planung. Freiburg 1972 (Rombach).
- Pragmatische Philosophie. Plädoyers und Beispiele für eine praxisnahe Philoso-

phie und Wissenschaftstheorie. Hamburg 1975 (Hoffmann und Campe).
LENNERT, RUDOLF: Zum Problem der Wissenschaftlichkeit von »Pädagogik«. Fragen an Wolfgang Brezinka. In: Neue Sammlung, 8. Jg. (1968), S. 132–147.
LEVIT, MARTIN: The Study of Education. In: Educational Theory, Vol. 23 (1973), S. 15–26.
LEWIN, KURT: Die Lösung sozialer Konflikte. Bad Nauheim 1953 (Christian).
– Feldtheorie in den Sozialwissenschaften. Bern 1963 (Huber).
LICHTENSTEIN, ERNST: Aristoteles: Über Erziehung. In: HELMUT KITTEL und HORST WETTERLING (Hrsg.): Behauptung der Person. Weinheim 1963 (Beltz), S. 247–260.
LIEBERMAN, MYRON: The Future of Public Education. Chicago 1965 (University Press).
LINGELBACH, KARL CHRISTOPH: Erziehung und Erziehungstheorien im nationalsozialistischen Deutschland. Weinheim 1970 (Beltz).
LINKE, WERNER: Aussage und Deutung in der Pädagogik. Dialektische, hermeneutische und phänomenologische Methodenprobleme. Heidelberg 1966 (Quelle und Meyer).
LIPPITT, RONALD und WHITE, RALPH K.: Eine experimentelle Untersuchung über Führungsstil und Gruppenverhalten. In: C. F. GRAUMANN und H. HECKHAUSEN (Hrsg.): Pädagogische Psychologie. Reader zum Funk-Kolleg, Bd. 1. Frankfurt 1973 (Fischer), S. 324–347.
LITT, THEODOR: Das Wesen des pädagogischen Denkens (1921). In: Führen oder Wachsenlassen. Stuttgart [4]1949 (Klett), S. 83–109. Nachdruck in NICOLIN 1969, S. 268–304.
– Führen oder Wachsenlassen. Stuttgart [4]1949 (Klett).
– Die politische Selbsterziehung des deutschen Volkes. Bonn [6]1961 (Bundeszentrale für Heimatdienst).
– Pädagogik und Kultur. Kleine pädagogische Schriften 1918–1926. Herausg. von FRIEDHELM NICOLIN. Bad Heilbrunn 1965 (Klinkhardt).
LOBKOWICZ, NIKOLAUS: Theory and Practice. History of a Concept from Aristotle to Marx. London 1967 (University of Notre Dame Press).
– Interesse und Objektivität. In: Philosophische Rundschau, 16. Jg. (1969), S. 249–273.
LOCH, WERNER: Die anthropologische Dimension der Pädagogik. Essen 1963 (Neue Deutsche Schule).
– Empirisches Erkenntnisinteresse und Sprachanalyse in der Erziehungswissenschaft. In: Bildung und Erziehung, 20. Jg. (1967), S. 456–468.
LOCHNER, RUDOLF: Deskriptive Pädagogik. Reichenberg 1927 (Stiepel). Nachdruck Darmstadt 1967 (Wissenschaftliche Buchgesellschaft).
– Erziehungswissenschaft. München 1934 (Oldenbourg).
– Erziehungswissenschaft im Abriß. Wolfenbüttel 1947 (Wolfenbütteler Verlagsanstalt).
– Über die Bedeutung der Erziehungsgeschichte für die Lehrerbildung. In: Die Deutsche Schule, 49. Jg. (1957), S. 197–209.
– Zur Grundlegung einer selbständigen Erziehungswissenschaft. In: Zeitschrift für Pädagogik, 6. Jg. (1960), S. 1–21. Nachdruck in: NICOLIN 1969, S. 404–426.
– Deutsche Erziehungswissenschaft. Prinzipiengeschichte und Grundlegung. Meisenheim 1963 (Hain).
– Phänomene der Erziehung. Erscheinungsweisen und Ablaufformen im personalen und ethnischen Dasein. Meisenheim 1975 (Hain).
LOCKE, JOHN: Gedanken über Erziehung (1693). Bad Heilbrunn [2]1966 (Klinkhardt).
LÖWITH, KARL: Die Entzauberung der Welt durch Wissenschaft. In: Club Voltaire, Jahrbuch für kritische Aufklärung. Bd. II, München 1965 (Szczesny), S. 135–155.
LOOS, JOSEPH (Hrsg.): Enzyklopädisches Handbuch der Erziehungskunde. 2 Bände, Wien 1906 und 1908 (Pichler).
LUCAS, CHRISTOPHER J. (Hrsg.): What is Philosophy of Education? New York 1969 (Macmillan).
LÜBBE, HERMANN: Zur Geschichte des Ideologie-Begriffs. In: Theorie und Ent-

scheidung. Freiburg 1971 (Rombach), S. 159–181.
- Zur Theorie der Entscheidung. Ebenda, S. 7–31 (hier zitiert als 1971a).
- Dezisionismus. Zur Geschichte der politischen Theorie der Entscheidung. In: ANDREAS MÜLLER (Hrsg.): Gesellschaftliche Entscheidungsvorgänge. Basel 1977 (Birkhäuser), S. 33–43.
LUNDGREEN, PETER: Historische Bildungsforschung. In: REINHARD RÜRUP (Hrsg.): Historische Sozialwissenschaft. Beiträge zur Einführung in die Forschungspraxis. Göttingen 1977 (Vandenhoeck), S. 96–125.

MACKENZIE, NORMAN (Hrsg.): Führer durch die Sozialwissenschaften. München 1969 (Nymphenburger).
MACMILLAN, C. J. B. und KNELLER, GEORGE F.: Philosophy of Education. In: Review of Educational Research, Vol. 34 (1964), S. 22–43.
MÄRZ, FRITZ: Einführung in die Pädagogik. München 1965 (Kösel).
MAIER, FRANZ GEORG: Der Gesetzesbegriff in den historischen Wissenschaften. In: Studium Generale, 19. Jg. (1966), S. 657–669.
MAKARENKO, ANTON S.: Vorträge über Kindererziehung. In: Werke, Bd. 4. Berlin 1958 (Volk und Wissen), S. 367–448.
- Werke, Bd. 5. Berlin ⁶1974 (Volk und Wissen).
MALEWSKI, ANDRZEJ: Two Models of Sociology. In: HANS ALBERT (Hrsg.): Theorie und Realität. Tübingen 1964 (Mohr), S. 103–115.
MALININ, V. I.: Die Krise der wissenschaftlichen Pädagogik im Spiegel neuer Lehrbücher der Pädagogik. In: Sovetskaja pedagogika, 31. Jg. (1967), Nr. 9, S. 152–156 (russisch).
- Einige Richtungen in der bürgerlichen Pädagogik der BRD. In: Sovetskaja pedagogika, 35. Jg. (1971), Nr. 3, S. 124–133 (russisch).
MANDLER, GEORGE und KESSEN, WILLIAM: The Language of Psychology. New York 1959 (Wiley).
MANNHEIM, KARL: Freedom, Power, and Democratic Planning. New York 1950 (Oxford University Press).
- Diagnose unserer Zeit. Zürich 1951 (Europa).
- Freiheit und geplante Demokratie. Köln 1970 (Westdeutscher Verlag), (um das wichtige Schlußkapitel gekürzte Übersetzung von MANNHEIM 1950).
MARITAIN, JACQUES: Thomist Views of Education. In: HENRY 1955, S. 57–90.
- Erziehung am Scheidewege. Bad Nauheim ²1956 (Christian).
MARROU, HENRI-IRÉNÉE: Geschichte der Erziehung im klassischen Altertum. Freiburg 1957 (Alber).
- Über die historische Erkenntnis. Welches ist der richtige Gebrauch der Vernunft, wenn sie sich historisch betätigt? Freiburg 1973 (Alber).
MARTINAK, EDUARD: Wesen und Aufgabe der Erziehungswissenschaft. In: Die feierliche Inauguration des Rektors der Grazer Universität für das Studienjahr 1928/29. Graz 1928 (Leuschner), S. 13–28.
MASTERMAN, MARGARET: The Nature of a Paradigm. In: IMRE LAKATOS und ALAN MUSGRAVE (Hrsg.): Criticism and the Growth of Knowledge. Cambridge 1970 (Cambridge University Press), S. 59–89.
MATTHIAS, ADOLF: Praktische Pädagogik für höhere Lehranstalten. München ⁶1922 (Beck).
- Wie erziehen wir unseren Sohn Benjamin? Ein Buch für deutsche Väter und Mütter. München ¹⁴1922 (Beck), (hier zitiert als 1922a).
MAYNTZ, RENATE: Soziologie der Organisation. Reinbek 1963 (Rowohlt).
- HOLM, KURT und HÜBNER, PETER: Einführung in die Methoden der empirischen Soziologie. Opladen ⁴1974 (Westdeutscher Verlag).
MCCLELLAN, JAMES E.: Philosophy of Education. Englewood Cliffs, N. J. 1976 (Prentice-Hall).
MCGUCKEN, WILLIAM: The Philosophy of Catholic Education. In: HENRY 1942, S. 251–288.
MCMURRIN, STERLING M.: What about the Philosophy of Education? In: The Journal of Philosophy, Vol. 59 (1962), S. 629–637.
MEISTER, RICHARD: Die Erörterung über den Wissenschaftscharakter der Pädagogik

- in der neueren Forschung (1924). In: MEISTER 1947, S. 9–19.
- Humanismus und Kanonproblem. Wien 1931 (Österreichischer Bundesverlag).
- Grundlinien eines Systems der Pädagogik (1934). In: MEISTER 1947, S. 47–55.
- Seinsformen der Kultur. In: Blätter für deutsche Philosophie, 17. Bd. (1943), S. 361–379.
- Beiträge zur Theorie der Erziehung. Wien ²1947 (Sexl).
- Geistige Objektivierung und Resubjektivierung: Kultur und Erziehung. In: Wiener Zeitschrift für Philosophie, Psychologie, Pädagogik. 1. Bd. (1947), S. 56–72.
- Über die Stellung der Erziehungs- und Schulgeschichte im System der Erziehungswissenschaft. In: MEISTER 1947, S. 30–39 (hier zitiert als 1947 a).
- Pädagogik als Wissenschaft, Kunstlehre und Praxis (1947). In: MEISTER 1965, S. 42–66 (hier zitiert als 1947 b).
- Unterrichtsfächer als Dispositionssysteme. In: MEISTER 1947, S. 76–91 (hier zitiert als 1947 c).
- Sozialgebilde als geistige Objektivationen. In: Wiener Zeitschrift für Philosophie, Psychologie, Pädagogik. 2. Bd. (1949), S. 3–21.
- Zur Systematik der Geisteswissenschaften. In: Anzeiger der phil.-hist. Klasse der Österreichischen Akademie der Wissenschaften, Jg. 1950, Nr. 22, S. 505–516.
- Die Zonengliederung der Kultur. In: Wiener Zeitschrift für Philosophie, Psychologie, Pädagogik. 3. Bd. (1951), S. 164–202.
- Stufen und Grenzen des Verstehens von Kulturobjekten. In: Wiener Zeitschrift für Philosophie, Psychologie, Pädagogik. 4. Bd. (1952), S. 69–95.
- Handlungen, Taten, Werke als psychische Objektivationen. In: IVO KOHLER und HANS WINDISCHER (Hrsg.): Erkenntnis und Wirklichkeit. Festschrift für Richard Strohal (Innsbrucker Beiträge zur Kulturwissenschaft, Bd. 5). Innsbruck 1958 (Universität), S. 71–77.
- Ereignis-, Geistes- und Kulturgeschichte. In: Anzeiger der phil.-hist. Klasse der Österreichischen Akademie der Wissenschaften, Jg. 1958, Nr. 1, S. 1–28 (hier zitiert als 1958 a).
- Kulturphilosophische Pädagogik oder Kulturpädagogik? In: Album Prof. J. E. Verheyen. Gent 1959, S. 99–103.
- Für und wider die »Kulturpädagogik«. In: WOLFGANG BREZINKA (Hrsg.): Weltweite Erziehung. Freiburg 1961 (Herder), S. 41–50.
- Beiträge zur Theorie der Erziehung. Neue Folge. Graz 1965 (Böhlaus).

MENZE, CLEMENS: Die Hinwendung der deutschen Pädagogik zu den Erfahrungswissenschaften vom Menschen. In: Neue Folge der Ergänzungshefte zur Vierteljahrsschrift für Wissenschaftliche Pädagogik, Heft 5, Bochum 1966, S. 26–52.
- Erziehungswissenschaft und Erziehungslehre. In: FRANZ HOLTKEMPER (Hrsg.): Pädagogische Blätter. Ratingen 1967 (Henn), S. 302–332.
- »Auf dem Boden des unsichtbaren Gottes«. In: Pädagogische Rundschau, 22. Jg. (1968), S. 643–658.

MERTON, ROBERT K.: Die Eigendynamik gesellschaftlicher Voraussagen. In: TOPITSCH 1965, S. 144–161.

MESSER, AUGUST: Pädagogik der Gegenwart. Leipzig ²1931 (Kröner).

METZGER, WOLFGANG: Der Auftrag des Elternhauses. In: FERDINAND OETER (Hrsg.): Familie im Umbruch. Gütersloh 1960 (Mohn), S. 156–232.
- Psychologie. Darmstadt ³1963 (Steinkopff).
- Was ist Pädagogik – was könnte sie sein? München 1969 (Ehrenwirth).

MEUMANN, ERNST: Abriß der experimentellen Pädagogik (1914). Leipzig ²1920 (Engelmann).

MEYER, HILBERT L.: Das ungelöste Deduktionsproblem in der Curriculumforschung. In: ACHTENHAGEN und MEYER 1972, S. 106–132.
- Einführung in die Curriculum-Methodologie. München 1972 (Kösel), (hier zitiert als 1972 a).

MILL, JOHN STUART: A System of Logic. London 1843; gekürzte Ausgabe herausg. von ERNEST NAGEL: John Stuart Mill's Philosophy of Scientific Method. New York 1950 (Hafner).
- System der deduktiven und induktiven Logik. Übersetzt von THEODOR GOMPERZ. Bd. 1, Leipzig 1872 (Fues).

- System der deduktiven und induktiven Logik. Bd. 3, Neudruck der Ausgabe Leipzig 1886. Aalen 1968 (Scientia).
MILLS, CHARLES WRIGHT: Kritik der soziologischen Denkweise. Neuwied 1963 (Luchterhand).
MISES, RICHARD VON: Wahrscheinlichkeit, Statistik und Wahrheit. Wien ⁴1972 (Springer).
MITTELSTRASS, JÜRGEN: Philosophie und Wissenschaft. In: Die Möglichkeit von Wissenschaft. Frankfurt 1974 (Suhrkamp), S. 8–28.
MITTER, WOLFGANG (Hrsg.): Pädagogik und Schule im Systemvergleich. Bildungsprobleme moderner Industriegesellschaften in Ost und West. Freiburg 1974 (Herder).
MÖBUS, GERHARD: Unterwerfung durch Erziehung. Zur politischen Pädagogik im sowjetisch besetzten Deutschland. Mainz 1965 (Hase und Koehler).
MOLLENHAUER, KLAUS: Erziehung und Emanzipation. München 1968 (Juventa).
- Theorien zum Erziehungsprozeß. München 1972 (Juventa).
MOMMSEN, HANS: Historische Methode. In: WALDEMAR BESSON (Hrsg.): Geschichte. Frankfurt 1961 (Fischer Lexikon), S. 78–91.
MONNEROT, JULES: Soziologie des Kommunismus. Köln 1952 (Kiepenheuer).
MONROE, PAUL (Hrsg.): A Cyclopedia of Education. 5 Bände, New York 1911–13. (Macmillan).
MONTESSORI, MARIA: Selbsttätige Erziehung im frühen Kindesalter. Nach den Grundsätzen der wissenschaftlichen Pädagogik methodisch dargelegt. Stuttgart 1913 (Hoffmann).
MORRIS, BEN: The Contribution of Psychology to the Study of Education. In: J. W. TIBBLE (Hrsg.): The Study of Education. London 1966 (Routledge and Kegan Paul), S. 133–178.
MORRIS, VAN CLEVE: Existentialism in Education. New York 1966 (Harper and Row).
MORSCHER, EDGAR: Philosophische Begründung von Rechtsnormen? In: HANS KÖCHLER (Hrsg.): Philosophie und Politik. Innsbruck 1973 (Arbeitsgemeinschaft für Wissenschaft und Politik), S. 31–46.
- Das Basis-Problem in der Theologie. In: ERIKA WEINZIERL (Hrsg.): Der Modernismus. Beiträge zu seiner Erforschung. Graz 1973 (Styria), S. 331–368 (hier zitiert als 1973a).
- Philosophische Grundlagen der Normenproblematik. Ungedruckte Habilitationsschrift. Salzburg 1974 (erscheint demnächst im Verlag Anton Hain, Meisenheim).
- Das Sein-Sollen-Problem logisch betrachtet. Eine Übersicht über den gegenwärtigen Stand der Diskussion. In: Conceptus, Zeitschrift für Philosophie, 8. Jg. (1974), S. 5–29 (hier zitiert als 1974a).
MÜHLMANN, WILHELM E.: Kindheit und Jugend in traditionalen und progressiven Gesellschaften. In: Jugend in der Gesellschaft. Ein Symposion. München 1975 (Deutscher Taschenbuchverlag), S. 79–97.
MURAI, MINORU: Das Wesen der Pädagogik. In: Kultur und Erziehung. Beiträge aus Deutschland und Japan. 1. Jg., Tokio 1969, S. 56–73.
MUTH, JAKOB: Pädagogischer Takt. Monographie einer aktuellen Form erzieherischen und didaktischen Handelns. Heidelberg ²1967 (Quelle und Meyer).

NAGEL, ERNEST: The Structure of Science. New York 1961 (Harcourt, Brace and World).
- Der Einfluß von Wertorientierungen auf die Sozialforschung. In: ALBERT und TOPITSCH 1971, S. 237–260.
NAJDER, ZDZISLAW: Values and Evaluations. London 1975 (Oxford University Press).
NEIDHARDT, FRIEDHELM: Die Junge Generation. Jugend und Gesellschaft in der Bundesrepublik. Opladen 1970 (Leske).
- »Modernisierung« der Erziehung. Ansätze und Thesen zu einer Soziologie der Sozialisation. In: FRANZ RONNEBERGER (Hrsg.): Sozialisation durch Massenkommunikation. Stuttgart 1971 (Enke), S. 1–20.
NELSON, LEONARD: System der philosophischen Ethik und Pädagogik. Göttingen

²1949 (Öffentliches Leben).
NEWSOME, GEORGE L.: In what Sense is Theory a Guide to Practice in Education? In: Educational Theory, Vol. 14 (1964), S. 31–39 und 64.
– Educational Knowledge and Philosophy of Education. In: Educational Theory, Vol. 17 (1967), S. 48–55.
NEZEL, IVO: Strukturalistische Erziehungswissenschaft. Weinheim 1976 (Beltz).
NICKEL, HORST: Beiträge zur Psychologie des Lehrerverhaltens. Psychologische Aspekte einer nichtautoritären Erziehung in der Schule. München 1974 (Reinhardt).
NICKLIS, WERNER S.: Curriculumforschung im Karussell methodologischer Vorerwägungen. In: JOHANNES FLÜGGE (Hrsg.): Pädagogischer Fortschritt? Bad Heilbrunn 1972 (Klinkhardt), S. 51–79.
NICOLIN, FRIEDHELM: Die systematische Stellung der Geschichte der Pädagogik seit Herbart und Schleiermacher. In: Kritik und Metaphysik. Festschrift für Heinz Heimsoeth, Berlin 1966 (de Gruyter), S. 299–315. Nachdruck in: SCHALLER und SCHÄFER 1967, S. 109–127.
– (Hrsg.): Pädagogik als Wissenschaft. Darmstadt 1969 (Wissenschaftliche Buchgesellschaft).
– Geschichte der Pädagogik. In: JOSEF SPECK und GERHARD WEHLE (Hrsg.): Handbuch pädagogischer Grundbegriffe. Bd. 1, München 1970 (Kösel), S. 493–516.
– Die »historische Dimension« der Pädagogik. In: WINFRIED BÖHM und JÜRGEN SCHRIEWER (Hrsg.): Geschichte der Pädagogik und systematische Erziehungswissenschaft. Stuttgart 1975 (Klett), S. 87–108.
NIETZSCHE, FRIEDRICH: Vom Nutzen und Nachteil der Historie für das Leben. In: Werke, Bd. 1. Leipzig 1895 (Naumann).
– Jenseits von Gut und Böse. In: Werke, Bd. 7. Leipzig 1895 (Naumann), (hier zitiert als 1895a).
NIEUWENHUIS, H.: Ideal und Wirklichkeit in Bezug auf das pädagogische Handeln und Denken. In: SIEGFRIED OPPOLZER (Hrsg.): Erziehungswissenschaft 1971 zwischen Herkunft und Zukunft der Gesellschaft. Wuppertal 1971 (Henn), S. 261–272.
NIPPERDEY, THOMAS: Geschichte der Erziehung, allgemeine Geschichte, historische Anthropologie. In: Göttingische Gelehrte Anzeigen, 216. Jg. (1964), S. 249–272.
– Die anthropologische Dimension in der Geschichtswissenschaft. In: Gesellschaft, Kultur, Theorie. Göttingen 1976 (Vandenhoeck), S. 33–58.
NOHL, HERMAN: Erziehergestalten. Göttingen 1958 (Vandenhoeck).
– Die pädagogische Bewegung in Deutschland und ihre Theorie. Frankfurt ³1949 (Schulte-Bulmke).

O'CONNOR, D. J.: An Introduction to the Philosophy of Education. London 1957 (Routledge and Kegan Paul).
OELKERS, JÜRGEN: Die Vermittlung zwischen Theorie und Praxis in der Pädagogik. München 1976 (Kösel).
OPP, KARL-DIETER: Zur Anwendung sozialwissenschaftlicher Theorien für praktisches Handeln. In: Zeitschrift für die gesamte Staatswissenschaft, 123. Jg. (1967), S. 393–418.
– Soziales Handeln, Rollen und soziale Systeme. Stuttgart 1970 (Enke).
– Methodologie der Sozialwissenschaften. Einführung in die Probleme ihrer Theorienbildung. Reinbek 1976 (Rowohlt).
OSSOWSKA, MARIA: Gesellschaft und Moral. Die historische und soziale Bedingtheit sittlicher Grundhaltungen. Düsseldorf 1972 (Patmos).

PAGÉS, ROBERT: Das Experiment in der Soziologie. In: RENÉ KÖNIG (Hrsg.): Handbuch der empirischen Sozialforschung. Bd. 1, Stuttgart ²1967 (Enke), S. 415–450 und 740–752.
PARETO, VILFREDO: Die Methode in der Soziologie (1906). In: Ausgewählte Schriften. Herausgegeben von CARLO MONGARDINI. Frankfurt 1976 (Ullstein), S. 163–175.
– System der allgemeinen Soziologie. Deutsche Auswahl herausg. von GOTTFRIED

EISERMANN, Stuttgart 1962 (Enke).
PAULSEN, FRIEDRICH: System der Ethik. Stuttgart ⁶1903 (Cotta).
PEIRCE, CHARLES SANDERS: Einige Konsequenzen aus vier Unvermögen (1868). In: Schriften I. Zur Entstehung des Pragmatismus. Herausg. von KARL-OTTO APEL. Frankfurt 1967 (Suhrkamp).
PERKINSON, HENRY J.: The Imperfect Panacea: American Faith in Education 1865–1976. New York ²1977 (Random House).
PERQUIN, NICOLAAS C. A.: Pädagogik. Zur Besinnung auf das Phänomen der Erziehung. Düsseldorf 1961 (Patmos).
PETERS, R. S.: Ethics and Education. London 1966 (Allen and Unwin). Deutsch: Ethik und Erziehung. Düsseldorf 1972 (Schwann).
PETERSEN, PETER: Von der Pädagogik zur Erziehungswissenschaft. In: Europäischer Wissenschaftsdienst, 3. Jg. (1943), Nr. 6, S. 18–21.
– Eigenständige (Autonome) Erziehungswissenschaft und Jenaplan im Dienste der pädagogischen Tatsachenforschung und der Lehrerbildung. München 1951 (Kaiser).
– Führungslehre des Unterrichts. Braunschweig ⁴1953 (Westermann).
PETZELT, ALFRED: Grundzüge systematischer Pädagogik (1947). Freiburg ³1964 (Lambertus).
– Grundlegung der Erziehung (1954). Freiburg ²1961 (Lambertus).
PFEFFER, FRITZ: Die pädagogische Idee Otto Willmanns in der Entwicklung. Freiburg 1962 (Herder).
PIAGET, JEAN: Erkenntnistheorie der Wissenschaften vom Menschen. Frankfurt 1973 (Ullstein).
PIEPER, JOSEF: Die Aktualität der Kardinaltugenden: Klugheit, Gerechtigkeit, Tapferkeit, Maß. In: VIKTOR FRANKL, JOSEF PIEPER und HELMUT SCHOECK: Altes Ethos – neues Tabu. Köln 1974 (Adamas), S. 11–31.
PLESSNER, HELMUT: Zum Situationsverständnis gegenwärtiger Philosophie. In: ALWIN DIEMER und IVO FRENZEL (Hrsg.): Philosophie. Frankfurt 1958 (Fischer Lexikon), S. 9–17.
PÖGGELER, FRANZ: Die Voraussetzungen der Pädagogik. In: Die Bayerische Schule, 12. Jg. (1959), S. 518–519.
POPPER, KARL R.: Was ist Dialektik? (1949). In: TOPITSCH 1965, S. 262–290.
– Die offene Gesellschaft und ihre Feinde. 2 Bde., Bern 1958 (Francke).
– Die Logik der Sozialwissenschaften. In: Kölner Zeitschrift für Soziologie und Sozialpsychologie, 14. Jg. (1962), S. 233–248. Nachdruck in: ADORNO u. a. 1972, S. 103–123.
– Über die Unwiderlegbarkeit philosophischer Theorien einschließlich jener, welche falsch sind. In: Club Voltaire. Jahrbuch für kritische Aufklärung. Bd. I, München 1963 (Szczesny), S. 271–279.
– Naturgesetze und theoretische Systeme. In: HANS ALBERT (Hrsg.): Theorie und Realität. Tübingen 1964 (Mohr), S. 87–102.
– Conjectures and Refutations. London ²1965 (Routledge and Kegan Paul).
– Das Elend des Historizismus. Tübingen 1965 (Mohr), (hier zitiert als 1965 a).
– Logik der Forschung. Tübingen ²1966 (Mohr).
– Objektive Erkenntnis. Ein evolutionärer Entwurf. Hamburg 1973 (Hoffmann und Campe).
PRICE, KINGSLEY: History of Philosophy of Education. In: PAUL EDWARDS (Hrsg.): The Encyclopedia of Philosophy. Vol. 6, New York 1967 (Macmillan), S. 230–243.

RADNITZKY, GERHARD: Contemporary Schools of Metascience. 2 Bände, Göteborg (Schweden) 1968 (Akademiförlaget).
RASCHERT, JÜRGEN: Möglichkeiten und Grenzen der Forschung bei der Findung, Begründung und Auswahl von Lernzielen. In: HEINRICH ROTH und DAGMAR FRIEDRICH (Hrsg.): Bildungsforschung. Bd. 2, Stuttgart 1975 (Klett), S. 55–85.
RASSEM, MOHAMMED: Entdeckung und Formierung der Jugend in der Neuzeit. In: Jugend in der Gesellschaft. Ein Symposion. München 1975 (Deutscher Taschenbuch Verlag), S. 98–117.

Rebel, Karlheinz (Hrsg.): Zwang – Autorität – Freiheit in der Erziehung. Texte zum Autoritätsproblem. Weinheim 1967 (Beltz).
Redl, Fritz und Wineman, David: Controls from Within. Techniques for the Treatment of the Aggressive Child. New York ³1966 (Free Press). Deutsche Teilübersetzung unter dem Titel: Steuerung des aggressiven Verhaltens beim Kind. München 1976 (Piper).
– Children who hate. The Disorganization and Breakdown of Behavior Controls. New York ⁵1967 (Free Press). Gekürzte deutsche Übersetzung: Kinder, die hassen. Fehlfunktionen des Ich bei milieugeschädigten Kindern. Freiburg 1970 (Lambertus).
Reichenbach, Hans: Experience and Prediction. An Analysis of the Foundations and the Structure of Knowledge. Chicago 1938 (University of Chicago Press).
– Der Aufstieg der wissenschaftlichen Philosophie. Berlin 1953 (Herbig).
Rein, Wilhelm: Pädagogik im Grundriß. Leipzig ⁴1908 (Göschen).
– Pädagogik in systematischer Darstellung. 3 Bände, Langensalza ²1911/12 (Beyer).
– (Hrsg.): Enzyklopädisches Handbuch der Pädagogik. 10 Bände, Langensalza ²1903–10 (Beyer).
Reininger, Robert: Wertphilosophie und Ethik. Wien ²1946 (Braumüller).
Rescher, Nicholas: The Ethical Dimension of Scientific Research. In: Robert G. Colodny (Hrsg.): Beyond the Edge of Certainty. Essays in Contemporary Science and Philosophy. Bd. 2, Englewood Cliffs, N. J. 1965 (Prentice-Hall), S. 261–276.
Richter, E.: Pädagoge. In: Josef Spieler (Hrsg.): Lexikon der Pädagogik der Gegenwart. Bd. 2, Freiburg 1932 (Herder), Sp. 529–530.
Riesman, David/Denney, Reuel/Glazer, Nathan: Die einsame Masse. Eine Untersuchung der Wandlungen des amerikanischen Charakters. Hamburg 1958 (Rowohlt).
Ritter: Kritik der Pädagogik zum Beweis der Notwendigkeit einer allgemeinen Erziehungswissenschaft. In: Philosophisches Journal einer Gesellschaft Teutscher Gelehrten. Herausg. von J. G. Fichte und F. J. Niethammer, 8. Bd., 1. Heft, Jena 1798, S. 47–85.
Ritter, Joachim: Die Lehre vom Ursprung und Sinn der Theorie bei Aristoteles. In: Metaphysik und Politik. Frankfurt 1969 (Suhrkamp), S. 9–33.
– »Politik« und »Ethik« in der praktischen Philosophie des Aristoteles. Ebenda, S. 106–132.
Ritzel, Wolfgang: Pädagogik als praktische Wissenschaft. Heidelberg 1973 (Quelle und Meyer).
Röhrs, Hermann: Allgemeine Erziehungswissenschaft (¹1969). Weinheim ³1973 (Beltz).
Rössner, Lutz: Jugend in der Offenen Tür. München 1962 (Juventa).
– Erziehungswissenschaft und Kritische Pädagogik. Stuttgart 1974 (Kohlhammer).
– Rationalistische Pädagogik. Ein erziehungswissenschaftliches Programm. Stuttgart 1975 (Kohlhammer).
– Pädagogik und empirische Sozialwissenschaften. In: Josef Speck (Hrsg.): Problemgeschichte der neueren Pädagogik. Bd. 2, Stuttgart 1976 (Kohlhammer), S. 60–106.
– Erziehungs- und Sozialarbeitswissenschaft. Eine einführende Systemskizze. München 1977 (Reinhardt).
Rohracher, Hubert: Einführung in die Psychologie. Wien ⁸1963 (Urban und Schwarzenberg).
– Selbstdarstellung in: Psychologie in Selbstdarstellungen. Herausg. von Ludwig J. Pongratz, Werner Traxel und Ernst G. Wehner. Bern 1972 (Huber), S. 256–287.
Rolfus, Hermann und Pfister, Adolph (Hrsg.): Real-Encyclopädie des Erziehungs- und Unterrichtswesens nach katholischen Principien. 4 Bände, Mainz 1863–1866 (Kupferberg).
Roloff, Ernst M. (Hrsg.): Lexikon der Pädagogik. 5 Bände, Freiburg 1913–17 (Herder).

ROMBACH, HEINRICH: Vergleich der Standpunkte und Skizze einer verbindenden Position. In: Konfessionalität und Erziehungswissenschaft. Freiburg 1965 (Herder), S. 78–86.
– Der Kampf der Richtungen in der Wissenschaft. In: Zeitschrift für Pädagogik, 13. Jg. (1967), S. 37–69.
ROSS, ALF: Kritik der sogenannten praktischen Erkenntnis. Leipzig 1933 (Meiner).
ROTH, HEINRICH: Psychologie und Pädagogik und das Problem einer Pädagogischen Psychologie. In: JOSEF DERBOLAV und HEINRICH ROTH (Hrsg.): Psychologie und Pädagogik. Heidelberg 1959 (Quelle und Meyer), S. 77–138. Nachdruck in: HEINRICH ROTH: Erziehungswissenschaft, Erziehungsfeld und Lehrerbildung. Hannover 1967 (Schroedel), S. 57–112.
– Pädagogische Anthropologie. Bd. I: Bildsamkeit und Bestimmung. Hannover 1966 (Schroedel).
– Pädagogische Anthropologie. Bd. II: Entwicklung und Erziehung. Hannover 1971 (Schroedel).
ROTHACKER, ERICH: Logik und Systematik der Geisteswissenschaften. München 1927 (Oldenbourg).
RUDNER, RICHARD S.: Philosophy of Social Science. Englewood Cliffs, N. J. 1966 (Prentice-Hall).
RYAN, ALAN: Die Philosophie der Sozialwissenschaften. München 1973 (List).
RYANS, DAVID G.: Einige Beziehungen zwischen Schülerverhalten und gewissen Verhaltensweisen des Lehrers. In: FRANZ WEINERT (Hrsg.): Pädagogische Psychologie. Köln ²1967 (Kiepenheuer), S. 323–335.

SACHSE, J. J.: Geschichte und Theorie der Erziehungsstrafe. Paderborn ²1894 (Schöningh).
SAILER, JOHANN MICHAEL: Über Erziehung für Erzieher. Herausg. von EUGEN SCHOELEN, Paderborn 1962 (Schöningh).
SALZMANN, CHRISTIAN GOTTHILF: Krebsbüchlein oder Anweisung zu einer unvernünftigen Erziehung der Kinder (1780). Berlin 1948 (Volk und Wissen).
– Konrad Kiefer oder Anweisung zu einer vernünftigen Erziehung der Kinder (1796). Hrsg. von THEO DIETRICH. Bad Heilbrunn 1961 (Klinkhardt).
– Ameisenbüchlein oder Anweisung zu einer vernünftigen Erziehung der Erzieher (1806). Hrsg. von THEO DIETRICH. Bad Heilbrunn ²1964 (Klinkhardt).
SAVIGNY, EIKE VON: Grundkurs im wissenschaftlichen Definieren. München ²1971 (Deutscher Taschenbuch Verlag).
SCHÄFERS, BERNHARD: Soziologische Erkenntnis und pädagogischer Reduktionismus. Über den Deutungszwang in den Sozialwissenschaften am Beispiel soziologischer Aussagen zu Jugend und Jugendprotest. In: Soziale Welt, 25. Jg. (1974), S. 246–257.
SCHAFF, ADAM: Unscharfe Ausdrücke und die Grenzen ihrer Präzisierung. In: Essays über die Philosophie der Sprache. Wien 1968 (Europa), S. 65–94.
– Die funktionelle Definition der Ideologie und das Problem: »Ende des Zeitalters der Ideologie?« In: Conceptus. Zeitschrift für Philosophie, 7. Jg. (1973), Nr. 21/22, S. 65–75.
SCHALLER, KLAUS: Pädagogik. In: Enzyklopädisches Handbuch der Sonderpädagogik. 13. Lieferung, Berlin 1967 (Marhold), Sp. 2437–2451.
– (Hrsg.): Erziehungswissenschaft und Erziehungsforschung. Ein Repertorium zur Methodologie der Pädagogik. Hamburg 1968 (Leibniz).
– Pädagogische Terminologie. In: HANS-HERMANN GROOTHOFF und MARTIN STALLMANN (Hrsg.): Neues Pädagogisches Lexikon. Stuttgart 1971 (Kreuz), Sp. 843–845.
– und SCHÄFER, KARL-H. (Hrsg.): Bildungsmodelle und Geschichtlichkeit. Ein Repertorium zur Geschichte der Pädagogik. Hamburg 1967 (Leibniz).
SCHEFFLER, ISRAEL: Toward an Analytic Philosophy of Education (1954). In: BURNS und BRAUNER 1962, S. 333–340.
– Is Education a Discipline? In: SCHEFFLER (Hrsg.): Philosophy and Education. Boston 1966 (Allyn and Bacon), S. 64–77.
– Die Sprache der Erziehung. Düsseldorf 1971 (Schwann).

SCHEIBE, WOLFGANG: Die Strafe als Problem der Erziehung. Eine historische und systematische pädagogische Untersuchung. Weinheim 1967 (Beltz).
SCHELER, MAX: Weltanschauungslehre, Soziologie und Weltanschauungssetzung. In: Moralia. Leipzig 1923 (Der Neue Geist), S. 1–25.
– Der Formalismus in der Ethik und die materiale Wertethik. Bern [4]1954 (Francke).
– Vom Wesen der Philosophie und der moralischen Bedingung des philosophischen Erkennens. In: Vom Ewigen im Menschen. Bern [4]1954 (Francke), S. 61–99 (hier zitiert als 1954a).
– Zur Rehabilitierung der Tugend. In: Vom Umsturz der Werte. Bern [4]1955 (Francke), S. 13–31.
SCHELSKY, HELMUT: Ortsbestimmung der deutschen Soziologie. Düsseldorf [3]1967 (Diederichs).
SCHILLER, FRIEDRICH: Über die ästhetische Erziehung des Menschen (1795). Leipzig o. J. (Meiner).
SCHINDLER, INGRID: Aufgaben der Erziehungshistorie. In: Bildung und Erziehung, 29. Jg. (1976), S. 434–449.
SCHISCHKOFF, GEORGI (Hrsg.): Philosophisches Wörterbuch. Stuttgart [18]1969 (Kröner).
SCHLEIERMACHER, FRIEDRICH: Pädagogische Schriften. Herausg. von ERICH WENIGER. 2 Bände, Düsseldorf 1957 (Küpper).
SCHMIDKUNZ, HANS: Bestandstücke der Pädagogik. In: JOSEF SPIELER (Hrsg.): Lexikon der Pädagogik der Gegenwart. Bd. 1, Freiburg 1930 (Herder), Sp. 303–308.
SCHMITT, RUDOLF: Religiöse Erziehung – ohne Erfolg? Zielanalyse als Voraussetzung der Erfolgskontrolle. Weinheim 1971 (Beltz).
SCHNEIDER, FRIEDRICH: Unterrichten und Erziehen als Beruf. Eine christliche Berufsethik für den Pädagogen. Einsiedeln 1940 (Benziger); 2., unveränderte Auflage unter dem Titel: Der christliche Erzieher. Das pädagogische Ethos in Unterricht und Erziehung. Graz 1947 (Pustet).
– Einführung in die Erziehungswissenschaft (1948). Graz [2]1953 (Styria).
SCHNEIDER, KARL: Das Problem der Beschreibung in der Erziehungswissenschaft. Heidelberg 1971 (Quelle und Meyer).
SCHOLL-SCHAAF, MARGRET: Werthaltung und Wertsystem. Ein Plädoyer für die Verwendung des Wertkonzepts in der Sozialpsychologie. Bonn 1975 (Bouvier).
SCHOPENHAUER, ARTHUR: Aphorismen zur Lebensweisheit. In: Sämtliche Werke, Bd. 5, Leipzig 1891 (Brockhaus).
– Über Schriftstellerei und Stil. In: Parerga und Paralipomena. Sämtliche Werke, Bd. 6, Leipzig [2]1891 (Brockhaus), (hier zitiert als 1891a).
SCHRÖDINGER, ERWIN: Was ist ein Naturgesetz? Beiträge zum naturwissenschaftlichen Weltbild. Darmstadt [2]1967 (Wissenschaftliche Buchgesellschaft).
SCHÜLLER, BRUNO: Die Begründung sittlicher Urteile. Typen ethischer Argumentation in der katholischen Moraltheologie. Düsseldorf 1973 (Patmos).
SCHÜTZ, ALFRED: Das Problem der sozialen Wirklichkeit. (Gesammelte Aufsätze, Bd. 1). Den Haag 1971 (Nijhoff).
– Strukturen der Lebenswelt. In: Gesammelte Aufsätze, Bd. 3. Den Haag 1971 (Nijhoff), S. 153–170 (hier zitiert als 1971a).
SCHULZE, WINFRIED: Soziologie und Geschichtswissenschaft. München 1974 (Fink).
SCHUPPE, E.: Paidagogos. In: Paulys Realencyclopädie der classischen Altertumswissenschaft, neu bearbeitet von GEORG WISSOWA. Bd. XVIII 2, Stuttgart 1942 (Druckenmüller), Sp. 2375–85.
SCHURR, JOHANNES: Die Krise der wissenschaftlichen Pädagogik im Spiegel ihres eigenen Mißverständnisses. In: Pädagogische Rundschau, 21. Jg. (1967), S. 437–442.
SCHWARZ, F. H. CHRISTIAN: Erziehungslehre. Bd. 1: Geschichte der Erziehung. Leipzig [2]1829 (Göschen).
– Lehrbuch der Erziehungs- und Unterrichtslehre ([3]1835). Paderborn 1968 (Schöningh).
SCHWARZER, ROLF und STEINHAGEN, KLAUS: Adaptiver Unterricht. Zur Wechselwirkung von Schülermerkmalen und Unterrichtsmethoden. München 1975 (Kösel).

SCRIVEN, MICHAEL: A Possible Distinction between Traditional Scientific Disciplines and the Study of Human Behavior. In: HERBERT FEIGL und MICHAEL SCRIVEN (Hrsg.): Minnesota Studies in the Philosophy of Sciences. Vol. I, Minneapolis 1956 (University of Minnesota Press), S. 330–339.
– The Philosophy of Science in Educational Research. In: Review of Educational Research, Vol. 30 (1960), S. 422–429.
SEARS, ROBERT R.: A Theoretical Framework for Personality and Social Behavior. In: JUDY F. ROSENBLITH und WESLEY ALLINSMITH (Hrsg.): The Causes of Behavior. Boston 1966 (Allyn and Bacon), S. 123–130.
SEIFFERT, HELMUT: Erziehungswissenschaft im Umriß. Stuttgart 1969 (Kohlhammer).
SELLS, S. B.: Dimensions of Stimulus Situations which Account for Behavior Variance. In: SELLS (Hrsg.): Stimulus Determinants of Behavior. New York 1963 (Ronald), S. 3–15.
SHERIF, MUZAFER: The Psychology of Social Norms. New York 1966 (Harper).
SHIELDS, JAMES J.: Social Foundations of Education: The Problem of Relevance. In: The Teachers College Record, Vol. 70 (1968/69), S. 77–87.
– Foundations of Education: Relevance redefined. In: The Teachers College Record, Vol. 71 (1969/70), S. 187–198.
SHULMAN, LEE S.: Reconstruction of Educational Research. In: Review of Educational Research, Vol. 40 (1970), S. 371–396.
SIGWART, CHRISTOPH: Logik. Tübingen ⁵1924 (Mohr).
SKOWRONEK, HELMUT und SCHMIED, DIETER (Hrsg.): Forschungstypen und Forschungsstrategien in der Erziehungswissenschaft. Hamburg 1977 (Hoffmann und Campe).
SLOAN, DOUGLAS: Historiography and the History of Education. In: Review of Research in Education. Vol. 1 (1973), S. 239–269.
SMITH, B. OTHANEL und ENNIS, ROBERT H. (Hrsg.): Language and Concepts in Education. Chicago 1961 (Rand McNally).
SOLOMON, DANIEL / ROSENBERG, LARRY / BEZDEK, WILLIAM E.: Lehrerverhalten und Lernerfolg. In: MANFRED HOFER und FRANZ WEINERT (Hrsg.): Pädagogische Psychologie. Reader zum Funk-Kolleg, Bd. 2. Frankfurt 1973 (Fischer).
SOLTIS, JONAS F.: Einführung in die Analyse pädagogischer Begriffe. Düsseldorf 1971 (Schwann).
SPAEMANN, ROBERT: Autonomie, Mündigkeit, Emanzipation. Zur Ideologisierung von Rechtsbegriffen. In: SIEGFRIED OPPOLZER (Hrsg.): Erziehungswissenschaft 1971 zwischen Herkunft und Zukunft der Gesellschaft. Wuppertal 1971 (Henn), S. 317–324.
– Emanzipation – ein Bildungsziel? In: CLEMENS PODEWILS (Hrsg.): Tendenzwende? Stuttgart 1975 (Klett), S. 75–93.
SPECK, JOSEF: Pädagogik und Anthropologie. In: SPECK (Hrsg.): Problemgeschichte der neueren Pädagogik. Bd. 2, Stuttgart 1976 (Kohlhammer), S. 7–59.
SPIELER, JOSEF: Pädagogik als Erziehungswissenschaft. In: Lexikon der Pädagogik der Gegenwart. Bd. 2, Freiburg 1932 (Herder), Sp. 530–534.
SPINNER, HELMUT: Theorie. In: HERMANN KRINGS u. a. (Hrsg.): Handbuch philosophischer Grundbegriffe. Bd. 3, München 1974 (Kösel), S. 1486–1516.
SPRANGER, EDUARD: Die Bedeutung der wissenschaftlichen Pädagogik für das Volksleben (1920). In: HERMANN RÖHRS (Hrsg.): Erziehungswissenschaft und Erziehungswirklichkeit. Frankfurt 1964 (Akademische Verlagsgesellschaft), S. 9–23; ferner in: SPRANGER: Philosophische Pädagogik. Heidelberg 1973 (Quelle und Meyer), S. 260–274.
– Das deutsche Bildungsideal der Gegenwart in geschichtsphilosophischer Beleuchtung. Leipzig 1928 (Quelle und Meyer).
– Umrisse der philosophischen Pädagogik (1933). In: Gesammelte Schriften, Bd. II. Heidelberg 1973 (Quelle und Meyer), S. 7–61.
– Erziehungsethik (1951). In: Gesammelte Schriften, Bd. I. Heidelberg 1969 (Quelle und Meyer), S. 406–419.
– Der geborene Erzieher. Heidelberg 1958 (Quelle und Meyer).
– Vom Wissenschaftscharakter der Pädagogik. In: Das Gesetz der ungewollten Ne-

benwirkungen in der Erziehung. Heidelberg 1962 (Quelle und Meyer), S. 110–129.
– Die wissenschaftlichen Grundlagen der Schulverfassungslehre und Schulpolitik (1928). Bad Heilbrunn 1963 (Klinkhardt).
STEGMÜLLER, WOLFGANG: Das Wahrheitsproblem und die Idee der Semantik. Eine Einführung in die Theorien von A. Tarski und R. Carnap. Wien 1957 (Springer).
– Der Begriff des Naturgesetzes. In: Studium Generale, 19. Jg. (1966), S. 649–657.
– Einheit und Problematik der wissenschaftlichen Welterkenntnis. München 1967 (Hueber).
– Probleme und Resultate der Wissenschaftstheorie und Analytischen Philosophie. Bd. 1: Wissenschaftliche Erklärung und Begründung. Berlin 1969 (Springer); Bd. 2: Theorie und Erfahrung, 1970; Bd. 4: Personelle und statistische Wahrscheinlichkeit, 1973.
– Hauptströmungen der Gegenwartsphilosophie. Stuttgart ⁴1969 (Kröner), (hier zitiert als 1969 a).
– Die Ergebnisse der Erkenntnistheorie. In: LEONHARD REINISCH (Hrsg.): Grenzen der Erkenntnis. Freiburg 1969 (Herder), S. 11–30 (hier zitiert als 1969 b).
– Metaphysik, Skepsis, Wissenschaft. Berlin ²1969 (Springer), (hier zitiert als 1969 c).
– Das Problem der Induktion: Humes Herausforderung und moderne Antworten. In: HANS LENK (Hrsg.): Neue Aspekte der Wissenschaftstheorie. Braunschweig 1971 (Vieweg), S. 13–74.
STEIN, ALOIS VON DER: Der Systembegriff in seiner geschichtlichen Entwicklung. In: ALWIN DIEMER (Hrsg.): System und Klassifikation in Wissenschaft und Dokumentation. Meisenheim 1968 (Hain), S. 1–14.
STEINER MACCIA, ELIZABETH: Toward Educational Theorizing without Mistake. In: Studies in Philosophy and Education, Vol. 7 (1969), S. 154–157.
STELLWAG, HELENA W. F.: De verhouding van de wetenschap der obvoeding tot de praktijk. In: Jaarboek van de nederlandse vereniging van obvoedkundigen 1964–1965. Groningen 1967 (Wolters), S. 205–231.
– Van de pedagogiek naar de wetenschap der opvoeding. In: Pedagogische Studien, 49. Jg. (1972), S. 67–72.
STERN, ERICH: Einleitung in die Pädagogik. Halle 1922 (Niemeyer).
STETTNER, MARKO: Randbemerkungen zur metapädagogischen Gegenwartskrise. In: Unser Weg (Graz), 23. Jg. (1968), S. 45–67. Nachdruck in: STETTNER: Manipulation und Pädagogik. Graz 1973 (Leykam), S. 61–90.
STEVENSON, CHARLES L.: Ethics and Language. New Haven 1944 (Yale University Press).
STIEGLITZ, HEINRICH: Sozialisierung als Erziehung zu sozialem Denken. In: PANOS XOCHELLIS und HELMUT DEBL (Hrsg.): Denkmodelle für die Pädagogik. München 1975 (Ehrenwirth), S. 133–173.
STIERAND, GERHARD: Die Vereinigung von Rationalismus und Irrationalismus durch Brezinka. In: Akademie der Pädagogischen Wissenschaften der Deutschen Demokratischen Republik (Hrsg.): Jahrbuch 1975. Berlin 1975 (Volk und Wissen), S. 192–214.
STOCKHAMMER, MORRIS: Philosophisches Wörterbuch. Köln 1967 (Universitätsverlag).
STOY, KARL VOLKMAR: Encyclopädie der Pädagogik. Leipzig 1861 (Engelmann).
STRASSER, STEPHAN: Phänomenologie und Erfahrungswissenschaft vom Menschen. Grundgedanken zu einem neuen Ideal der Wissenschaftlichkeit. Berlin 1964 (de Gruyter).
– Erziehungswissenschaft – Erziehungsweisheit. München 1965 (Kösel).
– Pädagogische Gesamttheorie als praktische Wissenschaft. Versuch einer aufbauenden Kritik im Zusammenhang mit Wolfgang Brezinkas »Von der Pädagogik zur Erziehungswissenschaft«. In: Zeitschrift für Pädagogik, 18. Jg. (1972), S. 659–684.
STREBEL, V.: Hofmeister. In: K. A. SCHMID (Hrsg.): Encyklopädie des gesamten Erziehungs- und Unterrichtswesens. Bd. 3, Gotha 1862 (Besser), S. 549–558.
STRÖKER, ELISABETH: Falsifizierbarkeit als Kennzeichen naturwissenschaftlicher

Theorien. Zu Karl R. Poppers Logik der Forschung. In: Kant-Studien, 59. Jg. (1968), S. 495–512.
- Einführung in die Wissenschaftstheorie. Darmstadt 1973 (Wissenschaftliche Buchgesellschaft).

STROHAL, RICHARD: Autorität. Ihr Wesen und ihre Funktion im Leben der Gemeinschaft. Eine psychologisch-pädagogische Darstellung. Freiburg 1955 (Herder).
- Bemerkungen zu dem Begriff der psychischen Disposition und seiner Bedeutung für die Pädagogik. In: WOLFGANG BREZINKA (Hrsg.): Weltweite Erziehung. Freiburg 1961 (Herder), S. 251–262.

STÜTTGEN, ALBERT: Das Dilemma der Erziehungswissenschaft. Verwissenschaftlichung und Praxisverlust in der Pädagogik. Ratingen 1975 (Henn).

SUCHODOLSKI, BOGDAN: Pädagogik am Scheideweg. Essenz und Existenz. Wien o. J. (Europa).

TARSKI, ALFRED: Introduction to Logic and to the Methodology of the Deductive Sciences. New York 1941 (Oxford University Press).

TAUSCH, REINHARD und ANNE-MARIE: Erziehungspsychologie. Göttingen [7]1973 (Verlag für Psychologie).

TENORTH, HEINZ-ELMAR: Geschichte und Traditionalisierung. Zur Wissenschaftsgeschichte der Historiographie in der Geisteswissenschaftlichen Pädagogik. In: Bildung und Erziehung, 29. Jg. (1976), S. 494–508.

THEOBALD, D. W.: Grundzüge der Wissenschaftsphilosophie. Stuttgart 1973 (Reclam).

THIELE, GUNNAR: Art und Umfang der Geschichtsschreibung der Erziehung. In: Zeitschrift für Geschichte der Erziehung und des Unterrichts, 22. Jg. (1932), S. 110–124.

THOMAS, WILLIAM I.: Person und Sozialverhalten. Neuwied 1965 (Luchterhand).

THURNER, FRANZ: Ängstlichkeit: Eine Persönlichkeitsvariable und ihre Auswirkungen. In: Psychologische Rundschau, 21. Jg. (1970), S. 187–213.

TOLLKÖTTER, BERNHARD: Erziehung und Selbstsein. Das pädagogische Grundproblem im Werke von Karl Jaspers. Ratingen 1961 (Henn).

TOPITSCH, ERNST: Ideologie. In: Staatslexikon. Herausg. von der Görres-Gesellschaft. Bd. 4, Freiburg [6]1959 (Herder), Sp. 193–201.
- Über Leerformeln. In: TOPITSCH (Hrsg.): Probleme der Wissenschaftstheorie. Wien 1960 (Springer), S. 233–264.
- (Hrsg.): Logik der Sozialwissenschaften. Köln 1965 (Kiepenheuer).
- Sprachlogische Probleme der sozialwissenschaftlichen Theoriebildung. In: TOPITSCH 1965, S. 17–36.
- Sozialphilosophie zwischen Ideologie und Wissenschaft. Neuwied [2]1966 (Luchterhand).
- Die Freiheit der Wissenschaft und der politische Auftrag der Universität. Neuwied 1968 (Luchterhand).
- Mythische Modelle in der Erkenntnislehre. In: Mythos – Philosophie – Politik. Zur Naturgeschichte der Illusion. Freiburg 1969 (Rombach), S. 79–120.

TOULMIN, STEPHEN EDELSTON: An Examination of the Place of Reason in Ethics. Cambridge 1968 (University Press).
- Einführung in die Philosophie der Wissenschaft. Göttingen o. J. (Vandenhoeck).

TRAPP, ERNST CHRISTIAN: Versuch einer Pädagogik. Berlin 1780 (Nicolai). Neu herausgegeben von THEODOR FRITZSCH, Leipzig 1913 (Koehler).

TRAVERS, ROBERT M. W.: An Introduction to Educational Research. New York [2]1964 (Macmillan).
- Einführung in die erziehungswissenschaftliche Forschung. München 1972 (Oldenbourg).

TRIER, JOST: Die Worte des Wissens. In: Mitteilungen des Universitätsbundes Marburg 1931, S. 33–40.

TRIESCHMAN, ALBERT E./WHITTAKER, JAMES K./BRENDTRO, LARRY K.: Erziehung im therapeutischen Milieu. Freiburg 1975 (Lambertus).

ULICH, DIETER (Hrsg.): Theorie und Methode der Erziehungswissenschaft. Weinheim 1972 (Beltz).
- Wissenschaftsmodell und Gesellschaftsbild. Brezinkas Metatheorie im Consensus-Modell gesellschaftlichen Handelns. In: Zeitschrift für Pädagogik, 18. Jg. (1972), S. 397–418. Nachdruck in: ULICH 1972, S. 295–324.
ULICH, ROBERT: Philosophy of Education. New York 1961 (American Book).
Ullstein Lexikon der deutschen Sprache. Frankfurt 1969 (Ullstein).
USLAR, DETLEV VON: Das Problem der Deutung in der Psychologie. In: RÜDIGER BUBNER u. a. (Hrsg.): Hermeneutik und Dialektik. Bd. 2, Tübingen 1970 (Mohr), S. 337–351.

VOGEL, AUGUST: Systematische Encyklopädie der Pädagogik. Eisenach 1881 (Bacmeister).
VOGT, KLAUS: Empirische Erziehungswissenschaft – ein systematisch verkürztes Theoriemodell. In: Pädagogische Rundschau, 31. Jg. (1977), S. 3–32.
VRIES, JOSEF DE: Wissenschaft. In: WALTER BRUGGER (Hrsg.): Philosophisches Wörterbuch. Freiburg ¹⁴1976 (Herder), S. 472–473.

WAGNER, HANS: Philosophie und Reflexion. München ²1967 (Reinhardt).
WAGNER, JULIUS: Einführung in die Pädagogik als Wissenschaft. Leipzig 1926 (Quelle und Meyer).
WAITZ, THEODOR: Allgemeine Pädagogik. Braunschweig ⁴1898 (Vieweg).
WALK, LEOPOLD: Die Erziehung bei den Naturvölkern. In: Handbuch der Erziehungswissenschaft, V. Teil, Bd. 1. München 1934 (Kösel und Pustet), S. 23–99.
WALTERS, RICHARD H. und PARKE, ROSS D.: The Influence of Punishment and Related Disciplinary Techniques on the Social Behavior of Children: Theory and Empirical Findings. In: Progress in Experimental Personality Research, Vol. 4 (1967), S. 179–228.
WALTON, JOHN und KUETHE, JAMES L. (Hrsg.): The Discipline of Education. Madison 1963 (University of Wisconsin Press).
WEBER, MAX: Wissenschaft als Beruf (1919). In: Gesammelte Aufsätze zur Wissenschaftslehre. Tübingen ³1968 (Mohr), S. 582–613.
- Methodologische Schriften. Studienausgabe. Frankfurt 1968 (Fischer).
- Wirtschaft und Gesellschaft. Grundriß der Verstehenden Soziologie. Studienausgabe. Tübingen ⁵1972 (Mohr).
WEINBERGER, OTA: Rechtslogik. Wien 1970 (Springer).
WEINGARTNER, PAUL: Wissenschaftstheorie I. Einführung in die Hauptprobleme. Stuttgart 1971 (Frommann-Holzboog).
- Sind die Wissenschaften wertfrei? In: MICHAEL FISCHER u. a. (Hrsg.): Dimensionen des Rechts. Gedächtnisschrift für René Marcic. Berlin 1974 (Duncker und Humblot), S. 441–454.
WEISCHEDEL, WILHELM: Skeptische Ethik. Frankfurt 1976 (Suhrkamp).
WELDON, THOMAS D.: Kritik der politischen Sprache. Neuwied 1962 (Luchterhand).
WELLENDORF, FRANZ: Zur Situation des höheren Schülers in Familie und Schule. In: MANFRED LIEBEL und FRANZ WELLENDORF: Schülerselbstbefreiung. Frankfurt ³1970 (Suhrkamp), S. 11–91.
WELLMANN, CARL: The Language of Ethics. Cambridge, Mass. 1961 (Harvard University Press).
WENIGER, ERICH: Zur Geistesgeschichte und Soziologie der pädagogischen Fragestellung (1936). In: HERMANN RÖHRS (Hrsg.): Erziehungswissenschaft und Erziehungswirklichkeit. Frankfurt 1964 (Akademische Verlagsgesellschaft), S. 346–362.
- Die Eigenständigkeit der Erziehung in Theorie und Praxis. Weinheim 1953 (Beltz).
- Theorie der Bildungsinhalte und des Lehrplans. Weinheim ³1960 (Beltz).
WERDER, LUTZ VON: Erziehung und gesellschaftlicher Fortschritt. Einführung in eine soziologische Erziehungswissenschaft. Frankfurt 1976 (Ullstein).
WICHMANN, OTTOMAR: Erziehungs- und Bildungslehre. Halle 1935 (Waisenhaus).
WILHELM, THEODOR: Pragmatische Pädagogik. In: THOMAS ELLWEIN u. a. (Hrsg.):

Erziehungswissenschaftliches Handbuch. Bd. 4, Berlin 1975 (Rembrandt), S. 147–204.

WILLMANN, OTTO: Über die Erhebung der Pädagogik zur Wissenschaft (1898). In: Kleine pädagogische Schriften. Herausg. von JOSEPH ANTZ und EUGEN SCHOELEN. Paderborn 1959 (Schöningh), S. 39–56.
– Wissenschaftliche Pädagogik und christliche Erziehungsweisheit (1903). In: Aus Hörsaal und Schulstube. Freiburg ²1912 (Herder), S. 38–43.
– Historische Pädagogik. In: Encyklopädisches Handbuch der Pädagogik. Herausg. von WILHELM REIN. Bd. 4, Langensalza ²1906 (Beyer), S. 396–402.
– Aristoteles als Pädagog und Didaktiker. Berlin 1909 (Reuther und Reichard).
– Erziehung. In: ERNST M. ROLOFF (Hrsg.): Lexikon der Pädagogik. Bd. 1, Freiburg 1913 (Herder), Sp. 1156–1162.
– Wissenschaftliche Pädagogik. In: ERNST M. ROLOFF (Hrsg.): Lexikon der Pädagogik. Bd. 5, Freiburg 1917 (Herder), Sp. 854–857,
– Didaktik als Bildungslehre (Bd. I: 1882, Bd. II: 1888). Wien ⁶1957 (Herder).

WILSON, JOHN: Language and the Pursuit of Truth. Cambridge 1956 (University Press).

– WILLIAMS, NORMAN/SUGARMAN, BARRY: Introduction to Moral Education. Harmondsworth, Middlesex 1967 (Penguin).

WINDELBAND, WILHELM: Geschichte und Naturwissenschaft (1894). In: Präludien. Bd. II, Tübingen ⁶1919 (Mohr), S. 136–160.
– Was ist Philosophie? Ebenda, Bd. I, S. 1–54.

WINNEFELD, FRIEDRICH: Pädagogischer Kontakt und pädagogisches Feld. München 1957 (Reinhardt).
– (Pseudonym: BERNHARD CAVEMANN): Pädagogische Situation und pädagogisches Feld. In: HANS MIESKES (Hrsg.): Jena-Plan, Anruf und Antwort. Gedenkschrift zum 80. Geburtstag Peter Petersens. Oberursel 1965 (Finken), S. 37–66.
– Erziehungswissenschaft – Utopie oder Wirklichkeit? (1970). In: ULICH 1972, S. 123–162.

WITTGENSTEIN, LUDWIG: Tractatus logicophilosophicus. In: Schriften, Bd. I, Frankfurt 1960 (Suhrkamp).

WOHLGENANNT, RUDOLF: Was ist Wissenschaft? Braunschweig 1969 (Vieweg).
– Der Philosophiebegriff. Seine Entwicklung von den Anfängen bis zur Gegenwart. Wien 1977 (Springer).

WOLF, KARL: Die Gerechtigkeit des Erziehers. München 1962 (Kösel).
– Konkrete Bildung. Wien ²1972 (Cura).
– Zu Brezinkas »Metatheorie der Erziehung«. In: Unser Weg. Pädagogische Zeitschrift (Graz), 27. Jg. (1972), S. 195–199 (hier zitiert als 1972a).
– Pluralistische Gesellschaft und Erziehung. In: Erziehung und Unterricht, 125. Jg. (1975), S. 768–775.

WOODY, THOMAS: Life and Education in Early Societies. New York 1949 (Macmillan). Nachdruck New York 1970 (Hafner).

WRIGHT, GEORG HENRIK VON: A Treatise on Induction and Probability. Paterson, N. J. 1960 (Littlefield, Adams).
– The Varieties of Goodness. London 1963 (Routledge and Kegan Paul).
– Norm and Action. London 1963 (Routledge and Kegan Paul), (hier zitiert als 1963a).
– Erklären und Verstehen. Frankfurt 1974 (Athenäum Fischer).
– Handlung, Norm und Intention. Berlin 1977 (de Gruyter).

ZDARZIL, HERBERT: Pädagogische Anthropologie. Heidelberg 1972 (Quelle und Meyer).

ZECHA, GERHARD: Zum Normproblem in der Erziehungswissenschaft. In: Zeitschrift für Pädagogik, 18. Jg. (1972), S. 583–598.
– Wie lautet das »Prinzip der Wertfreiheit«? In: Kölner Zeitschrift für Soziologie und Sozialpsychologie, 28. Jg. (1976), S. 609–648.
– Philosophische Grundlagen der pädagogischen Wert- und Zielproblematik. Ungedruckte Habilitationsschrift. Salzburg 1977 (Druck für 1978 vorgesehen).

ZEDLER, HANS-PETER: Zur Logik von Legitimationsproblemen. Möglichkeiten der

Begründung von Normen. München 1976 (Kösel).
ZENKE, KARL: Pädagogik – Kritische Instanz der Bildungspolitik? Zur technischen und emanzipatorischen Relevanz der Erziehungswissenschaft. München 1972 (List).
ZETTERBERG, HANS L.: Theorie, Forschung und Praxis in der Soziologie. In: RENÉ KÖNIG (Hrsg.): Handbuch der Empirischen Sozialforschung. Bd. I, Stuttgart ²1967 (Enke), S. 64–104.
ZILLER, TUISKON: Einleitung in die allgemeine Pädagogik. Langensalza ²1901 (Beyer).
ZIMMERMANN, EKKART: Das Experiment in den Sozialwissenschaften. Stuttgart 1972 (Teubner).

Personenregister

Abb, Edmund 17
Abel, Theodore 181
Acham, Karl 171, 179
Achinstein, Peter 87
Achtenhagen, Frank 91
Adler, Mortimer J. 197, 203
Adorno, Theodor W. 75, 177
Aichhorn, August 147
Albert, Hans 18, 19, 21, 23, 33, 35, 65, 88, 89, 97, 98, 99, 100, 110, 122, 127, 137, 142, 160, 164, 167, 174, 195, 215, 267, 268, 269
Albrecht, Günther 180
Allport, Gordon W. 89, 141, 266
Anderson, Richard G. 99
Andreski, Stanislav 91
Antz, Louise 199
Archambault, Reginald D. 244
Ariès, Philippe 184
Aristoteles 5, 11, 12, 199, 206, 213, 219
Arnstine, Donald 4
Aschersleben, Karl 152, 167
Atteslander, Peter 150, 162
Ausubel, David P. 158, 227, 244

Baier, Kurt 224, 229
Baldwin, James M. 246
Ballauf, Theodor 17, 209
Barion, Jakob 21, 24
Baumrind, Diana 99
Bayles, Ernest E. 199
Becher, Erich 194, 195, 196
Becker, Wesley C. 99, 153
Behn, Siegfried 206, 214
Beneke, Friedrich Eduard 60, 245
Benner, Dietrich 8, 9
Bennett, Neville 154
Berelson, Bernard 142, 152
Berg, Jan Hendrik van den 184
Bergmann, Gustav 255
Bernfeld, Siegfried 1, 2, 63, 64, 114, 187
Best, Edward 79, 222, 244
Bettelheim, Bruno 147
Betti, Emilio 173, 174
Bildungsrat, Deutscher 215, 226, 256
Black, Max 82, 146
Blankertz, Herwig 9, 82, 214, 232
Bloch, Ernst 74
Bochenski, Joseph M. 8, 92, 121, 128, 161, 179
Bödecker, Willi 147
Böversen, Fritz 261

Bohne, Gerhard 255
Bohnen, Alfred 35, 87
Bokelmann, Hans 9, 273
Bollnow, Otto Friedrich V, VI, 5, 72, 128, 129, 146, 170, 174, 178, 181, 196, 199, 210, 221, 225, 226, 230, 234
Bopp, Linus 186
Bosl, Karl 171
Bowlby, John 149
Brandt, Ahasver von 180, 187
Brandtstädter, Jochen 72
Brauner, Charles J. 2, 17, 190, 244
Brecht, Arnold 18, 19, 103, 241
Bredenkamp, Jürgen 146
Breed, Frederick S. 199
Brentano, Franz 191, 192, 195, 213, 219
Brezinka, Wolfgang V, VI, 8, 26, 38, 39, 44, 45, 52, 59, 63, 64, 73, 80, 85, 91, 96, 109, 149, 166, 169, 185, 187, 202, 203, 216, 220, 221, 223, 229, 230, 263, 265, 272, 277
Brodbeck, May 151
Bromme, Rainer 129
Bronfenbrenner, Urie 150
Broudie, Harry S. 199
Brubacher, John S. 199
Brunnengräber, Hans 168, 183
Buber, Martin 229, 231, 266
Bühler, Charlotte 266
Büttemeyer, Wilhelm 110
Buhr, Manfred 153
Bunge, Mario 18, 25, 35, 36, 82, 88, 113, 115, 117, 119, 120, 121, 122, 123, 124, 141, 160, 164, 165
Burckhardt, Jacob 168
Burns, Hobert W. 190
Busemann, Adolf 21, 41, 142, 266
Butler, J. Donald 199
Butts, R. Freeman 4

Cahn, Steven M. 199
Caldwell, Bettye M. 153
Campbell, Norman 119
Carnap, Rudolf 82, 87, 88, 121, 123, 124, 125, 135
Carpenter, Finley 258
Carr, Edward Hallet 171, 180
Casler, Lawrence 149
Cathrein, Viktor 213
Chwostow, W. M. 75
Clements, Millard 79
Cohn, Jonas 7, 189, 196, 205, 210,

310

228, 231, 233
Comenius, Johann Amos 13, 198, 207
Comte, Auguste 241, 263
Connell, William F. 4
Copi, Irving 79
Cube, Felix von 227

Dahmer, Ilse 13, 251
Dahrendorf, Ralf 157
Debus, R. L. 4
Degenkolbe, Gert 222
Derbolav, Josef 4, 7, 21, 27, 71, 72, 172, 230, 231, 247
Descartes, René 23
Dewey, John 25, 196, 198, 199, 200, 201, 202, 203
Diemer, Alwin 31, 106, 107, 108, 117, 146, 189, 200, 269
Dietrich, Albert 73
Dietrich, Theo 234
Dilthey, Wilhelm 16, 54, 56, 61, 67, 107, 108, 114, 173, 202, 208, 210, 225, 226, 245, 248
Döpp-Vorwald, Heinrich 245
Dohmen, Günther 26, 244
Dolch, Josef 9, 46, 89, 168, 170, 182, 184, 214
Dreikurs, Rudolf 231, 271
Dubislav, Walter 102, 110, 225
Ducasse, C. J. 277
Durkheim, Emile 8, 9, 11, 41, 42, 53, 54, 56, 96, 205, 217, 220, 236, 237, 238, 239, 240, 241, 242, 263

Eastman, George 24, 25
Ebel, Robert L. 3
Eggersdorfer, Franz Xaver 55, 200, 254
Eigen, Manfred 141
Eigler, Gunther 150, 233
Eisermann, Gottfried 171, 179
Eisler, Rudolf 246
Elzer, Hans-Michael 17
Endres, Walter 91
Ennis, Robert H. 87
Erdmann, Karl Otto 80, 81
Erlinghagen, Karl 26, 73
Essler, Wilhelm K. 16

Faber, Karl-Georg 169, 173, 176, 179, 181, 182, 187
Feigl, Herbert 35, 127, 229
Fend, Helmut 96
Feuerstein, Thomas 76
Feyerabend, Paul K. 35
Fichte, Johann Gottlieb 28
Fijalkowski, Jürgen 33
Fink, Eugen 199, 233
Fischer, Aloys 2, 3, 53, 54, 55, 56, 62, 69, 70, 114, 115, 146, 245
Flammer, August 154
Flitner, Andreas 72, 91
Flitner, Wilhelm V, 6, 15, 17, 63, 70, 83, 94, 96, 168, 172, 173, 174, 175, 178, 181, 186, 200, 209, 210, 211, 215, 246, 250, 251, 252, 274
Foerster, Friedrich Wilhelm 205, 261
Frankena, William K. 96, 199, 201, 202, 206, 207, 215, 223, 224, 229
Frankl, Viktor E. 266
Freud, Sigmund 25
Frey, Gerhard 75, 191, 192, 193, 195
Freyer, Hans 57
Friedrichs, Jürgen 146
Frischeisen-Köhler, Max 7, 9, 53, 57, 61, 104, 196, 200, 209, 248
Fritzsch, Theodor 62
Fröhlich, Werner D. 85
Froese, Leonhard 172, 246
Funke, Gerhard 75, 174, 179, 191, 193

Gadamer, Hans-G. 174
Gamm, Hans-Jochen 9, 29, 76, 186
Gehlen, Arnold 70, 71, 256
Geiger, Theodor 256
Geissler, Erich E. 63
Gerner, Berthold 231
Geyser, Joseph 62
Giese, Fritz 205, 208
Giesecke, Hermann 17, 209, 263
Giesen, Bernhard 156
Glöckner, Peter-Heinrich 84
Gmurman, W. J. 73, 74, 75
Goethe, Johann Wolfgang 218
Göttler, Joseph 73
Goldschmidt, Dietrich 76
Goldstein, Leon J. 106, 107, 169, 180
Gomperz, Heinrich 110, 181, 277
Gomperz, Theodor 190
Goode, William J. 147
Gowin, D. B. 4, 199
Graumann, Carl Friedrich 67, 158
Groothoff, Hans Hermann 17, 71, 172, 245
Guyer, Walter 17

Habermas, Jürgen 35, 68, 75, 251
Haddan, Eugene E. 258
Häberlin, Paul 96
Händle, Christa 76
Hamann, Bruno 237, 277
Hare, Richard M. 87, 224, 260
Hartman, Robert S. 214
Hartmann, Nicolai 57, 195, 214
Haseloff, Otto Walter 223
Hatt, Paul K. 147
Heckhausen, Heinz 94

Hedinger, Hans-Walter 169
Hegel, Georg W. Friedrich 16, 43
Heid, Helmut 234, 259, 267, 268
Heidegger, Martin 174
Heitger, Marian 245
Hempel, Carl Gustav 18, 35, 82, 87, 113, 119, 121, 155, 156, 157, 160, 167, 179, 181
Henry, Jules 185
Hentig, Hartmut von 96, 221
Henz, Hubert 17, 107, 209
Herbart, Johann Friedrich 7, 11, 12, 13, 14, 16, 39, 43, 60, 67, 77, 78, 94, 95, 96, 111, 173, 178, 187, 197, 198, 204, 205, 208, 215, 229, 231, 273
Herold, N. 119
Herrmann, Theo 107, 142
Herrmann, Ulrich 176, 177, 178, 185
Hesse, Hans A. 232
Heyde, Johannes Erich 93
Hilgard, Ernest R. 158
Hilgenheger, Norbert VI, 226, 264
Hillebrecht, Werner 169, 176, 177, 178
Hirscher, Johann Baptist 13
Hirst, Paul H. 4, 5, 244
Hömberg, Eckhard 129
Hoerster, Norbert 195
Hoffmeister, Johannes 246
Hofmann, Franz VI, 110, 265
Hofmann, Hans-Georg 75
Hofstätter, Peter R. 162
Holzkamp, Klaus, 113, 159
Homans, George Caspar 69, 72, 138, 147
Honigsheim, Paul 263
Horkheimer, Max 75, 251
Horne, Hermann H. 199
Horney, Walter 221
Hornstein, Walter 185
Hospers, John 82, 119, 195, 223, 224
Huijts, Joseph H. 212
Hume, David 133
Husserl, Edmund 141, 192

Immisch, Peter 152

Jaeger, Werner 186
Jaspers, Karl 199
Johannesson, Ingvar 148
Johnston, Herbert 206
Juhos, Béla 124, 135
Junghänel, Günther 231
Junker, Detlef 103

Kainz, Friedrich 79, 80
Kammari, M. D. 74
Kammel, Willibald 214
Kanitscheider, Bernulf 119

Kant, Immanuel 39, 192, 193, 199, 213, 219
Kaplan, Abraham 18, 32, 67, 68, 82, 86, 87, 113, 116, 124, 141, 153
Kastil, Alfred 192, 194
Kaufmann, Walter 206, 228
Kaulbach, Friedrich 146, 215
Keiler, Peter 212
Kempski, Jürgen von 17, 174
Kentler, Helmut 147
Kerlinger, Fred N. 67, 69, 150
Kessen, William 87
Kirn, Paul 180
Klafki, Wolfgang 76, 201
Klauer, Karl Josef 62, 148, 150, 151, 167, 229, 232, 234
Klaus, Georg 75, 153
Kleinberger, Aharon Fritz 232
Klima, Rolf 142
Kluckhohn, Clyde 69, 141
Kneller, George F. 87, 199, 201, 203
König, Eckard 9, 39, 215, 234, 245
König, Helmut 73, 175, 176
König, René 36
Komisar, B. Paul 209, 223
Koroljow, F. F. 73, 74, 75
Kotarbinski, Tadeusz 247
Kraft, Julius 65, 75
Kraft, Victor 8, 16, 25, 32, 34, 35, 39, 60, 75, 79, 87, 92, 93, 94, 95, 106, 113, 117, 118, 119, 121, 123, 124, 125, 127, 128, 129, 131, 132, 133, 137, 142, 148, 161, 179, 181, 190, 191, 214, 224, 229, 270
Kramer, Horst 74
Kraus, Oskar 93
Krieck, Ernst 56, 58, 61, 73, 74, 114, 186, 196, 201, 202, 203
Kroeber, Alfred L. 68
Kröber, Günter 119
Kroeber-Riel, Werner 87, 88
Kroh, Oswald 53, 209
Krumm, Volker 233
Kuethe, James L. 4
Kuhn, Thomas 89

Lange, Max G. 186
Langeveld, Martinus J. VI, 17, 39, 62, 170
Laska, John A. 4, 29
Lassahn, Rudolf 9, 245
Laucken, Uwe 150, 151
Laufs, Joachim 232
Lautmann, Rüdiger 212
Lazarsfeld, Paul F. 23
Leinfellner, Werner 34, 35, 116
Lemberg, Eugen 21, 25
Lempert, Wolfgang 76
Lengrand, Paul 187

Lenk, Hans 35, 137, 160
Lennert, Rudolf VI
Lévi-Strauss, Claude 91
Levit, Martin 4
Lewin, Kurt 52, 54
Lichtenstein, Ernst 13
Lieberman, Myron 22
Lingelbach, Karl Christoph 73
Linke, Werner 71
Lippitt, Ronald 148
Litt, Theodor 5, 83, 84, 94, 248, 249, 250, 251
Lobkowicz, Nikolaus 75, 116
Loch, Werner 72, 87
Lochner, Rudolf 1, 5, 8, 9, 17, 28, 39, 40, 42, 45, 53, 54, 56, 58, 59, 61, 70, 114, 115, 168, 210, 236, 240, 241, 242, 252, 260, 263, 267
Locke, John 207
Löwith, Karl 101
Loos, Joseph 16
Lorenzen, Paul 40
Lucas, Christopher J. 233
Lübbe, Hermann 21, 218
Lüdtke, Hartmut 146
Lundgreen, Peter 188

MacKenzie, Norman 67
MacMillan, C. J. B. 199
März, Fritz 17
Maier, Franz Georg 180
Makarenko, Anton Semjonowitsch 231
Malinin, V. I. VI, 110
Mandler, George 87
Mannheim, Karl 256
Manz, Wolfgang 232
Maritain, Jacques 94, 203
Marrou, Henri-Irénée 10, 169, 176, 180, 187
Martinak, Eduard 53, 54, 56, 57, 61
Massarik, Fred 266
Masterman, Margaret 89
Matthias, Adolf 247, 271, 272
Mayntz, Renate 149, 150, 219
McClellan, James E. 199, 209, 223
McGucken, William 203
McMurrin, Sterling M. 203
Meister, Richard 6, 10, 26, 53, 57, 58, 61, 66, 68, 69, 104, 168, 170, 184, 197, 210, 221, 242, 243, 245, 246
Menze, Clemens 14, 261, 262, 263, 264
Merton, Robert K. 98
Messer, August 247
Metzger, Wolfgang 17, 142, 271
Meumann, Ernst 62
Meyer, Hilbert L. 91, 226
Mill, John Stuart V, 16. 60, 64, 131, 148, 163, 243
Mills, Charles Wright 171
Mises, Richard von 122
Mittelstrass, Jürgen 193
Möbus, Gerhard 186
Mollenhauer, Klaus VI, 29, 76, 209, 211, 215, 252
Mommsen, Hans 180
Monnerot, Jules 186
Monroe, Paul 16
Montaigne, Michel de 238
Montessori, Maria 2, 114
Morris, Ben 258
Morris, Van Cleve 199
Morscher, Edgar 95, 96, 102, 116, 224
Mühlmann, Wilhelm E. 184
Murai, Minoru 30, 244
Murray, Henry A. 141
Muth, Jakob 234

Nagel, Ernest 16, 18, 35, 104, 110, 119, 137, 142, 181
Najder, Zdzislaw 93, 94, 95, 96, 110, 224
Neidhardt, Friedhelm 85, 86
Nelson, Leonard 61
Newsome, George L. 79, 244
Nezel, Ivo 10
Niblett, W. R. 4
Nickel, Horst 231
Nicklis, Werner S. 232
Nicolin, Friedhelm 1, 39, 168, 169, 170, 172, 187, 242
Nietzsche, Friedrich 216, 217, 219, 266
Nieuwenhuis, H. 17, 18
Nipperdey, Thomas 169, 185
Nohl, Herman 94, 172, 248, 250

O'Connor, Daniel J. 199, 244
Oelkers, Jürgen 270
Opp, Karl-Dieter 122, 159
Oppenheim, Paul 157
Ossowska, Maria 212, 219, 247

Pagès, Robert 148
Pareto, Vilfredo 25, 31, 223, 236
Parke, Ross D. 153
Parsons, Talcott 91
Paulsen, Friedrich 213
Peirce, Charles Sanders 23, 24, 137
Perkinson, Henry J. 187
Perquin Nicolaas C. A. 17
Pestalozzi, Johann Heinrich 238
Peters, Richard S. 17, 210
Petersen, Peter 28
Petzelt, Alfred 222
Pfeffer, Fritz 16, 41, 53, 54, 55, 56, 61, 69, 237, 259

Pfister, Adolph 12
Piaget, Jean 67, 77, 107
Pieper, Josef 221
Plato 186, 196, 198, 199
Plessner, Helmut 17
Pöggeler, Franz 263
Popper, Karl R. 24, 31, 34, 35, 65, 88, 113, 116, 117, 123, 125, 127, 128, 129, 131, 132, 133, 134, 136, 142, 155, 160, 162, 166, 191, 192, 254, 267
Price, Kingsley 198

Rabelais, François 238
Radnitzky, Gerhard 32, 33, 173
Raschert, Jürgen 227
Rassem, Mohammed 184
Rebel, Karlheinz 210
Redl, Fritz 147, 208, 272
Reichenbach, Hans 119, 122, 123, 127, 191
Rein, Wilhelm 14, 16, 107, 198, 204, 205, 208, 247
Reininger, Robert 93, 213, 225
Rescher, Nicholas 99
Richter, E. 1
Riesman, David 217
Ritter 28
Ritter, Joachim 13, 190
Ritzel, Wolfgang 17
Röhrs, Hermann 17, 86, 88, 200
Rössner, Lutz 9, 40, 76, 110, 147, 152, 223, 227
Rohracher, Hubert 65
Rolfus, Hermann 12
Roloff, Ernst M. 16
Rombach, Heinrich VI, 74, 263
Ross, Alf 241, 263
Roth, Heinrich 70, 72, 96, 225
Rothacker, Erich 16, 85, 247, 256, 257
Rousseau, Jean Jacques 238
Rudner, Richard S. 72, 97, 127
Rürup, Reinhard 188
Ryan, Alan 154, 159, 167
Ryans, David G. 149

Sachnowskij, Gabriele 231
Sachse, J. J. 210
Sailer, Johann Michael 14
Salzmann, Christian Gotthilf 207, 230, 231, 234
Savigny, Eike von 87
Schäfer, Karl-H. 168
Schäfers, Bernhard 140, 144
Schaff, Adam 21, 82
Schaller, Klaus 69, 83, 88, 168
Scheffler, Israel 3, 71, 85, 87, 199
Scheibe, Wolfgang 210

Scheler, Max 96, 191, 192, 193, 194, 213, 221
Schelsky, Helmut 180
Schick, August 150, 151
Schiel, Johannes 16
Schiller, Friedrich 186
Schindler, Ingrid 168, 169, 170, 178, 188
Schischkoff, Georgi 246
Schleiermacher, Friedrich 6, 11, 12, 13, 60, 61, 251
Schmid, Michael 156
Schmidkunz, Hans 54
Schmied, Dieter 148, 150, 167
Schmitt, Rudolf 222
Schneider, Friedrich 17, 27, 63, 96, 152, 210, 230, 231, 234
Schneider, Karl 146
Scholl-Schaaf, Margret 212
Schopenhauer, Arthur 52, 91
Schrödinger, Erwin 120, 123
Schüller, Bruno 267
Schütz, Alfred 24, 141
Schulze, Theodor 13
Schulze, Winfried 109, 171, 179
Schuppe, E. 1
Schurr, Johannes VI
Schwarz, Friedrich Heinrich Christian 11, 172, 182
Schwarzer, Rolf 154
Scriven, Michael 91, 161
Sears, Robert R. 67
Seiffert, Helmut 17
Sells, Saul B. 158
Sherif, Muzafer 212
Shields, James J. 29
Shulman, Lee S. 150
Sieber, Sam D. 23
Sigwart, Christoph 64, 119, 131, 132, 133
Skinner, Burrhus F. 25
Skowronek, Helmut 148, 150, 167
Sloan, Douglas 185, 186
Smith, B. Othanel 87
Solomon, Daniel 149
Soltis, Jonas F. 87
Soltz, Vicki 231, 271
Spaemann, Robert 223
Speck, Josef 40, 72, 187
Spieler, Josef 245
Spinner, Helmut 116, 143
Spranger, Eduard 17, 27, 88, 170, 196, 197, 210, 230, 231, 250
Stegmüller, Wolfgang 8, 18, 32, 33, 35, 36, 82, 87, 89, 92, 119, 121, 122, 123, 129, 130, 131, 132, 134, 136, 142, 144, 154, 156, 157, 158, 159, 160, 178, 179, 181, 191, 192, 193
Stein, Alois von der 107

Steiner, Gary A. 142, 152
Steiner Maccia, Elizabeth 38, 200
Steinhagen, Klaus 154
Stellwag, Helena W. F. VI, 244
Stern, Erich 9
Stettner, Marko VI
Stevenson, Charles L. 87, 224, 271
Stieglitz, Heinrich 86
Stierand, Gerhard 110, 264, 265
Stockhammer, Morris 246
Stoy, Karl Volkmar 168, 182, 183, 184, 186, 187, 208, 247
Strasser, Stephan VI, 200, 201, 203, 274, 277
Strebel, V, 13
Ströker, Elisabeth 35, 124, 135
Strohal, Richard 210, 221
Stüttgen, Albert 270
Suchodolski, Bogdan 203

Tarski, Alfred 155
Tausch, Reinhard u. Anne-Marie 231
Tenorth, Heinz-Elmar 175
Theobald, D. W. 138, 153
Thiele, Gunnar 169
Thomas, William I. 52
Thurner, Franz 154
Tollkötter, Bernhard 199
Topitsch, Ernst 18, 21, 23, 34, 35, 77, 98, 100, 110, 222, 223, 259, 263, 264
Toulmin, Stephen Edelston 164, 224
Trapp, Ernst Christian 1, 39
Travers, Robert M. W. 17, 150, 166
Trier, Jost 11
Trieschman, Albert E. 147

Ulich, Dieter VI, 122
Ulich, Robert 203
Uslar, Detlev von 139, 140

Vogel, August 45
Vogt, Klaus VI, 62
Vries, Josef de 55

Wagner, Hans 193
Wagner, Julius 69

Waitz, Theodor 6, 13, 43, 60, 112, 198, 204, 205, 208
Walk, Leopold 10
Walters, Richard H. 153
Walton, John 4
Weber, Max 39, 45, 97, 101, 102, 110, 129, 262
Wehle, Gerhard 187
Weinberger, Ota 220, 225, 228
Weingartner, Paul 6, 7, 19, 31, 65, 95, 97, 107, 116
Weischedel, Wilhelm 212
Weldon, Thomas D. 87
Wellendorf, Franz 209
Wellmann, Carl 87
Weniger, Erich 14, 84, 85, 184, 214, 250, 251
Werder, Lutz von 94
White, Ralph K. 148
Wichmann, Ottomar 63
Wilhelm, Theodor 9, 203
Willmann, Otto 13, 16, 19, 41, 53, 54, 55, 56, 61, 69, 114, 168, 172, 173, 182, 183, 184, 208, 209, 214, 220, 236, 237, 238, 242, 247, 259, 266, 277
Wilson, John 20, 221
Windelband, Wilhelm 107, 109, 190, 191, 193
Wineman, David 147, 208, 272
Winnefeld, Friedrich 54, 55, 146, 166, 231
Wittgenstein, Ludwig 189
Wohlgenannt, Rudolf 31, 35, 82, 89, 107, 117, 127, 191, 197, 270
Wolf, Karl VI, 210, 221, 230, 234
Woody, Thomas 10
Wright, Georg Henrik von 35, 138, 148, 153, 156, 181, 212, 214

Zdarzil, Herbert 72
Zecha, Gerhard VII, 100, 104, 224, 225, 226, 229
Zedler, Hans-Peter 223, 227
Zenke, Karl 76
Zetterberg, Hans L. 153
Ziller, Tuiskon 43, 205, 208
Zimmermann, Ekkart 149

Sachregister

Aberglaube, pädagogischer 187
Abgrenzung 2, 77, 243 ff.
Ableitbarkeit 225 f., 237
Ableitung 205 f., 226, 270 (siehe auch: Deduktion)
Absicht 138
Ängstlichkeit 154 f.
Allgemeingültigkeit 123 f., 242, 250
Allgemeinheit 82, 108, 121
Analytische Philosophie 32, 33, 35, 192 f.
Antecedensbedingung 149, 155 f., 162
Anwendung wissenschaftlicher Erkenntnis 98f., 143 ff., 269
Apriorismus 35
Arbeitsteilung in der Pädagogik 26 ff., 224, 273
Aussage 7, 18 (siehe auch: Satz)
–, allgemeine 131
–, empirische 118, 223
–, generelle 131
–, gesetzesartige 119
–, singuläre 119
Außenlenkung 217
Axiologie 195, 214, 219

Basissatz 130, 132, 134, 135, 180
–, normativer 225, 264, 270 (siehe auch: Grundnorm)
Bedeutung 80, 81 ff., 89, 181, 270
Bedeutungsanalyse 82
Bedingung 60, 64, 132, 149, 150 f., 152 f., 154, 161, 163, 165, 258 (siehe auch: Ursache)
–, hinreichende 152 f., 162
–, negative 64
–, notwendige 64, 152 f., 162
Bedingungskontrolle 151
Beeinflussung 65, 184
Befangenheit 251
Begriff 81ff.
–, allgemeiner 45 f., 52
–, deskriptiver 223
–, normativer 223
–, theoretischer 87 f.,125, 136
Begriffsexplikation 82
Begriffserklärung 82 ff.
Begründung 116 ff., 126ff., 193, 206, 217, 223 ff., 264
–, inhaltlich-wertende 225, 226, 227 f.
–, logische 225 f.
Begründungszusammenhang 127 ff., 136

Beispiel 229
Bekenntnis 218, 227, 228, 254
Beobachtung 87 f., 112 ff., 127, 130 ff., 135, 136, 139
Beobachtungsaussage 118, 180
Beobachtungssprache 87
Beratung 267 f.
Berufsethik 206, 216
–, pädagogische (siehe: Ethik für Erzieher)
Beschreibung 54, 113 ff., 146 ff., 180
Bestätigung 18, 98, 123, 125, 135
Betrugstheorie 21
Bewährung 125, 130
Bildung 49, 276 f.

Curriculumtheorie 214, 232

Deduktion 132 ff., 156, 226 (siehe auch: Ableitung)
Deduzierbarkeit (siehe: Ableitbarkeit)
Definition 82, 86
–, programmatische 85
Determinante 153 (siehe auch: Ursache)
Deutung 68, 129, 139 f., 171, 174 f., 180 (siehe auch: Interpretation)
Dialektische Philosophie 32 f., 192
Didaktik 214, 219, 226
didaktisches Strukturgitter 82
Disposition, psychische 43, 45, 87 f., 141, 165, 202, 220, 221, 230
Dogmatisierung 256

Educand 43, 50 f., 54, 184, 220, 229 f.
education 200
educology 29, 38
Einheit des pädagogischen Wissens 273 ff.
Einmaligkeit 140 f.
Einstellungsänderung 65, 162 f.
Einzelfall 161, 165
Einzelfall-Studie 147 f.
Einzeltatsache 105 ff., 119, 131 ff., 146, 154
Eltern 10, 13
Emanzipation 75 f., 176, 217, 221, 222, 252
emotiver Sprachgebrauch 79, 271
Emotivismus, metaethischer 224
Empfehlung 268
Empirismus 35, 127
–, naiver 115, 134 f.

Entdeckungszusammenhang 127 ff., 135, 181
Entscheidung 32, 33, 98, 100, 102 f., 104, 163 f., 178, 206, 209, 216, 221 ff., 228, 250, 252, 255, 256, 261 f., 269
Entstehungszusammenhang 127 ff., 181
Epistemologie 193, 198
Erfahrung 129, 135 f., 179
Erfolg der Erziehung 62, 112, 166, 184
Erinnerung 267
Erkenntnis 228
–, wissenschaftliche 18, 32 ff. 100, 113, 115, 129, 178, 250
Erkenntnistheorie 32, 126 f., 190, 191, 193
Erklärung 56, 106, 108, 124, 143, 144, 154 ff., 162, 165, 167, 267
–, deduktiv-nomologische 156
–, induktiv-statistische 156
–, partielle 157 ff,
Erklärungsskizze 157 f.
Erlebnis 118
Erlebnisaussage 118
Erlebnisganzheit 141
Erlebniswelt 141
Erzieher 19, 22, 42, 51, 184, 203, 216, 217, 219, 220, 229 ff., 248 ff., 258, 266, 271, 276 f.
Erziehung 3, 6, 42 ff., 46 ff., 70, 80, 85 f., 92 (siehe auch: Handeln, erzieherisches)
–, indirekte 53, 186
Erziehungsbegriff 42 ff., 185, 202
Erziehungsfeld 54, 157, 166
Erziehungsforschung 3, 166 f., 274
–, historische 169 ff.
Erziehungskunst 12
Erziehungslehre 12 ff., 19, 41, 42, 61, 169, 171 f., 175, 182 f., 207, 210, 236 ff. (siehe auch: Praktische Pädagogik)
Erziehungsmittel 52, 63, 152
Erziehungsorganisation 219, 232 f.
Erziehungsphänomene 46 ff.
Erziehungspraxis 10, 11, 182 f., 241, 245
Erziehungssituation 54, 145, 152, 158, 161, 169
Erziehungstechnologie 152 f., 162 ff., 171 f., 210 f., 245, 257 ff., 267 f.
Erziehungstheorie VI, 4, 27, 36 f.
Erziehungswirklichkeit 53, 54, 57, 60, 112, 174
Erziehungswissenschaft 3, 4, 7 f., 26 ff, 41 ff., 70 ff., 216, 238, 242, 263 f., 273 ff.

–, deskriptiv-analytische 57, 59
–, empirische 8, 26 f., 61, 77 f., 114 f., 170 f., 201, 203, 227, 236
–, Gegenstand der 53 ff., 69 f., 182 ff.
–, kritische 75 f.
–, nomothetische 107 f., 111 ff.
–, phänomenologische 58 f.
–, positivistische 8, 9, 110
–, technologische 64
–, theoretische 62 f.,108
Erziehungsziel 6, 15, 44, 48 ff., 54, 58, 61 f., 80 f., 88, 99, 104, 165, 184, 204 ff., 220 ff. , 254 ff.
Ethik 6, 13, 194 ff., 198, 201, 204, 212, 219 ff., 231
Ethik für Erzieher 26, 27, 208, 219, 229 ff., 259 ff.
Evidenz 24
ex post facto-Untersuchung 149, 181
Explanandum 155, 162
Explanans 156
Experiment 62, 113, 136, 140, 148 f., 150, 158 f.
Extrapolation 132 f.

Falsifikation 133 f.
Falsifikationismus 35
Feld 52
Felduntersuchung, erkundende 146 f.
–, hypothesenüberprüfende 149
Folge, logische 225
Forderung 220, 224 (siehe auch: Norm)
Formalobjekt 55
Formalwissenschaft 117 f.
Formen der Erziehung 52 f.
Forschung 136, 166 f., 191
Forschungstechnik 32, 36, 178, 180 f.
foundations of education 4, 29
Fragestellung 55, 104 ff., 113 ff., 147, 179

Ganztagsschule 232, 233
Gattungsbegriff 152
Gefühlswert 80
Gegebenes 59, 114 f., 173
Gegenstand der Erziehungswissenschaft (siehe: Erziehungswissenschaft, Gegenstand der)
Gehalt, empirischer 88, 124, 222
Geisteswissenschaft 16, 35, 57 f., 65 f., 107, 178, 225
Geltung 126 ff., 193, 228 (siehe auch: Gültigkeit)
Gesamttheorie, pädagogische 273 ff.
Geschichte 57, 105 ff., 168 ff., 177 f., 180
Geschichtsforschung 168 ff., 179 f.
Geschichtswissenschaft 178 ff., 254

Geschlossenheit einer Theorie 151
Gesellschaftsideal 214
Gesellschaftskritik 75 f., 176, 202, 252
Gesellschaftswissenschaft 66, 74
Gesetz 119, 174, 237
–, deterministisches 121, 142
–, empirisches 124
–, probabilistisches 122 ff.
–, statistisches 122 ff., 134, 142, 161
–, theoretisches 124 f.
–, universelles 121 f., 134, 142, 161
–, wissenschaftliches 120 ff.
Gesetze, Stufen der 124 f.
Gesetzesaussage 119 ff., 131 ff., 155 ff.
Gesetzeshypothese 105 f., 108 f., 130 ff., 164 f.
Gesetzeswissenschaft 119 ff.
Gesetzmäßigkeit 56, 63, 69, 72, 105 ff., 111, 119 ff., 132, 141, 257 f.
Gesolltes 44
Gewolltes 44, 220
Glaubensüberzeugung 256, 266
Grundlagenwissenschaft 191, 193
Grundnorm 101, 102, 224, 225, 266
Gruppe 162 ff.
Gültigkeit 130, 151, 228, 270
Güterlehre 219

Handeln, erzieherisches 11, 42 ff., 46 ff., 62, 66 f., 169, 238
–, traditionales 45
Handlung 57, 59, 68, 156, 185
–, soziale 66 f.
Handlungsnorm 214 f.
Handlungsvorschrift 164, 171, 214, 230, 258, 271
Handlungswissenschaft 68
Hermeneutik 172 ff.
Hermeneutische Philosophie 32 f., 174, 192
Historiographie der Erziehung 3, 62, 106 f., 168 ff.
Historiographie der Ideen 199
historisch 172 f.
historisch-systematische Disziplin 172 ff.
Hofmeister 13
Humanwissenschaft 66 f.
Hypothese 18, 25, 35, 86, 113 ff., 120, 125

Ideal 32, 44, 48, 195, 204, 214, 269, 276
Ideologie 21 ff., 255, 265
Individualität 50 f., 140 f., 150
Induktion 130 ff.
Induktionsproblem 131 ff.

Induktivismus 35
Informationsgehalt 26, 87 ff., 114, 144, 268
informativer Sprachgebrauch 79
Inspiration 13 f., 243, 248
Interaktion, soziale 66 f.
Interesse 21, 22, 32, 176, 186
Interpretation 68, 113, 139 f., 151, 179, 181, 199, 209, 221 f., 223, 226, 254 (siehe auch: Deutung)
Intuition 125, 127, 129, 192, 224
Intuitionismus, metaethischer 224
invariant 119

Jargon 90 f., 232

Kanonik, praktische 269
Katechet 13
kausalanalytisch 60
kausal-vergleichendes Verfahren 149, 181
Kausalität 120, 150
Klarheit 81 ff.
Können 11, 238
Kohärenztheorie der Wahrheit 118
Komplexität 140, 157, 185
Konsens 175, 210, 256
Konstrukt, hypothetisches 88, 107
Konstruktion 113, 135 ff., 143 ff., 150, 169
Konstruktivismus 35, 127
Korrespondenztheorie der Wahrheit 118
Kritik 62 f., 128 f., 193, 215, 228, 252, 255, 264 f.
Kritische Theorie 9, 75 f.
Kritischer Rationalismus 35, 110
Kultur 68 f.
Kulturobjekt 57 f., 68
Kulturpädagogik 9, 249
Kulturwissenschaft 57 f., 66, 69, 170
Kunst 11 f., 238
Kunstlehre 12 f., 42, 237, 242 f.
Kunstlehre der Erziehung (siehe: Erziehungslehre)

Längsschnitt-Studie, multivariable 150 f.
Langzeit-Studie 147
Lebensform 186, 190
Lebenslehre 190, 191, 194 f.
Leerformel 222 f., 271
Legitimation, formale 227 f.
Lehre 240
Lehrer 10, 51, 183, 216
Lehrinhalt 214, 219, 231 f.
Lehrplantheorie 90, 231 f.
Lernen 150, 158, 185
Logik 36, 102, 117, 270
logischer Spielraum 88

Marxismus-Leninismus 74 f., 116, 265
Massenkommunikation 64
Materialobjekt 55
Mehrdeutigkeit 81 f.
Meidungsvorschrift 214, 230, 271
Metaethik 195, 215
Metaphysik 28, 194, 195, 197, 198
Metasprache 91 f.
Metatheorie VII, 36, 193, 215, 261
Metatheorie der Erziehung VI f., 36 ff., 199 f., 264
Metawissenschaft 33
Methode 128, 206
Methode, wissenschaftliche 18, 31 ff., 35 f., 191, 240
Mittel 15, 53, 54, 62, 104, 150, 163 ff., 206 f., 219, 230
Moral 212, 216, 218, 241, 262 f.
Moralphilosophie 190, 195, 255
Moralwissenschaft 213

Name 28, 30, 81, 169, 244 ff.
Naturalismus, metaethischer 223 f.
Naturgesetz 119 ff.
Nebenwirkung, ungewollte 166, 230
Neopositivismus 35
nomologisches Wissen 111, 144, 145 (siehe auch: Gesetzesaussage, Gesetzeshypothese)
nomothetisch 107
Non-Kognitivismus, metaethischer 224
Norm 5, 6, 7, 15, 19, 25, 32, 34, 36, 42, 44, 61, 77, 95 ff., 138, 171 ff., 179, 195, 211 ff., 217, 250, 270 f.
–, erziehungstechnische 208, 214 f., 244
–, methodologische 98
–, moralische 172 ff., 186, 208, 214 f., 243 f.
–, technische 6, 164 f., 171 f., 230 f.
–, weltanschauliche 172 f., 244
Normanerkennung 262
normativ 195, 213
Normbegriff 34
Normbegründung 212, 215, 216, 218, 221 ff., 262, 266
Normgehalt 221 ff., 231, 271
Normierung (siehe: Normsetzung)
Normsatz (siehe: Satz, normativer)
Normsetzung 174 f., 208, 210, 213 ff., 228, 246
Normsetzungsverfahren 225, 226 f.
Normsubjekt 226
Nützlichkeit 31

Objektivation 57
Objektivation, psychische 57, 68, 171
Objektivität 129, 262

Objektsprache 91 f.
Ökologie der Erziehung 150
Ontologie der Erziehung 200 f.
Organisation 219
Orientierungshypothese 159

Pädagoge 1
Pädagogik 1 ff., 14 ff., 26, 28, 41 f., 200, 238 ff., 244 ff.
–, angewandte 241, 245 f.
–, deskriptive 9, 114 f.
–, emanzipatorische 9, 73, 75 f.
–, geisteswissenschaftliche 9, 57 f., 128, 173 f., 181, 247 ff.
–, hermeneutische 9, 173 ff., 181
–, historische 106, 168 ff.
–, katholische 73, 254 f., 263
–, konfessionelle 73, 76
–, Kritik der 2, 16, 26
–, kritische 9, 75 f., 110
–, kulturphilosophische 197
–, marxistische 73 f., 110, 175 f., 264, 265
–, nationalsozialistische 73 f.
–, neomarxistische 9, 176 f.
–, normative 23, 25, 114, 170 ff., 234, 245, 262
–, normativ-deskriptive 5 f., 23, 61, 207 ff.
–, philosophische 6 f., 196, 197, 201
–, politische 73, 76
–, pragmatische 246, 250 f.
–, praktische (siehe: Praktische Pädagogik)
–, psychologische 16, 67, 77, 78
–, Richtungen der 8 ff.
–, systematische 106 f., 172
–, traditionelle 9, 25, 26, 27, 58 ff., 111, 113 f., 172, 207 ff., 273
–, weltanschauliche 7, 73 ff., 76
–, als Sozialwissenschaft 41
Pädagogiker 1, 30
Pädagogische Anthropologie 72
Pädagogische Psychologie 3, 70
Pansophia 197 f.
Paränese 267
Parteilichkeit 73, 74, 75, 76, 178, 254
Persönlichkeit 45
Persönlichkeitsideal 214, 220 ff.
Personagenese 185
Pflichtenlehre 14, 212, 219, 230 f.
Philosophie 7, 116, 189 ff., 276
–, analytische (siehe: Analytische Philosophie)
–, analytisch-erkenntniskritische 194, 199, 217, 221 ff., 232, 264
–, aristotelisch-thomistische 203
–, dialektische (siehe: Dialektische Philosophie)

–, dogmatische 191, 192
–, epistemologische 194, 199, 221 ff.
–, hermeneutische (siehe: Hermeneutische Philosophie)
–, irrationalistische 191, 192, 195
–, kritische 193
–, kritizistische 193
–, marxistische 192, 203
–, metaphysische 191, 192, 195, 196
–, methodische 193
–, normative 195 f., 213, 217
–, phänomenologische 192, 193, 203
–, pragmatische 202, 203
–, praktische 14, 15, 195, 197, 200, 204
–, spekulative 191, 192, 201
–, theoretische 194, 200
–, weltanschauliche 195
–, wissenschaftliche 191 ff.
Philosophie der Erziehung 3, 8, 27, 189 f., 196 ff., 219
–, analytische 199 f.
–, normative 201, 204 ff., 216 ff., 243 f., 257, 264
–, pansophische 198, 202
–, weltanschauliche 200 ff.
–, weltanschaulich-normative 201 f., 250, 252
Philosophie der Pädagogik 199 f.
philosophisch 197
Planung 63, 166, 177
Postulat 256
präskriptiver Sprachgebrauch 79, 252
pragmatisch 246
Pragmatismus 35
praktisch 195, 246
Praktische Pädagogik 27, 29, 31, 61, 103, 175, 182 f., 198 f., 203, 207, 236 ff., 274
praxeologisch 247
Praxeologie 247
Praxis 10, 110, 116, 238, 246, 249 ff.
Prinzip 200, 205, 215, 222, 231, 270
Problem 113 f., 239 (siehe auch: Fragestellung)
Prognose (siehe: Voraussage)
Propaganda 64, 76, 77
Protestbewegung 217
Prüfbarkeit, intersubjektive 117 ff., 174, 191, 192, 270
Prüfung 36, 113, 117 ff., 127 ff., 130 ff., 133 f., 193
Prüfungsmethode 128, 181
Pseudophilosophie 192
Psychohistorie 185
Psychologie 16, 54 f., 65 f., 67, 70, 71, 197, 212, 239, 245, 274
Psychotherapie 64, 65

Quelle 180

Rangordnung 213, 216, 221, 242, 265
Rationalismus 35, 127
Realwissenschaft 118 ff.
Recht 216, 218
Rechtfertigungszusammenhang 127 ff.
Reflexion 193, 239
–, engagierte 251, 252
Reform 63, 237, 238
Regel 164 f., 237, 248, 257
Regelmäßigkeit 120 ff., 132 ff.
Regeln der wissenschaftlichen Methode (siehe: Methode, wissenschaftliche)
Rekonstruktion 120, 261
– vergangener Phänomene 179 ff.
Relativismus 228, 229, 256, 266
Religionsersatz 190, 191
Resultante 153 (siehe auch: Wirkung)
Rhetorik 64

Sachverhalt, ideeller 117 f.
–, realer 117 f.
Satz 7, 116 (siehe auch: Aussage)
–, allgemeiner 131 ff., 155
–, beschreibender 95, 97, 100, 223 f., 259
–, gemischter 102
–, normativer 95 ff., 100, 101, 102, 222 ff., 259, 261 ff.
–, präskriptiver 252, 259, 268
–, pseudo-normativer 222
–, singulärer 131 ff., 146, 155 (siehe auch: Aussage, singuläre)
–, technologischer 165 f., 171 f., 230, 268
Schauen 249
Schlagwort 86, 209, 221, 222
Schule 183, 184, 186
Schulgeschichtsschreibung 183 ff.
Seelsorge 64
Sehen 225
Sein-Sollen-Problem 224, 225
Sinn 68, 181 f., 200, 209 (siehe auch: Bedeutung)
Sinngebung 174, 213, 216, 217, 218, 265
Situation 51 f.
Situationsanalyse 253 f.
Sollensforderung 8, 44 (siehe auch: Norm)
Sozialarbeit 64
Sozialgeschichtsschreibung 72, 107, 180
Sozialisation 72, 85 f., 185
Sozialisationsforschung, historische 185
Sozialisationstheorie 72

Sozialwissenschaft 66 f., 137 ff.
Sozialwissenschaft, kritische 75
Soziologie 54 f., 70, 71, 212, 239, 274
Soziologie der Erziehung 3, 70
Spät-Marxismus 75 f., 176 f.
Spezialisierung in der Pädagogik 26 ff.
Sphäre des Wortes 80
Spielraum, logischer 222
Sprache 24, 25, 28, 78 ff., 215, 271
–, Funktionen der 78 ff.
–, theoretische 87
– der Erziehungswissenschaft 78 ff., 258 f.
Sprachkritik 84, 87, 215
Sprachstufen 92
Symbol 256
Synthese 273 ff.
System 18, 118, 120, 137, 151, 274 f.
–, hypothetisch-deduktives 125, 137, 145
systematisch 172
Systemzugehörigkeit 123

Tatsache 131, 225 (siehe auch: Einzeltatsache)
–, Erziehung als 53 ff., 60, 61, 78
–, historische 180
Tatsachenaussage 99 ff.
Technologie 60, 64, 111 f., 143 f., 162 ff., 267 ff.
Technologie der Erziehung (siehe: Erziehungstechnologie)
Teleologie, pädagogische 219
teleologisch 60
Terminologie, pädagogische 83 ff.
Text 174
theoretisch 107 f.
Theoretizismus 35, 115, 127
Theorie 11, 18, 31, 72, 108, 115, 116 ff., 125 f., 151
–, praktische 4, 5, 13, 19 f., 41 f., 238 ff., 245, 248, 275 f.
–, wissenschaftliche 4, 5, 25, 116 ff., 130 ff., 137, 237 f., 245, 253, 275
Theorienbildung 136 f.
Tradition 217, 256
Transzendentalphilosophie 193
Tüchtigkeit 206
Tugend 195, 205, 206, 210, 214, 219, 221, 230
Tugendlehre 14, 212, 219, 229 f.

Umgang 52, 229 f.
Umgangssprache 78
Umwelt 51 f., 150, 152
Unklarheit 84
Unterrichtsinhalt (siehe: Lehrinhalt)
Unterrichtsstil 154 f.
Unterrichtsziel 49

Ursache 56, 60, 63, 112, 149, 153, 163, 165
Utopie 75, 240, 256

Vagheit 81 f.
Variable 120 f., 148, 150 f., 158 f.
Veränderlichkeit 140 f.
Verallgemeinerung, empirische 124 f., 132 ff., 136, 145, 161
Verantwortung 251, 277
Vergleich 56, 170
Verhalten 67
Verhaltensänderung 65
Verhaltenswissenschaft 66 ff.
Verifizierung 129, 133, 135, 174
Verlaufs-Studie 147
Verständlichkeit 89 ff.
Verstehen 128 f., 174, 178, 181 f.
Verwerfung 134 f.
Vollständigkeit einer Theorie 151
Voraussage 124, 143, 144, 159 ff., 162, 267
Voraussetzungslosigkeit 114 f.
Vorurteil 23
Vorverständnis 145, 147

Wahrheit 18, 31, 34, 117, 118, 127 ff., 133, 155, 224
Wahrnehmung 118, 125, 127, 135, 136
Wahrscheinlichkeit 122 f., 133
–, erkenntnistheoretische 123
–, mathematische 122 f.
Warnung 268
Weisheit 209, 277
Weltanschauung 8, 10, 19, 21, 24 f., 31, 73 f., 171, 174 f., 190, 194 ff., 201, 216, 218, 243, 254 ff., 263
Weltanschauungsphilosophie 116, 172, 191, 200, 203
Werk 57, 68
Wert 93, 163, 255
Wertbasis der Wissenschaft 98
Werterlebnis 93
Wertlehre, pädagogische 214, 219
Wertphilosophie 195, 196
Wertprädikat 94
Wertrelativismus, wissenschaftlicher 22
Wertsetzung 250
Werttheorie 93
Wertträger 93
Wertung 19, 25, 42, 43 f., 61, 77, 84 f., 92 ff., 163 f., 174, 178, 195, 208, 211 ff., 256
Wertungsgrundsatz 19, 94 f., 102, 104, 181, 195, 206, 216, 217, 224, 270
Werturteil 15, 19, 30, 37, 42, 46 f., 73,

92 ff., 163 f., 181 f., 206, 217, 219, 223 ff., 261 ff., 268, 270
Werturteilsfreiheit 19, 22, 73, 77 f., 92 ff., 211, 263
Wesen 83 f., 200 f.
Wesensschau 127, 192
Widerspruchslosigkeit 117, 130, 137
Wirklichkeit 118, 135 f.
Wirkung 56, 63, 149, 153, 163, 165, 185, 230
–, ungewollte 62, 64, 166, 184, 185
Wissen 218, 228
–, pädagogisches 27, 273 ff.
–, vorwissenschaftliches 24, 30, 116, 244
Wissenschaft 5, 18 f., 24, 31 ff., 73 ff., 97, 113, 116 ff., 239
–, angewandte 241
–, marxistisch-leninistische 74 f.
–, praktische 14, 176, 182, 262

Wissenschaften, Einteilung der 65 ff.
Wissenschaftlichkeit 191 ff.
Wissenschaftsbegriff 18, 31 ff., 116 ff., 192 f., 247 f., 251, 261 ff., 273
Wissenschaftsgeschichte 182, 183, 263
Wissenschaftslogik 126
Wissenschaftstheorie 18, 32 ff., 178 ff.
Wort 82 f.
Wortmusik 223
Wunschbild 44, 58, 103, 197

Ziel 162 (siehe auch: Zweck, Erziehungsziel)
Zögling 43
Zweck 15, 42, 44, 59 f., 68, 80, 163 ff., 195, 205
Zweck-Mittel-Beziehung 44 f., 54, 55, 59 ff., 104, 163 ff., 184, 185, 219, 230, 257
Zweifel 23

Von Prof. Brezinka sind im gleichen Verlag erschienen:

Grundbegriffe der Erziehungswissenschaft
Analyse, Kritik, Vorschläge

3. verbesserte Aufl. 247 Seiten. DM 18,80 (UTB 332)

„Dieses Standardwerk für alle mit dem Fachbereich der Erziehungswissenschaften Beschäftigten überwindet die in der pädagogischen Literatur herrschende Begriffsverwirrung und sorgt für eine klare Terminologie..." *report, Wien*

„... Für den Leser besonders wertvoll dürfte die Einführung in die Methoden der sprachlichen, der logisch-empirischen und der ideologiekritischen Analyse pädagogischer Begriffe sein..." *paed*

Erziehungsziele, Erziehungsmittel, Erziehungserfolg
Beiträge zu einem System der Erziehungswissenschaft

174 Seiten. DM 15,80 (UTB 548)

„Der Verfasser zeigt in diesem Buch gleichsam den ‚Grundriß' seines Systems der empirischen Erziehungswissenschaft auf, dessen zentrale Problematik der Bezug zwischen erzieherischen Handlungen und Erziehungseinrichtungen, also den Mitteln, und ihren Zwecken ist..." *Blätter für Lehrerfortbildung*

„Die vorliegende ausgezeichnete und äußerst lesenswerte Arbeit, die in ihren Kern die Beziehung zwischen Erziehungsziele und Erziehungsmittel stellt, besteht aus vier in sich abgeschlossenen, thematisch jedoch trefflich zueinander passenden Beiträgen..." *Schule und Leben*

Erziehung und Kulturrevolution
Die Pädagogik der Neuen Linken

2. Aufl. 271 Seiten. Pbck DM 15,80

„... Doch schon die Gerechtigkeit verlangt, den wegen seines ebenso akribischen wie umsichtigen Scharfsinns renommierten Autor dieser ebenso informationsreichen wie kritischen, sorgfältig abgesicherten, dazu lebendig und allgemeinverständlich geschriebenen Untersuchung in keinem Sinne als Anwalt einer bloß restaurativen Pädagogik der Bewahrung' zu verstehen. Wie ungerecht das wäre, beweisen neben vielen anderen allein schon seine ‚Hinweise für die Auseinandersetzung', die wie folgt schließen: ‚Jede Gesellschaft und jede Einrichtung braucht neben den bewahrenden Kräften auch kritische Stimmen... Wir haben keinen Grund, mit den Lebensverhältnissen und mit der Erziehungspraxis, wie sie sind, zufrieden zu sein, sondern wir müssen vieles daran verbessern. Das kann aber nicht durch einen radikalen Bruch mit allem Bestehenden geschehen, sondern nur durch geduldige Arbeit an konkreten Einzelproblemen — im Geist der Freiheit, der selbstkritischen Vernunft und der Toleranz'." *Pädagog. Rundschau*

„Der bekannte Erziehungswissenschaftler legt in klarer Sprache, bei sorgfältiger Quellenverarbeitung, seine spannend, z. T. erregend geschriebene Untersuchung über die historische Entwicklung, Hintergründe, Taktiken und Praktiken der sogenannten ‚Neuen Linken' dar, nämlich: durch Kulturrevolution zur Gesellschaftsrevolution zu gelangen... Ihr Kampffeld ist vor allem das Erziehungswesen... Wer die revolutionäre Entwicklung der sog. emanzipatorischen bzw. sozialistischen Pädagogik verfolgen und beurteilen will, muß dieses grundlegende und richtungweisende Werk durcharbeiten." *Bücher Bord*

WALTER F. NEUBAUER
Selbstkonzept und Identität im Kindes- und Jugendalter
154 Seiten. Pbck DM 19,80 (Erziehung und Psychologie H. 73)

„Der Autor befaßt sich mit Struktur, Funktion und Entwicklung des Selbstkonzeptes. Er geht dabei von einem allgemeinen Personmodell aus, das sich an einer kognitiv akzentuierten Handlungstheorie orientiert. Das Zusammenwirken äußerer Faktoren und interner Strukturen wird ausführlich diskutiert. Dabei werden ausführlich empirische Untersuchungen angeführt. Die Darstellung der Identitätsproblematik und der Auswirkungen unterschiedlicher Selbstkonzepte führen Neubauer schließlich zu Thesen über das Erziehungsverhalten. Positive Selbstwertschätzung, realistisches Selbstkonzept, Verantwortlichkeit, Selbständigkeit und Selbstkontrolle bilden dabei die Ziele, welche durch das Erzieherverhalten unterstützt werden sollen." *Christ und Bildung*

HORST NICKEL
Psychologie des Lehrerverhaltens
Beiträge zu psychologischen Aspekten einer nichtautoritären Erziehung

2. neugestaltete u. erw. Aufl. von „Beiträge zur Psychologie des Lehrerverhaltens" ca. 128 Seiten. Pbck ca. DM 16,80 (Erziehung und Psychologie H. 67)

MORTON DEUTSCH
Konfliktregelung. Konstruktive und destruktive Prozesse
224 Seiten, 5 Abb. Pbck DM 28,50, Ln DM 34,—

„... Eine erfreuliche Ausnahme, von der neue Impulse erwartet werden könnten, stellt die jüngst erschienene deutsche Übersetzung des Buches von Morton Deutsch dar ... Als Ziel seiner Arbeit sieht er die Untersuchung jener Bedingung, unter denen die Beteiligten in einer Konfliktsituation kooperieren bzw. konkurrierende Beziehungen entwickeln ... Er bezeichnet es ausdrücklich als ein Vorhaben, generalisierbare Faktoren zu erarbeiten, die eine kooperative Konfliktlösung begünstigen."
Psychol. i. Erz. u. Unterr.

KURT HELLER
Intelligenz und Begabung
142 Seiten, 11 Abb. Pbck DM 15,80 (Studienhefte Psychologie)

HERBERT J. KLAUSMEIER / RICHARD E. RIPPLE
Moderne Unterrichtspsychologie
Bd. 1 **Lernen und menschliche Fähigkeiten.** 156 Seiten. DM 12,80 (UTB 275)
Bd. 2 **Lernen im Unterricht.** 257 Seiten. DM 21,80 (UTB 395)
Bd. 3 **Lernen und Lernerfolg.** 334 Seiten. DM 23,80 (UTB 452)
Bd. 4 **Forschungsmethoden und Meßverfahren.** 198 Seiten. DM 19,80 (UTB 500)

„... Das Gesamtwerk stellt für alle Semester und für die Examensvorbereitung an Hoch- und Fachschulen und für den Lehrer in der Schulpraxis eine umfassende Arbeitsgrundlage dar." *Westdeutsche Schulzeitung*

„... Im Aufbauprinzip folgt der Abschlußband den vorhergegangenen Folgen: Darstellung einzelner Sachzusammenhänge mit Kontrollaufgaben für den Leser, Zusammenfassungen, Hinweise auf weiterführende Literatur. Die Anschaffung der vier Bände der ‚Modernen Unterrichtspsychologie' ist sehr empfehlenswert." *paed*

ERNST REINHARDT VERLAG MÜNCHEN BASEL